새정치경제학

New Political Economy

김형기 지음

책을 내면서

　필자가 경북대학교에서 정치경제학을 가르친 지 벌써 15년이 되었다. 그동안 세상이 참으로 많이 변하였다. 정치경제학의 연구대상인 자본주의가 크게 변화하였고, 자본주의에 대한 대안적 경제체제로 생각되었던 사회주의가 붕괴하였다. 지금 고삐 풀린 자본주의인 신자유주의적 자본주의가 지구촌 수십 억 사람들의 삶을 위협하고 있다.

　한국자본주의도 엄청난 변화를 겪었다. 경제적 종속 상태에서 유례없는 고도성장을 달성하여 신흥공업국가의 선두주자로 부상했던 한국이 1997년 말의 외환위기로 치욕적인 IMF 관리를 받게 되었다. 파국적 경제위기로 인한 대량실업 사태와 신자유주의 구조조정으로 노동자들이 큰 고통을 받고 있다.

　이러한 세계사와 한국사의 거대한 변화들을 정치경제학은 어떻게 설명할 것인가? 단순히 설명하는 데 그치지 않고 현실을 변화시키기 위한 어떤 대안을 제시할 수 있는가? 그동안 국내외의 많은 정치경제학자들이 이에 관해 상당한 연구성과를 내었다. 그러나 아쉽게도 정치경제학 원론 수준에서 이 문제를 체계적으로 다룬 교과서를 찾기 어려웠다.

　사회주의의 붕괴, 신자유주의의 등장, 세계자본주의와 한국자본주의의 위기와 같은 변화들을 정치경제학의 체계에 따라 설득력 있게 설명할 수 있는 길은 없을까? 오늘날의 경제현실을 신고전파 경제학이나 케인스 경제학보다 더 잘 설명할 수 있는 방법이 없을까? 국민의 대다수를 이루는 노동자들의 삶의 질을 높일 수 있는 새로운 경제체제와 대안적 발전모델은 무엇일까?

　지난 10년간 필자는 연구하고 가르치면서 이러한 물음에 대한 해답을 찾아왔다. 그러나 아직 확실한 길을 찾지 못하고 있는 실정이다. 그럼에도 불구하고 감히 이 책을 세상에 내게 된 것은 진리는 한꺼번에 깨달을 수 없으며, 앞사람들의 무수한 시행착오가 뒷사람들의 더 나은 실천을 가능하게 할 것이라는 믿음 때문이다. 한국경제에 전례 없는 공황이 들이닥친 1997년 말 경제학자의 한 사람으로서 책임을 통감하고 이 책을 내기로 마음을 굳혔다.

이 책의 구상은 연구년을 받아 지리산 계곡 어느 농가의 빈집에서 공부하던 1996년에 이루어졌다. 필자 자신의 인생과 학문을 되돌아보며 성찰할 기회를 가졌던 지리산 연구생활은 이 책의 골간을 이루는 이론적 틀을 모색하는 계기가 되었다.

1997년부터 집필 계획을 짜고, 자료를 모으고 정리하였다. 본격적 집필은 1998년 여름부터 시작되었다. 필자와 경북대학교 대학원 학생들이 함께 참여하고 있는 '현대자본주의와 노동연구회'에서 진행된 세미나와, 학부와 대학원의 정치경제학 및 현대자본주의론 강의는 이 책의 내용 구성에 큰 도움이 되었다.

21세기 여명기인 현 시점에서 급변하는 세계사와 자본주의 현실을 새로운 시각에서 해명하는 새로운 정치경제학이 요청되고 있다. 이런 시대적 요청에 필자 나름대로 답하고자 『새정치경제학』이란 제목의 책을 펴내게 되었다.

필자는 이 책에서 다음과 같은 시도를 하였다.

첫째, 맑스의 『자본』 체계를 그대로 따라 서술하는 종래의 정치경제학 교과서와 달리 독자적인 체계로 서술하고자 하였다. 즉, 이 책은 자본주의의 기본적 생산관계를 서술하고 난 뒤, 기본적 제도와 주체에 대해 서술하고, 이 생산관계와 제도와 주체의 상호작용의 결과로 나타나는 자본주의의 성장과 위기를 해명하려고 했다. 이러한 체계화는 기본적으로 조절이론의 시각에 기초한 것이다.

조절이론은 경제현상을 기본적 생산관계 속에서 형성되는 제도의 작용과 주체의 행위 결과로 인식하고, 자본주의의 시간적 가변성과 공간적 다양성을 인식할 수 있는 이론적 틀을 제공한다. 아울러 기존 정치경제학의 공황론 및 최종적 위기론과 구별되는 구조적 위기론을 제시하고 있고, 기존 정치경제학의 생산양식론 및 사회구성체론을 구체화한 발전모델 개념을 제시하고 있다. 필자는 이러한 조절이론이 '새정치경제학'의 정립에 기여할 수 있다고 생각한다.

둘째, 기본적으로 자본의 운동을 분석하고 있는 '자본의 정치경제학'인 『자본』의 논리에다 임노동의 재생산을 분석하는 '임노동의 정치경제학'과 자연의 재생산을 분석하는 '생태의 정치경제학'의 논리를 결합하고자 했다. 이와 관련해서 노동력 재생산과 자연의 재생산이 자본의 재생산에 가지는 의미를 밝히고, 잉여가치 생산에서의 지식노동의 중요성과 상품 분석에서의 사용가치 분석의 중요성을 부각시켰다.

이를 통해 종래의 정치경제학 교과서에서 소홀히 다루었던 임노동문제와 생태문제를 정치경제학적으로 인식할 수 있는 틀을 제공하고자 하였다. 나아가 자본의 정치경제학과 임노동의 정치경제학 그리고 생태의 정치경제학을 통합한 새로운 정치경제학 체계 정립의 필요성을 제기하였다.

셋째, '신자유주의적 글로벌 자본주의'로 규정할 수 있는 현대자본주의의 새로운 현상들을 정치경제학적 시각에서 해명하고자 하였다. 즉 신자유주의, 글로벌화, 디지털 경제, 지식기반경제, 금융주도 축적체제 등과 같은 요소들을 가지는 자본주의를 '신자유주의적 글로벌 자본주의'로 규정하고 그 특징을 밝히고자 했다.

넷째, 새로운 경제체제와 대안적 발전모델의 비전을 제시하고자 하였다. 즉 실패한 기존의 사회주의와 모순에 찬 신자유주의적 자본주의를 넘어서는 새로운 경제체제의 원리가 무엇인지를 모색하였다. 그리고 새로운 경제체제에 기초하여 21세기 인간과 자연을 위한 실현가능하고 지속가능한 대안적 발전모델에 관한 논의를 포함시켰다.

이러한 이 책의 시도를 구실로 '새정치경제학'이란 제목을 달게 되었다. 과연 이러한 시도가 제대로 이루어진 것인지, 그 시도가 얼마만큼 의미 있는 것인지는 독자들의 판단에 맡길 수밖에 없다. 독자 여러분들의 기탄없는 비판과 토론을 기대한다.

이 책은 원래 경제학과 학부 학생들의 교과서용으로 기획되었다. 경북대학교에서 필자는 정치경제학, 현대자본주의론, 노동경제학을 강의하고 있다. 이 책의 제4편까지는 정치경제학 과목에서, 제5편은 현대자본주의론 과목에서 대부분 한번 강의해본 내용들이다. 따라서 이 책의 앞부분은 정치경제학 과목, 뒷부분은 현대자본주의론 과목의 강의용으로 사용할 수 있을 것이다. 만약 학부 학생 한 학기 강의용으로 사용하려면 제4편까지의 내용을 적절히 조정하여 쓸 수 있을 것이다.

이 책이 나오기까지는 많은 사람들의 조언과 격려가 있었다. 우선 이 책의 각 장들에 대해 정치경제학을 전공하는 각 분야 전문연구자들께서 소중한 논평과 제안을 해주셨다. 경북대학교의 손병해 교수님, 김종달 교수님, 영남대학교의 권기홍 교수님, 서울대학교의 이근 교수님, 한신대학교의 강남훈 교수님, 경기대학교의 이재은 교수님, 경성대학교의 최진배 교수님, 이재희 교수님, 김종한 교수님, 부경대학교의 홍장표 교수님, 경남대학교의 정성기 교수님, 충남대학교의 류동민 교수님, 한밭대학교의 남기곤 교수님, 조복현 교수님, 성공회대학의 신정완 교수님 등, 여러분들이 이 책의 초고를 읽고 오류를 지적해주시고 좋은 제안과 함께 격려도 해주셨다. 몇몇 분들은 직접 고쳐 써주시기도 하였다. 특히 신정완 교수께서는 초고 전체를 꼼꼼히 읽고 귀중한 논평을 해주셨다.

이 분들의 논평을 통해 초고의 오류가 많이 시정되었고 내용이 크게 개선되었다. 이 자리를 빌려 진심으로 감사드린다. 물론 아직도 남은 오류는 필자의 몫이다.

아울러 경북대학교의 주무현 박사, 김영용 박사, 권우현 박사, 박사과정의 조정재, 정부만, 김준영 군, 석사과정의 이상호 군 등은 이 책의 구상단계에서부터 필자와 함께 호흡하면서 내용구성과 자료수집에 큰 도움을 주었다. 특히 김영용, 권우현 박사와 조정재 군은 원고 전체를 읽고 많은 유익한 지적과 제안을 해주었다. 이들은 필자가 지난 20년 동안 경북대학교에서 가르치면서 만난 유능한 인재들이다. 이들의 도움이 없었다면 이 책의 출판은 엄두도 내지 못했을 것이다. 이 책의 출간을 함께 기뻐할 이 동료들에게 고마움을 전한다.

이 책을 하나의 상품으로 시장에 내놓을 수 있게 된 것은, 도서출판 한울의 김종수 사장님의 배려와 여러 관계자들의 노력들이 어우러진 덕택이다. 그동안 몇 차례 상품성 없는 책 출판을 흔쾌히 승낙해주신 김종수 사장님께서 이번에도 이 책을 출간하게 해주신 점에 대해 감사드린다.

끝으로 이 책을 준비하는 동안 인내심 있게 뒷바라지하며 원고 교정까지 해준 아내 김애경 박사에게 고마운 마음을 전한다. 아울러 얼마 전 태어나 21세기를 살아갈 현강이가 나중에 커서 이 책을 읽어주기를 기대한다. 그리고 돌아가신 어머님 영전에 생전에 지은 불효를 용서 비는 마음으로 이 책을 바친다.

2001년 8월
팔공산 기슭 서재에서

김형기

| 차례 |

제3편 자본주의의 주요 경제주체와 제도

| 차례 |

14

| 차례 |

제4편 자본주의의 성장과 위기

| 차례 |

제5편 현대자본주의

| 차례 |

서문
'새정치경제학'의 필요성

1. 21세기 여명기 지구촌의 위기

지난 20세기는 전쟁과 평화, 혁명과 반혁명, 제국주의와 민족주의, 자본주의와 사회주의, 독재와 민주주의, 성장과 위기, 풍요와 생태계파괴, 부와 빈곤, 인권과 소유권, 평등과 차별, 참가와 소외, 계급투쟁과 계급타협 등 수많은 모순과 대립으로 소용돌이쳤던 격동의 세기였다. 인류 역사에서 유례없는 거대한 변화가 나타난 참으로 긴 20세기였다. 그러한 격동과 변화 속에서 지구촌 및 인류의 지속가능성과 새로운 문명의 실현가능성에 대한 근본적 질문이 제기된 한 세기였다.

두 차례의 세계대전, 한국전쟁·베트남전쟁·중동전쟁·걸프전쟁, 제국주의의 성립과 식민지·종속 국가의 출현, 러시아 사회주의혁명과 동유럽의 인민민주주의혁명, 스탈린 체제의 성립, 세계대공황과 뉴딜, 파시즘 체제의 등장과 몰락, 민족해방투쟁의 고양과 탈식민화, 동서냉전과 데탕트, 신식민지주의의 몰락과 탈종속화, 사회민주주의의 성립과 퇴조, 과학기술혁명의 가속화와 확산, 경제대국 일본과 유럽연합(EU)의 등장, 복지국가의 후퇴와 신자유주의의 등장, 소련 및 동구 사회주의의 붕괴, 신흥공업국가의 출현과 경제위기 등은 20세기 세계사를 형성한 주요 계기들이라 할 수 있다.

이러한 역사적 계기들은 인간해방과 삶의 질 향상을 바라는 사람들에게 희망과 좌절, 성공과 실패, 환희와 비통을 동시에 경험하게 만들었다. 사회주의혁명은 노동해방을 일정하게 구현했지만 동시에 새로운 노동억압을 초래하였다. 과학기술혁명은 인간해방의 가능성을 확대시켰으나 그 실현을 가로막는 새로운 제약 요소들을 낳았다. 삶의 질을 향상시키려는 경제성장이 삶의 질을 악화시키는 패러독스도 출현하였다.

21세기에는 이러한 모순과 대립, 역설을 넘어 지구촌의 모든 사람들이 참으로 인간적인 삶을 누리는 새로운 사회를 전망할 수 있을까? 21세기가 인류에게 진정 희망의 세기가 될 수 있을까?

새 천년을 맞이하는 21세기 여명기 세계경제는 심각한 위기에 빠져 있다. 사회주의 붕괴 이후 정보화의 급속한 진전에 따라 강화되고 있는 글로벌화(globalization) 추세 속에서 국경 없는 경제전쟁이라 불리는 세계적 경쟁이 유례 없이 격화되고 있다. 국제경쟁력 강화와 효율성 증대라는 이름 아래 경쟁의 논리, 시장의 논리가 다른 모든 것을 압도하고 있고, 그 결과는 약육강식(弱肉强食)이라는 정글의 법칙의 지배로 나타나고 있다. 지구촌의 정글 구석구석을 누비는 다국적기업의 이윤사냥과 국제금융자본의 투기활동으로 세계경제의 불안정성이 크게 증대하고 있고 불균등발전은 극도로 심화되고 있다. 다국적기업과 국제금융자본이 주도하는 자본주의의 '세계화의 덫'에 걸려 '빈곤의 세계화' 현상이 나타나고 있고, 인구의 대다수가 경제성장의 과실을 제대로 누리지 못하는 '20 대 80의 사회'가 도래하고 있다. 복지국가의 해체와 노동시장의 유연화를 초래하고 있는 신자유주의가 확대·강화됨에 따라 전세계 노동자들의 고용불안과 생활불안이 크게 증대하고 있다.

세계경제의 3대 중심축의 하나인 일본경제가 장기침체에 빠져 있고, 한국경제를 비롯한 아시아 '신흥공업국가(NICs)'는 고도성장을 질주하다가 외채위기와 금융위기에 휘말려 산업생산이 급감하고 대량실업이 나타나는 심각한 공황을 겪었다. 21세기에 경제대국으로 부상할 것으로 전망되고 있는 사회주의 시장경제의 중국은 높은 경제성장을 달성하였지만, 심각한 빈부격차와 대량실업이 발생하고 있다. 유일하게 장기호황을 구가하던 미국경제는 과열과 거품 끝에 침체에 빠져들고 있다. 유럽연합 경제는 통합을 계기로 새로운 활력을 보이고 있지만 높은 실업률 아래 아직은 전망이 불투명하다. 사회주의에서 자본주의로 이행하고 있는 러시아를 비롯한 동구권의 '전환도상국가'는 마이너스 성장을 헤어나지 못하고 있는 상태에서 세계자본주의의 새로운 주변부로 전락하고 있다. 멕시코, 브라질 등 남미 신흥공업국가는 경제의 활력은 다소 살아나고 있지만 사회의 극심한 양극화가 지속되고 있고, 미국경제에 대한 새로운 종속이 나타나고 있다. 아시아, 아프리카, 라틴 아메리카의 대다수 '제3세계' 국가는 기아와 빈곤이 심화되는 가운데 여전히 주변부로 남아 있다.

이와 같이 자본주의로 통일되고 있는 세계경제에서는 자본축적의 위기와 민중의 삶의 위기가 심화되고 있다. 어떤 사람들은 세계대공황이 도래할 것이라고 예측한다. 현재와 같이 국제금융자본의 투기활동이 통제되지 않고 자동차·전자·철강 등 주요 산업의 과잉생산 추세가 지속된다면 세계대공황이 발생할 가능성이 높아질 것이다. 21세기 여명기에 우리는 공황과 대량실업, 그리고 양극화와 빈곤화라는 자본주의에 고유한 모순이 세계적 규모로 출현하고 있음을 보고 있는 것이다. 이러한 현 단계 자본주의는 삶의 질 향상을 바라는 사람들에게 심각한 도전으로 다가오고 있다.

다른 한편 하나뿐인 지구는 심각한 생태위기에 처해 있다. 우선 지구촌 곳곳에서 발생하고 있는 대홍수와 대화재로 수많은 사람들이 목숨을 잃고 엄청난 규모로 자연이 파괴되고 있다. 이러한 물난리와 불난리는 그야말로 천재지변(天災地變)이라기보다는, 경제성장 제일주의 정책으로 인한 생태계파괴가 초래한 인재(人災)라 할 수 있다. 대기오염과 수질오염, 지구의 허파인 아마존 강유역의 열대밀림파괴를 비롯한 대규모 산림파괴, 이산화탄소(CO_2) 과다배출에 따른 지구온난화로 인한 기상이변, 환경호르몬의 형성으로 인한 인간 생식기능의 파괴 등의 현상은 인간의 생태계파괴가 마침내 인간파괴를 초래하고 있음을 말해준다. 비유하자면 이는 자연을 약탈하는 인간중심적인 사고, 인간과 자연을 과잉 착취한 자본주의적 경제질서에 대한 '자연의 역습'이 아닐까? 이러한 생태위기가 발생함에 따라, 이제 인류의 생존 그 자체를 위해 인간과 자연이 공생하는 '지속가능한 성장', '문명의 전환', '대안적 생활양식'을 구현하지 않으면 안 될 상황이 닥친 것이다.

2. 자본주의의 새로운 경향

세계경제의 위기가 심화되고 있는 가운데 자본주의는 1990년대에 들어오면 그 이전 시기와는 다른 새로운 경향이 출현한다. 아래에서 보게 될 경향들은 새로운 설명을 필요로 하고 심지어는 경제학의 패러다임 변화를 요청하는 새로운 현상이라 할 수 있다.

첫째, 자본주의가 글로벌 자본주의(global capitalism)라는 새로운 단계에 접어들고 있음을 시사하는 경향들이 나타난다. 자본운동의 글로벌화는 자본주의의 초기 단계부터 진전되어왔다. 20세기 초에 출현한 제국주의 단계에서 자본운동은 이미 공간적으로 지구촌 전체를 지배하게 된다. 그러나 제국주의 단계에서는 아직 자본운동의 중심이 한 국민국가 내부에 있었다. 거기에서는 국민국가에 기반을 둔 자본주의 즉, 국민자본주의(national capitalism)들간에 자본운동의 새로운 장을 확보하기 위한 영토분할 경쟁이 치열하게 전개되고, 제국주의 본국과 식민지·종속국가 간에 지배-종속 관계가 성립하고 있었다. 식민지·종속국가로 진출하는 제국주의 국가의 자본은 자국의 국가권력과 밀접히 결합되어 있었다. 따라서 제국주의 자본들간의 적대적 경쟁은 마침내 제국주의 전쟁으로 귀결되었다.

그런데 1990년대에 들어오면 자본운동의 중심이 한 국민국가를 벗어나 세계적 범위에서 형성되는 현상이 폭넓게 나타난다. 국민자본(national capital)이 아니라 초국적자본인 글로벌 자본(global capital)이 자본운동을 주도한다. 글로벌 자본은 특정 국가의 권력과 연계 없이 운동한다. 글로벌 자본은 이른바 글로벌경영에 적합한 다국적기업을 조직한다. 자본들간의 경쟁은 국민국가라는 장벽이 거의 완전히 사라져서 글로벌경쟁(global competition)의 양상을 띤다. 글로벌 자본들간의 전략적 제휴와 인수·합병(M&A)이 빈번히 일어난다. 국민경제에 대한 세계경제의 영향력이 그 이전 시기에 비해 결정적으로 강화되고, 국민경제들간의 상호의존과 상호작용이 크게 증대한다. 글로벌 자본의 영향력과 세계경제의 작용이 압도하고 있기 때문에 국가의 경제정책 효과도 그만큼 제한적일 수밖에 없게 된다.

이러한 경향의 출현을 촉진한 주요한 계기는 소련 및 동구권 사회주의의 붕괴와 정보화의 급속한 진전이라 할 수 있다. 사회주의 세계 체제의 붕괴는 지구촌을 자본주의로 단일화하여 자본운동의 범위를 지구촌 전체로 확대하였고, 컴퓨터 기술과 통신산업의 발전에 기초한 정보화의 진전은 지구촌 곳곳을 실시간으로 동시화하였다. 이러한 새로운 경향은 시간이 갈수록 더욱 강화될 것이다. 21세기 여명기에 자본주의는 '글로벌 자본주의'라는 새로운 단계에 돌입하고 있다.

둘째, 국제금융자본의 운동이 세계경제와 각 국민경제에 결정적인 영향을 미치는 현상이 나타나고 있다. 세계수준에서나 국가수준에서나 1980년대까지의 자본주의의 변화는 생산활동에 기초를 둔 산업자본이 주도해왔다. 생산활동의 변화와 생산물의 수출입의 변화가 경제변동의 주요 요인이었다. 금융자본은 산업자본의 이러한 생산중심의 실물경제를 뒷받침하는 부차적 역할만을 해왔다. 물론 20세기 초 자본주의의 제국주의 단계에서 금융자본은 국민경제에 대한 강력한 지배력을 행사하였었다. 그러나 이 경우에도 금융자본은 산업자본의 활동을 촉진하는 것이 그 기본적 기능이었다.

그런데 1990년대에 와서는 금융자본이 산업자본의 운동에서 분리되어 독립적으로 운동할 뿐만 아니라 금융자본의 운동이 산업자본을 지배하게 된다. 국제금융자본의 운동에 크게 좌우되는 환율과 이자율의 변동이 산업자본의 생산활동에 결정적인 영향을 미치는 상황이 되었다. 세계적 범위에서 외환투기와 주식투기를 통해 막대한 이익을 챙기고 있는 국제투기자본－이른바 핫머니(hot money)－은 세계경제와 각 국민경제의 불안정성을 크게 증대시키고 있다. 국제투기자본의 급격한 대량유출로 인해 1997년 아시아의 외환위기와 금융위기가 촉발되었다는 사실은 그 현저한 사례라 할 수 있다. 특히 외채위기와 외환위기 때문에 국제통화기금(IMF)의 관리 아래 들어간 한국경제의 경우, 국제금융자본의 이익을 대변하는 IMF가 고금리정책과 금융긴축정책을 강요함으로써 산업생산 기반이 파괴되어갔다.

이와 같이 국제금융자본이 막강한 위력을 발휘하여 세계경제의 변동을 좌우하는 주된 요인으로 등장하게 된 것은 선진국 국민들의 금융자산의 증대, 금융의 자유화, 그리고 정보기술의 발달 때문이라 할 수 있다. 제2차세계대전 이후 30년간 자본주의의 '황금시대' 동안 크게 증대한 국민소득 중에서 저축된 금융자산이 막대한 규모의 금융자본을 형성하였다. 국제간 단기자본 이동에 대한 규제를 철폐하는 금융의 자유화가 이러한 금융자본이 대량으로 해외에 진출하는 금융의 세계화를 가능하게 하였다. 아울러 정보기술의 발달은 국제금융자본이 지구촌 구석구석을 광속도로 이동하면서 투기활동을 할 수 있는 기술적 기초를 제공하였다. 실물생산에 기초한 국제무역 규모를 훨씬 능가하는 국제금융 자본의 흐름이 세계경제와 국민경제에 결정적인 영향력을 미치는 것은 분명 새로운 경향이라 할 것이다.

셋째, 상품의 생산, 자본축적 및 경제성장에서 지식이 결정적인 요인이 되는 지식기반경제(knowledge-based economy)가 출현하고, 사회 계급과 계층의 형성에서 지식이 중심적 요소로 되는 '지식사회'가 도래하고 있다. 물론 과거에도 경제활동에서 지식은 중요한 요인이었다. 그러나 과거의 경제성장은 자본과 노동력의 절대적 투입량에 의해 좌우되었다. 지식이 경제성장을 주도한 요인은 아니었다. 지식은 기술과 숙련의 형태로 생산성과 품질을 향상시키는 하나의 중요한 요소였다. 그러나 대량생산체제에서 지식은 아직 가치생산에 결정적인 요소는 아니었다. 특히 단순반복노동을 하는 일관조립 라인의 노동자에게는 지식이 거의 필요하지 않았다.

그러나 자본과 노동력 투입의 증가를 통한 경제성장이 자연자원의 고갈과 노동력 부족으로 한계에 부딪히고 소품종 대량생산체제의 효율성이 떨어지는 상황에서, 지식이 경제성장의 새로운 원천으로 등장한다. 1970년대 경제위기 속에서 기업들은 효율성이 떨어진 대량생산체제를 대신하는 새로운 생산체제를 모색한다. 저비용 전략보다는 고품질 전략을 추구하는 새로운 생산체제에서는 과학기술자들의 연구개발 능력, 현장 노동자들의 문제인식 능력과 문제해결 능력이 생산성과 품질향상에 결정적인 요소가 된다.

따라서 지식기반경제에서는 창의성 있는 지식을 생산하고 유통시키는 제도적 장치를 마련하는 것이 경제성장의 핵심적인 전략적 요소가 된다. 지식을 창출하는 교육제도와 교육과정의 역할이 크게 중요해진다. 지적재산권이 소유권에서 점차 큰 비중을 차지하게 된다. 물질적인 생산수단의 소유 여부뿐만 아니라 지식소유 여부가 사회 계급과 계층을 구분하는 새로운 기준이 된다. 지식이 지적자본으로 전화하느냐 아니면 지적노동으로 전화하느냐에 따라 자본가와 노동자 간의 힘 관계가 달라지기 때문에 지식은 자본과 노동에서 매우 중요한 전략적 요소가 된다. 지식의 생산과 분배 그리고 유통을 둘러싼 갈등이 새로운 사회갈등으로 등장한다. 그래서 자본주의 사회는 지식사회의 성격을 띠게 된다. 이러한 지식기반경제와 지식사회는 21세기의 경제 및 사회변동을 추동하는 새로운 중심축의 하나가 될 것이다.

넷째, 자유로운 시장경제가 효율성을 향상시켜 경제성장과 사회복지를 증진시킬 수 있다는 신념을 가지고 정부의 규제철폐와 노동시장의 유연화를 주창하는 신자유주의가 지구촌을 휩쓸고 있다. 자유시장경제의 완전성을 신봉하는 경제적 자유주의는 고전파 경제학의 창시자인 애덤 스미스(Adam Smith)에서 시작하는 경제학의 역사만큼이나 오래된 이념이다. 1930년대의 세계대공황을 계기로 자유시장경제의 불완전성이 결정적으로 드러남에 따라 경제적 자유주의 이념은 후퇴하게 된다. 대공황 이후 실업해소, 유효수요 증대, 인플레이션 억제, 그리고 복지국가의 실현을 위해 국가가 경제에 개입해야 한다는 사고방식이 등장한다. 케인스 경제학과 사회민주주의적 복지국가 이념에 기초한 국가개입은 제2차세계대전 후 30년간의 자본주의의 '황금시대' 동안에 효과가 있었고, 따라서 정당화되었다.

그러나 1970년대 초에 발생한 경제위기가 장기화되자 1980년대에 들어와 신자유주의 이념이 대두된다. 신자유주의는 소련과 동구사회주의가 붕괴하자 크게 강화된다. 신자유주의는 미국의 레이건 정부, 영국의 대처 정부 등 앵글로색슨 국가의 보수주의 정부의 경제정책을 통해서 구체화된다. 그래도 1980년대 동안에는 복지국가 이념과 케인스주의적인 개입주의 정책을 실시한 스웨덴과 독일 등의 사회민주주의와 미국과 영국의 신자유주의는 경합하고 있었고, 그 경제적 성과는 미국과 영국보다 스웨덴과 독일이 더 나았었다. 그런데 1990년대에 들어오면 미국이 주도하는 신자유주의가 세계적 범위로 확산된다. 그래서 오늘날 대부분의 자본주의 국가에서 복지국가 해체, 규제철폐, 노동시장 유연화를 위한 구조조정 작업이 진행중이다. 자유시장경제 질서의 회복이 경제위기 탈출의 유일한 길이라는 이데올로기가 지배하고 있다.

자본주의의 'U턴', 자본주의의 '역류'라고도 지칭되는 이러한 신자유주의 체제는 자본주의가 새로운 단계에 진입하고 있음을 말해준다. 신자유주의 체제는 자본주의의 황금시대에 형성되었던 국가와 자본의 관계, 자본과 노동의 관계, 국가와 시장의 관계를 크게 변화시키고 있다. 따라서 신자유주의는 21세기 들어서 자본주의의 구조를 형성하고 변화를 추동하는 새로운 경향이라 할 수 있다. 그러나 신자유주의 체제는 극심한 불안정성과 불공평성 때문에 그 지속가능성이 의문시된다.

다섯째, 자본주의 경제와 사회의 변화양상이 과거보다 훨씬 복잡하고 불안정하며 변화의 방향은 예측하기가 매우 불확실하게 되었다. 이와 같은 변화의 복잡성, 불안정성, 그리고 불확실성은 현 단계 자본주의의 현저한 특징 중의 하나라 할 수 있을 것이다. 물론 이전 시기에도 자본주의의 변화는 복잡하고 불안정한 과정이었으며, 장래는 불확실한 것이 사실이었다. 그러나 기술 변화의 속도가 느리고 인간의 욕구가 단순하고 생산방식과 생활양식이 대체로 단일했기 때문에 자본주의의 변화는 비교적 단순하고 안정적이며 가까운 미래는 어느 정도 예측할 수 있었다. 특히 제2차세계대전 이후의 '황금시대' 동안 단체교섭제도와 사회보장제도 등을 통해 자본과 노동 간의 타협이 안정적으로 지속되었던 자본주의 국가에서는 경제가 비교적 높은 안정성과 확실성을 보였다.

그런데 이러한 변화의 상대적인 단순성과 안정성 그리고 확실성은 1980년대부터 깨어지기 시작하고, 1990년대에 들어오면 복잡성, 불안정성, 불확실성이 크게 증대한다. 이러한 새로운 경향을 낳은 주요 요인으로서는 1970년대 중반부터 본격화된 과학기술혁명이 시간이 지날수록 더욱 가속화하여 기술변화의 속도가 급속하게 된 점, 전후 30년간의 지속적 고도성장으로 국민들의 소득이 크게 증대하여 소비양식이 다양화된 점, 사람들의 자유의 확대와 개성의 해방으로 생활양식이 다양화된 점, 신자유주의의 지배로 인해 제도의 힘이 약화되고 시장의 힘이 크게 강화된 점, 세계화의 진전으로 국민경제들간의 상호작용과 국민경제에 대한 세계경제의 영향력이 크게 증대한 점, 국제금융자본의 투기활동으로 인해 국제금융시장이 극도로 불안정한 점을 들 수 있다.

이와 같이 다양한 요인들이 상승작용하고 있는 것이 현 단계 자본주의의 지배적 경향이라고 할 수 있으므로, 다른 조건이 크게 변하지 않는다면 21세기에는 자본주의 경제의 복잡성, 불안정성, 불확실성이 더욱 강화될 것으로 전망된다. 그렇게 되면 국가의 경제정책 수립은 그만큼 어려워지고 정책의 효과도 약화될 가능성이 높아질 것이다. 이러한 추세 속에서 기업조직을 비롯한 각 조직의 생존을 위한 제1의 조건은 가변적인 상황에 능동적으로 대처할 수 있는 유연성의 실현이 된다. 동시에 국민경제와 국민생활의 안정성 확보를 위한 세련된 정책 프로그램의 필요성이 증대한다.

3. 경제학의 '제3차 위기'

경제위기와 생태위기, 이로 인한 생활위기로 요약할 수 있는 21세기 여명기 지구촌의 위기와, 글로벌 자본주의의 형성, 국제금융자본의 지배, 지식기반경제의 출현, 신자유주의의 지배, 복잡성·불안정성·불확실성의 결정적 강화 등으로 요약될 수 있는 자본주의의 새로운 경향을 과연 오늘날 경제학은 제대로 해명하고 있는가? 그러한 위기를 극복하기 위한 올바른 정책대안을 제시하고 있는가? 모순에 찬 자본주의를 넘어선 대안적인 경제체제에 대한 비전과 실천 프로그램을 제시하고 있는가?

결론부터 말하자면 '아니오'이다. 경제학의 3대 학파라 할 수 있는 신고전파 경제학, 케인스 경제학, 맑스 경제학이 모두 그러하다고 할 수 있다. 조절이론, 제도경제학, 복잡계이론, 진화경제학 등 주목할 만한 새로운 시도들이 없는 것은 아니나 아직은 모색단계에 있다. 현대자본주의의 다양하고 복잡한 요인들을 하나의 체계로서 총체적으로 분석할 수 있는 경제학은 아직 존재하지 않는다. 기존 경제학의 세계관, 개념, 이론적 틀을 가지고는 그러한 현상들을 해명하는 데는 명백한 한계가 있다. 따라서 경제학은 지금 토머스 쿤(Thomas Kuhn)이 말한 패러다임 위기에 처해 있다고 할 것이다.

신고전파 경제학은 가계의 소비행위와 기업의 생산활동과 같은 개별 경제주체들의 행동준칙인 효용극대화와 이윤극대화 원리에 기초하여 수요와 공급, 가격, 자원배분, 소득분배 등과 같은 시장경제의 현상들을 설명한다. 이러한 개별 소비자와 생산자의 자율적인 선택 행위가 전체 경제현상을 낳는 기초라고 생각한다. 신고전파 경제학은 주어진 제약조건 아래에서 합리적 선택을 하는 경제주체들의 경쟁을 통해 효율적인 자원배분이 이루어지는 메커니즘을 해명하는 데 기여하였다.

그러나 조화와 균형이라는 세계관과 개념에 입각한 신고전파 경제학은 자본주의의 위기와 갈등을 해명하기에는 부적합하다. 미시적이고 정태적인 경제현상을 설명하는 데는 강점이 있지만, 거시적이고 동태적인 경제현상을 해명하는 데는 취약하다. 시장기구가 경쟁을 촉진하여 자원을 효율적으로 배분하고 사회구성원의 복지를 최대한 증진시킨다고 보기 때문에, 신고전파 경제학은 자본주의 시장경제가 초래하는 불안정성과 위기, 그리고 불균형성과 불평등성을 중요한 문제로 설정하지 않는다.

이런 까닭에 신고전파 경제학은 지금 지구촌을 풍미하고 있는 신자유주의가 주창하는 자유시장 자본주의가 초래할 고용불안, 생활불안, 소득불평등의 심화 문제에 대해서는 별 관심이 없다. 따라서 변화의 복잡성과 불안정성 그리고 불확실성을 밝히는 데는 큰 한계가 있다. 자본주의의 불안정성과 불평등성이 날로 강화되고 있는 현 단계 자본주의에서 신고전파 경제학의 현실적합성은 그만큼 더 떨어지게 된다.

1930년대 세계대공황 이후 자본주의 시장경제에 고유한 불안정성과 불확실성을 인정하고 경제에 대한 국가의 개입을 주장한 케인스 경제학이 등장하였다. 케인스 경제학은 가계, 기업, 정부, 해외 등 네 부문으로 구성된 국민경제의 전체적 순환과정에 초점을 맞추어 유효수요와 국민소득, 그리고 고용수준의 결정 원리를 밝히고자 하였다. 특히 케인스(J. M. Keynes)는 유효수요의 부족으로 인한 불황과 실업의 발생과정을 해명하고, 적자재정에 의한 정부지출 증대를 통해 유효수요를 증대시킴으로써 실업을 해소하고 경제위기를 탈출하려는 정책대안을 제시하였다. 그는 자본주의에서 완전고용은 특수한 상태일 뿐이며 불완전고용 즉 실업이 오히려 일반적 상황임을 밝히고, 투기적 동기의 화폐수요와 투자의 가변성이 경제 불안정의 근본 원인임을 해명함으로써 자본주의에 고유한 불균형성과 불안정성을 밝히는 데 기여하였다.

그러나 수요 측면에서 경제현상을 설명하는 케인스 경제학은 스태그플레이션(stagflation)이라 불리는 1970년대 이후의 경제위기를 해명하는 데 성공하지 못하였다. 그리고 케인스주의적 경제정책은 경제위기 극복에 실패하였다. 비록 정부가 적자재정을 통해 정부지출을 증가시켜 유효수요를 증대시키더라도 경기 회복은 미진하고 인플레이션만 나타났기 때문이다. 아울러 실업수당 지급과 저소득자 생활보조 등과 같은 사회보장지출이 크게 증대함에 따라 국가의 재정적자가 크게 누적되어 재정위기가 나타나기에 이른다. 다른 한편에서는 경제에 대한 국가개입이 관료주의 현상을 낳고 민간의 자율성과 창의성을 억누른다는 비판이 제기되기에 이른다.

이와 같이 케인스 경제학의 현실적합성이 떨어지고 경제위기가 지속되자 시장기구의 완전성을 신봉하면서 경제에 대한 국가개입을 반대하는 통화주의(monetarism)와 공급측 경제학(supply-side economics)이 등장한다. 이는 신고전파 경제학과 마찬가지로 신자유주의 이념을 바탕에 깔고 자유시장 자본주의를 주창하였다. 이 경제학은 케인스 경제학과 마찬가지로 21세기 글로벌화 시대의 자본주의의 위기를 해명하고 대안을 제시하는 데 무력하다.

그렇다면 자본주의를 비판적으로 분석하는 정치경제학의 대표적 학문체계인 맑스 경제학은 어떤가? 맑스 경제학은 사회의 내부모순들과 그 서로 모순되는 요소들간의 대립·갈등을 통해 사회변화가 일어난다고 보는 역사적 유물론에 입각하여, 자본주의를 시장경제에 기초한 착취체제로 파악하고 그 불평등성과 불안정성을 해명하고자 한다.

맑스 경제학의 원조인 맑스(K. H. Marx)는 자본주의란, 생산수단의 사적 소유에 기초하여 자본가가 노동자의 잉여노동을 착취하기 때문에 기본적으로 불평등할 뿐만 아니라, 이윤추구를 위해 상품생산을 하는 자본가들간의 경쟁이 과잉축적을 낳아 주기적인 공황을 발생시키기 때문에 불안정하며, 착취와 경쟁을 통한 자본축적이 부익부 빈익빈(富益富 貧益貧) 현상을 초래하여 사회를 양극화시키기 때문에 불공정하다고 주장하였다. 맑스에 의하면 자본주의가 발전함에 따라 자본가들의 부와 소득이 갈수록 증대하는 반면, 노동자들의 실업과 빈곤 그리고 소외가 심화되는 경향이 나타나서, 자본가와 노동자 간의 대립·갈등이 격화되어 마침내 자본주의는 붕괴하기에 이른다. 자본주의 이후 사회에는 생산수단의 공유에 기초하여 자유로운 생산자들간의 연합이 이루어지는 착취와 소외가 없는 새로운 사회가 도래한다. 맑스 이후 맑스 경제학은 독점자본주의, 제국주의, 국가독점자본주의 등 20세기 자본주의의 새로운 현상을 설명하고자 하였다.

이러한 맑스 경제학은 자본주의의 성장과 위기, 불안정성과 불평등성을 이론적으로 해명하는 데 다른 경제학보다 강점을 가진다. 특히 공황과 실업 그리고 소득불평등을 설명하는 데 있어서 그러하다. 그래서 착취, 소외, 차별 등 자본주의 사회의 모순들이 노동자들을 비롯한 민중의 삶의 질을 악화시키는 메커니즘을 밝히는 데 비교적 성공하였다 할 수 있다. 맑스 경제학의 가장 큰 장점은 생산, 분배, 교환, 소비 등 경제활동 과정에서 맺는 인간과 인간의 관계에 초점을 맞춤으로써, 인간이 물(物)을 지배하는 것이 아니라 물이 인간을 지배하는 전도(顚倒)된 자본주의의 현실을 비판적으로 심층 분석한다는 점에 있다고 할 수 있다. 아울러 인간해방과 노동해방이라는 실천적 목표 아래, 자본주의 시장경제와는 다른 대안적 사회경제체제의 상을 제시함으로써 사회의 인간화와 민주화를 위한 사회운동의 실천에 기여하였다는 점을 지적할 수 있다.

그러나 맑스 이후 많은 이론적 발전이 있었지만 이른바 '정통파' 맑스 경제학은 자본주의 분석과 사회주의 건설 과정에서 많은 오류를 범한다. 경제가 정치와 문화 등 모든 사회현상을 결정한다는 관점, 자본주의가 그 내부모순으로 전반적인 위기에 빠져 자동 붕괴한다는 이론, 자본주의의 발전에 따라 노동계급의 생활은 필연적으로 악화된다는 주장, 생산수단의 사회적 소유를 곧 국가적 소유로 보는 견해, 경제활동의 동기로서의 개인적 이해관계를 무시하는 태도, 계획이 만능이라는 사고, 사회주의에서는 조만간 상품·화폐 관계가 소멸한다는 생각 등은 그 현저한 예라 할 수 있다. 특히 소련의 스탈린 체제 아래에서 맑스 경제학이 당과 정부의 정책을 정당화하는 도구로 전락하여 교조화 됨으로써 원래의 비판적이고 창조적인 기능을 상실하고 화석화되기에 이른다.

이러한 교조적 맑스 경제학은 현실사회주의의 붕괴에 따라 대안적 경제체제에 대한 비전을 상실함으로써 결정적으로 위기에 처한다. 아울러 '정통파' 맑스 경제학은 자본주의의 본질이 불변이라는 생각에 집착하여 자본주의의 공간적 다양성과 시간적 가변성을 인식하지 못하기 때문에, 서로 다른 자본주의 국가들의 상이한 발전모델과 현대자본주의의 새로운 경향들을 제대로 설명하지 못한다. 이는 오로지 맑스의 『자본』의 논리를 절대화하고 그것에 기초하여 현대자본주의를 분석하려는 다수의 맑스주의 경제이론들에게서 공통적으로 보이는 한계라 하겠다. 그리고 '정통파' 맑스 경제학은 항상 사회주의 실현을 목표로 자본주의를 비판하고 있기 때문에 자본주의 내에서의 민주개혁을 위한 정책대안 제시 능력이 취약하다.

이상에서 간단히 개관한 바대로 신고전파 경제학, 케인스 경제학, 그리고 맑스 경제학은 모두 정도의 차이는 있지만 21세기 초 자본주의의 현실을 분석하고 대안을 제시하는 데 무력한 실정이다. 그리고 3대 경제학파 모두 분석단위를 국민국가라는 경계 내의 국민경제로 설정하고 있기 때문에 국경 없는 글로벌 자본주의로 발전하고 있는 현대자본주의를 분석하는 데는 큰 한계를 가진다. 아울러 모두 경제성장 지상주의, 생산력주의라는 가치관을 가지고 있기 때문에 생태위기의 심각성에 주목하고 그 해법을 제시하는 데 취약하다. 이론과 현실 간의 괴리가 심각하고, 따라서 이론이 현실을 변화시키는 합리적인 정책을 제공하고 있지 못하다.

일찍이 영국의 경제학자 로빈슨(Joan Robinson) 여사는 '경제학의 제2차 위기'를 말한 바 있다. 그녀에 의하면 제1차 위기는 경제학이 1930년대 대공황 이후의 실업문제를 해결하지 못함으로써 발생하였는데, 이는 케인스 경제학이 등장하여 그 정책에 따라 고용이 확대됨으로써 해결되었다. 제2차 위기는 고용의 질과 관련된 소득분배 문제를 해결하지 못함으로써 발생했다. 그러나 그녀가 말하는 제2차 위기는 제2차세계대전 이후 선진자본주의 국가에서 나타났던 최저임금제도, 생산성 임금제와 이윤참가제도, 누진세제도, 사회보장제도 등 복지국가의 정책들을 통해서 상당정도 완화되었다.

그런데 마침내 1990년대에 들어와 '경제학의 제3차 위기'가 닥치고 있다. 제3차 위기는 사회주의의 붕괴, 지구촌의 생태위기, 아시아 및 남미 신흥공업국가들의 경제위기, 세계금융위기 등으로 인한 경제위기·생태위기·생활위기를 해결하지 못함으로써 발생하고 있다. 신자유주의의 등장과 함께 실업문제와 소득분배 문제가 새로이 심화됨에 따라 제3차 위기에는 1, 2차 위기가 중첩되고 있다. 따라서 그만큼 심각한 양상을 띨 수밖에 없는 이러한 제3차 위기가 새로운 경제학의 출현을 통해 해결되지 못하면, 아마 그것은 경제학의 '최종적 위기'가 되지 않을까 한다.

4. '새정치경제학'의 모색

21세기에 정치경제학이 인간의 삶의 질 향상에 쓸모 있는 학문으로 남기 위해서는, 이러한 경제학의 제3차 위기를 극복할 수 있는 '새정치경제학(new political economy)'의 등장이 요청된다. '새정치경제학'은 앞에서 논의한 바와 같은 신고전파 경제학, 케인스 경제학뿐만 아니라 기존의 맑스 경제학의 한계를 넘은 지점에서 전망할 수 있을 것이다.

여기서 '정치경제학'이란 자본주의 사회의 근본적 변혁을 지향하면서 인간과 인간의 관계를 중심축으로 해서 경제현상을 정치 및 문화현상과의 상호관련성 속에서 분석하는 관점을 가진 경제학을 말한다. 이러한 관점은 지금까지 맑스 경제학이 견지해온 관점이었다. 이러한 의미의 정치경제학은 맑스의 『자본(Capital)』(1867)의 세계관과 이론들에 그 근원을 두고 있다. 그러나 정치경제학이 곧 '맑스의 경제학'을 의미하는 것은 아니며, 지난 시절 소련에서 공인되었던 '정통파 맑스 경제학'을 지칭하는 것은 더욱 아니다. 정치경제학에는 맑스의 사상과 경제이론을 서로 달리 해석하거나 수정하고 혁신하려는 '이단(異端)'들까지 포함된다.

그렇다면 '새정치경제학'이 해결해야 할 과제는 무엇인가? 그것은 우선 글로벌 자본주의의 형성, 국제금융자본의 지배, 신자유주의의 지배 속에서 나타나고 있는 현대자본주의의 3대 위기라 할 수 있는 생태위기, 경제위기, 그리고 생활위기를 해명하는 것이 될 것이다. 나아가 그러한 위기를 극복하기 위한 민주적 정책대안과 자본주의를 넘어선 대안적인 경제체제에 대한 비전을 제시해야 할 것이다. 이를 위해서는 무엇보다 인간과 자연, 사회와 역사에 대한 올바른 관점을 확립하고 현대자본주의를 총체적으로 분석할 수 있는 이론적 틀을 마련하는 것이 필수적이라 하겠다.

그러한 관점을 정립하고 이론적 틀을 짜는 데는 정치경제학의 대표적인 고전으로서 자본주의를 체계적으로 해부한 맑스의 『자본』이 주춧돌이 된다. 『자본』에서 발견할 수 있는 인간과 사회 그리고 자본주의에 대한 맑스의 깊은 통찰력은 현대자본주의 분석에도 큰 도움이 될 것이기 때문이다. 그러나 맑스의 『자본』은 19세기 중엽의 영국 자본주의의 현실에 기초하여 이론화된 것이기 때문에, 시공간적으로 한계를 가지지 않을 수 없다. 뿐만 아니라 맑스의 『자본』 자체에도 많은 이론적 난점과 공백이 있으며 무시 못할 논리적 한계들을 가지고 있다. 그러므로 '새정치경제학'을 정립하는 데 그것이 절대적 기준이 될 수는 없을 것이다. 따라서 맑스에서 죽은 것과 살아 있는 것을 가려내고 맑스의 『자본』의 논리적 한계를 넘는 이론적 틀을 모색할 필요가 있을 것이다.

맑스 경제학에 기초를 둔 새로운 정치경제학이 '경제학의 제3차 위기'를 극복하는 데 기여하는 학문이 될 수 있기 위해서는, 맑스 경제학이 가지고 있는 한계를 넘어서서 21세기 여명기 자본주의에서 나타나고 있는 생태위기, 경제위기, 생활위기와 자본주의의 새로운 경향들을 해명하고 실현 가능한 대안적 경제체제를 제시할 수 있어야 할 것이다. 맑스 경제학의 한계를 넘어 새로운 정치경제학의 관점과 이론적 틀을 형성하기 위해서는 어떠한 방향으로의 이론적 혁신이 필요할까?

첫째, 인간과 자연, 그리고 경제(economy)와 생태(ecology)가 통일된 하나의 전체라는 관점을 확립해야 한다. 이러한 관점에 따라 사람과 사람 간의 관계라는 하나의 축과, 사람과 자연 간의 관계라는 또 하나의 축을 결합하여 이론적 틀을 짜는 중심축으로 삼아야 할 것이다. 그러한 이론적 틀로 경제생활 과정에서의 인간과 인간의 상호작용뿐만 아니라 인간과 자연의 상호작용이 인간의 삶과 자연에 미치는 효과를 탐구해야 한다. 전통적으로 맑스 경제학은 '인간에 의한 인간의 착취' 문제에 주목하고 '인간에 의한 자연의 착취' 문제는 간과하였다. 즉 맑스 경제학도 생산력 발전이란 측면에서만 인간과 자연의 관계를 바라보는 오류를 범했다. 이러한 맑스 경제학의 한계를 넘어서야만 생태위기를 제대로 해명할 수 있고, 인간과 자연의 공생을 보장하는 대안적 발전모델을 전망할 수 있을 것이다.

둘째, 정치경제학의 분석단위를 '글로벌 자본주의'로 설정해야 할 것이다. 전통적으로 정치경제학의 분석단위는 '국민자본주의'였다. 즉 하나의 국민국가의 경계 내에서 형성되는 자본-노동-국가의 관계를 중심으로 자본주의를 분석하였다. 국제경제도 어디까지나 국민경제를 중심으로 그 연장선상에서 분석하였다. 글로벌화가 급속히 진전되어 세계적 범위에서 자본-노동 관계가 형성되고 자본간 경쟁이 이루어지는 글로벌 자본주의가 출현하는 지금, 분석단위를 글로벌 자본주의로 설정해야 최근의 아시아 경제의 위기나 세계금융위기에서 분명히 드러난 바와 같은 국민경제들간의 상호작용과 국민경제에 대한 세계경제의 영향력을 제대로 분석할 수 있을 것이다. 이 경우 글로벌 자본주의 내의 국민자본주의들간의 관계와, 자본과 노동의 관계에 초점을 맞추어 세계자본주의를 해명해야 할 것이다. 이와 같이 분석단위를 새롭게 설정해야 새로운 세계경제질서 형성이란 과제에 접근할 수 있을 것이다.

셋째, 글로벌 자본주의 내의 국민자본주의들의 공간적 다양성과 시간적 가변성을 분석하기 위해서는 각 국민국가의 제도분석과 경제주체들의 행동을 분석할 수 있는 이론적 틀을 갖추어야 한다. 동일한 본질적 속성을 가진 자본주의가 공간적·시간적으로 다른 형태를 취하는 것은 각 국민자본주의의 제도와 경제주체의 행동이 서로 다르고 또한 변화하기 때문이다. 제도는 사회관계 속에서 형성되는 서로 다른 이해를 가진 집단들간의 투쟁의 산물이면서, 동시에 그 투쟁에 영향을 미치는 변수이다. 경제주체들의 행동 혹은 투쟁은 제도의 제약을 받지만 제도를 변화시킬 수 있고, 나아가 사회관계의 성격도 바꿀 수 있다. 따라서 이러한 제도분석과 주체분석을 위한 이론적 틀을 갖춘 정치경제학을 정립해야 자본주의의 추상적 본질만 말하는 수준을 넘어 자본주의를 구체적으로 분석할 수 있고 제도개혁과 사회변혁의 문제에도 접근할 수 있을 것이다.

넷째, 생산영역뿐만 아니라 노동력 재생산 영역, 실물부문뿐만 아니라 화폐부문을 통합하는 이론적 틀을 갖추어야 한다. 21세기 지식기반경제에서는 직접적으로 생산이 이루어지는 영역보다는 그 생산을 위한 지식이 창출되는 노동력 재생산 영역이 더욱 중요해지며, 국제금융자본의 운동과 화폐의 흐름이 투자와 생산 같은 실물경제를 좌우하는 결정적인 변수로 등장했기 때문이다. 따라서 실물생산분석 중심의 이론 틀을 가진 종전의 정치경제학으로서는 이러한 자본주의의 새로운 경향을 해명할 수 없다. 상품가치를 형성하는 데 결정적인 중요성을 가지는 지식의 생산과 분배가 상품의 생산과 소득 분배에 미치는 효과를 분석할 수 있는 가치론과 분배론, 실물부분과 화폐부문 간의 상호작용을 파악할 수 있는 자본축적론과 공황론이 정립되어야 할 것이다.

다섯째, 자본주의에 대한 역사적 대안으로서 기존의 사회주의가 아닌 새로운 경제체제의 상과 실천 프로그램을 제시할 수 있는 정책론을 갖추어야 할 것이다. 자본주의에 대한 대안적 경제체제의 맹아(萌芽)는 자본주의 내부에서 그것과 대립하면서 형성된다. 따라서 대안적 경제체제를 모색하기 위해서는 현대자본주의의 새로운 경향들 속에서 자본주의를 넘어서는 요소들을 발견하여 그것을 육성·강화하기 위한 제도적 및 주체적 조건을 형성하는 정책을 제시하는 것이 매우 중요하다. 아울러 타산지석(他山之石)의 교훈을 얻기 위해 실패한 기존 사회주의의 역사적 경험을 분석하는 작업이 필요하다. 이와 관련해서 기존의 맑스주의의 이론과 실천에 포함되어 있었던 공상적 요소들과 비민주적 요소들을 철저히 밝혀낼 필요가 있다. 그리고 대안적 경제체제의 실현을 위한 새로운 사회운동의 방향을 제시해야 할 것이다.

　이상과 같은 방향으로의 이론적 혁신이 이루어질 때 '경제학의 제3차 위기'를 극복할 수 있는 '새정치경제학'의 확립을 전망해볼 수 있지 않을까. 새로운 정치경제학을 정립하는 과정에서는 케인스 경제학, 조절이론, 제도경제학, 진화경제학 등 최근에 새로이 시도되고 있는 경제이론들의 합리적 핵심을 흡수하는 개방적이고 유연한 자세를 견지하는 것이 요구된다. 아울러 실사구시(實事求是)의 정신으로 사람들의 실생활에 기초하여 이론을 구성하려는 연구자세가 필요하다 하겠다.

New Political Economy

제1장
정치경제학은 어떤 학문인가

정치경제학(political economy)은 어떤 학문인가? 정치경제학이 다루는 대상은 무엇인가? 정치경제학은 무엇을 목표로 하는가? 정치경제학의 토대가 되는 맑스 경제학은 어떤 학문이며, 어떻게 발전해왔는가? 정치경제학의 발전을 위해 맑스 경제학은 어떤 방향으로 혁신되어야 하는가?

1. 인간의 삶과 정치경제학

'먹고사는 문제'를 다룬다

사람은 밥만으로는 살아갈 수 없다. 그러나 밥 없이는 살 수 없다. 사람이 인간답게 살기 위해서는 자유를 누리고 예절도 지키며, 사랑을 나누고 사색도 하며, 풍경을 즐기고 때론 쾌락도 추구해야 한다. 그러나 '먹고사는 문제'가 해결되지 못하면 사람은 이 모든 인간적 품격을 상실하고 비인간화된다.

'배부른 돼지보다는 배고픈 소크라테스가 되겠다', '자유가 아니면 죽음을 달라'는 말이 고매하게 들리는 것처럼, '금강산도 식후경이다'거나 '곳간이 차야 예절을 알고, 의식이 족해야 명예와 수치를 안다'[1]는 말도 절실하게 다가온다. 아무리 고상한 사상과 이론도 먹고사는 문제를 해결하지 못하면 모두 공허한 것이 되고 만다. 밥을 먹고살면서도 인간적 품격을 지니고 있을 때 비로소 사람

---

1) 이는 중국 『사기(史記)』의 「식화전(食貨傳)」에 나오는 말로서 원문은 다음과 같다. '倉廩實而知禮節 衣食足而知榮辱'.

은 인간답게 사는 것이 아닐까?

'먹고사는 문제'는 어떤 사회든 해결해야 할 기본적인 일상적 경제문제이다. 특히 권력이 없고 재력이 없는 민중에게 '먹고사는 문제'는 절박한 문제이다. 사람들은 각자 '먹고사는 문제'를 해결하기 위해 경제활동을 하고 서로 투쟁하기도 한다. 인류 역사를 보면, 한 사회 내부의 개인들간이나 집단들간의 갈등과 투쟁, 나아가 국가들간의 분쟁의 대부분은 '먹고사는 문제'의 해결을 둘러싼 갈등과 투쟁에서 비롯되었다는 것을 알 수 있다.

동서고금을 막론하고 사회구성원들의 '먹고사는 문제'를 해결하는 것은 매우 어려운 문제이다. 고도의 문명사회인 오늘날에 있어서 이 문제는 '삶의 질(quality of life)' 문제, 즉 일터와 삶터에서 인간다운 삶을 누리는 문제이다. 이

경제학을 전공하려는 J양에게

경제학이라고 할 때에 제일 먼저 연상되는 대상은 아마 '밥'일 것입니다. 말하자면 밥 ―그것이 빵이나 스파게티라도 마찬가지입니다만― 과 관련되는 여러 가지 문제를 다루는 학문이 경제학입니다. 루드비히 포이에르바하라는 철학자는 "인간이란 요컨대 먹는 존재이다(Mann ist, was er ißt)"라고 지적하고 있습니다만, 사실은 이 지극히 평범한 발견이 경제학이 성립하는 바탕이 된다고 할 수 있습니다. '사람은 빵만으로 살 수 없다'― 블라디미르 두진체프의 소설에 이와 같은 제목이 있습니다― 는 주장은 분명히 지당한 말씀이나, 그러나 '밥 없이 살 수 있는 녀석이 있으면 나서보라'는 투박한 항의 또한 결코 외면할 수는 없습니다. 이미 짐작했으리라 믿으나, 여기서의 밥을 단순히 인간의 생명을 유지하기 위한 한 보따리의 영양소쯤으로 국한해서는 안됩니다. 오히려 그 밥을 어떻게 만들고, 또 어떻게 그것을 나누느냐는 방식에 따라 소위 그 사회의 문화가 형성된다는 사실에 주목해야 합니다.

밥을 만드는 행위를 경제학에서는 '생산'이라고 합니다. 이 생산이 가능하기 위해서는 토지나 천연자원과 같은 '노동대상'이 있어야 하고, 또한 이 대상을 가공할 수 있는 시설이나 기계와 같은 '노동도구'가 필요합니다. 그러나 무엇보다 중요한 요소는 실제의 생산과정에서 이들을 조직하고 통제해나가는 '노동력'의 역할입니다. 이렇게 생산의 최초 원인이 노동이라 할 때, 경제학은 '태초에 노동이 있었으니 ……'라는 데에서 시작할 수밖에 없습니다.

정운영, 『광대의 경제학』, 까치, 1990, 15쪽.

어려운 문제를 다루는 학문이 정치경제학이다. '먹고사는 문제'가 중대한 만큼 그것을 다루는 정치경제학도 중요한 학문이다.

자본주의 경제현상의 원리와 규칙성을 탐구한다

인간은 먹고살기 위해 생산물을 생산하고 분배하며 교환하고 소비하는 경제활동에 참가한다. 생산, 분배, 교환, 소비라는 네 영역의 경제활동에 참가하는 사람을 경제주체라 한다. 경제주체들의 다양한 경제활동의 결과가 한 사회의 경제현상으로 나타난다. 경제활동이 다양한 만큼 경제현상은 더욱 복잡해진다. 그러나 사람들의 다양한 경제활동에는 어떤 원리들이 있으며, 복잡한 경제현상 속에는 일정한 규칙성이 존재한다. 정치경제학은 이러한 경제활동의 원리와 경제현상의 규칙성을 탐구하는 학문이다.

그러나 정치경제학은 인류의 전체 역사를 통해 어느 시대에나 나타나는 공통적인 경제현상이 아니라 자본주의 사회에 고유한 경제현상을 연구대상으로 한다. 정치경제학은 서로 다른 역사적 시대에는 서로 다른 경제원리가 지배한다는 관점을 가지고 있다. 즉 경제현상은 역사성을 가진다고 본다. 자본주의 이전 사회와는 다른 자본주의 사회에 고유한 경제활동의 원리와 규칙이 무엇인가를 연구하는 것이 정치경제학이다. 이 점에서 정치경제학은 희소한 자원의 배분문제와 같은 모든 시대에 공통적인 초역사적 경제문제를 연구대상으로 하는 신고전파 경제학과 구분된다.

그렇다면 정치경제학이 왜 자본주의를 연구대상으로 설정하는가? 무엇보다 원래 경제학 자체가 자본주의의 출현과 함께 등장하였고, 정치경제학은 자본주의에 대한 비판이론으로 등장하였기 때문이다.

경제학의 아버지라 불리는 애덤 스미스는 『국부론(The Wealth of Nations)』 (1776)에서 18세기 중엽에 새로 등장하고 있던 자본주의 경제의 원리를 밝히고자 하였다. 정치경제학의 아버지인 칼 맑스(Karl Marx)는 『자본』에서 이미 완전한 모습으로 성립된 자본주의의 내부모순을 밝히고자 하였다. 맑스 이후의 정치경제학은 거의 대부분 변화·발전하는 자본주의를 연구대상으로 삼았다. 1917년 소련 사회주의 체제 성립 이후 정치경제학은 한동안 사회주의를 또 하

나의 주된 연구대상으로 설정하였다. 그러나 20세기 말 동유럽과 소련의 사회
주의 붕괴 이후 연구대상인 현실이 사라지자 사회주의는 더 이상 주된 연구대
상이 아니게 된다.

　정치경제학은 오늘날 지구촌 대부분의 사람들의 삶을 지배하고 있는 자본주
의 경제의 원리와 규칙성을 탐구하는 학문이다. 원리와 규칙성은 자본주의 경
제현상의 배후에 있는 어떤 법칙에서 비롯된다. 맑스의 표현처럼 정치경제학은
자본주의 경제의 '운동법칙(law of motions)'을 탐구하는 학문이다.

인간과 인간의 관계를 중심으로 경제를 고찰한다

　경제활동 과정에서 사람들은 다른 사람들과 관계를 맺는다. 로빈슨 크루소의
고도(孤島)에서의 생활과는 달리, 사회 내의 거의 모든 경제활동은 인간과 인
간 사이의 관계 속에서 이루어진다. 이러한 인간과 인간의 관계를 사회관계
(social relations)라 한다. 사람들은 생산과정에서 분업과 협업이라는 사회관계를
맺는다. 생산물의 분배는 생산에 참가하는 서로 다른 인간 집단들의 힘 관계에
기초하여 정해지는 규칙에 따라 이루어진다. 생산물의 유통과정에서는 생산물
의 교환을 매개로 사회관계를 맺는다.

　이처럼 경제활동을 둘러싸고 맺어지는 사회관계는 생산물이나 화폐와 같은 물
(物)을 매개로 형성된다는 점에서 정치활동이나 문화활동에서 맺어지는 사회관계
와 구분된다. <그림 1.1>에서처럼 생산, 분배, 교환 등의 경제활동은 한편으로
는 인간과 인간의 관계이고, 다른 한편으로는 물과 물의 관계이다. 예컨대, 쌀을
생산하는 농부와 양복을 생산하는 재단사가 쌀과 양복을 교환할 때, 이 교환관
계는 쌀과 양복이라는 물과 물의 관계임과 동시에 농부와 재단사 사이의 인간
과 인간의 관계이기도 하다. 돈을 가진 자본가가 노동자의 노동력을 구매하는
관계는 돈과 노동력이라는 물과 물의 관계일 뿐만 아니라 자본가와 노동자 간
의 고용관계이기도 하다.

　정치경제학은 물과 물의 관계와 인간과 인간의 관계를 동시에 보면서도 특히
인간과 인간의 관계에 초점을 맞추어 경제를 분석한다. 즉 인간과 인간의 관계
가 물과 물의 관계에 어떤 영향을 미치는지, 나아가 인간의 삶에 어떤 영향을

〈그림 1.1〉 경제생활의 여러 측면과 정치경제학의 대상

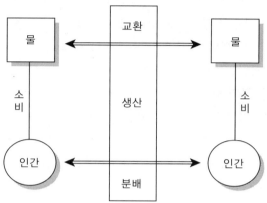

미치는지를 분석하고자 한다. 예컨대, 자본가(인간)와 노동자(인간)의 세력관계가 임금(물)과 이윤(물)이라는 소득분배에 어떤 영향을 미치는지, 그것이 노동자(인간)의 삶에 어떤 영향을 미치는지를 분석한다.

　이처럼 인간과 인간의 관계를 중심축으로 해서 경제현상을 분석하기 때문에 정치경제학은 사회과학이다. 정치경제학은 경제생활을 둘러싸고 서로 다른 욕구와 목표를 가진 사람들 사이에 나타나는 이해의 대립과 갈등의 원인을 해명하는 데 주력한다. 경제활동에서 사회관계를 맺고 있는 사람들 사이에는 그 사회관계 속에서 어떤 지위에 있느냐에 따라 서로 다른 이해관계가 형성된다고 보기 때문이다. 이처럼 경제생활 속에서 서로 다른 이해관계를 가지는 인간 집단을 계급이라 한다. 따라서 정치경제학이 경제를 인간과 인간의 관계를 중심으로 고찰한다는 것은 곧 계급관계를 중심으로 경제를 분석한다는 것이다.[2]

　이와는 대조적으로 신고전파 경제학은 인간과 인간의 관계를 배제하고 인간과 물(物)의 관계, 물과 물의 관계를 중심으로 경제현상을 분석한다. 신고전파 경제학은 희소한 자원을 서로 다른 용도에 최적으로 배분하는 문제를 중심적인 경제문제라고 생각한다. 이 경우 일정한 욕구를 가진 개별 경제주체(인간)가 주어진 자원(물)을 효율적으로 배분하여 최적의 결과에 도달하는 문제에 초점이

---

2) 계급관계에 대한 자세한 논의는 제2장 2절에서 다룬다.

맞추어진다. 반면 정치경제학은 '먹고사는 문제'를 둘러싼 사람들간의 이해의 대립과 갈등을 중심적인 경제문제로 파악한다.

신고전파 경제학은 소비자가 효용극대화를 위해 자신의 소득을 재화와 서비스 구입에 지출하는 행위, 생산자가 이윤극대화를 위해 생산물을 최소의 비용으로 생산하는 행위를 중심으로 경제현상을 설명한다. 생산을 분석할 때도 신고전파 경제학은 투입물인 생산요소와 산출물인 생산물이라는 물과 물의 기술적 관계에 초점을 맞추는데 반해, 정치경제학은 생산과정에 참가하는 사람들간의 사회관계에 초점을 맞춘다.

이처럼 정치경제학은 서로 다른 욕구를 가진 사람들이 경제생활 속에서 맺게 되는 관계에서 발생하는 이해의 대립을 해명하는 데 초점을 맞춘다. 정치경제학이 이러한 인간과 인간의 관계를 중심으로 경제를 분석하는 까닭은 현실의 경제활동이 인간과 인간의 관계를 통해 이루어지고 있기 때문이기도 하지만, 보다 근본적으로는 인간에 의한 인간의 억압과 착취를 폐지하려는 인간해방의 이념을 바탕에 깔고 있기 때문이다.

경제를 정치와 문화의 상호관련 속에서 분석한다

한 사회에서 경제와 정치, 경제와 문화는 서로 밀접히 연관되어 있다. 정치란 국가권력을 정점으로 해서 작용하는 사람들 사이의 권력관계를 말하며, 문화란 사람들의 사고방식과 행동방식을 지칭한다. 경제주체들간에 맺어지는 사람과 사람의 관계는 국가권력에서 비롯되는 법과 제도에 의해 제약을 받으며, 경제 생활 속에서 형성되는 사람들간의 서로 다른 이해관계는 법과 제도에 반영된다. 그리고 경제주체들의 사고와 행동에는 그 사회의 일반적인 사고방식과 행동양식이 녹아들어가 있으며, 경제생활에서 서로 다른 이해를 가진 사람들의 사고와 행동방식은 서로 다르게 나타날 수 있다. 정치와 문화는 경제발전을 촉진할 수도 있고 지체시킬 수도 있다.

따라서 경제를 정치 및 문화와 분리해서 분석할 수 없다. 정치의 작용 없는 경제와 문화의 영향이 없는 경제를 생각할 수 없다. 마찬가지로 정치와 문화도 경제와의 관련을 떼고는 생각할 수 없다. 요컨대, 정치 및 문화와 무관한 '순수한' 경제현상은 존재하지 않는다. 이러한 인식에서 정치경제학은 경제와 정치의 상호작용, 경제와 문화의 상호작용에 주목하면서 경제를 분석한다. 정치경제학이라는 말을 경제학이라는 말과 구분해서 사용할 경우, '정치'란 접두사는 바로 이와 같은 입장을 취한다는 것을 의미한다.

이와는 대조적으로 신고전파 경제학은 경제를 원리적으로 정치 및 문화와 분리하여 분석한다. 정치와 문화가 경제에 미치는 영향을 인정하지만, 그것들은 일단 무시해도 좋은 하나의 외부적 조건 즉 여건(data)이라고 본다. 인간과 인간 사이에 작용하는 권력이나 사람들의 의식과 태도가 사람들의 경제활동 속에 밀접히 결합되어 있음에도 불구하고 이들 요인을 떼어버리고 순수한 경제현상만을 분석대상으로 한다. 이것을 '순수경제학(pure economics)'의 입장이라 한다. 정치경제학(political economy)은 신고전파 경제학의 이러한 '순수경제학'의 입장을 비현실적이라고 생각한다.

정치경제학은 이와 같이 경제를 정치 및 문화와의 상호관련 속에서 분석하려는 학문이다. 다시 말해서 정치경제학은 경제생활에서 발생하는 이해의 대립이 정치현상 및 문화현상에 어떻게 반영되는지, 정치와 문화는 경제생활에서의 이해의 대립에 어떻게 작용하는지를 분석한다. 정치경제학이 경제를 이러한 각도에서 분석하는 까닭은 무엇보다 사회를 경제와 정치 그리고 문화가 결합되어 상호작용하는 하나의 전체라고 보기 때문이다.

자본주의의 가변성과 다양성을 분석한다

생산, 분배, 교환, 소비는 어느 시기 어떤 사회에서도 공통적으로 이루어지는 경제활동이다. 그러나 시간이 지나고 사회가 달라짐에 따라 그 경제활동의 내용과 방식이 달라질 수 있다. 실제 인류의 역사를 보면, 원시 공동체, 아시아적 생산양식, 고대 노예제, 중세 봉건제 혹은 지주제, 근대 자본주의를 거쳐오면서 경제활동의 내용과 방식이 달리 나타났다. 자본주의 단계에 들어와서도 경제활동의 모습은 크게 변화해왔다.

지식정보사회라 일컫는 21세기 여명기 자본주의의 생산방식과 분배규칙, 교환방식과 소비양식은 19세기 중엽 자본주의의 그것들과는 크게 다르다. 아울러 현 단계 자본주의의 경우에도, 예컨대, 미국, 독일, 일본, 한국 등의 자본주의는 서로 다른 자본주의이다. 이처럼 자본주의라고 해서 다 같은 자본주의가 아니다. 자본주의로서의 본질은 불변이고 공통적이겠지만, 그 존재형태는 가변적이고 다양하다.

이와 같이 자본주의가 시간적 가변성과 공간적 다양성을 가지는 이유는 무엇일까? 한편으로는 시간이 지남에 따라 기술이 변하고 나라마다 기술수준이 다르기 때문이며, 다른 한편으로는 각 시대 각 나라의 제도와 사람들의 행동양식이 서로 다르기 때문이다. 제도와 사람들의 행동양식이 다른 주된 이유는 정치와 문화가 상이하기 때문이다. 앞서 말한 것처럼, 경제와 정치, 경제와 문화가 상호작용하기 때문에 자본주의는 시간적으로 가변적이고 공간적으로 다양하게 나타난다.

정치경제학은 이와 같이 자본주의의 경제현상이 시간적·공간적으로 달리 나타나게 되는 구체적 원인을 밝히는 학문이다. 따라서 정치경제학에서는 자본주의의 다양성과 가변성을 해명하기 위해 경제분석에서 제도의 작용과 경제주체의 행동이라는 요인을 중요시한다. 특히 정치경제학은 '제도가 중요하다(Institution matters)'는 입장을 견지하며 제도분석에 초점을 맞춘다. 서로 다른 제도가 어떻게 서로 다른 경제현상을 초래하는지를 분석하고자 한다.

정치경제학의 실천적 목표

이상의 논의를 종합해보면, 정치경제학은 자본주의 사회를 살아가는 사람들의 '먹고사는 문제'를 해결하기 위해, 인간과 인간의 관계를 중심으로 경제를 정치 및 문화와의 상호관련 속에서 분석하여 그 원리와 규칙성을 밝히고 자본주의의 다양성과 가변성을 해명하려는 학문이라 할 수 있다. 이러한 정치경제학은 인간과 인간의 관계보다는 인간과 물의 관계를 중심에 두고 경제를 정치 및 문화와 분리한 가운데 분석하려는 신고전파 경제학과 대비된다.

그런데 정치경제학은 자본주의의 가변적이고 다양한 현상을 분석하는 데 머물지 않고 자본주의를 변혁하고자 한다. 자본주의를 분석하고 그것을 변혁시키기 위한 정책대안이나 전략을 수립할 경우, 정치경제학은 누구의 이해를 대변하고 현실을 어떻게 변혁시키고자 하는가? 다시 말해서 정치경제학의 실천적 목표는 무엇인가?

정치경제학이 추구하는 목표를 가장 잘 표현한 말은 아마도 '경세제민(經世濟民)'이 아닐까 한다. 이 말은 '세상의 이치를 파악하고 다스려 백성을 구제하는 것'으로 해석된다. 세상의 이치를 파악한다는 것은 경제활동의 원리와 경제현상의 규칙성을 밝힌다는 것을 의미한다. 백성을 구제한다는 것은 요즈음으로 말하자면 민중의 삶의 질을 향상시킨다는 것이다. 세상을 다스린다는 것은 법과 제도를 정비하여 올바른 정책을 실시한다는 것을 뜻한다.

경세제민이라는 말이 비록 봉건왕조의 통치 이념이기는 하지만, 현대적으로 해석할 경우 이 말은 정치경제학의 실천적 목표를 아주 간명하게 표현해준다. 애덤 스미스도 경제학의 목표는 왕과 특권층만이 아니라 백성도 부유하게 만드는 데 있다고 주장한 바 있다.

요컨대, 정치경제학은 민중의 삶의 질을 향상시키는 것을 목표로 하는 학문이다. 봉건왕조에서 민중은 주로 농민 혹은 신민(臣民)이었지만, 자본주의 사회에서 민중은 주로 노동자 혹은 시민이다. 민중은 경제생활 속에서 주로 노동자로, 정치생활 속에서는 시민으로 나타난다.

따라서 자본주의 '경제'를 연구대상으로 하는 정치경제학의 주요 임무는 인구의 다수를 차지하는 노동자들의 삶의 질 향상을 위한 비전과 실천 프로그램을 제시하는 것이다. 그것은 자본주의 내에서의 민주개혁을 위한 정책이 될 수도 있고 자본주의를 넘어서는 근본적 사회변혁을 위한 비전과 강령일 수도 있다.

2. 맑스 경제학과 정치경제학

맑스의 정치경제학

정치경제학은 맑스의 『자본』에 의해 최초로 체계화되었다. 1867년에 제1권이 나온 『자본』은 오늘날에도 정치경제학의 최고의 고전으로 되어 있다. 따라서 정치경제학이 어떤 학문인가를 이해하기 위해서는 우선 맑스의 『자본』의 이론적 성격을 이해할 필요가 있다.

맑스는 근대 부르주아 사회를 해부하기 위해 『자본』에서 자본주의의 운동법칙을 탐구하였다. 맑스는 18세기 중엽 당시 세계에서 가장 먼저 자본주의가 확립된 영국 경제의 현실에 기초하여 자본주의를 이론적으로 파악하였다. 맑스는 『자본』에서 자본가계급과 노동자계급이란 두 계급으로 구성된 자본주의 생산양식을 상정하고, 독특한 방법과 개념들을 가지고 자본주의 생산양식의 내부모순을 밝히려고 하였다.

자본주의 생산양식은 인간의 노동력이 상품화되고 있는 고도로 발달한 전면적인 상품생산 사회이다. 따라서 맑스는 자본주의 사회의 부의 세포형태인 상품을 분석하는 데서 출발한다. 그는 노동가치론에 기초하여 인간의 노동에 의해 상품의 가치가 형성되고 그 상품의 가치가 화폐로 표현되는 과정을 분석한다. 상품생산 사회는 상품과 화폐가 지배하는 사회이다. 상품생산자들간의 경쟁이 이 사회의 생산력을 발전시키는 원동력이지만 동시에 경제를 불안정하게 만들고 상품생산자를 부르주아지와 프롤레타리아트로 분해시킨다.

기계설비와 같은 생산수단이 없기 때문에 먹고살기 위해서는 자신의 유일한 재산인 노동력을 판매해야 하는 프롤레타리아트와 생산수단을 소유하고 이윤획득을 위해 상품을 생산하려는 부르주아지가 결합하여 자본주의 생산양식이 성립한다. 자본주의 생산양식은 부르주아지 혹은 자본가계급과 프롤레타리아트 혹은 노동자계급이라는 두 계급이 생산과정에서 결합해 상품생산이 이루어지는 사회이다. 생산수단이 사적으로 소유되고 노동력이 상품화되는 가운데 상품생산이 이루어지는 자본주의에서 화폐는 단순히 교환수단이 아니라 착취의 수단인 자본으로 전화된다. 자본주의는 이 자본이 지배하는 사회이다.

맑스는 잉여가치론에 기초하여 자본가가 노동자를 착취하는 메커니즘을 분석함으로써 이 두 계급간의 적대성의 원천을 밝히려 하였다. 맑스는 자본주의 사회를 지배하는 가장 중요한 경제적 힘인 자본의 생산과정과 유통과정 그리고 이 둘을 결합한 총과정을 각각 『자본』 제1권, 제2권 그리고 제3권에서 체계적으로 분석하였다. 이와 같은 자본의 운동에 대한 분석이 맑스의 정치경제학에서 중심적 위치를 차지한다.

맑스는 잉여가치 생산을 둘러싼 자본가와 노동자 간의 투쟁, 이윤획득을 둘러싼 자본가들간의 경쟁이 자본운동의 원동력이라고 파악했다. 이러한 자본의 운동이 자본주의 경제의 성장과 위기, 번영과 침체, 불안정과 불평등을 초래하는 과정을 해명하였다. 그리고 자본축적이 진행되는 과정에서 주기적 공황, 실업자의 누적, 노동소외의 심화, 노동계급의 빈곤화, 사회의 양극화 등의 모순들이 나타나는 과정을 분석하였다.

맑스는 자본축적이 진전될수록 이러한 자본주의의 내부모순들이 심화되고 그 결과 자본가와 노동자 간의 계급투쟁이 격화되어 마침내 사회혁명이 일어난다고 예측하였다. 이 혁명을 통해 자본주의적 사적 소유는 폐지되고 생산수단의 사회적 소유 아래 자유로운 생산자들간의 연합이 이루어지는 새로운 사회가 도래한다고 주장하였다. 이 사회에서는 인간에 의한 인간의 억압과 착취가 없는 참된 공동체가 실현된다고 보았다.

이러한 맑스의 분석은 자본주의 경제체제의 본질적 측면을 깊게 통찰하였다는 점에서 높이 평가된다. 그러나 맑스의 분석은 논리적 및 역사적 한계를 가지고 있다. 맑스가 대안으로 제시한 새로운 사회의 상에는 많은 공상적 요소들이 포함되어 있다는 비판도 있다.

맑스의 자본주의 분석에는 역사적 유물론과 변증법의 관점이 적용되었다. 이 관점에 의하면, 사람들의 물질적 생활에서 발생하는 대립과 갈등이 역사발전의 원동력이며, 사물은 그 내부의 서로 모순되는 측면들의 통일과 투쟁을 통해 발전한다.[3] 그리고 맑스는 자본주의 경제현상을 설명하기 위해 가장 단순한 고도로 추상적인 개념에서부터 점차 복잡한 구체적인 개념으로 나아가면서 이론을 전개하는 방법을 사용하였다. 이를 '추상에서 구체로의 상승' 방법이라 한다. 이러한 독특한 관점과 방법은 맑스 이후의 맑스 경제학의 토대가 되었다.

1883년 맑스 사후 1세기 동안의 맑스 경제학의 발전과정에서 이러한 관점과 방법 그리고 그것에 기초한 이론들에 대한 수정과 보완, 해석과 재해석, 비판과 재구성을 위한 수많은 시도들이 있었고, 이른바 정통과 이단 간의 논쟁이 전개되기도 하였다. 오늘날 맑스 경제학에 기초를 둔 정치경제학 내부의 다양한 갈래는 이러한 맑스의 자본주의 분석의 관점 및 방법과 이론들에 대한 서로 다른

---

3) 역사적 유물론과 변증법의 관점에 관한 자세한 논의는 제2장에서 다룬다.

입장 혹은 해석, 상이한 재구성 방식이나 혁신 시도에 그 연원을 두고 있다. 특히 역사적 유물론과 변증법의 방법, 노동가치론, 착취론, 공황론, 사회주의론 등에 대한 견해 차이가 그러한 갈래를 낳은 주요 요인이었다.

맑스 이후의 정치경제학

한편 맑스 이후 자본주의의 발전에 따라 나타난 새로운 현상에 대한 이론화도 이루어졌다. 힐퍼딩(R. Hilferding)의 『금융자본론』(1910), 로자 룩셈부르크(Rosa Luxemburg)의 『자본축적론』(1913), 레닌(V. I. Lenin)의 『제국주의론』(1917), 바르가(E. Varga)와 치샹(K. Zieschang) 등의 국가독점자본주의론, 바란(P. A. Baran)·스위지(P. M. Sweezy)의 『독점자본론』(1966), 프랑크(A. G. Frank)·에마뉴엘(A. Emmanuel)·아민(S. Amin)의 종속이론 등은 20세기 자본주의에서 나타난 제국주의 지배, 금융자본·독점자본의 지배, 정경유착과 경제에 대한 국가개입, 제3세계의 종속 등을 이론화하려는 시도였다.

제국주의론과 독점자본주의론 그리고 국가독점자본주의론은 20세기 전반기 제국주의 시대의 자본주의 현상을, 종속이론은 제2차세계대전 이후 1970년대까지의 제3세계 자본주의의 현상을 설명하는 데 각각 기여하였다. 그런데 이 이론들은 대체로 자본주의의 위기와 정체의 측면은 잘 부각시켰지만 자본주의의 역동적측면을 정당하게 평가하지 못했다. 따라서 1945년에서 1970년대 초까지 30년간의 선진자본주의의 고도성장과, 1970년대 이후 제3세계에서의 신흥공업국의 등장과 같은 자본주의의 새로운 현상을 설명하는 데는 한계를 가지고 있다.

맑스 경제학은 소련과 서구에서 소비에트 맑스 경제학(Soviet Marxism)과 서구 맑스 경제학(Western Marxism)이라는 서로 다른 발전의 길을 걸었다. 1917년 러시아혁명 이후 성립된 사회주의 체제에서 맑스 경제학은 사회주의 건설을 위한 실천적 학문의 성격과 소련식 사회주의 체제를 옹호하는 이데올로기적 성격을 강하게 띠었다. 소비에트 맑스 경제학은 경제현상을 정치 및 문화현상과의 상호관련 속에서 인식하기보다 모든 사회현상을 경제현상으로부터 설명하려는 관점과 사회현상을 역사의 필연적 법칙이 실현된 결과로 이해할 수 있다는 관점을 가지고 있었다.

소비에트 맑스 경제학은 자본주의 정치경제학과 사회주의 정치경제학으로 구성되었다. 자본주의 정치경제학은 자본주의가 전반적 위기에 빠져 필연적으로 사회주의로 이행하게 된다는 점을 강조하는 경향이 지배적이었다. 사회주의 정치경제학은 주로 중앙계획경제의 운영과 관련된 이론과 정책을 다루었다.

소비에트 맑스 경제학은 스탈린 독재체제 아래에서 비판적이며 창의적인 기능을 상실하고 교조화하여 화석화됨으로써, 자본주의의 새로운 경향들을 설명하지 못했을 뿐만 아니라 결과적으로는 사회주의의 발전에도 기여하지 못하게 된다. 이러한 소비에트 맑스 경제학의 특징들은 오늘날까지 정치경제학에 많든 적든 영향을 미쳐왔다. 소련 및 동구 사회주의의 붕괴와 함께 소비에트 맑스 경제학은 급격히 해체의 길을 걷게 된다.

서구 맑스 경제학은 제2차세계대전 이후 미국과 서유럽에서 소비에트 맑스 경제학을 비판하면서 등장하였다. 서구 맑스 경제학은 서구 자본주의의 현실에 기초하여 맑스 경제학의 비판적인 기능을 회복하고 현실 설명력을 높이려고 하였다. 이론적으로는 소비에트 맑스 경제학, 신고전파 경제학, 케인스 경제학을 동시에 비판하고, 전후 자본주의의 내부모순을 맑스의 관점과 방법에 따라 해명하고자 했다.

실천적으로는 소비에트 유형의 공산당, 사회당, 노동당이 지도하는 구 좌파 운동의 교조적이고 경직적인 노선에 반대하고 맑스주의 본래의 인간해방의 이념을 구현하려는 신좌파(New Left) 운동과 결합되어 있었다. 서구 맑스 경제학은 맑스주의적 철학, 사회학, 정치학 등과 더불어 노동운동뿐만 아니라 여성운동, 환경운동, 반전·반핵운동, 소비자운동, 인권운동 등 새로운 사회운동을 위한 정책대안 제시에 기여하고자 하였다.

서구 맑스 경제학에서는 한편으로는 맑스의 『자본』의 방법과 이론을 충실히 따르면서 그것을 엄밀화하려는 '정통파'적 경향과, 다른 한편으로는 맑스의 방법과 이론이 가지는 한계점과 문제점을 지적하면서 그것을 수정·보완하려는 경향이 공존해왔다. 후자의 경향에서는 맑스 경제학의 한계를 극복하기 위해서 다른 경제학파들의 관점과 이론의 요소들을 흡수하려는 움직임도 나타나고 있다.

영국의 사회주의경제학자회의(Conference of Socialist Economists) 그룹, 독일의 자본논리학파(Capital-Logic School), 프랑스의 알뛰세르학파(Althusserian) 등

은 전자의 경향에 속한다. 영국의 사회주의경제학자회의 그룹과 독일의 자본논리학파는 주로 맑스의 '자본론'의 방법과 이론에 충실히 따르면서 자본주의를 분석하려는 근본주의(fundamentalism)적 경향이 강하다. 구조주의(structuralism) 맑시즘이라고도 불리는 프랑스의 알뛰세르학파는 맑스의 역사적 유물론을 재해석하고 자본주의 내의 사회관계가 지속적으로 유지되는 메커니즘을 엄밀하게 이론화하고자 하였다.

미국의 급진파 정치경제학(Radical Political Economy), 프랑스의 조절학파(Régulation School) 등은 후자의 경향에 속한다. 급진파 정치경제학은 빈곤과 착취, 성차별과 인종차별, 독점, 환경파괴, 실업과 인플레이션, 제국주의와 저개발 등 현대 자본주의의 다양한 문제점들에 초점을 맞추고 있다. 그것은 주로 맑스 경제학에 기초하고 있지만 제도의 중요성을 강조하는 제도학파(Institutionalism), 자본주의의 불안정성을 강조하는 후기 케인스학파(Post-Keynesian), 여성해방론을 주창하는 페미니즘(feminism), 인간과 자연의 공생을 지향하는 생태주의(ecology) 등의 영향을 받았다.

조절학파는 자본주의가 성장과 위기를 교체하면서 조절되는 메커니즘과 현대 자본주의의 시간적 가변성 및 공간적 다양성을 밝히고자 하였다. 따라서 자본주의 체제 내의 제도들이 자본축적과 경제주체들의 행동에 미치는 효과를 분석하는 데 주력하였다. 조절학파는 맑스 경제학에 기초하면서도 제도학파와 케인스 경제학의 요소들을 흡수하고 있다. 이 후자의 경향은 이른바 '정통파' 맑스 경제학으로부터 '수정주의' 혹은 '절충주의'라는 비판을 받기도 하지만, 맑스 경제학의 혁신과 환골탈태(換骨奪胎)를 위한 시도로 평가되기도 한다.

맑스 경제학의 혁신과 정치경제학

이와 같이 맑스의 『자본』 이후 맑스 경제학은 몇 갈래로 나뉘어 발전해왔다. 정치경제학은 이러한 맑스 경제학의 지적 유산과 자원에 기초하여 성립한다. 따라서 맑스 경제학의 강점과 약점은 결국 정치경제학의 강점과 약점으로 되고, 새로운 정치경제학의 모색 작업은 무엇보다 맑스 경제학의 혁신 작업에서부터 출발하지 않을 수 없게 된다.

현대자본주의를 비판적 관점에서 분석하고 새로운 대안적인 경제체제에 대한 비전과 프로그램을 제시하는 데 있어서 오늘날의 맑스 경제학은 많은 미해결의 문제와 공백을 가지고 있다. 그럼에도 불구하고 맑스가 130여 년 전에 남긴 불후(不朽)의 저서와 그 이후의 맑스 경제학의 고전적 저작들의 통찰력은 현대자본주의를 이해하고 그에 대한 대안을 제시하는 데 풍부한 시사점들을 제공하고 있다. 따라서 그러한 통찰력에 따라 맑스 경제학의 강점을 계승하고 약점을 보완하며, 나아가 그 한계를 돌파하기 위한 정치경제학의 이론적 혁신이 요청된다.

정치경제학의 이론적 혁신 작업을 위해서는 현대자본주의 속에 살아가는 사람들의 실생활에 기초하여 이론을 구성하려는 실사구시의 정신이 요청된다. 변하는 현실을 직시하고 이론적 편견과 집착을 버려야 한다. 맑스 경제학의 통찰력과 강점에 기초하면서 조절이론, 제도학파 경제학, 케인스 경제학 등의 장점을 비판적으로 흡수하여 자신의 체계를 재구성하려는 개방적이고 유연한 자세를 견지해야 할 것이다.

아울러 인간의 삶의 다양한 측면을 경제현상을 중심으로 총체적으로 분석하기 위해서는 정치학, 사회학, 역사학, 철학 등의 학문분야들과 교류하고 협력하는 학제적(interdisciplinary) 접근 내지 다학문적(multidisciplinary) 접근이 요구되며, 페미니즘과 생태주의 등의 이념을 결합할 필요가 있다.

경제위기, 생태위기, 생활위기라는 3중의 위기가 중첩되고 있는 21세기 초 자본주의에서 노동자들의 삶의 질 향상이라는 실천적 목표를 달성하기 위해서 정치경제학은 '인간과 인간의 관계'와 '인간과 자연의 관계'라는 두 축을 결합하여 이론적 틀을 짜야 한다. 그리고 '인간과 자연의 관계'를 생산력 향상의 관점만이 아니라 생태계 유지의 관점에서도 고찰해야 한다.

나아가 생산양식과 생활양식을 통합적으로 분석할 수 있는 이론적 틀을 구축해야한다. 이러한 관점과 이론적 틀을 확립했을 때, 정치경제학은 인간해방과 노동해방을 통해 인간의 삶, 노동자의 삶을 향상시키는 실천에 기여하는 학문이 될 수 있을 것이다.

┌─ 더 읽을거리 ──────────────────────────────

■ 강신준. 1994, 「3장 '자본'과 정치경제학」, 『'자본'의 이해』, 이론과 실천.

　김수행. 1991, 「2장 마르크스 경제학의 특성」, 『정치경제학 에세이』, 새날.

　김호균. 1993, 「1장 정치경제학이란 무엇인가」, 『신정치경제학개론』, 이론과 실천.

　알렉스 캘리니코스. 1993, 『마르크스의 혁명적 사상』(정성진·정진상 옮김), 책갈피.

　유시민. 1992, 『부자의 경제학, 빈민의 경제학』, 푸른 나무.

　이정전. 1993, 「서론: 경제학의 문제의식과 연구방법」, 『두 경제학 이야기』, 한길사.

　정운영. 1989, 「경제학을 전공하려는 J양에게」, 『광대의 경제학』, 까치.

　E. 만델. 1985, 『마르크스 경제사상의 형성과정』(김택 옮김), 한겨레.

제2장
정치경제학의 기본 관점과 방법

정치경제학은 세상을 어떻게 보는가? 사회와 인간을 어떤 시각에서 바라보는가? 요컨대 정치경제학의 기본 관점과 방법(methodology)은 무엇인가? 정치경제학은 역사적 유물론(historical materialism)과 변증법(dialectics)에 그 인식론적 기초를 두고 있다. 역사적 유물론과 변증법은 맑스주의의 기본 관점이다. 맑스 경제학에 뿌리를 둔 정치경제학도 기본적으로 역사적 유물론과 변증법의 관점과 방법에 따라 사회를 분석하고 인간의 행동을 설명한다. 이 장에서 우리는 정치경제학의 사고방식이 어떠한가를 알아보고자 한다.

1. 사회를 어떻게 보는가

'실생활이 중요하다'

인간의 생활은 물질적 생활과 정신적 생활로 구성되어 있다. 물질적 생활은 '먹고사는 문제'를 해결하기 위한 생활이다. 먹고살기 위해 사람들은 재화와 서비스를 생산하고 분배하며 교환하고 소비한다. 물질적 생활은 바로 이러한 경제생활을 말한다. 이 경제활동에서 중심적인 것은 생산이다. 경제활동은 생산을 중심으로 분배, 교환, 소비가 결합된 활동이다. 따라서 생산활동은 인간 생활의 가장 중요한 기초이다. 그리고 생산과정에서 인간은 자연을 변형하고 가공한다. 이것이 노동이다. 노동은 인간활동 중에서 가장 기초적인 창조활동이다. 생산활동과 노동행위는 동서고금을 막론하고 인간의 존재와 사회의 존립을 위한 절대적 기초 조건이다. 이 물질적 생활을 역사적 유물론에서는 사회적 존재(social existence)라 부른다.

정신적 생활은 정치활동과 문화활동으로 구성된다. 정치활동은 대통령·시장·국회의원 등을 뽑는 투표행위, 특정 법률의 입법에 반대하거나 찬성하는 청원과 시위, 법과 제도를 만드는 행위, 정치권력 획득을 목표로 한 정당활동, 체제를 유지하기 위해 지배하고 관리하는 행위, 체제변혁과 제도개혁을 위해 저항하고 투쟁하는 행위 등을 말한다. 문화활동은 문학과 예술을 창작하거나 감상하는 행위, 사랑과 우정을 나누거나 사교하는 행위, 종교를 믿는 행위, 도덕과 윤리를 세우거나 실천하는 행위, 사상과 이론을 정립하거나 전파하는 행위 등을 말한다. 이러한 정신적 생활을 역사적 유물론에서는 사회적 의식(social consciousness)이라 부른다.

실생활에서 출발하는 유물론

하늘에서 땅으로 내려오는 독일 철학과는 정반대로 우리는 땅에서 하늘로 올라간다. 즉 우리는 사람이 말하고 상상하고 생각한 바로부터, 또는 서술되고 생각되고 상상되고 개념화된 인간으로부터 출발하여 육체를 가진 인간에 도달하려 하지 않는다. 오히려 우리는 현실의 활동하는 인간으로부터, 그리고 인간의 현실적 생활과정이라는 토대 위에서 출발하여, 그 생활과정의 이데올로기적 반영과 반사들을 설명한다. 인간의 두뇌 속에서 만들어지는 환상들 역시 항상 생활과정 즉, 경험적으로 확인 가능하고, 물질적 조건들에 연결되어 있는 인간의 생활과정의 필연적인 승화물이다. 이리하여 도덕, 종교, 형이상학과 그밖의 이데올로기 그리고 그것들에 대응하는 여러 가지 의식형태들은 더 이상 자립적인 모습을 가질 수가 없다.

이런 것들에는 아무런 역사도 없고 아무런 발전도 없다. 오히려 자신들의 물질적 생산과 물질적 교류를 발전시키는 인간만이 자신들의 현실과 함께, 자신들의 사고와 그 생산물들을 변화시킨다. 의식이 생활을 규정하는 것이 아니라 생활이 의식을 규정한다. 의식을 살아 있는 개인으로 간주하는 첫번째 접근방식이 의식으로부터 출발하는 데 반해, 현실생활에 일치하는 두번째의 접근방식은 현실의 살아 있는 여러 개인들 자체로부터 출발하여, 의식을 단지 '그러한 개인들'의 의식으로서만 고찰한다.

맑스·엥겔스, 『독일 이데올로기 Ⅰ』(박재희 옮김), 청년사, 1988, 48-49쪽 인간 생활의 두 측면인 물질적 생활과 정신적 생활의 관계는 어떠한가? 역사적 유물론에서는 '물질적 생활이 정신적 생활을 결정한다' 혹은 '사회적 존재가 사회적 의식을 결정한다'고 본다. 이것이 역사적 유물론의 기본 명제이다.

이 명제의 의미는 무엇인가? 그것은 사람이 살아가는 사회에서 일차적인 (primary) 것은 물질적 생활이며, 정신적 생활은 물질적 생활의 요구를 반영하여 그것에 적합하게 영위된다는 뜻이다. 물질적 생활은 곧 인간이 먹고사는 실생활이다. 따라서 역사적 유물론의 기본 명제는 결국 '실생활이 중요하다(Real life matters)'는 것을 의미한다. 앞에서 본 '의식(衣食)이 족해야 명예와 수치를 안다'는 말은 이러한 유물론의 사회인식을 잘 표현하고 있다.

이 명제에 따르면 한 사회의 정신적 생활을 이해하기 위해서는 먼저 그 사회의 물질적 생활을 알아야 한다. 이 명제는 경제현상이 정치현상과 문화현상을 결정한다고 생각한다. 즉 사람들의 경제생활의 요구가 정치와 문화에 반영되고, 정치와 문화는 경제에 적합하게 형성된다는 것이다. 이런 점에서 이 명제는 경제결정론 (economic determinism)이라 할 수 있다. 그러나 이 경제결정론은 모든 정신적 생활을 물질적 생활로부터 설명하는 경제환원주의(economic reductionism)와는 거리가 멀다. 물질적 생활과 독립적인 정신적 생활의 영역이 있는 것이며, 아울러 정신적 생활이 물질적 생활에 능동적으로 영향을 미칠 여지는 얼마든지 있는 것이다.

역사적 유물론의 핵심개념: 생산양식

이러한 기본 명제를 가지는 역사적 유물론이 사회를 체계적으로 인식하기 위해 사용하는 개념이 바로 생산양식이다. 생산양식(mode of production)이란, 경제활동이 이루어지는 방식 즉 먹고살기 위해 재화와 서비스를 생산하고 분배하며 교환하고 소비하는 방식을 말한다. 생산양식은 생산방식과 분배양식, 교환방식과 소비양식을 총칭하는 개념이다. 정치경제학은 경제를 이 생산양식 개념에 기초하여 분석한다.

어떤 사회이든 경제활동의 중심은 생산활동이다. 생산이 있어야 분배도 하고 교환도 하며 소비할 수 있다. 생산활동은 <그림 2.1>에서 보는 것처럼 인간과 자연의 관계, 인간과 인간의 관계라는 두 가지 관계가 결합되어 있는 가운데 이

〈그림 2.1〉 인간, 자연, 생산활동

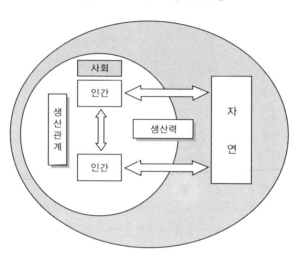

루어진다. 생산활동에서 인간과 자연의 관계를 나타내는 것이 생산력(forces of production)이다. 생산력은 인간이 자연을 변형하고 가공하는 능력을 말한다. 그런데 자연을 변형하고 가공하는 과정은 대부분 자연의 파괴를 수반하므로, 생산력 개념은 원초적으로 생태위기를 초래할 가능성을 내포하고 있다.

여러 사람이 함께 생산하는 사회적 생산에서 사람들은 반드시 다른 사람들과 관계를 맺게 된다. 생산활동에서 인간과 인간의 관계를 나타내는 것이 생산관계(relations of production)이다. 생산관계는 좁은 의미로는 생산과정에서의 인간과 인간의 관계를 나타내지만, 넓은 의미로는 생산, 분배, 교환, 소비 등 경제생활 전반에서의 인간과 인간의 관계를 나타낸다. 넓은 의미로 사용할 때 생산관계들의 총체를 경제구조라 한다.

생산력과 생산관계가 결합된 것이 바로 생산양식이다. 따라서 생산양식의 특성은 한편으로는 생산활동에서의 인간과 자연의 관계를 나타내는 생산력의 성격과, 다른 한편으로는 인간과 인간의 관계를 나타내는 생산관계의 성격에 의해 결정된다.

인류의 역사는 생산양식이 교체되어온 역사라고 할 수 있다. 역사적 유물론에서는 생산양식을 기준으로 인류 역사의 시기 구분을 한다. 지금까지 인류 역사에서는 원시 공동체, 아시아적 생산양식 혹은 공납제(貢納制), 노예제, 봉건제 혹은 지주제, 자본주의, 사회주의 등의 생산양식이 존재하였다. 각 생산양식에서는 생산력의 성격과 수준이 달랐고, 생산관계의 성격도 달랐다.

생산력의 측면에서는 자본주의 이전의 생산력과 자본주의의 생산력 간에는 결정적인 차이가 있다. 자본주의 이전에는 풍력, 수력 등 자연 그 자체의 힘과 수공업적 생산(manufacture)이, 자본주의와 사회주의에서는 과학기술에 의해 가공된 자연의 힘과 기계제 생산(machinofacture)이 생산력의 내용을 이룬다.

생산관계의 측면을 보면, 원시 공동체에서는 미분화된 공동체 구성원들의 관계, 아시아적 생산양식에서는 전제군주와 농민의 관계, 노예제에서는 노예소유주와 노예의 관계, 봉건제(지주제)에서는 영주(지주)와 농노(소작인)의 관계, 자본주의에서는 자본가와 노동자의 관계라는 인간과 인간의 관계가 형성되어 있었다. 무계급 사회였던 원시 공동체와는 달리 계급이 존재했던 아시아적 생산양식 이후의 생산양식에서 생산관계는 지배계급과 피지배계급 간의 관계라는 형태를 띠게 된다. 자본가가 없었던 기존 중앙계획 사회주의에서는 국가관료 혹은 당과 노동자 간의 생산관계가 존재하였다.

2. 생산양식: 생산력과 생산관계

생산력의 구성요소: 노동력, 노동수단, 노동대상

이제 생산양식의 한 측면인 생산력에 대해 논의하기로 하자. 생산력은 노동력, 노동수단, 노동대상이란 세 가지 요소로 구성된다.

노동력은 생산력을 구성하는 인적 요소로서, 생산과정에 지출되는 노동자의 정신적 및 육체적 능력을 말한다. 정신적 능력은 생산을 기획하고 설계하는 능력이며, 육체적 능력은 실행하는 능력이다. 과학기술이 고도로 발달한 오늘날 현대적 생산활동에서는 노동자의 지적 능력 즉 지식과 창의력이 노동력의 보다 중요한 요인으로 되고 있다. 미래학자나 경제학자들이 전망하는 것처럼, 21세기 지식기반경제에 적합한 노동력은 고도의 창의력을 발휘할 수 있는 지식이 될 것이다.

21세기 벽두인 현 시점에서 선진적 기업들에서는 이미 이러한 추세가 나타나고 있다.

노동력의 질적 수준은 노동력이 재생산되는 가정, 학교, 기업, 사회에서의 교육훈련 투자의 수준과 내용에 달려 있다. 특히 거의 모든 노동자들이 학교교육을 통해 양성되는 오늘날 학교교육의 내용과 학교교육에 대한 투자는 노동력 재생산을 좌우하는 결정적인 요인이다.

노동수단은 기계, 설비, 도구, 건물, 토지, 에너지 등 노동자가 노동과정에서 갖추는 수단이다. 18세기 후반 영국의 산업혁명 이래로 기계가 노동수단의 가장 중요한 부분으로 자리잡았다. 생산과정에 기계가 도입된 산업혁명에 따라 생산력이 크게 증대한다. 산업혁명 이후 계속적인 기술혁신으로 기계장치가 개선됨에 따라 생산력이 지속적으로 증대했다. 20세기에 들어와 특히 1950년대에 컴퓨터, 레이저, 로봇 등이 개발되는 과학기술혁명(STR: scientific technical revolution)이 일어남에 따라 생산력은 비약적으로 발전한다.

오늘날에는 컴퓨터 기술이 생산과정에 광범하게 사용되어 노동수단이 크게 혁신되고 있다. 1970년대 중반경에는 컴퓨터 기술과 전자기술이 결합된 극소전자혁명(ME혁명: microelectronics revolution)이 출현하였다. 최근에는 초극미세 가공기술인 나노기술(nano technology)이 등장하였다. 현재 주요 산업에는 컴퓨터 지원 설계 및 생산(CAD/CAM)과 컴퓨터 통합생산(CIM)체제가 널리 보급되어 있다. 인공지능(AI)과 정보기술(IT)이 체화된 현재의 최첨단 자동화 기계설비가 핵심적 노동수단으로 도입되어 있다. 또한 유전자 조작기술과 같은 생명기술(BT)이 등장하여 농업과 의료산업에 혁명을 일으키고 있다.

기계와 설비를 가동시키는 동력은 에너지원을 통해 발생한다. 오늘날 이용되고 있는 에너지원으로는 석유, 가스, 원자력, 수력, 풍력, 태양 등을 들 수 있다. 에너지원의 성격은 생산력 발전과 지구 생태계에 큰 영향을 미친다. 화석 에너지는 이산화탄소를 발생시켜 지구온난화의 주범이 되고 있으며, 원자력 에너지가 발생시키는 방사능은 지구촌을 멸망시킬 수 있는 가공할 무기가 될 위험이 있다.

노동대상은 생산과정에서 투입되는 원자재와 반제품을 말한다. 원자재는 자연자원에서 추출된 원료와 연료, 제조된 자재를 포함한다. 한 국가에서 질 높은 자연자원이 풍부할수록 노동대상의 질도 높고 따라서 생산력도 높을 것이다.

자연과학의 발달수준이 높을수록 질 높고 경제성이 높은 새로운 소재가 개발되어 생산력수준도 높아질 것이다. 반제품은 자동차·전자 산업 등 조립가공 산업에서 다른 기업의 생산물로서 투입되어 최종 조립·가공되는 노동대상을 말한다. 이미 상당 정도 조립 가공된 자동차 부품이나 전자부품이 이에 해당한다. 이 경우 반제품을 생산하는 기업의 생산력이 높아야 최종 완성품을 생산하는 기업의 생산력도 높아질 수 있다.

생산력은 이러한 노동력, 노동수단, 노동대상이 결합되어 발휘된다. 이 세 가지는 생산과정에 들어가는 투입물(input)이다. 노동수단과 노동대상을 합하여 생산수단(means of production)이라 부른다. 따라서 생산력은 노동력이라는 인적 요소와 생산수단이라는 물적 요소가 결합되어 나타나게 된다. 노동대상의 일부를 제외한 거의 모든 생산수단은 인간 노동의 산물이기 때문에 생산력의 결정적인 요소는 결국 인간의 능력이라 할 수 있다. 과학기술혁명이 급속히 진전되고 있는 오늘날 지식기반경제에서 한 국가의 생산력은 인적자원 능력의 총계라 할 수 있다.

생산관계의 내용: 생산수단의 소유, 노동과정의 통제, 잉여생산물의 처분

생산활동에서의 인간과 인간의 관계, 즉 생산관계의 내용을 말해주는 기본적 지표는 생산수단의 소유관계이다. 생산수단은 사람들이 먹고살 수 있는 생활수단을 생산하는 수단이므로, 생산수단의 소유관계는 사람들의 물질적 생활에서 결정적으로 중요하다. 생산수단의 소유자냐 비소유자냐, 생산수단을 어느 정도 소유하고 있느냐가 사회적 생산과정에서의 한 개인의 지위와 물질적 생활수준을 결정하는 기본 요인이 된다. 생산수단의 소유관계에서 서로 다른 지위에 있는 사람들의 집단을 계급(class)이라 한다. 정치경제학에서는 생산수단의 소유관계를 중심으로 계급을 정의한다.

한 사회의 구성원을 생산수단의 소유자와 비소유자로 구분하면 그것에 대응하여 경제활동인구는 비노동자와 노동자로 구분된다. 생산수단의 공동소유와 공동노동, 그리고 공동분배가 이루어지는 원시 공동체에서는 생산수단의 소유와 비소유의 구분이 없고, 생산가능 인구는 모두 노동을 했다. 모든 생산자가 스스로 생산수단을 소유하고 스스로 노동하는 단순상품생산에서는 모든 사람이 소유자이면서 동시에 노동자로 나타났다. 이와 같이 원시 공동체와 단순상품생산에서는 소유자와 비소유자, 노동자와 비노동자로의 사회의 분열과 대립이 없었다. 원시 공동체와 단순상품생산이 해체되면서 사회구성원이 생산수단의 소유자와 비소유자, 비노동자와 노동자로 분열되어 계급이 출현한다. 이후 인류사회는 계급사회가 된다.

계급사회에서는 생산수단의 소유자인 지배계급이 비소유자인 피지배계급과 생산관계를 맺는다. 이 관계를 계급관계(class relations)라 한다. 이때 소유자인 지배계급은 비노동자로서, 비소유자는 노동자로서의 지위가 주어진다. 노예제 생산양식에서는 노예소유주와 노예, 아시아적 생산양식에서는 전제군주와 농민, 봉건제(지주제) 생산양식에서는 영주(지주)와 농노(소작인), 자본주의 생산양식에서는 자본가와 임노동자가, 각각 지배계급(소유자 및 비노동자)과 피지배계급(비소유자 및 노동자)으로서 생산관계를 맺었다.

역사적 유물론의 관점에 의하면, 계급사회의 생산관계에서는 생산수단의 소유자와 비소유자 사이에 억압과 착취가 존재한다. 이때 억압이란 소유자가 비소유자에 가하는 경제외적 강제(정치적 및 군사적 강제)나 경제적 강제(굶주림의 강제)를 말하며, 착취란 소유자가 비소유자의 노동 혹은 노동생산물의 일부를 무상으로 수취하는 것을 말한다. 억압은 인간의 자유와 주체성을 억누르는 행위이며 착취는 인간과 인간의 관계를 불평등하게 만드는 기본적 과정이다. 이와 같이 인간에 의한 인간의 억압과 착취가 존재하는 계급사회에서는 지배계급과 피지배계급 간에 적대(antagonism)관계가 형성된다.

생산수단의 소유관계는 재산권으로서 법적으로 표현된다. 재산권은 한 사회의 경제생활의 기본적 질서를 형성하는 헌법수준의 권리이다. 생산수단이 개인에게 소유되는 사적 소유 아래에서 이는 사유재산제도로 나타난다. 전체 사회가 생산수단을 소유하는 사회적 소유 아래에서는 사유재산제도가 존재하지 않는다. 그러나 한 사회의 생산관계의 진정한 성격은 법적으로 생산수단의 소유가 사적인가 사회적인가 하는 것만으로는 알 수 없다. 법적 소유관계는 형식적 소유관계일 뿐 실질적 소유관계를 말해주지 않기 때문이다.

생산수단의 실질적 소유관계는 누가 노동과정을 통제하는가, 생산과정에서 발생하는 잉여생산물을 누가 처분하는가에 의해 결정된다. 예컨대, 비록 법적으로 사회적 소유가 지배하고 있는 사회주의 사회라 하더라도 노동자가 스스로 노동과정을 통제하지 못하고 잉여생산물을 처분하지 못한다면 그 사회는 사적 소유 아래 착취가 이루어지는 자본주의 사회나 다를 바 없을 것이다. 무엇을, 얼마만큼, 어떠한 방법으로 생산할 것인가, 잉여생산물을 어떻게 처분할 것인가를 실제로 누가 결정하는가 하는 것이 생산관계의 성격을 말해주는 핵심내용이다.

생산수단의 소유와 노동과정의 통제관계에 기초하여 잉여생산물의 분배관계가 성립한다. 일정 기간 동안 한 사회의 총생산물 중에서 생산수단의 소모된 부분을 뺀 것이 순생산물(net products)이고, 순생산물 중에서 직접적 생산자인 노동자와 그 가족이 살아가는 데 필요한 생활수단 부분인 필요생산물(necessary products)을 뺀 것이 잉여생산물(surplus products)이다. 계급사회에서는 필요생산물은 생산수단의 비소유자인 피지배계급에게 분배되고 잉여생산물은 생산수단의 소유자인 지배계급이 전유(專有)한다. 지배계급은 잉여생산물을 소유하고 관리하는 독점적 권리를 가진다. 필요생산물은 피지배계급을 유지하고 잉여생산물은 지배계급을 유지한다. 피지배계급인 노동자가 창출한 잉여생산물을 비노동자인 지배계급이 전유하는 것을 착취라 한다.

이와 같이 순생산물이 필요생산물과 잉여생산물로 분배되는 관계가 생산관계의 또 다른 핵심적 내용을 이룬다. 생산수단의 소유관계와 생산물의 분배관계는 동전의 양면과 같다. 생산수단의 소유관계로부터 생산물의 분배관계가 도출된다. 어떤 경제주체가 소유관계에서 차지하는 지위는 분배관계에서 차지하는 지위를 결정한다. 이러한 관점에서 보면 소득분배의 불평등은 기본적으로 생산수단 소유의 불평등에서 비롯된다고 결론지을 수 있다.

요컨대, 생산수단의 소유, 노동과정의 통제, 그리고 잉여생산물의 처분이 생산관계의 주된 내용을 이룬다. 이러한 생산관계의 내용과 생산력의 요소들이 결합하여 생산양식의 성격이 결정되는 것이다.

생산력과 생산관계의 상호작용

생산력과 생산관계는 상호연관되어 있고 상호작용한다. 예컨대, 기계제 생산이라는 자본주의적 생산력에 대응하여 자본주의적 생산관계가 성립한다. 맑스가 지적한 것처럼 풍차는 지주계급을 낳고 증기기관은 자본가계급을 낳는다. 자본주의적 생산관계는 기계가 없이 숙련노동자가 생산을 좌우하고 있었던 수공업적 생산(manufacture)에서는 확립되기 어렵다.

산업혁명을 통해 기계제 생산(machinofacture)이라는 자본주의적 생산력이 적

역사 유물론의 관점

내가 도달한 일반적 결론, 일단 거기에 이르자 내 연구의 지도원리가 되었던 일반적 결론은 다음과 같이 요약될 수 있다. 즉 인간은 그들 존재의 사회적 생산에서 그들의 의지와는 독립적인 일정한 관계들, 즉 그들의 물질적 생산력 발전의 주어진 단계에 적합한 생산관계들을 맺는다. 이들 생산관계의 총체가 사회의 경제적 구조, 즉 실질적 토대를 형성한다. 이 토대 위에 법적이고 정치적인 상부구조가 세워지고 일정한 사회적 의식형태들이 그 토대에 조응한다. 물질적 생활의 생산양식이 사회적, 정치적, 지적 생활의 일반적 과정을 조건짓는다. 인간의 의식이 그들의 존재를 규정하는 것이 아니라, 반대로 그들의 사회적 존재가 그들의 의식을 규정하는 것이다. 사회의 물질적 생산력은 어떤 발전단계에 이르면 그들이 지금까지 그 안에서 움직였던 기존의 생산관계, 또는 이것의 단지 법률적 표현일 뿐인 소유관계와 충돌한다. 이들 생산관계는 생산력 발전의 형식으로부터 질곡으로 바뀐다. 이때 사회적 혁명기가 시작된다. 경제적 토대의 변화가 조만간 거대한 상부구조 전체의 변형을 가져온다. 그러한 변형을 고찰함에 있어서는 자연과학적으로 정밀하게 결정되는 생산의 경제적 조건들의 물질적 변형과, 인간들이 그 속에서 이 충돌을 의식하게 되고 싸움으로 해결하게 되는 법률적, 정치적, 종교적, 예술적 또는 철학적, 요컨대 이데올로기적 형식을 항상 구분할 필요가 있다. 한 개인이 어떤 사람인가를 그가 자신을 어떻게 생각하는지를 보고 판단하지 않듯이, 그러한 변형의 시기를 그 의식으로부터 판단할 수 없다. 반대로, 이 의식은 물질적 생활의 모순들로부터, 사회적 생산력과 생산관계 사이에 존재하는 대립으로부터 설명되어야 한다. 한 사회질서는 그 내부에서 모든 생산력이 충분히 발전하기 전에는 파괴되지 않으며, 새로운 우월한 생산관계는 그 존재를 위한 물질적 조건들이 낡은 사회 자체의 틀 내부에서 성숙하기 전에는 결코 낡은 생산관계를 대체하지 않는다. 따라서 인류는 그가 해결할 수 있는 과업만을 제기한다. 왜냐하면, 자세히 관찰해보면 문제 그 자체가 그 해결을 위한 물질적 조건들이 이미 존재하거나 적어도 형성과정에 있을 때만이 발생함을 알 수 있기 때문이다.

K. Marx, "A Contribution to the Critique of Political Economy," Karl Marx· Frederick Engels, *Collected Works*, Vol.28, 1895, pp.262-263.

용되면서 자본주의적 생산관계가 확립되었다. 오늘날의 경우처럼 생산과정에 컴퓨터가 도입되면 수직적인 위계(hierarchy) 조직이 약화되고 수평적인 네트워크(network) 조직이 형성될 가능성이 높다. 다른 한편 생산관계의 성격은 생산력 발전을 촉진하기도 하고 저해하기도 한다. 예컨대, 현대자본주의에서 노사관계의 성격과 기업의 생산성 사이에는 상관관계가 있음이 밝혀지고 있다. '생산관계가 인간화되고 민주화되면 기업의 생산성이 향상될 수 있다'는 가설이 성립할 수 있다.

한 사회에서 생산관계가 주어져 있을 경우, 초기에는 생산관계가 생산력 발전을 촉진하지만, 일정 시점에 도달하면 발전하고 있는 생산력과 현존 생산관계가 서로 충돌하는 상황이 벌어질 수 있다. 이 경우 생산관계는 생산력 발전의 질곡(桎梏)으로 된다. 봉건제 아래의 영주-농노 관계 혹은 지주제 아래의 지주-소작인 관계가 농업생산력의 발전을 가로막은 역사적 사실, 노동자들에 대한 직접적이고 위계적인 통제가 자본주의 초기에는 생산성 향상에 기여했지만 현대자본주의에서는 오히려 생산성 둔화의 원인이 되고 있는 현실, 국유화와 계획화 그리고 관료화의 모순을 내포한 사회주의적 생산관계가 사회주의 국가의 생산력 정체의 주된 원인이 되었던 사실 등은 생산관계가 생산력 발전의 장애요인이 될 수 있음을 보여주는 증거들이다.

생산력과 생산관계의 충돌은 기존의 생산관계를 변화시키는 계기가 된다. 생산관계의 변화는 현존 계급관계가 유지되는 가운데 기존 생산관계의 개혁이라는 형태를 취할 수도 있고, 기존 계급관계가 붕괴되면서 기존 생산관계가 폐기되고 새로운 생산관계가 성립하는 사회혁명의 과정으로 나타날 수도 있다. 만약 이러한 충돌이 발생하고 있음에도 불구하고 기존의 생산관계가 개혁되지도 않고 변혁되지도 않은 채 지배계급의 기득권 수호 때문에 고수되고 있을 경우, 생산력 발전이 점차 둔화되어 마침내 사회가 정체하고 쇠퇴할 수 있다. 기존의 지배계급을 대신하는 새로운 계급이 낡은 생산관계를 폐기하고 새로운 생산관계를 창출함으로써 생산력을 발전시킬 수 있는 능력이 없는 상태에서 계급투쟁이 격화될 경우, 전체 사회가 붕괴하고 야만상태에 빠질 가능성도 배제할 수 없다.

3. 사회구성체: 생산양식, 통치양식, 생활양식

정치적 상부구조: 국가, 통치양식

이와 같이 생산력과 생산관계가 결합되어 생산양식이 성립하는데, 역사적 유물론에서는 생산양식을 한 사회의 경제적 토대(economic base)라 한다. 이 경제적 토대 위에 정치와 문화가 형성된다. 역사적 유물론에서는 정치와 문화를 각각 정치적 상부구조(superstructure)와 이데올로기적 상부구조라 부른다. 그리고 경제적 토대와 정치적 및 이데올로기적 상부구조가 결합된 것을 사회구성체(social formation)[1]라 한다. 이 사회구성체가 보통 말하는 사회이다.

정치적 상부구조란 곧 국가(state)를 말한다. 계급사회에서 국가는 '지배계급의 경제적 기초를 총괄적으로 보호하고 강화하는 정치권력 차원의 계급조직'으로 정의된다. 이와 같이 국가가 지배계급의 이익에 봉사한다는 관점은 국가가 어떤 특정 계급의 입장에 서 있지 않은 중립적인 제3자라고 보는 관점과 대립된다. 맑스 경제학은 전자의 관점인 '국가 계급성'의 명제에, 신고전파 경제학과 케인스 경제학은 후자의 관점인 '국가 중립성'의 명제에 기초해 있다.

정치경제학은 기본적으로 '국가 계급성' 명제에 입각하고 있다. '국가 계급성' 명제에 의하면 국가의 경제정책은 기본적으로 지배계급의 이익을 실현한다. 예컨대, 자본주의 국가의 경제정책은 자본가 혹은 부르주아지의 이익에 봉사한다. 그렇다면 국가는 왜 계급성을 가지는가? '국가 계급성' 명제는 계급사회에서의 생산관계의 적대성으로부터 도출된다. 다시 말해서 억압과 착취로 인해 생산관계가 적대적이기 때문에 그러한 부자유스럽고 불평등한 생산관계를 유지하기 위한 정치권력 차원의 계급조직이 필요한 것이다. 만약 생산관계의 적대성이 없어진다면 국가의 계급성은 사라질 것이며, 따라서 계급지배 도구로서의 국가는 소멸할 것이다.

'국가 계급성' 명제에 의하면 적대적인 생산관계의 유지를 위해서는 국가권력이 필수적으로 요청된다. 국가권력은 국가기구를 통해 행사된다. 국가기구에는 강제력을 행사하는 억압적 국가기구와 동의를 창출하는 이데올로기적 국가

---

1) 사회구성체 개념은 생산양식 개념에 비해 보다 구체적인 개념이다.

기구가 있다. 군대, 검찰·경찰, 법원, 행정관청 등은 강제력으로서의 국가권력이 행사되는 억압적 국가기구이다. 교육기관, 언론기관, 종교기관 등은 지배질서에 자발적으로 복종하게 만드는 이데올로기적 국가기구이다. 이 국가기구들을 통해 그 사회 지배계급의 이데올로기인 지배 이데올로기가 전파된다.

이와 같이 억압적 국가기구에 의한 '강제'와 이데올로기적 국가기구에 의한 '동의'를 통해 적대적인 생산관계의 질서가 유지되는 것이다. 생산관계에 질서를 부여하는 데는 '강제' 메커니즘이 기본이지만 그것만으로는 불충분하며 '동의' 메커니즘이 결합되어야 한다.

그런데 국가는 공공(公共)의 이익 내지 전체 국민의 이익을 위해 활동하기도 한다. 국방과 치안 등 사회의 질서 유지, 사회의 공동사무 처리를 위한 행정, 도로·항만·공항·통신 등의 건설, 국부증진과 국민의 소득증대와 복지향상을 위한 경제정책 실시, 국민의 지덕체(智德體) 함양을 위한 교육 등, 국가기구가 공익을 위해 수행하는 활동은 수없이 많다. 국가의 이러한 역할은 동서고금을 막론하고 공통적이었다. 또한 국가는 대외적으로 전체 국민의 이익을 대표하고 국민적 이익 혹은 민족적 이익을 위해 활동한다. 이처럼 국가는 공공성을 가진다.

현실의 국가는 계급성의 측면과 공공성의 측면을 동시에 지닌다. 예컨대, 자본주의 국가는 자본가의 이익에 봉사하는 부르주아 국가임과 동시에 국민의 이익을 대변하는 국민국가(nation state)이다. 따라서 '국가 계급성' 명제는 국가의 공공성 측면을 무시하는 것이 아니다. '국가 계급성' 명제는 국가의 계급성과 공공성의 이중적 측면을 인식하되, 국가의 계급성이 일정한 시대와 사회에서의 국가의 성격을 말해주는 주된 측면으로 보는 관점인 것이다.

국가기구들을 통한 국가권력의 행사는 일반적으로 법과 제도에 기초하여 이루어진다. 헌법을 비롯한 각종 법률과 소유제도를 비롯한 각종 제도를 통해 생산관계에 질서가 부여되는 것이다. 역사적 유물론의 관점에 의하면 계급사회의 법과 제도에는 기본적으로 생산수단을 소유한 지배계급의 의지가 관철된다. 그러나 피지배계급의 힘이 커지면 현실의 법과 제도에는 피지배계급의 요구와 의지도 반영될 수 있다. 이렇게 되면 법과 제도는 국가수준에서 서로 각축하는 지배계급과 피지배계급 간의 세력관계에 의해 그 내용이 달라질 수 있다. 이런 의미에서 법과 제도는 계급투쟁의 산물이라 할 수 있다. 다른 한편, 법과 제도는 사회계급들의 행위를 제약하고 계급들간의 세력관계에 영향을 미치므로 계급투쟁을 조건짓는다.

그런데 민주주의가 확대·심화되면 국가의 계급성은 약화될 수 있다. 왜냐하면 민중의 지배를 의미하는 민주주의의 원리는 '1인 1표'이므로, 민주주의가 형식화되거나 왜곡되지 않고 실현된다면 법과 제도에는 피지배계급인 민중의 의지가 관철될 것이기 때문이다. 이처럼 법과 제도 그리고 국가기구가 실질적으로 민주화되면 국가는 소수의 지배계급의 국가라는 성격이 약화되고 다수의 민중의 국가라는 성격이 나타날 수 있다.

이러한 관점에서 보았을 때, 정치, 경제, 문화 등 사회 전반에 걸쳐 민주주의가 철저히 관철된다면 결국 계급사회는 폐지될 수 있다는 주장이 제기될 수 있다. 따라서 '민주화의 정도와 국가의 계급성 정도 간에는 부(負)의 상관관계가 있다'는 명제가 성립된다. 그러나 '1원 1표'의 자본주의 원리와 '1인 1표'의 민주주의 원리는 근본적으로 상충되기 때문에 자본주의 내에서 민주주의를 확대·심화시키는 것은 쉬운 일이 아니다.

한 사회의 국가의 성격은 국가기구와 법과 제도의 계급성이 어떠한가, 어떠한 법과 제도를 통해 계급지배가 이루어지는가, 국가가 생산관계를 어떤 과정을 통해 유지하는가를 분석함으로써 밝혀질 수 있다. 이것이 국가유형과 국가형태의 문제이다. 국가유형은 왕과 귀족, 영주 혹은 지주의 국가인 봉건국가, 부르주아지 국가인 자본주의 국가, 노동자 국가인 사회주의 국가 등 국가의 계급성을 기준으로 구분한 것이다. 국가형태는 민주국가냐 독재국가냐 하는 것과 같이 계급지배가 이루어지는 방식을 기준으로 구분한 것이다. 국가유형과 국가형태는 결국 국가기구를 통해 어떤 계급이 어떠한 방식으로 지배하는가, 경제적 토대인 생산양식을 어떠한 방식으로 보호하고 강화하는가의 문제이다. 이런 의미에서 정치적 상부구조인 국가의 성격은 곧 한 사회의 통치양식(mode of governance)이라 할 수 있다.

이데올로기적 상부구조: 문화, 생활양식

이데올로기적 상부구조는 사회구성원들의 사고방식과 행동양식에 일정한 틀을 부여하는 의식형태들로서 이론, 사상, 철학, 도덕, 윤리, 문학, 예술, 종교 등을 말한다. 이러한 의식형태들은 계급사회의 생산관계에서 지배계급이 피지배계급을 억압하고 착취함에 따라 발생하는 적대성을 은폐하고 완화하거나 그러한 생산관계를 옹호하고 합리화하는 데 기여한다. 이러한 역할을 하는 의식형태를 지배 이데올로기라 한다. 지배 이데올로기는 지배계급의 이익을 반영하기 때문에 지배계급의 이데올로기이다. 예컨대, 자본주의 사회의 지배 이데올로기는 부르주아 이데올로기이다.

그런데 한 사회의 이데올로기적 상부구조에는 지배 이데올로기에 대립하는 대항 이데올로기 역시 존재한다. 대항 이데올로기는 피지배계급의 이익을 반영하는 의식형태들이다. 따라서 한 사회의 이론, 사상, 철학, 문학, 예술 등의 분야에는 지배 이데올로기와 대항 이데올로기가 서로 다투는 양상이 나타날 수 있다.

지배계급은 지배 이데올로기를 통해 자신의 경제적 기초인 생산양식을 보호하고 정치적 보루인 국가권력을 유지하려 한다. 지배 이데올로기는 주로 이데올로기적 국가기구인 교육기관, 언론기관, 종교기관을 통해 창출되고 보급된다. 특히 대중교육이 실시되고 있는 현대사회에서 학교교육은 개인이 사회화되는 가장 중요한 계기이므로, 지배 이데올로기나 대항 이데올로기의 창출과 보급에서 결정적으로 중요하다. 정보화 사회인 오늘날 신문, TV, 인터넷과 같은 대중매체는 지배 이데올로기의 확산에 큰 역할을 한다.

앞에서 지적한 것처럼 이데올로기적 상부구조인 의식형태들은 사람들의 사고방식과 행동방식에 영향을 미치기 때문에 결국 그것은 한 사회의 생활양식(mode of life)을 결정하는 주요한 요인이 된다. 생산양식과 통치양식이 각각 경제현상과 정치현상을 낳는 것처럼, 생활양식은 문화현상을 낳는다. 요컨대 이데올로기적 상부구조는 곧 한 사회의 문화 또는 생활양식에 다름 아니다.

생산양식, 통치양식, 생활양식의 접합과 상호작용

한 사회에서는 생산양식과 통치양식 그리고 생활양식이 접합되어 있다. 이 세 가지의 접합이 사회구성체이다. 한 사회의 성격은 결국 생산양식, 통치양식, 생활양식 각각의 내용과 이들 사이의 상호작용을 통해 형성되는 사회구성체의

〈그림 2.2〉 근대 사회구성체의 세 부문

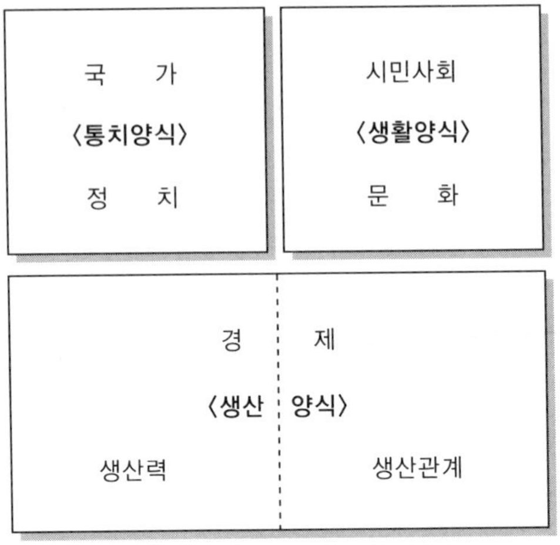

특성을 말한다.

　<그림 2.2>는 자본주의 출현 이후의 근대적 사회구성체의 세 부문을 나타
낸 것이다. 근대 사회구성체는 경제, 국가, 시민사회라는 세 부문으로 구성되어
있다. 경제가 토대이고 국가와 시민사회가 상부구조이다. 경제부문에서는 생산
양식이 존재하는데, 이는 생산력과 생산관계의 접합이다. 국가부문에서는 통치
양식이, 시민사회 부문에서는 생활양식이 존재한다. 국가부문의 통치양식이 정
치현상을, 시민사회 부문의 생활양식이 문화현상을, 경제부문의 생산양식이 경
제현상을 낳는다. 사회현상은 이러한 경제현상, 정치현상, 문화현상이 어우러져
나타나는 하나의 총체이다.

　사회구성체 내의 세 부문의 세 가지 양식과 현상은 서로 접합되어 상호작용
한다. 한 사회의 통치양식과 생활양식은 생산양식에 적합하게 형성된다. 예컨
대, 자본주의 사회에서는 자본주의적 생산양식에 적합한 통치양식과 생활양식
이 성립한다. 좀더 구체적으로 말하자면, 자본가계급이 노동자계급의 잉여노동
을 착취하는 자본주의적 생산관계를 유지하는 데 적합한 부르주아 국가와 부르
주아 이데올로기가 성립한다. 계급사회에서의 통치양식과 생활양식은 생산양식
에서의 지배계급 즉 경제적 지배계급의 요구를 우선적으로 반영한다. 다시 말

해서 국가부문의 정치와 시민사회 부문의 문화는 경제부문의 생산관계를 유지·강화하는 역할을 한다.

다른 한편 통치양식과 생활양식은 생산양식에 반작용한다. 통치양식은 제도를 통해 생산력과 생산관계에 영향을 미친다. 제도는 생산력의 발전을 촉진하기도 하고 저해하기도 한다. 제도는 생산관계에서 계급간 역관계에 영향을 미친다. 생활양식도 생산력과 생산관계에 영향을 미친다. 노동윤리와 근로의욕이 생산력 발전에 영향을 미치고 자본가와 노동자들의 의식과 태도가 생산관계의 성격에 영향을 미친다.

독일의 사회학자 막스 베버(Max Weber)는 프로테스탄티즘(protestantism)의 윤리라는 '자본주의 정신'이 자본주의를 출현시켰다고 주장한 바 있다. 여기서 프로테스탄티즘의 윤리는 근검절약하는 금욕적 생활태도를 가지고 자신의 직업을 통해 영리추구를 하는 것을 신의 소명으로 생각하는 것이다. 1997~1998년에 발생한 아시아 국가들의 경제위기를 계기로 가족주의, 집단주의, 정실주의와 같은 이른바 '아시아적 가치'가 경제발전에 기여하였는지 아니면 경제위기의 원인이었는지를 둘러싸고 논쟁이 전개된 바 있다. 이는 모두 의식이나 생활양식이 생산양식에 미치는 영향을 강조하는 좋은 예라 할 수 있다.

한 사회의 생산력수준이 그 문화수준을 결정하지만 역으로 문화수준이 생산력수준에 영향을 미친다. '문화의 세기'라고 일컬어지는 21세기에는 문화가 곧 생산력이라 할 만큼 생산력에 대한 영향력이 크게 증대할 것이다.

한 사회 내에는 지배적인 생산양식과 생활양식을 넘어서려는 대안적 생산양식과 생활양식이 부차적으로 존재할 수 있으며, 지배계급의 통치양식에 대항하는 피지배계급의 저항양식(mode of resistance)이 나타날 수 있다. 저항양식은 저항을 위한 이념 및 조직과 저항주체의 행동양식을 말한다. 궁극적으로 새로운 통치양식을 지향하는 저항양식이 대안적 생산양식 및 생활양식과 결합될 때, 현존 사회구성체를 넘어서는 새로운 사회구성체를 전망할 수 있을 것이다.

4. 변증법적 관점

사회현상: 모순과 갈등의 산물

정치경제학에서는 사회현상과 경제현상을 기본적으로 그 내부에 존재하는 모순과 갈등이 표출된 것으로 이해한다. 또한 사회의 변화와 발전의 원동력을 그 사회 내부의 모순과 갈등이라고 본다. 이러한 이해방식은 변증법적 관점에 그 기초를 두고 있다.

변증법(dialectics)에 의하면 사물에는 대립하는 두 측면이 있다. 서로 대립하는 각 측면을 대립물(opposites)이라 한다. 지금 사물 내부에 존재하는 두 대립물을 각각 A와 B라 하자. 사물 내부에는 이 A와 B라는 두 대립물이 결합되어 있다. 그렇다면 A와 B는 어떠한 관계에 있는가? 한편으로는 A가 있어야 B가 있고, B가 있어야 A가 있다. 따라서 A와 B는 상호 전제하는 관계에 있다. 다른 한편으로는 A가 유지되고 발전하려면 B가 억압되고 위축되어야 하며, B가 유지되고 발전하려면 A가 억압되고 위축되어야 한다. 따라서 A와 B는 상호 배척하는 관계에 있다.

이와 같이 상호 전제하면서도 상호 배척하기 때문에 A와 B는 서로 모순관계에 있다. 모순(contradictions)이란 사물의 내부에 존재하는 대립물 사이의 상호 전제하면서도 상호 배제하는 관계를 지칭한다. A와 B가 상호 전제한다는 것은 양자가 서로 결합되어 있어야 존재할 수 있다는 것을 의미한다. 그러면서도 A와 B가 상호 배제하는 이유는 목표가 서로 다르고 충돌하기 때문이다.

이러한 관점을 자본주의 사회에 적용해보면 어떻게 될까? 자본주의 사회는 자본가와 노동자라는 대립물로 구성된 사회이다. 한편으로는 자본가가 있어야 노동자가 있고, 노동자가 있어야 자본가가 있다. 자본가는 노동자를 고용해야 생산을 하고 이윤을 남길 수 있으며, 노동자는 자본가에게 고용되어야 자기와 자기 가족의 생계를 유지할 수 있다. 따라서 자본가와 노동자는 상호 전제한다. 다른 한편으로는 자본가가 유지되고 발전하려면 노동자가 억압되고 위축되어야 하고, 노동자가 유지되고 발전하려면 자본가가 위축되어야 한다. 따라서 자본가와 노동자는 상호 배제하는 관계에 있다. 둘이 서로 배제하는 이유는 둘의 목표가 서로 충돌하기 때문이다. 자본가의 목표는 이윤획득이고, 노동자의 목표는 삶의 질 향상이다. 이윤획득과 삶의 질 향상은 궁극적으로 서로 충돌하는 두 목표이다. 따라서 자본가와 노동자의 이해는 서로 대립하게 된다.

이처럼 상호 배제함에도 불구하고 상호 전제하기 때문에 현실에서는 서로 관계를 맺게 된다. 상호 전제하기 때문에 자본가와 노동자는 서로를 필요로 하지만 상호 배제하기 때문에 서로 대립한다. 이것이 바로 모순이다.

사물의 내부모순 때문에 대립물은 서로 관계를 맺고 있는 상태에서 대립하고 투쟁한다. 이것이 갈등을 낳는다. 인간이 살아가는 사회도 마찬가지다. 살아가는 과정에서 사람들은 서로 관계를 맺지만 서로의 이해가 대립하기 때문에 사람들은 서로 대립하고 투쟁한다. 먹고사는 문제를 해결하기 위한 경제투쟁, 정치권력 획득을 둘러싼 정치투쟁, 서로 다른 이념들간의 이데올로기 투쟁 등이 현실 사회에서 일상적으로 전개된다. 사람들은 그러한 관계 속에서 살아가는 한 원하든 원하지 않든 투쟁하지 않을 수 없다.

정치경제학은 사람들이 맺는 사회관계에서 비롯되는 대립과 투쟁의 측면에 초점을 맞추어 사회와 경제를 분석한다. 물론 살아가는 과정에서 사람들이 서로 협력하고 조화로운 관계를 맺는 경우도 많다. 가족관계, 친구관계, 연인관계 등은 그 좋은 예이다. 경제생활 가운데서도 자유롭고 평등한 교환관계나 같은 이해를 가진 동업자들의 파트너십이 존재한다. 이러한 관계들은 기본적으로 협력적이고 조화로운 관계이다. 정치경제학은 사람들간의 협력적이고 조화로운 관계의 존재를 부정하지 않는다. 다만 실생활에서 형성되는 사람들간의 이해대립에 초점을 맞출 때 사회와 경제를 더 잘 이해할 수 있다고 보는 것이다.

사람들의 실생활에서 형성되는 모순, 즉 사회적 모순은 적대적 모순과 비적대적 모순으로 나눌 수 있다. 적대적 모순은 어떤 사람이 다른 사람을 억압하고 착취하는 관계가 존재할 때 생긴다. 다수의 사람들이 자유가 없고 인권을 유린당하며 노동이 착취되는 사회에서는 적대적 모순이 생긴다. 예컨대, 고대 사회의 노예와 노예소유주, 중세의 영주와 농노, 근대의 자본가와 노동자 사이에는 적대적 모순이 형성되고 있었다. 이 경우 사람들은 자신들의 삶을 위해 서로 적대하면서 투쟁하게 되며, 억압과 착취관계가 존속되는 한 서로 화해할 수 없게 된다.

비적대적 모순은 사람들이 서로 경쟁할 때 형성된다. 예컨대, 상인들간의 경쟁,

자본가들간의 경쟁과정에서 비적대적 모순이 형성된다. 경쟁의 조건이 불균등하고 경쟁의 규칙이 불공정하며 경쟁의 결과가 불평등할 때 이 모순은 격화된다. 비적대적 모순이 발생할 경우에는 사람들 사이에 이해가 대립하지만 적대적 이해대립이 존재하지는 않는다. 따라서 서로 투쟁하다가도 화해할 수 있으며, 합리적 조정을 통해 상호이익을 추구함으로써 조화로운 관계의 형성이 가능하다.

적대적 모순은 그것을 낳는 관계 그 자체의 폐기를 통해 극복될 수 있고, 비적대적 모순은 관계 속에서의 이해의 조정을 통해 극복될 수 있다. 말하자면 적대적 모순은 게임 그 자체의 폐기를 통해서, 비적대적 모순은 게임의 규칙이 개혁됨으로써 해소될 수 있다.

사회발전의 원동력: 대립물의 통일과 투쟁

사물에 내부모순이 존재하기 때문에 대립물은 통일되어 있으면서도 투쟁한다. 대립물은 상호 전제하기 때문에 통일되어 있으며, 상호 배제하기 때문에 투쟁한다. 대립물의 통일 속에서의 투쟁이 변화와 발전을 낳는다. 사물의 변화의 원동력은 사물의 내부모순이지 외부적 힘이 아니다. 변증법적 관점은 한 사회의 내부모순으로부터 발생하는 대립물의 통일 속에서의 투쟁을 사회발전과 역사발전의 원동력으로 본다.

사람들이 맺는 다양한 관계 속에서의 사람들간의 통일과 투쟁이 사회를 변화, 발전시킨다. 정치경제학은 그 관계들 중에서 생산관계에 초점을 맞춘다. 생산관계 속에서의 서로 대립하는 계급들간의 통일과 투쟁이 생산관계를 변화시키는 중심적인 힘이다. 생산수단의 소유, 노동과정의 통제, 잉여생산물의 처분을 둘러싼 계급들간의 투쟁이 사회발전과 역사발전의 원동력이다.

주어진 생산관계 내에서의 서로 다른 계급들간의 투쟁이 그 생산관계를 변화시킨다. 그러한 계급투쟁이 낡은 생산관계를 쇠퇴하게 하고 새로운 생산관계를 생성시킨다. 하나의 생산관계는 역사상 일정 시기에 생성했다가 성숙하고 마침내 소멸한다. 모든 생산관계는 항구적인 것이 아니라 일시적인 것이다. 역사발전은 바로 이러한 생산관계의 생성, 성숙, 소멸의 과정에 다름 아니다. 이는 생자필멸(生者必滅)이라는 단순한 자연적 과정이 아니라 현실적인 계급투쟁을 통해 전개되는 사회적 과정이다.

하나의 생산관계가 피지배계급의 삶의 질을 더 이상 개선시키지 못하고 악화시킬 때 계급투쟁이 격화되어 마침내 기존의 생산관계는 붕괴하고 새로운 생산관계가 등장한다. 또한 하나의 생산관계가 더 이상 생산력의 발전을 촉진하지 못하고 오히려 억제할 때 낡은 생산관계는 쇠퇴하고 새로운 생산관계에 자리를 내준다. 이러한 생산관계의 교체과정이 바로 사회혁명과정이다.

생산관계의 교체과정인 사회혁명과정은 생산력의 혁명인 기술혁명과정에 의해 촉진된다. 다시 말해서 기술혁명이 낡은 생산관계를 붕괴시키고 새로운 생산관계의 생성을 촉진한다. 오늘날 컴퓨터와 인터넷으로 상징되는 정보기술혁명은 인적자원의 창의성이 가치창출에 결정적인 중요성을 가지고, 사람들간에 쌍방향의 의사소통을 활성화시키기 때문에 물적 생산수단의 사적 소유와 위계적 노동통제에 기초한 자본주의적 생산관계를 낡은 것으로 만들고 있다. 21세기에 더욱 가속화될 기술혁명은 현재의 자본주의적 생산관계를 대체하는 새로운 생산관계를 생성시킬 것으로 전망된다.

그런데 이러한 기술혁명은 계급투쟁과 무관하지 않다. 기술혁명의 동인은 일차적으로 지식 그 자체의 진화과정, 인간 욕구의 변화, 이윤동기 등에서 찾을 수 있다. 이러한 요인에 못지않게 중요한 것은 계급투쟁 요인이다. 계급지배의 강화를 위해 지배계급이 기술혁명을 일으키고, 계급투쟁 그 자체가 신기술의 도입을 촉진하는 측면을 간과할 수 없는 것이다.

미국의 급진파 정치경제학(Radical Political Economy)의 대표적 이론가인 마글린(S. A. Marglin)이 주장하는 것처럼 18세기 후반에서 19세기 초반에 걸친 산업혁명은 자본가들이 노동자들에 대한 계급지배를 강화하기 위한 전략의 일환으로 추진된 측면이 있으며, 맑스가 표현했듯이 산업혁명 당시의 방적 공장에서 아크라이트(Arkwright) 수력방적기가 질서를 잡았던 것이다. 현대 자본주의에서는 노동통제를 강화하거나 노사분규를 회피하기 위한 신기술이 도입되는 많은 사례들이 있다. 이처럼 사회발전이나 역사발전에서 기술을 결코 독립변수로 볼 수 없다. 따라서 사회발전과 역사발전을 오로지 기술변화에 기초하여 설명하려는 기술결정론(technological determinism)은 올바른 관점이라 할 수 없다. 계급투쟁과 기술혁명의 상호작용을 통해 사회와 역사가 변화한다고 보는 것이 타당할 것이다.

대립물의 통일과 투쟁을 사물의 발전의 원동력으로 보는 변증법적 관점에 의하면, 사회현상과 경제현상은 조화로운 균형상태에 있는 것이 아니라 갈등과 충돌이 항구적으로 나타나서 불균형상태에서 운동하고 있다. 균형은 일시적이고 특수한 현상일 뿐이다. 불균형이 항구적이고 보편적이다. 생산과 소비, 수요와 공급, 저축과 투자는 항상 불균형상태에 있다. 과잉 아니면 부족상태가 항구적이고 과부족 없는 균형상태는 일시적일 뿐이다.

또한 변증법적 관점에 의하면, 역사의 발전과정은 연속적 과정과 단절적 과정을 포함한다. 변화는 양적인 축적이 이루어지는 동안에는 연속적이다가 일정 시점에 이르면 질적인 비약을 하게 되어 단절적으로 변화한다. 기존의 관계내부에서 모순이 심화되면 마침내 관계 그 자체가 유지 불가능하게 되고 해체되어버릴 수 있다. 기존의 생산관계가 해체되고 새로운 생산관계가 형성되는 과정은 바로 이러한 단절적 과정에 다름 아니다.

이와 같이 정치경제학은 사회와 경제의 변화와 발전을 균형상태와 연속적 과정으로 보지 않고 불균형상태와 단절적 과정으로 본다. 이와는 대조적으로 신고전파 경제학은 경제현상을 끊임없이 균형상태로 수렴되는 것으로 보며, 변화를 연속적인 과정으로 인식한다. 신고전파 경제학의 창시자 중의 한 사람인 알프레드 마셜(Alfred Marshall)이 그의 『경제학원리』(1890) 속표지에 적고 있는 대로 '자연은 비약하지 않는다'는 생각이 신고전파 경제학의 관점이다.

대립물의 투쟁으로부터 발생하는 불균형과 단절적 변화는 사회와 경제를 불안정하게 만들고 불확실성을 증대시키며, 마침내 위기에 빠뜨릴 수 있다. 균형과 연속적인 변화는 관계와 구조의 안정을 가져오겠지만 불균형과 단절적인 변화는 불안정을 야기할 것이다. 균형과 연속적인 변화가 나타나면 미래는 비교적 확실하겠지만, 불균형과 단절적인 변화가 나타나면 미래에 대한 불확실성은 더 크게 증대하지 않을 수 없다. 불안정성이 증폭되고 불확실성이 증대되면 기존의 관계와 구조가 효과적으로 작동하지 못하게 되고 해체되어간다. 이런 상태에서 아직 새로운 관계와 구조가 정립되지 못할 때 위기가 발생한다. 이 위기는 새로운 관계와 구조가 확립되었을 때 비로소 극복될 수 있다.

5. 인간을 어떻게 보는가

사회관계의 총체로서의 인간

유물론적 사회인식과 변증법적 관점에 기초하고 있는 정치경제학은 인간을 어떻게 보고 있는가? 생산양식과 사회구성체 속에서 다른 사람들과 관계를 맺고 살아가고 있는 인간의 존재를 어떻게 파악하는가? 사회와 경제의 변화·발전 과정에서 인간의 역할은 무엇이라고 보는가?

인간의 존재를 보는 관점은 정신적 존재로서의 인간, 생물학적 존재로서의 인간, 사회적 존재로서의 인간 등 크게 세 가지로 나눌 수 있다. 첫째, 인간을 정신적 존재로 보는 관점은 인간을 고도의 의식을 가지고 사유하는 존재라는 점을 강조한다. 인간이 동물과 구분되는 점은 바로 인간이 의식을 가지고 생각 한다는 것이다. '나는 생각한다. 고로 나는 존재한다'는 데카르트의 명언은 바로 이러한 인간관의 극치를 보여준다. 이를 관념론적 인간관이라 부른다.

둘째, 인간을 생물학적 존재로 보는 관점은 인간이 생명체임을 강조한다. 이 인간관은 인간을 자연의 일부로 보고 감성적 활동을 하는 존재로 본다. 이 입장에서는 인간을 자기 유지와 종족 번식의 본능, 식욕·성욕 등 생리적 욕구, 생로병사(生老病死)의 운명과 희로애락(喜怒哀樂)의 감성을 가진 생명체로서, 적자생존의 자연법칙에 순응하여 생존을 위해 행동하는 존재로서 파악한다.

셋째, 인간을 사회적 존재로 보는 관점은 인간을 사회관계의 총체로 본다. 인간은 현실의 생활과정에서 생산관계를 비롯한 다양한 사회관계를 맺는데, 인간은 이러한 다양한 사회관계들 속에서 그 존재가 주어진다. 사회관계를 떠난 어떤 추상적인 인간이란 존재하지 않는다는 것이다.

인간을 바라보는 이러한 세 가지 관점 중에서 정치경제학은 기본적으로 인간을 사회적 존재로 보는 인간관에 기초하고 있다. 이 인간관을 좀더 자세히 보기로 하자. 인간이 '사회관계의 총체'란 말은 무엇을 의미하는가?

사회 속에서 살아가는 인간은 가정, 직장, 학교, 지역 사회 등에서 여러 가지 인간관계를 맺는다. 인간의 사고방식과 행동방식은 생산·분배·교환·소비 등 경제활동에서 맺는 물질적 관계, 가족·친구·연인·이웃 등과 맺는 정서적인 관계, 정치·학문·예술·종교 활동 등에서 맺는 이데올로기적 관계 속에서 형성된다. 이러한 관계들과 무관하게 인간의 본성이 존재하는 것이 아니다. 인간은 바로 이러한 사회관계들의 총체인 것이다.

따라서 인간을 이해하려면 일정한 시간과 공간 속에서 인간이 맺고 있는 다양한 관계들의 성격을 알아야 한다. 개인의 의식과 행동은 그 개인이 맺고 있는 여러 관계들의 성격과 그 관계들 속에서 개인이 차지하고 있는 지위로부터 설명할 수 있다. 인간이 맺고 있는 이러한 사회관계들을 고려하지 않고 인간을 단순히 사유하는 존재나 감성적 활동을 하는 존재로만 본다면 현실의 구체적 인간을 제대로 이해할 수 없을 것이다.

이와 같이 인간을 사회적 존재로 보는 정치경제학의 관점은 경제주체를 기본적으로 무인도의 로빈슨 크루소와 같이 고립된 개인으로 보는 신고전파 경제학의 관점과 구분된다. 경제주체로서의 로빈슨 크루소는 사회관계 속에 들어가 있지 않는 고립된 개인이다. 그는 다른 사람과의 관계에 의해 사고와 행동이 영향을 받거나 제약당하지 않는 자율적이고 독립적인 개인이다. 이러한 신고전파 경제학의 인간관을 '원자적 인간관'이라 한다. 정치경제학은 이러한 인간관을 비현실적이라고 본다.

한편 고전파 경제학의 창시자인 애덤 스미스는 이기심을 불변의 인간 본성으로 파악했다. 그는 이기심에서 비롯되는 인간의 교환 성향에 기초하여 경제현상을 설명하려고 하였다. 인간은 이기적 동기에서 교환을 하고, 교환을 통해 서로 이익을 얻고 경제가 발전한다고 보았다. 맑스는 애덤 스미스와 달리 불변의 인간 본성이란 없다고 보았다. 인간의 성향은 일정한 시간과 공간 속에 존재하는 인간이 맺는 다양한 사회관계들의 총체적 성격에 의해 결정된다는 것이다. 따라서 인간의 성향은 고정된 것이 아니라 가변적인 것이다. 사회관계의 성격이 변하면 인간의 성향도 변한다. 인간의 욕구도 대부분 사회관계 속에서 형성된 사회적 욕구인 것이다. 정치경제학은 기본적으로 이러한 맑스의 인간관에 따라 사회와 경제를 분석한다.

그러나 인간을 사회적 존재로 보는 관점에도 한계가 있다. 왜 그런가? 우선 인간이 자연의 일부로서 사회관계와는 독립된 생물학적 존재라는 측면이 있기 때문이다. 인간이 생리적 욕구를 가진 존재라는 사실, 희로애락의 감성을 가진 존재라는 사실, 인간이 지구상에 존재하는 수많은 생명체 중의 하나라는 사실을 무시하고서는 인간의 존재를 완전히 이해할 수 없다. 특히 인간을 자연의 일부이며 생명체의 일부라고 보는 관점은 인간과 자연 간의 공생을 지향하는 생태주의의 실현에 필수적이다. 하나뿐인 지구의 생태계를 보전하기 위해서는 인간을 생물학적 존재로 인식해야 한다. 인간의 존재는 인간과 인간의 관계뿐만 아니라 인간과 자연의 관계에 의해서도 형성된다는 점, 인간이 자연을 파괴하여 생산력을 향상시키려는 것은 결국 인간의 존립조건을 파괴한다는 점이 인식될 필요가 있다. 인간을 생물학적 존재로 보는 것은 심각한 수준에 이른 지구촌의 생태위기를 극복하기 위해 필수적으로 요청되는 관점이다.

다음으로 사람들의 생활에서 물질생활과 분리된 별도의 정신생활의 영역이 있고 시간과 공간을 초월한 사유활동의 영역이 있기 때문이다. 안빈낙도(安貧樂道)하는 선비들의 삶, 고도의 정신세계를 추구하는 성직자의 수도생활, 진리를 찾아나서는 학자들의 삶, 독실한 신자들의 신앙생활, 모든 사회적 조건을 넘어선 숭고한 사랑 등을 보면 인간이 정신적 존재라는 측면을 가짐을 알 수 있다. 그러므로 인간을 사회적 존재로만 본다면 인간에 대한 이해의 폭이 그만큼 좁아질 것이다. 인간의 삶의 질 향상을 위해서는 인간이 정신적 존재라는 측면을 가진다는 사실이 간과되어서는 안된다. 청정한 마음, 진리, 그리고 사랑이 가져다주는 기쁨과 행복감 역시 삶의 질을 높이는 주요한 요소이기 때문이다.

이러한 까닭에 정치경제학은 인간을 보는 관점을 폭넓게 견지해야 한다. 인간은 사회적 존재이면서 동시에 생물학적 존재이며, 또한 정신적 존재라는 관점을 가져야 한다. 자연의 일부로서 생명체인 인간은 현실 생활과정에서 다양한 사회관계들을 통해 그 삶이 이루어지지만 사회관계를 초월한 사유활동을 하는 존재라는 사실을 정치경제학은 그 시야에 넣어야 한다. 그럴 때만이 인간의 삶을 총체적으로 이해할 수 있을 것이다.

그런데 정치경제학은 인간이 맺고 있는 사회관계들 중에서 생산관계를 중심으로 한 경제관계를 다루는 학문이다. 인간과 자연의 관계나 사회관계 중 비경제적인 관계는 다른 학문영역에서 다룬다. 그렇지만 정치경제학은 경제관계 속에서 살아가는 인간이 생물학적 존재이며 정신적 존재라는 점을 인식한 기초 위에서 인간의 경제생활을 연구해야 할 것이다.

사회관계의 주체로서의 인간

정치경제학은 인간을 사회적 존재로서 사회관계의 총체로 봄과 동시에 사회관계를 형성하고 변화시키는 주체로 본다. 인간의 의식과 행동은 인간이 맺고 있는 사회관계에 의해 제약되지만 동시에 인간의 의식과 행동이 사회관계를 형성하고 변화시킬 수 있다. 즉 사회관계가 인간을 만들고, 인간이 사회관계를 만드는 것이다. 다양한 사회관계들의 짜임새를 구조라 정의한다면, 인간은 구조에 의해 만들어지는 존재임과 동시에 구조를 형성하고 변화시키는 주체이다. 이때 주체란 구조에 의해 주어지는 종속적이고 피동적인 존재가 아니라 자신의 욕구 실현을 위해 사고하고 행동함으로써 구조를 변화시키는 독립적이고 능동적인 존재를 말한다.

그러나 인간이 구조를 변화시킨다고 해서 자기 마음대로 변화시킬 수 있는 것이 아니다. 현존하는 구조가 인간의 의식과 행동에 제약을 가하기 때문이다. '하면 된다'는 사고나 '일체유심조(一切唯心造)'라는 불가의 가르침은 인간의 의지와 마음의 중요성을 말해준다. 그러나 아무리 해봐도 안되는 구조, 마음먹어도 안되는 구조가 객관적으로 존재하는 것이다. 예컨대, 개인들이 아무리 노력해도 벌 수 있는 소득에 한계가 있으며, 아무리 허리띠를 졸라매고 절약해도 채무관계를 벗어날 수 없는 상황이 있는 것이다. 정부의 경제정책을 통해 기존의 경제구조와 생산관계를 바꾸고 노동자들의 투쟁을 통해 소득분배 구조를 바꾸는 데는 한계가 있는 것이다. 전체 사회의 구조와 자신들이 맺고 있는 다양한 관계들의 그물망에 의해 인간의 행동이 제약된다는 사실을 간과하면 오류를 범하게 된다.

사회관계 속의 인간들이 구조에 의해 형성되는 측면만을 일방적으로 강조하는 관점을 구조결정론(structural determinism)이라고 하고, 인간들이 사회관계를 만드는 주체라는 측면만을 일방적으로 강조하는 관점을 주의주의(主意主義, voluntarism)라 한다. 구조결정론은 사회관계 속에서 인간의 사고와 행동의 종속성과 피동성을, 주의주의는 독립성과 능동성을 각각 일면적으로 강조하고 있는 셈이다. 정치경제학의 인간관은 결정론도 주의주의도 아니다. 인간은 사회관계의 총체로서 사회관계의 산물인 객체이지만 일정한 제약 속에서 사회관계를 형성하고 변화시키는 주체이다.

그렇다면 인간이 사회관계의 총체이면서 동시에 사회관계의 주체라는 것이 경제생활에서 의미하는 바는 무엇일까? 인간은 생산관계 속에서는 경제주체로 존재한다. 경제주체는 먹고살 생활수단을 생산하기 위해 생산관계를 맺는다. 개별 경제주체는 그의 의지와 무관하게 생산관계에 들어간다. 예컨대, 자본주의 사회에서 노동자들은 생산수단이 없기 때문에 먹고살기 위해서는 자신의 의지와 무관하게 노동력을 판매하고 자본가와 고용관계를 맺게 된다. 노동자들은 고용관계가 규율하는 취업규칙과 고용관행에 따라 행동해야 한다. 생산관계를 맺고 있는 개인들은 그 생산관계를 지탱하는 제도와 규칙과 관행에 따라 생각하고 행동한다.

생산관계 속에서 직접적 생산을 담당하는 생산자와 노동을 통제하는 비생산자의 의식과 행동은 서로 다르다. 노동자의 의식과 행동은 기본적으로 생산관계 속에서 생산수단이 없는 노동력 판매자라는 지위로부터 규정된다. 자본가는 이윤추구를 하는 생산수단의 소유자이며 고용주라는 지위로부터 그의 의식과 행동이 규정된다. 다른 한편 경제주체는 생산관계를 형성하고 변화시키는 주체이다. 경제주체는 투쟁과 선택이라는 두 가지 행동방식을 통해 생산관계를 형성하고 변화시킨다.

경제주체의 행동: 집단적 투쟁과 개인적 선택

경제주체들의 행동에는 투쟁과 선택이라는 두 가지 유형이 있다. 그리고 경제주체는 개인적으로 행동할 수도 있고, 집단적으로 행동할 수도 있다. 경제주체가 개인이냐 집단이냐, 경제주체의 행동이 선택이냐 투쟁이냐에 따라 경제주체의 행동은 <표 2.1>과 같이 네 가지 유형으로 나눌 수 있다.

유형 Ⅰ은 '개인적 선택', 유형 Ⅱ는 '개인적 투쟁', 유형 Ⅲ은 '집단적 선택,' 유형 Ⅳ는 '집단적 투쟁'이다. 계급투쟁을 통해 생산관계가 변화된다고 보는 정치경제학은 유형 Ⅳ 즉 집단적 투쟁에 초점을 맞춘다. 반면, 개별 경제주체들의 선택이 경제를 변화시킨다고 보는 신고전파 경제학은 유형 Ⅰ, 즉 개인적 선택에 초점을 맞춘다.[2] 요컨대, 정치경제학과 신고전파 경제학은 집단적

---

2) 신고전파 경제학은 개인적 선택만을 고려하고 투쟁의 측면은 고려하지 않는다.

〈표 2.1〉 경제주체의 행동 유형

주체＼행동유형	선택	투쟁
개인	Ⅰ(개인적 선택)	Ⅱ(개인적 투쟁)
집단	Ⅲ(집단적 선택)	Ⅳ(집단적 투쟁)

투쟁(collective struggle)과 개인적 선택(individual choice)이라는 서로 다른 행동 유형으로 경제현상의 변화를 설명한다.

집단적 투쟁은 생산관계 속에서 서로 다른 이해관계를 가진 집단들 사이에 일어난다. 생산관계 속에서 집단적 투쟁은 생산수단의 소유자들과 비소유자들 사이에 서로 다른 이해가 형성되고 그것이 서로 대립할 때 발생한다. 자본주의 사회에서의 파업과 노사분규, 봉건사회의 소작쟁의와 농민전쟁, 노예제 사회의 노예반란은 그러한 집단적 투쟁의 대표적 사례라 할 수 있다. 이 경우 경제주체 는 개인이 아니라 집단 혹은 계급으로 나타난다. 이 집단적 투쟁이 전체 사회수 준에서 서로 적대하는 계급들 사이에 전개될 때 이를 계급투쟁이라 한다. 집단 적 투쟁은 생산관계를 변형시키고 나아가 생산관계 그 자체를 해체시키고 새로 운 생산관계를 창출할 수 있다.

개인적 선택은 개별 경제주체가 주어진 생산관계 속에서 자신의 이익을 극대 화하기 위해 서로 다른 대안들 중에서 최선의 것을 취사선택하는 행위를 말한다. 주어진 소득으로 최대의 효용을 가져다주는 재화들의 조합을 선택하는 소비자 선 택, 주어진 생산량을 최소의 비용으로 생산하는 생산요소들의 조합을 선택하는 생산자 선택, 주어진 임금수준에서 최대의 만족을 가져다주는 노동과 여가의 조 합을 선택하는 노동자 선택, 주어진 현금으로 최대의 수익을 가져다주는 자산들 의 조합을 선택하는 투자자 선택 등은 그러한 개인적 선택의 주요한 내용들이다.

정치경제학은 생산관계를 변화시키는 경제주체의 행위 중에서 개인적 선택 보다는 집단적 투쟁 요인이 더 중요하다고 본다. 그 이유는 다음과 같다. 첫째, 사회가 단순히 개인들로 구성되어 있는 것이 아니라 집단 내지 계급으로 분할 된 구조를 가지고 있다고 보기 때문이다. 둘째, 개인적 선택 요인은 주어진 생산관계 내에서 경제현상의 변화를 어느 정도 설명할 수는 있어도 생산관계 그 자체의 변화는 설명하지 못하는 반면, 집단적 투쟁 요인은 사회의 계급들간의 투쟁을 통한 생산관계 그 자체의 변화를 설명할 수 있기 때문이다. 셋째, 주어진 생산관계 내의 많은 경제현상들, 예컨대, 임금, 이윤, 가격, 소득분배, 경기순환 등이 상당부분 집단적 투쟁에 영향을 받기 때문이다.

이와는 달리 신고전파 경제학은 개인적 선택에 기초하여 경제현상을 설명한다. 왜냐하면 사회를 개인들의 단순한 합으로 보고, 경제현상을 개별 경제주체

계급투쟁이란 무엇인가

"당신은 계급간의 증오를 부추기고 있어요"하고 나는 말했다. "저는 노동계급의 편협하고 잔인한 모든 면에 대해서만 그렇게 호소하는 것은 잘못이며 죄악이라고 생각해요. 계급간의 증오는 반사회적이며, 제가 보기에는 반사회주의적이기도 해요."

"무죄입니다." 그는 대답했다. "계급간 증오는 그 책에 있지도 않으며 제가 지금까지 쓴 어떤 것에도 그런 정신은 없습니다."

"오!" 나는 분개해서 외치면서, 그의 책을 집어다가 펼쳐놓았다.

그는 내가 페이지를 뒤적이는 동안 차를 한 모금씩 마시면서 웃는 얼굴로 나를 바라보았다.

"132페이지," 나는 소리를 내서 읽었다. "따라서 현재와 같은 사회발전의 단계에서는 임금을 주는 계급과 임금을 받는 계급 사이에 계급투쟁이 나타나고 있다."

나는 의기양양하게 그를 쳐다보았다.

"계급간의 증오에 대한 얘기는 없는데요." 그가 다시 웃어 보였다.

"하지만 당신은 '계급 투쟁'이라고 쓰고 있잖아요."

"그건 계급간의 증오하고는 다릅니다." 그가 대답했다. "그리고 정말이지, 우린 증오심을 부추기지 않습니다. 계급투쟁이 사회발전의 한 법칙이라고 말하는 것뿐이지요. 우리는 뉴턴이 중력의 법칙을 설명하듯이 그것을 설명할 뿐입니다. 우리는 계급투쟁을 유발시키는 이해대립의 본질을 설명하고 있는 것입니다."

"하지만 이해의 대립 같은 건 있어서는 안돼요!"하고 나는 외쳤다.

"저도 충심으로 거기 동의합니다." 그가 대답했다. "이해의 대립을 없애는 것—그게 바로 우리 사회주의자들이 이룩하려고 애쓰는 것이에요."

잭 런던, 『강철군화』(차미례 옮김), 한울, 1989, 44-45쪽.

의 행동으로부터 해명하려는 방법론적 개인주의(methodological individualism) 관점에 서 있기 때문이다. 이 관점에서는 개인을 넘는 계급의 실존을 인정하지 않는다. 따라서 경제주체는 계급이 아니라 개인 즉 개별 가계와 개별 기업으로 설정된다.

정치경제학은 계급을 독자적인 경제주체로 설정한다. 물론 경제주체로서의 개인의 독자성을 부정하지 않는다. 만약 경제주체로서 개인의 독자성을 인정하지 않고 개인을 계급의 일원으로만 본다면 그것은 계급환원주의가 될 것이다. 이는 올바른 관점이 아니다. 다른 한편, 만약 경제주체로서 계급의 독자성을 인정하지 않고 오로지 원자적 개인들의 행동에 기초하여 경제현상을 설명한다면 그것은 방법론적 개인주의가 될 것이다. 계급사회에서 이 관점은 타당하지 않다.

정치경제학에서는 경제주체, 즉 생산관계의 주체로서의 인간을 계급과 개인 두 수준에서 파악하지만, 개인보다 계급을 더 상위의 경제주체로 설정한다. 집단적 투쟁과 개인적 선택을 생산관계의 두 가지 주체적 요인으로 보지만, 개인적 선택보다는 집단적 투쟁을 경제현상을 설명하는 더 중요한 요인으로 인식한다.

역사적 유물론과 계급분석에 기초한 맑스 경제학에다 방법론적 개인주의에 기초한 신고전파 경제학의 접목을 시도한 분석적 맑시즘(analytic Marxism)은 집단적 투쟁과 개인적 선택이란 두 요인으로 경제현상을 설명하고자 하였다. 그러나 분석적 맑시즘은 두 요인을 단순히 절충했다는 비판을 받고 있다. 계급을 분석단위로 한 이론과 개인을 분석단위로 한 이론을 넘어서서 계급과 개인을 중층적으로 파악하는 새로운 경제이론의 정립은 과제로 남아 있다.

┌─ 더 읽을거리 ────────────────────────────

■ 김수행. 1988, 「1장 마르크스의 정치경제학 방법론」, 『자본론 연구 Ⅰ』, 한길사.
  김형기. 1997, 「임노동의 방법에 의한 사회구성분석 시론」, 『한국노사관계의 정치경제학』, 한울.

마이클 리보위츠. 1999, 『자본론을 넘어서』(홍기빈 옮김), 백의.

에티엔 발리바르. 1989, 『역사유물론 연구』(이해민 옮김), 푸른산.

윤소영. 1987, 『에티엔 발리바르의 '정치경제(학) 비판'』, 한울.

B. A. 메드베제프 1990, 「서론」, 이항재 옮김, 『정치경제학 교과서 1』, 사상사.

K. 맑스 1998, 「부록: '서설」」, 김호균 옮김, 『정치경제학 비판을 위하여』, 청사.

New Political Economy

제2편 자본주의의 기본적 생산관계

제3장
자본주의란 무엇인가

자본주의를 이해하려면 먼저 그 기본적 생산관계를 알아야 한다. 자본주의의 기본적 생산관계로는 자본주의적 소유관계, 상품·화폐 관계, 자본-임노동 관계, 자본간 관계 등을 들 수 있다. 이 장에서는 먼저 자본주의의 성립과정과 자본주의적 소유관계에 대해 알아본다.

1. 자본주의의 개념

자본주의 생산양식

우리는 자본주의 사회에 살고 있다. 오늘날 자본주의는 지구촌 거의 대부분을 지배하고 있다. 일상생활 속에서 우리의 사고방식과 행동양식은 자본주의에 고유한 제도와 규칙 그리고 관습에 의해 지배되고 있다. 따라서 자본주의란 무엇인가 하는 질문은 우리를 둘러싼 세계에 대한 질문이며 우리의 삶에 대한 질문이다.

그런데 자본주의라고 해서 다 같은 자본주의가 아니다. 19세기 초의 자본주의와 21세기 초의 자본주의가 다르며, 미국 자본주의, 독일 자본주의, 일본 자본주의, 한국 자본주의, 태국 자본주의가 각각 다르다. 그럼에도 불구하고 서로 다른 자본주의들은 자본주의로서의 공통점을 가지고 있다. 따라서 자본주의란 무엇인가 하는 질문은 시간과 공간의 차이에 따른 특수성을 넘어선 자본주의의 보편적 성격에 관한 질문, 다시 말해서 자본주의의 본질에 관한 질문이다.

앞의 제2장에서 본 것처럼 자본주의 사회는 자본주의 경제, 자본주의 정치, 자본주의 문화라는 세 부문으로 구성되어 있다. 따라서 자본주의란 무엇인가 하는 질문은 자본주의적 생산양식, 자본주의적 통치양식, 자본주의적 생활양식이란 무엇인가 하는 질문이 된다. 그러나 정치경제학은 경제학이기 때문에 자본주의적 생산양식이란 무엇인가 하는 질문에 집중한다. 정치경제학이 연구대상으로 하는 자본주의는 곧 자본주의 생산양식이다.[1]

그렇다면 생산양식으로서의 자본주의란 무엇인가? 생산수단의 소유자인 자본가가 생산수단의 비소유자인 노동자를 고용하여 이윤획득을 목적으로 시장을 향한 상품생산을 하는 생산양식이 자본주의(capitalism)이다. 이 정의 속에서는 자본주의의 특성을 나타내주는 몇 가지 요소들이 포함되어 있다.

첫째, 자본주의에서는 생산수단의 소유자인 자본가계급과 생산수단의 비소유자인 노동자계급으로 사회가 분할되어 있다. 따라서 자본주의는 자본가계급이 노동자계급을 지배하는 계급사회이다. 둘째, 생산수단이 없는 노동자계급은 생활수단을 획득하기 위해 자신의 노동력을 판매하고, 자본가는 이윤획득을 목적으로 노동력을 구매한다. 따라서 자본주의 사회에서는 노동력이 상품화된다. 셋째, 자본가와 노동자 사이에 고용관계가 성립한다. 고용관계 속에서 자본가는 노동자의 노동력을 최대한의 이윤창출을 위해 사용한다. 넷째, 자본주의에서는 시장을 향한 상품생산이 이루어진다. 따라서 자본주의는 곧 시장경제라 할 수 있다. 다섯째, 자본주의적 생산의 목적은 인간의 욕구 실현이 아니라 이윤획득에 있다. 인간의 욕구실현은 이윤획득의 수단이고 이윤추구 활동의 결과일 뿐이다.

이러한 자본주의 개념 정의와 관련해서 다음과 같은 점에 주의할 필요가 있다. 첫째, 자본주의는 시장경제이지만, 시장경제가 반드시 자본주의는 아니다. 자본주의는 시장경제의 하나의 특수한 형태인 것이다. 시장경제는 자본주의 이전에도 부분적으로 존재했고, 사회주의에서도 존재하였다. 따라서 자본주의 시

---

1) 정치경제학에서 사용하는 자본주의라는 개념은 넓게 정의하면 자본주의 사회구성체이고, 좁게 정의하면 자본주의 생산양식이 된다. 자본주의 생산양식은 달리 표현하자면 자본주의 경제체제이다. 이 책에서 자본주의라고 할 때는 자본주의 생산양식, 자본주의 경제를 가리킨다.

장경제, 사회주의 시장경제라는 표현이 성립하는 것이다. 둘째, 시장을 위한 상품생산이 이루어지는 경제를 자본주의로 정의하는 것은 상품이 생산되는 과정에서의 생산관계의 성격을 묻지 않기 때문에 잘못이다. 노예소유주가 노예를 부려서 목화를 생산하든, 영주가 농노에게 강제하여 밀을 생산하든, 자영농민이 자기노동에 기초하여 쌀을 생산하든, 시장을 위한 상품생산만 이루어지면 그것을 모두 자본주의로 보는 것은 서로 다른 사회의 성격을 알 수 없게 만든다.

자본주의의 개념을 이와 같이 정의했을 때, 자본주의 사회는 결국 어떠한 사회일까? 우선, 아주 간단히 말하자면 자본주의는 자본이 지배하는 사회이다. 여

자본주의란 무엇인가

맑스는 자본주의의 본질을 기업가 정신이나 수익을 목적으로 일련의 교환거래에 자금을 공급하는 화폐를 사용하는 것에 찾지 않고 특별한 생산양식에서 찾았다. 그의 생산양식 개념은 단순히 기술상태-그가 생산력 상태라고 부른 것-에 관련되는 것이 아니고, 생산수단의 소유방식과 생산과정에서의 사람들 사이의 사회적 관계에 관련된다. 그래서 자본주의는 단순히 시장생산제도-맑스가 부른 것처럼 상품생산제도-가 아니고, 노동력이 "그 자체 상품이 되었고" 여타의 교환대상처럼 시장에서 매매되는 제도이다. 자본주의의 역사적 선행조건은 사회의 소수를 형성하는 한 계급의 수중으로의 생산수단 소유권의 집중이고, 노동력의 판매가 유일한 생계원천인 무산계급의 필연적 출현이다. 따라서 생산활동은 무산계급을 통하여 법적 강제에 의하지 않고, 임금계약의 기초 위에서 제공된다. 그러한 정의에서는 장인이 소규모의 생산도구를 소유하고 그 자신의 상품을 판매하는 독립수공업 생산제도가 제외되는 것이 분명하다. 여기서는 소유권과 노동 간의 분리는 없다. 그리고 그가 어느 정도 직인(職人)의 고용에 의존하는 경우를 제외하고는 그의 주된 관심사는 생명 없는 상품의 매매였지 인간 노동력의 매매는 아니었다. 이 정의의 사용이 다른 것들과 구별되는 것은 교역과 금전대출의 존재와 상인들이나 금융업자들 같은 특수한 계급의 출현은, 비록 그들이 자산가이지만, 자본주의사회를 형성하는 데 충분하지 못하다는 것이다. 자본가는 아무리 취득능력이 있어도 그 자체만으로는 충분하지 않다. 그들의 자본은 생산에서 잉여가치의 창출과 노동을 결합하는 데 써야만 하는 것이다.

Maurice Dobb, *Studies in the Development of Capitalism*, 1946, pp.7-8.

기서 자본2)은 이윤획득을 목적으로 사용되는 생산수단과 화폐로서 부르주아 사회의 일체를 지배하는 경제적 힘이다. 좀더 구체적으로 말하자면 자본주의는 자본이 노동과, 인간, 그리고 자연을 지배하는 사회이다. 노동·인간·자연을 이윤획득이란 자본가의 목적에 종속시키는 사회이다. 그리고 자본주의는 생산물뿐만 아니라 인간의 노동력과 자연 그리고 화폐가 상품화되는 전면적인 상품생산 사회이다. 돈이 되고 이윤이 생긴다면 인간의 지조와 양심까지 상품화하는 사회이다. 자본주의의 이러한 성격과 그에 따라 발생하는 모순들에 관해서는 다음의 여러 장들에서 자세히 논의된다.

2. 자본주의 성립의 역사적 과정

자본주의의 여명기: 본원적 축적

자본주의는 어떠한 계기를 통해 성립하였는가? 자본주의가 먼저 성립한 영국 등 유럽의 경우를 보면, 대체로 자본주의는 본원적 축적과 산업혁명이라는 두 가지 과정을 통해 성립하였다. 우선 자본주의의 여명기라 할 수 있는 본원적 축적 과정에 대해서 보자.

본원적 축적(primitive accumulation)은 자본주의적 축적3)에 선행하여 자본주의적 생산관계를 형성시키는 과정을 말한다. 그것은 한편에서는 임노동자를 다른 한편에서는 산업자본가를 창출하는 과정이다. 자본주의가 성립하려면 자본주의적 생산관계를 맺게 될 이 두 계급이 형성되어야 한다. 한편에서는 다수의 생산자들이 생산수단으로부터 분리되어 임노동자로 전화되어야 하며, 다른 한편에서는 생산수단과 화폐자본이 소수의 수중에 집중되어 산업자본가가 출현해야 한다.

임노동자의 창출과정은 어떠했던가? 봉건제 말기에 자영농민이나 농노 혹은

---

2) 자본에 대한 보다 엄밀한 개념 정의는 제5장에서 내린다.
3) 자본주의적 축적이란 자본주의가 성립되고 난 이후의 자본축적을 말한다. 자본축적에 관해서는 제14장에서 다룬다.

소작인이 토지로부터 분리되고 독립수공업자들이 생산도구를 상실함으로써 임노동자가 창출되었다. 특히 농업부문에서는 봉건적 토지소유가 해체되어 형성된 자영농민들 중에서 빈농이 농업노동자로 전락하였다. 생산자들이 생산수단으로부터 분리되는 과정에는 생산자들의 경영 악화 요인과 외부 강제력 요인이 동시에 작용하였다. 예컨대, 16세기 말에서 18세기 초의 영국의 경우를 보면, 농민이 토지로부터 분리된 과정은 경영조건이 악화되어 생계를 유지할 수 없게 된 농민들이 자발적으로 이농한 경우와 엔클로저 운동을 통해 농민을 토지로부터 강제로 분리시킨 경우가 결합되어 있었다.

맑스는 당시 영국의 경우 경영 악화 요인보다 강제력 요인이 더 중요하였다고 주장한 바 있다. 그런데 토지에서 추방된 농민과 몰락한 수공업자들이 자발적으로 임노동자가 되지 않고 부랑하는 경우가 많았다. 부랑을 금지하고 임노동을 강제하는 유혈입법을 통해 그들이 임노동자로 전화되었다. 임노동자가 창출되는 과정에는 국가권력의 강제력이 작용하였던 것이다.

산업자본가는, 자본주의가 먼저 성립한 영국 등 유럽의 경우, 크게 두 가지 경로를 통해 형성되었다. 하나는 중세 말기의 특권 상인들과 고리대업자들이 자본가로 전화한 경로이다. 특권 상인들은 절대왕정에 의해 주어진 무역독점이라는 특권에 기초하여 식민지 무역과 같은 해외무역에 종사함으로써 거대한 화폐자본을 축적하였다. 고리대업자는 살인적 고금리로 농민과 수공업자들을 수탈하여 화폐자본을 축적하였다. 이 화폐자본이 생산과정에 투입됨에 따라 특권 상인들과 고리대업자들이 산업자본가로 전화한다.

다른 하나는 우월한 경영능력과 숙련을 통해 부를 축적한 농민이나 수공업자가 자본가로 전화한 경로이다. 즉 부농으로 상승한 자영농민이 토지소유나 토지임대를 더욱 확대하여 농업자본가로 전화하거나, 봉건 길드체제에서 숙련노동자인 직인(職人, journey)이 직장(職長, master)으로 상승하고 마침내 공장의 고용주로 전화하는 과정이다. 이와 같이 경영능력과 숙련에 기초한 아래로부터의 자본가 형성 경로는 특권과 수탈에 기초한 위로부터의 자본가 형성 경로와 대비된다.

임노동자와 산업자본가가 창출되고 이 두 계급이 결합되어 자본주의적 생산관계가 성립하는 과정에서 국가권력의 역할이 컸었다. 봉건 말기의 절대왕정은 식민제도, 국채제도, 근대적 조세제도, 보호무역제도 등을 통해 산업자본의 형성을 촉진하였다. 또한 절대왕정은 임노동자가 산업자본가에 종속되어 고용관계에 편입되도록 부랑을 금지하고 단결을 금지하며 임금수준을 제한하는 법률들을 시행하였다. 식민지 수탈과 민중 수탈, 특혜와 보호, 노동자 억압 등 봉건 말기 절대국가의 강제력과 보호가 자본주의적 생산관계의 형성을 촉진하였다. 본원적 축적 과정에서의 국가의 이러한 개입은 18세기 선발 자본주의 국가인 영국과 프랑스뿐만 아니라 19세기 후발 자본주의 국가인 독일, 러시아, 일본 등에 공통적으로 나타난 현상이다. 한국과 같은 20세기 신흥 자본주의 국가들도 국가의 강력한 개입 아래 본원적 축적이 진행되었다.

자본주의의 확립: 산업혁명

본원적 축적 과정을 통해 성립한 자본주의의 생산방식은 매뉴팩처(manu-facture)였다. 매뉴팩처는 자본주의 이전 사회에서 유지되어온 수공업적 생산에 기초하고 있었다. 다만 자본가에게 고용된 수공업적 숙련노동자를 중심으로 분업에 기초한 협업을 통해 상품생산이 이루어지고 있었던 점에서 매뉴팩처는 중세 길드의 생산방식과 구분되었다. 따라서 매뉴팩처는 전(前) 자본주의적 생산력과 자본주의적 생산관계가 결합되어 있는 과도기적 생산방식이라 할 수 있다. 그 생산방식에서는 생산력이 숙련노동자의 수공업적 숙련에 크게 의존하고 있었기 때문에, 숙련노동자가 노동과정을 실질적으로 통제할 수 있었다. 따라서 자본가에 대해 노동자는 형식적 종속상태에 있었다.

이와 같이 생산력이 전 자본주의적이고 자본가에 대한 노동자의 종속이 형식적이었기 때문에 아직 자본주의는 확립되지 못했다. 자본주의적인 매뉴팩처 작업장의 기술수준이 독립수공업이나 가내공업의 기술수준과 큰 차이가 없었기 때문에, 자본주의적 공장이라고 해서 월등히 높은 경쟁력을 가지지 못하였다. 따라서 전 자본주의적인 생산조직이 안정적으로 존속할 수 있었다. 그리고 자본가에 대한 노동자의 종속이 형식적이고, 경우에 따라서는 자본가와 숙련노동자가 동업자 관계에 있었기 때문에 자본가와 노동자 간의 계급대립은 아직 뚜렷이 형성되지 않았다. 이러한 까닭에 자본주의는 아직 결정적 승리를 거둘 수 없었다.

산업혁명을 통해서 비로소 자본주의가 확립된다. 산업혁명(industrial revolution)은 생산과정에 기계가 도입되어 생산력의 혁명이 이루어지고, 그 결과 생산관계가 혁신되는 과정이었다. 최초의 산업혁명은 1760년대에서 1830년대에 걸쳐 영국에서 일어났다. 영국의 면방직업에서 제니 방적기, 아크라이트 방적기, 뮬 방적기 등 기계가 도입되면서 시작된 산업혁명은 생산력의 비약적 발전을 가져왔다. 기계가 도입됨에 따라 생산방식은 수공업적 생산으로부터 기계제 생산(machinofacture)으로 바뀐다.

새로운 자본주의적 생산력으로서의 기계제 생산은 생산관계의 성격을 크게 변화시켰다. 기계의 도입에 따라 숙련노동자의 수공업적 숙련은 쓸모 없게 되어 탈숙련(deskilling)이 이루어졌다. 탈숙련이 진전됨에 따라 숙련노동자들의 노동과정 통제력이 상실되고 자본가가 노동과정에 대한 실질적 통제권을 확보했다. 이리하여 노동자는 자본가에 대해 실질적 종속상태에 들어간다.

산업혁명에 따른 생산력의 비약적 발전은 기계제 생산을 하는 자본주의적 공장과 수공업적 생산을 하는 전 자본주의적 생산조직 간의 생산성 격차를 크게 확대시켰다. 그 결과 높은 경쟁력을 가진 자본주의적 기업은 전 자본주의적 생산조직에 대한 지배력을 가질 수 있었다. 그리고 자본가에 대한 노동자의 실질적 종속이 완성됨에 따라 자본가와 노동자 간의 계급대립이 본격적으로 전개된다. 이로써 마침내 자본주의가 확립된다. 이런 의미에서 산업혁명은 자본주의에게 승리를 안겨주고, 나아가서는 이후 자본주의의 경제성장의 계기를 형성한 역사적 사건이었다 할 수 있다.

자본주의가 확립되는 과정에서는 산업혁명 이전에 나타난 시민혁명이 큰 역할을 했다. 프랑스 대혁명, 영국의 명예혁명, 미국의 남북전쟁 등의 시민혁명은 자본주의적 생산관계 형성을 가로막고 있던 구 체제(ancien régime)를 타파하고 부르주아 국가를 확립하는 과정이었다. 시민혁명은 아래로부터 형성되고 있던 신흥 부르주아지에 의해 주도되었다. 시민혁명을 통해 지주–소작인 관계라는 봉건적 생산관계가 최종적으로 폐지되고, 신흥 부르주아지의 성장을 억압하고 있던 특권체제가 붕괴되었다. 이렇게 해서 시민혁명은 자본주의 확립을 촉진하였다.

3. 자본주의적 소유관계

자본주의적 소유의 특성

자본주의의 본질을 알려면 먼저 자본주의적 소유관계의 특성을 이해해야 한다. 자본주의적 소유는 다른 소유형태에 비해 어떠한 특징이 있는가?

소유의 유형은 소유의 주체가 개인이냐 사회냐에 따라 사적 소유와 사회적 소유라는 두 가지 유형으로 구분된다. 사적 소유는 자기노동에 기초한 사적 소유와 타인노동에 기초한 사적 소유라는 두 가지 형태가 있다. 자기노동에 기초한 사적 소유는 스스로 생산수단을 소유하고 자신의 노동으로 생산한 생산물을 자신이 소유하는 것을 말한다. 이를 개인적 사적 소유(individual private property)라 부른다. 자영농민이나 독립수공업자와 같은 독립생산자 혹은 자영업자들의 소유가 바로 이러한 소유형태이다.

타인노동에 기초한 사적 소유는 생산수단의 소유자가 생산수단을 소유하지만 스스로 노동하지 않고 생산수단의 비소유자가 노동하여 생산한 생산물을 자신이 소유하는 것을 말한다. 따라서 이는 타인노동의 착취에 기초한 소유이다. 지금까지 인류 역사에서 이러한 소유에는 공납제적 소유, 노예제적 소유, 봉건적 소유, 자본주의적 소유 등 네 가지 형태가 존재해왔다.

공납제적 소유에서는 전제군주가 토지를 소유하고 그가 지배하는 공동체의 농민으로부터 공납을 받았다. 노예제적 소유에서는 노예소유주는 생산수단과 노예를 동시에 소유하고 있었다. 직접적 생산자인 노예는 노예소유주의 재산의 일부였고 인격 자체가 완전히 부정되었다. 노예의 노동생산물은 모두 노예소유주의 소유로 되었다. 봉건적 소유에서는 영주 혹은 지주가 토지를 소유하고 토지가 없는 농노 혹은 소작인은 영주 혹은 지주에게 지대나 소작료를 바치고 난 나머지의 노동생산물을 소유할 수 있었다. 영주나 지주는 생산수단과 잉여생산물을 소유하고 농노나 소작인은 필요생산물을 소유하였다. 농노와 소작인은 인격이 부분적으로 인정되었으나 신분적으로 예속되었다.

앞에서 언급한 개인적 사적 소유는 공납제적 소유, 노예제적 소유, 봉건제적 소유가 해체되면서 생겨났다. 봉건 말기의 자영농민과 독립수공업자는 스스로 생산수단을 소유하고, 스스로 노동하여 생산한 노동생산물을 소유하는 개인적 사적 소유자였다. 이들은 독립적인 인격을 가진 생산수단의 소유자이면서 자유로운 생산자였다. 이 소유에서 개인들은 신분적 속박이 없다는 점에서 자유롭고, 각자 생산수단을 소유하고 있는 대등한 생산자라는 점에서 평등하였다. 자신의 노동생산물을 스스로 소유함으로써 형성된 사유재산은 정당한 것이었다. 따라서 사유재산을 보호하는 사유재산제도는 인권처럼 신성시되었다. 천부인권설(天賦人權說)을 주창한 봉건 말기와 자본주의 초기의 계몽사상가들이 사유재산제도를 옹호한 것은 바로 이러한 이유에서였다.

자본주의적 소유는 개인적 사적 소유를 부정하면서 등장하였다. 대다수의 개인적 사적 소유자들이 생산수단을 상실하고 임노동자로 전락한 반면, 소수의 사람들이 생산수단을 독점하여 자본가로 되었다. 이것이 앞에서 언급한 본원적 축적 과정이다. 자본주의적 소유는 사적 소유를 부정한 것이 아니라 개인적 소유를 부정한 것이다. 따라서 자본주의적 소유는 정확히 말하자면 자본주의적 사적 소유(capitalist private property)이다. 자본주의적 사적 소유에서는 다수의 사람들은 생산수단의 비소유자이고, 소수의 사람만이 생산수단의 소유자가 된다. 따라서 소유집중은 자본주의에 고유한 현상이다.

생산수단의 비소유자는 자신의 노동력을 상품화하는 임노동자가 된다. 임노동자는 생산수단의 비소유자이지만 노동력의 소유자이다. 노예나 농노와 달리 임노동자는 신분적 속박이 없다는 점에서 자유롭다. 따라서 자신의 노동력을 자유롭게 판매할 수 있다. 그러나 임노동자는 자본가에게 고용되어 노동하기 때문에 자신의 노동생산물을 소유할 수 없다. 자본가로부터 받은 임금으로 노동생산물의 일부를 구입할 수 있을 뿐이다. 노동자가 받는 임금은 대체로 자신과 자기 가족의 생활을 유지할 수 있는 수준이기 때문에 노동력의 판매를 통해 생산수단의 소유자가 되는 것은 거의 불가능하다.

자본주의에서 소수의 자본가들이 사적 소유에 기초하여 노동자를 고용하여 시장을 향해 상품을 생산하는 행위는 다수의 노동자들과 소비자 그리고 다른 자본가들에게 영향을 미친다. 다시 말해서 자본주의에서 생산은 사회적 성격을 가지는 반면, 소유는 사적인 성격을 가진다. 이러한 생산의 사회적 성격과 소유의 사적 성격 사이의 모순을 자본주의의 기본 모순이라 한다.

한편 사회적 소유는 자본주의적 사적 소유를 부정하고 등장하였다. 사회적 소유는 생산수단과 생산물을 공동으로 소유하는 형태로 사회주의 국가에서 지배적으로 나타났다. 사회적 소유에는 국가적 소유, 협동조합적 소유, 노동집단 소유 등 세 가지 형태가 있다. 사회적 소유에서는 소유의 주체가 개인이 아니라 사회 즉 국가, 협동조합, 노동집단이다.

과거의 소련이나 동구 사회주의 국가에서는 사회적 소유 중에서도 국가적 소유가 지배적이었다. 그런데 기존 사회주의에서 국가적 소유는 법적으로 혹은 형식적으로는 전인민적 소유로 되어 있었으나, 직접적 생산자인 노동자들이 생산과정에 대한 통제권과 잉여생산물의 처분권을 가지지 못했기 때문에 인민은 실질적 소유자가 되지 못했다. 따라서 국가적 소유에서 전인민적 소유는 결국 전인민적 비소유로 되었다. '만인의 소유는 아무의 소유도 아니다'는 사회적 소유의 역설이 나타난 것이다. 이러한 사회적 소유가 사회주의의 비효율성과 붕괴의 주요 원인 중의 하나가 되었다.

현실 자본주의의 소유형태

현실 자본주의에서는 자본주의적 사적 소유가 지배하고 있다. 그러나 개인적 사적 소유도 부차적이지만 존재한다. 자본주의 사회에 존재하는 자영 농민, 자영 상인, 자영 제조업자, 자영 전문직 등 자영업자의 소유가 개인적 사적 소유의 예들이다. 개인적 사적 소유는 자본주의적 사적 소유와 마찬가지로 사유재산제도를 통해 보호되지만 그 존립기반이 취약하고 자본주의적 사적 소유에 의해 침해당하는 경우가 적지 않다.

개인적 사적 소유 이외에 자본주의에서는 법인기업 소유, 국가적 소유, 협동조합 소유, 노동자 소유 등의 소유형태가 존재한다. 그중 법인기업 소유는 발달한 자본주의에서 가장 중요한 소유형태이다.

주식회사라고도 불리는 법인기업은 다수의 개인 자본이나 개인 저축이 주식 발행을 통해 결합되어 자본을 형성하고, 주식소유자에 대해 기업 이윤의 배당권과 기업 경영에 참가할 권리를 주는 기업형태이다. 법인기업에서 소유주는 주주이며 생산수단에 대한 소유가 주식소유를 통해 이루어진다. 주식회사의 법인기업 소유는 1원 1표라는 원칙에 따라 주식소유 지분에 비례하여 소유권과 경영권이 주어지는 가장 자본주의적인 소유형태이다. 따라서 일반적으로 법인기업을 지배하는 것은 대주주이다.

그런데 자본주의적 사적 소유라 하더라도 법인기업 소유는 개인기업의 경우와 달리 소유가 집단적 형태를 띤다. 이는 자본주의 내에서 일정하게 사회화된 소유형태라 할 수 있다. 이론적으로 주식소유가 사회구성원들 사이에 완전히 분산된다면 법적인 소유권의 측면에서는 법인기업 소유는 사회적 소유의 한 형태라 할 수 있을 것이다. 그러나 법인기업의 생산과정과 잉여생산물에 대한 통제를 소수의 주주나 경영자가 한다면 그것은 여전히 자본주의적 사적 소유일 따름이다.

법인기업 혹은 주식회사에서는 소유와 경영이 분리될 수 있다. 대주주가 직접 경영을 할 경우에는 소유와 경영은 일치하지만, 전문경영인이 경영을 할 경우에는 소유와 경영이 분리된다. 소유와 경영이 완전히 분리될 경우 생산수단의 법적 소유자들인 주주는 주주총회를 통해 의사 결정에 참가하는 소유자본가가 되지만, 전문경영인은 노동과정에 대한 통제권과 잉여생산물의 처분권을 가지는 기능자본가로 된다. 이와 같이 자본의 소유와 기능이 분리되는 것이 주식회사의 특징이다.[4]

제2차세계대전 이후 많은 선진 자본주의 국가에서 철도, 전기, 통신 등 기간산업의 국유화가 이루어졌는데, 그 결과 국가적 소유가 확대되었다. 1980년대 이후에는 국영기업의 민영화가 진전되면서 국가적 소유가 축소된다. 한국과 같이 국가주도의 공업화를 추진한 20세기 신흥 자본주의 국가에서는 국가적 소유의 비중이 매우 높았다. 자본주의에서 국가적 소유는 자본주의적 사적 소유를 대체하는 것이 아니라 그것을 보완하는 역할을 하며, 자본주의적 사적 소유의 요구에 부응한다.

협동조합적 소유는 생산자들이나 노동자들 혹은 소비자들이 공동 출자하여 자본을 형성하고, 1인 1표라는 민주주의 원칙에 따라 공동경영을 하는 소유형태이다. 농업협동조합, 노동자협동조합, 소비자협동조합, 신용협동조합 등에서

---

4) 자본의 기능에 관한 자세한 논의는 제5장에서 이루어진다. 여기서는 일단 노동과정을 통제하고 잉여생산물을 처분하는 것을 자본의 기능이라고 한다.

나타나고 있는 협동조합적 소유는 자본주의 내부에서 부분적으로 존재하는 사회적 소유의 형태이다. 협동조합적 소유는 자본주의적 사적 소유도 아니고 자본주의적 국가적 소유도 아닌 제3의 소유형태라 할 수 있다.

자본주의 내에서 노동자 소유라는 형태가 부분적으로 나타나고 있다. 노동자 소유는 노동자들의 저축이 주식소유나 기금 지분소유로 전화될 때 이루어진다. 미국과 같은 선진 자본주의 국가에서는 임노동자들이 주식을 소유하는 종업원 지주제(ESOP: employee stock ownership plan)가 광범하게 실시되고 있다. 또한 노동자들은 자신들의 연금기금(pension fund)의 소유자가 되기도 한다. 스웨덴에서는 한때 노동조합이 대기업의 주식을 소유하고 국가가 관리하는 임노동자 기금(wage-earner fund)이 있었다.

노동자들이 주식을 소유하고 주식소유에 기초하여 기업경영에 참가한다면 이는 자본주의적 사적 소유와는 다른 새로운 소유형태가 자본주의 내부에서 출현하는 것이라 할 수 있다. 그러나 종업원지주제와 연금기금을 통해 노동자들이 소유자로 된다고 하더라도 노동과정에 대한 통제권과 잉여생산물에 대한 처분권이 없기 때문에 실질적 소유자가 되지 못한다. 노동자 소유의 성격이 가장 강했던 스웨덴의 임노동자 기금은 자본가들의 반대에 부딪혀 좌절되었다. 이는 자본주의 내에서 노동자계급이 소유자로 되는 데는 원천적인 한계가 있음을 보여준다.

과학, 기술, 숙련 등 지식이 결정적인 생산요소가 되는 현대자본주의에서는 물적 생산수단에 대한 소유보다 지식에 대한 소유가 중요한 문제로 부각된다. 상품화될 수 있는 지식이 자본주의적 사적 소유의 새로운 주요 대상으로 등장한다. 21세기에 지식기반경제가 출현하고 지식사회가 도래하면, 지적 재산 (intellectual property)을 가진 사람과 가지지 않는 사람 사이에 새로운 계층 분할이 나타나고, 지식의 소유자와 비소유자 간의 대립·갈등이 자본주의의 새로운 현상으로 대두될 것이다. 또한 지식의 전파와 복사가 급속한 속도로 이루어지는 정보화 시대에는 지적 소유권을 둘러싼 경제주체들간의 분쟁이 빈발하게 될 것이다. 아울러 지식이 이윤추구의 수단이 되느냐, 아니면 인간의 삶의 질 향상의 수단이 되느냐가 주요한 사회적 쟁점이 될 것이다.

스웨덴의 임금소득자 기금의 경과

1970년대 초반 (스웨덴) 노동자계급의 야심은 산업에 대한 통제를 획득하는 것으로 더욱 확대되었다. 1975년 스웨덴 노동조합 LO는 '임금소득자 기금(Wage-earner Funds)' 계획을 발표하였다.

일정 규모(50명 또는 100명의 노동자) 이상의 기업들은 연 이윤의 20%에 해당하는 신규주식을 발행하여야 한다. …… 그리고 이러한 주식들은 단체로서의 임금소득자를 대표하는 기금에 의해 소유된다. 이 기금의 주주 투표권은 부분적으로는 노조에 의해 임명된 위원회에 의해, 그리고 부분적으로는 해당 기업 노동자의 직접적인 대표자에 의해 행사된다. …… 또 이러한 개혁은 부의 집중 경향에 반작용할 것이며, 노동자들이 기업경영에 대해 소유에 근거한 영향력을 행사할 수 있게 됨으로써 산업 민주주의법(industrial democracy legislation)을 보완할 것이다. 이 계획하에서는 이윤율이 높을수록 집단화가 더욱 급속해질 것이다. 임금소득자 집단이 10%의 평균 이윤율로 운영되는 기업의 주식 49%를 획득하는 데는 35년이 소요될 것이다 (Pontusson, 1987, p.13).

이 위원회의 의장 루돌프 마이드너는 인터뷰에서 다음과 같이 말했다. "우리는 자본가들로부터 그들이 소유에 근거해 행사하고 있는 권력을 박탈하기를 원한다. 모든 경험으로부터 우리는 영향력을 행사하고 통제하는 것으로는 충분하지 않다는 것을 배우게 되었다. 소유가 결정적인 역할을 한다." 맑스를 언급하면서 그는 계속한다. "우리는 사회의 소유구조를 변화시키지 않고서는 사회를 근본적으로 변화시킬 수 없다(Pontusson, 1987, p.14)."

사용자들로부터의 극심한 반대를 겪은 뒤 비로소 등장한 계획은 크게 축소된 것이었다. (예를 들어) 1990년까지 기금은 스웨덴 주식가치의 5%를 차지하고 연금기금가치의 3%를 구성할 것으로 계산되었다. …… 스웨덴 산업의 수익성이 가장 높았던 1985년에 볼보와 기타 대규모 기업들이 이윤세를 기금에 내지 않았다(Flanagan, 1987, p. 171).

1990년이 되자 사용자들은 '사회 민주주의 스웨덴을 건전한 자유 시장 경제로 변혁시키는 급진주의적 개혁'으로 무장하고 보다 공격적으로 되었다. 이들의 계획은 '평등과 연대라는 집단적 가치를 지닌 유명한 스웨덴 모델을 파괴하는 것'을 목표로 했다. 사용자들은 공공부문의 비중을 절반으로 줄일 것, 민영화, 시장의 논리를 복지 국가에 도입할 것, 전국적 임금협정의 폐지, 임금을 생산성에 연동시킬 것, 그리고 임금소득자 기금의 폐지를 요구하였다.

필립 암스트롱 외, 『1945년 이후의 자본주의』(김수행 옮김), 동아출판사, 480-482쪽.

자본주의적 소유와 인간의 삶

자본주의적 소유는 인간의 삶에 어떤 영향을 미칠 것인가? 일반적으로 소유는 인간의 삶에 이중적 의미를 가진다. 한편으로 소유는 개인의 삶의 절대적 조건이다. 생활수단을 생산할 수 있는 생산수단을 소유하지 못하면, 개인은 생존이 불가능하고 생존할 경우에도 자유를 누리고 인간의 존엄을 지킬 수 없다. '항산(恒産)이 있어야 항심(恒心)이 있다'[5]고 한 맹자의 말처럼 소유는 인간다운 삶의 절대적 기초가 된다. 따라서 소유 없이 인간의 존재를 생각할 수 없다.

그렇지만 다른 한편으로 소유는 반드시 비소유를 낳게 마련이다. 사회구성원들이 소유자와 비소유자로 분할될 경우, 소유자가 비소유자를 억압하고 착취하는 현상이 나타나고, 비소유자들과 소규모 소유자들은 소외감과 상대적 박탈감을 느끼게 된다. 소유자는 비소유자를 억압하고 착취하기 때문에 스스로 비인간화되고, 비소유자는 억압당하고 착취되며 소외감을 느끼기 때문에 비인간화된다. 따라서 소유는 인간을 비인간화시키고 그 존재를 부정하는 경향을 가진다.

이러한 소유의 이중성은 사유재산제도가 유지되는 계급사회에 고유한 현상이다. 자본주의적 소유에서는 소수의 소유자와 다수의 비소유자로 사회가 분열되므로 인간 존재에 대한 소유의 이중성은 더 강하게 나타난다. 자본주의적 소유에서는 인권보다 소유권이 우선시된다. 노동자의 생존권보다 자본가의 재산권이 우선된다. 개인적 사적 소유는 자본주의적 소유에 종속된다. 자본주의적 기업의 영업권이 자영업자의 영업권을 억누르고 침해하는 것이 보통이다. 또한 자본주의적 소유에서는 자본축적 과정에서 소유집중이 나타나기 쉽다. 소유집중은 곧 경제력 집중을 초래하여 사회를 양극화할 가능성이 높다.

이와 같이 자본주의적 소유는 소유자에게는 자유를 주지만, 재산권이 인권과 생존권을 억누르고 소득과 부의 불평등을 심화시킬 가능성이 높기 때문에 공평성(equity)이 없는 소유형태라 할 수 있다. 그렇다면 자본주의적 소유는 효율성(efficiency)의 측면에서는 어떻게 평가될 수 있는가? 노예제적 소유, 봉건적 소유, 개인적 사적 소유 등에 비해 자본주의적 소유에서 높은 생산력이 나타났다

---

5) 이는 『맹자(孟子)』「양혜왕편(梁惠王篇)」에 나오는 것으로, 원문은 '有恒産則 有恒心'이다.

는 것은 이미 과거 역사를 통해 증명되었다. 또한 기존 사회주의의 실험 결과 사회적 소유가 노동자들을 열심히 일하게 만드는 인센티브로 작용하지 못한다는 사실이 드러났다. 반면 자본주의적 소유는 노동자들의 소외와 사회 불평등을 초래하기 때문에 효율성을 떨어뜨린다는 사실이 입증되고 있다.

그렇다면 공평성과 효율성이 동시에 실현되어 인간의 삶의 질을 높이는 데 기여하는 소유형태는 과연 어떤 것일까? 이러한 질문에 대한 확실한 답은 아직 나오지 않고 있다.

더 읽을거리

■ 리오 휴버만. 2000, 『자본주의 역사 바로 알기』(장상환 옮김), 책벌레.
미셸 보. 1987, 『자본주의의 역사』(김윤자 옮김), 창작사.
모리스 돕. 1995, 『자본주의 발전 연구』(이선근 옮김), 동녘.
에릭 홉스봄. 1998, 『자본의 시대』(정도영 외 옮김), 한길사.
유시민. 1995, 『거꾸로 읽는 세계사』, 풀빛.
이재광·김진희. 1999, 『영화로 쓰는 세계경제사』, 한국역사문화연구소 혜윰.

제4장
상품·화폐 관계와 가치

자본주의는 고도로 발달한 상품생산 사회이다. 자본주의에서는 거의 모든 생산물이 상품으로서 생산되며 거의 모든 부가 상품의 형태로 존재한다. 그리고 자본주의는 고도로 복잡한 화폐경제이다. 자본주의에서는 부가 화폐로 표현될 때 의미를 가지며, 화폐는 경제활동의 흐름을 형성하고 변화를 가져오는 주된 요인 중의 하나이다. 따라서 상품·화폐 관계는 자본주의의 기본적 경제관계를 구성한다. 자본주의를 이해하려면 상품·화폐 관계의 성격을 이해해야 한다. 상품·화폐 관계를 통해 상품의 가치가 창출되고 표현되며, 상품이 유통된다.

1. 상품생산의 경제관계

상품생산의 기초와 모순

상품은 매매의 대상이 되는 생산물을 말한다. 이때 생산물에는 유형의 재화와 무형의 서비스가 포함된다. 상품생산은 시장에서의 판매를 목적으로 재화와 서비스를 생산하는 것을 말한다. 상품생산은 생산자 자신의 욕구충족과 생산단위 내부의 소비를 위해 생산하는 현물생산과 구분된다. 예컨대, 텃밭에서 자기 가족이 먹기 위해 야채를 기르는 것은 현물생산이지만, 농장에서 시장에 내다 팔기 위해서 채소를 경작하는 것은 상품생산이다.

상품생산은 현물생산이 지배했던 자본주의 이전에도 일부 존재하였고, 계획 경제가 성립하였던 기존 사회주의에서도 상당 정도 존속하였다. 그렇지만 상품생산이 경제생활의 거의 모든 영역을 지배하는 것은 자본주의에서이다. 상품생산이 자본주의에서 전면적으로 발전하는 이유는 사적 소유가 보장되는 자본주의가 상품생산에 가장 적합한 경제체제이기 때문이다.

그렇다면 상품생산이 발생할 수 있는 조건은 무엇인가? 첫째, 생산자들간에 사회적 분업이 이루어져야 한다. 사회적 분업이란 서로 다른 생산물을 생산하는 생산자들이 생산물 교환에 기초하여 결합하는 것을 말한다. 만약 생산자들이 자신의 생산수단과 생활수단을 모두 스스로 생산하여 사용한다면 사회적 분업이 발생하지 않을 것이다. 사회적 분업은 각 생산자가 특정의 재화와 서비스의 생산에 특화[1]하고 서로 교환할 때 발생한다. 각 생산자는 자신에게 적합한 생산물 생산에 전문화하고, 그 생산물을 다른 생산자의 생산물들과 교환한다. 서로 다른 업종에서 서로 다른 직업을 가진 생산자들이 사회적 분업을 형성한다.

둘째, 자신의 노동생산물을 스스로 처분할 수 있는 소유관계에 기초하여 생산자들이 서로 경제적으로 자립하고 있어야 한다. 이를 위해서는 생산수단의 사적 소유가 이루어져야 한다. 생산수단을 소유하지 못하고 경제적으로 자립하지 못한 노예나 농노 혹은 소작인이 상품생산을 할 수 없는 것이다. 공동생산과 공동노동 그리고 공동분배가 이루어지는 원시 공동체의 구성원이나, 생산수단의 국가적 소유가 이루어지고 있는 사회주의 사회의 기업은 상품생산을 할 수 없는 것이다. 생산수단의 소유가 개인들 사이에 분산되고 있는 사적 소유 형태에서 상품생산이 가능하게 된다.

이와 같은 상품생산의 두 가지 조건 중에서 첫째 조건은 상품생산을 위한 필요조건이지 충분조건은 아니다. 원시 공동체 내부의 사회적 분업의 경우와 같이 시장을 통한 교환이 없다면 사회적 분업이 이루어져도 상품생산이 나타나지 않는다. 또한 사회적 분업은 있어도 상품생산이 없는 전형적인 사회주의에서처럼, 사회적 분업이 이루어져도 생산수단의 사적 소유가 없고 생산자가 경제적으로 자립하고 있지 않으면 상품생산이 이루어지지 않는다. 따라서 둘째 조건은 상품생산을 위한 충분조건이다. 두 가지 조건이 모두 충족되어야 상품생산이 발생한다.

---

1) 특화(specialization)란 사회적 분업체계 내에서 생산자가 어떤 상품생산에 전념하여 전문화가 이루어지는 것을 말한다.

상품생산이 발생하면 생산물은 상품이 되고 생산자는 상품생산자가 된다. 상품생산자는 생산수단을 소유하고 사회적 분업 체계 내에서 특화된 생산물을 생산하여 시장에 판매한다. 생산수단의 사적 소유와 사회적 분업에 기초한 상품생산에는 단순상품생산과 자본주의적 상품생산이라는 두 가지 유형이 있다. 단순상품생산은 스스로 생산수단을 소유하고 스스로 노동하여 상품을 생산하는 유형으로서 소상품생산이라고도 한다. 이미 지적했듯이 자본주의적 상품생산은 생산수단의 소유자인 자본가가 비소유자인 노동자를 고용하여 상품을 생산하는 것을 말한다. 자본주의적 상품생산은 노동력의 상품화에 기초하여 이루어진다는 점에서 단순상품생산과 구분된다.

상품을 생산하는 개별 생산자의 노동은 한편으로는 자신의 생산물을 구매할 불특정의 소비자를 염두에 두면서 자신의 계산에 따라 행하는 개인적 노동이다. 다른 한편으로 그의 노동은 사회적 분업체계의 일부로서 수행되는 사회적 노동의 성격을 지닌다. 그런데 개별 생산자가 생산하는 생산물을 소비자들이 구입할 때 그의 개인적 노동이 사회적 노동의 일부라는 것이 입증된다. 즉 상품생산자의 개인적 노동은 생산물이 판매될 때 비로소 사회적 노동이 된다. 만약 생산물을 팔지 못하면 생산자는 손해를 보게 되고 파산할 수도 있다.

이와 같은 개인적 노동과 사회적 노동 간의 불일치를 상품생산의 기본 모순이라 한다. 이 모순은 시장에서 상품의 교환을 통해 해결되지만 끊임없이 재생된다. 이 모순 때문에 상품의 과잉과 부족이 빈번히 나타난다. 상품생산 사회의 경제 불안정은 이러한 상품생산의 기본 모순에서 비롯되고 있다.

상품의 두 요인: 사용가치와 가치

상품은 자본주의 사회의 부(富)의 기본적 형태이다. 자본주의에서는 대부분의 부가 상품의 형태로 존재하며, 경제활동은 상품의 생산과 교환 그리고 소비활동에 다름 아니다. 따라서 자본주의 분석은 상품 분석에서 출발해야 한다.

상품은 어떠한 속성을 가지는가? 상품은 한편에서 다른 사람의 욕구를 충족시키는 성질 즉 유용성을 가진다. 이를 사용가치(use value)라 한다. 다른 한편 상품은 다른 상품과 일정 비율로 교환되는 속성을 가진다. 이를 교환가치(exchange value)라 한다. 그리고 교환가치의 본질을 가치(value)라 한다. 이와 같이 상품은 사용가치와 가치라는 두 측면을 가진다. 사용가치는 상품의 물 그 자체를 가리키기도 한다. 가치는 상품에 붙어 있는 가격의 기초가 된다.

사용가치는 물(物) 그 자체와 인간과 물의 관계라는 두 측면을 가진다. 상품의 물 그 자체의 성질은 재화와 서비스가 가지는 물리적, 화학적, 미학적, 인간학적, 지식정보적 성질 등 물질적 및 비물질적 성질을 말한다. 인간과 물의 관계 속에서 소비를 위한 필요에 기초하여 인간의 욕구(needs)가 형성된다. 따라서 사용가치는 물 그 자체와 물에 대한 인간의 욕구가 결합되어 형성된다.

예컨대, 사과의 사용가치는 사과 그 자체의 물리적 화학적 성질과 사과에 대한 소비자의 욕구가 결합되어 형성된다. 직기의 사용가치는 직기 그 자체의 물리적 성질과 베를 짜는 생산과정에서 직물업자의 생산성 및 품질 향상 욕구를 충족시키는 성질이 결합되어 형성된다. 책의 사용가치는 책 속에 포함된 지식정보와 그것에 대한 인간의 욕구로부터 형성된다.

정치경제학에서 사용하는 개념인 사용가치는 신고전파 경제학에서 사용하는 효용(utility) 개념과 다르다. 효용은 상품에 대해 소비자가 느끼는 만족을 말한다. 따라서 그것은 주관적 개념이다. 사용가치는 상품 그 자체라는 객관적 요소와 소비자의 욕구라는 주체적 요소가 결합된 개념이다. 따라서 사용가치를 분석하려면 상품 그 자체의 특성과 소비자의 욕구를 분석해야 한다.

다른 상품과 교환될 때 가지게 되는 가치는 물과 물의 관계를 통해 나타난다. 상품교환에서 물과 물의 관계는 결국 상품의 상대적 가치로 나타난다. 그런데 교환관계는 물과 물의 관계임과 동시에 교환 당사자인 상품생산자들간의 관계이다. 따라서 가치는 물과 물의 관계뿐만 아니라 인간과 인간의 관계도 표현한다. 이 점에서 가치는 상품생산자들의 사회관계를 나타내는 개념이다.

상품은 이러한 사용가치와 가치라는 두 요인이 통일된 것이다. 그중 어느 하나가 없어도 상품이 되지 않는다. 상품의 사용가치와 가치의 성격을 나타낸 것이 <그림 4.1>이다. 그림에서 보는 것처럼 상품은 사용가치와 가치라는 두 요인으로 구성되어 있는데, 사용가치에는 물 그 자체와 인간과 물의 관계라는 두 측면이 있으며, 가치에는 물과 물의 관계와 인간과 인간의 관계라는 두 측면이 있다.

그런데 맑스의 『자본』에서는 상품을 분석할 때 사용가치는 분석하지 않고 교

〈그림 4.1〉 사용가치와 가치의 성격

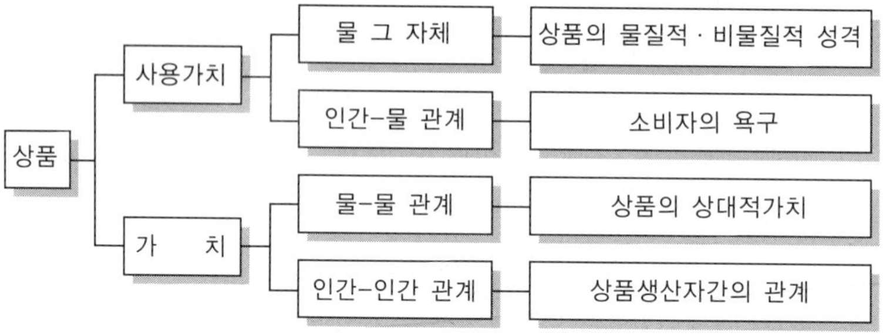

상품	사용가치	물 그 자체	상품의 물질적 · 비물질적 성격
		인간-물 관계	소비자의 욕구
	가 치	물-물 관계	상품의 상대적가치
		인간-인간 관계	상품생산자간의 관계

환가치 분석 즉 가치분석에 집중한다. 사용가치라는 물 그 자체와 사용가치의 소비를 둘러싼 인간과 물의 관계를 분석하는 것은 상품학의 과제이지 경제학의 과제가 아니라고 생각하기 때문이다. 이와는 대조적으로 신고전파 경제학은 소비자가 상품에 대해 느끼는 만족이라는 인간과 물의 관계에 초점을 맞춘다.

기존의 정치경제학은 사용가치를 분석에서 배제하고 있기 때문에 소비자의 욕구가 상품가치 형성에 미치는 영향을 무시하게 된다. 아울러 자연자원을 투입하여 사용가치를 창출하는 생산과 사용가치를 이용하는 소비가 자연을 파괴하는 측면에 대한 분석이 배제된다. 이처럼 사용가치 분석을 배제하고 교환가치 분석으로 바로 나아가기 때문에 기존의 정치경제학은 상품생산분석에서 인간의 욕구와 생태 문제가 원천적으로 연구대상에서 제외된다는 한계점을 가지게 된다.

사용가치와 가치는 어떤 관계에 있는가? 상품은 사용가치가 있기 때문에 가치를 가진다. 다른 사람의 욕구를 충족시키는 유용성이 없으면 교환과정에서 다른 상품을 획득할 수 없기 때문이다. 예컨대, 사과에 맛과 영양가가 있고 그것이 다른 사람의 욕구를 충족시키기 때문에 사과 다섯 상자를 팔아서 양복 한 벌을 살 수 있다. 사용가치가 없으면 가치도 없다.

그런데 사용가치가 있다고 해서 모두 가치를 가지는 것이 아니다. 예를 들면, 농민이 자급자족하는 농산물은 가치를 가지지 않는다. 육아와 같은 주부의 가사노동 서비스는 인간에게 매우 소중하지만 가치를 가지지 않는다. 국가가 빈민에게 무상으로 지급하는 주택이나 의료 서비스는 가치를 가지지 않는다. 또한 시장에 내다 팔려고 생산한 상품이 팔리지 않으면 아무리 유용해도 쓰레기나 고물에 불과하다. 김장철에 과잉 생산된 배추가 팔리지 않고 밭에서 쓰레기로 썩어가고, 팔리지 않는 기계가 고철로 넘겨지는 것을 보지 않았는가. 팔리지 않으면 사용가치는 가치를 가질 수 없다.

사용가치는 가치의 크기에 영향을 미치는가? 기존의 정치경제학에서는 사용가치가 있어야 가치가 있지만 사용가치는 가치의 크기에 영향을 미치지 않는다고 본다. 우리가 마시는 물은 사용가치가 높은데 가치는 매우 낮고, 다이아몬드는 사용가치는 별로 없는데 가치는 매우 높다. 이 사례는 보통 사용가치와 가치의 크기가 직접 관계가 없다는 것을 보여주기 위해 제시된다. 정치경제학에서는 상품가치의 크기는 사용가치가 아닌 다른 어떤 것, 즉 인간의 노동에 의해 결정된다고 본다.

그러나 실제 사용가치가 가치의 크기에 영향을 미치는 경우가 적지 않다. 예컨대, 사과의 품질이 향상되고 사과에 대한 사람들의 욕구가 강해지면 사과의 사용가치는 높아지고 따라서 가치가 증가한다. 고급의류와 같은 패션상품의 경우 상품의 새로운 디자인이 소비자의 욕구를 충족시킬 때 그 사용가치가 높아지고 따라서 가치가 높아지게 된다. 이처럼 가치의 크기는 사용가치의 크기에 영향을 받는다.

그런데 사용가치를 높이기 위해서는 보다 질 높은 노동이나 더 많은 노동이 투입되어야 한다. 예를 들면, 사과의 품질 향상과 패션상품의 디자인 개선은 인간의 노동을 통해 이루어진다. 이때의 노동은 주로 과학기술적 능력과 예술적 능력 그리고 창의성이 발휘되는 지식노동일 것이다. 이러한 노동투입을 통한 사용가치의 증대가 가치를 증대시키는 것이다.

기존의 맑스 경제학은 사용가치가 가치를 증대시키는 측면을 무시하였다. 소비자의 욕구가 단순하고 표준화된 단일 품종의 상품이 대량생산될 경우에는 상품의 사용가치가 가치에 미치는 영향은 무시해도 좋을 것이다. 그러나 소비자의 욕구가 다양해지고 서로 다른 디자인이나 성능을 가진 여러 품종의 상품이 생산될 경우 사용가치가 가치에 미치는 영향을 무시할 수 없을 것이다.

노동에 의한 가치창출

상품가치의 실체는 무엇인가? 가치의 실체를 밝히는 것은 경제학에서 가치이론(theory of value)의 영역에 속한다. 가치이론은 노동가치론과 효용가치론으로 나누어진다. 노동가치론은 가치의 실체를 노동으로 보며, 효용가치론은 가치의 실체를 효용으로 본다. 노동가치론은 상품생산 과정에 투하된 노동을 가치의 실체로 본다는 점에서 객관적 가치론으로 불리고, 효용가치론은 상품소비 과정에서 소비자가 느끼는 효용을 가치의 실체로 본다는 점에서 주관적 가치론이라 불린다. 노동가치론은 노동이 투하되어 상품이 생산되는 과정에 초점을 맞추고 있고, 효용가치론은 상품이 소비되는 과정에 초점을 맞추고 있다.

노동가치론에 따라 가치의 실체를 설명하면 다음과 같다. 지금 자동차와 컴퓨터라는 두 상품이 있다고 하자. 만약 자동차 1대가 컴퓨터 5대와 교환된다고 한다면, '자동차 1대=컴퓨터 5대'라는 등식이 성립한다. 자동차와 컴퓨터가 서로 다른 물질임에도 불구하고 등치될 수 있는 근거는 양자에 공통적인 어떤 것이 같은 양으로 들어 있기 때문일 것이다. 그렇다면 자동차와 컴퓨터에 공통적인 것은 무엇인가? 정치경제학에서는 그것을 인간노동이라 본다.[2]

모든 상품은 인간노동의 생산물로서 동질적이고 비교가능한 것이다. 그런데 여기서 인간노동은 특정의 상품을 만드는 노동이 아니다. 자동차를 만드는 노동과 컴퓨터를 만드는 노동은 서로 종류가 다르기 때문에 등치할 수 없다. 좌우변에 공통적인 것은 인간의 두뇌, 근육, 신경 등의 생산적인 지출을 의미하는 인간노동 일반이다.

대부분의 정치경제학은 맑스에 의해 정립된 노동가치론에 기초하고 있다. 맑스의 노동가치론은 상품의 생산과 교환을 둘러싼 인간과 인간의 관계를 밝히는 데는 강점이 있지만, 상품의 소비과정에서의 인간과 상품의 관계를 분석하는 데는 약점을 가진다. 생산자 혹은 노동자의 노동을 통해 상품의 가치가 형성되는 측면은 잘 분석하고 있지만, 상품에 대한 소비자의 욕구를 통해 상품의 가치가 형성되는 측면은 무시하고 있다.

이러한 약점과 한계가 있음에도 불구하고, 노동에 의한 가치 창출은 상품가

---

2) 반면, 신고전파 경제학에서는 이것을 효용이라고 본다.

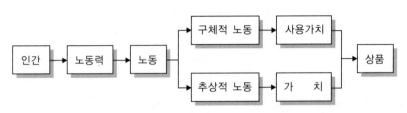

〈그림 4.2〉 노동에 의한 가치창출

치 형성에 직접적 요인이기 때문에 노동가치론은 분석적 의미를 가진다. 이제 노동에 의한 가치창출의 논리를 좀더 자세히 보기로 하자.

노동은 인간의 욕구충족을 위해 자연을 개조하고 가공하여 재화를 만들거나 서비스를 제공하는 인간의 합목적적인 활동이다. 노동은 인간의 행위이다. 소가 밭을 가는 것, 자동직기가 베를 짜는 것, 로봇이 용접하는 것은 비록 자연을 가공한다고 해도 노동이 아니다. 노동은 인간의 노동력이 지출되는 것이다. 노동력은 인간의 육체적 및 정신적 능력의 총체를 말한다. 인간이 가지고 있는 근육·두뇌·신경, 사회적으로 획득한 지식 즉 과학·기술·숙련, 인간이 고유하게 가지는 창의력 등이 노동력의 내용이다. 이러한 노동력이 가치창출의 원천이다. 생산과정에서 노동력이 지출되어 이루어지는 노동이 가치를 창출하는 것이다. 즉 '노동력→노동→가치'라는 연쇄가 성립하는 것이다.

그런데 상품생산자 혹은 노동자의 노동은 한편으로는 특정한 생산수단을 사용하여 특정한 재화와 서비스를 생산하는 것으로, 이를 구체적 노동이라 한다. 예컨대, 농사를 짓는 노동, 옷을 만드는 노동, 시계를 만드는 노동, 자동차를 조립하는 노동, 택시 운전을 하는 노동, 환자를 진찰하는 노동 등은 구체적 노동이다. 구체적 노동의 종류는 직업의 수만큼이나 다양하다. 다른 한편으로는 노동의 구체적 형태에 관계없이 인간의 두뇌, 근육, 신경 등의 생산적인 지출인 인간 노동 일반을 추상적 노동이라 한다.

상품생산 노동은 구체적 노동과 추상적 노동이라는 이중성을 가진다. 이러한 노동의 이중성이 상품의 두 측면과 관련이 있다. 구체적 노동은 사용가치를 형성하고 추상적 노동은 가치를 창출한다. 시계를 만드는 노동은 시계라는 구체적인 사용가치를 생산하면서 동시에 일정량의 가치를 창출한다. 노동자가 가지고 있는 노동력은 사용가치와 가치에 모두 영향을 미친다. 예컨대, 고급시계를 만들 수 있는 고기술과 고숙련이 한편으로는 고품질의 시계를 만들고 다른 한 편으로는 고가치의 시계를 만드는 것이다.

앞의 논의에 기초하여 노동에 의한 가치창출 과정을 개념적으로 정리한 것이 <그림 4.2>에 나타나 있다. 인간의 노동력이 지출되어 이루어지는 노동은 구 체적 노동과 추상적 노동이라는 이중성을 가지는데, 구체적 노동이 사용가치를 형성하고 추상적 노동이 가치를 창출하여 상품이 생산된다. 요컨대 가치의 실 체는 추상적 노동이다.

상품가치의 크기

앞에서는 상품가치의 실체를 논의하였다. 이제 상품가치의 크기에 대해 알아 보기로 하자. 가치의 실체가 추상적 노동이라고 한다면, 상품가치의 크기는 그 상품생산에 투하된 추상적 노동량이라고 할 수 있다. 노동가치론에서는 노동량 을 노동시간으로 측정한다. 따라서 상품가치의 크기는 그 상품을 생산하는 데 지출한 노동시간에 의해 결정된다. 그런데 같은 상품을 생산하는 다수의 생산 자들이 있고 생산자들마다 그 상품을 생산하는 데 지출한 노동시간이 다른 것 이 보통일 것이다. 그렇다면 무엇을 기준으로 상품가치의 크기가 결정되는가?

상품의 가치는 그 상품을 생산하는 데 사회적으로 필요한 노동시간에 의해 결정된다. 사회적 필요노동시간이란 현 시점에서 사회적으로 표준적인 생산조 건에서 어떤 생산물을 생산하는 데 필요한 노동시간을 말한다. 여기서 사회적 으로 표준적인 생산조건이란 한 산업 내에서의 평균적인 기술능력과 경영능력, 노동능력과 노동강도를 말한다. 같은 상품을 생산하는 생산자들 중에서 대다수 가 가지고 있는 생산조건이 표준적인 생산조건이다. 이에 대응하여 개별 생산 자가 실제로 지출한 노동시간은 개별적 필요노동시간이라 할 수 있다. 상품의 가치는 개별적 필요노동시간에 의해 결정되는 것이 아니라 사회적 필요노동시 간에 의해 결정된다.

따라서 사회적 필요노동시간이 변화하면 상품의 가치가 변화한다. 예컨대, 양복 한 벌을 생산하는 데 지출되는 사회적 필요노동시간이 2시간에서 1시간으로 줄어든다면 양복 한 벌의 가치는 반으로 줄어든다. 그러므로 사회적 필요노동시간은 노동생산성이 향상되면 감소한다. 노동생산성은 단위 노동시간당 생산되는 생산물의 수량으로 정의된다. 노동생산성이 향상되면 단위시간당 생산되는 생산량이 증가하므로 상품 한 단위를 생산하는 데 지출되는 사회적 필요노동시간이 줄어든다. 따라서 상품가치의 크기는 노동생산성에 반비례한다고 결론지을 수 있다. 노동생산성은 과학기술의 수준, 노동자의 숙련수준, 생산조직의 성격, 자연적 조건 등에 의존한다. 산업혁명 이후 과학기술의 발전으로 노동생산성이 향상되고, 그 결과 많은 상품들의 가치가 하락했음을 자본주의 역사에서 확인할 수 있다.

노동생산성이 변화하면 상품의 가치가 변화하기 때문에 서로 다른 상품을 생산하는 부문에서 노동생산성의 변화 정도가 다르면 상품들간의 교환비율이 달라질 것이다. 상품이 가치대로 교환되고, 애초에 '자동차 1대=컴퓨터 5대'라는 교환비율이 성립되어 있었다고 가정하자. 지금 다른 조건의 변화가 없을 경우, 컴퓨터 산업의 생산성이 2배로 향상되면, 컴퓨터의 가치가 1/2로 하락하여 '자동차 1대=컴퓨터 10대'라는 교환비율이 성립한다. 만약 다른 조건이 변화가 없는 상태에서 자동차 산업의 생산성이 2배로 증가하면 '자동차 1대=컴퓨터 2.5대'라는 교환비율이 성립한다. 서로 다른 상품간의 교환비율을 상품의 상대적 가치로 정의한다면, 서로 다른 상품들의 상대적 가치는 노동생산성의 상대적 변화율에 따라 변한다고 말할 수 있다.

단위시간당 지출되는 노동의 양을 노동강도라 정의한다. 노동강도의 증대 즉 노동강화는 단위시간당 더 많은 노동이 지출되기 때문에 상품가치에는 변화가 없다.[3] 따라서 노동강도가 증대하면 단위시간당 창출되는 상품의 총가치는 증대한다. 노동생산성이 증대하면 상품가치는 하락하지만 노동강도가 증대하면 상품가치는 변화가 없다. 그러나 단위시간당 생산된 생산량은 두 경우 모두 증가한다. 따라서 현실에서는 노동생산성 향상과 노동강도 증대를 엄밀히 구분하는 것이 쉽지 않다. 그러나 기술변화가 없는 상태에서 생산량이 증가했다면 이는 대체로 노동강도 증대의 결과로 볼 수 있다.

---

3) 상품의 가치란 항상 상품 단위당 가치를 말한다는 점에 유의해야 한다.

상품가치 크기의 결정과 관련해서 단순노동과 복잡노동의 차이를 고려할 필요가 있다. 단순노동은 특별한 교육과 훈련을 받지 않은 노동자가 지출하는 노동으로서 비숙련노동이라고도 한다. 단순노동은 건장한 사람이면 누구든지 가지고 있는 단순한 노동력의 지출이다. 복잡노동은 특별한 교육과 훈련을 받은 노동자가 지출하는 노동으로서 숙련노동이라고도 한다. 복잡노동은 교육훈련을 통해 획득한 지식에 기초하여 이루어진다.

복잡노동은 고품질 제품의 생산을 가능하게 하므로 단순노동에 비해 가치창출 능력이 크다. 같은 종류의 노동의 경우 복잡노동이 생산한 생산물은 단순노동이 생산한 생산물보다 품질이 더 고급이다. 따라서 복잡노동은 단위시간내에 보다 많은 가치를 창출한다. 복잡노동 1시간이 창출한 가치는 단순노동 몇 시간이 창출한 가치와 같다. 예컨대, 공대를 졸업한 엔지니어가 1시간 노동을 통해 창출한 가치는 고졸의 현장 노동자가 2시간 노동을 통해 창출한 가치와 같다. 따라서 복잡노동은 배가(倍加)된 단순노동이라 할 수 있다.

2. 화폐유통의 경제관계

상품가치의 표현: 가치형태와 화폐

앞에서 상품가치의 실체는 추상적 노동이고 상품가치의 크기는 사회적 필요노동시간에 의해 결정된다고 하였다. 그런데 상품의 가치는 오직 상품이 다른 상품과 교환될 때 자신을 드러낸다. 가치는 스스로를 표현하지 못하고 교환되는 다른 상품을 통해서만 자신을 표현할 수 있다. 상품이 가치를 가진다는 것은 상품생산에 생산자의 노동이 투하되고 있다는 사실에 의해서가 아니라 다른 상품의 일정량과 교환된다는 사실에 의해서 입증된다. 다시 말해서 가치라는 것은 상품과 상품 간의 관계를 통해서만 나타난다. 가치의 표현을 둘러싼 상품과 상품의 관계를 가치관계라 한다.

가치관계는 상품과 상품의 관계일 뿐만 아니라 상품교환을 통해 맺는 인간과 인간의 관계이다. 따라서 가치관계는 사회관계이다. 상품생산에서는 인간과 인간의 관계가 물과 물의 관계라는 외피를 쓰고 나타난다. 따라서 생산관계가 비인격화된다. 이를 생산관계의 물화(物化)라 한다.

생산관계가 물화되면, 어떤 상품의 가치가 다른 상품을 통해서만 표현되기 때문에, 상품가치의 실체가 노동임에도 불구하고 마치 상품 그 자체가 스스로 가치를 가지는 것처럼 보인다. 노동이 주체임에도 불구하고 상품이란 물 그 자체가 주체가 되고 노동은 그것에 종속된다. 말하자면 주객전도의 현상이 나타난다. 여기서 사람들이 노동을 존중하는 것이 아니라 상품 그 자체를 숭배하는 현상이 나타난다. 맑스는 이를 상품의 물신숭배(fetishism)라 불렀다. 상품의 물신숭배는 상품생산 사회에 고유한 이데올로기이다.

가치관계에서 상품의 가치를 표현해주는 것을 가치형태(value form)라 한다. 가치형태는 역사적으로도 논리적으로도 단순한 가치형태, 전개된 가치형태, 일반적 가치형태, 화폐형태라는 단계를 통해 발전한다.

먼저 단순한 가치형태를 보자. 지금 '광목 1필=보리 2말'이라는 교환이 이루어진다고 하자. 여기서 광목은 보리로 자신의 가치를 표현한다. 이때 보리는 광목의 가치를 나타내주는 등가물이다. 이와 같이 하나의 상품이 그 등가물인 다른 하나의 상품으로 자신의 가치를 표현할 경우, 이를 단순한 가치형태라 한다.

단순한 가치형태는 원시 공동체 시대에서 한 공동체가 다른 공동체와 자신의 한두 가지 생산물을 가끔 교환하는 경우처럼 우연적이고 개별적인 교환을 할 때 존재했다. 상품생산물 수가 아주 적고 상품교환이 극히 부분적으로 이루어질 때의 가치형태가 단순한 가치형태이다. 이때 가치관계는 매우 단순하다. 이 단순한 가치형태가 발전하여 마침내 화폐가 출현한다.

상품생산이 발전하고 상품교환이 확산됨에 따라 하나의 상품은 여러 개의 다른 상품으로 자신의 가치를 표현하게 된다. a량의 상품 A는 b량의 상품 B, c량의 상품 C, d량의 상품 D, e량의 상품 E, …… 등으로 자신의 가치를 표현한다. 이러한 가치형태들을 전개된 가치형태라 한다. 전개된 가치형태는 교환되는 상품의 수만큼이나 많다. 이제 가치관계는 보다 복잡해진다.

전개된 가치형태에서는 상품교환이 이루어지려면 서로 원하는 상품을 가진 사람끼리 만나야 한다. 예컨대, 보리를 원하면서 광목을 가진 사람과 광목을 원하면서 보리를 가진 사람이 서로 만나야 한다. 이를 '욕구의 이중적 일치'라 한

시장과 화폐 출현의 자생성

동남아시아의 캄보디아에서 1975년 4월에 정권을 장악한 폴 포트 일파는 100만 명이 넘는 대학살을 감행한 잔학무도한 집단으로 알려져 있다. 그리고 도시나 학교교육 같은 근대문명의 파괴자이기도 했으며, 은행이나 통화도 폐지해버렸다. 이 폴 포트 일파는 베트남 군으로부터 지원을 받은 캄보디아 국민들의 반란에 의해 1979년 1월 권좌에서 쫓겨났다. 그해 5월에 캄보디아를 취재했던 ≪아사히신문(朝日新聞)≫의 한 기자는 자신의 저서에서 다음과 같이 쓰고 있다.

사하코(강제적인 집단합작사―원저자)가 있던 자리에는 어김없이 대량학살과 집단매장을 한 곳이 반드시 한 군데는 있었다. 살아남은 사람들은 거의 예외 없이 일가친척이나 친지의 비운의 죽음을 슬퍼하였다. 나와 친하게 지내던 캄보디아인은 대부분이 죽었거나 그렇지 않으면 행방불명되었다.

그렇지만 이와 동시에 나는 시장이 되살아나는 속도에도 몹시 놀랐다. 사람들은 폴 포트 시대에 파괴되었던 마을들의 시장터에서, 어딘가 시내나 읍내의 폐허에서 긁어모아 가지고온 듯한 가재도구라든가 베트남에서 밀수해온 담배(cigarette), 옷감, 농기구에다 점차 자유롭게 잡을 수 있게 된 생선 따위를 길게 벌여놓고 팔고 있었던 것이다. ……

시장이 부활한 이상에는 '화폐도' 하고 나는 생각했다. 과연 그것이 있었다. 백미(白米)였다. 우유컵 1잔이 기본 단위로서, 망고 1개가 백미 3컵, 가물치 1마리가 5컵, 미제 담배 1개비가 1/2컵이었다. 아직 교통수단도 제대로 복구되지 않았음에도 불구하고, 이 '가격'은 수십 킬로미터 범위에 이르기까지 평준화되어 있었다. 경탄할 만한 원초적인 시장 메커니즘이었다.

사하코가 해체되고 난 뒤, 살아남은 사람들이 맨 처음 시작한 것은 물품의 교환이었다고 한다. 처음에는 옷감과 소금, 쇠고기와 숟가락(spoon), 비누조각과 물고기, 바나나와 성냥(match) 같은 식으로 물물교환이 이루어지다가, 이윽고 백미가 공통의 교환수단으로 자리잡았다. 백미는 희소가치가 있다고 할 정도는 못된다 할지라도 개인이 쉽게 생산할 수 없는 상품이었고, 더구나 균질하기 때문에 계량이 가능한 데다 보존이 용이하다는 특성을 지니고 있는 등, 통화의 필요조건을 그럭저럭 충족시키고 있었던 것이다.

나는 가는 곳마다 이런 유의 자연발생적인 시장을 보았다. …… 캄보디아를 제압한 베트남 군당국이나 비로 이 베트남 군이 내세웠던 헹 삼린 정권(인민공화국 정부)이 백미를 화폐 대용품으로 사용하라고 명령했던 것은 아니다. 베트남 군과 신정부는 오히려 사람들이 부족한 쌀을 교환수단으로 사용하는 것을 묵인하고 있었다. …… 프놈펜의 신정부가 새로운 리엘 화폐를 발행한 것은 이듬해인 1980년 3월이다.

가와카미 노리미치, 『디지털 시대 다시 읽는 자본론』(최종민 옮김), 당대, 2000, 95-97쪽.

다. 그런데 이러한 일치가 일어나기란 결코 쉬운 일이 아니다. 이 때문에 상품의 교환은 지체된다.

이러한 난점을 해결하여 상품의 교환을 손쉽게 하고 교환에 규칙성을 부여하기 위해서는 다른 모든 상품들의 가치를 표현해주는 어떤 하나의 상품이 필요하다. 이러한 상품을 일반적 등가물이라 한다. 지금 b량의 상품 B, c량의 상품 C, d량의 상품 D, e량의 상품 E, …… 등이 모두 a량의 상품 A로 표현된다고 하자. 이러한 가치형태를 일반적 가치형태라고 한다. 이때 상품 A가 일반적 등가물이다.

다른 상품들의 가치를 표현해주는 일반적 등가물이 존재하면 상품생산자들 사이에 '욕구의 이중적 일치'가 일어나야 할 필요가 없다. 각 생산자는 일반적 등가물을 받고 상품을 팔고, 그 일반적 등가물을 주고 자신이 원하는 다른 상품을 사면 된다. 이렇게 되면 교환은 보다 용이해지고 활성화된다. 역사적으로 보면 가축, 곡식, 소금, 모피, 직물, 조개껍질 등이 일반적 등가물로서 역할을 했다.

이러한 일반적 등가물의 지위가 하나의 상품에 독점됨에 따라 마침내 화폐형태가 출현한다. 즉 a량의 상품 A, b량의 상품 B, c량의 상품 C, d량의 상품 D, e량의 상품 E, …… 등이 모두 α량의 금으로 표현된다. 이때 금은 일반적 등가물의 지위를 독점한 화폐형태이다. 화폐는 엄밀히 말하면 바로 가치의 화폐형태이다. 역사적으로 보면 금과 은 같은 귀금속이 처음으로 화폐로 되었다. 오늘날 화폐는 국가가 발행하는 불환지폐의 형태를 취한다. 화폐가 등장하면 모든 상품은 자신의 가치를 화폐로 표현한다.

화폐는 일반적 등가물의 지위를 독점한 특수한 상품이라 정의할 수 있다. 일반적 등가물로서 화폐는 노동에 의해 창출된 가치를 표현하고 있다. 다른 모든 상품은 개인적 노동의 생산물이지만 자신의 가치를 직접 표현하지 못한다. 상품의 가치는 오직 화폐를 통해서만 표현된다. 개인적 노동이 사회적 노동으로서 인정되는 것은 상품이 화폐와 교환될 때이다. 화폐와 교환되지 않으면 상품의 가치는 입증되지 않는다. 따라서 '노동에 의한 가치창출과 화폐를 통한 가치표현'이라는 관계가 성립한다.

화폐가 등장하면 원래 상품 속에서 결합되어 있던 두 측면인 사용가치와 가치가 외부로 나와서 분리된다. 이제 모든 일반 상품은 구체적 노동 혹은 개인적 노동의 체현물인 사용가치의 담당자가 되고, 화폐는 추상적 노동 혹은 사회적 노동의 산물인 가치의 담지자가 된다. 요컨대, 화폐는 상품의 가치를 대표한다. 상품 속에 포함된 가치는 상품이 '목숨을 건 도약'을 하여 화폐와 교환될 때 비로소 실현된다.

이렇게 되면 가치의 실체가 노동임에도 불구하고 마치 화폐가 가치의 실체인 것처럼 나타난다. 노동이 가치를 창출하였음에도 불구하고 화폐가 스스로 가치를 가지는 것처럼 보인다. 상품생산자의 존립 여부는 상품을 판매하여 화폐를 획득하느냐 하지 못하느냐에 달려 있다. 따라서 화폐는 하나의 권력으로서 상품생산자를 지배하게 된다. 상품생산 사회의 사람들은 노동을 존중하는 것이 아니라 화폐를 숭배하며, 따라서 이 둘간의 주객전도가 이루어진다. 여기서 화폐에 대한 물신숭배가 나타난다. 특히 돈이 지배하는 자본주의 사회에서 이 화폐 물신숭배는 극에 달하여 돈이면 최고라는 황금만능사상이 널리 유포된다. 그러나 화폐 물신숭배는 단순한 환상이 아니라 상품의 가치를 화폐가 대표하게 되는 상품생산 사회의 경제관계로부터 필연적으로 발생하는 이데올로기라는 점에 유의해야 한다.

한편 화폐는 상품에 대한 구매 욕구가 사회적으로 표현되는 매개물이라는 성질을 가진다. 즉 상품을 구매하는 구매자의 욕구는 화폐를 통해 표현된다. 이 경우 화폐가 상품에 대해 가치를 부여하는 과정이 나타난다. 따라서 화폐는 노동에 의해 창출된 가치의 단순한 수동적 표현이 아니라 상품에 대한 구매자 욕구의 능동적 표현이다. 상품의 유용성에서 비롯되는 사용가치에 대한 구매자의 욕구가 강할수록 보다 더 많은 화폐를 지출하려고 할 것이고, 화폐로 표현된 상품의 가치 즉 가격은 그만큼 더 높아질 것이다.

따라서 화폐는 노동에 의해 창출된 상품가치의 표현임과 동시에 상품에 대한 구매 욕구의 사회적 표현이라 할 수 있다. 이를 유통수단으로서의 화폐의 이중성이라 부르기로 하자. <그림 4.3>은 화폐의 이중성의 발현 과정을 나타낸 것이다. 그림에 나타나 있듯이 상품생산자의 노동은 구체적 노동과 추상적 노동이란 이중성을 가진다. 구체적 노동이 사용가치를 생산하고 추상적 노동이 가치를 창출한다. 사용가치와 가치는 상품의 두 측면을 형성하며, 사용가치는 상품 그 자체로 나타나고 상품의 가치는 화폐로 표현된다. 다른 한편 상품에 대한

〈그림 4.3〉 유통수단으로서의 화폐의 이중성

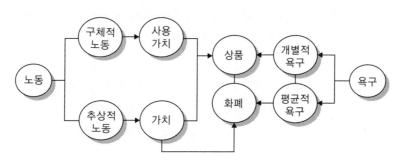

욕구는 각 개인의 욕구 즉 개별적 욕구와 그 상품에 대한 전체 소비자들의 평균적 욕구라는 두 차원이 있다. 평균적 욕구는 상품에 대한 서로 다른 개인적 욕구들을 가중평균한 것이다. 상품에 대한 평균적 욕구가 화폐로 표현되어 상품에 가치를 부여한다. 어떤 상품에 대한 평균적 욕구가 강할수록 그 상품에 대해 더 많이 지불하려고 하며, 그만큼 상품의 가격은 높아진다.

화폐의 기능

상품생산 사회에서 필수적인 화폐는 어떠한 기능을 하는가? 첫째, 화폐는 가치척도로서 기능을 한다. 일반적 등가물로서 화폐는 상품의 가치를 표현하는 가치형태이기 때문에 화폐는 상품가치의 크기를 나타내주는 척도가 된다. 상품가치를 화폐로 표현한 것이 바로 가격(price)이다. 따라서 화폐가 등장하면 상품의 가치는 가격으로 전화된다. 가격은 원, 달러, 유로, 엔 등과 같은 화폐단위로 측정된다. 이제 상품의 가치는 몇 원 혹은 몇 달러라는 식으로 표현된다. 가치의 실체가 노동이고 노동량은 노동시간으로 측정되기 때문에 가격은 결국 노동시간의 화폐표현이 된다.

둘째, 화폐는 유통수단의 기능을 수행한다. 화폐가 없을 경우 상품의 교환은 물물교환의 형태를 취한다. 즉 C(상품)-C(상품)라는 관계가 성립한다. 여기서는 판매가 곧 구매이다. 화폐가 존재할 경우 상품의 교환은 화폐를 매개로 이루어진다. 이제 C(상품)-M(화폐)-C(상품)라는 관계가 성립한다. 이를 상품유통이라 한다. 여기서는 화폐가 매개되어 판매(C-M)와 구매(M-C)가 분리되지만 화폐를 통해 판매와 구매가 다시 결합된다. 따라서 화폐는 상품교환의 매개자로서 유통수단의 기능을 수행한다. 화폐를 통해 상품이 유통하고 상품유통에 수반하여 화폐유통이 나타난다.

화폐가 있는 상품유통에서는 판매와 구매가 분리되기 때문에 물물교환에서처럼 교환이 이루어지기 위해서 '욕구의 이중적 일치'가 없어도 된다. 내가 원하는 상품을 가지고 있으면서 나의 상품을 원하는 사람을 만날 필요 없이 나의 상품을 원하는 사람만 만나면 상품을 팔 수 있다. 따라서 물물교환의 경우보다 상품유통의 경우 상품교환이 보다 활발해진다. 그러나 구매와 판매가 분리되면 새로운 문제가 발생한다. 어떤 사람들이 자기 상품을 팔기만 하고 다른 사람들의 상품을 사지 않는다면, 경제 전체적으로 상품이 팔리지 않아서 상품생산이 위축되고 상품생산자가 도산할 수도 있다. 이러한 현상은 상품을 구매해야 할 화폐의 일부가 상품유통에서 빠져나와서 퇴장(hoarding)될 때 나타난다. 따라서 화폐가 유통수단으로서 기능을 할 경우, 화폐의 퇴장이 경제위기 혹은 공황을 초래할 가능성이 있다.

상품유통에서 화폐는 상품의 판매와 구매를 분리시키면서도 결합시키는 유통수단으로 기능하기 때문에 상품교환과 상품생산을 활성화시킨다. 그러나 바로 그 때문에 상품생산을 위기에 빠뜨릴 수 있다. 말하자면 화폐가 있으면 경제생활은 편리하지만 동시에 위험하다. 이것이 상품유통에서 화폐가 가지는 이중적 효과이다.

셋째, 화폐는 가치저장 수단으로서 기능을 한다. 상품판매 이후 구매가 수반되지 않을 때 화폐는 가치저장 수단이 된다. 화폐가 가치저장 수단이 될 수 있는 것은 화폐가 일반적 등가물로서 상품가치의 담지자이기 때문이다. 따라서 화폐를 보유하는 것은 곧 가치를 저장하는 것이 된다. 화폐가 가치저장 수단으로서 정상적으로 기능을 할 수 있으려면 화폐가치가 안정되어야 한다.

태환지폐와 같이 화폐가 금화나 은화로 태환이 될 경우 과잉발행으로 인해 화폐가치가 감소할 위험은 없다. 과잉 발행되어 화폐가치가 감소하면 그것을 소유한 사람은 금화로의 태환을 요구하게 되고, 그 과정에서 과잉발행한 화폐가 줄어들기 때문이다. 그러나 태환이 정지되고 불환지폐가 유통됨에 따라 화폐는 가치저장수단으로서의 기능이 약화된다. 불환지폐가 과잉 발행되면 가치가 하락하고 인플레이션이 초래될 위험이 있다. 태환지폐와는 달리 화폐가치 하락을 방지할 자동적 장치가 없기 때문이다. 인플레이션이 극도로 진전되면 화폐가 가치저장 수단으로서의 기능을 상실하고, 마침내 유통수단의 기능도 하지 못하게 된다.

넷째, 화폐는 지불수단으로서 기능을 한다. 상품유통 과정에서 상품의 판매가 이루어졌으나, 그 대금이 현금으로 지불되지 않은 경우가 빈번히 생긴다. 이를 신용판매라 한다. 이 경우 판매자는 채권자가 되고 구매자는 채무자가 된다. 상품이 신용으로 매매될 경우 화폐는 상품의 유통을 매개하지 않는다. 그러나 신용거래로 채권-채무 관계가 형성되기 때문에 구매자는 판매자에게 약정기일이 도래하면 채무를 화폐로 변제해야 한다. 화폐의 이러한 기능을 지불수단 기능이라 한다. 지불수단으로서의 화폐는 상품의 유통이 종결된 이후에 사후적으로 채권-채무 관계를 종결하기 위해 유통과정에 들어온다.

신용거래가 이루어질 경우 구매자는 판매자에게 은행을 통해 어음이나 수표를 발행할 수 있다. 이를 신용화폐라 한다. 신용화폐는 그것을 은행이 공인하고, 또한 화폐가 지불수단으로서 기능을 하기 때문에 통용될 수 있다. 신용화폐가 등장하여 화폐와 함께 상품의 유통을 매개하게 되면 상품유통은 더욱 활성화된다. 당장 현금인 화폐가 없어도 장래에 예상되는 소득이나 수입을 근거로 현금 지불을 약속하고 상품을 살 수 있다. 상품생산자는 현금이 없는 구매자에게도 상품을 팔 수 있다. 따라서 신용화폐가 등장하면 상품생산도 촉진된다.

상품유통이 발달함에 따라 채권-채무 관계가 복잡한 고리로 얽히게 된다. 따라서 만약 어떤 구매자가 약정기일까지 채무를 변제하지 못하면 연쇄부도가 나타나서 상품유통이 마비되고 생산이 위축될 수 있다. 여기서 경제위기 혹은 공황의 가능성이 생긴다. 이와 같이 신용화폐가 상품의 유통을 매개하게 되면 상품유통과 상품생산이 활성화되지만 채무불이행(default)이 발생할 경우 경제위기가 초래될 수 있다. 요컨대 화폐는 상품생산을 촉진하기도 하지만 상품생산을 파괴하기도 하는 이중적 효과를 미친다.

3. 상품생산 사회의 기본 경제법칙: 가치법칙

자원배분을 규제하는 가치법칙

상품생산 사회의 기본 경제법칙은 가치법칙(law of value)이다. 가치법칙은 상품의 가치가 사회적 필요노동시간에 의해 결정되고 상품의 교환이 가치에 기초하여 이루어진다는 것을 말한다. 이 가치법칙은 상품생산 사회에서 자원을 배분하고 경제발전을 자극하며 상품생산자를 분해시키는 역할을 한다. 가치법칙의 기능을 좀더 구체적으로 보면 다음과 같다.

상품생산 사회에서 가치법칙은 무엇을 얼마만큼 생산할 것인가를 규제한다. 다시 말해서 가치법칙은 자원배분을 규제한다. 가치법칙은 어떻게 자원배분을 규제하는가? 상품가치의 크기는 그 상품생산에 지출되는 사회적 필요노동시간에 의해 결정된다. 그런데 시장에서 상품의 가격은 그 가치와 같을 수도 있고 높을 수도 있으며 낮을 수도 있다. 가치와 가격 간의 괴리가 생기는 것이 일반적이다.

<그림 4.4>는 가치와 가격 간의 괴리가 있을 경우 조정되는 과정을 보여준다. 지금 상품 X의 가치가 V라고 하자. 상품 X에 대한 수요(D)가 주어진 상태에서 상품공급량이 S_1이면 가격은 P_1으로 결정된다. 그렇게 되면 상품 X의 가격(P_1)이 가치(V)보다 높게 된다. 가격이 가치보다 높으면('$P_1 > V$'이면), 상품생산자는 그만큼 더 이익을 얻기 때문에 상품 X를 더 많이 생산하고, 다른 상품을 생산하던 생산자들도 상품 X의 생산에 참가한다. 따라서 더 많은 노동력과 생산수단이 상품 X를 생산하는 부문으로 진입한다. 그 결과 상품 X의 공급이 증가하여 공급곡선 S_1이 우측으로 이동한다. 공급이 증가하면 가격이 하락한다. 가격이 하락하여 가격이 가치에 근접해가면 생산과 공급 증가가 점차 줄어든다.

만약 상품 X의 생산이 크게 증가하여 공급이 S_2로 대폭 증가하면 가격이 P_2로 하락한다. 이와 같이 가치보다 가격이 낮게 되면('$P_2 < V$'이면), 상품생산자가 손실을 보게 되므로 생산과 공급이 감소한다. 공급곡선은 다시 좌측으로 이동한다. 상품 X를 생산하는 부문으로부터 노동력과 생산수단이 퇴출한다. 그에 따라 가격이 다시 상승한다. 이와 같이 가치와 가격 간의 괴리가 나타나면 가치와 가격이 일치되는 방향으로 생산량과 공급량이 조절되고 노동력과 생산수단

〈그림 4.4〉 가치법칙을 통한 상품생산의 자동조절

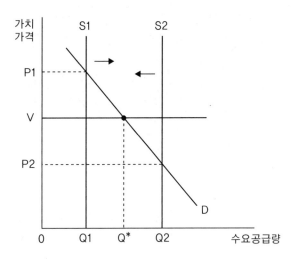

의 이동이 나타난다. 따라서 가치법칙은 상품생산을 자동 조절하여 자원배분을 규제하는 기능을 한다.

이처럼 정치경제학은 상품생산 사회에서 자원배분이 가치법칙에 따라 이루어진다고 본다. 반면 신고전파 경제학에서는 가치 개념에 기초하지 않고 오직 가격 개념에 따라 자원배분을 설명한다. 정치경제학에서는 가치와 가격의 괴리가 자원배분을 규제하는 메커니즘이라고 보는 반면, 신고전파 경제학은 수요와 공급에 의해 결정되는 가격이 자원배분을 규제하는 메커니즘이라고 본다. 신고전파 경제학에서는 수요와 공급이 일치한 균형상태에서 상품이 왜 특정의 가격을 가지는지를 설명하지 못한다. 반면 정치경제학은 생산과정에서 노동에 의해 창출된 가치가 가격의 본질이라고 보기 때문에 균형상태에서의 가격을 설명할 수 있다. 따라서 가치법칙에 기초할 때 상품생산 사회의 자원배분을 더 잘 설명할 수 있다.

생산력 발전을 자극하는 가치법칙

가치법칙은 생산력의 발전을 자극하는 역할을 한다. 생산력의 발전은 일차적으로 기술진보에 의해 이루어지지만 가치법칙이 작용하면 기술진보와 기술확산

〈표 4.1〉 생산조건의 격차와 개별적 가치 및 가치

생산자	개별적 필요노동시간 (분)	개별적 가치 (A)	가치 (B)	손익 (B−A)
A	30	30,000	35,000	5,000
B	32	32,000	35,000	3,000
C	35	35,000	35,000	0
D	38	38,000	35,000	−3,000
E	40	40,000	35,000	−5,000

주: 노동시간 1분당 가치=1,000원.

이 촉진된다. 지금 청바지를 생산하는 A, B, C, D, E 다섯 생산자가 서로 다른 생산조건에서 생산한다고 하자. 생산자가 청바지 1장을 생산하는 데 지출하는 개별적 필요노동시간이 <표 4.1>과 같이 주어져 있다고 하자. 개별적 필요노 동시간에 의해 형성된 가치를 개별적 가치라 한다. 1분의 노동시간 동안 형성 된 가치를 1,000원이라고 가정한다면, 청바지 1장의 개별적 가치는 각각 30,000원, 32,000원, 35,000원, 38,000원, 40,000원이 된다. 청바지 1장 생산의 사회적 필요노동시간을 35분이라고 한다면, 청바지 1장의 가치는 35,000원이 된다. 상품은 개별적 가치대로 판매되는 것이 아니라 가치대로 판매된다. 표준 적 생산조건보다 열등한 생산조건을 갖춘 생산자의 경우 개별적 필요노동시간 이 사회적 필요노동시간보다 커도 시장에서는 사회적 필요노동시간만큼만 평가 된다. 따라서 생산자 A와 B는 각각 5,000원과 3,000원의 이익을 얻고 생산자 D와 E는 각각 3,000원과 5,000원의 손실을 본다. 생산자 C는 이익도 손실도 보지 않는다. 생산자 A와 B는 경쟁에서 우위를 점하고 D와 E는 열위에 서게 된다.

  평균 이상의 우월한 생산조건을 가진 생산자 A와 B는 더 큰 이익을 얻기 위 해 더 나은 생산조건을 갖추려고 할 것이다. 평균 이하의 열등한 생산조건을 가 진 생산자 D와 E는 손실을 줄이기 위해 적어도 표준적인 생산조건을 구비하려 고 할 것이다. 표준적 생산자 C도 이익을 얻기 위해 더 나은 생산조건을 갖추려 할 것이다. 다른 생산자보다 우월한 생산조건을 갖추어 가치와 개별적 가치의 차이를 크게 할수록 더 큰 이익을 얻을 수 있다. 더 큰 이익을 얻으려는 생산자 간의 경쟁이 생산자로 하여금 더 나은 생산조건을 갖추도록 만든다. 따라서 가치법칙은 기술진보와 기술확산을 촉진한다. 이와 같이 가치법칙은 보다 많은 이익을 얻으려는 생산자들간의 경쟁을 통해 생산력 발전을 자극한다.

상품생산자를 분해하는 가치법칙

가치법칙은 상품생산자를 분해하여 양극화시키는 역할을 한다. 우선 가치법칙은 소상품생산자를 분해시킨다. 소상품생산자란 스스로 생산수단을 소유하고 스스로 노동하여 상품생산을 하는 생산자로서 달리 말하면 자영업자이다. 생산수단을 소유하고 스스로 노동한다는 점에서 동질적인 소상품생산자들이 가치법칙의 작용을 통해 생산수단의 소유자인 자본가와 비소유자인 노동자라는 이질적인 두 계급으로 분해된다. 가치법칙의 작용에 따른 소상품생산자들간의 경쟁의 결과 그러한 분해가 나타난다.

앞의 예에서 평균 이상의 우월한 생산조건을 갖춘 생산자 A와 B는 이익을 축적하여 보다 더 많은 생산수단을 가진 부유한 생산자로 상승하고, 마침내 노동자를 고용하여 이윤획득을 목적으로 상품을 생산하는 자본가로 전화될 수 있다. 반면 평균 이하의 열등한 생산조건을 갖춘 생산자 D와 E는 점차 손실이 늘어나서 영세한 생산자로 전락하고, 마침내 생산수단을 상실하여 노동력을 판매하는 임노동자로 전화될 수 있다. 이와 같이 가치법칙이 작용하면 소상품생산자 중에서 일부가 자본가계급으로, 다른 일부는 노동자계급으로 분해된다.

가치법칙은 소상품생산자뿐만 아니라 자본가도 분해시킨다. 열등한 생산조건을 가지고 있어 경쟁에서 패배한 자본가는 도산하여 자본가로서의 지위를 상실하고, 우월한 생산조건을 갖추어 경쟁에서 승리한 자본가는 자본을 축적하여 독점자본가로 상승할 수 있다.[4]

---

4) 자본가간 경쟁을 통해 독점자본가가 형성되는 과정에 대해서는 제17장 1절에서 다룬다.

┌ 더 읽을거리 ─────────────────────────

■ 류동민. 1999, 「3장 가치와 가격」, 『정치경제학』, 충남대학교 출판부.

안현효. 1996, 「2장 가치형태의 구조론적 이해」, 『현대정치경제학의 재구성을 위하여』, 새날.

정운영. 1993, 「3장 가치법칙의 정치경제학적 해석」, 『노동가치이론연구』, 까치.

피에르 빌라르. 2000, 『금과 화폐의 역사: 1450~1920』(김현일 옮김), 까치.

한국사회경제학회 엮음. 1994, 「화폐, 신용, 자본주의」, ≪사회경제평론≫ 7호, 한울.

한국사회경제학회 엮음. 1997, 「특집: 왜 다시 노동가치론인가」, 『노동가치론의 재평가』, 풀빛.

R. 힐퍼딩·뵘 바베르크 외. 1983, 『노동가치론 논쟁』(이인호 편역), 학민사.

제5장
자본-임노동 관계와 잉여가치

　앞에서 자본주의를 자본가가 노동자를 고용하여 이윤획득을 목적으로 상품생산을 하는 생산양식이라 정의하였다. 자본가와 노동자가 맺는 고용관계를 자본-임노동 관계라 한다. 따라서 자본주의는 자본-임노동 관계의 기초 위에서 상품생산이 이루어지는 사회라 할 수 있다. 자본-임노동 관계는 자본주의 사회를 다른 사회와 구분해주는 가장 중요한 지표이다. 상품·화폐 관계는 자본주의 이전 사회나 사회주의 사회에도 존재했지만, 자본-임노동 관계는 자본주의 사회에서만 존재해왔기 때문이다. 따라서 자본주의 사회의 가장 기본적인 경제관계는 자본-임노동 관계라 할 수 있다. 자본-임노동 관계를 통해 잉여가치가 생산된다. 이 장에서는 자본-임노동 관계의 성격과 잉여가치 생산에 대해 알아본다.

1. 자본과 임노동

자본이란 무엇인가?

　자본-임노동 관계의 한 측면을 구성하는 자본이란 무엇인가? 앞에서 우리는 자본을 '부르주아 사회의 일체를 지배하는 경제력' 혹은 '이윤획득을 목적으로 사용되는 생산수단'이라 정의하였다. 이제 자본이 어떻게 발생하고, 어떠한 형태로 존재하며, 어떠한 과정을 통해 유지되는지 고찰하기로 하자. 이러한 고찰을 통해 자본의 본성이 밝혀질 것이다.

　우리는 일상 경제생활에서 화폐가 서로 다른 용도로 사용되고 있음을 알 수 있다. 소비자가 자신이 사용할 생활필수품을 살 때 지불하는 화폐와 기업인이 생산을 하기 위해 기계를 구입할 때 지불하는 화폐는 같은 기능을 하는 화폐가 아니다. 소비자의 화폐는 단순히 소비할 상품을 구입할 수단으로 사용되고 있다. 그러나 기업인의 화폐는 투입한 화폐가치보다 더 많은 화폐가치를 획득하기 위한 수단으로 사용된다. 소비자의 화폐는 유통수단으로 기능하고 있는 반면, 기업인의 화폐는 가치증식수단으로 기능하고 있다.

화폐가 유통수단으로서 사용되고 있을 경우, C(상품)-M(화폐)-C(상품)라는 공식을 쓸 수 있다. 이는 상품유통을 나타내는 공식이다. 이 공식은 상품소유자가 자신의 상품(C)을 팔고 받은 화폐(M)로 다른 상품(C)을 구매하는 데 사용하고 있음을 나타내준다. 여기서 상품유통의 목적은 다른 상품을 획득하는 데 있다. 상품유통 과정에 있는 화폐를 '화폐로서의 화폐'라 한다. 화폐가 가치증식수단으로서 사용되고 있을 경우, 'M(화폐)-C(상품)-M'(화폐)'라는 공식을 쓸 수 있다. 이 공식은 화폐 소유자가 화폐(M)를 투입하여 상품(C)을 구입한 후 이를 팔아서 더 큰 금액의 화폐(M')를 획득하는 데 사용하고 있음을 나타내준다. 이와 같이 화폐가 가치증식수단으로 사용될 때 화폐는 자본(capital)이 된다. 이때의 화폐를 '자본으로서의 화폐'라 한다.

화폐 소유자가 획득한 화폐가치와 투입한 화폐가치의 차액을 잉여가치(surplus value)라 한다. 여기서 잉여가치(m)는 'm＝M'－M'으로 정의된다. 잉여가치가 발생했다는 것은 가치가 증식했음을 의미한다. 이러한 측면에서 보면 자본은 '잉여가치를 낳는 가치' 혹은 '자기증식하는 가치'로 정의할 수 있다. 이와 같이 화폐가 잉여가치를 낳는 데 사용되고 있을 때 그것을 자본이라 한다.

자본으로서의 화폐로 구입한 생산수단, 예컨대, 기계도 자본이다. 기업인이 잉여가치 창출에 사용할 목적으로 구입하는 기계는 자본이다. 이러한 측면에서 보면 자본은 '잉여가치를 창출할 목적으로 사용되는 생산수단'이라고 정의할 수 있다. 같은 생산수단이라도 잉여가치 창출 목적에 사용되지 않고 단순히 자가 소비할 생활수단을 생산하는 데 사용되면 그것은 자본이 아니다. 예컨대, 가정에서 주부가 사용하는 재봉틀은 자본이 아니지만 봉제공장에서 노동자가 사용하는 재봉틀은 자본이다.

이와 같이 정치경제학에서는 화폐와 자본, 생산수단과 자본을 각각 엄격히 구

관계 개념으로서의 자본

식민지에 관하여 그 무슨 새로운 것을 발견한 것은 아니지만, 식민지에서 본국의 자본주의적 관계에 관한 진리를 발견한 것은 웨이크필드(E. G. Wakefield)의 위대한 공적이다. 보호무역제도가 그 발생 당시에 본국에서 자본가를 만들어내는 데 노력한 것처럼, 웨이크필드의 식민이론— 영국은 한동안 이 식민이론을 입법적 방법에 의하여 실시하려고 하였다— 은 식민지에서 임노동자를 만들어내는 데 노력한다. 이것을 그는 "조직적 식민"이라고 부르고 있다.

웨이크필드가 우선 식민지에서 발견한 것은, 어느 한 사람이 화폐·생활수단·기계·기타 생산수단을 소유하더라도, 만약 그 필수적 보완물인 임노동자, 즉 자기 자신을 자유의사에 의하여 판매하지 않을 수 없는 다른 사람이 없다면 그는 아직 자본가로 되지 않는다는 것이다. 그는 자본은 물건이 아니라 물건들에 의하여 매개된 사람들 사이의 사회적 관계라는 것을 발견하였다.* 그는 필(Peel)이 총액 50,000파운드(£)의 생활수단과 생산수단을 영국으로부터 서부 오스트레일리아의 스완 강 지역으로 가지고 갔다는 것을 개탄하고 있다. 필은 선견지명이 있어 그밖에 노동계급의 남녀 성인과 아동들 3,000명을 데리고 갔다. 그러나 목적지에 도착하자 "필에게는 그의 잠자리를 돌보아준다든가 강물을 길어다줄 하인이 한 사람도 없었다." 불행한 필은 모든 것을 예견하였지만 영국의 생산관계를 스완 강변으로 수출하는 것만은 예견하지 못하였던 것이다!

웨이크필드의 다음과 같은 발견들을 이해하기 위하여 두 개의 예비적 언급이 필요하다. 우리가 알고 있는 바와 같이, 만약 생산수단과 생활수단이 직접적 생산자의 소유인 경우에는 그것들은 자본이 아니다. 그것들은 노동자의 착취수단이자 지배수단으로서 봉사하는 그러한 조건하에서만 자본으로 된다. 그러나 생산수단과 생활수단의 자본주의적 영혼(성격)은 경제학자의 머리 속에서는 그것들의 물질적 실체와 너무나도 긴밀히 결합되어 있기 때문에, 그는 그것들을 어떠한 사정 하에서도, 심지어는 자본과는 정반대물인 경우에도, 자본이라고 부른다. 웨이크필드에게 있어서도 그러하다.

* "흑인은 흑인이다. 일정한 관계하에서만 그는 노예로 된다. 면방적 기계는 면화로 실을 뽑는 기계다. 일정한 관계하에서만 그것은 자본으로 된다. 이러한 관계 밖에서는 그것은 자본이 아니다. 그것은 마치 금이 그 자체로서는 화폐가 아니며, 또 사탕이 사탕가격이 아닌 것과 마찬가지이다. …… 자본은 사회적 생산관계이다. 그것은 역사적 생산관계이다"(마르크스, 『임금노동과 자본』, 《신라인 신간》 1849년 4월 7일자, 제266호).

K. 마르크스, 『자본론 I』(김수행 옮김), 비봉출판사, 1989, 962-963쪽.

별한다. 신고전파 경제학이나 케인스 경제학에서는 이를 구분하지 않고 사용한다. 가치증식에 사용되는 화폐만이 자본이며, 잉여가치 창출에 사용되는 생산수단만이 자본이라는 것이 정치경제학의 관점이다. 가치증식과 잉여가치 창출이 이루어지는 생산관계 속에서 화폐와 생산수단이 기능하고 있을 때 비로소 그것은 자본이 된다고 본다. 흑인이 노예가 되는 것은 그 흑인이 노예제라는 생산관계 속에 들어가 있을 때만이다. 이와 같이 정치경제학에서는 자본을 물 그 자체로 정의하는 것이 아니라 그 물이 놓여 있는 관계 속에서 정의한다. 자본은 자본주의적 생산관계를 떠나서 정의할 수 없다. 이런 의미에서 자본은 관계 개념이다.

자본의 재생산

자본은 어떠한 형태로 존재하는가? 자본주의 사회에서 기본적인 자본형태는 산업자본(industrial capital)이다. 산업자본은 생산과정을 통해서 잉여가치를 창출하는 자본이다. 산업자본이 잉여가치를 창출하는 과정은 <그림 5.1>로 나타낼 수 있다.

이 그림은 산업자본가가 일정 금액의 화폐로서 생산수단과 노동력이라는 두 가지 생산요소를 구입하고, 생산과정에서 이 둘을 결합하여 더 큰 가치를 가지는 상품을 생산한 뒤, 이를 판매하여 더 많은 금액의 화폐를 획득하는 과정을 나타내고 있다. 생산과정에서 투입물의 가치(C)보다 산출물의 가치(C')가 더 크기 때문에 처음에 투자한 화폐가치보다 더 큰 화폐가치를 획득할 수 있다. 생산과정에서 잉여가치가 발생한다. 잉여가치를 창출하는 생산과정에 노동력을 가진 인간인 노동자가 결합되어야 한다는 사실은 자본의 존립에 매우 중요한 의미를 지닌다.

산업자본은 위의 식에서처럼 순환하면서 유지된다. 산업자본은 처음에 화폐자본의 형태를 지니다가 생산과정에서는 생산수단과 노동력과 같은 생산자본의 형태로 바뀌고, 생산이 완료된 뒤에서는 상품자본의 형태로 바뀌며, 이는 상품판매를 거쳐 다시 화폐자본으로 바뀐다. 이와 같이 산업자본은 '화폐자본→생산자본→상품자본→화폐자본'으로 그 형태를 변화시키면서 순환함으로써 유지된다. 이러한 순환이 되풀이되면서 자본이 유지되는 것을 자본의 재생산이라

〈그림 5.1〉 산업자본의 순환

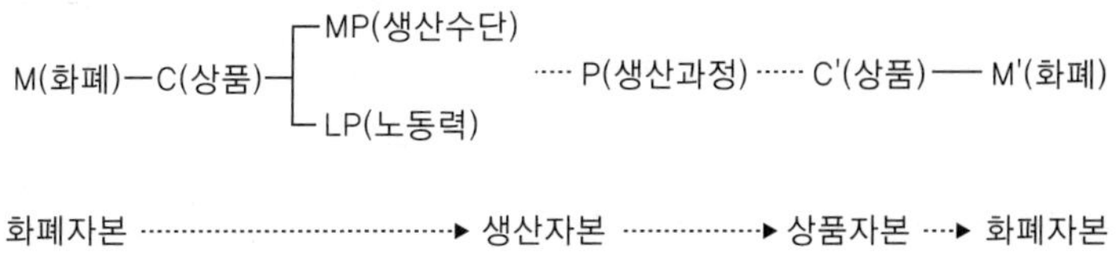

M(화폐)—C(상품)┬MP(생산수단)
              │   ····· P(생산과정) ······ C'(상품) —— M'(화폐)
              └LP(노동력)

화폐자본 ·····························▶ 생산자본 ···············▶ 상품자본 ···▶ 화폐자본

한다. 생산자본이 상품자본으로 전화하는 과정은 잉여가치의 생산과정이고, 상품자본이 화폐자본으로 전화하는 과정은 잉여가치의 실현과정이다. 잉여가치의 실현과정이란 잉여가치를 포함한 상품이 판매되는 과정이다. 잉여가치의 생산과 잉여가치의 실현은 자본의 재생산에 결정적으로 중요한 문제가 된다.

산업자본의 활동을 보조하는 자본으로서 상업자본과 대부자본이 있다. 상업자본은 산업자본의 순환과정에서 산업자본이 생산한 상품의 판매를 대행함으로써 상업이윤을 획득하는 자본이다. 백화점이나 대형 양판점 등이 상업자본의 형태들이다. 상업자본은 위의 산업자본 순환도식에서 상품자본을 화폐자본으로 전화시키는 과정을 촉진한다. 상업자본의 순환은 'M(화폐)-C(상품)-M'(화폐)'로 나타낼 수 있다. 상업자본은 산업자본으로부터 상품을 구입하고 이를 다시 판매하여 상업이윤을 획득한다. 대부자본은 산업자본에게 화폐를 대부함으로써 산업자본의 자본형성을 보조한다. 은행은 대부자본의 대표적 형태이다. 대부자본의 순환은 M(화폐)···M'(화폐)로 나타낼 수 있다. 즉 대부자본은 산업자본에게 화폐를 빌려주고 일정 기간 후 이자를 획득한다.

상업자본과 대부자본은 스스로 재생산하면서 산업자본의 재생산에 기여한다. 그 대가로 산업자본이 창출한 잉여가치의 분배에 참여한다. 상업자본에게는 상업이윤으로, 대부자본에게는 이자로 산업자본이 창출한 잉여가치의 일부가 분배된다. 상업자본과 대부자본은 스스로 잉여가치를 창출하지 못한다. 산업자본이 창출한 잉여가치의 일부를 취득할 뿐이다. 상업자본과 대부자본이 고용한 노동자는 잉여가치 취득을 위한 업무에 종사한다. 자본주의적 생산이 확대되어 생산에 필요한 화폐자본의 규모가 커지고 생산된 상품량이 증대함에 따라, 산업자본의 순환에 대한 대부자본과 상업자본의 역할은 더욱 커지게 된다.

봉건 말기, 자본주의 초기에는 상인자본과 고리대자본이 존재하였다. 상인자본은 상업자본의 전신이고, 고리대자본은 대부자본의 전신이다. 고리대자본은 농민이나 수공업자들에게 높은 이자율로 돈을 빌려주고 폭리를 취하였다. 상인자본은 상품생산자들에게 싸게 사서 소비자들에게 비싸게 팔아 큰 부를 축적하였다. 이들은 소상품생산자를 수탈하여 그들을 몰락시키는 역할을 하였다. 아울러 상인자본은 당시 등장하고 있던 산업자본에 화폐자본이나 생산수단을 대어주고 상품을 제조하게 한 후 그것을 사들여 판매하기도 했다. 고리대자본의 소상품생산자 수탈과 상인자본의 산업자본 지배는 경제발전을 가로막는 요인이 되었다. 산업혁명이 일어나서 산업자본이 지배적이게 되자 상인자본은 상업자본으로, 고리대자본은 대부자본으로 전화하여 산업자본의 활동을 보조하게 된다.

노동력의 상품화: 잉여가치 생산의 필요조건

앞에서 자본을 '잉여가치를 낳는 가치'라 정의했다. 그리고 산업자본은 생산과정을 통해서 잉여가치를 창출하는 자본이라고 하였다. 그렇다면 과연 잉여가치가 어디서 발생하는지 따져보기로 하자.

잉여가치는 산업자본 순환과정 중 유통과정에서 발생하는가? 즉 자본가가 생산수단과 노동력을 구매하는 과정과 생산한 상품을 판매하는 과정에서 발생하는가? 구매과정과 판매과정 즉 유통과정에서는 잉여가치가 발생할 수 없다. 왜 그러한가?

유통과정에서 구매자 A가 판매자 B로부터 10,000원 가치의 상품을 15,000원에 샀다고 하자. 그렇다면 A와 B사이에는 부등가교환(unequal exchange)이 발생한 것이다. 10,000원의 가치가 15,000원에 교환되었기 때문이다. 이 부등가교환을 통해 A가 5,000원 손실을 본 반면, B는 5,000원 이익을 보았다. A의 손실액은 B의 이익액과 일치한다. B만을 보면 교환으로부터 잉여가치가 발생한 것처럼 보이지만, A와 B 전체로 보면 이익과 손실의 합이 0으로 되어 잉여가치가 발생하지 않음을 알 수 있다. 이들은 영합게임(zero-sum game)을 한 것이다. A로부터 B에게로 가치가 이전되었을 뿐 새로운 가치가 발생한 것이 아니다. 따라서 유통과정에서는 잉여가치가 발생하지 않는다. 마찬가지로 도박이나 부동산투기 혹은 주식투기도 영합게임이므로 잉여가치를 창출하지 않는다.

따라서 잉여가치의 원천은 생산과정에서 찾을 수밖에 없다. 생산과정에서 잉여가치가 발생하려면 자신의 가치보다 더 큰 가치를 창출하는 능력을 가진 특수한 상품을 자본가가 구입해야 한다. 이 특수한 상품이 바로 노동력이다. 생산수단은 자신의 가치를 생산물에 이전시킬 뿐 새로운 가치를 낳지 않으며, 오직 인간의 노동력만이 자신의 가치보다 더 큰 가치를 창출하는 능력을 가지고 있다.

가치창출 능력을 가진 노동력이 상품화되어 화폐자본과 결합될 때 비로소 잉여가치가 창출될 수 있는 것이다. 잉여가치가 창출되어야 자본이 존립할 수 있다. 따라서 노동력의 상품화는 잉여가치 생산의 필요조건이고 자본의 존립을 위한 절대적인 전제조건이다. 노동력이 상품화되어 노동자가 임금을 받고 자본의 지휘·감독 아래에서 행하는 노동을 임노동(wage-labor)이라 한다. 임노동이 존재해야 자본이 존재할 수 있다. 역으로 임노동자는 자본가에게 고용되어 임금을 받아야 살아갈 수 있다. 따라서 자본이 존재해야 임노동이 존재할 수 있다. 요컨대 자본과 임노동은 상호 전제하는 것이다. 노동력이 상품화될 때 화폐는 자본으로 전화되고 노동은 임노동으로 전화된다.

노동력이 상품화되기 위해서는 노동력을 가진 노동자가 신분적 속박으로부터 자유로움과 동시에 생산수단으로부터 자유로워야 한다. 역사적으로 이 과정은 자본의 본원적 축적을 통해 달성되었다. 신분적 속박으로부터의 자유는 노동자에게 자신의 노동력의 자유로운 처분을 가능하게 하고 고용계약의 자유를 준다. 생산수단으로부터의 자유란 생산수단의 비소유를 의미한다. 이 자유는 노동자에게 노동력 판매를 강제하여 자본가의 지휘·감독 아래 종속노동을 수행하도록 만든다. 따라서 이 자유는 자본에 대한 종속이라는 새로운 형태의 종속을 노동자에게 부과한다. 경제외적 강제가 없어진 대신에 경제적 강제가 새로이 가해진다. 이와 같이 '이중의 의미에서 자유로운' 노동자가 지속적으로 창출되어야 노동력의 상품화가 지속되고 임노동이 존속할 수 있다.

임노동의 재생산

임노동이 존속되는 것을 임노동의 재생산이라 한다. 임노동이 재생산되려면

〈그림 5.2〉임노동의 재생산

우선 노동자들이 생산수단으로부터 지속적으로 분리되어 있어야 한다. 만약 노동자가 생산수단을 소유하게 되면 아마 거의 모든 노동자들은 더 이상 자신의 노동력을 판매하려고 하지 않을 것이기 때문이다. 자본주의 사회에서 생산수단의 비소유자인 노동자가 지속적으로 비소유자로 남게 만드는 것은 일차적으로 사유재산제도이다. 사유재산제도는 소수의 생산수단 소유자와 다수의 비소유자로 인구의 분할을 지속하게 만드는 가장 중요한 제도이다.

다음으로 노동자가 자본가로부터 받는 임금이 자기와 자기 가족의 생활 유지에 족할 정도이어야 한다. 만약 노동자의 임금수준이 생산수단을 소유할 수 있을 만큼 부를 축적하게 만든다면 노동자들은 노동력을 판매하려 하지 않을 것이다. 반대로 만약 임금수준이 낮아 노동자의 생활이 유지되지 않는다면 전체 사회의 노동자들의 수가 점차 감소하거나 노동능력이 떨어져서 임노동이 축소재생산될 것이다.

이러한 조건에서 존속될 수 있는 임노동은 어떻게 재생산되는가? 임노동의 재생산과정은 〈그림 5.2〉와 같이 나타낼 수 있다. 노동자는 자신의 노동력 상품을 고용계약을 통해 자본가에게 판매한 뒤, 생산과정에서 가치를 창출하고 받은 임금으로 생활수단을 구입하여 살아감으로써 다시 노동력을 재생산한다. 노동력의 판매가 이루어지는 영역은 노동시장이고, 노동력이 지출되는 장은 노동과정이며, 소비생활을 통해 노동력이 창출되는 과정은 노동력 재생산 영역이다. 이와 같이 임노동은 '노동시장→노동과정→노동력 재생산→노동시장'으로 순환하면서 재생산된다.

임노동의 재생산과정의 각 영역은 각각 중요한 의미를 가진다. 임노동은 노동과정에서 자본과 결합되어야 존립할 수 있다. 노동과정에서의 노동을 통해 가치를 창출하고 임금을 받아야 노동력을 재생산할 수 있기 때문이다. 노동력 재생산은 일정한 질을 가진 노동력이 형성됨과 동시에 일정한 욕구와 의식 및 태도를 가진 노동자가 창출되는 과정이다. 노동력의 질은 가치창출에 영향을 미치고 노동자의 욕구와 의식 및 태도는 자본-임노동 관계에 영향을 미친다. 노동시장에서 노동력이 판매되지 않으면 노동을 할 수 없고, 따라서 노동력을 재생산할 수 없다. 노동시장은 노동력 재생산과 노동과정을 연결하는 매개장치이다.

임노동의 재생산과정은 단순히 물질이 재생산되는 과정이 아니라 노동하는 인간이 유지되는 과정이다. 이 점에서 임노동의 재생산과정은 가치증식이라는 물질운동이 나타나는 자본의 재생산과정과 대비된다. 자본의 재생산과정에서는 가치증식이라는 자본가의 욕구가 관철되는 반면, 임노동 재생산과정에는 자신의 삶의 질을 높이려는 노동자의 욕구가 투영되어 있다. 그런데 노동자가 삶의 질을 높이려는 자신의 욕구를 실현하기 위해서는, 한편으로는 자본의 가치증식 욕구를 충족시켜야 하지만 다른 한편으로는 그것을 억제시켜야 한다. 이것이 임노동의 재생산과정에 내포된 모순이다.

2. 잉여가치의 생산

노동력의 가치

앞에서 잉여가치는 자신의 가치보다 더 큰 가치를 창출하는 능력을 가진 노동력으로부터 발생한다고 하였다. 그렇다면 잉여가치를 정의하기 위해서는 노동력의 가치를 정의해야 한다. 노동력은 상품이기 때문에 다른 상품과 마찬가지로 가치를 가진다. 그런데 노동력은 다른 상품과 달리 노동을 통해 생산과정에서 직접 생산할 수 없다. 노동력은 오직 살아 있는 인간인 노동자로부터만 창출된다. 노동력이 재생산되려면 노동자와 그 가족이 생명을 유지하고 생활을 영위해야 한다. 다시 말해서 노동력은 생명 재생산과 생활 재생산을 통해 창출된다.

그런데 노동자와 그 가족이 생명을 재생산하고 생활을 재생산하려면 생활수단(means of living)을 소비해야 한다. 노동력의 재생산에 필요한 생활수단은 주로 노동자들이 임금으로 구입하는 재화 및 서비스이므로, 이를 임금재(賃金財)라고도 한다. 생활수단 속에는 의식주, 여가, 교통, 통신, 교육 등에 필요한 재화와 서비스가 포함된다. 따라서 노동력의 가치는 이러한 생활수단을 생산하는 데 지출되는 사회적 필요노동시간에 의해 결정된다. 즉 노동력의 가치는 노동력의 재생산에 필요한 생활수단의 가치로 정의할 수 있다.

따라서 노동력 가치(V)는 노동력의 재생산에 필요한 일정량의 생활수단(Q)에 다 그 1단위의 가치(U)를 곱한 것과 같다. 즉 $V=Q \cdot U$이다. 노동력의 가치는 Q와 U라는 두 요인에 의해 결정된다.

$$\text{노동력 가치(V)} = \text{생활수단의 수량(Q)} \times \text{생활수단 1단위의 가치(U)}$$

여기서 노동력의 재생산에 필요한 생활수단의 수량(Q)은 어떻게 결정되는가? 일정 시점의 특정 사회에서 노동력을 정상적으로 재생산하는 데 필요한 생활수단의 평균적 수량은 주어져 있다고 할 수 있다. 생활수단의 평균적 수량은 노동자들이 살아가는 과정에서 생기게 되는 욕구(needs)에 의해 결정된다.

노동자들의 욕구에는 세 가지 수준이 있다. 첫째 수준은 노동자를 육체적으로 유지하는 데 필요한 생활수단에 대한 욕구인 생리적 욕구(physiological needs)이다. 둘째 수준은 노동자가 정상적인 사회생활을 하는 데 필요한 생활수단에 대한 욕구인 필수적 욕구(necessary needs)이다. 셋째 수준은 사회적으로 완전히 발달한 인간으로서의 노동자가 가지는 욕구인 사회적 욕구(social needs)이다. 생리적 욕구는 최저수준의 의식주에 대한 욕구이며, 한 나라의 기후조건에 영향을 받는다. 필수적 욕구에는 기호품이나 편의품과 같이 한 사회에서 관습적으로 필요한 생활수단들이 포함된다. 사회적 욕구는 인간다운 삶을 누릴 수 있는 여가, 교육, 문화 등에 대한 욕구이다. 필수적 욕구와 사회적 욕구는 한 사회의 생산력수준과 문화수준에 영향을 받는다.

생리적 욕구는 노동자의 욕구의 하한을 구성하고 사회적 욕구는 그 상한을 구성한다. 필수적 욕구는 노동자 욕구의 중간적 수준이라 할 수 있다. 노동력 가치의 하한은 생리적 욕구수준에 의해 결정된다. 만약 이 하한선 이하로 내려가면 노동력이 육체적으로 유지될 수 없기 때문이다. 필수적 욕구가 충족되면 노동력이 정상적으로 재생산될 수 있다. 노동력의 가치가 노동력을 정상적으로 재생산하는 데 필요한 생활수단의 가치라고 정의했기 때문에, 노동력의 가치는 노동자의 필수적 욕구수준에 의해 결정된다고 할 수 있다. 노동력 가치의 상한은 사회적 욕구수준에 의해 결정될 것이지만 그 논리적 상한은 잉여가치가 0이 되는 지점일 것이다.

생산력수준이 높아지면 더 많은 재화와 서비스가 생산되어 사회 전체의 생활수준이 향상되기 때문에 노동자의 욕구수준도 높아진다. 또한 생산력수준이 동일해도 문화수준이 높을수록 노동자들의 욕구수준도 높아진다. 이와 같이 생산력수준과 문화수준이 높을수록 노동력을 정상적으로 재생산하는 데 필요한 생활수단의 수량이 증가한다. 따라서 다른 조건에 변화가 없다면 생산력수준과 문화수준이 높을수록 노동력 가치도 높아지게 될 것이다. 반면 생산력수준이 높아져 생산성이 상승하면 생활수단의 가치가 하락한다. 따라서 다른 조건이 동일할 때 생산성이 상승하면 노동력의 가치는 하락할 것이다. 그러므로 노동력의 가치는 노동자들의 욕구수준이 높아질수록 높아지고, 생산성이 높아질수록 낮아진다고 결론내릴 수 있다.

노동력이 양성되는 과정에서 특별한 교육과 훈련이 필요한 숙련노동력의 경우, 노동력의 가치 속에는 교육훈련비가 포함된다. 일반적으로 교육훈련 기간이 길고 교육훈련비 지출이 많을수록 노동력의 가치는 그만큼 높게 된다. 예컨대, 대졸 엔지니어의 노동력 가치 속에는 공대 4년간의 학비가 포함되어 있는 것이다. 사회발전에 따라 노동계급의 교육수준과 지식수준이 높아지면 노동력의 가치도 높아진다. 21세기 지식기반경제에서는 기업이 고숙련의 지식노동력을 수요하게 될 것이므로 노동력의 가치는 더욱 높아지게 될 것이다. 노동자에게 지식과 숙련을 함양시키는 교육훈련에 종사하는 교육노동이 노동력의 가치를 높이는 역할을 한다.

노동력의 가치의 크기는 다른 상품과 달리 노동력 상품을 판매하는 노동자와 구매하는 자본가 간의 세력관계에 의해 큰 영향을 받는다. 노동력 가치의 하한과 상한 사이에서 실제로 어느 수준에서 노동력의 가치가 결정되는가는 노동자와 자본가의 세력에 달려 있다. 노동자의 세력이 약하면 노동력의 가치가 필수적 요구수준 이하의 낮은 수준에 머물 수 있고, 노동자의 세력이 강하면 노동력 가치가 필수적 욕구수준 이상의 높은 수준을 유지할 수 있고 사회적 욕구수준에 근접할 수 있다. 요컨대 계급투쟁이 노동력 가치의 크기를 결정하는 주요 요인 중의 하나다. 따라서 생산력수준과 문화수준 그리고 노동자들의 욕구수준이 동일한 두 나라가 있을 경우, 노동자들의 세력이 강한 나라가 약한 나라보다 노동력 가치가 높을 것이다.

요컨대 노동력의 가치 속에는 노동자와 그 가족의 정상적 생활에 필요한 생활수단의 가치와 교육훈련비가 포함되어 있다. 노동자들의 욕구, 생산성, 교육훈련비, 계급투쟁 등이 노동력의 가치를 결정하는 요인이다. 따라서 노동력 가치 규정 속에는 생리적 요소, 문화적 요소, 기술적 요소, 사회적 요소 등이 포함된다.

노동과정과 가치증식과정

이제 자본-임노동 관계 속에서 잉여가치가 어떻게 발생하는지 고찰해보자. 지금 노동자가 노동력을 그 가치대로 판매하여 자본가로부터 받은 임금이 노동력의 가치와 같다고 가정하자. 노동력이 가치대로 교환되었기 때문에 이 유통과정에서는 잉여가치가 발생할 수 없다. 앞에서 언급한 것처럼 잉여가치는 생산과정에서 노동력이 자신의 가치보다 더 큰 가치를 창출하기 때문에 발생한다. 즉 노동자가 노동력을 지출하여 행한 노동을 통해 창출한 가치가 자본가로부터 임금으로 받은 노동력의 가치보다 더 크기 때문에 잉여가치가 발생한다. 여기서 잉여가치(S)는 노동자가 창출한 가치(VA)에서 노동력 가치(V)를 뺀 값이다.

> 잉여가치(S)=노동자가 창출한 가치(VA)-노동력 가치(V)

잉여가치 발생을 이해하기 위해서는 노동자가 자본가에게 판매하는 것은 노동력이지 노동이 아니라는 점을 유의해야 한다. 노동력은 노동자의 노동능력이며, 노동은 노동력의 지출과정이다. 생산수단을 소유하고 있지 않는 노동자는 노동력을 판매할 수 있을 뿐, 노동 즉 노동생산물을 판매할 수 없다. 자본가는 노동자로부터 그 가치대로 지불하고 구입한 노동력을 정해진 기간 동안 사용하여 노동력의 가치보다 더 큰 가치를 포함한 노동생산물을 생산하고 그것을 자신이 소유한다. 노동생산물 속에는 노동력의 가치와 잉여가치가 포함되어 있다.

노동생산물을 자본가가 소유할 수 있는 까닭은 자본가가 생산수단을 소유하고 생산을 조직하기 때문이다. 자본가가 노동자에게 지불한 것은 노동력의 가치이지 노동자가 노동을 하여 창출한 가치가 아니다. 만약 노동자가 자신이 노동하여 창출한 가치를 모두 지불 받으면 잉여가치는 발생할 수 없다.

자본가는 노동자의 노동력을 노동으로 전화시켜 잉여가치를 생산한다. 노동력이 지출되어 노동으로 전화되는 과정이 노동과정이다. 이 노동과정에서 노동력을 노동으로 전화시키는 행위를 노동통제(labor control)라 한다. 자본주의에서는 자본가가 노동과정을 지휘·감독하기 때문에 노동통제의 주체는 자본가이다. 노동자는 노동통제를 받는 대상으로서 종속노동을 한다. 자본가의 노동통제는 잉여가치 생산에 필수적 과정이다. 노동통제를 통해 잉여가치가 생산되는 과정을 가치증식과정이라 한다. 잉여가치를 생산하는 자본주의적 생산과정에서 노동과정은 동시에 가치증식과정이다.

이와 같이 잉여가치는 자본주의적 소유관계에 기초해서 성립하는 자본-임노동 관계 속에서 자본가의 노동통제를 통해 생산된다. 이러한 관계 속에서 자본가는 최적의 노동통제를 통해 노동자의 노동력으로부터 최대의 노동을 지출시켜 최대의 잉여가치를 생산하려고 할 것이다. 이것이 자본가의 제1의 행동준칙이다.

자본가가 자본을 투자하여 잉여가치를 생산하는 과정을 자세히 보면 다음과 같다. 자본가는 화폐자본으로 생산수단과 노동력이란 두 가지 상품을 구입한다. 생산수단과 노동력은 생산과정에서 결합되어 상품생산에 똑같이 기여하지만 가치증식이란 관점에 보면 서로 다른 작용을 한다. 생산수단은 생산과정에서 자신의 가치를 생산물에 이전할 뿐 새로운 가치를 창출하지 않는다. 따라서 생산수단 구입에 투자한 자본은 생산과정에서 그 가치의 크기가 변화하지 않는다. 이런 점에서 생산수단에 투자한 자본을 불변자본(constant capital)이라 한다. 반면 노동력은 자신의 가치보다 더 큰 가치를 창출한다. 따라서 노동력 구입에 투자한 자본은 생산과정에서 그 가치의 크기가 증가한다. 이런 점에서 노동력에 투자한 자본을 가변자본(variable capital)이라 한다. 자본가가 투자한 자본은 가치증식의 관점에서 불변자본과 가변자본으로 나눌 수 있다. <그림 5.3>은 노동력에 의해 잉여가치가 창출되는 과정을 보여주고 있다.

이와 같이 투자자본을 불변자본과 가변자본으로 나누는 것은 정치경제학에

〈그림 5.3〉 노동력에 의한 잉여가치 창출과정

특유한 방식이다. 이러한 구분방식은 가치가 인간의 노동력으로부터 창출되는 것이지 생산수단이라는 물로부터는 창출되지 않는다는 노동가치론의 관점에 기초한 것이다. 신고전파 경제학이나 케인스 경제학은 생산수단도 노동력처럼 가치를 창출한다고 본다. 그러나 정치경제학은 살아 있는 인간만이 가치를 창출하는 고유한 능력을 가진다고 본다. 기계가 도입되면 생산성이 높아지고 제품의 품질이 향상될 수 있다. 그러나 기계와 같은 생산수단은 생산성과 품질을 향상시킨다 하더라도 가치증식의 관점에서 보면 자신의 가치를 상품에 이전시킬 뿐 결코 새로운 가치를 창출하지는 않는다.

이제 잉여가치 생산과정을 공식을 통해 정리해보자. 투자자본을 K, 불변자본을 C, 가변자본을 V로 표시한다면, 'K=C+V'로 쓸 수 있다. 자본가가 자본 K를 투자해서 잉여가치를 생산한다면, 상품의 가치 W는 소모된 생산수단 가치 C,[1] 노동력 가치 V,[2] 잉여가치 S로 구성된다. 즉 'W=C+V+S'이다. 노동자가 창출한 가치 혹은 부가가치 VA는 'V+S'이다. 잉여가치 생산과 관련된 이러한 관계는 다음과 같은 식들로 정리할 수 있다.

> K=C+V   : 투자자본=불변자본+가변자본
> W=C+V+S   : 상품가치=생산수단 가치+노동력 가치+잉여가치
> VA=V+S   : 부가가치=노동력 가치+잉여가치
> S=VA−V   : 잉여가치=부가가치−노동력 가치

---

1) 소모된 생산수단의 가치는 원료 및 반제품의 가치에다 기계설비의 감가상각을 더한 값이다.

2) 여기서 노동력 가치는 가변자본으로 구입한 노동력의 총가치이다. 따라서 가변자본의 가치는 곧 노동력 가치가 된다.

노동일과 잉여가치율

앞에서 잉여가치를 노동자가 창출한 가치에서 노동력 가치를 뺀 것으로 정의
하였다. 보다 많은 잉여가치를 생산하려는 자본가는 당연히 한편으로는 노동자
가 창출하는 가치를 높이고, 다른 한편으로는 노동력 가치를 낮추려고 할 것이
다. 가치창출은 노동자의 노동을 통해 이루어지기 때문에 노동이 지속되는 기
간 즉 노동시간은 잉여가치 생산의 가장 기본적인 요인이다. 노동자의 하루 노
동시간을 노동일(working day)이라 한다. 노동자가 하루 노동시간 동안 새로이
창출한 가치는 노동력 가치와 잉여가치로 나누어진다. 따라서 노동일은 노동력
가치를 생산하는 시간과 잉여가치를 생산하는 시간으로 나눌 수 있다.

노동력 가치를 생산하는 시간을 필요노동시간이라 하고, 잉여가치가 생산되는
시간을 잉여노동시간이라 한다. 필요노동시간 동안 지출하는 노동을 필요노동이
라 하고, 잉여노동시간 동안 지출하는 노동을 잉여노동이라 한다. 필요노동시간
동안 노동자는 자본가에게 임금으로 받는 노동력 가치에 해당하는 가치를 창출
한다. 이 시간 동안 노동자는 자신을 유지할 생산물 즉 필요생산물을 생산하는
것이다. 잉여노동시간 동안 노동자는 자본가에게 무상으로 귀속되는 잉여생산물
을 생산한다. 필요생산물과 잉여생산물을 합한 것이 순생산물이다. 필요생산물의
가치가 노동력 가치이고 잉여생산물의 가치가 잉여가치이다. 노동력 가치와 잉여
가치를 합한 것이 부가가치이다. 이러한 관계를 나타낸 것이 <그림 5.4>이다.

노동일이 필요노동시간과 잉여노동시간으로 분할되는 데 대응하여, 노동이
필요노동과 잉여노동으로, 순생산물이 필요생산물과 잉여생산물로, 부가가치가
노동력 가치와 잉여가치로 분할된다. 생산수단의 비소유자인 직접적 생산자의
노동이 필요노동과 잉여노동으로 분할되고 그의 노동을 통해 생산된 순생산물
이 필요생산물과 잉여생산물로 분할되어 생산수단의 소유자가 직접적 생산자의
잉여노동 혹은 잉여생산물을 무상으로 전유하는 것은 모든 계급사회에 공통적
인 현상이다. 앞서 제2장에서 지적했듯이 잉여노동 혹은 잉여생산물을 지배계
급이 전유하는 것을 착취라 한다. 자본주의 이전의 노예제 사회에서는 노예의
노동이, 봉건제 사회에서는 농노의 노동이, 지주제 사회에서는 소작인의 노동이
착취되었다.

〈그림 5.4〉 노동일과 잉여가치 생산의 관련

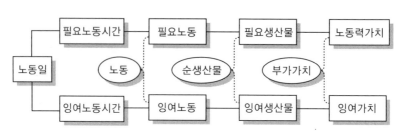

　자본주의 이전 사회에서는 직접적 생산자가 착취된다는 사실이 현상적으로 명백하게 인식될 수 있었다. '말하는 도구'에 불과했던 노예가 착취된다는 것은 자명하였다. 봉건제에서 농노는 자신의 보유지에서 행하는 필요노동과 영주 직영지에서 수행하는 잉여노동이 시간적·공간적으로 구별되었다. 지주제에서는 소작인이 생산한 농산물의 일부를 지주에게 소작료로 바치고 나머지를 자신이 소비하였다. 영주 직영지에서의 농노의 잉여노동과 소작인이 지주에게 바치는 소작료는 착취가 이루어진다는 사실을 뚜렷이 보여준다.

　그러나 임노동자의 잉여노동을 잉여가치의 형태로 착취하는 자본주의에서는 자본가가 노동자를 착취한다는 사실이 현상적으로 드러나지 않는다. 그 까닭은 노동력이 상품화되는 상황에서 착취가 이루어지기 때문이다. 자본가가 노동자의 노동력을 그 가치대로 구입했다면 자본가와 노동자 사이에 등가교환이 이루어졌기 때문에 착취가 없는 것처럼 보인다. 그러나 착취는 자본가에 고용되어 종속노동을 행하는 노동자가 자신의 노동력 가치 이상의 가치를 창출하는 노동을 하여 잉여가치를 생산함으로써 이루어진다. 따라서 착취는 노동과정에서 자본가와 노동자 사이에 부등가교환이 이루어짐으로써 발생한다.

　자본주의에서 착취율은 잉여가치율로 표현된다. 잉여가치율은 부가가치가 노동력 가치와 잉여가치로 분할되는 비율이다. 잉여가치율을 s로 표시하면 s=S/V가 된다. 잉여가치율은 다음과 같이 여러 가지 방식으로 표현될 수 있다.

$$잉여가치율 = \frac{잉여노동시간}{필요노동시간} = \frac{잉여노동}{필요노동} = \frac{잉여생산물}{필요생산물} = \frac{잉여가치}{노동력\ 가치}$$

지금 노동일 8시간이 필요노동시간 4시간과 잉여노동시간 4시간으로 분할되어 있다고 하자. 필요노동시간 4시간 동안 노동자는 노동력의 가치에 해당하는 일당 50,000원의 가치를 창출하고, 잉여노동시간 4시간 동안 잉여가치 50,000원을 창출한다고 하자. 이 경우 잉여가치율은 '(4/4)×100=(50,000/50,000)×100=100%'가 된다. 잉여가치율이란 노동자의 노동시간이 자신을 위한 필요노동시간과 자본가를 위한 잉여노동시간으로 분할되는 비율이다. 따라서 착취란 자본가가 노동자의 시간을 무상으로 획득하는 것에 다름 아니다. '시간이 돈이다'라는 말이 있지만 자본가에게는 '노동자의 시간이 돈이다'. 잉여가치는 결국 자본가가 지배하는 노동자의 시간으로부터 발생한다.

잉여가치율을 결정하는 요인

앞의 정의에 따르면, 잉여가치율은 잉여노동시간이 길수록, 필요노동시간이 짧을수록, 잉여노동이 클수록, 필요노동이 작을수록, 잉여가치가 클수록, 노동력 가치가 낮을수록 높아진다. 잉여가치율을 나타내는 식을 변형하면 다음과 같다.

$$s = \frac{S}{V} = \frac{(VA - V)}{V} = \left(\frac{VA}{V}\right) - 1 = \frac{VA}{Q \cdot U} - 1$$

여기서 s는 잉여가치율, S는 잉여가치, V는 노동력 가치, VA는 부가가치, Q는 생활수단의 수량, U는 생활수단의 단위가치를 나타낸다. 따라서 잉여가치율은 부가가치(VA), 생활수단의 단위가치(U), 생활수단의 수량(Q)이란 세 요인에 의해 결정된다. 노동자가 창출한 새로운 가치인 부가가치는 노동일 연장, 노동강도 증대, 노동력의 질 향상 등을 통해 증가한다. 생활수단의 단위가치는 생활수단 생산부문의 노동생산성이 높을수록 낮아진다. 생활수단의 수량은 곧 실질임금이다. 그러므로 잉여가치율을 결정하는 요인은 ①노동시간, ②노동생산성, ③노동강도, ④노동력의 질, ⑤실질임금 등이다. 이들 요인들이 잉여가치율에 미치는 영향을 검토해보자.

첫째, 노동시간과 잉여가치율. 노동시간이 증가하면 잉여가치율이 높아진다.

예컨대, 노동일이 8시간에서 10시간으로 연장된다면 다른 조건이 변화가 없을 때 잉여노동시간은 6시간이 된다. 이 경우 잉여가치율은 (6/4)×100=150%로 증가한다. 이와 같이 노동일의 연장을 통해 잉여가치율이 높아지는 것을 절대적 잉여가치(absolute surplus value)의 생산이라 한다. 절대적 잉여가치 생산은 노동시간의 절대적 증가를 통해 더 많은 잉여가치가 생산되는 경우이다.

그런데 노동일의 연장을 통한 절대적 잉여가치의 생산은 한계에 부딪힌다. 하루 24시간 중에서 생명의 유지를 위한 수면과 휴식과 식사를 위한 시간이 필요하기 때문에 생리적 한계에 부딪히고, 정상적인 생활 유지를 위한 여가시간이 필요하기 때문에 사회적 한계에 부딪힌다. 노동일을 연장하려는 자본가의 시도는 노동시간을 단축하려는 노동자들의 투쟁에 직면하게 된다.

둘째, 노동생산성과 잉여가치율. 노동생산성이 증가하면 노동력의 가치가 하락하여 잉여가치율이 높아진다. 앞에서 밝힌 것처럼 노동력의 가치(V)는 노동력의 재생산에 필요한 생활수단의 수량(Q)에 생활수단의 단위당 가치(U)를 곱한 것이다. 즉 V=QU이다. 여기서 Q가 일정할 경우 U를 낮추면 V를 낮출 수 있다.

생활수단을 생산하는 부문에서 노동생산성이 향상되면 생활수단의 가치가 하락한다. 생산수단 생산부문에서 기술진보가 일어날 경우에도, 생활수단 생산에 생산수단이 투입되므로, 간접적으로 생활수단의 가치가 하락한다. 생활수단의 가치가 하락하면 노동력의 가치가 하락하고, 노동력의 가치가 하락하면 필요노동시간이 단축된다. 필요노동시간이 단축된 만큼 잉여노동시간이 늘어난다. 그 결과 잉여가치율이 높아진다. 이와 같이 필요노동시간의 단축을 통해 잉여가치율을 높이는 것을 상대적 잉여가치(relative surplus value)의 생산이라 부른다.

셋째, 노동강도와 잉여가치율. 노동강도가 증대하면 단위시간당 지출되는 노동량이 증가하여 더 많은 가치가 창출된다. 예컨대, 노동강도가 2배로 증가하면 1시간 노동은 2시간 노동에 해당하는 가치를 창출한다. 지금 노동강도가 2배로 증가하고 노동력 가치가 변화가 없다고 한다면 8시간 노동을 통해 12시간의 잉여노동이 수행된 셈이 된다. 따라서 잉여가치율은 (12/4)×100=300%로 증가한다. 노동강도의 증대는 일반적으로 생산체제와 작업조직을 혁신하고 노동통제를 강화하여 작업속도를 증가시킬 때 가능하다.

경영학의 아버지라 불리는 테일러(F. Taylor)는 생산현장 작업에 대한 시간연구를 통해 작업속도를 증대시키는 과학적 관리를 제창하였는데, 이는 잉여가치율을 높이는 데 크게 기여하였다. 또한 일관조립 라인에서의 컨베이어 벨트 속도의 증가도 잉여가치율을 높인다. 그런데 노동강도가 높아지면 피로와 스트레스가 누적되어 노동력이 마모되고 노동자의 정상적인 생활이 저해되므로, 노동강도 증대 역시 생리적 및 사회적 한계에 부딪힌다.

넷째, 노동력의 질과 잉여가치율. 노동력의 질이 높아지면 지출되는 노동의 질도 높아진다. 노동의 질이 높아지면 노동자의 가치창출 능력이 향상된다. 따라서 노동력의 질 향상은 단위시간당 부가가치를 높인다. 그런데 노동력의 질이 높아지려면 노동자에 대한 교육훈련투자가 필요하므로 노동력의 질 향상은 노동력의 가치 증가를 전제로 한다. 교육훈련투자로 노동자의 숙련이 상승하면 노동력의 가치가 증가하고 노동의 질이 향상된다.

만약 노동력의 가치가 2배로 증가하고 노동의 질이 2배로 향상되면, 노동력의 가치와 부가가치가 똑같이 2배로 증가하므로 잉여가치율은 변화가 없다. 만약 노동력의 가치 증가율보다 노동의 질 향상률이 더 높으면 잉여가치율은 증가할 것이다. 잉여가치율 식($s=S/V$)에서 V의 증가정도보다 S의 증가정도가 더 클 경우 잉여가치율이 증가한다. 노동력의 질이 높아지면 노동자가 창의성을 발휘할 가능성이 높아질 것이므로, 노동의 질이 크게 향상될 수 있다. 따라서 자본가들은 노동자들에 대한 교육훈련투자를 통해 노동의 질을 높여 고부가가치를 생산함으로써 잉여가치율을 높이고자 한다. 발달한 자본주의의에서 광범하게 실시되고 있는 국가와 기업의 교육훈련투자는 잉여가치율을 높이는 데 기여한다.

노동력의 가치를 높여 노동의 질을 향상시킴으로써 잉여가치율을 높이려는 잉여가치 생산방식은 상대적 잉여가치 생산방식과는 다르다. 상대적 잉여가치 생산방식이 노동력의 가치를 낮추어 필요노동시간을 단축시킴으로써 잉여가치율을 높이는 데 반해, 이는 노동력의 가치를 높여 잉여가치율을 높인다. 필요노동시간을 단축시키는 것이 아니라 노동의 가치창출 능력이 향상되어 부가가치가 증가함으로써 잉여가치율이 증가하는 것이다. 이는 또한 노동의 질이 변화가 없는 상태에서 노동력을 더 많이 쥐어짜는, 노동강도 증대에 의한 잉여가치율 증대 방식과도 구분된다. 이러한 잉여가치 생산방식을 집약적 잉여가치 (intensive surplus value)라 부르기로 하자. 집약적 잉여가치 생산방식은 지식과 창의성이 가치창출에 결정적 역할을 하는 지식기반경제[3]에서 새로운 잉여가치 생산방식이다.

다섯째, 실질임금 및 노동생산성과 잉여가치율. 노동력의 가치는 생활수단의 수량과 생활수단의 단위가치를 곱한 것이다. 생활수단의 수량은 실질임금이다. 생활수단의 단위가치는 생활수단 생산부문의 노동생산성에 반비례한다. 노동력의 가치는 노동생산성 상승률에 반비례하고 실질임금 상승률에 비례한다. 따라서 지금 노동생산성 상승률을 α, 실질임금 상승률을 β라 하면 변화된 노동력의 가치는 다음과 같이 표시할 수 있다.

$$V_{t+1} = (1+\beta)Qt \cdot \left(\frac{1}{1+\alpha}\right) \cdot Ut = \left(\frac{1+\beta}{1+\alpha}\right)Qt \cdot Ut = \left(\frac{1+\beta}{1+\alpha}\right)Vt$$

여기서 V_{t+1}은 (t+1)기의 노동력 가치이고, V_t는 t기의 노동력 가치이다. 따라서 만약 노동생산성 상승률(α)이 실질임금 상승률(β)과 같으면 노동력 가치가 불변이므로 다른 조건이 동일할 때 잉여가치율은 불변이다. 노동생산성 상승률(α)이 실질임금 상승률(β)보다 높으면 노동력 가치가 하락하여 잉여가치율은 증가한다. 노동생산성 상승률(α)이 실질임금 상승률(β)보다 낮으면 노동력 가치가 상승하여 잉여가치율은 감소한다. 노동생산성 상승률이 실질임금 상승률보다 클수록 잉여가치율은 그만큼 더 높아진다. 만약 노동생산성은 상승하는데 실질임금이 감소하면 잉여가치율은 훨씬 더 높아질 것이다.

노동생산성-실질임금-잉여가치율의 관계

노동생산성 상승률 > 실질임금 상승률 → 잉여가치율 증가
노동생산성 상승률 < 실질임금 상승률 → 잉여가치율 감소
노동생산성 상승률 = 실질임금 상승률 → 잉여가치율 불변

[3] 지식기반경제에 대해서는 제20장 3절에서 논의된다.

여기서 노동생산성은 주로 기술수준에 의해 결정되지만 실질임금은 주로 자본가계급과 노동자계급 간의 세력관계에 의해 결정된다. 따라서 잉여가치율은 기술과 계급투쟁이란 두 요인에 의해 결정된다.

자본주의 역사 속에서 잉여가치 생산방법은 어떻게 변화해왔는가? 절대적 잉여가치 생산은 생산력이 낮았던 자본주의 초기에 장시간 노동을 통해 이루어졌다. 노동일 연장의 생리적 및 사회적 한계에도 불구하고 자본가들은 노동일을 최대한 연장하려고 하였다. 자본주의 초기에는 노동시간에 대한 법적인 제한이 없었기 때문에 자본가는 노동력을 구입하여 가능한 한 장시간 노동을 시켜 최대의 잉여가치를 생산하려고 하였다. 이에 대해 노동자들은 생명의 유지와 정상적인 생활을 위해 노동일 단축을 위한 투쟁을 전개하였다. 표준노동일을 위한 노동자의 투쟁이 일어나자 국가가 노동시간을 제한하는 법률을 시행하였다. 영국에서는 1833년 최초의 공장법을 통해 노동일을 하루 15시간 이내로 제한하였다. 이후 10시간노동 운동이 전개되자 1848년부터 10시간노동제가 실시되었다. 오늘날 세계 각국에서 보편화되어 있는 8시간노동제는 1889년부터 시행되었다.

산업혁명 이후 기계제 생산의 확산으로 노동생산성이 비약적으로 상승함에 따라 노동자들이 소비하는 생활수단들의 가치가 크게 하락한다. 이에 따라 상대적 잉여가치 생산이 주요한 잉여가치 생산방법으로 등장한다. 19세기와 20세기에 나타난 과학기술혁명은 노동생산성을 높여 상대적 잉여가치의 생산에 크게 기여하였다. 특히 20세기에 들어와 도입된 포드주의적 대량생산체제[4]는 고생산성을 실현하여 고율의 잉여가치 생산을 가능하게 하였다. 기계제 생산과 대량생산체제는 노동강도를 높여 잉여가치율을 높이기도 하였다. 그러나 포드주의적 대량생산체제에서 가장 발달한 기계제 생산은 탈숙련된 단순반복노동의 작업속도 증대를 통해 생산성 향상을 추구한 결과 노동소외가 심화되고 직무불만이 증가하여 마침내 생산성 둔화를 초래한다. 채플린의 영화 <모던 타임스(Modern Times)>가 탁월하게 묘사한 포드주의적 대량생산체제의 모순이 상대적 잉여가치 생산에 한계를 부과하였던 것이다.

---

4) 포드주의적 대량생산체제에 관해서는 제8장 4절에서 다룬다.

노동력의 질 향상을 통해 잉여가치율을 증가시키는 집약적 잉여가치 생산방식은 20세기 말부터 새로운 잉여가치 생산방식으로 등장하고 있다. 노동자들의 창조적 지식이 고부가가치 생산에 결정적인 요소가 되는 21세기 지식기반경제에서 자본가들은 집약적 잉여가치 생산을 적극적으로 추구할 것이다. 자본주의 역사를 통틀어 보면, 잉여가치 생산방식은 '절대적 잉여가치 생산→상대적 잉여가치 생산→집약적 잉여가치 생산'으로 발전해오고 있다.

잉여가치 생산방식의 변화

절대적 잉여가치→상대적 잉여가치→집약적 잉여가치
    19세기   20세기   21세기

자본가간 경쟁과 특별잉여가치

지금까지는 자본주의 사회 전체수준에서 잉여가치율을 결정하는 요인을 보았다. 그런데 같은 상품을 생산하는 동일 산업 내에서 다수의 자본가들이 경쟁하고 있을 경우, 경쟁조건의 차이에 따라 개별 자본가의 잉여가치율이 달라진다. 즉 기존의 보편적인 생산조건보다 우월한 새로운 생산조건을 갖춘 개별 자본가는 더 많은 잉여가치를 창출한다. 새로운 기술과 숙련 그리고 새로운 경영기법을 도입하여 새로운 생산방식을 갖춘 자본가는 사회적 노동생산성보다 높은 개별적 노동생산성을 실현하여 다른 자본가들보다 더 많은 잉여가치를 생산하는 것이다. 이러한 잉여가치를 특별잉여가치(extra surplus value)라 한다. 특별잉여가치는 상품의 사회적 가치에서 개별적 가치를 뺀 값으로 정의된다. 상품의 사회적 가치는 곧 가치이기 때문에 특별잉여가치는 달리 말하면 가치와 개별적 가치의 차이이다. 특별잉여가치는 동일 산업 내의 자본가들간의 노동생산성 격차에서 발생한다.

특별잉여가치를 얻는 개별 자본가는 같은 산업의 다른 자본가들보다 잉여가치율이 높기 때문에 자본가들은 특별잉여가치를 획득하기 위해 새로운 기술과 숙련 그리고 새로운 경영기법을 다투어 도입하려고 한다. 그렇게 되면 새로운 생산방식이 점차 보편화된다. 새로운 생산방식이 보편화됨에 따라 상품의 사회적 가치 즉 가치가 점차 하락하여 마침내 특별잉여가치는 없어진다. 따라서 특별잉여가치는 새로운 생산방식이 도입되고 그것이 보편화될 때까지의 과도기 동안에만 생산된다. 하나의 산업에서 신기술이 나타나면 특별잉여가치가 생산되고, 신기술이 보편화되면 특별잉여가치는 사라진다. 특별잉여가치는 기술혁신(innovation)이 나타날 때에만 일정 기간 생산되는 일시적 성격을 가진다.

특별잉여가치 획득을 둘러싼 자본가들간의 경쟁은 기술혁신을 촉진하여 자본주의 경제의 생산력을 발전시킨다. 그 결과 경제 전체적으로 노동생산성이 향상되어 노동력 가치가 하락하기 때문에 필요노동시간이 감소하여 상대적 잉여가치가 생산된다. 따라서 특별잉여가치 생산을 둘러싼 자본가간 경쟁은 기술혁신을 주도하는 개별 자본가의 잉여가치율을 높일 뿐만 아니라 경제 전체의 잉여가치율을 높인다. 잉여가치는 자본가의 존립기반이다. 자본가들은 서로 경쟁함으로써 자신의 존립기반을 강화한다. 따라서 자본가간 경쟁은 자본가계급을 강화한다. 이는 자본주의 사회에서 노동자간 경쟁이 임금 등 노동조건을 저하시키고 단결을 저해하여 노동자계급을 약화시키는 것과 좋은 대조를 이룬다.

잉여가치법칙: 자본주의의 기본 경제법칙

노동자의 잉여노동이 잉여가치의 형태로 착취되는 것, 노동자가 창출한 새로운 가치가 노동력의 가치와 잉여가치로 분할되는 것, 주어진 노동력으로부터 최대의 잉여가치가 창출되는 것들을 잉여가치법칙이라 한다. 자본가가 이윤을 최대화하기 위해서는 먼저 최대의 잉여가치를 생산해야 한다. 이런 측면에서 잉여가치법칙은 잉여가치 최대화라는 자본가의 행동준칙을 통해 실현된다.

잉여가치법칙은 자본주의의 기본 경제법칙이다. 그 이유는 무엇인가? 첫째, 자본가에 의한 잉여가치의 생산이 자본가의 존립과 자본주의의 유지를 위한 절대적 기초이기 때문이다. 노동력 가치는 노동자계급을 유지하고, 잉여가치는 자본가계급과 자본주의를 유지한다. 둘째, 자본주의 경제의 성장과 위기가 잉여가치 생산에서 비롯되기 때문이다. 지속적 잉여가치 생산을 통한 자본축적이 경제성장을 가능하게 하고 잉여가치의 과소생산과 과잉생산이 경제위기를 초래한다.[5] 셋째, 자본주의 경제의 주요한 대립과 갈등이 잉여가치의 생산을 둘러싼 자본가와 노동자 간의 투쟁과 잉여가치의 배분을 둘러싼 자본가간 경쟁에서 비롯된다는 사실 때문이다. 노동시간을 연장하고 노동강도를 높이고 노동력 가치를 하락시켜 최대의 잉여가치를 생산하려는 자본가의 욕구와, 노동시간을 단축하고 노동강도를 낮추며 노동력의 가치를 높여 삶의 질을 향상시키려는 노동자의 욕구가 충돌하여 갈등을 일으킨다. 잉여가치의 배분을 둘러싸고 산업자본가, 대부자본가, 상업자본가 간에 이해의 대립이 나타나며, 산업자본가 내부에서도 경쟁이 벌어진다.6)

잉여가치법칙이 관철되기 위해서는 몇 가지 조건이 필요하다. 첫째, 생산수단의 사적 소유가 유지되어야 한다. 자본가가 잉여노동을 착취할 수 있는 것은 자본가가 생산수단을 소유한 반면 노동자는 생산수단을 소유하고 있지 못하여, 자본가와 노동자 간에 권력의 비대칭성이 존재하기 때문이다. 이러한 권력의 비대칭성이 착취를 가능하게 하는 경제적 강제로 작용한다. 봉건제나 지주제에서 영주나 지주가 농노나 소작인을 착취하기 위해 신분적 예속, 영주재판권, 군사력 등과 같은 강제력을 행사하였다. 이를 경제외적 강제라 한다. 그러나 자본주의에서는 이러한 경제외적 강제 없이도 생산수단의 사적 소유에 기초하여 가해지는 경제적 강제를 통해 착취가 이루어진다.

둘째, 노동력의 가치 법칙이 관철되어야 한다. 노동자가 받는 임금이 노동력 가치보다 낮으면 노동력이 정상적으로 유지될 수 없다. 노동력이 정상적으로 재생산되지 않으면 노동자의 가치창출 능력이 떨어질 것이다. 그러므로 임금이 노동력 가치보다 낮은 상황이 장기 지속되면 잉여가치 생산에 중대한 문제가 생길 것이다. 임금이 노동력 가치보다 높으면 다른 조건이 동일할 때 잉여가치가 줄어든다. 또한 임금이 노동력 가치보다 높으면 노동자들이 저축을 하여 장차 생산수단을 소유할 가능성이 생기므로 노동력의 상품화가 위축될 수 있다. 그러므로 임금이 노동력 가치보다 높은 상황이 장기 지속되면 잉여가치 생산에 중대한 문제가 제기된다. 따라서 노동력이 그 가치대로 매매되는 노동력의 가

---

5) 잉여가치의 과소생산과 과잉생산이 경제위기를 초래하는 과정에 대해서는 제15장 2절에서 자세하게 다룬다.

6) 잉여가치의 분배를 둘러싼 자본가계급 내부의 대립과 갈등에 관해서는 제6장 4절에서 논의한다.

치 법칙이 관철되어야 잉여가치법칙이 관철될 수 있다.

셋째, 자본가에 의한 노동과정 통제와 잉여생산물의 처분이 이루어져야 한다. 우선 자본가가 노동력을 노동으로 전화시키는 노동통제를 수행하여 노동시간을 일정 시간 이상으로 유지하고 일정한 노동강도와 노동생산성을 유지할 때 잉여가치가 생산될 수 있다. 나아가 최대의 잉여가치를 생산하기 위해서는 노동시간, 노동강도, 노동생산성, 노동력의 질을 증가시켜야 하는데, 이를 위해서는 자본가에 의한 노동통제가 필수적이다. 다음으로 자본가가 잉여생산물을 처분할 수 있는 권리를 가지고 잉여생산물을 전유해야 한다. 만약 잉여생산물의 처분권이 자본가에게 귀속되지 않으면 생산된 잉여가치를 확보할 수 없기 때문이다. 잉여가치가 확보되지 않으면 자본주의적 생산이 지속될 수 없다. 자본가에 의한 노동과정 및 잉여생산물의 통제가 이루어진다는 것은 자본주의적 기업 내에서 자본가가 의사결정을 한다는 것이다. 자본가는 무엇을 얼마만큼 어떠한 방법으로 생산할 것인지를 결정한다. 전형적인 자본주의에서는 노동자는 이러한 의사결정 과정에서 배제된다.

이와 같이 생산수단의 사적 소유가 유지되고 노동력의 가치 법칙이 관철되며, 자본가에 의한 노동과정 및 잉여생산물 통제가 이루어져야 잉여가치법칙이 관철될 수 있다. 만약 자본주의 내에서 노동자가 주식의 형태로 생산수단을 일부 소유하고 임금이 노동력 가치 이상으로 유지되며 기업의 의사결정에 노동자가 참가하게 되면 잉여가치법칙은 수정된다.

오늘날 몇몇 선진자본주의 국가에서 노동자가 자기 회사의 주식을 소유하는 종업원지주제도, 기업 이윤의 일부를 노동자에게 분배하는 이윤분배제도(profit sharing scheme), 기업의 의사결정에 노동자가 참가하는 노사공동결정제도(co-determination) 등이 존재하는데, 이 제도들을 통하여 노동자가 생산수단의 일부를 소유하고 잉여가치의 일부를 분배받으며 기업 의사결정에 참가할 경우 잉여가치법칙은 수정된 형태로 관철된다. 그러나 이러한 제도들이 잉여가치법칙을 폐기하는 것은 아니라는 점을 유의해야 한다.

더 읽을거리

■ 가마타 사토시. 1995, 『자동차 절망공장: 어느 계절공의 이야기』(허명구·서혜영 옮김), 우리일터기획.

김형기. 1998, 『한국의 독점자본과 임노동』, 까치.

마이클 부라보이. 1999, 『생산의 정치』(정범진 옮김), 박종철출판사.

정운영. 1993, 「2장 자본주의적 상품생산에서의 가치증식과 그 형태」, 『노동가치이론연구』, 까치.

H. 브레이버만. 1987, 『노동과 독점자본』(강남훈·이한주 옮김), 까치.

제6장
자본간 관계와 이윤

자본주의의 기본적 경제관계에는 상품·화폐 관계, 자본-임노동 관계와 함께 자본간 관계가 포함된다. 자본들은 잉여가치 생산과 이윤획득을 위해 서로 경쟁한다. 이 과정에서 자본간 관계가 형성된다. 자본-임노동 관계 속에서 나타나는 자본가와 노동자 간의 투쟁과 자본간 관계에서 발생하는 자본가들간의 경쟁이 자본주의를 변화시키는 기본적 동력이다. 상품·화폐 관계를 표현하는 것이 가치이고 자본-임노동 관계를 표현하는 것이 잉여가치인 것처럼, 자본간 관계를 표현하는 것은 이윤이다. 이 장에서는 자본간 관계의 성격과 잉여가치가 이윤으로 전화되고 자본간 경쟁을 통해 평균이윤율이 성립하는 과정을 밝힌다.

1. 자본간 관계의 성격

자본간 경쟁

자본주의에서는 수많은 자본들이 존재한다. 이러한 다수 자본들은 더 많은 잉여가치를 생산하고 이윤을 획득하기 위해 서로 경쟁한다. 다수 자본들간의 경쟁을 간단히 자본간 경쟁이라 한다. 자본간 경쟁은 자본가들간의 이해대립을 반영한다. 자본간 경쟁은 전체 자본가들이 전체 노동자들로부터 착취한 잉여가치의 배분을 둘러싼 경쟁이다.

착취를 본질로 하는 자본-임노동 관계에서의 자본가와 노동자 간의 이해대립은 적대적이지만, 경쟁을 본질로 하는 자본간 관계에서의 자본가들간의 이해

대립은 일반적으로 비적대적이다. 자본간 경쟁은 산업자본가 내부뿐만 아니라 산업자본가, 은행자본가, 상업자본가 사이에서도 일어난다. 이들은 부르주아지 계급 내부의 각 분파들이다. 부르주아 계급은 잉여가치의 배분을 둘러싸고 서로 대립하지만 노동자계급과의 투쟁에서는 서로 협조한다.

이제 산업자본가를 중심으로 자본간 경쟁을 논의하기로 하자. 자본간 경쟁은 산업내 경쟁과 산업간 경쟁으로 나뉜다. 산업내 경쟁은 같은 산업 내에 동일한 상품을 생산하는 자본들간의 경쟁이다. 여기서는 특별잉여가치의 획득을 둘러싼 자본들간의 경쟁이 이루어진다. 앞에서 논의한 것처럼 특별잉여가치는 신기술을 도입한 자본에게 발생한다. 상품의 가치와 개별 가치의 차이인 특별잉여가치를 더 많이 얻기 위해 개별 자본은 부단히 신기술을 도입하기 위한 노력을 한다. 예컨대, 직물산업 내에서 자본가들은 새로운 혁신직기를 도입하여 특별잉여가치를 획득하기 위해 경쟁한다. 이러한 자본간 경쟁이 신기술을 확산시키고 기술혁신을 촉진한다. 산업 내 자본간 경쟁은 이윤율을 균등화시켜 평균이윤율을 형성하는데, 이에 관해서는 뒤에서 고찰한다.

산업간 경쟁은 서로 다른 산업에서 서로 다른 상품을 생산하는 자본간의 경쟁이다. 산업간에 이윤율이 차이가 날 경우, 최고의 이윤율 획득을 둘러싼 자본간 경쟁이 이루어진다. 따라서 산업간의 자본간 경쟁은 저이윤율 산업에서 고이윤율 산업으로의 자본의 이동을 가져온다. 다시 말해서 산업간 경쟁은 최고이윤율을 추구하는 산업간 자본이동으로 나타난다. 산업간 경쟁이 이루어지기 때문에 자본들이 한 산업에서 퇴출하여 다른 산업으로 진입하는 현상이 부단히 나타난다. 자본의 진입과 퇴출은 자원배분에 영향을 미치고 산업구조를 변화시킨다. 자본이동의 장벽이 없다면 산업간 경쟁은 전 산업의 이윤율을 균등화시켜 평균이윤율을 형성시킨다.

자본간 협력

자본간에는 경쟁만이 아니라 협력도 이루어진다. 오늘날 자본간에 경쟁과 협력이 동시에 이루어지는 현상을 지칭하는 '협경(協競, copetition)'이란 신조어가 생겼다. 자본간 협력은 두 개 이상의 자본이 그 재생산과정에서 서로 연계되어 있는 경우에 이루어진다. 지금 자본 A의 생산물이 자본 B의 원료나 반제품으로 투입될 경우, 자본 A와 자본 B는 판매자와 구매자로서, 공급자(supplier)와 이용자(user)로서 협력관계를 맺을 수 있다. 자본 B가 자본 A에게 생산자금이나 기술을 제공할 경우 두 자본간에는 보다 긴밀한 협력관계가 형성된다.

자본간에 협력관계가 이루어지려면 자본간에 등가교환이 이루어져야 한다. 즉 자본 A의 생산물이 가치대로 판매되어야 한다. 만약 자본 A의 생산물이 자본 B에게 가치 이하로 판매되는 부등가교환이 이루어지면, 자본 B가 자본 A를 수탈한 것이 되기 때문에 두 자본 사이에는 대립과 갈등이 나타난다. 부등가교환은 자본 사이에 지배-종속 관계가 형성될 때 발생할 가능성이 높다. 제17장에서 보는 것처럼 독점자본이 비독점자본을 지배할 경우 이런 현상이 나타날 수 있다.

자본간 협력관계는 두 자본 사이에 생산력상의 상호 보완관계가 있을 경우 보다 긴밀해진다. 예컨대, 자동차를 생산하는 모기업이 하청기업에 생산자금과 경영 노하우를 제공하고, 하청기업은 모기업이 갖지 못한 독자적인 기술로 부품을 생산하여 공급할 경우, 모기업과 하청기업 두 자본 사이에는 기술적인 분업과 협업 관계가 형성되어 생산력을 상호 보완하게 된다.

이 경우 자본간 협력관계로부터 생산성이 높아져서 두 자본은 더 많은 잉여가치를 생산할 수 있다. 이와 같이 자본간 관계로부터 발생하는 추가적인 잉여가치를 '관계 잉여가치(relational surplus value)'라 부르기로 하자. '관계 잉여가치'는 특별잉여가치와 함께 초과이윤의 새로운 원천이다. '관계 잉여가치'는 협력관계에 있는 자본들의 공동이익(mutual gains)이 된다.

이러한 '관계 잉여가치'를 획득하기 위해 자본들은 서로 협력하려고 한다. 자본들이 각각 그 독립성을 유지하면서 연구개발, 기술, 생산, 판매 등의 측면에서 제휴하여 공동이익을 추구하는 전략적 제휴(strategic alliance)는 이와 같은 '관계 잉여가치'의 생산이란 관점에서 이해될 수 있다. '관계 잉여가치'의 분배는 협력관계에 있는 자본들간의 세력관계에 기초한 협약에 따라 이루어진다.

2. 잉여가치의 이윤으로의 전화

이윤: 잉여가치의 현상형태

지금까지 우리가 사용한 잉여가치라는 개념은 현실 자본주의의 경제에서는 사용되지 않는 추상적인 개념이다. 일상 경제생활에서는 이윤이란 개념이 사용된다. 그런데 정치경제학에서는 이윤의 본질을 잉여가치라고 본다. 즉 이윤은 잉여가치의 현상형태이다. 이윤의 본질이 잉여가치라는 의미는 이윤이 노동자에 대한 착취에서 발생한다는 것이다. 이러한 관점은 일찍이 맑스에 의해 제시되었다.

이윤을 자본가들이 소비하고 싶은 욕망을 억제하고 투자한 것에 대한 대가라고 보는 시니어(N. Senior)의 절욕설(abstinence theory)이나 자본가들의 위험부담에 대한 대가라고 보는 나이트(F. Knight)의 위험부담설(risk premium theory)과 달리 맑스는 노동자의 잉여노동을 착취해서 취득한 잉여가치가 이윤이라고 보는 착취설을 주장하였다.

이윤이 잉여노동의 착취에서 비롯된다는 것은 달리 말하면 '이윤의 존재조건은 잉여노동의 착취이다'[1]는 것이다. 모리시마(M. Morishima)는 이를 '맑스의 기본 정리(Fundamental Marxian Theorem)'라 불렀다.

맑스는 이윤의 본질이 잉여가치임에도 불구하고 잉여가치가 이윤이란 형태가 나타나기 때문에 그 본질이 은폐된다고 보았다. 그렇다면 잉여가치는 어떻게 해서 이윤이란 형태로 나타나는가?

앞에서 서술한 것처럼 상품가치는 불변자본의 가치, 가변자본의 가치, 잉여가치를 합한 것이다. 즉 'W=C+V+S'이다. 이 식을 가치형성의 관점에서 보면 'W=C+(V+S)'로 표시할 수 있다. 이는 죽은 노동(과거노동)의 산물인 불변자본의 구가치 C에 살아 있는 노동(현재노동)에 의해 창출된 새로운 가치 '(V+S)'가 부가되었다는 것을 나타낸다. 새로운 가치 즉 부가가치 'V+S'는 노동자에게 노동력 가치 V가 돌아가고 나머지 S가 자본가에게 잉여가치로 귀속된다는 것을 나타낸다.

---

1) 이를 좀더 엄밀하게 말하면, '양(陽)의 착취율은 양의 이윤율을 위한 필요충분조건이다'.

반면 이 식을 자본증식의 관점에서 보면 'W=(C+V)+S'로 표시된다. 이는 상품의 생산에 지출된(소모된) 불변자본과 가변자본의 합 '(C+V)'에 새로운 가치 S가 부가된 것을 의미한다. 이때 '(C+V)'를 비용가격(cost price)이라 한다. 이는 상품가치를 구성하는 비용이다. 여기서 비용가격 'K=C+V'에 부가되는 S는 이윤(P)이 된다. 이윤은 비용가격의 초과분이다. 이렇게 해서 잉여가치가 이윤으로 전화한다. 이제 상품가치 'W=K+P'로 표시된다.

이와 같이 되면 잉여가치는 노동력의 가치인 가변자본에서 발생하는 것이 아니라 지출된 자본총액(불변자본+가변자본)에서 발생하는 것처럼 보인다. 따라서 비용가격 개념과 이윤형태는 이윤의 원천을 은폐하는 역할을 한다. 그리고 상품가치는 노동지출의 결과가 아니라 자본지출의 결과로 형성된 것처럼 나타난다.

이와 같이 잉여가치가 이윤으로 전화하는 과정을 식을 통해 보면 다음과 같다.

$$W=C+V+S=(C+V)+S=K+P$$

이윤율과 그 결정요인

이윤율은 정치경제학 이론들에서 가장 중요한 변수 중의 하나이다. 이윤율은 '투자된 자본에 대해 창출되는 잉여가치=이윤'의 비율이다. 즉 이윤율 Pr은 다음과 같이 표시된다.

$$Pr = \frac{S}{C+V}$$

이윤율 식을 변형하면 Pr=(S/V)/[(C/V)+1]이 된다. 여기서 S/V는 잉여가치율이고, C/V는 자본의 가치 구성[2]이라 한다. 따라서 이윤율은 잉여가치율(S/V)이 높을수록, 자본의 가치 구성(C/V)이 낮을수록 높아진다.

제5장에서 본 것처럼 산업자본은 '화폐자본→생산자본→상품자본→화폐자

---

2) 자본의 가치 구성에 대한 자세한 논의는 제14장 2절에서 이루어진다.

본'으로 형태를 바꾸면서 순환한다. 이를 자본의 회전이라 한다. 자본의 회전기간(t)은 최초에 투자된 화폐자본이 생산과 유통을 거쳐 다시 화폐자본으로 돌아오기까지의 기간이다. 즉 '자본의 회전기간(t)=생산기간+유통기간'. 자본의 회전속도(n)는 1년 동안에 수행되는 자본의 회전수로 측정된다. 따라서 'n=12/t'로 주어진다. 예컨대, 자본의 회전기간이 3개월이면 자본의 회전속도는 4이다. 즉 자본이 1년에 4번 회전한다는 것이다.

이윤율 식에서 분자인 잉여가치는 일정 기간을 정해야 측정되는 유량(flow)이다. 잉여가치는 자본이 한 번 회전할 때마다 생산된다. 따라서 일정 기간 동안 자본의 회전속도가 증가할수록 동일한 자본투자로 더 많은 잉여가치가 생산된다. 그러므로 이윤율은 자본의 회전속도에 영향을 받는다.

그런데 원료나 반제품과 같은 노동대상과 노동력 구입에 투자된 자본은 1회의 생산과정중에 그 가치가 생산물의 가치에 완전히 이전된다. 이 자본은 상품의 판매를 통해 자신의 가치를 한꺼번에 모두 회수한다. 이를 유동자본이라 한다. 반면 기계, 설비, 건물과 같은 노동수단 구입에 투자된 자본은 여러 회에 걸쳐서 조금씩 자신의 가치를 생산물에 이전시킨다. 따라서 이 자본은 자신의 가치를 한꺼번에 회수하지 못하고 그 내구연수 동안 조금씩 회수한다. 이를 고정자본이라 한다.

이와 같이 자본을 회전방식의 관점에서 고정자본과 유동자본으로 구분할 수 있다. 이는 가치증식의 관점에서 불변자본과 가변자본으로 구분하는 것과 전혀 다른 것이다. 잉여가치의 생산을 고찰할 때는 자본을 불변자본과 가변자본으로 구분하면 되지만, 이윤을 고찰할 때는 여기에다 고정자본과 유동자본이라는 새로운 구분이 필요하다.

유동자본의 회전기간은 '생산기간+유통기간'이지만 고정자본의 회전기간은 내구연수이다. 노동력 구입에 투자된 자본 즉 가변자본은 유동자본에 속한다. 따라서 가변자본의 회전기간은 '생산기간+유통기간'이다. 잉여가치는 가변자본으로부터 발생하므로 '연간잉여가치액=가변자본 1회전기간의 잉여가치액(S)×가변자본의 연간회전수(n)'로 주어진다. 그러므로 '연간이윤율(Pr)=연간잉여가치액/투자자본총액'이다. 즉, 연간이윤율은 다음과 같이 표시된다.

$$\text{Pr} = \frac{(S \times n)}{(C + V)} = \frac{(S/V) \cdot n}{C/V + 1}$$

이와 같이 연간이윤율은 잉여가치율(S/V)이 높을수록, 가변자본의 회전수(n)가 증가할수록, 자본의 가치 구성(C/V)이 낮을수록 증가한다. 잉여가치율이 일정할 경우 자본의 가치 구성이 높아지면 이윤율은 하락한다. 그러나 가변자본의 회전수가 충분히 크면 연간이윤율은 증가할 수 있다. 이런 까닭에 자본가들은 자본의 회전수를 증가시키기 위해 자본의 회전기간을 최대한 단축시키려고 한다. 생산기간을 단축시키기 위해 노동시간을 연장하거나 교대제를 도입하고 작업속도를 증가시키며, 유통기간을 단축시키기 위해 광고를 통해 판매촉진 활동을 하거나 상업자본에게 상품판매를 대행시킨다. 상업자본은 자본의 유통기간을 단축시키는 기능을 한다. 국가는 도로, 항만, 공항 등을 건설하여 물류(物流)를 원활하게 함으로써 유통기간을 단축시키는 역할을 한다.

3. 평균이윤율의 형성

평균이윤율의 형성과정

이제 자본간 경쟁을 통해 평균이윤율이 형성되는 과정을 보기로 하자.

우선 산업내 경쟁이 이루어질 경우 평균이윤율은 어떻게 형성되는가? 어떤 자본이 다른 자본들보다 먼저 신기술을 도입하면 그 자본은 특별잉여가치를 얻는다. 다른 자본들도 특별잉여가치를 생산하기 위해 아니면 적어도 손실을 보지 않기 위해 신기술을 다투어 도입한다. 즉 특별잉여가치 획득을 위한 자본간 경쟁이 나타난다. 그 결과 신기술이 보편화되면 산업 내 모든 자본들의 기술과 생산방법이 동일하게 되어 자본의 가치 구성과 잉여가치율이 균등화된다. 따라서 이윤율이 균등화되어 평균이윤율이 형성된다.

산업간 경쟁이 이루어질 경우에는 평균이윤율이 어떻게 형성되는가? 서로 다른 산업은 서로 다른 생산물을 생산하기 때문에 자본의 가치 구성이 서로 다른 것이 일반적이다. 따라서 잉여가치율이 동일해도 산업간에 이윤율의 격차가 생긴다. 이윤율의 격차가 존재하면 최고이윤율 획득을 위한 자본간 경쟁이 나타난다. 그 결과 저이윤율 산업에서 고이윤율 산업으로 자본의 이동이 나타난다. 고이윤율 산업에 자본이 몰리면 기존 기업들의 생산규모가 확장되거나 새로운 기업이 생겨 그 산업의 전체 생산량이 늘어나고 공급량도 증가하여 상품의 가격이 하락한다. 다른 조건이 동일할 때 상품가격이 하락하면 실현된 이윤이 감소하므로 이윤율이 하락한다. 반대로 저이윤율 산업에는 자본이 빠져나가기 때문에 생산량이 줄어들고 공급량이 감소하여 가격이 상승한다. 그 결과 이윤율은 상승한다. 이렇게 해서 산업간 자본이동을 통해 이윤율이 균등화되어 평균이윤율이 형성된다.

산업간 자본이동은 한 산업에서 생산자본이 퇴출하여 다른 산업으로 진입하는 경로와 금융시장에 있는 화폐자본이 고이윤율 산업에 유입되는 경로가 있다. 전자의 경로는 저이윤율 산업에서 화폐자본이 회수되고 생산설비가 폐기되는 과정이 수반된다. 후자의 경로는 은행과 같은 신용제도[3]를 통해 고이윤율 산업에 화폐자본이 집중되는 과정이다. 신용제도는 이윤율을 균등화시켜 평균이윤율 형성에 기여한다. 현실 자본주의 경제에서 산업간 자본이동은 전자의 경로보다 후자의 경로를 통해 더 빈번히 일어난다.

평균이윤율은 산업간 자본이동이 자유로와 자본간 경쟁이 자유로울 때 형성된다는 점에 유의해야 한다. 만약 산업간 자본이동을 제한하는 법이나 제도가 존재하거나 독점이 형성되어 있으면 평균이윤율은 형성되지 않고 산업간 이윤율 격차가 지속된다. 특히 독점은 평균이윤율 형성을 방해하는 주요 요인인데 이에 관해서는 제17장에서 자세히 논의한다.

평균이윤율은 일정 기간 동안-보통 1년-에 경제 전체에서 투자된 총자본에 대한 총잉여가치량의 비율이다. 평균이윤율이 형성된다는 것은 '동일한 자본에 대한 동일한 이윤'이 획득된다는 것이다. 평균이윤율이 형성되면 전체 자본들이 생산한 총잉여가치가 투자된 자본의 크기에 따라 배분된다. 이와 같은 잉여가치 분배원칙이 확립되면 자본가들은 서로 경쟁하면서도 계급으로서 통일

---

3) 신용제도에 관해서는 제10장 1절에서 다룬다.

될 수 있는 경제적 기초가 마련된다. 따라서 평균이윤율의 형성은 자본간 경쟁을 통해 자본가들이 계급으로서 통일되는 과정을 논증한다는 의미를 가진다.

평균이윤율과 생산가격

평균이윤율이 형성되면 상품은 비용가격에다 평균이윤을 더한 가격으로 판매된다. 정치경제학에서는 맑스의 용법에 따라 이를 생산가격(price of production)이라 부른다. 즉 평균이윤을 Pe라 한다면, '생산가격(PP)＝비용가격(K)＋평균이윤(Pe)'로 표시된다. 이제 상품은 가치대로 판매되는 것이 아니라 생산가격대로 판매된다. 가치가 생산가격으로 전형된 것이다. 가치가 생산가격으로 전형되는 과정은 잉여가치가 평균이윤으로 전형되는 과정을 포함한다. 이 전형과정을 식으로 표시하면 다음과 같다. 잉여가치가 평균이윤으로 전화함에 따라 가치가 생산가격으로 전형된다.

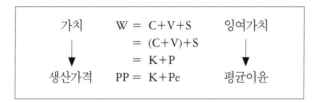

이제 산업간 경쟁을 통한 평균이윤율 형성 과정의 한 가지 예를 들어보자. 지금 철강, 자동차, 섬유 세 산업의 자본의 가치 구성이 <표 6.1>과 같이 주어지고 잉여가치율이 동일하다고 가정하자. 또한 자본의 회전기간이 동일하고 투자자본이 1년 동안 완전히 소모된다고 가정하자. 세 산업이 모두 100억 원의 자본을 투자했을 때, 철강, 자동차, 섬유 세 산업의 이윤율은 각각 '(10/100)×100＝10%, (20/100)×100＝20%, (30/100)×100＝30%'로 된다. 이와 같이 이윤율 격차가 존재할 경우 자본간 경쟁이 일어나서 산업간 자본이동이 이루어지면 이윤율이 균등화되어 경제전체의 평균이윤율은 '[60/(240+60)]×100＝20%'로 형성된다. 평균이윤율이 20%이면 생산가격은 120억 원이 된다.

<표 6.1>에서 다음과 같은 사실들을 알 수 있다. 첫째, 자본의 가치 구성이 높은 철강산업에서는 상품가치(110억)보다 생산가격(120억)이 높고 자본의 가

〈표 6.1〉 산업간 경쟁을 통한 평균이윤율의 형성

산업	투자자본 K	자본구성 C, V	잉여가치 S	상품가치 W=C+V+S	이윤율 S/(C+V)	비용가격 C+V	평균이윤율 ∑S/∑(C+V)	평균이윤 Pe	생산가격 C+V+Pe
철강	100	90C+10V	10S	110	10%	100	20%	20	120
자동차	100	80C+20V	20S	120	20%	100	20%	20	120
섬유	100	70C+30V	30S	130	30%	100	20%	20	120
경제 전체	300	240C+60V	60S	360		300	20%	60	360

치 구성이 낮은 섬유산업에서는 상품가치(130억)보다 생산가격(120억)이 낮다. 자동차산업에서는 상품가치(120억)와 생산가격(120억)이 같다. 이러한 결과는 자본의 산업간 경쟁을 통해 평균이윤율이 형성되고 생산가격이 성립하는 과정에서 자본의 가치 구성이 낮은 산업으로부터 자본의 가치 구성이 높은 산업으로 가치의 이전이 발생한다는 것을 의미한다. <표 6.1>에서는 섬유산업으로부터 철강산업으로 10억 원의 가치가 이전하였음을 알 수 있다.

둘째, 경제 전체의 잉여가치 합계는 이윤의 합계와 같고, 상품가치의 합계는 생산가격의 합계와 같다. 이를 '총계일치의 명제'라 한다. 산업별로 보면 상품의 가치와 생산가격은 일치하지 않지만 경제 전체로 보면 총가치와 총생산가격은 일치한다. 이는 생산가격이 가치가 전화된 형태라는 사실을 나타내준다. 총잉여가치가 총이윤이라는 사실은 이윤의 원천이 잉여가치임을 말해준다. 그리고 '총계일치의 명제'는 자본간 경쟁을 통해 상품은 가치대로 판매되는 것이 아니라 생산가격대로 팔림에도 불구하고 가치법칙은 폐기되는 것이 아니라 생산가격법칙을 통해 관철된다는 사실을 보여준다.

우리는 제4장에서 상품의 가치는 그 생산에 투입되는 사회적 필요노동시간에 의해 결정되고 상품은 가치에 기초하여 판매된다고 설명하였다. 거기서는 자본간 경쟁을 고려하지 않았다. 이제 다수 자본들간의 경쟁이 이루어지면 상품은 가치대로 판매되는 것이 아니라 생산가격대로 판매된다. 그러나 생산가격의 경우에도 자본가간 경쟁은 고려되고 있어도 생산된 상품에 대한 수요가 고려되고 있지 않다. 시장에서 상품의 수요와 공급 상황에 따라 결정되는 가격은 시장가격이다. 어떤 상품에 대한 수요가 공급을 상회한다면 초과수요가 발생하여 그 상품의 시장가격은 생산가격보다 높아지고 반대로 공급이 수요를 상회한다면 초과공급이 발생하여 시장가격이 생산가격보다 낮아진다. 이와 같이 시장가격은 생산가격을 중심으로 변화한다.

우리가 일상 경제생활에서 알고 있는 가격은 상품의 시장가격이다. 시장가격은 생산가격에 기초를 두고 있다. 그리고 생산가격은 가치에 기초를 두고 있다. 가치는 노동에 의해 창출된다. 따라서 상품·화폐 관계, 자본-임노동 관계, 자본간 관계 등을 모두 고려에 넣었을 때, 다음과 같은 논리의 연쇄를 확인할 수 있다. 즉 '노동력→노동→가치→생산가격→시장가격'. 여기서 가치에서 생산가격으로의 전형은 자본간 경쟁을 통해 이루어지고, 생산가격에서 시장가격으로의 전화는 수요와 공급 요인을 통해 이루어진다. 요컨대 가격형성의 기초는 가치이며, 가격은 궁극적으로 노동에서 비롯된다. 상품 가격의 원천은 그 상품을 생산하는 인간의 노동력인 것이다.

노동력 → 노동 → 가치 → 생산가격 → 시장가격
<노동통제>　　　　<전형>　　<수급>

지금까지 우리는 노동가치론과 잉여가치론 그리고 생산가격론에 기초하여 가치, 잉여가치, 생산가격 개념으로 가격을 설명하였다. 이는 가격을 단순히 시장에서의 수요와 공급 요인만으로 설명하는 신고전파 경제학과 구별된다.

그런데 가치로부터 생산가격으로의 전형은 사실 간단한 문제가 아니다. 거기에는 복잡한 이론적 문제가 내포되어 있어 그동안 정치경제학에서 오랫동안 뜨거운 논쟁의 대상이 되어왔다. 이를 전형문제(transformation problem)라 한다. <표 6.1>에서 보면, 상품의 가치는 생산가격으로 전형되고 있지만 생산에 투입되는 불변자본(생산수단)과 가변자본(노동력)의 가치 즉 비용가격은 생산가격으로 전형되고 있지 않다. 생산가격을 정확히 계산하려면 비용가격을 구성하는 생산수단과 노동력의 가치도 생산가격으로 전화되어야 한다. 이 경우 과연 '총계일치의 명제'가 성립하는가 하는 문제가 전형논쟁의 핵심이다.

만약 '총계일치의 명제'가 성립하지 않는다면 노동가치론과 잉여가치론에 기초하여 가격을 설명하는 맑스 경제학의 체계에 이론적 정합성이 없다는 것을 의미한다. 따라서 전형문제는 맑스 경제학에서 중대한 이론적 문제가 된다. 그렇기 때문에 지금까지 맑스 경제학에서는 '총계일치의 명제'가 성립한다는 것을 다양한 방식으로 증명하고자 애를 써왔다. 그러나 아직은 이론의 여지가 없이 논증되고 있지 못한 실정이다.

4. 자본의 분화와 이윤의 분할

상업자본과 상업이윤

자본의 재생산과정에서 자본은 산업자본과 상업자본, 대부자본으로 분화된다. 이에 따라 이윤도 기업이윤, 상업이윤, 이자로 분할된다. 다음에서 이 과정을 알아보자.

산업자본은 '화폐자본→생산자본→상품자본→화폐자본'의 형태로 순환한다. 산업자본의 순환은 자본의 재생산과정을 나타낸다. 자본은 형태를 바꾸어 순환하면서 재생산되는 것이다. 이 순환에서 상품자본을 화폐자본으로 전화시키는 업무 즉 상품의 판매를 전문적으로 수행하는 자본이 상업자본이다. 상업자본이 상품판매를 대행하면 이 순환에서 상품자본이 분리되어 나온다. 상업자본가는 산업자본가가 생산한 상품을 대신 팔아줌으로써 잉여가치를 실현시키는 역할을 한다. 그 대가로 산업자본가가 생산한 잉여가치의 분배에 참여한다. 상업자본가에게 분배되는 잉여가치가 상업이윤이다.

산업자본가가 상업자본가에게 잉여가치의 일부를 떼어주면서 상품의 판매를 대행시키는 까닭은 무엇인가? 그것은 상업자본가에 의한 전문적 판매가 첫째, 상품의 유통기간을 단축시켜 산업자본의 회전속도를 높이고, 둘째, 상품의 판매에 필요한 자본을 절약할 수 있어서 연간이윤율을 증가시킬 수 있기 때문이다. 상업자본은 잉여가치를 실현시키지만 스스로 잉여가치를 생산하지는 않는다. 상업자본가가 잉여가치의 일부를 분배받으면 산업자본가의 이윤율은 그만큼 하락한다. 그러나 상업자본이 이와 같이 연간이윤율을 높이는 역할을 하기 때문에 산업자본은 전체적으로 이윤율을 증가시킬 수 있다.

산업자본과 함께 상업자본이 활동을 할 경우 평균이윤율은 어떻게 결정되며 상업이윤은 어디서 발생하는지 간단한 수치 예를 통해 알아보자.

지금 산업자본가가 연간 900억 원을 투자한다고 하자. 자본의 가치 구성은 '720C+180V'이고 잉여가치율이 100%이며, 투자된 자본은 1년 동안에 모두 소모된다고 가정하자. 그렇다면 연간 총생산물의 가치는 '720C+180V+180S=1,080억 원'이 된다. 따라서 이윤율은 '[180S/(720C+180V)]×100=20%'가 된다. 그런데 산업자본가가 생산한 상품을 판매하기 위해 상업자본가가 100억 원을 투자한다고 하자. 이 경제에서 투자된 자본총액은 1,000억 원이다. 이 상업자본 100억 원도 잉여가치 분배에 참가하기 때문에, 이제 이윤율은 '[180S/(720C+180V+100)]×100=18%'가 되었다. 이윤율은 20%에서 18%로 하락하였다. 그러나 만약 산업자본가가 스스로 상품을 판매한다고 할 경우 상업자본이 판매를 대행할 때의 100억 원보다 더 많은 200억 원의 화폐자본이 필요하다고 한다면, 이윤율은 '[180S/(720C+180V+200)]×100=16.4%'가 된다. 따라서 상업자본이 판매를 대행하는 경우 화폐자본이 절감된 결과 이윤율이 더 높아진다.

그렇다면 이때 상업이윤은 어디서 어떻게 발생하는가? 100억의 투자에 대한 18%에 해당하는 18억의 상업이윤은 산업자본가가 생산한 잉여가치에서 분배된 것이다. 이 상업이윤은 산업자본가가 '720C+180V+162S=1,062억'의 가격으로 상업자본가에게 판매하고 상업자본가는 이를 '1,062+18=1,080억'의 가격으로 소비자에게 판매함으로써 발생한다. 여기서 상업자본가는 '1,080-1,062=18억'의 매매차익을 상업이윤으로 획득한다. 따라서 상업이윤은 상업자본가가 산업자본가로부터 상품을 가치 이하의 가격으로 구입하여 소비자에게 가치대로 판매함으로써 발생하는 매매차익이라는 사실을 알 수 있다. 이제 잉여가치 180억 원은 산업이윤 162억 원과 상업이윤 18억 원으로 분할된다. 상업자본이 판매하는 상품가격은 '비용가격+산업이윤+상업이윤'으로 구성된다. 상업자본의 판매가격이 바로 현실의 생산가격이다.

대부자본과 이자

산업자본의 순환에서 산업자본가에게 화폐를 빌려주는 자본이 대부자본이다.

〈그림 6.1〉 자본의 분화와 이윤의 분할

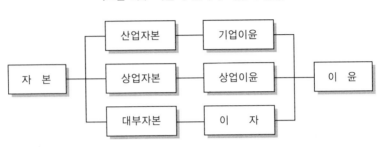

대부자본은 산업자본의 화폐자본 형성을 지원한다.[4] 이러한 역할을 한 대가로 대부자본은 잉여가치 혹은 이윤의 일부를 분배받는다. 이것이 이자이다. 화폐자본이 대부자본을 통해 형성되면 산업자본의 순환에서 화폐자본이 분리된다.

화폐자본이 대부자본으로서 자립하면, 자본의 소유와 자본의 기능이 분리된다. 대부자본가는 자본의 소유자가 되고 산업자본가는 잉여가치를 생산하는 자본기능을 수행한다. 기능자본가인 산업자본가는 소유자본가인 대부자본가에게 잉여가치 혹은 이윤의 일부를 이자로 지불한다. 이제 산업이윤은 이자와 기업이윤으로 분할된다. 이자율은 대부자본에 대한 이자의 비율이다. 이자율은 대부자본의 수요와 공급 혹은 화폐의 수요와 공급에 의해 결정된다. 이자율은 이윤율보다 낮아야 한다. 이자율이 이윤율보다 높으면 산업자본의 정상적 재생산이 이루어질 수 없기 때문이다. 이자율은 장기적으로 이윤율의 크기에 의해 규정을 받는다.

앞의 수치 예에서, 산업자본가가 투자하는 900억 원이 은행에서 대출한 것이고 이자율이 10%라고 가정하자. 상업자본이 투자되고 있을 경우 이윤율은 18%이다. 이윤율보다 이자율이 낮으므로 산업자본은 정상적 재생산이 가능하다. 900억 원에 대해 연간 이자율 10%가 적용되면 이자는 90억 원이다. 이 이자는 산업이윤에서 지불된다. 따라서 산업이윤 162억 원은 이자 90억 원과 기업이윤 72억 원으로 분할된다. 이제 상품의 판매가격 혹은 생산가격은 '비용가격＋상업이윤＋이자＋기업이윤'으로 구성된다.

이와 같이 자본이 산업자본, 상업자본, 대부자본으로 분화되면 이윤은 기업

---

4) 대부자본의 역할에 대해서는 제10장에서 금융자본이라는 주제로 자세히 다룬다.

이윤, 상업이윤, 이자로 분할된다. 이러한 자본의 분화와 이윤의 분할을 나타낸 것이 <그림 6.1>이다.

5. 자본주의적 지대

지대발생의 이유

생산과정에 토지가 주요 생산요소로 투입되는 농업생산이 자본주의적으로 이루어질 경우, 자본주의적 지대(rent)가 성립한다. 농업자본가가 지주에게 토지를 빌리고 농업노동자를 고용하여 이윤획득을 위한 농업생산물을 생산할 경우, 농업노동자가 창출한 잉여가치의 일부가 지주에게 지대로 지불된다.

지대는 농업이 주요 산업이었던 봉건제(혹은 지주제) 생산양식에서부터 존재해왔다. 봉건영주나 지주는 농노나 소작인에게 토지를 분배하거나 빌려주고 지대를 수취하였다. 지대는 '노동지대→현물지대→화폐지대'의 형태로 발전해왔다. 노동지대는 농노가 영주 직영지에 일정 기간 무상의 노동을 제공하는 것을 말하며, 현물지대는 농노나 소작인이 농산물의 일정 비율을 영주나 지주에게 바치는 것을 말한다. 화폐지대는 농산물 대신 현금으로 바치는 지대이다. 봉건제에서 지대는 영주나 지주에 대한 농노나 소작인의 신분적 예속과 농노나 소작인에게 가해지는 경제외적 강제(군사적 및 정치적 강제)에 기초하여 수취되었다.

자본주의적 지대는 이와 달리 봉건제 혹은 지주제가 해체되고 토지가 사유화된 상태에서 농업자본가와 지주 사이에서 토지임대차 계약을 통해 발생한다. 신분적 예속이나 경제 외적 강제가 아니라 토지사용권의 매매를 통해 즉 교환과정을 통해 수취된다는 점에서 자본주의적 지대는 봉건지대와 구분된다.

자본주의적 지대가 발생하는 이유는 무엇인가? 첫째, 무엇보다 토지의 사유화 때문이다. 토지가 사유화되어 있을 경우 농업자본가는 토지소유자인 지주에게 토지사용료인 지대를 지불하지 않으면 토지를 사용할 수 없다. 둘째, 토지가 재생산 불가능한 유한한 자원이기 때문이다. 만약 자본이 토지를 생산할 수 있다면 굳이 지주에게 지대를 지불하고 토지를 빌릴 필요 없이 스스로 생산하여 사용할 것이다. 이와 같이 재생산 불가능한 토지가 사유화되고 있기 때문에 발생하는 지대를 절대지대(absolute rent)라 한다. 셋째, 토지의 비옥도나 위치가 차이가 나기 때문이다. 넷째 비옥도가 높고 위치가 좋은 우등지(優等地)가 희소하기 때문이다. 이처럼 토지 비옥도와 위치의 차이 그리고 우등지의 희소성 때문에 발생하는 지대를 차액지대(differential rent)라 한다. 이밖에 특별한 품종의 농산물의 생산을 가능하게 하는 예외적 조건의 토지에서는 독점지대(monopoly rent)가 발생한다. 독점지대는 그 특별한 품종의 농산물이 독점가격으로 판매되기 때문에 지불된다.

절대지대

지대는 어떻게 결정되는가? 우선 절대지대를 보자. 절대지대는 재생산 불가능한 토지에 대한 사적 소유권의 독점이 공업으로부터 농업으로의 자본의 자유로운 이동을 막기 때문에 발생한다. 농업부문으로 자본이 자유롭게 이동할 수 없기 때문에 농업부문의 자본의 가치 구성은 공업의 경우보다 계속 낮게 유지된다. 따라서 같은 크기의 자본이 투하되었을 때 공업보다 농업에서 더 많은 잉여가치가 창출된다. 농업과 공업 간에 자본이 자유롭게 이동한다면 농업에서 창출된 높은 잉여가치가 공업자본가와 농업자본가 사이에 분배되어 평균이윤율이 성립할 것이다.

그러나 토지의 사적소유가 농업으로의 자본의 자유로운 이동을 막기 때문에 농업부문은 평균이윤율 형성 과정에서 제외되고 농업에서 창출된 높은 잉여가치는 농업자본가 수중에 그대로 남는다. 따라서 농산물의 시장가격은 공업부문에서 형성된 생산가격보다 높은 수준에서 유지된다. 즉 농산물은 '비용가격+평균이윤(K+Pe)'인 생산가격에 따라 판매되는 것이 아니라 농산물의 가치 'C+V+S'대로 판매된다. 지주는 이 차이만큼의 지대를 농업자본가에게 요구한다. 여기서 농산물의 가치와 공업부문의 생산가격의 차이가 절대지대가 된다.

예컨대, 지금 농업과 공업에 100의 자본이 투자되고, 자본의 가치 구성은 농업부문이 '60C+40V'이고 공업부문이 '80C+20V'라고 하자. 잉여가치율이 두 부문 모두 100%라면 공업부문에서 20S의 잉여가치가 생산되고 농업부문에서

40S가 생산된다. 공업부문의 이윤율은 20%이고 농업부문의 이윤율은 40%이다. 여기서 만약 공업부문과 농업부문 간에 자본이동이 자유롭다면 평균이윤율 30%로 이윤율이 균등화될 것이다. 이 경우 농산물의 생산가격은 '60C+40V+30Pe=130'이 될 것이다. 그러나 농업부문으로의 자본이동이 막혀있기 때문에 농산물은 그 가치대로 140에 판매되고 공산물은 120의 생산가격 대로 판매된다. 여기서 공업부문에서 이미 성립하고 있는 생산가격 120과 농산물의 가치 140과의 차액 20이 농업자본가가 얻는 초과이윤이다. 이 초과이윤이 절대지대로 전화되어 지주에게 귀속된다.

이와 같이 절대지대는 지주계급이 재생산 불가능한 토지를 독점하고 있기 때문에 자본가계급에 대해 요구할 수 있는 지대인 것이다. 절대지대는 농업자본가의 초과이윤이 전화된 것이기 때문에 자본가가 수행하는 자본축적이 지주계급에 의해 제약됨을 말해준다. 그리고 지대가 상승하면 이윤이 감소한다. 이런 까닭에, 고전파 경제학자 데이비드 리카도(David Ricardo)가 지적한 것처럼, 자본가계급과 지주계급의 이익은 상반된다.

차액지대

토지의 비옥도와 위치의 차이에 따라 발생하는 차액지대의 크기는 어떻게 결정되는가? 공업부문에서는 상품의 가치가 평균적 생산조건에 의해 결정된다. 즉 상품가치의 크기를 결정하는 사회적 필요노동시간은 평균적 생산조건에서 생산했을 때 들어가는 노동시간이다. 이와는 달리 농업부문에서는 상품의 가치는 비옥도가 가장 낮은 최열등지─이를 한계지라고도 한다─의 생산조건에 의해 결정된다.

인구의 증가로 농산물에 대한 수요가 늘어나서 최열등지를 경작해야 인구를 부양할 농산물을 공급할 수 있다고 하자. 이때 최열등지가 경작되기 위해서는 농산물의 가치가 최열등지의 생산비만큼 되어야 한다. 따라서 농산물의 가치는 최열등지에서의 사회적 필요노동시간에 의해 결정된다. 그리고 농산물의 생산가격은 최열등지의 생산가격에 의해 결정된다. 이 경우 최열등지보다 비옥도가 높거나 위치가 좋은 우등지를 경작하는 농업자본가에게는 초과이윤이 발생한다.

〈표 6.2〉 차액지대의 발생 과정

토지 종류	투자 자본	평균 이윤	총생산 가격	생산량 (톤)	톤당 개별적 생산가격	톤당 사회적 생산가격	초과 이윤	차액 지대
I	100	20	120	4	30	60	30	30
II	100	20	120	3	40	60	20	20
III	100	20	120	2	60	60	0	0

우등지에서는 같은 노동시간 투입으로도 더 많은 양을 생산할 수 있기 때문에 우등지에서 생산되는 농산물의 개별적 생산가격은 최열등지에서 생산되는 농산물의 생산가격 – 이것이 농산물의 사회적 생산가격이다 – 보다 적다. 최열등지의 생산가격에서 우등지의 개별적 생산가격을 뺀 것만큼 우등지에서 초과이윤이 발생한다. 이때 우등지를 소유하는 지주는 우등지를 경작하는 농업자본가에게 초과이윤만큼의 지대를 수취할 수 있다. 차액지대는 바로 이 초과이윤이 전화된 것이다. 따라서 '차액지대=최열등지의 생산가격–우등지의 개별적 생산가격'이다.

공업의 경우 신기술을 먼저 채택한 개별 자본이 획득하는 초과이윤은 신기술이 보편화되면 사라진다. 초과이윤은 과도기적으로만 존재하는 것이다. 그러나 농업의 경우 비옥도가 높거나 위치가 좋은 우등지의 공급이 제한되어 있기 때문에 초과이윤은 항구적으로 존재한다. 따라서 차액지대는 사라지지 않는다.

차액지대에는 제1형태와 제2형태가 있다. 차액지대의 제1형태는 토지의 비옥도나 위치의 차이에 따라 발생한다. 차액지대의 제2형태는 토지에 대한 자본투자로 토지가 개량되어 노동생산성이 상승함에 따라 발생한다. 요컨대 제1형태는 토지의 자연적 비옥도의 차이에 따라 발생하고, 제2형태는 토지의 인공적 비옥도의 차이에 따라 발생한다.

이제 제1형태를 중심으로 차액지대가 발생하는 과정을 <표 6.2>를 통해 보자. 지금 비옥도가 다른 I, II, III 세 등급의 토지가 경작되고 있다고 하자. 곡물생산을 위해 각 등급의 토지에 100만 원의 자본이 투자되고 평균이윤율이 20%라고 한다면 곡물의 총생산가격은 모두 120만 원이다. 토지의 비옥도가 다르기 때문에 I등급에서는 4톤, II등급에서는 3톤, III등급에서는 2톤이 생산된다. 따라서 톤당 개별 생산가격이 30만 원, 40만 원, 60만 원이 된다. 곡물의 사회적 생산가격은 최열등지인 Ⅲ등급 토지의 개별 생산가격인 60만 원이다. 따라서 초과이윤은 Ⅰ등급 30만, Ⅱ등급 20만, Ⅲ등급 0이 된다. 이 초과이윤은 자본가들간의 경쟁을 통해 지주에게 돌아가는 차액지대로 전화한다.

지대와 토지가격

이렇게 결정된 지대는 토지가격을 결정한다. 토지가격은 어떻게 결정되는가? 토지는 노동생산물이 아니므로 토지의 가격은 가치에 기초를 두지 않는다. 토지의 가격은 그 토지에서 발생하는 소득인 지대에 기초를 두고 있다. 이와 같이 상품의 가격이 가치에 기초를 두는 것이 아니라 그 상품의 이용이 그 소유자에게 가져다주는 소득에 기초하고 있는 특수한 상품의 가격을 '허구적 가격'이라 한다. 토지가격은 허구적 가격이다.

토지소유자는 토지를 팔아서 얻은 토지매각 대금을 은행에 예금했을 경우 얻는 이자소득이 토지에서 얻는 지대소득(R)보다 클 때 토지를 판매할 것이다. 따라서 토지가격(Lp)은 지대를 이자율(r)로 나눈 값과 같다.[5] 즉,

$$Lp = \frac{R}{r}$$

이러한 토지가격은 달리 표현하면 미래의 각 시기에 토지로부터 발생하는 지대수입을 이자율로 할인한 것을 합한 것과 같다. 즉,

$$Lp = \frac{R}{1+r} + \frac{R}{(1+r)^2} + \frac{R}{(1+r)^3} = \cdots\cdots = \frac{R}{r}$$

따라서 토지가격은 지대의 크기에 비례하고 이자율의 크기에 반비례한다. 이

---

5) 지대소득 R이 토지매각 대금을 은행에 예금했을 때 얻는 이자소득 Lp·r과 같게 되는 지점에서 토지가격이 결정된다. 즉 'R=Lp·r'이다. 따라서 $Lp = \frac{R}{r}$이 된다.

자율이 일정하다고 한다면 지대의 크기가 바로 토지가격을 결정한다. 이 토지가격 공식은 농업생산에 투입되는 토지뿐만 아니라 공업용지, 상업용지 등 모든 형태의 토지에 적용된다.

한편 토지, 건물, 도로, 삼림 등을 이용한 데 대한 대가인 임대료는 지대의 구체적 형태이다. 그리고 지대 개념은 토지나 건물 등 물적 자산에만 적용되는 것이 아니라 인적 자산 혹은 지적 자산에 대해서도 적용된다. 특허권과 같이 독점화된 기술적 지식에 대한 수익, 다른 사람에게 없는 아주 특수한 재능을 가진 사람들이 얻는 수입도 일종의 지대라 할 수 있다. 이처럼 지대 개념은 확장된다. 장기적으로 그 공급이 고정되어 있는 생산요소나 자산이 획득하는 소득에는 모두 지대의 요소가 포함되어 있다.

6. 이윤율의 하락 경향

이윤율의 경향적 하락 법칙

위에서 자본간 경쟁을 통해 평균이윤율이 형성된다는 점, 자본의 재생산과정에서 자본이 분화되고 이윤이 분할된다는 점을 보았다. 그런데 자본간 경쟁 속에서 자본축적이 진전되면 이윤율은 장기적으로 하락하는 경향이 나타난다. 이를 '이윤율의 경향적 하락 법칙'이라 부른다. 그렇다면 어떻게 해서 이윤율이 하락하는가?

우리가 이미 알고 있듯이 이윤율은 ' $\Pr = \dfrac{S}{C+V} = \dfrac{S/V}{C/V+1} = \dfrac{s}{q+1}$ '로 주어진다. 여기서 ' $\dfrac{S}{V} = s$ '는 잉여가치율이고, ' $\dfrac{C}{V} = q$ '는 자본의 가치 구성이다. 따라서 이윤율은 잉여가치율이 일정할 경우, 자본의 가치 구성이 높을수록 낮아진다. 그런데 자본축적이 진전됨에 따라 자본의 가치 구성은 높아지는 경향이 있다.[6]

노동생산성을 높여 특별잉여가치를 획득하려는 자본간 경쟁이 자본의 가치 구성을 높인다. 이미 지적했듯이 특별잉여가치는 새로운 기계나 생산방법과 같

---

6) 자본축적에 따른 자본구성의 변화에 관한 자세한 논의는 제14장 2절에서 이루어진다.

〈그림 6.2〉 이윤율의 경향적 하락

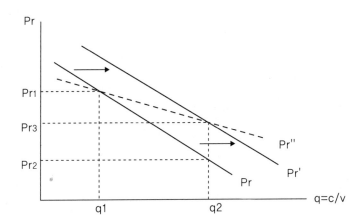

은 신기술을 먼저 도입한 자본에게 발생한다. 신기술의 도입은 일반적으로 기계화를 심화시킨다. 그래서 전체 자본규모가 증가하는 과정에서 노동력 구입에 투자되는 가변자본에 비해 기계·설비 등 생산수단 구입에 투자되는 불변자본이 더 많이 증가한다. 그 결과 자본의 가치 구성이 고도화된다.

자본의 가치 구성은 이와 같이 특별잉여가치를 추구하는 자본간 경쟁이 기계화의 심화를 초래할 경우 높아지며, 이윤율은 자본의 가치 구성이 고도화될 경우 하락한다는 점에 유의해야 한다. 이윤율의 경향적 하락 법칙은 바로 이러한 전제조건에서 도출된다.

이윤율의 하락 경향을 나타내면 <그림 6.2>와 같다. 이 그림은 자본의 가치 구성이 높아짐에 따라 이윤율이 하락하는 것을 보여주고 있다. 이윤율 곡선 Pr에서 보면, 자본의 가치 구성이 q_1에서 q_2로 높아지면 이윤율은 Pr_1에서 Pr_2로 하락한다. 여기서 잉여가치율이 증가하면 동일한 자본의 가치 구성에서도 더 높은 이윤율이 가능하므로 이윤율 곡선은 상방으로 이동한다. 즉 Pr은 Pr'로 이동한다. 그런데 기계화의 심화를 수반하는 자본의 가치 구성의 고도화는 노동생산성을 향상시킨다. 노동생산성의 향상은 상대적 잉여가치를 증가시켜 잉여가치율을 높인다. 따라서 자본의 가치 구성의 고도화가 잉여가치를 상승시키면 이윤율 하락 경향은 둔화된다. 즉 그림에서 자본의 가치 구성이 q_1일 때 이윤율

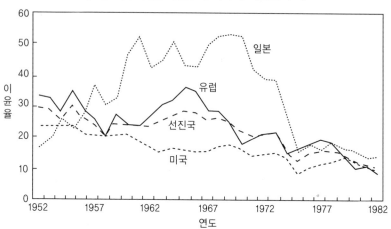

〈그림 6.3〉 선진 자본주의 국가의 이윤율 추세

자료: 필립 암스트롱 외 저, 김수행 역, 『1945년 이후의 자본주의』, 비봉출판사, 1993, <부표>의 자료에서 작성.

이 Pr_1이다가 자본의 가치 구성이 q_2로 높아질 때 잉여가치율이 증가하면 이윤율은 Pr_2가 아니라 예컨대 Pr_3으로 된다. 따라서 이제 이윤율 곡선은 Pr"로 주어진다.

이윤율 하락을 저지하는 요인들

자본의 가치 구성의 상승이 이윤율을 하락시키지만 이윤율 하락을 저지하는 요인도 존재한다. 이윤율 공식에서 보면 자본의 가치 구성의 하락과 잉여가치율의 증가는 이윤율을 상승시키는 요인이다. 노동생산성이 향상되고 노동강도가 증가하면 잉여가치율이 증가하여 이윤율이 상승한다. 요컨대 임노동에 대한 착취가 강화되면 이윤율 하락이 저지될 수 있다.

한편 비용가격(C+V)이 감소할 경우 이윤율이 상승하는 요인이 발생한다. 즉 불변자본비용(C)과 가변자본비용 즉 노동비용(V)이 절약되면 이윤액이 증가하여 잉여가치율이 일정해도 이윤율이 상승하는 것이다. 이처럼 생산과정에 투입되는 원료나 에너지 가격 그리고 기계설비의 가격이 하락하여 불변자본 비용이 감소하고 임금이 하락하여 노동비용이 감소할 경우 이윤율 하락이 저지될 수 있다. 또한 새로운 작업방식이 도입되어 생산설비가 집약적으로 사용되면 자본의 회전율이 증가하여 이윤율이 상승한다.

불변자본의 가치(C)가 하락하거나 가변자본의 가치 즉 노동력 가치(V)가 증가하면 자본의 가치 구성(C/V)이 하락한다. 기계화의 심화로 기계설비가 증가해도 기계설비의 단위 가치가 하락하면 자본의 가치 구성은 그만큼 적게 고도화될 것이다. 예컨대, 기계화의 진전으로 기계설비가 2배로 증가해도 기계설비의 단위가치가 1/2로 떨어지면 자본의 가치구성은 불변일 것이다. 한편 노동자의 지식과 숙련수준이 높아져서 노동력의 가치가 증가하면 자본의 가치구성은 그만큼 하락하여 이윤율은 상승할 것이다.

오늘날 지식기반경제에서는 기계화보다는 정보화가 진전되고 노동자의 지식이 향상되어 노동력의 가치가 증가하므로 자본의 가치구성 상승이 둔화되는 경향이 나타난다. 그 결과 이윤율 하락이 저지되고 경우에 따라서는 상승할 수도 있게 된다. 한편 이윤율이 높은 해외로 자본이 수출되면 국내의 과잉자본이 감소되어 국내의 이윤율이 상승하고 해외에서 획득한 고이윤이 전체적으로 이윤율을 높인다.

현실경제에서의 이윤율은 이윤율 하락 요인과 상승 요인의 총효과에 따라 변동할 것이다.[7] 참고로 1950년대 초에서 1980년대 초까지의 선진자본주의 국가의 이윤율 추세를 보면 <그림 6.3>과 같다. 이 그림에서 이윤율 하락 추세를 읽을 수 있다.

┌─ 더 읽을거리 ─────────────────

■ 강남훈. 1990, 「전형문제에 대한 재검토」, 한신경제과학연구소 편, 『가치이론』, 까치.
  김수행. 1988, 「3장 잉여가치, 이윤, 평균이윤」, 『자본론 연구 I』, 한길사.
  베리 네일비프. 1996, 『코피티션』(김광전 옮김), 한국경제신문사.
  윤소영. 2001, 『이윤율의 경제학과 신자유주의 비판』, 공감.
  정운영. 1993, 「7장 이윤율 저하이론의 방법론적 재검토」, 『노동가치이론연구』, 까치.

───────────────

7) 이윤율의 하락과 상승에 대한 충분한 논의는 제4편에서 자본축적에 대한 분석이 이루어지고 난 뒤에 비로소 가능할 것이다.

New Political Economy

제3편 자본주의의 주요 경제주체와 제도

제7장
시장

자본주의적 소유관계, 상품·화폐 관계, 그리고 자본-임노동 관계로 요약되는 자본주의의 기본적 생산관계 속에서 경제주체들이 경제활동을 한다. 생산관계 속에서 일정한 지위를 점하는 경제주체들은 여러 가지 제도들의 제약 아래 행동한다.

자본주의에서의 주요 경제주체들로는 상품생산자와 소비자, 자본가와 노동자, 채권자와 채무자, 국가 등을 들 수 있다. 자본주의 경제의 주요 제도로서는 시장, 기업, 노동조합, 화폐제도, 금융제도, 재정제도, 국제경제체제 등이 있다. 이 장에서는 이들 중 상품생산자와 소비자가 상호작용하는 시장의 성격에 대해 알아본다.

1. 제도로서의 시장

시장이란 무엇인가

시장(market)은 상품의 매매가 이루어지는 장이다. 이때 시장은 서울의 남대문시장, 부산의 국제시장, 대구의 서문시장, 광주의 양동시장만을 의미하는 것이 아니다. 상품의 생산자들과 소비자들 혹은 상품의 판매자들과 구매자들이 연결되는 지점에는 어느 곳이든 시장이 성립한다. 5일장이 서는 시골 장터와 도시의 백화점뿐만 아니라, 은행 창구와 증권회사의 객장, 대학의 취업센터 창구도 시장이다. 전자상거래(e-commerce)가 이루어지고 있는 오늘날에는 인터넷의 사이버 공간이 바로 시장이다.

시장은 사유재산제도와 함께 자본주의의 가장 기본적인 제도이다. 상품생산자들과 상품소비자들은 시장에서 서로 경쟁하고 거래한다. 시장을 통해 서로 독립적으로 존재하는 수많은 상품생산자들과 상품소비자들이 서로 연결되고 상호작용한다. 시장은 상품·화폐 관계 속에 존재하는 제도로서 상품생산자와 소비자를 연결함으로써 자원배분을 수행하는 조정기구이다. 이 점에서 시장을 시장기구(market mechanism)라고도 한다. 그리고 자원배분이 주로 시장기구를 통해 이루어지는 경제를 시장경제(market economy)라 한다.

사회적 분업과 생산수단의 사적소유 아래에서 생산자들이 독립하여 분산적 의사결정을 하는 상품생산에서 시장은 필수불가결한 제도이다. 특히 자본주의는 노동력이 상품화되는 고도로 발달한 전면적 상품생산 사회이기 때문에 생산자의 거의 대부분은 상품생산자이고 거의 모든 사람들이 상품소비자이다. 따라서 자본주의는 시장을 떠나서는 존재할 수 없다.

시장에는 상품공급자와 상품수요자가 존재한다. 상품공급자에는 자본주의적 상품생산자(자본가), 소상품생산자(농민, 수공업자, 자영업자), 노동자라는 세 주체가 있다. 자본가는 노동자를 고용하여 기업을 조직하고 상품을 생산한다. 소상품생산자는 스스로 생산수단을 소유하고 스스로 노동하여 상품을 생산한다. 노동자는 노동력이란 특수한 상품을 공급한다. 상품수요자에는 생산재를 구입하는 자본가와 자영업자, 소비재를 구입하는 최종 소비자, 노동력을 구입하는 자본가가 있다.

시장은 상품생산자들이 상품의 판매를 둘러싸고, 상품소비자들이 상품의 구매를 둘러싸고 서로 경쟁하는 장이다. 즉 시장에서는 '생산자간 경쟁=판매자간 경쟁=공급자간 경쟁'과 '소비자간 경쟁=구매자간 경쟁=수요자간 경쟁'이 이루어진다. 자본주의 시장에서는 생산자간 경쟁은 대부분 자본가간 경쟁으로 나타난다. 시장경쟁에서의 우승열패(優勝劣敗)가 상품생산자의 흥망성쇠(興亡盛衰)를 결정짓는다.

상품생산자와 소비자 간의 경쟁과 거래가 이루어지는 시장을 통해 자원이 배분된다. 무엇을 얼마만큼 어떠한 방법으로 생산할 것인가가 시장을 통해 결정된다. 따라서 시장은 자원배분을 규제하는 조정기구(coordinating mechanism)이다. 시장에서는 각 거래자가 자신의 계산과 예상에 따라 자유롭게 행동하며, 그 행동의 결과가 사후적으로 조정된다. 예컨대, 어떤 상품이 시장에 과잉되게 공급되면 생산자들이 공급을 감소시켜 공급과잉이 해소되는 조정이 이루어진다. 이처럼 시장은 서로 경쟁하는 독립적인 다수의 거래자들의 행동을 사후적으로 (ex post) 조정하는 기구이다. 시장에는 어떠한 형태의 사전적인(ex ante) 조정기구도 없다. 반면 사회주의 계획경제에서는 중앙계획을 통해 생산물의 생산과 소비가 사전적으로 조정된다.[1]

시장에서의 조정은 수요공급 상황에 따라 결정되는 가격을 통해 이루어진다. 가격의 변화에 따라 상품생산자와 소비자들의 수요공급 행위가 달라진다. 가격은 시장에 참가하는 경제주체들에게 신호(signal) 역할을 한다. 예컨대, 상품가격의 하락은 공급과잉의 신호이다. 경제주체들은 가격이란 신호를 보고 자신의 행동을 결정한다. 이 점에서 시장을 가격기구(price mechanism)라고 부르기도 한다.

조정기구로서의 시장

조정기구로서의 시장은 어떤 특징이 있는가? <그림 7.1>에서 보는 것처럼 경제 조정기구는 조정양식이 수평적이냐(권력분포가 평등한 경우) 수직적이냐 (권력분포가 불평등한 경우), 경제주체의 행동동기가 이기심이냐 의무감이냐에 따라, 시장, 위계(hierarchy), 공동체(communities), 국가의 네 가지 유형으로 나뉘어진다.[2]

전형적인 시장에서는 이기적 행동동기를 가진 비교적 대등한 거래자들이 상호작용하여 수평적 조정이 이루어진다. 위계에서는 이기적 거래자들이 생산조직 내에 통합되어 상명하달의 수직적인 조정이 이루어진다. 위계는 곧 기업을 의미한다. 공동체에서는 의무감을 가진 경제주체들이 사회적 연대와 신뢰에 기초하여 자원을 배분하는 수평적 조정이 이루어진다. 또한 국가는 의무감을 가

---

1) 계획경제에 관해서는 제22장 1절에서 다룬다.
2) 이러한 구분은 J. Hollingsworth and R. Boyer, *Coordination of Economic Actors and Social Systems of Production*, 1997(J. Hollingsworth and R. Boyer(eds), *Contemporary Capitalism: The Embeddedness of Institutions*, Cambridge University Press)의 논의에 기초하고 있다.

〈표 7.1〉 경제 조정기구의 유형

조정양식 / 행동동기	수평적	수직적
이기심	시장	위계
의무감	공동체	국가

지고 권력을 통해 강제적으로 자원을 배분하는 수직적 조정을 한다. 국가는 다른 조정기구를 규제하는 역할을 하기도 한다.

조정기구로서 전형적 시장(classic market)은 다음과 같은 상황에서 존재한다. 즉 첫째, 각 거래자들이 분산적이고 독립적으로 경쟁하거나 교섭하고, 둘째, 거래자들간의 관계가 일시적이며 셋째, 거래자들의 신원이 거래조건에 아무런 영향을 미치지 않는다. 요컨대 전형적 시장은 원자적(atomistic)이고 비인격적(impersonal)이다. 주식시장과 같이 가격이 신축적으로 변하는 스폿시장(spot market)이 이런 전형적 시장에 가장 가깝다.

그러나 현실의 시장은 이 전형적 시장과는 상당한 거리가 있다. 노사간 임금교섭처럼 단체교섭이 이루어지거나, 단골거래처럼 관계가 지속적이며, 미술품 거래처럼 출품자의 성가가 가격에 영향을 미치는 경우, 시장에는 권력과 인간관계적 요소가 작용한다.

현실의 시장에서는 시장에 참가하는 사람들의 권력의 차이가 상품의 거래조건에 영향을 미친다. 즉 거래자들간의 권력의 비대칭성이 상품가격에 반영된다. 그리고 생산조건이 우월하여 시장경쟁에서 우위를 점하는 상품공급자는 가격을 비롯한 시장 거래조건에 영향을 미칠 수 있다. 이를 시장 지배력(market power)이라 한다. 이처럼 시장경쟁과정에는 일정하게 권력관계가 작용한다. 따라서 시장에서의 경쟁과 거래를 순수하게 경제적인 과정으로 파악하는 것은 잘못이다.

시장의 존립조건

시장은 자기 홀로 존립할 수 없다. 시장의 존립을 가능하게 하는 법적·제도적 기초와 사회문화적 환경이 갖추어져야 시장이 붕괴되지 않고 제대로 기능을 할 수 있다. 어떠한 시장이든 그것이 존립하려면 최소한 다음과 같은 전제조건이 갖추어져야 한다. 즉, 거래할 때 체결한 사적 계약이 유지되어야 하고, 거래를 규율하는 상법과 거래를 원활하게 하는 화폐제도와 신용제도[3]가 존재해야 한다.

폴라니(K. Polanyi)의 지적처럼 시장이 조정기능을 수행하기 위해서는 시장의 작동이 사회 전체를 파멸시키지 않도록 보장할 수 있는 고도로 세련된 제도적 장치와 사회문화적 환경이 필요하다. 이기적 거래자들이 아무런 사전적 조정 없이 분산적으로 거래하는 시장에서는 약육강식의 경쟁논리로 인한 생산자들의 도산과 독점화, 과잉생산으로 인한 경제위기와 실업, 매점매석으로 인한 물가상승, 우승열패와 부익부 빈익빈으로 인한 불평등, 수익성이 없지만 사회적으로 유익한 상품생산의 결핍, 환경오염 등과 같은 문제점들이 발생한다. 이러한 문제점들이 심해지면 사회의 분열과 붕괴의 위험이 따른다.

특히 자본주의에서는 노동력, 토지, 화폐와 같은 생산요소들이 상품화되는데, 이에 따라 사회의 응집력이 깨어질 우려가 있다. 노동시장이 실업과 인간파괴를, 토지시장이 토지투기와 자연파괴를, 금융시장이 금융투기와 금융파탄을 초래하여 사회를 붕괴시킬 수 있다. 그러므로 노동력, 토지, 화폐와 같이 본래적으로 상품이 아니지만 상품으로 의제(擬制)되고 있는 의제상품(fictitious commodities)은 순수 시장기구에 의해 조정될 수 없다.

이러한 까닭에 시장에 대한 제도적 규제와 국가의 개입은 불가피하다. 시장을 사전적으로 혹은 사후적으로 교정할 수 있는 법체계, 국가의 개입, 시민사회의 통제, 기업윤리와 사회윤리 등이 필요한 것이다. 비유컨대, 시장이란 강물이 넘치지 않고 터지지 않도록 하는 튼튼한 강둑이 필요하다. 이 강둑에 해당하는 것이 법제도, 국가의 개입, 시민사회의 통제, 기업윤리와 사회윤리이다. 시장기구만으로는 시장 조정이 제대로 이루어지지 않는다. 시장 조정을 위해서는 국가와 시민사회로부터의 안전장치들이 필요하다.

경제주체들이 단기적 관점을 가지고 일방적 이익만 추구하여 기회주의적으로 행동한다면 서로에 대한 불신으로 무질서와 혼란, 대립과 갈등이 발생하여 사회가 붕괴될 수 있다. 상품거래 특히 신용거래와 금융거래에서는 신뢰가 절

---

3) 화폐제도와 신용제도에 관해서는 제10장에서 다룬다.

대적이다. 금융시장에서 신뢰가 무너지면 신용질서가 급격히 붕괴하고 대혼란이 초래된다. 이러한 혼란을 피하고 시장이 조정기능을 수행하기 위해서는 경제주체들 사이에 신뢰(trust), 협력, 장기적 관계가 형성되어야 한다. 신뢰는 주로 가족, 공동체, 종교, 학교 등에 기반한 사회관계로부터 나온다. 신뢰가 형성되기 위해서는 개인의 행동에 사회적 의무감을 부과하는 신의(信義)와 공동체적 연대와 같은 전통적 가치관이 필요하다.

시장의 모순이 폭발하는 것을 막기 위해서는 시장이 아닌 다른 제도적 장치가 필요하다. 시장의 힘과 시장에 대항하는 반시장(countermarket)의 힘이 균형을 이루어야 시장이 제대로 작동할 수 있다. 반시장의 힘은 주로 국가가 정비하는 제도와 시민사회에서 형성되는 신뢰에서 생긴다. 요컨대 시장은 제도와 전통사회의 규범과 가치에 착근(着根, embedded)되어야 조정기구로 역할을 할 수 있다. 이러한 제도와 문화로부터 분리된(disembedded) 자유시장(free market)

노동, 토지, 화폐의 상품화 결과

이제 노동, 토지, 화폐에 관하여 그러한 가정(매매되는 것은 모두 판매를 위하여 생산된 것이어야 한다)은 지지될 수 없다. 시장 메커니즘이 인간의 운명과 그 자연환경의 유일한 지배자가 되도록 허락한다면. …… 사회의 파괴를 초래할 것이다. 왜냐하면 <노동력>이라는 이른바 상품은 우연히 이 특수한 상품의 담당자가 되는 인간 개개인에게도 영향을 미치지 않고서는 강제하거나, 남용하거나, 심지어는 내버려둘 수도 없기 때문이다. 덧붙이자면 인간의 노동력을 처리할 경우, 이 시스템은 노동력이라는 딱지를 붙이고 있는 육체적, 심리적, 도덕적 실재로서의 인간을 처리하는 것이 된다. 인간은 악덕, 타락, 범죄, 기아라는 격렬한 사회적 혼란의 희생물이 되어 사멸할 것이다. 자연은 개개의 원소로 분해되고, 이웃과 풍경은 더러워지고, 하천은 오염되고, 군사적 안전은 위협당하고, 식료와 원료의 생산력은 파괴될 것이다. 끝으로 시장에 의한 구매력의 관리는 기업을 주기적으로 파산시키게 될 것이다. 왜냐하면 화폐의 부족과 과다는 기업에 있어서는 마치 원시 사회에서의 홍수, 한발과 같은 정도의 재난일 터이기 때문이다. 의심할 것도 없이 노동, 토지, 화폐시장은 시장경제에 본질적인 것임에 틀림없다. 어떤 사회라도 이런 무지막지한 허구의 결과 앞에서는 잠시도 버텨내지 못할 것이다. 만약에 사회의 실체인 인간과 자연과 기업 조직을 악마의 공장으로부터 보호해주지 않는다면.

칼 폴라니, 『거대한 변환』(박현수 옮김), 민음사, 1991, 96-97쪽.

이 효율적인 조정을 할 수 있다고 보는 것은 환상이다. 시장에 대한 일체의 국가규제가 철폐되고, 전통적 가치관과 연계가 단절된 자유시장은 시장을 붕괴시켜 사회를 파멸로 이끌 위험이 있다.

2. 시장의 종류와 형태

시장의 종류

재화와 서비스의 상품화(commoditification)가 확산될수록 시장의 종류가 늘어난다. 자본주의 경제에서는 소비재시장, 생산재시장, 노동시장, 금융시장, 토지시장 등이 존재한다. 특히 노동력, 화폐, 토지·자연이 전면적으로 상품화되는 자본주의에서 노동시장, 금융시장, 토지시장은 자본주의에 특유한 시장이다. 소비재시장과 생산재시장을 생산물시장이라 하며, 노동시장, 금융시장, 토지시장을 생산요소시장이라 한다.

소비재시장은 생산자와 소비자가 의·식·주·여가 관련 자료와 같은 생활수단을 거래하는 시장이다. 생산재시장은 생산자들끼리 원료와 반제품 그리고 생산설비와 같은 생산수단을 거래하는 시장이다. 노동시장은 자본가와 노동자가 노동력을 매매하는 시장이다. 금융시장은 채권자 혹은 투자자와 채무자가 채권과 주식, 외환 등 금융자산을 거래하는 시장이다. 토지시장은 토지의 소유자와 생산자 혹은 토지 이용자가 토지나 자연을 매매하거나 임대차(賃貸借)하는 시장을 말한다.

이러한 종류의 시장들과 그 시장에서의 경제주체를 나타낸 것이 <그림 7-1>이다. 생산자와 소비자가 상호작용하는 소비재시장에서는 소비자 물가가 결정되고, 생산자와 생산자가 상호작용하는 생산재시장에서는 도매물가가 결정된다. 자본가와 노동자가 거래하고 교섭하는 노동시장에서는 임금률이 결정되고, 채권자와 채무자가 상호작용하는 금융시장(채권시장과 주식시장)에서는 이자율과 주가가 결정된다. 토지소유자와 토지이용자가 거래하는 토지시장에서는 지가와 지대가 결정되고, 외환소유자와 외환이용자가 상호작용하는 외환시장에는 환율이 결정된다. 이러한 시장들에서 결정되는 소비자물가, 도매물가, 임금

〈그림 7-1〉 자본주의 경제의 시장과 경제주체

〈공급자〉		〈수요자〉
생산자 ——→	소비재시장 ←——	소비자
생산자 ——→	생산재시장 ←——	생산자
노동자 ——→	노동시장 ←——	자본가
채권자 ——→	금융시장 ←——	채무자
토지소유자 ——→	토지시장 ←——	토지이용자
외환공급자 ——→	외환시장 ←——	외환수요자

률, 이자율, 주가, 지가, 지대, 환율은 자본주의 경제의 변화를 초래하는 주요 가격변수들이다.

시장은 경쟁의 범위에 따라 국지적 시장(local market), 국민적 시장(national market), 세계시장(world market)이 성립한다. 국지적 시장은 좁은 지역 범위에서 경쟁이 이루어지는 시장이다. 교통과 통신이 미발달한 상태에서 상품생산이 일정 지역 내에서 부분적으로 이루어지고 있던 중세 전근대사회에서 시장은 대부분 국지적 시장으로 성립하고 있었다. 상품생산이 전면적으로 전개된 자본주의가 등장하고 국민국가가 성립되고 교통과 통신이 발달함에 따라 경쟁의 범위가 전국으로 확대되어 국민적 시장이 성립한다. 그리고 국민국가 사이에 이루어지는 국제무역과 국제자본이동이 활발해짐에 따라 경쟁의 범위가 국경을 넘어 확대되어 세계시장이 성립하게 되었다.

오늘날 자본주의는 세계시장 속에서 재생산되고 있다. 정보통신기술과 교통이 발달되고 자유무역의 확대로 무역과 금융이 자유화됨에 따라 세계가 하나의 시장으로 통합되어가고 있다. 소비재와 생산재의 세계시장은 말할 필요도 없고, 금융의 세계시장이 형성되고 있다. 세계시장이 성립하였다는 것은 한 국민국가 내의 생산자들이 글로벌 경쟁(global competition)에 직면하게 되었다는 것을 의미한다. 국경 없는 무한경쟁이니 거대경쟁(mega-competition)이니 하는 말은 이와 같이 시장이 세계적 범위로 확대되면서 경쟁이 격화된 상황을 가리킨다.

시장의 형태

시장은 경쟁의 완전성의 정도에 따라 보통 완전경쟁시장, 독점적 경쟁시장, 과점시장, 독점시장 등의 네 가지 형태로 구분된다. 경쟁의 완전성은 거래자의 수, 거래자들의 자산소유분포, 거래되는 상품의 동질성, 시장 진입과 퇴출의 자유, 정보의 완전성 등의 기준에 따라 그 정도가 정해진다.

완전경쟁(perfect competition)시장은 생산능력이 비슷한 다수의 공급자가 자유롭게 시장에 참가하여 상품에 대한 완전한 정보를 가지고 동질적인 상품을 거래할 경우에 성립하는 시장형태이다. 이러한 완전경쟁시장은 현실에서는 찾아보기 힘든 이론상의 시장이다. 완전경쟁시장에서는 어떤 거래자도 시장지배력을 가질 수 없다. 모든 거래자들은 그들의 상호작용을 통해 형성된 가격을 주어진 것으로 받아들일 뿐 가격을 결정할 수 있는 능력이 없다. 즉 완전경쟁시장에서 거래자들은 가격설정자(price-setter)가 아니라 가격수용자(price-taker)이다. 완전경쟁기업은 주어진 가격에서 생산하고 공급할 뿐이다.

독점적 경쟁(monopolistic competition)시장은 다수의 공급자가 자유롭게 시장에 참가하여 종류는 같으나 품질이 약간씩 다른 상품을 거래하는 경우에 성립하는 시장형태이다. 독점적 경쟁시장은 기업들이 다른 경쟁기업들과 다른 디자인이나 성능을 가진 상품을 생산하여 제품 차별화(product differentiation)를 할 경우에 성립하는 시장이다. 이 시장형태에서는 다수의 공급자가 존재하고 진입과 퇴출이 자유롭기 때문에 경쟁적이지만, 제품 차별화가 이루어지기 때문에 특정 기업이 일정한 시장 지배력을 행사할 수 있다. 따라서 독점적 경쟁기업은 어느 정도 가격설정자로서 행동한다. 그러나 유사한 상품을 생산하는 다수의 경쟁기업이 존재하기 때문에 가격결정 능력은 매우 제한적이다.

과점(oligopoly)시장은 생산능력이 큰 소수의 공급자들이 유사하거나 동질적인 상품을 생산하여 거래하는 시장이다. 과점시장에서는 생산능력이 큰 소수의 기업들이 시장을 분할하고 있기 때문에 시장 진입이 자유롭지 못하다. 과점시장에는 소수의 과점기업이 강한 시장 지배력을 행사한다. 따라서 과점기업은 가격설정자가 된다. 과점기업들은 서로 치열한 경쟁을 하는 적수(rival)관계에 있다. 과점기업은 서로 상대방의 전략을 감안하여 자신의 최선의 전략을 선택하는 전략적 행동을 한다. 이 과정에서 과점기업들은 생산량과 가격에 대해 협정을 맺는 담합(collusion)에 이르기도 한다. 이 담합의 결과 카르텔(cartel)이라는 기업결합이 나타난다. 이렇게 되면 과점기업들의 시장 지배력은 더욱 강력해진다. 과점기업들은 서로 경쟁하면서도 협력한다. 오늘날 빈번히 나타나고 있는 경쟁기업들간의 전략적 제휴는 과점기업들간의 협력적 행동 중의 하나이다.

독점(monopoly)시장은 공급자의 수가 오직 하나인 시장형태이다. 독점시장에서는 어떤 상품을 하나의 거대기업이 유일하게 공급한다. 다른 생산자들이 시장에 진입할 수 없고 경쟁할 수 없다. 진입장벽이 존재하는 것이다. 진입장벽이 존재하는 주된 이유는 하나의 기업이 어떤 상품을 생산하는 핵심적 원재료나 기술을 유일하게 보유하고 압도적인 생산능력을 가지고 있기 때문이다. 특허권과 같이 국가가 법률로 특정 기업에게 어떤 상품을 생산할 배타적 권리를 부여할 경우에도 진입장벽이 생긴다.

독점시장에서는 독점기업이 시장을 완전히 지배하는 가격설정자가 된다. 따라서 독점기업은 수요자의 특성에 따라 가격을 다르게 매길 수 있는 가격차별(price discrimination)을 행할 수 있다. 이러한 공급독점과 달리 수요자가 하나인 경우를 수요독점(monopsony)이라 한다. 이 경우에는 수요자가 시장지배력을 가지고 가격설정자가 된다. 이러한 시장의 네 가지 형태 중 현실에 존재하는 시장은 거의 대부분 완전경쟁시장도 아니고 독점시장도 아니다. 독점적 경쟁시장이거나 아니면 과점시장이다. 이 둘을 합하여 불완전경쟁시장이라 한다. 자본주의에서 현실의 시장이 불완전경쟁시장일 수밖에 없는 주된 이유는 시장에 참가하는 경제주체들의 권력과 정보가 비대칭적이기 때문이다.

3. 시장의 기능과 효과

시장에 대한 세 가지 관점

시장은 어떤 기능을 하고, 어떤 효과를 낳는가? 시장경쟁은 어떠한 결과를 낳는가? 경제학에서 시장의 기능과 효과에 대해서는 크게 세 가지 대립되는 견해가 존재한다.

신고전파 경제학에서는 시장의 완전성을 신봉한다. 즉 시장에서는 항상 수요와 공급이 일치하는 균형이 달성되며, 시장기구를 통해 자원이 효율적으로 배분된다고 본다. 즉 시장경쟁을 통해 달성되는 균형상태에서는 자원이 완전 이용되고 고용되며, 수요자들과 공급자들의 후생이 극대화된다는 것이다. 시장에 참가하는 이기적인 수요자들과 공급자들이 자신의 이익을 추구하기 위한 행동의 결과가 경제 전체의 질서와 조화를 창출한다고 생각한다. 시장의 '보이지 않는 손(invisible hand)'의 작용을 통해 개인의 이기적 행동이 사회적 이익을 가져온다고 본 애덤 스미스와 시장에서 '자생적 질서'가 형성된다고 보는 하이에크 (F. A. Hayek)는 이러한 관점을 제시한 대표적 학자들이다.

케인스 경제학에서는 시장이 불완전하다고 본다. 시장에서는 총수요와 총공급이 일치하지 않는 불균형상태가 일반적이다. 균형상태는 일시적이고 특수한 상황일 뿐이다. 특히 자본주의 시장경제에서는 수요가 부족하여 생산설비가 완전 이용되지 못하고 노동자가 완전 고용되지 못하는 불황과 실업상태가 일반적이라고 본다. 또한 기업의 투자수요가 매우 가변적이기 때문에 시장경제는 불안정하다. 시장 거래자들간에 정보 보유상태가 다른 정보 비대칭성이 존재하기 때문에 시장경쟁은 불완전하다. 이러한 시장의 불완전성은 '보이는 손(visible hand)'인 정부의 개입을 통해 보완되어야 하고 또한 보완될 수 있다는 것이 케인스 경제학의 견해이다.

정치경제학에서는 시장은 근본적으로 무정부성(anarchy)을 가지기 때문에 불안정하다고 본다. 여기서 무정부성이란 수요와 공급을 사전적으로 일치시켜주는 조정기구가 없다는 뜻이다. 무정부성은 곧 무계획성을 말한다. 시장경쟁은 균형이 아니라 끊임없이 불균형을 초래한다. 특히 자본가간 경쟁은 과잉투자와 과잉생산을 유발하여 총수요와 총공급이 괴리되게 만들고 경제위기를 초래한다. 위기를 통해 불균형이 일시적으로 해소되지만 새로운 불균형이 발생한다. 시장경쟁은 사회의 양극화를 초래하여 불평등을 심화시킨다. 따라서 시장은 조화가 아니라 대립과 갈등을 초래한다. 이러한 시장의 불균형과 불안정성은 시장이 고유하게 가지는 무정부성에서 비롯되고 있기 때문에, 국가의 개입을 통해서 약화될 수 있어도 근본적으로 해소될 수 없다고 보는 것이 정치경제학의 견해이다.

이와 같이 신고전파 경제학, 케인스 경제학, 정치경제학은 시장의 기능과 효과에 관해 견해를 달리하고 있다. 그렇다면 현실에 존재하는 시장은 어떠한 기능을 하고 무슨 효과를 낳는가?

시장: '자유-평등-호혜' 대 '억압-불평등-수탈'

시장에서 소비자는 자신의 욕구에 기초한 선호를 드러낸다. 소비자는 주어진 소득의 범위 내에서 그가 원하는 상품을 자유롭게 선택할 수 있다. 또한 시장의 거래자들은 서로 자유롭게 만나 상품의 판매와 구매를 그의 의지대로 결정한다. 이것이 시장에서의 자유이다. 시장에서 상품을 매매하는 사람들은 지위와 신분의 차이를 묻지 않는 대등한 거래자로 만난다. 그리고 거래자들이 동등한 계약 조건으로 등가교환(equal exchange)을 한다면 서로 평등한 것이다. 이것이 시장에서의 평등이다.

교환은 원래 자신에게 있는 것을 내어주고 없는 것을 받아오는 유무상통(有無相通)의 과정이다. 따라서 거래자들은 각자 교환을 통해 자기의 상품을 내어줌으로써 잃는 만족도(효용)보다 그 대가로 다른 상품을 받아옴으로써 얻는 만족도(효용)가 더 크게 된다. 그 결과 거래자 쌍방은 교환으로부터의 이익 즉 '교역이익(gains from trade)'을 얻게 된다. 이것이 시장에서 발생하는 호혜(互惠)이다. 이와 같이 시장에서 경제주체들은 '자유-평등-호혜'의 관계를 맺는다.

그러나 이는 시장이 가지는 속성의 일면이다. 다른 한편으로 시장에서는 이와 정반대의 '억압-불평등-수탈'의 관계가 존재한다. 시장에서 소비자가 선택할 수 있는 범위는 그가 가지는 소득과 부의 크기에 의해 제약된다. 따라서 고소득층과 부자의 소비생활은 자유롭지만 저소득층과 빈자는 자유롭지 못하다. 처지가 곤궁한 생산자는 그의 상품을 헐값에 내다 파는 궁박판매(窮迫販賣)를 강요당한다. 시장은 생산자들을 자신의 의지와는 상관없이 적자생존을 위한 경쟁전에 끊임없이 몰아넣는다. 이를 '경쟁의 외적 강제법칙'이라 한다. 경쟁에서 뒤처지는 패배자에게는 파산과 기아라는 시장의 채찍이 가해진다. 공장 밖에서 실업자들이 넘치고 있을 때 공장 안의 취업자에게는 통제가 강화된다. 이를 시장 전제(market despotism)라 한다. 이것이 시장의 억압이다.

구매력이 없는 소비자는 시장에서 배제된다. 또한 많은 생산영역에서 자산소유가 빈약한 영세 생산자들은 높은 시장 진입장벽에 직면한다. 시장에서의 거래자들간의 세력의 불균등은 불평등계약을 통한 부등가교환을 발생시킨다. 이것이 시장에서의 불평등이다. 서로 다른 가치를 가진 상품끼리 교환되는 부등가교환(unequal exchange)에서는 가치가 일방적으로 이전되기 때문에 호혜가 아니라 수탈이 발생한다. 시장지배력을 가진 생산자가 자신의 상품을 가치 이상으로 판매하고 다른 생산자의 상품을 가치 이하로 구매할 경우 수탈이 발생한다. 이것이 시장에서의 수탈이다.

시장: '자생적 질서'와 무정부성

시장에서는 수많은 경제주체들이 자신의 이익 실현을 위해 분산적으로 의사결정을 한다. 개별 경제주체들의 의사결정은 시장상황에 관한 국지적이고 주관적인 정보에 기초하고 있다. 따라서 시장에서 개인들의 행동은 복잡하고 혼란스럽다. 시장경제에서는 이러한 개인들의 행동을 사전적으로 조정할 수 있는 중앙조정기구가 없다. 그럼에도 불구하고 복잡하고 혼란스러운 의사결정의 결과가 완전한 무질서로 귀결되지 않는다. 하이에크에 의하면, 그 까닭은 시장에 참가하는 개별 경제주체의 행동들이 서로 조정되어 '자생적 질서(spontaneous order)'가 형성되는 메커니즘이 존재하기 때문이다.

자생적 질서는 어떻게 형성되는가? 시장에서 형성되는 가격은 시장상황에 관한 정보를 개인들에게 제공하는 정보전달기능을 한다. 개인들은 지속적으로 변화하는 가격이란 신호(signal)를 보고 생산과 소비활동, 수요와 공급행위를 변화시켜가는 것이다. 애초에 자신이 생산하는 상품의 가격이 어떻게 변화할지 모르는 상태에서 개별 생산자들이 시장에 상품을 공급했을 경우, 가령 그 상품의 가격이 하락하면 생산자들은 그것을 상품의 공급이 과잉하다는 신호도 받아들이고 상품 공급을 줄인다. 이와 같이 무수한 경제주체들의 행동이 상호작용한 결과 형성되는 가격의 변화에 따라 그 경제주체들의 행동이 상호 조정되어간다. 이 과정은 개인들이 가지고 있는 국지적이고 주관적인 정보가 시장경쟁을 통해 서로 조정되어 전체적이고 객관적인 정보가 창출되는 과정이다. 그 결과 시장에서 자생적으로 어떤 종류의 질서가 형성되는 것이다. 이것이 하이에크가 말하는 시장의 '자생적 질서'이고 애덤 스미스가 말하는 '보이지 않는 손'이다.

그러나 이 자생적 질서는 애덤 스미스나 하이에크가 생각한 것처럼 항구적인 것이 아니라 언젠가는 붕괴하는 일시적인 것이다. 시장경제는 기본적으로 무정부성을 가지기 때문에, 경제주체들의 분산적 의사결정이 상호작용하여 시장이 붕괴하고 파국이 초래될 수 있다.

예를 들면, 과잉생산은 가격을 폭락시켜 생산이 정지되고 유통이 마비되는 공황(panic)이 발생할 수 있다. 상품에 대한 초과수요가 일시에 폭발하면 가격이 폭등하여 매점매석과 투기가 만연하는 인플레이션이 발생할 수 있다. 토지투기, 주식투기, 외환투기 등 매매차익을 노리는 투기활동은 시장의 무질서와 붕괴를 가져올 수 있다. 이자율과 환율이 폭등하고 주가가 폭락하는 금융위기로 기업이 파산하고 경제활동이 급격히 침체되어 경제에 대혼란이 초래될 수 있다. 1930년대의 세계대공황과 1997~1998년의 아시아 금융위기와 외환위기는 그 전형적인 사례라 할 수 있다. 시장은 어떤 외적 충격이 아니라 그 내부모순으로부터 붕괴될 수 있다.

이와 같이 시장경제는 자생적 무질서와 혼란에 빠질 수 있는 것이다. 국가의 개입과 시민사회에 의한 통제가 없으면 시장은 자원배분을 하는 조정기구로서 역할을 수행할 수 없다. 폴라니의 지적처럼 제도에 착근되지 않는 시장은 사회를 파멸시킬 수 있는 것이다.

시장경쟁의 효과: 균등화 경향과 양극화 경향

시장은 경쟁을 통해 균등화(equalization) 경향과 양극화(polarization) 경향을 동시에 창출한다. 먼저 균등화 경향에 대해서 보자. 시장에서의 경쟁을 통해 하나의 상품에 대해 하나의 가격이 형성되는 일물일가(一物一價)의 법칙은 균등화 경향의 대표적인 사례이다. 특별잉여가치를 생산하려는 자본간 경쟁이 신기술을 보편화시켜 같은 산업 내 기업들의 생산조건이 평준화되는 것과 이윤율이 낮은 산업에서 이윤율이 높은 산업으로 자본이 이동하여 이윤율이 균등화되는 것은 균등화 경향의 주요한 예들이다. 시장은 이와 같이 경쟁을 통해 균등화 경향을 낳는다.

다음으로 양극화 경향을 보자. 시장경쟁은 부단히 격차를 발생시킨다. 신기술을 도입한 자본이 특별잉여가치를 생산하여 초과이윤을 획득함으로써 이윤율 격차가 발생한다. 이러한 경쟁이 격화되어 승자와 패자가 가려지고 승자가 성하고 흥하며 패자가 쇠하고 망하게 되면 양극화가 나타난다. 경쟁의 결과 압도적으로 우월한 기업이 시장지배력을 가지게 되면 그 기업은 지속적으로 고이윤을 획득하고, 열등한 기업은 저이윤율 상태에 머문다. 그 결과 이윤율 격차가 고정되고 경제가 고이윤율 부문과 저이윤율 부문으로 양극화된다.

시장에 제공할 것이 많은 부자가 고소득을 얻고 그것이 적은 빈자가 저소득을 얻게 되므로, 부의 불평등은 시장을 통해 소득의 불평등으로 전화된다. 소득의 불평등은 다시 부의 불평등을 가져온다. 시장경쟁에서 승리한 사람은 부와 소득이 늘어나고 패배한 사람은 부와 소득이 감소한다. 따라서 시장경쟁은 불평등을 누적적으로 심화시킨다. 이와 같이 시장은 경제와 사회의 양극화를 초래한다. 이런 점에서 시장기구는 공평성(equity)이 결여된 제도이다.

시장의 효율성과 시장실패

시장은 경쟁을 통해 효율성(efficiency)을 달성하는 작용을 한다. 경제학에서 말하는 효율성은 배분적 효율성과 기술적 효율성이란 두 가지 종류가 있다. 배분적 효율성(allocative efficiency)이란 사회구성원의 후생이 극대화되도록 자원이 최적 배분되어 있는 상태를 말한다. 기술적 효율성(technical efficiency)이란 최소의 투입(input)으로 최대의 산출(output)을 생산하는 상태를 말한다. 시장에서 완전경쟁이 이루어진다면 균형상태에서 자원이 완전 고용되고 최적 배분되는 배분적 효율성이 달성될 것이다. 그런데 현실에 존재하는 시장은 대체로 불완전경쟁시장이다. 불완전경쟁시장에서는 자원이 완전 고용되지 않고 과잉설비와 실업이 존재하는 것이 일반적이다. 따라서 현실의 시장에서 배분적 효율성은 달성되지 않는다.

반면 시장경쟁은 기술적 효율성을 달성하는 경향이 있다. 시장경쟁이 자본들

에게 기술적 효율성이 있는 생산방식을 채택하게 강제하기 때문이다. 특히 시
장경쟁은 혁신(innovation)을 자극한다. 새로운 기술과 생산방법을 도입하여 혁
신을 행하는 자본이 특별잉여가치를 얻고 혁신하지 않은 자본은 도태되기 때문
이다. 시장이 혁신을 자극하기 때문에 시장경제에서는 생산력 발전이 촉진된다.
  시장은 소비자들에게 상품의 자유로운 선택을 보장하고 교역이익을 발생시
키며 자생적 질서를 형성하고 혁신을 촉진한다. 이는 시장의 성공을 말해준다.
시장실패(market failure)란 시장이 자원을 효율적으로 배분하지 못하고 공평하
게 분배하지 못하는 상황을 말한다. 앞에서 서술한 시장에서의 배제, 부등가교
환, 실업과 과잉설비, 불평등의 심화와 양극화 등은 시장실패의 현상들이다.
  시장실패는 공공재와 외부성이 존재할 경우에도 발생한다. 공공재(public
goods)란 비용을 지불하지 않는 사람의 사용을 배제할 수 없고, 한 사람의 이용
이 다른 사람의 이용가능성을 줄이지 않는 재화를 말한다. 국방이나 치안 그리
고 공원 등이 공공재에 속한다. 이처럼 공공재는 소비에서 배제성(排除性,
excludability)과 경합성(競合性, rivalness)이 없기 때문에 개인들이 무임승차하
여 공짜로 소비하려고 한다. 따라서 이윤을 추구하는 생산자들은 공공재를 공
급하려고 하지 않는다. 이와 같이 공공재는 시장을 통한 공급이 어렵기 때문에,
이 부분에서 시장실패가 발생한다. 사회의 유지에 필수적인 이러한 공공재는
국가가 개입하여 공급하지 않을 수 없다.
  외부성(externality)이란 한 경제주체의 행동이 시장기구를 통하지 않고 다른 경
제주체의 후생에 영향을 주는 것을 말한다. 교육, 연구개발, 보건과 같이 다른 경
제주체의 후생을 증가시키는 경우를 양의 외부성(positive externality)이라 하고,
환경오염과 같이 후생을 감소시킨 경우를 음의 외부성(negative externality)이라
한다. 연구개발과 같이 양의 외부성이 존재할 경우, 개인들이 외부성을 발생시키
는 그 재화 생산에 적극적으로 투자하지 않기 때문에 사회 전체적으로 과소투자
가 나타난다. 환경오염과 같이 음의 외부성이 존재할 경우, 자신이 발생시킨 오염
비용을 부담하지 않는 공해기업은 계속 오염을 발생시킬 것이므로 시장기구를 통
해서는 환경오염이 줄어들지 않는다. 여기서 또한 시장실패가 나타난다.
  이와 같이 시장실패에 따른 비효율성과 불공평성을 완화하기 위해서는 시장
에 대한 국가의 개입이 필요하다. 아울러 환경운동처럼 시장에 대한 시민사회

의 통제가 필요하다. 국가개입을 통해 시장의 비효율성과 불공평성을 어느 정도 해소할 수 있지만, 시장의 근본적 속성을 바꿀 수는 없다. 또한 국가개입 그 자체가 비효율과 고비용을 발생시키는 '정부실패'[4]를 낳을 수 있다.

시장의 양면성과 인간의 삶

이상에서 논의한 바와 같이 시장은 '자유-평등-호혜'의 측면과 '억압-불평등-수탈'의 측면, 자생적 질서 형성의 측면과 자생적 무질서의 측면, 균등화 경향과 양극화 경향, 시장의 효율성 측면과 시장실패 측면 등 서로 대립하는 두 측면이 공존하는 양면성을 가진다. 야누스처럼 두 얼굴을 가진 시장의 이러한 특성을 '시장의 양면성'으로 규정할 수 있다. 시장기구에 대한 평가는 이 양면 중에서 어느 측면을 더 강조하느냐에 따라 달라진다.

이러한 시장의 양면성은 인간의 삶에 어떤 의미를 가지는가? 사회적 분업이 고도로 진전되어 사회적 생산이 복잡하게 연계되어 있는 오늘날 시장기구를 통하지 않고는 생산활동이 조정될 수 없다. 혁신을 촉진하는 시장의 역동성 없이는 생산력의 발전과 지속적 성장을 기대할 수 없다. 인간의 생활이 고도로 복잡하고 다양하기 때문에 경제주체들의 욕구는 시장기구를 통하지 않고는 충족될 수 없다. 중앙계획기구의 계획을 통해 생산과 소비, 공급과 수요를 사전적으로 조정하고 생산력을 발전시키려 했던 사회주의 계획경제는 결국 실패하고 말았다. 인간의 욕구가 보다 복잡하고 다양해지고 있는 현재의 추세가 앞으로 지속될 경우 시장은 인간 삶의 유지에 필수불가결할 것이다. 현재로서는 시장이 없는 인류 문명을 생각할 수 없다. 따라서 인류 역사의 현 단계에서 시장기구를 폐지하려는 시도는 공상이 될 것이다.

시장은 인간의 삶의 질 향상에 긍정적인 효과를 미친다. 시장은 경제주체들에게 선택의 자유를 보장하고 생산의 혁신을 촉진한다. 따라서 시장에 맡겨놓을 경우 개인선택의 자유가 보장되고, 생산의 혁신을 통해 생산력이 향상될 수 있다. 이러한 시장의 자유와 효율성은 인간의 삶의 질 향상에 기여한다. 특히 중세 봉건사회의 신분제적 관습이나 사회주의의 행정당국의 명령에 의한 자원

---

4) 정부실패에 대한 자세한 논의는 제16장 6절에서 다룬다.

배분이 아니라 자유로운 개인들의 자율적 선택에 의해 자원배분이 이루어지는 시장경제는 인간에게 자유를 부여한다. 따라서 인류 역사의 현 단계에서 시장의 이러한 긍정적인 효과를 극대화할 수 있도록 시장기능을 활성화시키는 것은 어떤 경제체제에서도 요청된다.

그러나 다른 한편 시장은 인간의 삶의 질을 떨어뜨리는 부정적 효과를 미친다. 시장기구는 빈약한 경제주체들에게 억압을 가하고 경제주체들간에 불평등과 수탈이 발생하도록 하며, 경제를 불안정하게 하고 사회를 양극화시키는 부정적 측면을 가진다. 시장에서 지배하는 우승열패와 적자생존의 경쟁논리는 인간관계를 황폐화시키고 비인간화시킨다. 사람들 사이의 공평성과 연대의 논리는 시장기구 내에 자리잡을 틈이 없다. 따라서 시장은 사회를 분열시키고 해체시키는 역할을 한다.

시장기구를 통해서는 사회적으로 유익한 공공재가 제대로 공급되지 않으며 환경오염이 억제되지 않는다. 특히 자연이 상품화되어 시장에서 거래되면 생태계파괴가 가속화된다. 이런 점에서 시장은 인간의 삶의 질을 떨어뜨리고 인류의 생존 자체를 위협한다. 따라서 시장의 이러한 부정성을 해소하기 위해서는 시장에 대한 국가와 시민사회의 민주적 통제[5]가 필수적이다.

이러한 시장의 양면성에 비추어볼 때, 인간의 삶의 질을 향상시키기 위해서는 한편으로는 시장기능을 활성화시키고 다른 한편으로는 시장을 통제해야 한다는 딜레마에 빠지게 된다. 따라서 이 딜레마를 어떻게 해결할 것인가가 시장경제의 경제정책 수립에서 핵심적 문제로 된다. 잘 정비된 제도들에 시장을 착근시킬 때 시장의 부정성 발현이 억제되고 시장의 긍정성이 발휘될 수 있을 것이다.

┌ 더 읽을거리 ─────────

■ 김균. 1994, 「하이에크의 시장질서론」, 『사회경제평론 7』, 한국사회경제학회 엮음.
안청시. 2000, 「폴라니의 정치경제학」, 안청시·정진영 엮음, 『현대정치경제학의 주요이론가들』, 아카넷.

5) 이 문제에 관해서는 제23장 대안적 경제체제와 발전모델에서 다룬다.

알베르 자카르. 1999, 『나는 고발한다, 경제 지상주의를』(이영자 옮김), 다섯수레.
앤드류 수크무클러 지음, 박상철 옮김. 1993, 『시장경제의 환상』, 매일경제신문사.
칼 폴라니 지음, 박현수 옮김. 1991, 『거대한 변환』, 민음사.

제8장
자본가와 기업

자본주의는 자본이 지배하는 사회이다. 따라서 자본의 소유자인 자본가는 자본주의에서 가장 능동적인 경제주체이고, 자본가의 행위는 자본주의 경제를 변화시키는 중요한 힘이다. 자본가는 잉여가치를 생산하기 위해 기업을 조직한다. 기업은 시장과 함께 자본주의 경제의 핵심적 제도이다. 이 장에서는 자본가와 그 대리인인 경영자가 어떤 기능을 하는지, 자본주의적 기업의 본질은 무엇인지를 알아본다. 그리고 제도로서의 기업을 기업체제와 생산체제로 나누어 고찰한다.

1. 자본가와 경영자

자본기능과 자본가

자본은 잉여가치를 낳는 가치이다. 자본이 잉여가치를 생산하는 기능을 자본기능이라 한다. 그런데 노동가치론에 의하면 자본이 잉여가치를 생산하지만 잉여가치의 원천은 노동자의 노동력이다. 잉여가치는 노동자가 그의 노동을 통해 창출한 새로운 가치인 부가가치에서 노동력 가치를 뺀 것이다.

잉여가치를 생산하려면 우선 노동자에게 필요노동시간 이상을 노동하여 착취가 이루어지도록 만드는 강제와 고용계약이 필요하다. 생산수단의 소유자인 자본가와 생산수단의 비소유자인 노동자 사이에 권력이 비대칭적이기 때문에 자본가가 노동자를 착취할 수 있는 강제가 가능하다. 이러한 경제적 강제가 배후에서 작용하기 때문에 자본가와 노동자 사이에 본질적으로 불평등한 고용계약의 성립이 가능하다.

다음으로 노동력을 노동으로 전화시키는 노동통제가 필요하다. 잉여가치를 생산하려는 자본가에게 있어 노동통제는 결정적으로 중요한 과정이다. 주어진 노동력으로부터 더 많은 노동을 지출하게 하여 더 많은 잉여가치를 생산하려면 노동시간의 연장, 노동강도의 증대, 노동생산성의 향상, 노동력의 질 향상 등을 가능하게 하는 경영과 기술이 필요하다. 잉여가치 생산을 최대화할 수 있는 합리적 경영방식의 도입과 적합한 기술선택이 노동통제의 핵심적 문제이다.

자본기능은 두 측면을 가진다. 한편으로 자본은 잉여가치를 생산하기 위해 노동을 착취하고 그 착취를 강화하기 위한 노동통제를 수행한다. 이를 자본의 착취기능이라 한다. 착취기능은 자본가가 노동자에게 가하는 강제와 억압, 통제와 감독 기능을 말한다. 그러나 다른 한편 자본가는 생산을 지휘하고 혁신하는 기능도 한다. 이를 자본의 생산기능이라 한다. 이와 같이 자본기능은 착취기능과 생산기능이라는 이중성을 가진다.

자본가(capitalist)는 이러한 이중적인 자본기능을 담당하는 경제주체이다. 잉여가치를 창출하기 위한 착취와 생산이라는 자본기능은 자본의 본성이다. 자본가는 이러한 자본의 본성에 따라 행동하는 '인격화된 자본'이다. 따라서 자본가는 착취자임과 동시에 생산자이다. 착취자로서 자본가는 노동자를 억압하고 통제하며 자본의 권력을 행사하여 노동자에게 명령한다. 자본가는 기업이라는 전투조직에서 산업병졸인 노동자에게 잉여가치 생산이란 전투를 명령하는 산업사령관이다. 생산자로서 자본가는 생산의 구상과 기획을 하고 노동자들의 생산활동을 조정하고 혁신을 추진한다. 자본가는 제품을 생산하는 기업이라는 오케스트라의 지휘자이고, 황금을 찾아나서는 기업이란 탐험대의 대장이다.

자본가가 지주와 다른 것은 그가 단순히 착취자일 뿐만 아니라 생산자라는 것이다. 자본가가 노동자와 다른 점은 생산자이면서 착취자라는 것이다. 착취자로서 자본가는 노동자를 억압하고 착취한다는 점에서 사회적 진보의 장애물이지만, 생산자로서 자본가는 생산력을 발전시킨다는 점에서 경제적 진보의 주도자이다. 잉여가치 생산을 위해 노동자를 억압하고 착취하는 과정에서 인간의 자유와 생명을 파괴할 수 있고, 생산력을 발전시키는 과정에서 자연을 파괴할 수 있다.

이제 자본가를 좀더 자세하게 정의하면 다음과 같다. 즉 자본가란, 생산수단의 사적 소유와 노동력의 상품화가 이루어지고 있는 상황에서, 이윤을 획득하기 위해 생산수단을 소유하고 노동자를 고용하여 생산을 기획하고 노동을 착취하여 잉여가치를 생산하는 계급이다. 따라서 자본가는 소유자(owner), 고용주(employer), 착취자(exploiter), 생산자(producer)라는 다면적인 속성을 가진다. 여기서 생산자는 생산의 구상과 기획의 담당자라는 의미이며 직접적 생산자라는 의미는 아니다. 그리고 물론 이때의 자본가는 산업자본가이다.

잉여가치 분배 측면에서 보면, 자본가는 잉여가치의 전유자이고 이윤소득의 수취자이다. 자본가는 잉여가치를 취득하고 그 잉여가치를 대부자본가에게 이자, 상업자본가에게 상업이윤, 지주에게 지대의 형태로 분배하고 나머지를 기업이윤으로 수취한다. 잉여가치 실현 측면에서 보면 자본가는 상품판매자다. 자본가가 은행 등 금융기관으로부터 대부를 받거나 채권을 발행하여 화폐자본을 조달하는 경우 채무자가 된다.

자본기능의 대행자로서의 경영자

자본의 규모 혹은 기업규모가 작을 경우 자본가는 자본기능을 스스로 수행한다. 자본주의 초기 대부분의 기업에서 산업자본가는 생산수단을 소유하고 직접 생산을 구상하고 기획하며 노동통제를 수행하였다. 즉 소유자임과 동시에 고용주이고 착취자이면서 생산자였다. 현대자본주의에서도 소기업에서는 자본가가 이런 네 가지 역할을 동시에 수행하고 있다.

그러나 자본규모 혹은 기업규모가 커짐에 따라 자본가는 자본기능의 일부를 '특수한 종류의 임노동자'에게 대행하도록 한다. 이와 같이 자본가로부터 자본기능의 일부를 위임받은 특수한 종류의 임노동자가 바로 경영자(manager)이다. 경영자에게는 자본의 착취기능과 생산기능의 일부가 위임된다. 경영자는 자본가의 명령에 따라 잉여가치를 생산하기 위해 생산을 기획하고 노동통제를 수행한다. 이는 마치 군대에서 장교가 사령관의 명을 받고 전투를 수행하기 위해 사병들을 통솔하는 것과 같다. 맑스의 적절한 비유대로 경영자는 산업사관

(industrial officier)이다. 경영자는 잉여가치의 생산과정뿐만 아니라 잉여가치 실현과정에서도 자본가의 업무를 대행한다. 생산관리, 인사관리, 노무관리, 재무관리, 판매관리 등 기업경영의 각 영역에서 경영자들이 자본기능을 대행한다. 이와 같이 경영자는 자본가의 대리인이다.

경영자는 한편으로는 자본가적 속성과 다른 한편으로는 임노동자적 속성을 가진다. 경영자가 자본가적 속성을 가지는 이유는 자본기능을 대행하기 때문이다. 이런 측면에서 경영자는 고용주와 착취자의 역할을 한다. 경영자가 임노동자인 이유는 생산수단을 소유하지 않고 자본가에게 고용되어 경영노동을 행하기 때문이다. 이런 측면에서 경영자는 노동기능을 수행한다. 이와 같이 경영자는 자본가계급과 노동자계급 사이의 중간적 위치를 점하는 모순적인 존재이다.

그런데 주식회사제도가 도입되어 자본소유와 자본기능이 완전히 분리될 경우, 주주는 화폐자본가가 되고 경영자는 기능자본가가 된다. 화폐자본가인 주주는 기업의 법률상 소유자이지만, 기능자본가인 경영자는 실질적 소유자가 된다. 이 경우 경영자는 주식회사의 이사로서 고용주, 착취자, 생산자라는 자본가적 속성을 가지고 자본기능을 직접 수행하는 최고경영자(CEO: top management)와 자본가적 속성과 노동자적 속성을 동시에 가지고 자본기능을 대행하는 중간경영층(middle management)으로 구성된다.

잉여가치의 분배 측면에서 보면, 경영자는 이윤의 일부를 분배받는다. 따라서 경영자의 소득은 이윤과 임금으로 구성된다. 이때 이윤은 경영자의 자본가적 속성으로부터, 임금은 그의 노동자적 속성으로부터 발생한다.

2. 자본주의적 기업의 본질

자본주의적 기업이란 무엇인가

기업(firm)은 사회적 분업체계 아래에서 상품생산자들이 영리획득을 목적으로 상품을 생산하는 조직이다. 시장경제에서는 시장과 기업이라는 두 가지 기본적 제도가 존재한다. 시장을 향해 생산하는 기업들은 시장을 통해 상호작용한다. 기업은 다른 기업들의 행동과 수요자들의 행위에 영향을 받는다. 기업조직은 전면적인 상품생산 사회인 자본주의 경제에서 가장 광범위하게 존재한다.

기업이 존재하는 이유는 무엇인가? 이에 관해서는 두 가지 설명방식이 있다. 윌리엄슨(O. E. Williamson) 등으로 대표되는 신제도주의 경제학(New Institutional Economics)에서는 경제주체들이 거래비용을 줄이기 위해 기업을 조직한다고 본다. 여기서 거래비용(transaction cost)이란 시장거래에서 발생하는 일체의 비용을 말한다. 어떤 상품을 시장에서 구입하는 데 드는 거래비용이 그 상품을 생산하는 데 드는 관리비용보다 클 경우, 경제주체는 그 상품을 시장에서 사지 않고 기업을 조직하여 생산한다는 것이다. 이러한 설명방식에서는 기업조직 발생을 거래비용을 감소시키려는 경제주체들의 합리적 선택의 결과로 본다.

그러나 정치경제학에서는 잉여가치를 생산하기 위한 노동통제를 위해 기업을 조직한다고 본다. 잉여가치는 노동력을 노동으로 전화시키는 노동통제를 통해 생산되는데, 그러한 노동통제를 위한 조직이 기업이라는 것이다. 따라서 정치경제학의 관점에 의하면 기업은 거래비용을 줄이기 위해 조직되는 것이 아니라 잉여가치 생산을 위한 노동통제를 위해 조직된다. 마글린은 산업혁명 과정에서 출현한 공장제도는 노동을 효율적으로 조직하는 수단이라기보다는 노동통제를 통해 노동자로부터 더 많은 노동력을 추출하여 잉여가치 생산을 증가시키는 수단이었다고 주장한다.

기업이 거래비용을 줄일 수 있는 것은 사실이다. 그리고 기업이 필요한 어떤 상품 예컨대, 부품을 시장에서 구입할 것인지 아니면 스스로 만들 것인지를 거래비용의 최소화의 관점에서 결정하는 것도 사실이다. 그러나 이보다 더 근본적인 사실은 기업이 잉여가치 생산을 위해 조직된다는 것이다. 시장거래를 통해서는 잉여가치가 발생하지 않기 때문이다. 잉여가치를 생산하기 위해서는 노동통제가 필수적이다. 따라서 기업이 존재하는 근본적 이유는 거래비용의 감소에 있는 것이 아니라 노동통제의 필요성에 있다.

자본주의적 기업(capitalist firm)은 자본주의 경제에서 자본가가 노동자를 고용하여 이윤획득을 목적으로 상품을 생산하는 조직이다. 자본이 상품생산을 위해 스스로를 조직하는 형태가 자본주의적 기업이다. 자본이 인격화된 것이 자본가이고 그 자본가가 자본을 조직화한 것이 자본주의적 기업이다. 자본주의에는 자본주의적 기업 이외에도, 자영업자가 경영하는 자영기업, 국가가 노동자를 고용하는 국영기업, 다수의 생산자들이 대등하게 결합한 협동조합 기업, 노동자가 직접 경영하는 노동자 관리기업 등이 있다. 이들은 시장을 향한 상품생산을 한다는 점에서 공통적이지만 경영주체와 생산관계가 서로 다르다. 자본주의적 기업에서는 자본가와 노동자 간에 고용관계가 성립하고 있다는 점에서 다른 기업 유형과 구분된다.

자본주의적 기업은 사회주의 계획경제에서의 사회주의적 기업과 대비된다. 자본주의적 기업에서는 이윤을 추구하는 시장경쟁원리에 따라 상품을 생산하는 반면, 전형적인 사회주의적 기업은 사회구성원의 욕구를 충족하는 계획원리에 따라 상품을 생산한다. 전형적인 사회주의 기업은 중앙계획당국의 명령에 따라 생산하는 국영기업이다. 이외에 사회주의에는 협동조합 기업과 노동자가 스스로 관리하는 자주관리 기업이 존재한다. 구 소련에는 주로 국영기업이 존재하였고 구 유고슬라비아에는 자주관리기업이 존재한 바 있다. 협동조합 기업은 주로 농업부문에서 존재하였으나 사회주의 개혁과정에서 공업부문으로 점차 확대된 바 있다.

자본주의 경제의 생산활동은 대부분 자본주의 기업들을 통해 이루어진다. 자본주의적 기업은 자본주의 경제의 핵심을 구성하는 요소로서 성장과 위기, 모순과 갈등의 진원지이다. 따라서 자본주의적 기업의 구조와 행동을 분석하는 것은 자본주의 분석의 기초가 된다. 기업분석은 시장분석과 함께 자본주의에 대한 미시적 분석(micro-analysis)의 중심을 이룬다.

주식회사: 자본주의적 기업의 대표적 형태

자본주의적 기업에는 개인기업, 합명회사, 합자회사, 유한회사, 주식회사 등의 형태가 있다. 개인기업은 한 명의 자본가가 소유하고 경영하는 기업이다. 합명회사는 두 사람 이상의 자본가가 공동출자하고 공동경영하는 기업이다. 합자회사는 경영에 참가하는 무한책임 자본가와 출자한 자본 범위 내에서만 책임을 지고 경영에 참가하지 않는 유한책임 자본가로 구성된 기업이다. 유한회사는 유한책임을 가진 다수의 자본가로 구성된 기업이다. 주식회사(corporation)는 다

수의 개별 자본가들의 사적 자본이 결합되어 사회적 자본이 형성되고 자본소유
와 자본기능이 분리된 기업형태이다. 주식회사에서는 자본소유자가 주주로서
단순한 화폐자본가로 되고 경영자가 기능자본가로 된다. 주식회사는 자본주의
적 기업의 대표적인 형태이다.

이제 주식회사제도에 대해 좀더 구체적으로 알아보자. 주식회사에서는 다수
의 자본이 모여 결합자본이 형성되기 때문에 자본규모가 큰 거대기업이 출현할
수 있다. 이 거대기업이 시장지배력을 가질 경우 독점기업이 형성된다. 따라서
주식회사제도는 독점형성의 한 요인이 된다. 주식회사에서는 자본소유와 자본
기능이 분리되고 자본소유자가 화폐자본가로 전화되기 때문에 전문경영자가 자
본기능을 수행할 수 있다.

이러한 측면에 주목하여 '경영자지배론'이 등장하였다. 경영자지배론은 주식
회사에서는 자본소유자가 아니라 전문경영자가 지배한다는 것이다. 그러나 주
식회사의 경영은 일반적으로 대주주가 지배하기 때문에 여전히 자본가 지배가
관철된다. 비록 전문경영인이 지배하더라도 자본소유자인 주주와 기능자본가인
경영자 사이에는 '주인-대리인(principal-agency)' 관계가 성립하여 주주는 주인
으로서 대리인인 경영자에게 영향력을 행사한다.

주식회사제도에서는 주식소유가 광범하게 분산될 수 있다. 주식소유의 대중
화와 그에 따른 소유분산은 주식소유의 민주화를 가져올 수 있다. 이런 측면에
주목하여 '대중자본주의(people's capitalism)'론이 등장하였다. 대중자본주의론
은 주식소유의 광범한 분산이 자본주의를 민주화한다는 긍정적 측면을 부각시
킨다.

대중자본주의론은 거의 전 국민 사이에 주식이 광범하게 분산되어 있는 미국
자본주의를 대중자본주의의 전형적 사례로 든다. 그러나 자본소유와 자본기능
이 분리되기 때문에 주식소유가 분산될수록 비교적 소수의 주식소유로도 기업
경영 지배가 가능하므로 소수 대주주의 경영지배력은 더욱 강해질 수 있다. 다
수의 소액주주는 경영지배력이 없이 소량의 잉여가치 청구권만 가지는 단순한
화폐자본가에 불과하다. 따라서 주식회사는 소수의 대자본이 다수의 소자본을
지배하는 형태라 할 수 있다.

주식회사제도에서는 개별적인 사적 자본이 결합되어 사회적 자본 형태를 취

한다. 주식회사의 법적 소유의 주체는 자연인이 아니라 법인(法人)이다. 사회적 자본 형태를 취하는 주식자본은 자본이 자본주의 내에서 사회화된 형태라 할 수 있다. 따라서 소유에서 사적 성격이 일정 정도 사라지고 사회적 성격이 나타난다. 자본주의적 사적 소유가 자본주의적 사회적 소유로 전환된다. 이 점에서 주식회사 형태는 자본주의적 생산양식 그 자체의 한계 내에서 사적 소유가 지양된 측면을 가진다고 할 수 있다. 이러한 측면에 주목하여 '법인자본주의(corporate capitalism)'론이 등장하였다. 법인자본주의론은 일본자본주의를 법인자본주의의 전형으로 본다. 그런데 법인자본주의에서는 자본의 지배가 자연인이 아니라 법인이라는 제도를 통해 보다 고차적인 형태로 관철된다는 점에 유의해야 한다.

3. 기업체제: 소유구조와 지배구조

기업 내의 생산관계로서의 기업체제

앞에서 자본주의적 기업의 대표적 형태인 주식회사에 대해 알아보았다. 주식회사 형태로 생산활동을 하는 기업의 구체적 성격은 무엇을 통해 알 수 있는가? 기업의 성격은 세 가지 지표 즉 첫째, 누가 소유하는가, 둘째, 누가 의사결정을 하는가, 셋째, 어떠한 방법으로 생산하는가 등을 통해 밝혀질 수 있다. 첫째는 소유구조 문제이고, 둘째는 지배구조 문제이며, 셋째는 생산체제 즉 기술체계와 작업조직의 문제이다.

이 세 가지 지표의 내용이 기업체제의 성격을 결정한다. 요컨대 기업체제는 기업의 소유구조와 지배구조, 그리고 생산체제를 포함하는 것으로서 이는 곧 기업 내의 생산관계의 성격을 나타내준다.

주식회사의 경우 기업 소유구조는 곧 누가 주주인가 하는 것이다. 따라서 기업의 소유구조는 주식소유의 분포를 통해 알 수 있다. 만약 어떤 기업의 주식이 수많은 주주들 사이에 완전히 균등하게 분산되어 있다면 그 기업의 소유는 완전하게 민주화되고 사회화되어 있다고 볼 수 있다. 만약 한 사람이 모든 주식을 전부 소유하고 있다면 그 기업의 소유는 완전하게 집중되고 완전히 사적인 성격을 가지게 된다. 이와 같이 주식소유의 집중과 분산의 정도에 따라 그 기업의 소유구조의 성격이 달라지게 된다. 국민주제도를 통해 주식소유가 광범하게 분산될수록, 종업원지주제도를 통해 주식이 노동자들 사이에 널리 분배될수록 그만큼 기업 소유구조는 사회화되고 민주화된다.

주식회사의 경우 기업지배구조(corporate governance)는 주주가 결정하는가 아니면 경영자가 결정하는가, 경영자가 단독으로 결정하는가 아니면 경영자와 노동자가 공동 결정하는가에 따라 달라진다. 자본소유와 자본기능이 분리되어 있고 기업경영에서 경영자가 전권을 가지고 의사결정을 할 경우 전문경영인체제가 된다. 대주주가 직접 경영에 참가하여 전권을 가지고 의사결정을 할 경우 소유자경영체제가 된다. 종업원지주제도(ESOP)가 실시될 경우 노동자는 소액주주로서 의사결정에 부분적으로 참가할 수 있다. 주주 혹은 경영자와 노동자가 공동으로 의사결정을 할 경우 노사공동경영체제가 된다. 기업지배구조의 민주화는 자본소유와 자본기능의 분리 여부와 노동자의 경영참가 정도에 의존한다.

대부분의 한국 재벌기업은 노동자 경영참가가 배제된 채 재벌총수 1인의 소유자경영체제인 극히 비민주적인 지배구조를 가지고 있다. 일본기업들의 경우 자본소유와 자본기능이 분리되어 있는 전문경영인체제이지만 노동자 경영참가가 배제된 지배구조를 가지고 있다. 미국 기업의 경우에는 주주가 의사결정을 하고 노동자가 배제된 전문경영인체제라는 지배구조를 가지고 있다. 독일 대기업의 경우 주주 대표와 노동자 대표가 기업 의사결정에 동수로 참가하는 노사공동결정제도(Mitbestimmung)에 의한 노사공동경영체제를 가지고 있다.[1]

기업체제의 유형

지배구조를 기준으로 본 기업체제의 유형은 <표 8.1>과 같이 구분할 수 있다. 가로축은 소유와 경영의 분리 여부를 나타내고 세로축은 기업경영에의 노동자 참가 여부를 나타낸다.

---

[1] 독일의 경우에 감사회가 노사동수로 구성된다고 해도 물론 핵심적 경영 사항은 자본측이 결정한다.

〈표 8.1〉 기업체제의 유형

구분	소유와 경영의 미분리	소유와 경영의 분리
노동자 배제	전제적 소유자경영체제	전제적 전문경영인체제
노동자 참가	민주적 소유자경영체제	민주적 전문경영인체제

소유와 경영이 분리되지 않는 경우 소유자경영체제가, 소유와 경영이 분리된 경우 전문경영인체제가 성립한다. 노동자 참가가 이루어지고 있는 경우에는 민주적 경영체제가, 노동자 참가가 배제되고 있는 경우는 전제적 경영체제가 성립한다. 소유와 경영의 분리와 미분리, 노동자 참가와 배제라는 두 가지 지표를 기준으로 했을 때, 기업유형은 <표 8.1>에서와 같이 네 가지로 나누어진다.

소유와 경영이 분리되지 않고 노동자 참가가 배제되는 기업은 '전제적 소유자경영체제'로 분류할 수 있다. 이러한 기업체제를 가진 기업이 가장 전제적인 기업 유형이라 할 수 있다. 이와 정반대로 소유와 경영이 분리되고 노동자 참가가 이루어지는 기업은 '민주적 전문경영인체제'로 분류할 수 있다. 이러한 기업체제를 가진 기업은 자본주의적 기업 중에서 가장 민주적인 기업 유형이라 할 수 있다. 1인의 소유자가 직접 경영하면서 노동자 참가를 배제하는 기업은 완전 전제적 기업(perfectly despotic firm)으로 규정할 수 있다. 주식소유가 완전하게 분산되고 소유와 경영이 분리되며 노동자 참가가 노사 동수의 공동결정이 이루어지는 수준에 도달한 기업을 완전 민주적 기업(perfectly democratic firm)으로 규정할 수 있다. 한편 소유와 경영이 분리되지 않지만 노동자 참가가 이루어지는 기업은 '민주적 소유자경영체제'라 할 수 있다. 그리고 소유와 경영이 분리되고 있지만 노동자 참가가 배제되는 기업은 '전제적 전문경영인체제'라 할 수 있다.

산업혁명 직후 19세기의 고전적인 자본주의적 기업은 완전 전제적 기업에 가까웠다고 할 수 있다. 20세기 초에 출현한 근대적인 자본주의적 기업인 주식회사는 '전제적 전문경영인체제'에 가까웠다. 20세기 중반 이후 노사공동결정제도와 종업원지주제도와 같은 노동자 참가 제도가 도입됨에 따라 '민주적 전문경영인체제'에 가까운 기업체제가 아주 제한된 범위에서 성립하고 있다. 현재 한국의 기업체제는 대부분 주식회사제도가 도입되고 있음에도 불구하고 대주주가 직접 경영하면서 노동자 참가를 배제하고 있기 때문에 '전제적 소유자 경영체제' 유형에 속한다 하겠다.

기업체제의 이해관계자

이러한 기업체제에는 서로 이해관계를 달리하는 경제주체들이 결합되어 생산관계를 맺고 있다. 이들을 이해관계자(stakeholder)라 한다. 주식회사의 경우 기본적 이해관계자는 주주, 경영자, 노동자이다. 주주는 경영권을 가질 수 있는 대주주와 그렇지 못한 소액주주로 나누어진다. 경영자는 이사회 구성원인 최고경영자와 그렇지 못한 중간경영자로 나누어진다. 노동자는 생산직, 사무직, 기술직 노동자로 나누어진다.

이들 주주, 경영자, 노동자는 기업의 성장·발전에 가장 직접적인 이해관계를 가지고 있는 이해관계자들이다. 주주는 주가와 배당에, 경영자는 이윤에, 노동자는 임금과 고용에 직접적인 이해를 가진다. 기업체제 내에서 이들은 서로 이해가 대립되기도 하고 일치하기도 한다. 단기적인 주가차익을 노리고 높은 배당을 바라는 주주와, 주가안정과 이윤의 사내유보를 바라는 경영자 사이에 이해의 대립이 생긴다. 경영자와 노동자는 잉여가치 생산을 위한 노동시간 및 노동강도의 설정, 임금결정, 고용유지 문제를 둘러싸고 대립한다. 주가를 높이기 위해 감량경영(downsizing) 형태의 기업구조조정을 하여 노동자를 정리해고할 때 주주와 노동자 간에 이해가 대립한다. 그러나 기업의 고성과가 고이윤, 고배당, 고임금, 고용안정을 실현할 경우 이들의 이해는 일치할 수 있다.

기업이 외부로부터 화폐자본을 빌릴 경우 채권자가 또 하나의 이해관계자가 된다. 은행 등 금융기관이나 기관투자가가 주요한 채권자이다. 기업의 부채비율이 높을 경우 채권자는 주주보다 더 중요한 이해관계자가 될 수 있다. 특히 기업이 도산 위기에 빠질 경우 채권자는 우선적인 권리를 행사하고 경영에 영향을 미친다. 또한 기업이 파산하면 채권자도 연쇄파산할 수 있다. 이런 이유로 채권자는 기업의 주요한 이해관계자가 된다. 기업성과가 양호하고 기업이 성장할 경우 채권자는 경영자와 이해가 일치하지만 기업이 채무불이행의 위기에 빠질 경우 채권자는 경영자 및 노동자와 이해가 날카롭게 대립한다.

기업이 다른 기업과 하청계열관계를 맺을 경우 그 하청계열 기업도 이해관계자가 된다. 하청계열관계는 하청기업의 경영에 영향을 미친다. 모기업의 성장은 하청계열기업의 성장을 촉진하기도 하고 억제하기도 한다. 모기업이 하청단가를 낮추면 다른 조건이 동일할 때 하청기업의 이윤이 줄어든다. 이때 하청기업이 이윤을 유지하기 위해 임금을 낮추면, 하청단가의 하락은 결국 하청기업의 임금삭감을 가져온다. 모기업과 하청기업이 기술적으로 상호보완관계에 있으면 하청계열관계가 서로의 생산성과 품질을 높이는 데 기여한다. 따라서 하청계열 기업은 기업체제의 주요한 이해관계자가 된다.

주주, 경영자, 노동자, 채권자, 하청계열기업 등은 기업과 직접적으로 계약관계를 맺고 있는 이해관계자이다.[2] 이들이 좁은 의미의 이해관계자들이다. 이밖에 계약관계를 맺고 있지는 않지만 기업의 행위에 영향을 받고 따라서 그 기업에 이해관계를 가지는 경제주체로는 소비자와 시민 혹은 지역주민이 있다. 소비자는 기업의 가격설정행위와 같은 시장행위에 직접적인 영향을 받는다. 특히 독과점 기업일 경우 높은 독점가격을 설정하여 소비자를 수탈할 수 있다. 반대로 기업이 고품질의 상품을 저가로 공급할 경우에는 소비자의 후생은 그만큼 증가한다.

다른 한편 기업의 생산활동은 시민 혹은 지역주민의 삶의 질에 직접적인 영향을 미친다. 기업의 생산활동이 환경을 오염시키고 생태계를 파괴할 경우 시민의 삶의 질이 떨어진다. 어떤 지역에 입지하고 있는 기업의 투자전략과 기술선택은 지역주민의 고용기회와 소득획득기회에 영향을 미친다. 예컨대, 다른 지역으로의 공장이전과 노동절약적 기술도입은 지역주민의 고용기회와 소득획득기회를 줄일 것이다. 환경친화적 생산체제의 도입과 이윤의 사회적 환원과 같은 기업의 사회적 책임 수행은 시민과 주민의 삶의 질을 높일 것이다.

이와 같이 기업체제에는 주주, 경영자, 노동자, 채권자, 하청계열기업, 소비자, 시민, 지역주민 등 여러 이해관계자가 존재한다. 이들 이해관계자들의 이해는 서로 대립하기도 하고 일치하기도 하기 때문에 그들은 서로 투쟁하기도 하

---

2) 국영기업의 경우에는 국가가 주된 이해관계자로 포함된다.

고 협력하기도 한다. 기업체제를 둘러싼 이해관계자들의 행위는 당연히 기업의 생산활동에 영향을 미친다. 자본주의적 기업에서는 이들 이해관계자들 가운데 대주주와 최고경영자로 구성된 자본가계급의 이해가 가장 우선적으로 관철되는 경향이 있다.

4. 생산체제

기업은 생산조직이다. 따라서 기업체제의 기초는 생산체제이다. 소유구조 및 지배구조와 함께 생산체제의 특성을 알아야 기업체제의 성격을 총체적으로 밝힐 수 있다. 그런데 자본주의적 생산과정은 곧 잉여가치 생산과정이고 잉여가치 생산을 위한 노동과정이다. 이제 자본주의적 기업의 생산체제와 노동과정의 일반적 성격을 알아보기로 하자.

생산체제와 노동과정

생산체제(production regime)는 잉여가치 생산이 이루어지는 기업 내의 기술적 및 사회적 관계의 구조를 가리킨다. 생산은 기술적 과정임과 동시에 사회적 과정이다. 생산의 기술적 과정은 투입물인 생산요소가 산출물인 생산물로 전화하는 물질적 과정을 말한다. 이 과정에는 특정한 기술이 적용되어 원료와 기계, 기계와 노동자가 특정한 방식으로 결합되기 때문에 이를 생산의 기술적 과정이라 한다. 생산의 사회적 과정은 생산과정에서 이루어지는 인간과 인간의 상호작용 과정을 말한다. 생산과정에서는 인간과 인간이 결합되어 분업과 협업이 이루어지고 노동통제가 이루어지기 때문에 그것은 사회적 과정이다.

생산의 기술적 과정에서 생산요소의 투입과 생산물의 산출 간의 기술적 관계를 함수로 나타낸 것이 생산함수(production function)이다. 생산함수는 생산요소들간의 결합관계와 상호작용을 나타낸다. 지금 투입물인 생산요소 중 생산수단의 수량을 C, 노동자수를 LP이라고 하고 산출물인 생산량을 Y라고 하면 생산함수는 'Y=f(C, LP)'로 표현할 수 있다. 일반적으로 생산수단 투입과 노동

투입을 증가시키면 생산량은 증가한다. 여기서 노동자 1인당 생산량으로 정의되는 노동생산성은 Y/LP로 표시된다. 만약 기술이 진보하면 동일한 생산요소 투입으로도 더 많은 생산물을 생산할 수 있다. 즉 기술진보는 노동생산성을 증가시킨다.

신고전파 경제학은 생산의 기술적 관계의 측면에만 초점을 맞추고 생산함수를 통해 생산을 분석한다. 생산의 사회적 관계의 측면 다시 말해서 생산에서의 인간과 인간의 관계 측면에는 주목하지 않는다. 따라서 생산체제에서 기술체계의 성격만이 파악된다. 반면 정치경제학에서는 생산의 기술적 관계뿐만 아니라 사회적 관계에도 주목한다. 다시 말해서 기술체계뿐만 아니라 작업조직과 노동통제의 성격도 파악한다. 따라서 정치경제학에서는 잉여가치 생산을 위한 노동과정 분석이 중요시된다.

잉여가치 생산을 위한 노동과정 분석은 자본가가 고용한 노동자의 노동력(LP)을 노동(L)으로 전화시키는 노동통제를 분석하는 것과 노동(L) 투입으로 생산물(Y)을 생산하는 기술체계와 작업조직을 분석하는 것으로 구성된다. LP가 L로 전화되는 노동통제를 통해 잉여가치가 생산될 수 있고, L은 기술체계와 작업조직을 통해 Y를 산출한다. 요컨대 잉여가치 생산을 위한 노동과정은 ① 'LP→L'의 노동통제 측면과 ② 'L→Y'의 기술체계와 작업조직 측면을 포함한다.

먼저 LP가 L로 전화되는 과정을 보자. 노동자의 노동력이 노동으로 전화되어 잉여가치가 생산되는 정도는 노동강도에 달려 있다. 노동강도는 노동자의 노동력으로부터 단위시간당 지출되는 노동량이다. 노동강도의 증대는 노동자가 주어진 시간에 더 많은 두뇌·근육·신경을 지출하는 것을 말한다.[3] 노동강도의 증가는 일반적으로 작업속도를 증가시킴으로서 이루어진다. 노동통제의 목표는 노동강도를 증가시키는 과정 즉 단위시간당 더 많은 노동력을 지출시켜 더 많은 노동량이 생산과정에 투입되게 하는 것이다. 자본가와 경영자들은 노동강도를 증가시키기 위해 노동자에게 강제하기도 하고 동의를 구하기도 한다. 성과급과 같은 인센티브 시스템(incentive system)을 도입하기도 한다.

다음으로 L이 Y를 생산하는 과정을 보자. 주어진 노동량 투입으로 얼마만큼

---

3) 이를 노력(effort) 지출의 증대라고도 한다.

〈표 8.2〉 생산체제의 효율성 및 노동통제의 효과성과 노동생산성의 관계: 사례

	노동자수 (LP)	지출노동량 (L)	생산량 (Y)	노동통제의 효과성 (L/LP)	생산체제의 효율성 (Y/L)	노동생산성 (Y/LP)
초기상태	100	800	1000	800/100	1000/800	1000/100
사례 1	100	1200	1500	1200/100	1500/1200	1500/100
사례 2	100	800	1500	800/100	1500/800	1500/100
사례 3	100	1200	2250	1200/100	2250/1200	2250/100

주: 노동자수의 단위는 명, 지출노동량의 단위는 시간, 생산량의 단위는 장.

의 생산물을 생산하는가는 기술체계와 작업조직에 달려 있다. 기술수준이 높아지면 주어진 노동투입으로 더 많은 생산물이 생산된다. 기술수준에 변화가 없을 경우에도, 작업조직이 혁신되면 생산량이 증가한다. 이와 같이 기술혁신과 조직혁신이 이루어져서 생산체제의 효율성이 증대되면 그만큼 생산량이 증가한다. 따라서 자본가와 경영자들은 새로운 기술체계와 작업조직을 가진 새로운 생산체제를 도입하려고 한다. 20세기 자본주의에서는 테일러주의, 포드주의, 포스트 포드주의라는 세 가지 주요한 생산체제가 등장한 바 있다.

그런데 노동자 1인당 생산량인 노동생산성(Y/LP)은 노동자 1인이 지출하는 노동량(L/LP)에다 노동투입 1단위당 생산량(Y/L)을 곱한 것과 같다. 즉 Y/LP = (L/LP) × (Y/L). 여기서 L은 기업체제 내의 전체 노동자들이 지출한 노동량을 가리킨다. Y/L은 생산체제의 효율성(efficiency) 지표를, L/LP는 노동통제의 효과성(effectiveness) 지표를 나타낸다. 따라서 노동생산성은 생산체제의 효율성과 노동통제의 효과성에 달려 있다고 결론지을 수 있다. 노동생산성이 높아지면 필요노동시간이 단축되고 잉여노동시간이 늘어나므로 잉여가치가 증가한다.

생산체제의 효율성 및 노동통제의 효과성과 노동생산성의 관계를 구체적인 수치 예를 통해 보면 <표 8.2>와 같다. 노동자 100명이 하루 8시간 노동하여 청바지 1,000장을 생산하고 있다고 가정하자(초기상태). 그런데 노동가치론에 의하면 노동량은 노동시간으로 측정된다. 100명의 노동자가 지출한 총노동량은 800시간이다. 이 800시간 노동량으로 1,000장의 청바지를 생산한 것이다. 따라서 하루의 노동자 1인당 생산량인 노동생산성은 10장이다. 이러한 관계는

'1000/100=(800/100)×(1000/800)'으로 표시할 수 있다.

지금 하루 8시간 노동은 변화가 없는데 노동통제의 효과성이 증대하여 노동 강도가 1.5배 증가했다고 하자(사례 1). 이는 노동자가 종전의 기준으로 보았을 때 하루 12시간 노동한 것과 같다. 따라서 100명의 노동자가 지출한 총노동량은 1,200시간이다. 기술체계와 작업조직에 변화가 없을 경우 이 1,200시간 노동량 으로 1,500장의 청바지가 생산된다. 이러한 관계는 '1500/100=(1200/100)× (1500/1,200)'으로 표시할 수 있다. 따라서 노동생산성은 15장으로 증가한다. 이 제 노동강도는 변화가 없는데 기술혁신이나 작업조직 혁신으로 생산체제의 효율 성이 1.5배 증가했다고 하자(사례 2). 이 경우는 총노동량 800시간으로 1,500장 의 청바지를 생산한다. 이 관계는 '1500/100=(800/100)×(1500/800)'으로 나타 낼 수 있다. 그 결과 노동생산성은 15장으로 증가한다. 만약 노동강도와 생산체 제의 효율성이 각각 1.5배 증가한다면(사례 3), 노동생산성은 22.5장으로 증가한 다. 이 관계는 '2250/100=(1200/100)×(2250/1,200)'으로 표시할 수 있다.

위의 사례에서 알 수 있는 것처럼 노동생산성을 향상시키는 방법은 노동통제 의 효과성을 증대시켜 노동강도를 높이는 방법과 기술혁신과 조직혁신으로 생 산체제의 효율성을 높이는 방법이 있다. 이 두 가지 방법은 서로 연관되어 있 다. 기술혁신과 조직혁신은 노동강도를 높일 수 있고 노동강도를 높이기 위해 서는 기술혁신과 조직혁신이 필요하다. 자본가들은 이 두 가지 방법을 사용하 여 노동생산성을 높여서 더 많은 잉여가치를 생산하고자 한다. 이 과정에서 자 본가와 노동자 사이에 대립과 투쟁이 발생하게 된다. 특히 자본가가 노동강도 를 높이려 할 때, 기술혁신과 작업조직 혁신이 임금삭감과 고용불안정을 초래 할 때 그러하다.

테일러주의, 포드주의, 포스트 포드주의

생산과정에 기계가 도입된 산업혁명 이후 기계화와 자동화가 진전됨에 따라 생산체제는 부단히 개선되어왔다. 자본주의 역사를 통해 보았을 때 산업혁명 이후 노동생산성을 높이기 위한 생산체제 혁신은 테일러주의, 포드주의, 포스트 포드주의라는 세 가지 새로운 생산체제의 도입을 통해 이루어졌다.

테일러주의(Taylorism)는 경영학의 창시자로 불리는 미국의 테일러(F. Taylor)가 제창한 과학적 관리(scientific management)의 원리에 기초를 둔 새로운 작업조직을 지칭한다. 테일러주의는 테일러의 권고에 따라 19세기 말 대불황 기간 동안 하락한 이윤율을 회복시키기 위해 미국의 기업들이 작업조직을 혁신하고 새로운 노동통제 방법을 도입함으로써 정착되었다.

테일러주의가 도입되기 이전 작업조직은 숙련노동자가 가지고 있던 장인적 숙련(匠人的 熟練, craft skill)에 기초하고 있었다. 장인적 숙련은 오랜 생산현장 경험에 기초하여 형성된 수공업적 숙련이었다. 기업의 노동생산성은 이 장인적 숙련에 좌우되었다. 따라서 숙련노동자는 노동과정에 대해 상당 정도의 통제권을 가지고 있었다. 이를 장인적 통제(craft control)라 한다. 숙련노동자들은 이러한 통제권을 근거로 작업속도를 적당한 범위 내에서 조절하고 있었다. 이를 조직적 태업(soldiering)이라 한다. 숙련노동자들의 장인적 통제와 조직적 태업은 더 많은 잉여가치를 생산하려는 자본가들에게 큰 장애물이었다. 이러한 상황을 타파하기 위해 자본가들은 테일러주의를 도입한다.

그렇다면 테일러주의의 원리란 어떤 것인가? 테일러주의의 핵심적 원리는 구상과 실행의 분리이다. 여기서 구상(conception)이란 생산을 기획하고 설계하는 것을 말하고 실행(execution)이란 구상에 따라 직접적인 생산활동을 하는 것을 말한다. 구상과 실행의 분리란 노동과정에서 구상기능은 자본가와 경영자들이 담당하고 노동자는 오직 실행기능만 하도록 하는 것이다. 그리고 테일러주의에서는 실행하는 노동자의 직무가 세분화되어 노동이 단순화되고 파편화된다. 따라서 노동자의 숙련이 해체되는 탈숙련(deskilling)이 진전된다. 또한 테일러주의에서는 자본가와 경영자가 전적으로 의사결정권을 가지고 노동자들에게 명령을 전달하는 상명하달(上命下達)의 위계적 통제를 실시한다. 따라서 노동자는 노동과정에서 권한과 자율성이 없다.

테일러주의는 오늘날 컴퓨터 기술의 도입에 따라 새롭게 강화되고 있다. 컴퓨터의 도입이 소수의 프로그램 설계자와 다수의 탈숙련된 단순 작업자 간의 분할을 더욱 고착시키기 때문이다. 컴퓨터 지원 설계(CAD), 컴퓨터 지원 생산(CAM) 등에서 나타나는 테일러주의를 '컴퓨터 지원 테일러주의(computer-aided Taylorism)'라 한다.

이와 같이 테일러주의는 구상과 실행의 분리, 노동의 단순화와 파편화, 위계적 통제 등으로 특징지어지는 생산체제와 작업조직을 가지고 있다. 테일러주의는 결국 노동력을 노동으로 전화시키는 노동통제 과정과 작업조직 편성을 과학화하여 노동의 낭비를 없애고 작업속도를 증대시키기 때문에 더 많은 잉여가치를 생산하려는 자본가의 욕구에 잘 부합한다. 테일러주의는 노동자로부터 지식과 숙련을 뺏고 자율성을 부여하지 않으며 노동을 단순화하고 파편화하기 때문에 노동의 비인간화(dehumanization of work)를 초래한다. 요컨대 테일러주의는 과학적 노동통제를 통해 노동생산성을 크게 증대시켰지만, 착취를 강화하고 노동생활의 질(QWL: quality of working life)을 크게 떨어뜨렸다.

이러한 테일러주의의 연장선에서 포드주의가 출현한다. 포드주의(Fordism)는 자동차 왕 헨리 포드(Henry Ford)가 1913년에 T형 자동차를 생산할 때 도입한 대량생산체제를 가리킨다. 대량생산체제로서의 포드주의[4]는 테일러주의의 원리를 계승하고 심화시켰다. 즉 구상과 실행의 분리와 노동의 단순화 및 파편화가 더욱 진전되었고 위계적 통제는 더욱 강화되었다. 이는 포드가 새로이 도입한 컨베이어 시스템(conveyor system)이라는 기술체계를 통해 가능하게 되었다. 중간생산물의 이전이 자동화되는 컨베이어 시스템의 경우, 노동자들의 노동은 일관조립 라인(assembly line)에서 작업지시에 따라 구상기능과 자율성이 없이 세분화된 직무를 컨베이어 벨트의 속도에 맞추어 수행하는 단순반복노동이다. 이 점에서 포드주의는 테일러주의가 기계화와 결합되어 극한으로 전개된 형태라 할 수 있다.

이러한 생산체제를 가진 포드주의에서는 작업속도를 크게 증가시킬 수 있어 높은 노동생산성을 실현할 수 있었기 때문에 표준화된 단일 품종의 상품을 대량생산할 수 있었다. 이런 측면에서 포드주의는 소품종 대량생산체제라 불리기도 한다. 포드주의에서는 노동력이 노동으로 전화되는 노동통제가 컨베이어 시스템이라는 기술체계에 의해 이루어진다. 그 때문에 노동통제가 보다 용이하고 노동강도가 크게 높아질 수 있다. 따라서 포드주의는 더 많은 잉여가치를 생산하려는 자본가에게 적합한 생산체제이며 작업조직이다. 포드주의에서는 테일러

---

4) 포드주의는 대량생산체제라는 의미를 가지기도 하지만 축적체제로서의 의미를 가지기도 한다. 축적체제로서의 포드주의에 관해서는 제19장 1절에서 다룬다.

주의와는 달리 고임금을 통한 노동통제 방식이 도입되었다. 포드주의 대량생산체제의 고생산성은 고임금 지급을 가능하게 하였다. 또한 고임금은 양질의 노동력의 확보를 가능하게 하였고 더 많은 노력 지출을 자극하는 인센티브로 작용하였다.

포드주의는 대체로 대규모 설비투자를 위한 자본조달이 가능한 대기업에서 나타나는 생산체제이다. 포드주의 대량생산체제는 대규모 설비투자를 통해 생산규모를 확장하여 생산물 1단위당 생산비 즉 평균생산비를 낮추는 '규모의 경제(economies of scale)'를 추구하는 생산체제이다. 규모의 경제가 작동하는 한 포드주의는 효율적인 생산체제가 될 수 있다. 만약 생산규모가 확장될수록 평균비용이 상승한다면 ― 이 경우를 '규모의 불경제(diseconomies of scale)'라 한다 ―, 포드주의는 비효율적인 생산체제가 된다. 포드주의 대량생산체제를 갖춘 기업은 일반적으로 규모의 경제를 통해 평균비용을 하락시켜 경쟁력을 획득하는 저비용 생산전략을 추구하는 경향이 있다.

다른 한편 포드주의 대량생산체제는 대량소비를 필요로 한다. 대량생산된 상품에 대한 대량소비가 없으면 상품이 완전히 판매될 수 없어 과잉생산이 발생하기 때문이다. 따라서 포드주의 대량생산체제가 유지되려면 대량생산과 대량소비가 결합되어야 한다.[5] 그리고 포드주의 대량생산체제는 대량의 원자재와 에너지 투입을 필요로 하므로 자연자원 사용을 크게 증가시킨다. 그 결과 생태계파괴를 더욱 조장한다. 또한 포드주의에서는 테일러주의의 원리가 더욱 강하게 관철되기 때문에 착취와 노동의 비인간화가 더욱 진전된다. 이 점에서 포드주의는 자연과 인간에 대한 착취가 크게 강화되는 생산체제라 할 수 있다.

이러한 포드주의 대량생산체제는 처음에는 높은 생산성을 발휘했으나 점차 생산성 향상이 둔화된다. 이러한 생산성 둔화의 원인은 주로 포드주의의 기초에 있는 테일러주의 노동과정의 한계에서 찾을 수 있다. 즉 구상기능과 자율성이 없이 경영자와 기술자의 지시에 따라 실행하는 단순반복노동에 대한 노동자들의 불만과 반항이 증대함에 따라 생산성이 둔화된다. 테일러주의는 처음에는 생산성을 크게 향상시켰지만, 노동자들의 교육수준 향상, 자의식 증대, 직무만

---

5) 이에 관한 자세한 논의는 제19장 1절에서 이루어진다.

족과 노동의 존엄성에 대한 욕구 증대에 따라 점차 효율성이 떨어진다. 따라서
테일러주의에 기초한 포드주의 대량생산체제 역시 위기에 빠지게 된다.

포드주의 대량생산체제의 위기 속에서 포스트 포드주의(Post-Fordism)라는 새
로운 생산체제의 맹아가 출현한다. 포스트 포드주의 생산체제는 테일러주의적
노동과정을 반테일러주의(anti-Taylorism)적 노동과정으로 전화시켜 생산성을 향
상시키려는 생산체제이다. 즉 구상과 실행을 부분적으로 통합하고 노동자의 숙
련을 향상시키며 노동자의 직무에 일정하게 자율성을 부여하고 노동자를 경영에
참가시키는 생산체제가 포스트 포드주의 생산체제이다. 노동자에게서 지식을 빼
앗고 노동을 탈숙련시키며 위계적 통제를 가하여 노동강도를 높임으로써 더 많
은 잉여가치를 생산하려는 테일러주의와 포드주의 생산체제와 달리, 포스트 포
드주의 생산체제는 적극적인 참가의식을 가진 숙련노동자의 지식과 창의성을 동
원해서 생산성과 품질을 향상시켜 더 많은 잉여가치를 생산하려고 한다.

포스트 포드주의 생산체제는 다품종 대량생산 내지 다품종 소량생산이라는
점에서 소품종 대량생산을 하는 포드주의 생산체제와 구분된다. 이는 소비자의
욕구가 다양화됨에 따라 나타난 다품종 소량소비에 대응하여 다양한 디자인과
품질의 상품을 신축적으로 조절하여 생산할 수 있는 유연한 생산체제(flexible
production system)이다.

포스트 포드주의 생산체제는 20세기 자본주의의 지배적 생산체제였던 테일
러주의와 포드주의에서 나타난 것과는 반대되는 경향이 노동과정에서 나타나고
있다는 점에서 주목된다. 포스트 포드주의 생산체제는 1980년대에 독일, 일본,
스웨덴 등 선진자본주의 국가에서 먼저 출현하였다. 스웨덴의 볼보(Volvo)자동
차, 일본의 도요타(Toyota)자동차, 독일의 폴크스바겐(Volkswagen)자동차 등에
서 대표적으로 포스트 포드주의 생산체제의 모습을 찾아볼 수 있다.

이들 국가의 제조업의 높은 경쟁력은 포스트 포드주의 생산체제가 가지는 높
은 효율성에서 비롯되는 것으로 평가되고 있다. 그러나 1990년대 이후 자본의
글로벌화가 진전되고 신자유주의가 확산되면서 포스트 포드주의 생산체제는 위
기에 빠진다. 그럼에도 불구하고 21세기 지식기반경제에서는 노동자의 지식과
창의성 그리고 경영참가가 중요시될 것이므로 포스트 포드주의 생산체제가 확
산될 가능성이 있을 것으로 전망된다.

┌ **더 읽을거리** ─────────────────────────────────

■스테판 마글린. 1986, 「자본주의 생산에서의 위계의 기원과 기능」, 허석렬·고훈석 편역, 『현대자본주의의 노동과정』, 이성과 현실사.

이영희. 1994, 『포드주의와 포스트 포드주의』, 한울.

전창환 외. 2001, 『미국식 자본주의와 사회민주적 대안』, 당대.

제9장
노동자와 노동조합

자본주의에는 자본기능을 수행하는 자본가 및 경영자와 함께 직접적 생산활동을 하는 노동자가 존재한다. 노동자는 생산활동과 투쟁을 통해 자본주의를 변화시키는 주요한 경제주체이다. 노동자들은 자신의 이익을 실현하기 위해 노동조합을 결성한다. 노동조합은 자본주의의 경제, 정치, 사회에 영향을 미치는 주요한 제도이다. 이 장에서는 노동자란 누구인지, 노동자계급의 범위와 내부구성은 어떠한지, 노동자들이 조직하는 노동조합이 어떤 제도인지, 노동조합의 역할은 무엇인지, 자본주의에 미치는 노동조합의 영향은 어떠한지 등에 대해 알아본다.

1. 노동자는 누구인가

노동자의 정체성

자본주의에서 노동자는 어떤 존재인가? 자본주의 속에서 객관적으로 주어지는 노동자의 존재는 어떠한가? 노동자는 그의 경제생활에서 복합적인 정체성(identity)을 가진다.

우선 첫째, 노동자는 생산수단의 비소유자이다. 따라서 노동자는 무산자 즉 프롤레타리아트(proletariat)이다. 이는 생산수단의 소유자인 자본가를 부르주아지(bourgeoisie)로 부르는 것에 대응하는 개념이다. 노동자는 생산수단이 없기 때문에 살아가기 위한 생활수단을 스스로 생산할 수 없다. 따라서 노동자는 생활수단을 획득하기 위해 자신의 유일한 재산인 노동력을 판매하지 않을 수 없다. 그러나 무산자라고 해도 노동자는 숙련, 지식, 창의성과 같은 노동능력을 가질 수 있다. 신고전파 경제학에서는 이를 '인적자본(human capital)'이라 부르지만, 그것은 어디까지나 자본[1]이 아니라 노동력이다.

둘째, 노동자는 노동력 상품의 판매자이다. 노동자는 생산수단의 비소유자이기 때문에 노동력 상품의 판매자가 되지 않을 수 없다. 생산수단을 소유하고 있는데도 노동력을 판매하려는 사람은 거의 없을 것이다. 그리고 생산수단의 비소유자라고 해서 모두 노동력의 판매자가 되는 것은 아니다. 노동력을 판매하지 않고 폭력, 절도, 구걸 등으로 살아가는 무산자도 있다. 이들을 룸펜 프롤레타리아트(lumpen-proletariat)라 한다. 노동자는 사회의 기생집단인 룸펜 프롤레타리아트와 구분된다. 노동력의 판매자로서 노동자는 노동시장에서 공급자이고 자본가와 고용관계를 맺는 피고용자(employee)이다.

셋째, 노동자는 직접적 생산자이다. 노동력을 판매한다는 것은 노동력을 지출하는 노동행위를 통해 상품을 생산한다는 것을 의미한다. 그런데 자본주의에서 노동자는 일단 종속적 생산자로 주어진다. 즉 생산자로서의 자율성이 없고 주체성이 없다. 자본가가 지배적 생산자가 되고 노동자는 자본가의 지휘·감독 아래 노동하는 종속적 생산자인 것이다. 물론 노동자들의 세력이 강하고 자본가와 대등한 지위에서 공동결정을 하는 민주적 기업의 경우에는 자본가에 대한 노동자의 종속적 지위가 크게 약화되어 주체적 생산자가 될 수 있다. 생산을 기획하고 설계하는 자본가와 달리 노동자는 생산을 실행하는 직접적 생산자이다.

넷째, 노동자는 다른 경제주체와 마찬가지로 소비자이다. 노동자는 노동시장에서는 노동력 상품의 공급자이지만 생산물시장에서는 수요자이고 소비자이다. 소비자로서 노동자는 주어진 임금소득으로 최대의 만족을 얻도록 상품을 구입하는 경향이 있다. 노동자는 이러한 소비자 선택(consumer's choice) 행위를 하는 경제주체이다. 노동자는 자신의 임금소득의 대부분을 소비하는 경제주체이다. 자본가로부터 받는 임금은 대체로 생활을 유지할 수 있는 수준에 불과하므

---

1) 앞의 제5장에서 지적한 것처럼 자본은 '잉여가치를 낳는 가치'이고 노동을 지배하는 주체임을 상기하라.

로 소비하고 남는 것이 거의 없기 때문이다. 노동자의 저축도 대부분은 주택마
련이나 노후생활 대비와 같이 미래의 소비를 위한 것이다.

　다섯째, 노동자는 투자자가 될 수 있다. 일반적으로 노동자의 임금수준은 생
계유지 수준에 머물지만, 만약 실질임금이 지속적으로 상승하면 저축할 여유가
생긴다. 특히 고임금노동자는 자신의 소득 가운데 상당 부분을 저축할 수 있다.
이렇게 되면 노동자는 오늘날 미국 등 일부 선진자본주의에서처럼 투자자가 될
수 있다. 소득 중에서 저축한 부분을 주식과 채권 구입에 지출하여 금융자산 소
유자가 될 수 있다. 물론 이 경우 노동자의 금융자산 소유는 일반적으로 소액이
어서 생산수단을 통제할 수 있는 정도는 아니다. 노동자는 소액주주는 될 수 있
어도 대주주는 될 수 없는 것이다. 그럼에도 불구하고 노동자가 투자자가 되고
금융자산의 소유자가 되면 노동자는 이미 단순한 무산자와는 다른 생각과 행동
을 할 것이다.

　이와 같이 노동자는 무산자, 노동력 판매자, 직접적 생산자, 소비자, 투자자
라는 정체성을 가진다. 여기서 무산자, 노동력 판매자, 직접적 생산자는 기본적
인 정체성이고 소비자, 투자자는 노동자에게만 특유한 것이 아닌 부차적인 정
체성이다. 노동자가 가지는 이러한 복합적 정체성을 총체적으로 인식하지 않으
면 노동자계급을 제대로 이해할 수 없다.

노동자의 욕구와 이해관계

　노동자가 이와 같이 복합적인 정체성을 가지기 때문에 노동자의 욕구와 이해
관계는 결코 단순하지 않고 복잡하다. 생산관계상에 놓인 노동자의 복합적인
지위에 대응하여 노동자의 욕구와 이해관계도 복잡하게 형성된다.

　노동자는 무산자로서 생산수단을 소유하려는 욕구를 가진다. 노동자는 프롤
레타리아트로서의 상태가 개선되기를 바람과 동시에 프롤레타리아트의 지위를
벗어나고자 한다. 적지 않은 임노동자가 자영업자가 되길 바라는 것이 사실이
다. 부르주아지의 부와 소득에 대해 질시하면서 부르주아지가 되길 원하는 이
중적 태도를 가질 수도 있다. 무산자로서 노동자는 국가 경제정책에 대해 유산
자인 부르주아지에 대립하는 이해를 가진다. 예컨대, 국가가 노동소득에 대해

더 적은 세금을 매기고 재산소득에 대해 더 많은 세금을 매길 것을 바란다. 시장에서 취약한 지위에 있는 노동자는 사회보장지출의 확대에 적극적인 반면 부르주아지는 이에 대해 소극적이거나 부정적이다.

노동력 판매자로서 노동자는 우선 노동력의 정상적인 판매를 원한다. 노동력의 정상적인 판매란 무엇을 의미하는가? 첫째, 노동력이 판매되는 것, 즉 고용이 되는 것을 의미한다. 취업이냐 실업이냐는 노동력의 판매자인 노동자에게 가장 중요한 이해관계가 걸린 문제이다. 둘째, 노동자와 그 가족이 생활할 수 있을 만큼의 임금을 받는 것을 의미한다. 즉 노동자는 노동력을 그 가치대로 판매하길 원한다. 셋째, 노동력과 생명의 유지에 적합한 노동시간과 노동강도 그리고 작업환경이 구비되는 것을 말한다. 노동자는 노동력과 생명을 파괴하고 손상시키는 노동조건에 저항한다. 나아가 노동력의 판매자로서 노동자는 가능한 한 높은 가격으로 노동력을 판매하고자 한다. 그러기 위해 노동자는 자본가와 교섭하기도 하고 투쟁하기도 한다. 노동자는 자신이 판매하는 노동력의 가치 그 자체를 높이기 위해 교육과 훈련을 받으려고 한다. 노동자는 노동력 판매자로서 이용가능한 시간 중에서 얼마만큼 일하고 얼마만큼 쉴 것인지를 결정하는 노동-여가 선택(work-leisure choice)을 한다. 일반적으로 임금이 상승하여 생활수준이 일정 수준 이상으로 높아지면 노동자는 더 많은 여가를 선택하려고 한다.

생산자로서 노동자는 무엇을, 얼마만큼, 어떤 방법으로 생산할 것인가를 의사결정하는 데 참가하려는 욕구를 가진다. 자신을 고용하고 있는 기업이 어디에 투자할 것인지, 어떤 기술을 선택할 것인지, 작업을 어떻게 조직할 것인지 등을 결정하는 데 자본가 및 경영자와 함께 참가하기를 바랄 수 있다. 이는 생산자로서 주체성과 자율성을 가지려는 노동자의 욕구에서 비롯된다. 종속적 생산자로부터 주체적 생산자로 상승함으로써 노동자는 자신의 고용조건을 결정하는 데 직접적으로 영향을 미칠 수 있기 때문이다. 노동자는 생산자로서 노동생산성과 품질 향상에 관심을 가지고 자기개발에 적극적일 수 있다. 또한 생산자로서 노동자는 소비자의 욕구에 관심을 가질 수 있다. 또한 환경오염을 발생시키지 않고 값싸고 질 좋은 상품을 생산하는 생산자로서의 사회적 책임을 다하기 위해 행동할 수 있다.

　　소비자로서 노동자는 값싸고 질 좋은 상품을 안정적으로 공급받기를 원한다. 노동자는 소비자로서 물가안정 특히 생계비의 안정을 바란다. 물가안정이나 물가하락을 통해 실질임금의 안정이나 상승을 바란다. 기업의 생산성 상승이 한편으로는 임금상승으로 다른 한편으로는 가격인하로 연결되는 데 이해관계를 가진다. 그런데 만약 생산성의 변화가 없는 상태에서 임금이 인상되면 물가가 상승할 수 있으므로 노동력 판매자로서의 노동자의 욕구와 소비자로서의 노동자의 욕구는 이율배반 상태에 빠질 수 있다. 노동자는 기업의 불공정경쟁 행위, 독과점기업의 부당한 가격인상행위, 독과점기업으로의 경제력 집중 현상으로 인해 불이익을 받으므로 다른 계층의 소비자들과 함께 독과점에 반대하고 저항하는 소비자운동의 주체가 될 수 있다.

　　투자자로서 노동자는 금융자산의 가치안정과 가치증식에 관심을 가진다. 노동소득을 결정하는 임금수준뿐만 아니라 금융소득에 영향을 미치는 주가, 이자율, 환율에도 이해관계를 가진다. 자산에서 금융자산이 차지하는 비중과 노동자의 소득에서 금융소득이 차지하는 비중이 높아지는 금융화(financialization)가 진전되면 노동자들의 행위와 생활에 중요한 변화가 나타난다. 주식이나 채권과 같은 다양한 금융자산들 중에서 어떤 조합을 보유할지를 결정하는 자산선택(portfolio selection)과 매매차익을 노리는 투기가 노동자의 새로운 행동으로 자리잡는다. 불확실한 미래에 대한 기대 심리에 따라 행동하는 매우 불안정하고 위험한 투자 행위가 노동자들의 삶을 좌우하게 된다.

　　이와 같이 노동자들의 욕구와 이해관계는 다양하게 형성된다. 그중에서 일반적으로 무산자, 노동력 판매자, 생산자로서의 욕구와 이해관계는 가장 기본적인 것이고 소비자와 투자자로서의 욕구는 부차적인 것이다. 이들 욕구와 이해관계는 서로 대립하기도 한다. 특히 노동력 판매자로서의 욕구와 이해관계는 투자자로서의 그것과 대립된다. 주가를 높이기 위한 기업의 구조조정은 정리해고를 초래할 수 있어 실업을 발생시킬 수 있기 때문이다. 그리고 고금리는 기업의 투자활동을 위축시켜 일자리를 줄이고 임금을 낮출 수 있기 때문이다. 따라서 노동자의 임금인상 및 고용안정 욕구는 금융소득 추구 행위와 모순된다. 노동자의 투기행위는 자신의 일자리를 위협하는 자가당착의 행동이 될 수 있다.

2. 노동자계급의 범위와 내부구성

노동자계급의 범위

앞에서 노동자가 어떤 정체성을 가지는지, 노동자의 욕구와 이해관계는 어떠한지를 알아보았다. 앞선 논의에 의하면 노동자는 생산수단을 소유하지 않으며 노동력을 판매하고 자본가에게 고용되어 생산하는 경제주체이다. 이러한 노동자를 임노동자라 한다. 발달한 자본주의에서는 거의 모든 경제주체가 노동력을 판매하는 임노동자 혹은 피고용자이다. 그러나 노동력을 판매한다고 해서 다시 말해서 피고용자라고 해서 모두 노동자계급이라고 할 수 있는가? 기업에 고용된 엔지니어, 연구자, 부장이나 과장, 대학교수나 종합병원의 의사, 정부에 고용된 공무원을 노동자계급에 속한다고 볼 수 있는가? 이들을 공장의 생산직 노동자와 함께 노동자계급에 포함시킬 수 있는가? 과연 임노동자 혹은 피고용자 중에서 어디까지를 노동자계급에 속한다고 볼 수 있는가?

정치경제학적 관점에 의하면, 계급(class)이란 생산관계 속에서 점하는 지위가 서로 다른 집단을 말한다. 좀더 자세히 말하면 계급이란 생산수단에 대한 관계와 생산체제에서의 역할이 상이한 집단이다. 생산수단에 대한 관계의 차이는 생산수단의 소유 여부를 말한다. 사회적 노동조직에서의 역할의 차이는 억압하고 착취하는가 아니면 억압당하고 착취당하는가, 구상기능을 수행하는가 아니면 실행기능을 수행하는가 하는 것이다. 생산관계에서의 지위가 다르면 사회적 생산물의 분배관계에서의 지위도 다르다. 서로 다른 계급은 분배 몫(share)의 획득방법과 몫의 크기가 다르다.

이러한 계급 개념에 따르면 자본가계급은 생산수단의 소유자이고 노동자계급은 비소유자이다. 자본가계급은 자본의 억압·착취기능을 수행하고 노동자계급은 억압과 착취를 당한다. 주식회사제도 아래에서 자본가계급에는 대주주와 고액채권자인 소유자본가와 최고경영자인 기능자본가가 포함된다. 소유자본가는 생산수단의 법적 소유자이지만 기능자본가에게 억압·착취를 위임한다. 기능자본가는 자본의 억압·착취기능을 직접적으로 수행하고 구상기능도 수행하는 실질적 소유자이다.

피고용자로서 자본의 억압·착취기능을 대행하고 노동과정에서 생산을 기획하고 설계하는 구상기능을 수행하는 임노동자를 신중간층(new middle class)[2]이라 한다. 신중간층은 한편으로는 생산수단을 소유하지 않고 노동력을 판매하며 노동과정에서 구상기능을 수행하여 임금을 받는다는 점에서 노동자계급적 속성을 가지고, 다른 한편으로는 자본의 억압·착취기능을 대행한다는 점에서 자본가계급적 속성을 가진다. 이와 같이 신중간층은 이중성을 가지는 모순적 존재이다. 자본주의적 기업 내에서 자본에 고용되어 자본기능을 대행하는 부장, 과장 등 관리노동자 혹은 중간경영자가 신중간층에 속한다. 이밖에 자본주의 국가에 고용되어 행정조직 내에서 국가기능을 대행하는 중위직 공무원도 신중간층에 속한다고 볼 수 있다.

노동자계급은 생산수단을 소유하고 있지 못하기 때문에 생산체제에서 자본가계급의 억압과 착취를 받으면서 노동을 하여 임금소득을 획득하는 집단이라 정의할 수 있다. 노동자계급 내에는 노동과정에서 정신노동 즉 구상기능을 수행하는 정신노동자와 육체노동 즉 실행기능을 수행하는 육체노동자[3]가 있다. 정신노동자와 육체노동자는 억압당하고 착취당한다는 점에서 같은 처지에 있지만 노동과정에서의 역할에 차이가 난다. 이 때문에 정신노동자와 육체노동자는 노동자계급 내에서 서로 다른 계층을 형성한다. 정신노동자에는 구상기능을 수행할 수 있는 지식을 갖춘 전문직과 기술직 노동자가 포함된다. 육체노동자에는 단순사무직, 생산직, 단순노무직 노동자, 그리고 하위직 공무원이 포함된다. 보통 정신노동자를 화이트칼라(white-collar) 노동자, 육체노동자를 블루칼라(blue-collar) 노동자라 부르기도 한다.

분배관계에서의 노동자의 지위를 보자. 자본가는 잉여가치 혹은 이윤을 취득

---

2) 계급이론에서 신중간층은 구중간층에 대응한 개념이다. 구중간층은 자영농민이나 독립수공업자 등 단순상품생산자 계층을 말한다. 원래 중간층은 자본가와 노동자 사이의 계층이란 의미를 가진다. 자본주의가 발전함에 따라 구중간층의 비중은 줄어들고 신중간층의 비중이 늘어난다.

3) 여기서 육체노동자란 공장노동자나 노무자를 의미하는 것이 아니라 노동과정에서 실행기능을 담당하는 노동자를 포괄적으로 지칭한다. 실행기능이 곧 육체노동기능이다. 따라서 육체노동자에는 공장의 생산직 노동자뿐만 아니라 사무실의 단순사무노동자도 포함된다.

〈표 9.1〉 계급구분의 지표와 노동자계급의 범위

계급구분\지표		생산수단의 소유관계	생산체제에서의 역할	분배관계에서의 지위
자본가 계급	소유자본가	법적 소유	억압·착취 위임	잉여가치(배당, 이자) 고소득층
	기능자본가	실질적 소유	억압·착취 기능 수행 구상기능 수행	잉여가치(경영자 보수) 고소득층
신중간층		비소유	억압·착취기능 대행 구상기능 수행	고임금＋잉여가치 일부 중소득층
노동자 계급	정신노동자	비소유	피억압·피착취 구상기능 수행	고임금 중소득층
	육체노동자	비소유	피억압·피착취 실행기능 수행	저임금 저소득층

하여 고소득층에 속한다. 소유자본가는 대주주의 경우 고액의 배당과 고액채권자의 경우 고액의 이자소득을, 기능자본가인 최고경영자는 높은 수준의 경영자 보수를 받는다. 신중간층은 고임금에 잉여가치의 일부를 분배받아 중소득층에 속한다. 노동자계급은 임금을 받아 중소득층 혹은 저소득층에 속한다. 정신노동자는 일반적으로 고임금을 받아 중소득층에 속하며, 육체노동자는 일반적으로 저임금을 받아 저소득층에 속한다.

이와 같이 생산수단의 소유관계, 생산체제에서의 역할, 분배관계에서의 지위 등의 측면에서 노동자계급을 자본가계급 및 신중간층과 대비한 것이 <표 9.1>이다.

기업의 소유구조와 지배구조가 민주화되면 노동자계급에 대한 억압과 착취가 완화될 수 있다. 구상과 실행이 부분적으로 통합되면 육체노동자도 구상기능을 일부 수행할 수 있게 되고 정신노동자와 육체노동자 간의 차이가 줄어든다. 정신노동자의 경우 구상기능이 상실되면 육체노동자에 가까워진다. 정신노동자들의 일부가 사무자동화(OA: office automation)의 진전에 따라 구상기능을 상실하고 탈숙련화되어 육체노동자의 지위로 하강하는데, 이를 프롤레타리아화라 한다. 이와 반대로 정신노동자의 일부 혹은 육체노동자의 일부가 임금소득이 증대함으로써 신중간층의 지위로 상승하는 현상을 부르주아화(embourgeoisement)라 한다.

생산적 노동자와 비생산적 노동자

앞에서 본 것처럼, 노동자계급은 생산체제에서의 역할의 측면에서 정신노동자와 육체노동자란 두 계층으로 나뉜다. 이는 계급이론적 관점에서 노동자계급을 구분한 것이다. 다른 한편 자본축적과 경제성장에 대한 역할의 측면에서 노동자계급은 생산적 노동자와 비생산적 노동자로 나눌 수 있다. 생산적 노동자는 생산적 노동을, 비생산적 노동자는 비생산적 노동을 행하는 노동자이다. 그렇다면 어떠한 노동이 생산적 노동인가?

경제학에서는 일찍이 생산적 노동을 정의하는 서로 다른 견해들이 존재해왔다. 케네(F. Quesnay)를 비롯한 중농주의자들은 '순생산물(net product)'[4]을 생산하는 농업노동만이 생산적 노동이라고 보았다. 애덤 스미스는 한편으로는 자본과 교환되어 이윤을 낳는 노동, 다른 한편으로는 물질적 재화를 생산하는 노동을 생산적 노동으로 보았다. 이와 같이 서로 다른 두 가지 기준으로 생산적 노동을 정의했기 때문에 혼란이 일어났다. 오페라단에 고용된 가수의 노동은 전자의 기준으로는 생산적 노동이지만 후자의 기준으로는 비생산적 노동이다.

맑스는 잉여가치를 생산하는 노동을 생산적 노동으로 정의하였다. 맑스가 정의한 생산적 노동에는 재화를 생산하는 노동뿐만 아니라 서비스를 생산하는 노동도 포함된다. 따라서 섬유공장의 직포 노동자의 노동뿐만 아니라 오페라단에 고용된 오페라 가수의 노동도 생산적 노동이다. 생산적 노동은 자본과 교환되어 잉여가치를 생산하는 노동이면, 그것이 물질적 재화를 생산하는 노동이든 비물질의 서비스를 생산하던 노동이든, 그것이 사회에 유익한 노동이든 유해한 노동이든, 생산적 노동이 된다.

비생산적 노동은 자본과 교환되지 않는 노동, 자본과 교환되더라도 유통과정에 종사하는 노동이다. 비생산적 노동에는 자영업자의 노동이나 주부의 가사노동과 같은 비임노동, 가정부의 노동과 같이 소득과 교환되는 임노동, 상업노동이나 금융노동과 같이 유통과정에 종사하는 임노동, 국가와 교환되는 공무노동이 포함된다.[5] 따라서 그것은 사회적으로 유익하지 않기 때문이 아니라 잉여가

---

4) 여기서 순생산물은 총생산량에다 생산과정에서 소비되는 생산수단과 생활수단을 뺀 것이다. 따라서 그것은 곧 잉여생산물이다.

치를 직접적으로 생산하지 않기 때문에 비생산적 노동이다. 잉여가치를 직접 생산하는 생산적 노동은 자본축적과 경제성장에 직접적으로 기여한다. 왜냐하면 잉여가치가 창출되어야 자본축적과 경제성장이 가능하기 때문이다.

이러한 맑스의 생산적 노동 개념 규정은 오늘날의 자본주의 현실에서 여전히 타당한가? 21세기 자본주의도 자본주의인 한 잉여가치를 생산하는 노동을 생산적 노동이라고 본 맑스의 규정은 기본적으로 타당하다. 그러나 생산과정에 종사하는 노동만이 생산적 노동이고 유통과정이나 재생산과정에 종사하는 노동을 비생산적 노동으로 보는 것은 오늘날 더 이상 타당하다고 보기 어렵다. 정보화가 급속히 진전되고 있는 현대자본주의에서 생산과 유통 간의 경계가 점차 모호해지고 있다. 정보라는 재화는 생산과 유통을 따로 구분하기 어렵다. 정보의 유통과정이 곧 생산과정이 되기 때문이다.[6] 따라서 정보창출노동은 유통과정에서 이루어져도 생산적 노동이 될 수 있다. 지식기반경제가 도래하여 지식이 잉여가치 생산에 결정적인 요소가 되는 오늘날 지식이 창출되는 재생산과정은 곧 생산과정이 된다. 연구, 교육 및 훈련에 종사하는 노동은 이제 직접적으로 잉여가치를 생산하는 노동이 되고 있다. 잉여가치 생산은 공장에서만 아니라 이미 대학의 연구실에서 시작되고 있는 것이다. 오늘날 자본주의 국가에서 자본과 대학이 결합되는 산학협동이 확산되고 있는 이유는 바로 이 때문이다.

이와 같이 생산과정이 한편으로는 유통과정 속으로 확장되고 다른 한편으로는 재생산과정 속으로 소급되고 있는 지식정보화 사회에서는 직접 잉여가치를 생산하는 노동만을 생산적 노동으로 보고, 유통과정이나 재생산과정에 종사하는 노동을 모두 비생산적 노동으로 보는 것은 옳지 못하다. 따라서 생산적 노동을 정의할 때 생산과정과 유통과정을 구분하는 관점을 버리고 '자본과 교환되어 자본을 위해 잉여가치를 직접 생산하거나 취득시키는 모든 임노동'을 생산적 노동으로 간주하는 것이 올바를 것이다. 생산과 유통이, 그리고 생산과 재생산이 분리하기 어렵게 통합되고 있는 오늘날 생산적 노동에 대한 정치경제학적

---

5) 여기서 소득과 교환된다는 의미는 개인적 소비를 위해 지출하는 소득으로 고용된다는 것이다. 국가와 교환된다는 의미는 국가에 고용된다는 것이다.

6) 정보의 소비자가 동시에 생산자가 되는 것에 관한 자세한 설명은 디지털 경제를 다루는 제20장 3절을 참고하라.

개념은 이처럼 새로이 정의되어야 할 것이다.

따라서 생산적 노동자에는 자본에 고용된 혹은 자본과 계약관계를 맺은 과학자, 연구자, 교육노동자, 상업노동자, 금융노동자 등의 임노동자가 포함된다. 이들 생산적 노동자는 자본가와 자본-임노동 관계를 맺고 잉여가치를 생산하여 자본축적과 경제성장에 기여한다. 이 과정에서 이들은 자본가에게 억압당하고 착취되기 때문에 자본에 대립하고 투쟁하게 된다. 반면 비생산적 노동자에는 자영업자와 같은 비임노동자, 국가에 고용된 공무노동자[7] 등이 포함된다. 이들은 자본-임노동 관계 외부에 위치하기 때문에 생산적 노동자와 다른 의식과 태도를 가질 가능성이 높다. 국가에 고용된 공무노동자의 경우 한편으로는 공무원으로서 국가기능을 집행하는 과정에서 생산적 노동자와 대립할 수 있지만, 다른 한편으로는 임노동자로서 국가와 대립하고 투쟁할 때에는 생산적 노동자와 협력할 수 있다.

3. 노동조합과 그 효과

제도로서의 노동조합

노동자와 자본가가 노동시장에서 노동력을 사고 파는 거래를 할 경우, 생산수단의 비소유자인 노동자들이 생산수단의 소유자인 자본가와 개별적으로 거래를 하면 노동자들에게 불리하다. 그 이유로는 크게 두 가지를 들 수 있다. 하나는, 생산수단의 소유자인 자본가와 생산수단의 비소유자인 노동자 사이에는 권력의 비대칭성이 존재하므로, 자본가가 개별 노동자에게 거래조건이 자신에게 유리하도록 권력을 행사할 수 있기 때문이다. 다른 하나는, 노동자간 경쟁으로 인해 노동력 판매조건이 악화되기 때문이다. 이런 까닭에 노동자 개인이 자본가와 노동력 거래조건을 교섭하는 개별교섭(individual bargaining)은 노동자에게 불리하다.

---

7) 그런데 국가에 고용된 임노동자의 경우 국영기업에서 노동하는 노동자는 생산적 노동자에 포함된다.

　따라서 노동자들은 자본가에 대해 개인적으로가 아니라 집단적으로 거래조건을 교섭할 필요가 생긴다. 노동력 매매를 둘러싼 자본가와 노동자 간의 이러한 집단적인 교섭을 단체교섭(collective bargaining)이라 한다. 노동자들이 노동시장에서 자본가와 단체교섭을 통해 노동력 거래조건을 유리하도록 하기 위해 만든 조직이 노동조합(trade union, labor union)이다. 노동조합이 결성되면 노동자들은 자본가와 원자적 개인으로 거래하는 것이 아니라 하나의 집단으로 거래한다. 노동자는 노동시장에서 더 이상 개별 경제주체가 아니라 집단적 경제주체로 행동한다. 이러한 단체교섭은 일반적으로 개별교섭에 비해 노동자들에게 유리하다.

　노동조합을 통한 단체교섭이 임금, 노동시간, 작업환경 등과 같은 노동력 거래조건을 노동자들에게 유리하게 할 수 있는 까닭은 무엇인가? 그것은 첫째, 노동조합을 통해 결집된 힘이 하나의 권력을 형성하여 자본가와 노동자 간의 권력의 비대칭성이 감소하기 때문이다. 권력의 비대칭성이 감소하면 노동시장에서의 자본가와 노동자 간의 힘의 불균형이 완화되어 노동력의 거래조건이 노동자들에게 상대적으로 유리하게 된다. 둘째, 노동조합을 통한 단체행동은 노동자 간 경쟁을 제한하기 때문이다. 노동시장에서 노동력 판매를 둘러싼 노동자간 경쟁이 제한되면 노동력 판매조건의 악화를 막을 수 있고, 나아가 노동조건을 향상시킬 수 있다.

　노동조합이 없는 노동시장에서는 자본가의 권력이 유일하게 행사되는 가운데 노동자간 경쟁이 작용하여 노동력 거래조건이 노동자들에게 불리하게 결정되기 쉽다. 만약 노동시장에서 노동력 공급이 과잉하면 상황은 더욱 불리하게 된다. 노동조합이 있는 노동시장에서는 노동조합도 자본의 권력에 대항하는 하나의 권력을 행사하고 노동자간 경쟁이 제한되므로, 다른 조건이 동일할 때 노동조합이 없는 상황에 비해 노동력 거래조건이 유리하게 결정될 수 있다. 집단적 경제주체로서 노동조합이 보다 광범하고도 효과적으로 조직되어 자본가에 대한 교섭력(bargaining power)이 강할수록 노동력 거래조건은 노동자들에게 더욱 유리하게 된다.

　노동조합이 자신에게 유리한 노동력 거래조건을 관철시킬 수 있는 수단 중에서 가장 중요한 것은 파업(strike)이다. 파업은 노동자들이 자신의 의사를 관철시키기 위해 집단적으로 노동을 철회하는 행위이다. 노동력의 판매는 노동시장에서 한 번 거래하고 끝나버리는 것이 아니라 고용관계를 맺고 있으면서 정기적으로 이루어진다. 이때마다 단체교섭을 통해 고용계약이 갱신된다. 파업은 이와 같이 고용관계 속에서 노동력 판매조건을 개선하기 위해 노동을 중단하는 행위이다. 노동자가 노동을 철회하여 생산을 중단시키면 자본가는 경제적 손실을 입게 되기 때문에 교섭에 응하고 노동자들의 요구조건을 일정 정도 수용할 의사를 가지게 된다. 노동조합이 자본가에 대해 교섭력을 가질 수 있는 것은 단결에 기초하여 파업을 하기 때문이다. 파업의 영향력은 다른 조건이 동일할 때 노동조합의 조직률에 비례할 것이다.

따라서 만약 노동자들에게 노동조합을 결성하는 권리인 단결권, 자본가와 교섭하는 권리인 단체교섭권, 파업을 할 수 있는 권리인 단체행동권 - 이 세 가지 권리를 노동3권이라 한다 - 이 법적으로 인정되면 자본-임노동 관계와 노동시장에 구조적 변화가 생기게 된다. 노동자들이 노동조합을 통해 단결하고 집단적 경제주체가 되어 자본가와 교섭하고 파업하는 것이 합법적으로 인정되면 노동자에 대한 자본가의 전제지배와 노동시장의 채찍이 완화된다.

노동조합은 이제 하나의 제도가 되어 노동시장의 작동과 자본주의적 기업의 운영에 지속적 영향을 미친다. 노동조합이 제도로서 존재하면 기업의 지배구조와 생산체제가 민주화될 수 있다. 그리고 노동시장은 더 이상 단순히 수요와 공급의 상호작용이라는 시장의 힘(market forces)에 의해서만 작동하는 것이 아니라 제도의 힘(institutional forces)에도 영향을 받게 된다. 특히 단체교섭제도가 정착되면 임금은 더 이상 노동시장에서 결정되는 것이 아니라 자본가와 노동자 간의 임금교섭을 통해 결정된다.

자본주의에서 노동조합이란 제도는 사유재산제도, 시장, 임노동 제도의 자생적인 산물이다. 노동조합은 이 제도들과 결합되어 있으면서 그것들에 저항하는 제도이다. 따라서 노동조합이란 제도는 자본주의 체제 내에 있으면서(within capitalism) 자본주의 체제에 대항하는(against capitalism) 모순적인 존재이다.

자본주의에 대항하는 제도로서 노동조합은 투쟁조직의 성격을 가진다. 노동조합은 임금을 비롯한 노동조건의 개선과 생활상태의 개선을 위한 투쟁인 경제투쟁을 수행한다. 노동조합이 경제투쟁만 하는 개량주의적 경제조직에 머물 경우,

자본주의가 노동조합의 요구를 상당 정도 수용할 수 있는 능력이 있으면 자본주의와 노동조합은 공존할 수 있다. 그러나 노동조합이 자본-임노동 관계 그 자체의 폐지를 지향하는 정치투쟁을 할 경우 그것은 혁명적인 정치조직의 성격을 가지게 되고, 따라서 자본주의와 노동조합은 양립 불가능한 적대관계에 들어간다.

맑스와 엥겔스(F. Engels) 그리고 레닌 등 사회주의자들은 노동조합이 경제투쟁만 하는 것에 반대하고 정치투쟁을 수행하는 혁명조직이 되어야 한다고 주장했다. 자본주의의 역사와 함께 시작된 노동운동의 역사 속에서 노동조합은 사회주의 운동 내지 공산주의 운동과 결합되어 혁명투쟁에 나선 적이 있다. 1917년의 러시아 사회주의혁명이 그 대표적인 사례이다. 노동조합은 20세기 동안 선진자본주의 국가의 민주화와 제3세계 민족해방운동에 크게 기여하였다.

21세기 여명기에 있는 오늘날 선진자본주의 국가에서 노동조합은 단순한 경제투쟁만 하는 조직도 아니고 과거와 같은 사회주의를 지향하는 혁명조직도 아니다. 오늘날 노동조합은 노동문제뿐만 아니라 여성문제, 환경문제, 인권문제 등 다양한 사회문제에 관심을 기울이는 운동조직으로서의 성격을 띠고 있다. 다수의 신흥공업국가와 저개발국가에서도 노동조합은 인권운동과 민주운동의 핵심적 조직으로 되고 있다.

노동조합의 경제적 효과

노동조합은 노동시장, 노동과정, 노동력 재생산 등 임노동 재생산의 전 과정에 영향을 미치고, 잉여가치 생산, 잉여가치의 실현, 자본축적 등 자본의 재생산에 영향을 미친다. 이를 통해 노동조합은 자본주의 경제에 변화를 가져온다. 이러한 노동조합의 경제적 효과를 좀더 자세히 고찰하기로 하자.

첫째, 노동조합은 이미 서술한 것처럼 노동시장에서 노동자간 경쟁을 제한한다. 노동자간 경쟁을 효과적으로 제한하면 노동조합은 노동력의 공급 독점자로서 역할을 할 수 있다. 공급 독점자로서 노동조합은 노동력의 가격 즉 임금결정에 영향력을 미칠 수 있다.

만약 노동자들이 자본가와 개별적으로 거래하면 노동자들은 노동시장에서 결정되는 임금수준이나 자본가가 제시하는 임금수준을 주어진 것으로 받아들이고 노동력을 얼마만큼 공급할 것인지를 결정할 뿐이다. 그러나 노동조합을 통해 자본가와 집단적으로 거래하면 단체교섭을 통해 임금결정에 영향을 미칠 수 있다. 노동조합의 조직률이 높을 경우에는 노동공급을 중단하는 파업이나 노동공급을 제한하는 노동시간 단축을 통해 노동력의 거래조건에 영향을 미칠 수 있다. 노동조합의 공급 독점력과 교섭력이 강하여 임금상승률이 노동생산성 증가율보다 더 높으면 이윤이 감소하거나 아니면 물가가 상승할 수 있다.

둘째, 노동조합은 노동시장을 안정화 혹은 경직화하는 역할을 한다. 노동조합이 존재하여 단체교섭을 통해 임금이 결정되면 시장경쟁을 통해 임금이 결정되는 경우에 비해 임금을 내리기 어렵다. 이를 임금의 하방경직성(下方硬直性)이라 한다. 또한 노동조합이 있을 경우에는 자본가가 노동자를 쉽게 해고시키기 어렵기 때문에 고용의 안정성이 높아진다. 이와 같이 임금과 고용이 안정적이어서 노동시장이 안정화되면 노동자의 생활이 안정될 수 있다. 그런데 노동자 입장에서 임금과 고용이 안정되는 노동시장의 안정화는 자본의 입장에서는 노동시장 경직화를 의미한다. 노동시장 경직화란 불황이 닥치거나 기업경영이 악화되어도 자본가가 임금을 쉽게 인하하기 어렵고 마음대로 해고시키기 어려운 상태를 말한다. 노동조합의 작용으로 인한 노동시장 경직화는 자본의 노동력 사용의 자유를 제한하는 제도적 요인이다.

셋째, 노동조합의 투쟁은 노동력의 가치 법칙을 관철시킨다. '노동력 상품에 대해 그 가치대로 지불된다'는 노동력의 가치 법칙은 결코 자연발생적으로 실현되지 않는다. 노동조합이 없는 자생적인 상태에서는 임금이 노동력 가치보다 낮게 하락하는 경향이 있다. 그 이유는 자본가와 노동자 간의 권력이 비대칭적이고 노동자들간에 경쟁이 이루어지기 때문이다. 노동조합의 투쟁이 없으면 노동자들은 상품생산 사회의 기본 경제법칙인 가치법칙에 따라 마땅히 받을 수 있는 것조차 못받는다.

노동조합을 통해 단결하고 투쟁하며 단체교섭을 할 때 노동자들의 권력이 증대되고 노동자간 경쟁이 제한되어 비로소 임금은 노동력 가치에 일치할 수 있다. 노동조합의 교섭력이 아주 강하면 임금이 노동력 가치 이상으로 상승할 수도 있다. 이 경우에는 잉여가치가 감소하므로 자본가가 투자와 생산을 줄인다. 그 결과 노동력 수요가 줄어들고 노동력 공급과잉이 초래되어 임금이 다시 하락한다. 임금이 노동력 가치 이상이 되는 상황은 장기 지속될 수 없다. 따라서 노동조합의 투쟁을 통해 노동력의 가치 법칙은 폐기되는 것이 아니라 오히려 관철되는 것이다.

넷째, 노동조합은 노동과정에서 노동생산성에 영향을 미친다. 즉 노동조합은 노동생산성에 부정적 효과와 긍정적 효과를 동시에 미친다. 먼저 부정적 효과를 보자. 노동조합이 기술혁신을 가로막을 경우 생산성 향상을 저해한다. 노동절약적 기술이 도입되어 노동자를 기계로 대체하면 해고가 발생할 수 있으므로 고용을 유지하려는 노동조합은 그러한 기술 도입에 반대하게 될 것이다. 따라서 강력한 노동조합이 존재하여 신기술 도입에 제동을 걸 경우 기업의 기술혁신이 지체되고 생산성이 둔화된다. 또한 노동조합이 잉여인력의 해고나 배치전환과 같은 노동력의 유연한 사용을 가로막을 경우 노동생산성에 부정적 영향을 미칠 것이다. 영국의 경우 과거 강력한 노동조합이 혁신이나 생산성 향상에 부정적 영향을 미쳤다.

이와는 반대로 노동조합은 임금인상과 노사관계 개선을 통해 노동생산성 향상에 기여할 수 있다. 노동조합이 임금투쟁을 하여 고임금상태가 되면 노동자들의 직무만족이 증대하여 생산성이 향상될 수 있다. 또한 노동조합이 존재하여 노동자들이 기업 내에서 발언권을 가지고 노사관계가 민주화되면 이직율이 감소하고 노동자들의 적극성이 증대하여 노동생산성이 향상될 수 있다. 독일과 스웨덴의 경우 노동조합이 기업경영에 참가하여 자신의 이해를 관철시키면서도 생산성 증대에 기여하였다.

다섯째, 노동조합은 노동력 재생산과정에서 노동자의 빈곤화를 저지하고 삶의 질과 노동력의 질을 높이는 역할을 한다. 노동조합이 없는 자본주의 시장경제에서는 부익부 빈익빈 현상이 나타난다. 노동조합이 임금수준을 상승시키고 노동자의 복지를 향상시키며 노동시간을 단축시키면 소득과 소비수준이 높아지고 자유시간이 확대되어 노동자의 삶의 질이 높아진다. 소득증가와 자유시간 증가는 노동자들에게 교육훈련 투자를 통해 자기개발을 하여 노동력의 질을 높이는 계기를 마련해준다.

노동조합이 존재하여 경제 전체적으로 소득분배구조가 보다 평등해지면 노동자들의 상대적 박탈감이 줄어들어 노동자들의 삶의 질이 나아진다. 노동조합이 직접 노동자들의 노동력의 질을 높이기 위한 교육훈련 투자를 실시하거나, 노동자 복지를 증대시키기 위한 소비협동조합이나 생활협동조합을 운영할 경우, 노동력의 질과 노동자의 삶의 질을 높이는 노동조합의 효과는 그만큼 더 커질 것이다.

여섯째, 노동조합은 자본축적과 경제성장에 영향을 미친다. 즉 노동조합의 투쟁과 교섭에 의한 임금상승은 자본축적에 부정적 효과와 긍정적 효과를 동시에 미친다. 다른 조건이 변화가 없을 때 임금상승은 이윤율을 하락시킨다. 이윤율이 하락하면 자본가의 투자가 위축되고 자본축적이 둔화된다. 따라서 노동조합의 임금인상 투쟁은 이윤을 압박하여 자본축적과 경제성장에 부정적 효과를 미친다.

이와는 반대로 임금수준이 상승하여 노동자들의 소비수준이 높아지면 자본가가 대량생산한 상품에 대한 대량소비가 창출되어 자본축적의 순조로운 진행에 도움을 준다. 특히 대량생산체제에 기초한 자본축적에서는 노동조합의 투쟁과 단체교섭이 고생산성을 고임금으로 전화시키는 제도적 장치로 작용함으로써 잉여가치의 실현을 촉진하여 자본축적에 긍정적 효과를 미친다. 이와 같이 노동조합은 자본축적에 양면적 효과를 미친다.

위에서 서술한 것처럼 노동조합은 임노동의 재생산과 자본의 재생산에 영향을 미쳐 자본주의 경제를 변화시키는 주요한 제도의 하나이다. 그러나 노동조합은 노동시장에서 노동자간 경쟁을 제한하지만 시장경쟁법칙 그 자체를 폐기하지는 못한다. 노동조합의 임금인상투쟁은 저임금을 해소할 수는 있어도 임노동 제도 그 자체를 폐지할 수 없다. 노동조합은 자본주의에 대항하는 주요한 조직이지만 노동조합 그 자체만으로는 자본주의를 넘어설 수 없다.

자본주의의 변화와 노동조합의 미래

노동조합은 자본주의의 변화와 함께 발전해왔다. 자본주의 초기에 숙련노동자들의 조직인 직업별 노조(craft union)는 탈숙련이 진전됨에 따라 비숙련노동자들도 포함되는 일반 노조(general union)로 점차 바뀌어갔다. 19세기 말에서 20세기 초에 걸쳐 자본주의가 자유경쟁 자본주의로부터 독점자본주의로 이행

함에 따라, 대량생산체제를 갖춘 대기업의 기간노동자인 반숙련노동자가 중심
이 된 산업별 노조(industrial union)가 출현하였다. 산업별 노조 체제가 정착되
어감에 따라 같은 산업 내의 모든 노동자들이 노조의 조직대상이 되었고 기계
화·자동화에 따른 노동의 동질화의 진전으로 노동자들의 경제적 동질성이 높았
기 때문에 조합원수와 노조 조직률이 점차 증가하였다.

19세기 말에 영국(TUC), 미국(AFL), 프랑스(CGT), 독일(DGB), 스웨덴(LO)
등 주요 국가에서 전국노조중앙조직(national center)이 결성된 이후 20세기에
들어와 노동조합은 한 산업뿐만 아니라 국민경제에 영향을 미치는 주요한 제도
로 발전되어간다. 단체교섭이 산업별 노조나 전국중앙조직수준에서 중앙집권적
으로 이루어짐에 따라 노동조합의 경제적 효과는 크게 증폭된다. 더욱이 전국
노조중앙조직이 노동자 정당과 결합함에 따라 노동조합의 정치적 영향력이 증
대한다.

자본-임노동 관계가 확대되어감에 따라 노동조합은 고용관계가 성립되는 거
의 모든 영역에서 조직된다. 자동차, 철강, 조선, 광산, 화학 등 전통적인 산업
부문은 말할 것도 없고, 유통부문, 서비스부문, 국가부문으로 조직이 확대되어
간다. 노동조합은 유럽이나 미국처럼 산업별로 조직되는 산업별 노조, 지역단위
로 조직되는 지역별 노조, 한국이나 일본처럼 기업별로 조직되는 기업별 노조
라는 세 가지 형태가 있다.

제2차세계대전을 전후하여 주요 선진자본주의 국가에서 노동조합이 합법적
제도로서 체제 내에 정착되고 단체교섭과 파업이 정상적 관행으로 간주됨에 따
라 노동조합은 자본주의 경제에 중요한 변화를 낳는 주체와 제도로서 그 위상
이 높아진다. 스웨덴과 같은 나라에서는 전국노조중앙조직이 자본가 단체의 전
국조직 및 국가와 주요 노동정책이나 경제정책을 함께 논의·결정하는 사회적
합의 체제가 형성되었는데, 이를 코포라티즘(corporatism)이라 한다.

그러나 20세기 후반에 들어와 제조업 비중이 줄어들고 서비스산업 비중이
높아지는 경제의 서비스화 혹은 탈공업화(deindustrialization)가 진전됨에 따라
노동조합의 조직률이 점차 하락한다. 공장자동화의 급격한 진전으로 노동조합
의 전통적인 조직 기반인 반숙련노동자들이 크게 감소한 반면 서비스부문과 같
은 새로운 조직영역에서는 조직화가 어렵기 때문이다. 아울러 노동자들이 한곳

에 집중되는 전통적인 대량생산체제가 해체되어가고 외주(外注, outsourcing)를 통해 생산이 분산되며 자본의 글로벌화로 생산기지가 해외로 이전됨에 따라 노동조합의 조직률이 떨어진다. 이와 함께 단체교섭이 전국수준에서 산업수준으로, 산업수준에서 기업수준으로 점차 분권화됨에 따라 노동조합의 영향력은 점차 약화되어 간다. 현재 주요 선진자본주의 국가에서 노조 조직률은 20% 내외의 낮은 수준이다.

21세기에 지식기반경제가 출현하는 상황에서 노동조합의 조직기반이 전통적인 반숙련 공장노동자에 두어질 경우, 노동조합의 조직률은 더욱 낮아질 가능성이 있다. 따라서 노동조합의 새로운 조직형태와 노동자를 조직하는 대안적 조직이 발견되지 않으면 자본주의를 변화시키는 노동조합과 노동자계급의 힘은 크게 줄어들 것으로 예상된다.

┌─ 더 읽을거리 ──────────────────────────

■ 김수행. 2001, 「16장 노동조합」, 『알기 쉬운 정치경제학』, 서울대학교 출판부.
  김형기. 1990, 「한국사회노동자계급론의 모색」, ≪창작과비평≫ 봄호.
  리차드 하이만. 1997, 『마르크스주의와 노동조합운동』(이홍승 옮김), 연구사.
  안병직 외. 1997, 『유럽의 산업화와 노동계급』, 까치.

제10장
화폐금융제도와 금융자본

　자본주의 경제에서는 상품의 생산을 위한 화폐자본의 조달과정과 생산된 상품의 매매과정에서 채권-채무 관계가 형성된다. 이 채권-채무 관계는 무수한 경제주체들 사이에 복잡하게 얽혀 있다. 경제주체들은 이 채권-채무 관계에 의해 제약을 받으면서 행동한다. 채권-채무 관계에서 발생하는 대립과 모순을 해소하여 상품 거래와 자본축적을 지속하기 위해서는 화폐제도와 신용제도가 필요하다.

　금융제도의 양대 축인 화폐제도와 신용제도는 잉여가치의 생산 및 실현과 자본축적을 촉진하지만 동시에 공황과 경제위기를 초래하는 직접적 원인이 될 수 있다. 이 장에서는 화폐경제인 자본주의에서 작동하는 화폐제도와 신용제도의 성격, 채권자로서의 금융자본과 금융시장의 작용, 금융제도의 역할, 금융위기의 원인 등에 관해 고찰하기로 한다.

1. 화폐제도와 신용제도

채권-채무 관계와 신용

　이미 지적한 것처럼, 화폐는 가치척도, 유통수단, 가치저장수단, 지불수단으로서 기능을 한다. 그런데 화폐는 자본의 순환과정에서 자본으로 기능을 한다. 자본으로 기능하는 화폐를 화폐자본이라 한다. 가치증식을 위해 화폐자본이 생산과정에 투자되면 산업자본이 되고, 유통과정에 투자되면 상업자본이 되며, 융자가 이루어지면 대부자본이 된다. 이와 같이 자본으로서의 화폐 즉 화폐자본은 산업자본, 상업자본, 대부자본의 형태로 존재한다.

이러한 기능과 형태를 가지는 화폐는 토지와 같은 실물자산, 주식이나 채권과 같은 금융자산과는 비교가 안될 정도의 높은 유동성(liquidity)을 가진다. 유동성이란 어떤 자산이 즉시 현금과 교환될 수 있는 가능성의 정도를 말한다. 화폐는 유동성이 가장 높은 자산이다.

자본주의 화폐경제에서는 상품유통과정에서 신용거래가 이루어지고 흑자를 내는 경제주체와 적자를 내는 경제주체 간에 대차관계(貸借關係)가 발생함에 따라 채권-채무 관계가 형성된다. 여기서 신용(credit)을 제공하는 채권자와 부채(debt)를 지는 채무자라는 두 경제주체가 등장한다. 채권자 중에는 거액의 화폐자본을 소유하는 화폐자본가와 소액의 저축을 하는 노동자가 포함된다. 채무자 중에는 대량의 생산자금을 대출 받는 산업자본가들이나 소액의 영업자금을 대출 받는 자영업자가 포함된다.

먼저 신용거래가 이루어지는 경우 형성되는 채권-채무 관계에 대해 알아보기로 하자. 어떤 산업자본가가 다른 산업자본가 혹은 상업자본가에게 상품을 외상으로 판매하고 어음을 받을 경우, 그 산업자본가는 다른 산업자본가 혹은 상업자본가에게 신용을 제공하게 된다. 이러한 신용을 상업신용이라 한다. 상업신용은 생산과정이나 유통과정에서 활동하고 있는 산업자본가들이나 상업자본가들 상호간에 이루어지는 신용이다.

신용으로 상품이 매매되면 상품판매자와 상품구매자 사이에는 채권-채무 관계가 형성된다. 상품판매자는 채권자가 되고 상품구매자는 채무자가 된다. 이때 화폐는 어음을 결제하여 부채(debt)를 갚는 지불수단으로서 기능을 한다. 어음은 만기가 도래할 때까지 지불수단으로 유통될 수 있다. 이 경우 상품의 유통을 매개하는 것은 화폐가 아니라 어음이나 수표이다. 신용거래시에 채무자가 채권자에게 발행하는 이러한 어음이나 수표를 신용화폐라 한다. 그런데 어음의 만기가 도래하면 어음 발행인은 화폐로 채무를 청산해야 한다. 이때 화폐는 지불수단으로 기능을 한다.

어음과 같은 신용화폐가 사용될 경우 산업자본의 순환은 'M-C…P…C'-N-M''으로 나타낼 수 있다. 즉 화폐자본 M이 생산과정 P를 거쳐 상품자본 C'로 전화되고 상품자본 C'가 외상판매 후 신용화폐인 어음 N을 거쳐 다시 화폐자본

M'로 전화된다. 화폐자본가가 일정 비율의 할인된 가치로 산업자본가의 어음을 인수할 경우, 어음 N은 만기일 이전에 화폐자본 M'으로 전화될 수 있다. 이때 적용되는 어음 할인율이 바로 이자율이 된다. 어음을 인수하는 화폐자본가는 이자 획득을 목적으로 화폐자본을 빌려주는 대부자본가가 된다. 이와 같이 산업자본에게 어음을 할인해 주는 대부자본의 근대적인 형태가 바로 은행자본이다. 은행자본의 활동에 기초하여 상업신용은 더욱 활성화된다.

상품생산이 확대됨에 따라 신용거래는 수많은 상품판매자와 상품구매자 사이로 확장되기 때문에 이로 인한 채권-채무 관계는 복잡한 연쇄를 통해 서로 얽히게 마련이다. 수많은 자본의 생산과정들이 상업신용을 통해 광범하게 연쇄되어 각자의 부채 청산이 다른 사람의 부채 청산에 의존하게 된다. 이러한 신용거래에서 만약 약정 기일내에 어떤 채무자가 화폐 즉 현금으로 부채를 갚지 못하면, 신용거래의 고리를 따라 연쇄적으로 채무불이행(default)이 발생하여 상품의 생산과 거래가 일시에 마비되는 공황이 발생할 수 있다. 공황기에는 화폐가 매우 부족하다. 따라서 상업신용이 광범하게 이루어지는 자본주의 화폐경제에서는 화폐에 의한 지불이 정상적으로 이루어지도록 화폐제도와 신용제도를 확립하고 운용하는 것이 중요하게 된다.

화폐가 자본이 되어 가치증식수단으로 기능을 할 경우, 다시 말해서 화폐가 잉여가치를 낳는 가치로서 화폐자본이 될 경우, 화폐자본을 대부하는 화폐자본가가 채권자가 되고 대출을 받는 산업자본가나 상업자본가는 채무자가 된다. 화폐자본가가 산업자본가나 상업자본가에게 신용을 제공하는 것이다. 이러한 신용은 중세 말기와 자본주의 초기에는 고리대업자를 통해 제공되었지만, 자본주의가 확립됨에 따라 주로 근대적인 금융기관인 은행을 통하여 제공되었다. 이와 같이 은행을 통하여 화폐가 대부되는 것을 은행신용이라 한다. 이때 은행신용을 통해 산업자본가나 상업자본가에게 대부되는 화폐를 '이자 낳는 자본' 혹은 대부자본 혹은 은행자본이라 한다. 은행자본은 대부를 통해 이자(r)를 획득하는 자본으로서 그 순환은 'M…M'(여기서 M'=M+r)'으로 나타낼 수 있다.

〈그림 10.1〉 산업자본과 은행자본의 결합을 통한 자본의 재생산

$$\text{Mb} \longrightarrow \text{M} - \text{C} \begin{bmatrix} \text{MP} \\ \\ \text{LP} \end{bmatrix} \cdots \text{P} \cdots \text{C'} - \text{M'} \begin{bmatrix} \text{M} \\ \\ \text{m} \end{bmatrix} \begin{bmatrix} \text{r} \\ \\ \text{Pr} \end{bmatrix} \longrightarrow \text{Mb}^1$$

〈은행자본〉　　　　　　〈산업자본〉　　　　　　　〈은행자본〉

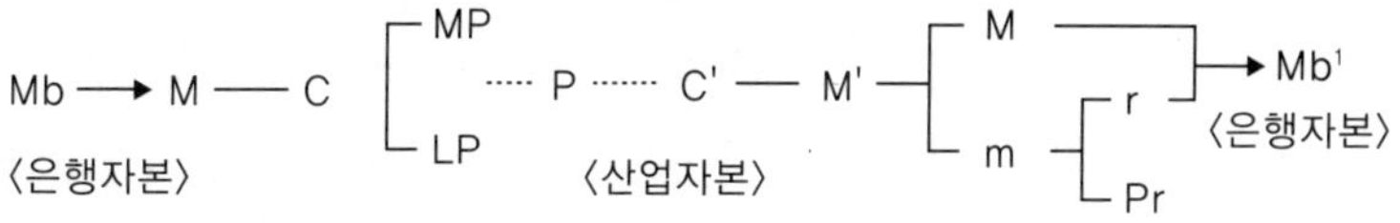

은행신용과 자본의 재생산

은행신용이 이루어질 경우 산업자본과 은행자본의 결합을 통한 자본의 재생산과정을 보면 <그림 10.1>과 같다. 산업자본가가 은행자본(Mb)을 차입하여 산업자본(M)을 형성하고 그것으로 구입한 생산수단(MP)과 노동력(LP)을 결합하여 생산과정(P)을 거쳐 상품(C')을 생산한다. 다시 그 상품을 판매하여 잉여가치(m)를 포함한 화폐자본(M')을 획득한다. 노동자의 잉여노동을 통해 창출된 잉여가치(m)는 은행자본가에게 지불되는 이자(r)와 산업자본가에게 귀속되는 기업가 이윤(Pr)으로 분배된다. 이제 은행자본은 증식하여 'Mb'=M+r'로 된다. 은행자본은 가치증식수단인 화폐자본을 산업자본에 신용으로 제공한 대가로 이자를 획득한다. 이자는 산업자본가가 생산한 잉여가치의 일부가 분배된 것이다. 산업자본은 잉여가치 중에서 이자를 지불하고 남는 기업가 이윤을 획득하여 생산을 되풀이할 수 있다. 이렇게 해서 산업자본과 은행자본이 동시에 재생산된다.

이러한 재생산과정에서 산업자본가와 은행자본가는 이해가 일치하기도 하고 대립하기도 한다. 이자가 잉여가치에서 나오기 때문에 노동자를 더 효과적으로 착취하여 더 많은 잉여가치를 생산하는 것에 산업자본가와 은행자본가는 같은 이해관계를 가진다. 그래서 은행자본가는 산업자본가가 더 많은 잉여가치를 생산할 수 있는 새로운 생산설비를 도입하기 위해 필요한 화폐자본을 적극적으로 대출해주려고 한다. 그러나 다른 조건이 동일할 때 이자율이 높으면 이윤율이 낮아지기 때문에 산업자본가와 은행자본가는 서로 이해가 대립된다.

지금 산업자본가가 은행자본가로부터 1억 원을 대출하여 생산수단 구입에 5천만 원을, 노동력 구입에 5천만 원을 투자한다고 하자. 자본의 회전기간이 1년이고, 잉여가치율이 100%, 이자율이 10%라고 가정한다면, 'Mb=M=1억 원, M'=1억 5천만 원, 잉여가치 m=5천만 원, 이자 r=1천만 원, 기업가 이윤 Pr=m-r=4천

만 원'으로 된다. 만약 이자율이 20%로 상승한다면 '이자 r=2천만 원, 기업가 이윤 Pr=3천만 원'이 된다. 만약 이자율이 50%로 되면 기업가 이윤은 'Pr=0'이 된다. 이와 같이 이자율이 높아지면 기업가 이윤이 감소하여 산업자본의 재생산은 압박을 받는다. 심지어는 자본의 재생산 규모가 1억 원보다 줄어들어 축소재생산이 이루어질 수 있다. 이자율이 낮을수록 자본의 확대재생산 가능성이 높아지고 이자율이 높을수록 자본의 축소재생산 가능성이 높아진다.

산업자본가가 은행자본가로부터 화폐자본을 대출받아 산업자본을 형성하여 자본축적을 할 경우 이를 '부채에 기초한 자본축적'이라 부를 수 있다. 부채에 기초한 자본축적이 지속가능하려면 은행신용이 안정적으로 제공되는 가운데 이자율은 낮은 반면 잉여가치율이 높아야 한다. 채무를 청산하기 위한 화폐자본의 원활한 공급, 확대재생산이나 새로운 사업분야에의 투자에 필요한 화폐자본의 공급을 위해서는 은행제도가 잘 정비되어야 한다. 그리고 최종적 대부자로서 은행들의 은행인 중앙은행이 필요하다. 이자율은 화폐자본의 수요와 공급에 의해 결정되므로 이자율이 낮으려면 화폐자본의 공급이 충분히 이루어져야 한다. 잉여가치율이 높으려면 높은 수준의 생산기술과 효과적인 노동통제와 효율적인 생산체제를 갖추어야 한다.

은행제도를 통해 신용이 공급되는 과정은 어떠한가? 은행은 일차적으로 예금자들의 저축을 모아 산업자본가에게 대부하는 금융중개기관이다. 은행은 유휴자금을 결집하여 대출 가능한 화폐자본인 은행자본으로 전화시킨다. 은행자본의 원천은 감가상각 적립금과 같이 산업자본의 순환과정에서 발생한 일시적인 유휴자금, 금리생활자들의 여유자금, 사회 각 계층의 저축 등이다. 이들 자금은 이자를 낳을 수 있거나 잉여가치를 창출하는 데 투입할 수 있기 때문에 잠재적 화폐자본이라 한다. 이와 같이 은행신용은 잠재적 화폐자본을 현실적 화폐자본으로 전환시키기 때문에 자본량을 증대시키는 데 기여한다.

그러나 은행은 단순한 금융중개기관에 머물지 않는다. 은행의 중요한 기능은 예금에 기초하여 신용을 창조하는 데 있다. 신용을 창조한다는 것은 은행이 예금에 기초하여 신용화폐를 발행한다는 것이다. 과거 금본위제 아래에서는 은행은 은행권 형태의 신용화폐를 발행하였다. 즉 금화로 받은 예금을 기초로 그 몇 배에 해당하는 은행권을 발행하여 대출을 함으로써 신용이 창출되었다. 그러나 오늘날과 같이 불환지폐제도 아래에서는 중앙은행만이 지폐를 발행하고 일반 은행은 당좌예금과 같은 요구불 예금 형태의 예금통화(預金通貨)를 창조한다. 예금통화는 오늘날 신용화폐의 주요한 형태이고 중앙은행이 발행하는 불환지폐 인 현금통화와 함께 통화량을 구성한다.

신용창조의 원리는 다음과 같다. A은행이 갑(甲)으로부터 중앙은행이 발행한 현금통화 1억 원의 예금을 받았다고 하자. 이 예금을 본원적 예금이라 한다. 이 예금 중 10%를 예금 인출에 대비한 지불준비금으로 남겨야 한다고 하자. A은 행은 1억 원에 대해 1천만 원의 지불준비금만 남기고 나머지 9천만 원을 대출 할 수 있다. 이를 대출받은 사람이 을(乙)에게 지불하고 을이 그 전액을 B은행 에 예금하면 B은행은 마찬가지로 900만 원의 지불준비금을 남기고 8,100만 원 을 대출한다. 이 경우 1억 원의 현금통화를 기초로 해서 '1억+9,000만+8,100 만=2억 7,100만 원'의 예금통화가 공급되었다. 이와 같은 과정이 무한히 계속 되면서 예금통화가 창조된다. 현금통화 형태의 본원적 예금액을 C, 지불준비율 을 q라고 한다면, 예금통화의 총량 '$D=\dfrac{C}{q}$'가 된다.[1] 따라서 1억 원의 본원적 예금에 대해 10억 원의 예금통화가 공급되고 새로이 창조된 예금통화는 9억 원 이 된다.

이와 같이 은행을 통해 신용창조가 이루어지기 때문에 은행이 제공하는 신용 은 저축액의 제약을 벗어나 크게 증가한다. 은행에 의해 창조된 신용이 은행자 본으로서 산업자본에게 대부되어 자본의 재생산과정에 투자됨으로써 재생산 규 모가 확대되고 자본축적이 가속화된다. 그래서 신용이 팽창하는 속도에 비례하 여 산업자본의 부채도 증가하고 자본주의적 생산도 확장된다. 신용을 통해 형 성된 자본이 잉여가치를 생산하기 때문에 산업자본은 은행자본에 대해 이자를 지불하고 부채를 상환할 가능성이 있다. 물론 부채상환은 투자된 자본이 이윤 과 함께 회수되고 이윤이 축적됨으로써 가능하다. 부채상환 가능성은 잉여가치 량에 비례하고 이자율수준에 반비례한다.

---

1) 이 식의 도출과정은 다음과 같다. 즉, A은행, B은행, C은행 등등이 창조한 예금통화의 총계 D는 다음과 같이 계산된다.

$$D=C+(1-q)C+(1-q)^2C+(1-q)^3C+\cdots\cdots=\left(\dfrac{1}{1-(1-q)}\right)C=\dfrac{C}{q}$$

그런데 신용창조를 통해 형성된 은행자본은 어디까지나 실체가 없는 의제자본 (擬制資本, fictitious capital)에 불과하다. 그것은 생산과정 내에서 잉여가치의 생산에 의해 형성된 진짜 자본이 아니라 신용을 통해 창출된 허구적인 자본이다. 위의 사례에서 1억 원의 본원적 예금을 통해 형성된 10억 원의 은행자본 중 9억 원은 의제자본이고 1억 원이 진짜 자본이다. 의제자본은 생산과정에 투자되어 잉여가치를 낳기 때문에 가치증식수단이 되지만, 그 자체로서는 어떤 가치도 가지지 않는다.

그러나 은행에 의해 창조된 신용화폐의 대부에 매개되어 자본축적이 이루어지고 재생산규모가 확대되기 때문에 의제자본은 진짜 자본의 증대를 촉진하는 역할을 한다. 따라서 의제자본이라 해서 자본의 재생산에 영향을 미치지 않는다고 보는 것은 잘못이다. 오히려 은행신용이 팽창함에 따라 이 의제자본은 자본주의 경제에 점점 더 큰 영향을 미치게 된다는 점을 인식하는 것이 중요하다. 자본주의적 생산에서 은행신용은 성장의 요인임과 동시에 위기의 요인이 된다. 과다한 은행신용이 과잉생산을 초래하여 공황을 발생시킬 수 있기 때문이다. 신용제도 아래에서 채무불이행이 발생하면 신용공황이 초래되어 은행과 기업이 연쇄적으로 도산하는 사태가 발생하게 된다. 아울러 신용은 제17장에서 논의하는 것처럼 독점을 형성하는 주요 계기가 된다.

불환지폐와 관리통화제도

오늘날 신용제도의 기초가 되는 화폐제도는 금본위제도가 아니라 불환지폐제도이다. 17세기에 도입된 금본위제도는 1930년대 대공황을 계기로 폐지되고 이후 불환지폐제도가 지배하고 있다. 금본위제도에 비해 불환지폐제도의 특성은 어떠하며 그에 따라 발생하는 문제는 무엇인가?

금본위제도 아래에서는 내재적 가치를 가지는 금이 화폐이다. 금 화폐는 그 자체가 노동생산물로서 노동에 의해 창출된 가치를 가지면서 다른 모든 상품들의 가치를 표현하는 일반적 가치형태로서의 화폐상품이다. 그러나 불환지폐제도 아래에서는 중앙은행이 발행하는 내재적 가치를 가지지 않는 불환지폐가 화폐이다. 불환지폐 즉 중앙은행권은 금과 같은 화폐상품으로의 태환(兌換)이 불가능한 지폐이다.

불환지폐는 노동에 의해 창출된 가치를 가지지 않지만 다른 모든 상품들의 가치를 표현하는 일반적 가치형태로서의 화폐이다. 금과 달리 내재적 가치를 가지지 않는 불환지폐가 화폐가 될 수 있는 것은 국가가 강제 통용력을 부여하기 때문이다. 불환지폐는 태환성은 없지만 주권국가 내의 모든 사람들이 법률에 의해 지폐를 받아들여야 하기 때문에 교환성이 보장된다. 즉 불환지폐는 국가권력에 기초하여 화폐가 되는 것이다. 이러한 의미에서 불환지폐를 법화(法貨, legal tender)라 부르기도 한다. 따라서 1975년 월남 패망에서 본 것처럼 국가가 망하면 그 화폐는 휴지조각에 불과하게 된다.

불환지폐는 금 화폐와 마찬가지로 가치척도, 유통수단, 가치저장수단, 지불수단으로서 기능을 한다. 그러면서도 불환지폐제도는 금본위제도에 비해 태환의 필요성이 없으므로 화폐제도를 유지하기 위한 비용이 크게 절감된다는 장점이 있다. 그러나 불환지폐가 이러한 화폐의 기능을 제대로 수행하기 위해서는 화폐가치의 안정이 필수적이다. 화폐가치가 크게 떨어질 경우 사람들은 화폐를 보유하면 부의 손실을 입으므로 화폐 아닌 다른 형태의 부, 예컨대, 귀금속이나 토지 등을 가지려고 할 것이다. 따라서 가치저장수단으로서의 기능이 약화된다. 마찬가지로 화폐가치가 안정적이지 못하면 가치척도의 의미가 적어진다. 화폐가치가 크게 떨어지면 사람들이 화폐를 받아들이기를 꺼리므로 유통수단과 지불수단의 기능이 약화된다.

그렇다면 내재적인 가치가 없는 불환지폐의 가치는 어떻게 결정되는가? 불환지폐는 상품화폐가 아니므로 그것을 생산하는 데 투하된 노동량에 의해 그 가치가 결정되는 것이 아니다. 즉 발행비용에 의해 결정되는 것이 아니다. 1만원권 한 장을 생산하는 데 들어가는 비용은 80원에 불과하다. 불환지폐의 가치는 불환지폐의 구매력이다. 불환지폐의 구매력이란 화폐 1단위(예컨대, 1만 원)로 구입할 수 있는 상품의 양이다. 불환지폐의 구매력은, 다른 조건이 동일할 때, 유통되는 불환지폐량이 증가할수록 하락한다. 불환지폐의 구매력이 크게 떨어지면 화폐로서의 기능이 크게 약화된다.

그런데 불환지폐제도 아래에서는 금 화폐의 경우와 달리 태환의 필요성이 없고 불환지폐의 생산비용이 아주 낮아서 화폐 발행량을 제한하는 장치가 없으며,

따라서 화폐가치를 안정시키는 자생적인 힘이 결여되어 있다. 특히 불환지폐의 증발(增發) 가능성이 높다. 이것은 불환지폐제도의 큰 단점이다. 따라서 불환지폐제도 아래에서는 통화당국이 화폐의 생산량을 조절하여 화폐가치를 유지하는 관리통화제도가 필수적이다.

관리통화제도는 불황이나 인플레이션 등 경제의 변동에 대처하기 위해 혹은 경제성장을 촉진하기 위해 화폐 발행량을 국가가 정책적으로 결정하는 제도이다. 관리통화제도는 공황시에 통화량을 증가시켜 공황을 완화시키는 기능을 한다. 그러나 엄격한 통화관리가 이루어지지 않으면 화폐증발로 인하여 인플레이션이 초래될 수 있다. 관리통화제도는 국가가 경제에 개입하는 주요한 제도적 장치 중의 하나이다.

세계화폐와 국제통화제도

불환지폐는 국가권력에 기초한 법화이기 때문에 한 국민경제 내에서만 강제통용력을 가지고 인정된다. 따라서 그것은 국민화폐이다. 각국의 국민화폐는 다른 나라에서는 강제통용력이 없고 인정되지 않기 때문에 원칙적으로 다른 나라와의 거래에서는 사용할 수 없다. 세계 모든 나라에서 인정되는 화폐를 세계화폐라 한다. 애초에는 세계 모든 사람들이 부의 가장 대표적인 형태로 인정하는 금만이 세계화폐로서 기능을 하였다.

세계화폐인 금은 일반적 구매수단과 일반적 지불수단이 된다. 국제간의 정상적인 상품유통 즉 국제무역의 균형이 갑자기 중단되거나 교란되는 전쟁, 천재지변, 공황 등이 발생할 시에는 금이 다른 나라 상품의 가장 확실한 구매수단이 된다. 따라서 세계화폐 금은 일반적 구매수단이 된다. 또한 세계화폐 금은 주로 상품의 수출과 수입, 자본이동과 같은 국제거래에서 생긴 부채의 최종적 결제수단으로 사용된다. 따라서 세계화폐 금은 지불수단으로 기능을 한다.

아울러 세계화폐 금은 부의 가장 대표적인 형태이고 상품가치의 보편적인 표현물이다. 따라서 금의 국제간 이동은 곧 국제간의 부와 가치 이전을 의미한다. 18세기 중상주의자들이 금을 비롯한 귀금속을 부라고 인식하고 국제무역을 통해 최대한의 금 유입을 도모하는 것이 부국강병의 기초라고 생각했던 것은 바로 이런 이유에서이다.

금이 세계화폐이던 1930년대 이전의 국제통화제도는 국제금본위제도였다. 여기서 국제통화제도(international monetary system)란 국제간 거래의 결제가 이루어지는 국가간의 관행, 규칙, 협약을 말한다. 국제통화제도의 기본 문제는 무엇을 세계화폐로 설정하고 어떤 환율제도를 가질 것인가 하는 것이다. 국제 금본위제도 아래에서는 각국의 화폐단위를 일정량의 금에 의해 고정시켜두고, 각국 정부는 어떤 사람과도 자기 나라 화폐와 금을 그 고정된 비율로 무제한 교환하며, 국가간 금의 자유로운 유출입을 허용한다.

여기서 자국 화폐와 다른 나라 화폐 간의 교환비율인 환율(exchange rate)은 기본적으로 두 나라 화폐 각각이 금과 교환되는 비율에 의해 결정된다. 예컨대, 영국의 1파운드(£)가 금 0.1온스와 교환되고 미국의 1달러($)가 금 0.02온스와 교환된다면 영국 스털링화에 대한 미국 달러화의 환율은 1파운드=5달러가 된다.[2] 따라서 국제금본위제도 아래에서 각국 화폐의 금과의 교환비율에 변화가 없는 한 환율은 안정적이다.

그런데 1930년대 세계대공황 이후, 국제거래의 급속한 증대에도 불구하고 금 생산이 한계에 부딪혀 금 준비에 어려움을 겪은 각국이 금본위제도를 포기함에 따라 국제금본위제도는 해체되어간다. 제2차세계대전 이후 국제통화제도는 국제통화기금(IMF: International Monetary Fund) 체제로 전환한다. IMF체제 아래에서는 금은 더 이상 세계화폐가 아니다. 국제무역과 자본수출을 주도하는 국가들의 불환지폐인 중앙은행권이 세계화폐로 등장한다. 미국의 달러를 비롯하여 영국의 파운드 스털링, 독일의 마르크, 프랑스의 프랑, 일본의 엔 등이 세계화폐로 기능을 한다.

현재는 유럽이 통합됨에 따라 달러, 유로, 엔이 3대 세계화폐가 되고 있다. 그중 세계경제를 지배하고 있는 미국의 달러화는 가장 일반적으로 통용되는 기축통화(基軸通貨)의 역할을 하고 있다. 즉 대부분의 국제거래는 달러화로 결제되고 미국 이외의 모든 IMF 회원국들이 자국 통화의 대외적 가치를 달러화로 표시하며 세계 각국이 금과 달러를 국제준비자산으로 보유하고 있다. 이와 같

---

2) 단, 여기서 금의 수송비용은 무시하였다. 금의 수송비용을 고려에 넣으면 그만큼 환율은 달라진다.

이 달러화는 대표적인 세계화폐의 기능을 하고 있다.

IMF체제에서는 고정환율제도를 유지하면서 가입 국가들에게 실업을 발생시키지 않고도 국제수지 적자를 해소할 수 있도록 IMF가 보유하는 외환인 기축통화를 차입할 수 있는 특별인출권(SDR)이 부여되었다. 이 특별인출권은 새로운 세계화폐로서의 기능을 수행하였다. 이를 통해 IMF체제는 국제유동성을 증가시키려 하였다. 그러나 이 특별인출권의 규모는 매우 적었다. IMF체제에서 국제유동성 공급은 주로 미국의 국제수지 적자로 인해 해외로 유출된 달러화를 통해 이루어졌다. 고정환율제도 아래에서 달러화를 기축통화로 하여 주요 자본주의 국가들은 제2차세계대전 이후 고도 경제성장을 달성하였다. 그러나 1971년 미국 달러화의 금태환(金兌換) 정지 이후 고정환율제도가 폐지되고 IMF체제는 붕괴된다. 이후 세계 각국은 변동환율제도를 채택하게 된다.

변동환율제도는 환율을 외환시장의 수요와 공급에 의해 완전히 결정되도록 맡기는 제도이다. 변동환율제도는 고정환율제도에서 나타나는 환율의 인위적 조정으로 인해 발생하는 외환시장의 왜곡을 해소할 수 있다는 장점이 있다. 그러나 변동환율제도는 환율의 불안정으로 인한 외환투기와 주식투기로 경제가 불안정해지며, 환율이 급격히 변동하고 외환투기가 극성을 부리면 파국적인 외환위기가 발생하고 급기야 전반적 경제위기가 초래될 수 있다. 1997년에 발생한 아시아 금융위기의 주요 요인 중의 하나가 변동환율제도라는 국제통화제도 아래에서 이루어진 국제금융자본의 투기행위이었음은 주지의 사실이다. 아무튼 경제의 글로벌화가 급속히 진전되고 있는 오늘날 새로운 합리적인 국제통화제도의 구축은 안정적인 세계경제질서의 수립을 위한 절실한 과제로 되고 있다.

2. 금융시장과 금융자본

화폐의 상품화와 금융시장

다른 경제체제와 구분되는 자본주의 경제의 가장 결정적인 특징은 노동력과 화폐가 상품화된다는 것이다. 그래서 자본주의의 절대적 기초로서 노동시장과 금융시장이 성립한다. 노동시장이 존재하여 노동력이 지속적으로 상품화되어 생산과정에 투입되고 잉여가치를 생산하기 때문에 노동력을 구입하는 화폐가 자본으로 전화된다. 화폐가 잉여가치를 낳는 가치인 자본이 되기 때문에, 다시 말해서 화폐가 가치증식수단이 되기 때문에, 모든 화폐는 잠재적 자본으로서의 속성을 가진다. 이런 까닭에 잉여가치를 생산하려는 산업자본가는 화폐를 수요한다. 따라서 자본으로서의 화폐가 상품화된다. 이렇게 본다면 결국은 생산수단

월 스트리트: 영화로 본 금융자본

"나는 아무 것도 생산하지 않는다. 다만 소유할 뿐이다." 월스트리트의 큰손 고든 게코(마이클 더글러스)가 자신이 키운 신참내기 펀드매니저 버드 폭스(찰리 쉰)을 모질게 몰아세운다. '자본주의는 곧 금융'이라는 신앙을 갖고 있는 게코는 '내가 따지 않는 것은 내가 잃는다는 것을 의미한다'는 자본주의 철학을 갖고 있기도 하다. 도박판에서 판돈을 걸고 배팅을 하듯 자본을 걸고 돈을 따는, 이른바 '카지노 자본주의'의 대표격이다. 도박과 다른 점이 있다면 리스크(위험) 계산에 고도의 과학적 지식을 활용한다는 것이다. 하지만 폭스 역시 자기 주장을 철회할 수 없는 입장이다. 새로 인수한 블루항공사를 게코방식대로 '분할 매각'한다면 이 회사 노조위원장을 맡고 있는 부친이 위태로워지기 때문이다. 어떻게든 매각을 막고 경영을 정상화시키겠다는 것이 폭스의 생각이다. 스톤 감독은 세계 자본주의의 심장부 월스트리트에서 벌어지는 '선'과 '악'의 갈등과 긴장을 이렇게 그리고 있다. ……

올리버 스톤 감독의 <월스트리트>는 이 같은 펀드매니저들의 삶을 핵심으로 부각시킨 작품이다. 비록 주식시장과 기업 인수·합병(M&A)이 주요 주제이기는 하지만 그런대로 환 투기꾼들의 생리까지도 파악할 수 있게 해준다. 일반인이 접근하기 어려운 월스트리트의 뒷 얘기를 다룬 보기 드문 영화다.

펀드매니저 고든 게코는 월스트리트의 거물. '머리'와 배팅 감각 하나로 월스트리트에서 '발군'으로 인정받는 인물이다. 그에게는 늘 노동자와 선의의 투자자를 괴롭히는, 악명 높은 '기업 사냥꾼'이요, 심지어는 사기꾼이라는 비난도 쫓아다니지만 성공을 향해 달리는 월스트리트의 젊은이들에게 있어서 만큼은 우상이다. 누구라도 그와 손잡고 일하고 싶어하고 그의 노하우를 전수받고 싶어한다. 그의 눈에 띄기만 한다면 한창 나이에도 부와 권력과 명예를 한 손에 거머쥘 수 있을 것으로 보였다. 그에게 발탁된다는 것은 한마디로 '출세의 지름길'로 들어서는, 바로 그것이었다.

이재광·김진희, 『영화로 쓰는 20세기 세계경제사』, 혜윰, 1999, 260, 279쪽.

의 사적 소유와 자본-임노동 관계가 형성되어 있는 상황에서 이루어지는 노동
력의 상품화에 기초하여 화폐가 상품화되는 것이다.

화폐가 상품화된다는 것은 화폐의 사용권과 화폐 그 자체가 매매된다는 것이
다. 화폐의 사용권의 매매란 결국 돈을 빌려주고 빌리는 것을 말한다. 이와 같이
화폐가 상품화되면 경제주체들 사이에 채권-채무 관계가 형성된다. 앞 절에서
논의한 은행신용은 바로 화폐의 상품화가 이루어지는 과정에 다름 아니다. 국제
간 거래와 투기를 위해 화폐 그 자체가 사고 팔린다. 외환이 거래되는 외환시장
은 바로 화폐 그 자체가 상품화되는 장이다. 화폐가 상품화되므로 금융시장
(financial market)이 성립한다. 금융시장은 화폐자본이 거래되는 장이다. 주식과
채권을 사고 파는 금융거래를 통해 가치를 증식시키고 자본이득을 취득하는 화
폐자본을 금융자본(financial capital)3)이라 한다. 금융시장에는 금융자본의 공급
자와 수요자가 금융기관을 매개로 해서 서로 경쟁하면서 거래한다. 금융자본은
금융기관을 통해 집중되어 자본주의 경제를 움직이는 강력한 주체로 형성된다.

금융시장의 구조는 어떠한가? 금융시장에는 금융자본의 공급자와 수요자, 금
융기관, 그리고 금융상품이 존재한다. 금융시장에는 중개시장과 자본시장이 있
다. 자본시장은 금융자본의 수요자가 발행한 주식(stock)과 채권(bond)이 금융자
본의 공급자에게 판매되는 시장이다. 주식은 주식시장에서 채권은 채권시장에
서 각각 거래된다. 기업이 주식이나 채권을 발행하여 자본시장을 통해 화폐자
본을 조달하는 것을 직접금융이라 한다.

중개시장은 은행, 보험회사, 신탁회사, 연금기금(pension fund), 상호기금
(mutual fund)과 같은 금융중개기관이 금융자본의 공급자에게 예금증서, 보험
증권, 신탁증권 등의 판매를 통해 확보한 금융자본으로 금융자본 수요자에게
신용을 제공하거나 금융자본 수요자가 발행하는 주식과 채권을 구입하는 시장
이다. 기업이 중개시장을 통해 화폐자본을 조달하는 것을 간접금융이라 한다.

금융시장에서 거래되는 주식, 채권, 예금증서, 보험증권, 신탁증권 등을 금융
상품이라 한다. 자본시장을 통하든 중개시장을 통하든 금융시장은 금융자본을

---

3) 여기서의 금융자본 개념은 힐퍼딩의 금융자본(finance capital)과는 다르다. 힐퍼딩의 금
   융자본은 산업자본과 은행자본이 결합되어 형성된 독점체를 말한다. 힐퍼딩의 금융자본
   개념에 관해서는 제17장 1절의 내용을 참고하라.

〈표 10.1〉 가계 부문의 금융화 추이

	1981~1985	1986~1989	1990~1992
미국			
실물자산/가계소득	2.35	2.37	2.20
금융자산/가계소득	3.27	3.59	3.68
금융화 비율	58.1	60.3	62.6
금융자산에서 주식비율	13.9	16.0	20.2
영국			
실물자산/가계소득	2.88	3.67	3.57
금융자산/가계소득	2.34	3.09	3.17
금융화 비율	44.7	45.9	46.7
금융자산에서 주식비율	10.6	12.4	10.2

주: 가계소득은 연간 명목 가처분소득임.
　　금융화 비율＝금융자산/(금융자산＋실물자산).
자료: 아글리에타(M. Aglietta) 지음, 전창환 옮김, 『금융제도와 거시경제』,
　　 29쪽 <표 5> 및 31쪽 <표 6>.

금융자본의 공급자로부터 그 수요자에게로 흐르게 하고, 그 반대방향으로 주식, 채권, 예금증서 등과 같은 금융상품이 흐르게 한다. 금융자본의 공급자는 자신이 구입한 이러한 금융상품을 금융자산으로 보유한다.

　금융자본의 수요자는 주로 산업자본가나 상업자본가이다. 은행신용을 받고 주식을 발행하는 기업과 채권을 발행하는 기업 및 국가가 금융자본의 주된 수요자이다. 그렇다면 금융자본의 공급자는 누구인가? 화폐자본가, 산업자본가, 상업자본가들이 그 주요한 공급자이다. 화폐자본가는 본래의 금융자본 공급자이고, 산업자본가와 상업자본가도 기업의 유휴자금을 금융자본으로 공급한다. 그런데 오늘날 미국과 영국 등 주요 선진자본주의 국가에서는 가계가 소득 중 일부를 저축하여 은행에 예금하거나 주식과 채권을 구입함으로써 금융자본의 주요한 공급자로 등장하고 있다. 이는 가계소득에 대한 금융자산의 비율과 가계 부문의 총자산에서 금융자산이 차지하는 비율인 '금융화 비율'이 높아지고 있는 사실에서 확인된다(<표 10.1> 참조).

〈그림 10. 2〉 은행자본의 순환

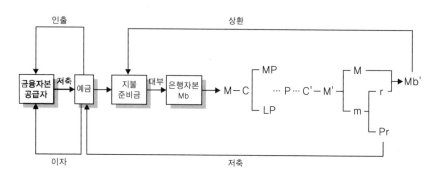

가계의 저축을 모아서 금융자본을 형성하는 금융중개기관이 금융자본의 운동에 미치는 영향력은 갈수록 증대하고 있다. 특히 연금기금과 상호기금, 헤지펀드(hedge fund) 등과 같은 기관투자가들이 급성장하여 오늘날 금융시장을 지배하고 있다. 이들 기관투자가는 단순히 소극적 금융중개기관이 아니라 적극적 투자기관이기 때문에 실질적으로 금융자본의 핵심세력으로 부상하고 있다. 이들은 금융시장을 지배할 뿐만 아니라 기업지배구조를 통해 기업에 대한 지배력도 가지는 경제주체가 되고 있다. 이들의 투자행위는 금융시장을 불안정하게 만드는 주요 요인 중의 하나다.

금융자본의 특성

금융자본은 산업자본과 무엇이 다른가? 우선 금융자본의 순환은 산업자본의 순환과 구분된다. 금융자본은 크게 은행자본과 주식자본으로 나누어진다.

먼저 은행자본의 순환부터 보자. <그림 10.2>에서 보는 것처럼, 금융자본의 공급자가 저축한 예금이 대출할 수 있는 지불준비금을 형성하고 이 지불준비금에 기초하여 은행이 은행자본의 수요자인 산업자본에게 대부를 한다. 산업자본에게 대부된 은행자본(Mb)은 화폐자본(M)이 되고 산업자본가는 이 화폐자본으로 생산수단(MP)과 노동력(LP)을 구입하여 가치증식을 위한 생산활동을 한다. 잉여가치를 포함한 화폐자본(M') 중 원금(M)과 이자(r)를 합한 Mb'는 상환되어

〈그림10.3〉 주식자본의 순환

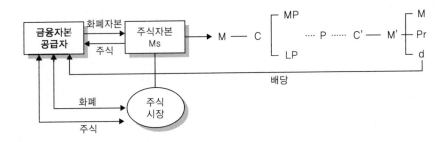

은행의 지불준비금으로 바뀐다. 기업이윤(Pr)의 일부도 저축되어 예금으로 될 수 있다. 저축의 대부분은 자본가 저축이지만 노동자도 임금의 일부를 저축한다. 이 저축이 예금으로 바뀐다. 이 순환은 은행이 대부한 화폐가 은행에 다시 예금되어 대부 가능한 은행자본으로 바뀌는 과정을 나타낸다.

따라서 은행자본은 저축, 대부, 상환이라는 세 과정을 통해 순환한다. 이 과정 속에 산업자본의 순환이 포함되어 있다. 은행자본의 순환에서는 대부된 화폐자본의 상환이 결정적인 중요성을 가진다. 산업자본이 은행 부채를 상환하지 못하면 은행자본의 순환은 파괴된다. 기업의 파산이 은행의 파산을 초래하는 것이다. 또한 산업자본이 부채를 상환할 수 있을 만큼의 기업이윤을 축적하기 이전에 은행이 원금을 회수해가면 산업자본의 순환이 파괴된다. 따라서 부채 상환은 산업자본과 은행자본의 재생산에 결정적인 문제가 된다. 산업자본이 채무불이행(default) 상태에 빠져 나타나는 부채위기(debt crisis)는 산업자본과 은행자본을 연쇄 도산시켜 전반적인 경제위기를 초래할 수 있다.

다음으로 <그림 10.3>을 통해 주식자본의 순환을 보자. 금융자본의 공급자들이 화폐자본을 투자하여 결합자본으로서의 주식자본이 형성된다. 금융자본 공급자인 투자가는 주식자본의 소유지분을 나타내는 주식을 가지는 주주가 된다. 주식자본(Ms)은 산업자본(M)으로 전화하여 그 가치가 증식된다. 잉여가치는 기업가이윤(Pr)과 주주에 대한 배당금(d)으로 나누어진다. 이때 주식은 잉여가치의 일부인 배당금에 대한 청구권이 된다. 투자원금(M)은 주식회사의 소유이므로 은행자본의 경우와는 달리 상환되는 것이 아니다. 따라서 주식자본 형태를 통해 산업자본이 형성되면 상환에 따른 부채위기 발생 가능성이 없다. 배당금은 주주에게 분배되어 금융자본 공급자의 소득으로 된다.

주식자본의 경우 주식이 매매되는 유통시장인 주식시장(stock market)이 성립한다. 금융자본 공급자는 자신이 소유하는 주식을 주식시장에서 다른 금융자본 공급자에게 판매함으로써 투자된 화폐자본을 언제든지 회수할 수 있다. 금융자본 공급자들이 주식시장에서 주식을 사고 파는 것은 주식회사에 투자된 자본의 크기에 아무런 영향을 주지 않는다.

이제 주식의 가치는 어떻게 결정되는지 보자. 주식에는 액면가격이 있지만 그 액면가격이 바로 주식의 현재가치는 아니다. 주식의 현재가치는 어떻게 결정되는가? 주식을 소유하고 있으면 매년 일정액의 배당을 받는다. 주식이나 채권과 같이 미래에 일정한 소득이 발생하는 자산의 현재 가치는 미래 각 시점에서 발생하는 수입을 이자율로 할인한 금액의 합계와 같다.

예컨대, 어떤 주식에 대해 매년 500원의 배당금이 지급되고 이자율이 10%라고 한다면, 이 주식의 현재 가치는 1년 후의 배당금 500원의 현재가치 '500/(1+0.1)', 2년 후의 배당금 500원의 현재가치 '$500/(1+0.1)^2$', 3년 후의 배당금 500원의 현재가치 '$500/(1+0.1)^3$', …… 등을 합한 것과 같다. 그러므로 이 주식의 현재가치는

$$PV = \frac{500}{1+0.1} + \frac{500}{(1+0.1)^2} + \frac{500}{(1+0.1)^3} + \cdots\cdots = \frac{500}{0.1} = 5,000원$$

이다. 일반적으로 말하자면 주식의 현재가치(PV)는 배당금(d)을 이자율(r)로 나눈 값과 같다. 즉 $PV = \frac{d}{r}$. 그러므로 주식의 가치는 배당금이 클수록 이자율이 낮을수록 높아진다.

어떤 자산으로부터 미래에 예상되는 수익을 이자율로 나누어 현재가치로 환원하는 것을 자본화(capitalization)라 한다. 주식의 가치는 실체가 없이 자본화된 가치이기 때문에 주식자본은 의제자본(擬制資本)이다. 의제자본에는 주식 이외에도 은행자본과 채권이 있다. 신용창조를 통해 창출되는 은행자본의 현재가치는 대부를 통해 미래에 획득하는 이자소득을 이자율로 나눈 값이다. 채권

의 가치도 마찬가지로 확정된 이자소득을 이자율로 나눈 값이다.

은행자본과 주식자본 그리고 채권은 의제자본이기 때문에 그 소유자에게 소득을 획득하게 해주지만 산업자본과 달리 그 자체가 가치를 가지지 않는다. 그럼에도 불구하고 이들 의제자본은 산업자본가에게 화폐자본을 제공함으로써 생긴 것임에 유의해야 한다. 자본주의 경제의 유휴화폐가 의제자본 형태를 통해 산업자본으로 전화한다. 따라서 의제자본 규모의 증대는 산업자본의 확대재생산 즉 자본축적에 큰 기여를 하게 된다.

그런데 주식자본의 경우, 주식에 대한 수요(매수)와 공급(매도)이 변화하기 때문에 주식가격은 주식의 현재가치와 다르게 된다. 요컨대 주가를 결정하는 요인은 배당금, 이자율, 주식에 대한 수요와 공급 등이라 할 수 있다. 사람들이 주식을 보유하는 이유는 배당금 수익과 주식 매매를 통한 투기적 수익 즉 자본이득(capital gain)을 얻기 위함이다. 자본이득을 추구하는 투자자들은 주식시장에서 미래에 대한 예상에 기초하여 주식을 부단히 사고 판다.

주가는 이와 같은 주식을 수요하고 공급하는 투자자들의 투기행위에 의해 크게 변동한다. 따라서 주식자본의 크기는 주식 총수에다 주식의 액면가격을 곱한 것도 아니고, 그 현재가치를 곱한 것도 아니며, 주식가격을 곱한 것이다. 따라서 주식자본의 크기는 주식의 액면가격 총액과 크게 괴리될 수 있다. 주식자본의 경우 주가가 크게 오르면 그만큼 그 가치의 가공적 성격은 커지며 이른바 경제의 거품(bubble) 현상이 강화된다.

은행자본, 주식자본, 채권 등의 형태를 취하는 금융자본은 신용제도와 주식회사제도에 기초한 주식시장과 채권시장이 발달함에 따라 그 규모가 크게 증대한다. 산업자본의 축적 규모가 커지면 잉여가치와 소득이 금융자본으로 전화되는 규모도 커진다. 금융자본은 은행자본의 경우 신용의 팽창에 따라 그 규모가 크게 증가하고, 주식자본의 경우 주가가 급변하기 때문에 가공적 성격을 강하게 가진다.

금융자본은 은행자본의 경우 신용창조가 이루어지고, 주식자본과 채권의 경우 주식시장과 채권시장을 통해 유통되기 때문에 산업자본의 순환과는 상대적으로 독립적인 운동을 한다. 따라서 금융자본은 가공(架空)적 성격과 상대적 독립성을 가진다. 금융자본이 산업자본의 운동으로부터 이탈하여 독립적으로 가공성을 가

지고 팽창하게 되면, 은행자본과 채권의 경우 상환되지 못할 채무불이행의 위험
이 커지고 주식자본과 채권의 경우 가치가 크게 변동하는 시장위험(market risk)
이 증대한다. 이러한 위험 때문에 금융자본의 축적은 본성적으로 취약하다. 이로
부터 신용질서와 금융시장의 붕괴로 인한 금융위기가 발생할 수 있다.

3. 금융제도와 금융위기

금융제도와 인플레이션

화폐제도와 신용제도를 두 축으로 하는 금융제도는 그 내부모순으로 인하여
경제위기를 초래할 수 있다. 불환지폐제도, 은행제도, 관리통화제도, 주식시장,
채권시장 등의 금융제도들은 자본주의를 유지하는 기본적 제도들로서 자본축적
과 경제성장을 촉진하는 역할을 한다. 그러나 이 제도들은 본질적으로 모순에
차 있고 취약하여 심각한 경제위기를 발생시킬 수 있다. 인플레이션과 금융위
기는 금융제도가 초래하는 두 가지 유형의 경제위기이다.

인플레이션(inflation)은 물가가 지속적으로 상승하는 현상을 말한다. 인플레
이션의 원인에는 여러 가지가 있지만, 화폐제도와 신용제도는 인플레이션을 유
발하는 주요 원인 중의 하나이다. 불환지폐제도와 신용제도가 결합된 금융제도
에서 인플레이션이 발생하는 과정을 보자. 불환지폐제도에서 중앙은행이 불환
지폐를 과다하게 발행하고 민간은행이 신용화폐를 과다하게 제공했을 때 화폐
의 과잉공급이 나타나 물가가 상승한다. 인플레이션이 일어나면 불환지폐의 가
치가 하락한다.

화폐가 유통수단과 지불수단으로 사용될 경우를 보자. t기 동안에 생산되어
화폐를 통해 실현되어야 할 상품의 가격총액을 P, t기 이전에 신용판매가 되고
t기에 지불기한이 도래한 상품의 가격총액을 R, t기 이후에 지불될 예정으로 신
용판매가 이루어진 상품의 가격총액을 C, 거래자 사이에 서로 상쇄되는 지불액
을 S, 화폐의 유통속도를 V라 하면, t기 동안에 상품유통에 필요한 화폐량 Md
는 다음과 같은 공식으로 주어진다. 즉 $Md=(P+R-C-S)/V$이다. 여기서

(P+R-C-S)는 t기에 직접 화폐로 지불되어야 할 상품가격 총액이다. 그리고 화폐의 유통속도는 화폐 1단위가 일정 기간 동안 거래에 사용된 회수이다. 만약 t기에 유통되고 있는 통화량 Ms가 상품유통에 필요한 화폐량 Md보다 크면 (Ms>Md), 노동생산성이 불변이고 화폐의 퇴장이 없다고 가정할 경우 상품의 가격이 더 많은 단위의 화폐로 표현되어야 하므로 상품가격이 상승하여 인플레이션이 나타난다.

이와 같이 유통되고 있는 통화량이 화폐로 지불되어야 할 상품가격의 총액을 상회할 경우 인플레이션이 발생한다. 다만, 화폐의 과잉공급으로 이자율이 하락하여 투자가 증가함으로써 생산량이 증가하면 인플레이션은 그만큼 완화된다. 만약 불환지폐제도와 관리통화제도 아래에서 정부가 중앙은행을 통해 통화량을 증발하면 인플레이션은 그만큼 더 진전된다. 통화량 증발로 인해 인플레이션이 파국적으로 진전되었던 유명한 역사적 사례는 제1차세계대전 이후 독일일 것이다. 당시 지폐의 발행이 천문학적 숫자에 이르러 현금통화는 1년 이상 동안 월평균 3배 이상 증가하였고 물가도 그만큼 상승했다. 1923년 11월 화폐개혁이 있었을 때 금화 1마르크가 지폐 10억 마르크에 해당될 정도로 인플레이션이 진전되었다. 이러한 초(超) 인플레이션(hyper-inflation)은 아니더라도 자본주의 역사에서 통화량이 크게 증가하였던 시기에는 대체로 상당한 정도의 인플레이션이 수반되었다.

중앙은행의 통화량 증발과는 별도로 민간은행이 신용창조를 통해 예금화폐를 증가시킬 경우에도 인플레이션이 나타날 수 있다. 민간은행이 산업자본가에게 신용을 통해 제공하는 화폐자본으로 생산수단과 노동력을 구입하여 잉여가치를 생산하고 자본축적을 하는 경우를 보자. 이 경우 잉여가치 생산과 자본축적에 필요한 화폐자본량을 초과하는 화폐자본이 공급될 때 인플레이션이 발생한다.

산업자본가가 확대재생산을 하기 위해서는 추가적인 생산수단과 노동력을 유지할 생활수단이 필요하다. 만약 현재의 물가수준에서 확대재생산에 사용되는 생산수단과 생활수단의 가격총액을 초과하는 화폐자본이 투자되면, 생산수단과 생활수단의 가격이 상승한다. 결국 과잉신용에 의해 과잉 화폐자본이 공급되고 이것이 생산요소에 대한 초과수요를 발생시킬 경우 물가가 상승한다. 이와 같이 민간은행의 과도한 신용팽창이 인플레이션을 초래하는 것이다.

금융제도와 금융위기

화폐제도와 신용제도를 두 축으로 하여 작동하는 금융제도는 본질적으로 불안정하다. 금융제도가 본질적으로 불안정한 이유는 금융시장에서의 화폐와 신용의 흐름이 과민반응을 보이고 주식과 채권과 같은 금융자산의 가격이 급격히 변동하기 때문이다. 금융시장에서 유통되는 신용화폐의 흐름은 채무불이행의 위험이 생기면 급격히 위축된다. 주식이나 채권과 같이 미래에 수익을 낳고 매매차익을 통해 자본이득이나 자본손실을 가져다주는 금융자본에 대한 수요는 불확실한 장래에 대한 기대(expectation) 요인과 심리적 요인에 의해 급변한다. 금융시장은 자본주의의 가장 역동적인 장이면서 가장 약한 고리이기도 하다.

자본주의 경제에서는 화폐의 흐름 그 자체가 금융위기의 가능성을 내포하고 있다. 화폐가 유통과정에서 빠져나오는 퇴장이 대규모로 급속하게 일어나면 화폐의 기근으로 화폐공황이 발생할 수 있다. 채무를 결제할 지불수단으로 기능하는 화폐 즉 현금통화가 부족하면 신용공황이 발생할 수 있다.

상업신용과 은행신용이 이루어지는 신용제도 아래 신용이 과도하게 팽창되어 있을 경우, 어떤 거래에서 채무불이행이 발생하면 연쇄적인 채무불이행으로 이어져서 신용이 갑자기 수축되고 지불수단인 현금을 구하려는 격렬한 쇄도가 나타난다. 은행들은 제공된 신용의 회수 즉 대출금 상환에 나서고 금융자본의 공급자들은 다투어 은행에서 예금을 인출하는 사태가 발생한다. 이에 따라 신용질서가 붕괴하고 화폐의 기근이 발생하여 상품거래가 마비되고 상품생산이 급격히 위축되는 화폐공황 혹은 신용공황이 발생한다. 은행의 과잉신용에 기초하여 과잉축적과 과잉생산이 진전된 결과 신용공황이 초래된다. 이러한 신용공황의 궁극적 원인은 과잉팽창된 신용에 기초하여 생산된 상품이 판매되지 않아 잉여가치가 실현되지 못하는 데 있다.

이것이 화폐제도와 신용제도에서 나타나는 금융위기의 일반적인 양상이다. 화폐가 급속하게 대량으로 퇴장되고 신용이 갑자기 수축되고 현금인출이 쇄도하는 화폐공황과 신용공황과정에서는 경제주체들의 신뢰 붕괴와 과민반응, 그리고 비관적인 기대심리가 크게 작용한다. 따라서 신용질서는 서서히 붕괴하는 것이 아니라 갑자기 붕괴한다. 신용의 팽창이 급속할수록 그만큼 신용질서의 붕괴는 더 급격히 진행된다. 기업의 부채비율이 높은 나라일수록 이 붕괴가 더욱 급격하게 이루어질 가능성이 높다. 고부채 국가의 금융위기는 주로 부채위기에서 비롯되고 외환위기로 나타난다. 즉 국제금융자본으로부터 대규모의 신용을 받아 부채에 기초한 자본축적을 하는 나라들에서는 국제금융자본의 신용회수가 외환을 대량 유출시키고 그에 따라 환율을 폭등시키는 외환위기를 초래하며 이것이 금융위기로 이어진다.

주식시장과 채권시장이 주축을 이루는 금융시장에서는 주가의 폭락과 이자율의 폭등이 금융위기를 초래할 수 있다. 금융시장은 불균형이 생겼을 때 다시 균형이 회복되는 힘이 작용하지 않고 불균형이 급격히 누적되어 파국에 이르는 경향이 있다. 특히 주식시장의 경우 주가는 폭등과 폭락을 거듭하는 양상을 보이는 것이 일반적이다. 주가가 폭락하면 기업이 신주 발행이나 기존 보유주식 판매를 통해 화폐자본을 조달하는 능력이 크게 떨어져서 기업금융에 위기가 초래된다. 주가의 폭락으로 자본손실을 본 투자자들의 금융자본 공급능력도 크게 감소한다. 주식시장을 빠져나온 금융자본은 일단 퇴장하여 투기적 동기로 보유된다. 금융시장에 유통되는 화폐는 크게 줄어들고 신용도 크게 위축된다. 그리하여 전면적인 금융위기가 도래한다.

주가의 폭락과 폭등은 주로 이자율의 변동과 불확실한 장래에 대한 기대에 기초하여 이루어지는 금융자본가들의 투기활동의 결과이다. 채권시장의 경우에는 이자율의 폭등이 채권가격을 폭락시켜 주식의 경우와 마찬가지로 금융위기를 유발한다. 기업들이 자신이 발행한 채권에 대해 채무불이행을 하면 신용이 붕괴된다. 특히 주식시장은 자본이익을 노리는 금융자본의 투기행위가 지배하고 있고 현재의 경제여건과 예상되는 경제변화에 과민반응을 한다. 주식시장의 불안정성은 오늘날 자본주의의 불안정성의 주요 원천이 되고 있다.

신용에 기초하여 투자가 이루어지고 부채에 기초하여 자본축적을 하는 자본주의 경제에서는 금융불안정이 경제불안정과 경제위기를 초래하는 주요한 요인이다. 민스키(H. P. Minsky)의 금융불안정성 가설(financial instability hypothesis)에 의하면, 금융의 안정조건은 이윤총액이 부채총액(원금+이자총액)보다 크고 이윤율이 이자율보다 커야 한다는 것이다. 따라서 이윤총액이 부채총액보다 적고 이자율이 이윤율보다 높으면 금융이 불안정해진다.

부채총액이 이윤총액보다 크고 이자총액이 이윤총액보다 큰 자본조달구조를 가진 기업은 금융시장의 변화 특히 이자율 변화에 매우 취약하다. 주로 이러한 기업들로 구성된 자본주의 경제에서는 이자율이 상승하면 금융비용 상승으로 기업의 재무구조가 악화되고 부채상환을 위한 금융자산의 투매가 나타나 자산가격이 폭락하는 금융위기가 발생할 가능성이 높다. 이러한 금융불안정성은 이윤율이 상승하고 이자율이 하락할 경우 완화될 수 있다. 따라서 노동생산성과 노동강도의 증가로 잉여가치율이 증가하고 자본가의 교섭력 강화로 이윤 몫(부가가치 중에서 자본가에게 이윤으로 분배되는 몫)이 증가하여 이윤율이 상승하는 것, 화폐공급의 증대와 이자율 규제로 저금리를 유지하는 것이 금융불안정을 완화하는 길이다. 그런데 이는 자본가와 노동자 간의 계급대립과 산업자본가와 금융자본가 간의 계층갈등을 격화시키는 요인이 된다.

┌─ 더 읽을거리 ─────────────────────────────

■ 더그 헨우드. 1999, 『월스트리트, 누구를 위해 어떻게 움직이나』(이주명 옮김), 사계절.
미셸 아글리에타. 1998, 『금융제도와 거시경제』(전창환 옮김), 문원.
조복현. 1997, 『현대 자본주의 경제의 불안정성』, 새날.
조지 소로스. 1998, 『세계자본주의의 위기』(형선호 옮김), 김영사.
최진배. 1996, 「부록1: 금융정책의 인식방법」, 『해방이후 한국의 금융정책』, 경성대출판부.
R. 힐퍼딩. 1994, 『금융자본론』(김수행 옮김), 새날.

제11장
국가와 재정제도

제2장에서 밝혔듯이 국가의 기본적 역할은 그 사회의 생산관계를 유지하는 것이다. 국가는 생산관계의 유지를 위해 억압적 국가장치와 이데올로기적 국가장치를 동원한다. 자본주의 국가는 이러한 생산관계 유지기능 이외에 생산력을 발전시켜 자본가들의 잉여가치 생산을 지원하는 생산기능을 한다. 나아가 자본주의 국가는 경제주체로서 직접적으로 경제활동에 참가한다. 자본주의가 발전함에 따라 국가의 경제적 역할은 점차 강화되어왔다.

자본주의 역사에서 국가는 경제에 대해 다양한 방식으로 개입해왔다. 그 결과 다양한 형태의 국가가 나타났다. 자본주의 국가가 경제에 개입하는 가장 중요한 통로는 조세제도와 정부지출을 포함하는 재정제도를 통해서이다. 이 장에서는 자본주의 국가의 경제적 역할과 재정제도 그리고 국가개입의 형태 등에 대해 고찰한다.

1. 자본주의 국가의 경제적 역할

생산관계의 유지기구로서의 국가

국가의 계급성 명제에 의하면, 자본주의 국가의 기본적인 역할은 자본주의적 생산관계를 유지하는 것이다. 자본주의적 생산관계는 곧 자본-임노동 관계로서 자본에 의한 임노동의 착취관계를 말한다. 따라서 그것은 계급관계이다. 자본주의적 계급관계를 유지하는 것을 사회적 재생산이라 한다. 자본-임노동 관계는 상품·화폐 관계의 기초 위에 성립한다. 따라서 자본-임노동 관계와 상품·화폐 관계를 유지하기 위한 경제제도들을 정비하는 것이 국가의 기본적인 역할이다.

이러한 경제제도들 중에서 가장 중요한 것은 사유재산제도이다. 사유재산제도는 생산수단의 사적 소유가 법적으로 인정되는 제도이다. 사유재산제도는 생산수단의 소유자와 비소유자로 인구를 분할하고 노동자와 생산수단을 분리시킴으로써 노동력의 상품화를 지속적으로 보증하는 제도이다. 노동력의 상품화가 지속적으로 이루어져야 자본-임노동 관계가 유지될 수 있다. 따라서 사유재산제도는 자본-임노동 관계를 지탱하는 절대적 기초이다. 자본주의 국가는 헌법을 통해 이러한 사유재산제도를 보장하고 보호한다. 애덤 스미스는 국가의 임무는 바로 사유재산제도를 유지하는 것이라고 보았다. 스미스에 의하면, 사유재산제도를 대외적으로 방위하는 것이 국방이고, 대내적으로 방위하는 것이 사법이며, 사유재산 질서에 자발적으로 복종하게 하는 것이 교육과 종교의 역할이다. 오늘날 지식기반경제에서는 지적재산권의 보호가 사유재산제도 유지를 위한 국가의 새로운 역할로 되고 있다.

자본주의적 생산관계가 유지되기 위해서는 시장기구가 존립해야 한다. 생산물시장, 노동시장, 금융시장 등의 시장이 존립하고 작동해야 자본주의적 생산관계의 재생산이 가능하다. 그런데 시장이 존립하려면 무엇보다 먼저 사유재산제도와 함께 화폐제도가 존재해야 한다. 발달한 자본주의에서는 화폐제도와 함께 신용제도가 정비되어야 한다. 아울러 상법(商法)이나 민법(民法)과 같이 사적 계약을 규율하는 법률이 존재해야 한다. 그리고 시장의 붕괴를 방지하기 위해 직접 시장에 개입할 수 있는 규제장치가 필요하다. 거래자들간에 최소한의 신뢰가 형성될 수 있는 거래질서가 수립되어야 한다. 이러한 제도적 조건들이 갖추어지지 않으면 시장기구의 정상적 작동을 기대할 수 없다. 신뢰와 신용이 붕괴되면 시장이 붕괴된다. 시장이 붕괴되면 자본주의적 생산관계는 위기에 빠진다. 따라서 시장기구의 작동에 필수적인 이러한 제도들을 정비하는 것은 국가의 몫이다.

국가는 기존의 생산관계를 유지하는 소극적 역할만 하는 것이 아니다. 노자간의 계급투쟁의 격화와 자본가간 경쟁의 격화로 생산관계가 위기에 빠지면 국가는 적극적으로 개입하여 위기탈출을 위해 생산관계를 개혁하기도 한다. 이 경우에는 개혁(reform)을 통한 생산관계의 재생산이 국가개입의 목표가 된다.

예컨대, 노동자 투쟁이 격화되어 노사관계가 위기에 빠질 경우, 노사관계를 개혁하는 새로운 법률을 제정하여 시행할 수 있다. 이때 자본주의 국가는 지배계급인 자본가들로 하여금 노동자들에게 양보하게 하여 계급타협을 유도할 수도 있다. 금융위기가 발생할 경우 화폐제도와 신용제도와 같은 금융제도를 개혁할 수 있다. 자본주의 국가들은 노사관계개혁과 금융개혁을 통해 생산관계를 개혁하는 개입을 시도해왔다.

자본주의 국가가 생산관계개혁을 능동적으로 실시할 수 있는 것은 국가가 자본가계급에 대해 상대적 자율성(relative autonomy)을 가지고 있기 때문이다. 자본주의 국가는 자본가계급의 요구에 단순히 수동적으로 추종하는 도구가 아니다. 자본주의 국가가 궁극적으로 자본가계급의 이익을 실현한다고 하더라도 단기적으로 그리고 부분적으로는 자본가계급의 이익에 반하는 행동을 할 수 있다. 심지어 자본주의 국가는 친노동자적인 법률과 제도를 시행할 수도 있다. 자본주의 국가는 전체 자본가계급의 장기적 이익 실현의 입장에서 상대적 자율성을 가지고 생산관계를 재생산한다. 바로 이런 의미에서 자본주의 국가는 '이념적 총자본가(ideal total capitalist)'인 것이다.

생산력 발전의 촉진자로서의 국가

근대 자본주의 국가는 고대의 노예제 국가나 중세의 봉건제 국가와는 달리 국가가 단순히 억압기능만을 하는 것이 아니라 생산력을 발전시키는 생산기능을 적극적으로 수행한다. 고대 노예제 사회의 지배계급이었던 노예소유주나 중세 봉건제 혹은 지주제 사회의 지배계급이었던 영주 혹은 지주는 직접 생산활동에 참가하지도 않고 생산력 발전에 별 관심이 없었다. 이와 마찬가지로 지배계급의 이익을 실현하던 고대 국가와 중세 국가는 생산력 발전을 위한 적극적 정책을 실시하지 않았다. 자본주의 사회의 지배계급인 자본가는 노예소유주나 영주 혹은 지주와는 달리 직접적으로 생산을 조직하고 생산력을 발전시키기 위한 기술혁신을 추진한다. 피지배계급의 잉여노동을 착취하여 사치와 향락을 하며 지배계급의 지위를 누리는 것이 목표였던 자본주의 이전 사회의 지배계급과는 달리, 자본가는 더 많은 잉여가치를 생산하여 더 많은 이윤을 획득하는 것을 목표로 하기 때문이다. 자본가계급의 이익을 옹호하려는 자본주의 국가는 자본가계급의 잉여가치 생산을 지원하기 위해 생산력을 발전시키는 다양한 정책을 적극적으로 실시한다.

생산력을 발전시키기 위해 국가는 일반적 생산조건을 제공한다. 일반적 생산조건이란 특정 자본가가 아니라 전체 자본가에게 유익한 생산조건을 말한다. 도로, 철도, 공항, 항만, 전화, 인터넷, 정보고속도로 등과 같은 교통수단과 통신수단, 과학과 기술과 정보, 노동력을 재생산하는 교육과 훈련 등이 일반적 생산조건이다. 이러한 일반적 생산조건은 생산의 기반구조(infrastructure)를 형성하여 생산력 발전에 기초가 되기 때문에 이를 사회자본(social capital)이라 부른다. 오늘날 정보화 사회에는 지식과 정보 그리고 인터넷과 미디어가 가장 중요한 사회자본이 되고 있다.

과학과 기술은 생산력을 발전시키는 가장 직접적인 조건이다. 특히 과학과 생산이 직접적으로 결합되는 과학기술혁명 시대에서는 과학과 기술이 생산력 발전에 결정적으로 중요하다. 노동력을 재생산하는 교육과 훈련은 노동력의 질을 향상시켜 생산력을 발전시킨다. 오늘날 지식기반경제에서 창의성과 지식을 가진 노동력을 창출하는 교육과 훈련의 중요성이 크게 증대하고 있다.

이러한 일반적 생산조건은 공공재의 성격이 강하여 사적 이윤 추구의 대상이 되기 어렵고 막대한 규모의 투자가 필요하기 때문에 개별 자본가에 의해 시장을 통해 공급되기 어렵다. 국가는 전체 자본가의 입장에서 이러한 일반적 생산조건을 제공하는 역할을 한다. 사회간접자본에 투자하고 과학기술의 진흥을 위한 기금을 마련하며 노동력 재생산을 위한 교육훈련제도를 정비하는 것이 일반적 생산조건을 제공하기 위한 국가의 기본적인 활동이다. 이러한 국가의 활동은 국민경제의 생산력을 발전시켜 자본가들의 잉여가치 생산에 기여한다. 글로벌화 시대에 국민국가는 격화되고 있는 자본가간의 글로벌 경쟁에서 자국의 자본가들이 세계시장에서의 경쟁에서 경쟁우위를 획득하도록 이러한 역할을 더욱 적극적으로 수행한다.

물론 이러한 국가의 활동이 자본의 이익에만 기여하는 것은 아니다. 교통수단과 통신수단은 생산수단임과 동시에 생활수단이고 교육과 훈련은 노동자들의 지식과 숙련을 높이기 때문에, 그것은 국민이나 노동자의 삶의 질을 높이는 역할을 한다. 그러나 일반적 생산조건을 제공하는 자본주의 국가 활동의 일차적 동인은 자본의 가치증식 욕구를 충족시키는 것이며 국민의 삶의 질 향상 욕구의 충족은 이차적 동인이라는 점에 유의할 필요가 있다.

경제주체로서의 국가

생산관계를 유지하고 생산력을 발전시키는 역할 이외에 국가는 직접적으로 경제주체로서 자본주의 경제의 순환과 변화에 영향을 미친다. 경제주체로서 국가는 잉여생산물의 전유자와 재분배자, 소비자, 생산자, 고용주의 역할을 한다. 이러한 경제주체로서의 국가의 활동영역을 경제학에서는 공공부문(public sector)이라 한다. 국민경제는 이러한 공공부문과 민간 경제주체의 활동영역인 민간부문(private sector)으로 구성된다.

첫째, 국가는 조세의 형태로 잉여생산물[1]이나 소득[2]을 전유하는 경제주체이다. 조세(tax)는 국가가 민간 경제주체로부터 그 잉여생산물이나 소득의 일부를 반대급부 없이 강제로 징수하는 수입이다. 조세를 징수하는 과세(taxation)행위는 국가의 가장 기본적인 경제행위이다. 과세는 반대급부가 있는 교환행위가 아니기 때문에 국가권력의 강제력을 통해 이루어진다. 국가의 모든 활동은 이 조세라는 물질적 토대 위에서 이루어진다. 즉 조세는 국가의 물질적 기초인 것이다. 생산관계를 유지하고 생산력 발전을 촉진하는 역할도 조세가 있어야 가능하다.

자본주의 국가에서 조세는 생산, 교환, 분배, 소비 등 경제활동의 전 영역에 걸쳐 징수된다. 조세는 자본축적과 노동력의 재생산에 직접적인 영향을 미친다. 이윤에 조세가 부과되면 투자기금이 줄어들므로 자본축적에 부정적인 영향을 미친다. 임금에 조세가 부과되면 소비기금이 줄어들어 노동력 재생산에 부정적인 영향을 미친다. 어떤 부문에 어느 정도의 세율을 부과하느냐에 따라 경제활동의 내용이 달라진다. 국가는 세율의 인상과 인하, 감세와 면세를 통해 전체

[1] 제2장에서 잉여생산물을 다음과 같이 정의했음을 상기하라. 잉여생산물=순생산물−필요생산물. 여기서 '순생산물=사회적 총생산물−생산수단의 소모부분'이고, 필요생산물은 노동자의 생활수단이다. 자본주의에서 잉여생산물은 잉여가치로 나타난다.
[2] 이때의 소득에는 자본가 소득인 이윤뿐만 아니라, 임금, 이자, 지대 등이 포함된다.

경제활동수준을 조절할 수 있고 부문별 경제활동 내용을 변화시킬 수 있다.

둘째, 국가는 정부지출의 형태로 잉여생산물을 재분배하는 경제주체이다. 정부지출은 국가가 민간 경제주체에 대해 잉여생산물을 지출하는 행위이다. 정부지출에는 재화와 서비스를 구입하기 위한 지출과 민간에게 지급하는 보조금이 있다. 후자를 이전지출(transfer)이라 한다. 국가에 의한 잉여생산물의 재분배는 주로 조세를 징수하여 이전지출을 하는 경우에 발생한다. 예컨대, 부자에게 세금을 거두어 빈민에게 이전지출을 할 때 잉여생산물의 재분배가 나타난다. 국가가 조세와 정부지출을 통해 잉여생산물을 재분배하면 경제주체들간에 소득재분배가 이루어진다. 부자에게 조세를 징수하여 빈민에게 생활보조금을 지급하거나, 노동자에게 조세를 징수하여 자본가에게 생산보조금을 지급할 경우에 소득이 재분배된다.

셋째, 국가는 정부지출을 통해 상품을 구매하는 소비자의 역할을 한다. 국가는 자본가들이 생산한 상품을 국가예산으로 구매한다. 다양한 국가기구의 유지에 필요한 물자조달을 위한 지출과 국방을 위해 지출되는 군비지출을 통해 국가는 거대한 상품소비자로 된다. 국가의 이러한 소비를 정부소비라 한다. 정부소비는 민간소비와 함께 한 나라의 소비수요를 구성한다. 소비자로서 국가는 자본주의적 기업이 생산한 잉여가치를 실현하는 데 큰 역할을 한다. 한편 국가는 투자활동을 위해 생산재를 구입할 수 있다. 국가가 국영기업을 운영할 경우에나 도로와 항만과 같은 사회자본을 건설할 경우 정부투자가 이루어지는데, 이때 국가는 생산재를 소비하게 된다.

오늘날 자본주의에서 국가는 최대의 소비자이다. 따라서 잉여가치의 실현에 기여하는 정부소비는 자본의 재생산에 필수적이다. 국가는 과잉생산으로 인한 불황시에 적자재정에 기초한 정부소비의 확대를 통해 경기회복을 꾀하기도 한다. 특히 자본주의 역사에서 군비지출은 자본주의가 불황을 탈출하는 데 크게 기여하였다. 1930년대의 세계대공황이 제2차세계대전을 통해 극복된 것은 그 가장 현저한 사례이다. 이와 같이 국가는 소비자로서 자본의 재생산과 자본주의 경제의 순환에 영향을 미친다.

넷째, 국가가 스스로 국영기업을 운영할 경우 국가는 생산자로서의 역할을 한다. 국가는 일반적으로 공공성이 강하고 사적 이윤 추구의 대상이 되기 어려운 재화나 서비스를 생산하는 생산자가 된다. 국영기업은 대체로 도로, 철도, 전력, 통신 등 생산의 기반구조를 정비하는 국가 기간산업이나 무기를 생산하는 방위산업 등에서 운영된다. 이러한 국영기업은 일반적 생산조건을 제공하여 사적 자본주의적 기업의 생산활동을 보완하는 역할을 한다. 자본주의 국가에서 사적 자본주의적 기업과 경합되는 생산부문에서 국영기업이 운영되는 경우는 거의 없다.

그런데 국영기업의 적자가 누적되거나 국가부채가 많을 경우 국영기업이 민영화되기도 한다. 국영기업이 흑자를 내고 경영성적이 좋을 경우에도 효율성 제고와 경쟁력 강화란 이름 아래 민영화되어 사적 자본주의적 기업으로 전환되기도 한다. 시장기능을 신봉하고 국가의 경제개입에 반대하는 신자유주의의 영향으로 오늘날 많은 자본주의 국가에서 국영기업의 민영화가 추진되고 있다. 국영기업의 민영화는 국가 기간산업에 대한 사적 자본주의적 기업의 지배력을 강화시킨다.

다섯째, 국가는 고용주로서의 역할을 한다. 국가가 각 국가기구에 공무원을 채용하고 국영기업이 노동자를 고용하기 때문에 국가는 고용주가 된다. 국가와 공무원 및 국영기업 노동자 사이에는 노사관계가 성립한다. 이를 보통 공공부문의 노사관계라 한다. 공공부문에서는 각 국가기구의 장이 사용자가 된다. 국영기업의 경우, 국가는 자본기능을 수행하고 국영기업의 최고경영자는 자본가가 된다. 국가기구에 채용되는 공무원은 국가에 고용되는 공무노동자이다. 공무노동자는 국가기능을 수행하는 비생산적 노동자이다. 국영기업에 고용되는 노동자는 생산적 노동자가 된다. 국가가 자본가계급의 이익을 대변하는 계급성을 가질 경우, 국가와 공무노동자 및 국영기업 노동자 사이에는 계급대립이 발생할 수 있다. 공공부문에서 노동조합이 결성될 경우 고용주로서 국가는 피고용자인 공무노동자 및 국영기업 노동자와 단체교섭을 행하게 된다.

마지막으로 국가는 경제 규제자(regulator)로서의 역할을 한다. 다른 경제주체와는 달리 국가는 경제활동과 관련된 각종 규칙을 제정하고 제도를 정비함으로써 민간 경제주체들의 경제활동을 규제한다. 국가는 가격을 설정하고 통제함으로써 자원배분을 규제한다. 공공요금이나 추곡수매가를 책정하는 것, 법정최저임금을 설정하는 것, 이자율과 환율을 통제하고 주가 등락의 폭을 제한하는 것,

석유와 철강과 같은 주요 원자재 가격 상승을 규제하는 것 등이 그러한 예들이다. 이는 국가가 제도를 통해 시장에 개입하는 행위이다. 조세의 징수와 보조금 지급은 그것이 적용되는 상품의 생산과 소비를 억제하기도 하고 촉진하기도 한다. 특정 업종에 대한 인허가제도를 통해 경제활동을 통제할 수 있다. 국가는 중앙은행을 통해 통화량 공급을 조절하고 조세제도와 정부지출을 통해 경제 전체의 총수요를 조절하는 안정화정책(stabilization policy)을 실시할 수 있다. 특히 경제위기시에 국가는 다양한 경제정책들을 통해 시장에 개입한다.

이러한 국가의 규제(regulation)는 미시적으로는 자원배분과 소득재분배에 영향을 미치고, 거시적으로는 물가수준 및 고용수준과 경기변동 및 경제성장에 영향을 미친다. 따라서 국가의 규제를 통해 자본주의 경제의 불안정성과 불공평성이 다소 완화될 수 있다. 그러나 시장이 원래 무정부적이고 사적 소유 아래에서 사람들이 소유자와 비소유자로 분할되어 대립·갈등하기 때문에 근본적으로 그 불안정성과 불공평성이 해소될 수 없다.

2. 재정제도

조세제도

조세제도와 정부지출을 포함하는 재정장치는 국가가 경제에 개입하는 가장 중요한 제도적 장치이다. 먼저 조세제도의 내용과 기능을 보기로 하자.

앞에서 지적한 것처럼 조세의 본질은 민간 경제주체가 생산한 잉여생산물의 일부이다. 지금 자본가와 노동자 두 경제주체로만 구성된 자본주의 경제를 가정할 경우, 조세의 주된 원천은 잉여가치이다. 그러나 조세는 주로 잉여가치에서 징수되지만 잉여가치에 대해서만 조세가 부과되는 것이 아니다. 현실적으로 조세는 잉여가치를 포함한 소득, 상품, 자본 등 세 가지 유형의 세원(tax base)에 부과된다.[3]

---

3) 조세는 기본적으로 잉여가치에 대해 부과되지만, 자본주의 국가의 경비팽창으로 인해 세수증대가 필요해짐에 따라 노동자의 임금에도 조세를 부과하게 된다.

첫째, 소득에 대한 조세 즉 소득세의 경우를 보자. 소득세는 생산물, 생산물의 가치, 화폐소득 등 세 가지 기준에서 논의할 수 있다. 먼저 생산물을 기준으로 보자. 조세가 없을 경우에 순생산물(NNP)은 노동자에게 귀속되는 필요생산물(NP)과 자본가에게 귀속되는 잉여생산물(SP)로 분배된다. 즉 'NNP=NP+SP'이다. 여기서 국가가 자본가와 노동자 모두에게 조세를 부과한다면, 순생산물은 노동자에게 귀속되는 필요생산물(NPw), 국가가 징수하는 필요생산물(NPs), 자본가에게 귀속되는 잉여생산물(SPc)과 국가가 징수하는 잉여생산물(SPs) 등으로 분할된다. 즉 '순생산물 NNP=NPw+NPs+SPc+SPs'로 구성된다. 여기서 '조세 T=NPs+SPs'이다.

생산물이 아니라 가치를 기준으로 보자. 조세가 자본가와 노동자 모두에게 부과된다면, 필요생산물의 가치는 노동력 가치(V)이고 잉여생산물의 가치는 잉여가치(S)이기 때문에, 국가가 징수하는 가치인 '조세 T=Vs+Ss'이고, 노동자가 창출한 새로운 가치인 '부가가치 VA=Vw+Vs+Sc+Ss'로 분할된다. 여기서 Vw는 노동자에게 귀속되는 노동력 가치, Vs는 노동력 가치 중 세금으로 내는 가치, Sc는 자본가에게 귀속되는 잉여가치, Ss는 잉여가치 중에서 세금으로 내는 가치이다. 이 경우 조세는 자본가와 노동자로부터 국가로 이전되는 가치이다.

최종적으로 조세부과의 현실적 기준인 화폐소득을 기준으로 보면, 조세는 임금소득(W)에 대한 조세인 Ws와 이윤소득(P)에 대한 조세인 Ps의 합이다. 즉 'T=Ws+Ps'이다. 임금소득에 대한 평균세율을 t_w, 이윤소득에 대한 평균세율을 t_p라 하면, 임금소득세는 'Ws=$t_w \cdot$W', 이윤소득세는 'Ps=$t_p \cdot$P'로 된다. 따라서 소득세 총액은 'T=$t_w \cdot$W+$t_p \cdot$P'로 나타낼 수 있다. '총소득 Y=Ww+Ws+Pc+Ps'로 분할된다. 여기서 Ww는 노동자에게 귀속되는 가처분 임금소득으로서 (1-t_w)W이고, Pc는 자본가에게 귀속되는 가처분 이윤소득으로서 (1-t_p)P이다. 따라서 조세부과 이전과 이후의 자본가와 노동자 간의 소득분배의 변화는 두 가지 세율의 비율 t_p/t_w에 달려 있다.

이와 같이 노동자에게 귀속되는 '필요생산물=노동력 가치=임금'에 대한 조세를 근로소득세라 하고, 자본가에게 귀속되는 '잉여생산물=잉여가치=이윤'에 부과되는 조세를 법인소득세라 한다.[4] 근로소득세와 법인소득세는 소득세의 구성부분이다. 법인소득세는 자본주의 기업이 획득한 이윤에 대해 부과된다. 자본가와 노동자로만 구성된 자본주의 경제를 가정했으므로 '잉여가치＝이윤'은 투자되는 부분과 자본가의 개인소득으로 나누어진다. 자본가의 개인소득에 대해서도 소득세가 부과된다. 따라서 이제 소득세는 근로소득세, 법인소득세, 자본가 개인소득세라는 세 부분으로 구성된다. 소득세는 조세 납부자와 조세 부담자가 일치하는 직접세이다.

만약 산업자본가 이외에 화폐자본가, 상업자본가, 지주가 존재한다면, 산업자본가가 창출한 '잉여가치＝이윤(광의의 이윤)'은 이자, 상업이윤, 지대, 기업이윤으로 분배된다. 여기서 기업이윤은 협의의 이윤이다. 이 경우 법인소득세는 산업자본가가 획득하는 기업이윤에 대해 부과된다. 소득세는 산업자본가에 대한 개인소득세, 화폐자본가에 대한 이자소득세, 상업자본가에 대한 이윤소득세, 지주에 대한 지대소득세, 노동자에 대한 근로소득세 등으로 구성된다. 여기서 이자, 지대, 이윤(산업자본가와 상업자본가 개인의 가처분소득)은 생산수단의 소유, 즉 재산소유에서 발생하기 때문에 이를 재산소득이라 한다. 이 재산소득세율을 t_e라 하고 총재산소득을 E라 한다면 '재산소득세 $T = t_e \cdot E$'로 표시할 수 있다.

둘째, 상품에 대한 조세는 상품의 판매과정에서 상품가치에 대해 부과되는 조세로서 판매세, 부가가치세, 소비세 등 나라에 따라 서로 다른 형태가 있다. 상품의 생산과정에서 창출된 부가가치(VA)는 임금(W)과 이윤(P)의 합이다. 세율을 t_s라 하면 '판매세 $T = t_s \cdot VA = t_s(W+P)$'이다. 국가는 상품의 판매자(생산자 혹은 공급자)로부터 판매세를 징수한다. 그러나 상품판매자는 상품가치에다 판매세를 덧붙인 가격을 매겨 판매함으로써 조세를 상품구매자에게 전가할 수 있다. 판매세나 부가가치세 혹은 소비세의 경우, 조세가 소비자에게 전가될 수 있다. 판매세, 부가가치세, 소비세는 일반적으로 조세납부자와 조세부담자가 다르기 때문에 간접세라 한다.

셋째, 자본에 대한 조세의 경우를 보자. 자본에 대한 조세는 자본가가 소유하고 있는 생산수단의 가치에 부과되는 조세이다. 이때 생산수단에는 토지, 건물, 기계설비와 같은 실물자산과 예금, 주식, 채권과 같은 금융자산이 포함된다. 자

---

4) 여기서는 임금이 노동력 가치와 같고 이윤이 잉여가치와 같다는 가정을 하고 있다.

본에 대한 조세는 곧 재산세이다. 재산세는 주로 생산수단의 소유자인 자본가에게 부과된다. 재산세의 평균세율을 t_a라 하고 자본량을 K라 하면 재산세는 '$T=t_a \cdot K$'로 나타낼 수 있다. 재산세는 직접세이다.

이상에서 본 바와 같이 조세는 소득세, 판매세, 재산세 등 크게 세 가지 유형으로 나누어지고 소득세는 다시 근로소득세, 법인소득세, 재산소득세로 나누어진다. 따라서 국가가 징수하는 총조세는 근로소득세, 법인소득세, 재산소득세, 판매세, 재산세 등으로 구성된다. 즉 앞에서 제시한 식으로 표시하면,

$$총조세(TT)=t_w \cdot W+t_p \cdot P+t_e \cdot E+t_s(W+P)+t_a \cdot K$$

로 된다. 조세의 이러한 구성을 분석하면 조세가 어느 계급으로부터 얼마만큼 징수되는가 하는 조세의 계급적 성격을 알 수 있다.

소득세와 재산세는 직접세이고 판매세는 간접세이다. 직접세의 경우 소득과 재산에 동일한 세율이 부과되는 경우를 비례세라 하고, 소득과 재산의 증가에 따라 세율이 높아지는 경우를 누진세라 하며, 소득과 재산의 증가에 따라 세율이 감소하는 경우를 역진세라 한다. 판매세는 저소득자나 고소득자가 똑같은 세금을 납부하기 때문에 상대적으로 저소득자가 더 많은 세금을 부담하므로 역진적인 성격을 가진다.

조세의 기능과 경제적 효과

조세제도를 통해 자본주의 국가는 두 가지 기능을 수행한다. 하나는 잉여가치의 생산과 실현을 촉진하는 축적기능(accumulation function)이다. 축적기능은 국가가 다른 계급에게 세금을 거두어 자본가들의 잉여가치 생산과 자본축적을 지원하기 위해 지출함으로써 수행된다. 다른 하나는 사회통합을 이루어 계급갈등을 약화시키는 정당화 기능(legitimation function)이다. 정당화 기능은 국가가 자본가계급에게 세금을 거두어 노동자계급이나 빈민에게 지출하는 소득재분배를 통해 사회적 통합을 유지함으로써 수행된다.

만약 국가가 자본축적을 촉진하기 위해 노동자계급으로부터 징수하는 조세

수입을 증가시키면 축적기능은 강화되지만 계급갈등이 격화되어 정당화 기능은 약화된다. 반대로 조세제도를 통해 자본가계급에서 노동자계급에게로 소득재분배를 하게 되면 계급적대가 약화되어 정당화 기능은 강화되지만 축적기능은 약화된다. 이와 같이 조세제도를 통해 축적기능을 강화하면 정당화 기능이 약화되고 정당화 기능을 강화하면 축적기능이 약화된다. 이것이 조세제도에 내재된 모순이다.

이렇게 이중적 기능을 가지는 조세는 자원배분, 소득재분배, 자본축적에 영향을 미친다. 먼저 조세는 인센티브 효과를 통해 자원배분에 영향을 미친다. 즉 조세제도는 판매세나 소비세의 경우 낮은 세율을 적용하는 부문의 생산을 촉진하고 높은 세율을 적용하는 부문의 생산을 억제하는 인센티브 효과가 있다. 따라서 조세제도는 경제주체들이 무엇을 얼마만큼 생산할 것인가를 결정하는 데 작용한다. 예컨대, 사치재에 대한 중과세는 사치재 생산을 억제하고 생활필수품에 대한 면세는 생활필수품 생산을 촉진한다. 아울러 소득세의 경우 중과세가 이루어질 경우 자본, 토지, 노동력 등이 공급을 감소시키는 효과를 가져온다. 따라서 조세제도는 시장기구와 함께 자원배분기구의 역할을 한다.

조세제도는 정부지출과 결합해서 소득재분배 효과를 가진다. 고소득층에 과세하여 저소득층에 지출할 경우 소득재분배가 일어난다. 소득이 증가함에 따라 세율이 높아지는 누진세는 소득 불평등을 줄이고 소득이 증가함에 따라 세율이 낮아지는 역진세는 소득불평등을 심화시킨다. 일반적으로 간접세인 판매세나 소비세의 경우에도 역진세의 성격을 가지므로 간접세 비중이 높으면 그만큼 소득불평등이 더 심하게 된다. 예컨대, 소주 한 병을 마시고 부자와 빈자가 똑같은 세금을 내기 때문에 결국 빈자가 더 많은 세금을 내는 셈이다.

조세제도 전체의 누진적 성격 혹은 역진적 성격은 직접세와 간접세어 비율, 직접세의 세율구조에 달려 있다. 간접세 비중이 더 높고 직접세 세율의 누진율이 낮을수록 조세제도는 역진적 성격을 가진다. 이 경우 조세제도는 자본주의의 부익부 빈익빈 경향을 심화시키는 결과를 초래한다. 반대로 직접세 비중이 더 높고 직접세의 누진율이 높으면 누진적 성격을 가진다.

조세제도는 자본축적에 영향을 미친다. 법인소득세의 경우 기업이윤에 조세가 부과되므로 조세는 이윤율을 하락시킨다. 지금 법인소득세 세율을 t라 하고 조세부과 이전 이윤율을 r_b라고 하면, 조세부과 이후 이윤율은 '$r_a=(1-t)r_b$'이다. 따라서 법인소득세율의 인상은 조세부과 이후 이윤율을 하락시켜 투자를 위축시키므로 자본축적을 저해한다. 법인소득세율의 인하는 조세부과 이후 이윤율을 증가시켜 투자를 촉진할 수 있다.

법인소득세와 관련해서 감가상각제도가 자본축적에 영향을 미친다. 감가상각제도(減價償却制度, depreciation system)란 고정자산의 취득비용을 그 내구연수에 배분하여 회수하도록 회계 처리하는 제도이다. 이 제도에서는 총수익에서 감가상각액을 공제하고 소득을 산출하여 조세를 부과한다. 이 제도가 도입되면 법인소득세를 부과할 때 감가상각액만큼 공제되므로 조세절약 효과가 나타난다. 예컨대, 법인소득세율이 30%이고, 1억 원짜리 기계의 내구연수가 10년이라고 한다면, 매년 '1,000만×0.3=300만 원'의 조세가 절약된다. 여기서 만약 추가로 감가상각을 인정하는 고속상각제도가 도입되면 그만큼 조세절약 효과가 커진다. 이를 통해 감가상각제도는 자본축적을 촉진한다.

판매세나 소비세의 경우, 세율이 전반적으로 인상되면 소비가 위축되어 잉여가치의 실현이 곤란해짐에 따라 자본축적이 둔화되어 경제위기가 초래될 수 있다. 불황시에 정부는 판매세나 소비세를 낮추어 경기를 부양할 수 있다.

위에서 본 것처럼 조세의 기능에는 축적기능과 정당화 기능이 있고, 조세의 효과에는 자원배분 효과, 소득재분배 효과, 자본축적 효과가 있다. 이러한 조세의 기능과 효과는 정부지출과 결합될 때 훨씬 잘 나타날 수 있다.

정부지출

자본주의 국가는 조세수입에 기초하여 민간 경제주체에게 지출을 행한다. 이를 정부지출 혹은 공공지출이라 한다. 정부지출은 국가가 '자본의 평균적이고 장기적인 이익'[5])을 실현하고 자본주의 체제를 유지하기 위해 이루어진다. 자본주의 체제를 유지하기 위해 국가는 정부지출을 통해 노동자계급의 이익도 실현

---

5) 여기서 '평균적 이익'이란 말은 특정 집단의 자본가 이익이 아니라 전체 자본가들의 보편적 이익을 뜻한다. 그리고 '장기적 이익'이란 말은 자본주의적 생산관계를 유지하는 것을 의미한다.

할 수 있다. 조세제도와 결합되어 정부지출은 축적기능과 정당화 기능을 수행한다. 이런 점에서 정부지출은 조세제도와 마찬가지로 계급성을 가진다. 국가가 민주화되면 조세와 정부지출의 계급성이 약화될 수 있다.

정부지출에는 어떤 유형이 있는가? 오코너(J. O'Connor)는 정부지출을 사회적 투자, 사회적 소비, 사회적 손비라는 세 가지 유형으로 구분한 바 있다. 그의 논의를 중심으로 정부지출의 각 유형들의 성격을 보면 다음과 같다.

사회적 투자(social investment)는 사회자본 투자와 인적자원투자와 같이 노동생산성을 증가시키는 프로젝트와 서비스에 대한 정부지출을 말한다. 사회적 투자는 주로 공공재의 성격이 강하여 개별 자본가가 투자하려고 하지 않는 부문에 이루어진다. 사회적 투자에는 교통, 통신, 정보, 교육 및 훈련, 연구개발 등에 대한 투자가 포함된다. 이러한 사회적 투자는 개별 자본가들의 투자비용을 줄이고 이윤율을 높여서 자본축적을 촉진하는 역할을 한다. 특히 오늘날 지식기반경제에서 사회적 투자 중에서 교육투자의 중요성이 크게 증대하고 있다. 국가에 의한 교육투자의 증대는 자본축적과 경제성장에 가장 중요한 요인이 되고 있다.

사회적 소비(social consumption)는 노동자계급이 집합적으로 소비하는 재화 및 서비스에 대한 지출과 사회보험 지출을 말한다. 사회적 소비에 포함되는 집합적 소비재와 서비스로서는 공영 임대주택, 공공 보건의료서비스, 사회보험, 공원 등을 들 수 있다. 사회보험에는 실업보험, 의료보험, 산재보험 등이 포함된다. 정부의 사회적 소비지출은 자본가가 지불해야 할 노동력 재생산 비용을 낮춘다. 사회적 소비는 만약 그것을 국가가 부담하지 않는다면 개별 자본가가 부담해야 할 소비지출이다.

사회적 소비 중에서 사회보험 지출은 개별 자본가가 노동자에게 임금으로 지불해야 할 노동력 재생산비의 일부를 국가가 부담하는 것이다. 노동자들에게 실업이나 질병이 발생했을 경우 국가가 노동자에게 지불하는 실업보험금과 의료보험금은 노동력 재생산비의 일부를 구성하는 사회보장급부금이다. 사회보험을 통한 노동력 재생산의 보장은 자본의 평균적이고 장기적 이익을 실현하는 자본주의 국가의 가장 중요한 기능 중의 하나이다. 그런데 실제 자본주의 사회에서 사회보험 기금이 자본가를 비롯한 고소득층에 대한 조세를 통해 조달되는 것이 아니라 개별 노동자의 부담금으로 조성되는 경우가 있는데, 이 경우에는 노동력 재생산비의 일부를 국가가 부담하는 것이 아니라 노동자 자신이 부담하는 셈이다.

사회적 손비(social expenses)는 국방, 치안유지, 빈민구제, 환경오염의 방지 및 치유 등과 같이 국가안보와 사회안정, 환경보전을 위한 정부지출이다. 사회적 경비는 사유재산 질서의 유지와 사회통합과 사회유지를 위해 불가피하게 지불해야 하는 사회적 비용이다. 요컨대, 그것은 자본주의 체제 유지에 필요한 비용이다. 계급투쟁이 격화되고 사회불안이 증대할수록 사회적 손비 지출이 증가한다.

정부지출의 세 가지 유형 중에서 사회적 투자와 사회적 소비는 사회자본을 형성하여 개별 자본가의 자본축적에 기여한다. 따라서 그것은 축적기능을 수행한다. 사회적 손비는 계급갈등을 약화시키고 사회질서를 유지하는 데 기여한다. 따라서 그것은 정당화 기능을 수행한다.

그런데 대부분의 정부지출은 사회적 투자와 사회적 소비 그리고 사회적 손비의 성격을 동시에 가진다. 예컨대, 정부가 국가예산으로 노동자를 위한 무료 직업훈련기관을 설립할 경우, 그것은 숙련이란 사회자본을 공급한다는 점에서 사회적 투자이고, 노동자를 체제에 통합시키는 데 기여한다는 점에서 사회적 손비이다. 이와 같이 하나의 정부지출의 성격이 복합적이기 때문에 현실적으로 명확히 구분하는 것은 쉬운 일이 아니다.

정부지출의 경제적 효과

사회적 투자, 사회적 소비, 사회적 손비 등의 유형으로 이루어지는 정부지출은 자원배분, 소득재분배, 자본축적에 영향을 미친다. 우선 사회적 투자가 어느 부문에 집중되느냐에 따라 자원배분의 내용이 달라지기 때문에 사회적 투자는 자원배분기능을 한다. 사회적 투자는 또한 잉여가치의 생산을 위한 일반적 생산조건을 제공하기 때문에 자본축적을 촉진한다. 사회적 소비는 노동력 재생산과 소득재분배에 기여한다.

사회적 투자와 사회적 소비는 사회자본으로 형성되어 자본의 재생산과 노동력 재생산에 기여하기 때문에 간접적으로 생산적이지만, 자본주의 체제 유지를 위해 필요한 사회적 손비는 순수한 비용으로서 간접적으로도 비생산적이다. 따라서 정부지출 중에서 사회적 손비의 비중이 높으면 높을수록 자본축적에 부정적 영향을 미친다. 정부지출은 이와 같이 사회자본으로 형성되는 생산적 지출과 사회적 손비가 되는 비생산적 지출로 나누어볼 수 있다.

　생산적 지출 중에는 민간 경제주체로부터 재화 및 서비스를 제공받지 않고 행하는 이전지출이 있다. 이와 같이 반대급부 없는 이전지출에는 자본가를 비롯한 생산자에 대한 보조금 지출과 노동자 및 빈민에 대한 사회보장지출이 포함된다. 생산을 장려하고 수출을 촉진하기 위해 자본가와 소상품생산자에게 보조금이 지급될 경우, 이는 국가가 직접적으로 생산비의 일부를 부담하는 것이 된다. 보조금 제도는 국가가 전략적 산업의 육성이나 특정 산업의 보호를 위해 활용된다. 자본주의 국가에서 보조금 지급은 국가가 특정 자본가에게 특혜를 주는 행위로 연결되어 부패의 온상이 될 수도 있다. 아울러 보조금 지급은 세계시장에서의 국민적 자본(national capital)의 가격경쟁력 강화의 수단이 된다. 보조금이 지급될 경우 정부의 이전지출이 상품가치의 일부를 구성하게 된다.

　사회보장지출 형태의 이전지출을 통해 국가가 노동력 재생산비의 일부를 부담한다. 따라서 그것은 노동력 재생산을 보장하는 역할을 한다. 실업수당과 같이 노동자에게 지불되는 사회보장급부금을 사회임금(social wage) 혹은 간접임금(indirect wage)이라 한다. 개별 자본가가 노동자에게 직접 지불하는 임금을 직접임금(direct wage)이라 한다. 따라서 사회보장급부금의 형태로 노동자에게 대해 사회적 소비지출이 이루어질 경우 임금은 직접임금과 사회임금의 합으로 구성된다.

　이와 같이 국가가 이전지출을 통해 자본가에 대한 보조금과 노동자에 대한 사회임금을 지급할 경우, 상품가치의 구성과 노동력 가치의 구성은 <그림 11.1>과 같이 나타낼 수 있다. 보조금이 지급될 경우 상품가치는 개별 자본가의 투자비용(C+V)과 보조금(A), 그리고 잉여가치(S)를 더한 것이다. 즉 '상품가치 W=C+V+A+S'이다. 사회임금이 지급될 경우 '노동력 가치 V=직접임금(DW)+사회임금(SW)'이다.

　이러한 이전지출은 상품가치와 노동력 가치를 구성하기 때문에 직접적으로

〈그림 11.1〉 이전지출과 상품가치 및 노동력 가치의 구성

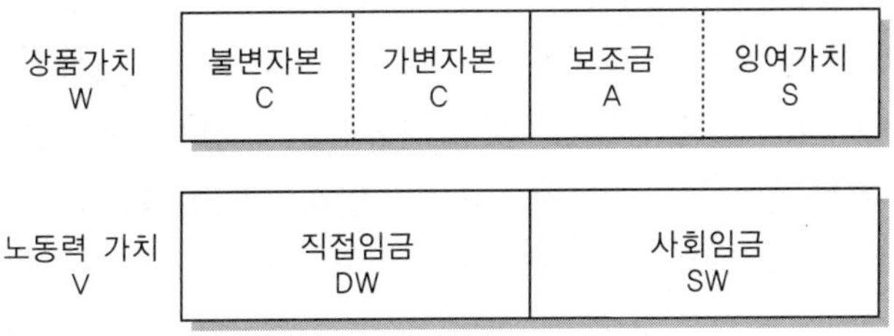

상품가치 W	불변자본 C	가변자본 C	보조금 A	잉여가치 S

노동력 가치 V	직접임금 DW	사회임금 SW

생산적인 기능을 한다. 이전지출 중에서 단순히 빈민구제, 장애자 지원 등에 대한 복지지출은 비생산적 지출이 된다. 그것은 사회적 손비에 속한다. 복지지출 중에서 생산활동에 종사하는 노동자들의 노동력 가치의 일부로 지출되어 잉여가치를 창출하는 데 기여하는 복지지출은 생산적 지출이고, 생산활동에 종사하지 않는 인구에 대한 복지지출은 비생산적 지출이다. 물론 이때 비생산적이란 말은 어디까지나 자본의 가치증식의 관점에서 규정된 것이며, 삶의 질 향상이란 측면이 고려되는 것이 아니라는 점에 유의해야 한다.

정부지출은 그것이 생산적이든 비생산적이든 잉여가치의 실현을 촉진한다. 그것은 정부지출이 자본가들이 생산한 상품에 대한 유효수요의 일부를 구성하기 때문이다. 정부지출이 있을 경우 경제 전체의 유효수요, 즉 총수요는 소비지출, 투자지출, 정부지출로 구성된다. 과잉생산이 발생하여 경제가 불황에 빠져 있을 때 정부지출의 증가는 유효수요를 증가시켜 자본가들이 생산한 잉여가치를 실현시키는 데 기여한다.

정부지출 증가가 조세증가를 통해 이루어지면, 민간 경제주체들의 투자지출 및 소비지출의 감소에 의해 정부지출 증가가 상쇄될 수 있으므로 유효수요증대 효과는 나타나지 않을 수 있다. 이를 구축 효과(crowding-out effect)라 한다. 그러나 경제가 불황에 빠져 있을 경우 정부가 적자재정을 통해 정부지출을 증가시키면 구축 효과 없이 유효수요를 증가시켜 경기회복을 촉진할 수 있다. 아울러 조세징수 증가를 통한 유효수요 감소보다도 정부지출 증가를 통한 유효수요 증가가 크면 정부지출은 잉여가치 실현과 경기회복에 기여할 수 있다.

자본가들의 잉여가치의 생산과 실현에 동시에 기여하는 정부지출이 생산적

지출이고, 잉여가치의 생산에는 기여하지 않으나 잉여가치의 실현에 기여하는 정부지출은 비생산적 지출이다. 비생산적 지출 중에서 군비지출과 복지지출은 서로 다른 효과를 가진다. 군비지출은 자본가와 군부의 동맹체인 군산복합체 (military-industrial complex)의 이익에 봉사하지만, 복지지출은 노동자와 빈민의 삶의 질 향상에 기여한다. 정부지출수준이 일정하게 주어졌을 때 군비지출과 복지지출은 서로 충돌한다. 군산복합체의 입장에서 군비지출을 통해 잉여가치를 실현하는 데 주력하는 전쟁국가(warfare state)냐, 아니면 노동자와 빈민의 입장에서 복지지출을 통해 잉여가치를 실현하는 데 주력하는 복지국가(welfare state)냐에 따라 자본주의 국가의 성격이 달라진다.

한편 자본의 재생산과 자본축적을 위한 사회적 투자에 주력하는 국가는 기업국가(corporate state)의 성격을 가지고, 노동력의 재생산과 소득재분배를 위한 사회적 소비에 주력하는 국가는 사회국가(social state)의 성격을 가진다. 기업국가는 전후 일본에서, 사회국가는 전후 독일에서 전형적으로 나타났다.

3. 국가개입에 대한 서로 다른 관점

자유주의

이미 지적한 것처럼 국가가 경제에 개입하는 주요 통로는 조세제도와 정부지출이란 재정제도를 통해서이다. 국가가 민간 경제주체들로부터 조세를 징수하고 정부지출을 하는 것이 경제에 개입하는 국가의 기본적 행위이다. 조세부담률이 높고 국민총생산(GNP)에 대한 정부지출의 비중이 높을수록 경제에 대한 국가의 개입 정도가 높다고 할 수 있다. 국가의 개입 정도가 높을수록 국가의 경제활동영역인 공공부문(public sector)의 비중이 높고, 민간 경제주체들의 경제활동영역인 민간부문(private sector)의 비중이 낮다. 앞에서 본 것처럼 국가는 여러 가지 제도를 통해 시장에 직접 개입하여 경쟁을 제한하고 가격을 통제할 수 있다.

자유주의(liberalism)는 이러한 국가의 개입을 최소한으로 제한하고 시장에 대한 국가의 개입을 배제하고자 하는 이데올로기이다. 여기서 논의하는 자유주의는 경제적 자유주의(economic liberalism)이다. 경제적 자유주의는 유럽에서 봉건 말기와 자본주의 초기에 등장하였다. 경제에는 스스로 규칙성을 가지고 자연적으로 균형이 유지되는 자연적 질서가 존재하며 이 자연적 질서를 가진 경제에 대한 개입이 없을 때 최대의 번영이 따른다는 자연법사상과 자유방임사상이 경제적 자유주의의 기본 관점이었다. 다시 말해서 경제적 자유주의는 국가의 개입이 없는 자유로운 시장이 효율적인 자원배분을 실현하고 완전고용을 달성한다고 본다. 요컨대, 경제적 자유주의는 시장의 완전성을 신봉한다.

경제적 자유주의의 최초의 대표적 주창자는 애덤 스미스였다. 스미스는 영리를 추구하는 자유로운 개인의 이기적 행동이 '보이지 않는 손'에 의해 사회적 이익을 낳기 때문에 시장기구는 갈등이 아니라 사회적 조화를 창출한다고 보았다. 따라서 스미스를 비롯한 18세기 경제적 자유주의자들은 해외무역을 통제하고 생산활동을 제한하며 특권 상인에게 특혜를 주는 절대왕정의 중상주의적 규제들을 철폐할 것을 주장하였다. 국가의 규제로 인해 방해받지 않는 자연적 질서가 경제에 관철되게 할 것을 요구하였다. 경제적 자유주의자들은 중상주의가 지향하는 절대주의 국가를 배격하였다. 이들은 새로이 등장하고 있던 산업자본가들의 이익을 대변하고 있었다. 당시 중상주의적 규제들이 신흥 산업자본가들의 성장을 억압하고 있었기 때문에 그 규제의 철폐는 그들의 계급적 요구였다.

경제적 자유주의는 산업혁명과 시민혁명을 통해 산업자본가들이 새로운 지배계급이 되고 부르주아 국가가 수립되면서 지배 이데올로기가 되었다. 19세기 자본주의는 경제적 자유주의가 지배하던 시대였다. 경제적 자유주의가 지향하는 국가는 경제에 대한 국가의 개입이 배제되는 자유주의 국가이다. '경제는 시장에 맡겨라'는 것이 경제적 자유주의의 슬로건이다. 따라서 국가의 경제적 역할은 최소한에 머물러야 한다. 애덤 스미스는 국가의 활동이 사유재산제도를 유지하기 위한 국방과 사법, 교육 및 종교, 공공사업에 한정되어야 한다고 생각하였다. 국가의 경제적 역할이 최소한에 머무는 '값싼 정부(cheap government)'와 '야경국가'를 지향하는 것이 경제적 자유주의의 국가관이다. 19세기 자유주의 시대에서 국가의 역할은 잉여가치 생산과 자본축적의 외부적 조건—정치적 조건과 이데올로기적 조건—들을 유지하는 데 국한되었다.

18세기 고전파 경제학과 19세기 신고전파 경제학은 경제적 자유주의 이데올로기에 기초하여 경제이론을 정립하였다. 경제적 자유주의는 1920년대까지 지배하다가 1930년대 세계대공황을 계기로 후퇴한다. 그러나 1980년대에 신자유주의의 형태로 다시 등장하여 지금 지구촌에 강력한 영향을 미치고 있다.

개입주의

1930년대 세계대공황은 자본주의 시장경제의 완전성이란 신화에 결정적인 타격을 가하였다. 세계대공황을 계기로 자유로운 시장에서 자생적으로 수요와 공급이 일치하는 균형이 성립하고 완전고용이 달성된다는 신화가 붕괴된다. 유례없는 생산의 급격한 감축과 대량실업의 발생 그리고 시장질서의 전면적 붕괴는 시장이 불완전하고 자본주의가 모순에 차 있는 체제임을 웅변으로 보여주었다. 대공황으로 폭발한 경제위기가 계급투쟁의 격화를 통해 자본주의의 전반적 위기로 확산되어 체제위기의 조짐을 보이자 국가가 경제에 개입하여 자본주의의 모순을 완화하고 시장의 불완전성을 보완해야 한다는 개입주의(interventionism)가 등장한다.

개입주의는 자본주의 시장경제의 불완전성이란 명제에 그 근거를 두고 있다. 자유로운 시장경제에서는 수요와 공급은 자생적으로 일치하지 않으며 유효수요 부족과 과잉생산과 실업이 발생하는 불균형 상태가 일반적이라는 인식에서 출발한다. 이러한 불균형과 모순은 시장 자체의 힘으로는 해결되지 않기 때문에 국가가 개입하여 이를 시정해야 한다는 것이다. 공공재를 공급하지 못하는 것과 같은 시장의 부분적 결함인 '시장의 실패' 때문이 아니라 시장의 본질적인 불완전성과 불안정성 때문에 국가가 개입해야 한다는 논리인 것이다.

개입주의는 경제에 대한 국가의 체계적인 개입, 시장에 대한 지속적인 규제를 주장한다. 이때 국가의 개입은 조세제도와 정부지출, 금융제도, 단체교섭제도, 사회보장제도 등 다양한 제도들을 통해 이루어진다. 그러므로 국가의 개입이 이루어지면 경제는 시장의 힘뿐만이 아니라 제도의 힘을 통해서도 변화한다.

개입주의는 한편에서 국가개입의 배제를 주장하는 경제적 자유주의와 대립하지만, 다른 한편에서 계획경제를 지향하는 사회주의와 대립한다. 시장의 불완전성과 불안정성을 인정하지만 시장경제의 폐지에는 반대한다. 불균형과 불평등이라는 자본주의의 구조적 모순을 인식하지만 자본주의의 폐기에는 반대한다. 개입주의가 지향하는 경제는 자유시장경제도 아니고 계획경제도 아닌 이른바 혼합경제(mixed economy)이다. 혼합경제는 국가에 의해 관리되고 규제되는 시장경제라 할 수 있다. 개입주의가 지향하는 국가는 개입주의 국가로서 복지국가, 군사국가, 사회국가, 기업국가 등의 형태가 있었다. 국가주도의 경제개발정책이 추진된 신흥공업국에서는 발전국가[6] 형태가 존재하였다.

역사적으로 보면, 개입주의는 1930년대 자본주의의 전반적 위기 속에서 조성된 혁명적인 정세를 해소하기 위한 부르주아적 대안으로 제기되었다. 당시 개입주의는 복지국가를 지향하는 뉴딜(New Deal)형과 군사국가를 지향하는 파시즘(Fascism)형으로 갈라졌다. 뉴딜형은 미국의 루스벨트 대통령의 뉴딜정책에서 전형적으로 나타났다. 뉴딜형에는 자본주의에 사회주의적 요소가 결합된 사회민주주의가 포함된다. 뉴딜형이든 파시즘형이든 국가가 재정정책을 통해 경제에 광범하게 개입하는 점에서는 차이가 없었다. 뉴딜형의 경우, 국가개입은 기간산업의 국유화, 노동3권(단결권, 단체교섭권, 단체행동권)의 보장을 통한 자본-임노동 관계 규제, 이자율 통제와 국제자본이동의 규제와 같은 금융시장 규제, 정리해고 제한과 최저임금제도 실시와 같은 노동시장에 대한 규제 등 경제 전반에 걸쳐 광범하게 이루어졌다.

개입주의를 주창한 대표적인 경제학자는 케인스였다. 케인스는 경제적 자유주의자들과는 달리 개인적 이익과 사회적 이익은 일치하지 않으며, '보이지 않는 손'이란 신의 섭리는 존재하지 않는다고 보았다. 시장기구에서 불균형과 불완전고용 즉 실업은 일시적이고 특수한 현상이 아니라 일반적이고 항구적인 현상이라고 보았다. 여기서 사회적 이익을 대표하는 국가가 개입할 필요성을 제기한다. 유효수요의 부족으로 인한 과잉설비와 실업을 해소하기 위해서는 국가가 적자재정에 의한 정부지출 증가를 통해 유효수요를 증대시켜야 한다는 것이 케인스의 주장이었다. 국가는 재정정책과 금융정책을 통해 총수요를 조절함으로써 경제를 관리할 수 있다고 보았다.

이러한 케인스의 생각과 주장은 제2차세계대전 이후 주요 자본주의 국가에서

---

6) 발전국가에 관해서는 제18장 3절의 논의를 참고하라.

수용된다. 그래서 국가개입이 크게 확대되고 민간부문에 대한 공공부문의 비중이 갈수록 증대한다. 1960년대까지 케인스주의적 경제정책이 효력을 발휘하여 자본주의는 고도성장과 준 완전고용을 달성했던 '황금시대'를 맞이한다. 그러나 1970년대에 발생한 경제위기를 극복하는 데 케인스주의적 경제정책이 효력이 없음이 드러나고, 방대한 규모의 재정적자를 초래한 복지국가의 위기가 표출되자, 1980년대에 들어와서 국가의 개입에 반대하는 신자유주의가 등장한다.

신자유주의

신자유주의(neo-liberalism)[7]는 1970년대 자본주의 경제의 위기가 케인스주의적 경제정책을 통한 국가개입에서 비롯되었다고 진단하였다. 신자유주의에 의하면, 국가의 개입이 시장기능을 억압하여 자원배분을 왜곡시킨 결과, 경제의 효율성이 하락하고 경제위기가 초래되었다. 국가의 규제에 의한 자유경쟁의 제한이 혁신(innovation)을 저해하여 경제를 침체시켰다. 정리해고를 제한하는 노동법과 최저임금제도는 노동력의 효율적 배분을 저해하고, 이자율 통제와 자본의 국제적 이동의 제한은 자원의 효율적 배분을 저해하였다. 아울러 높은 조세부담률과 과다한 복지지출은 재정적자를 누적시키고 노동의욕을 떨어뜨렸다. 개입주의 국가에서의 광범한 국가개입을 통해 비대화된 국가 관료기구는 고비용과 저효율을 수반하였다. 신자유주의는 국가의 개입으로 인해 발생했다고 보는 이러한 모순들을 '정부실패'라고 불렀다.

이러한 진단에 따라 신자유주의는 경제에 대한 국가개입의 철회를 주장한다. 먼저 시장에 대한 규제의 철폐, 특히 자본운동의 자유를 제한하는 금융시장과 노동시장에 대한 규제의 철폐를 강조한다. 신자유주의가 주장하는 규제철폐(deregulation)의 내용은 이자율에 대한 통제를 폐지하고 국제자본이동을 자유화하는 금융의 자유화와, 경기변동과 기업 수익성 변화에 따라 임금과 고용을 신축적으로 조정할 수 있는 노동시장의 유연화이다. 다음으로 신자유주의는 조세인하와 정부지출 축소, 복지지출의 삭감, 국영기업의 민영화 등을 주장한다.

요컨대, 국가개입을 철회하고 국가의 경제적 역할을 축소시켜 시장기능을 회복

---

7) 신자유주의에 대한 보다 자세한 논의는 제20장에서 이루어진다.

하고 자본의 자유를 확대하며 재정적자를 해결하려는 것이 신자유주의의 정책 프로그램이다. 따라서 신자유주의가 지향하는 국가는 비개입주의(non-interventionism)를 견지하는 '작은 정부(small government)'의 국가이다. 케인스주의에 기초한 개입주의 국가의 큰 정부에 반대한다. 이러한 신자유주의 정책은 1980년대 영국의 대처(Thatcher) 정부, 미국의 레이건(Reagon) 정부 등 신보수주의 정권에 의해 실시되었다.

신자유주의는 19세기 경제적 자유주의와 기본적으로 동일한 관점을 가지고 있다. 즉 자유로운 시장의 완전성을 신봉하고 국가개입의 부작용을 강조한다. 신자유주의의 이론적 기초는 하이에크에 의해 제공되었다. 제7장에서 지적했듯이 하이에크는 시장에는 자생적 질서가 존재한다고 보았다. 이 자생적 질서를 통해 경제주체들의 이익이 서로 조화된다. 제도와 정책, 계획을 통한 국가의 개입은 인위적으로 기획된 위계적 질서를 창출한다. 위계적 질서는 자생적 질서를 깨뜨려 경제주체들의 전체적 이익을 감소시킨다. 하이에크는 국가가 제도를 통해 사회를 합리적으로 기획하고 설계하여 더 나은 상태를 만들 수 있다는 생각은 잘못이라고 주장하였다. 따라서 경제에 대한 국가의 개입은 배제되어야 한다. 이러한 하이에크의 자생적 질서 논리는 애덤 스미스의 '보이지 않는 손'의 논리와 맥락을 같이 한다.

한편 반(反) 케인스주의의 기수인 통화주의자 프리드먼(M. Friedman)은 국가의 개입이 개인의 선택의 자유를 제한하여 자원의 효율적 배분을 저해한다고 주장하였다. 케인스가 권장하는 적자재정을 통한 유효수요 증대정책과 복지국가는 완전고용을 달성할 수 없고 인플레이션과 재정적자를 초래한다고 보았다. 프리드먼은 이를 '정부실패(government failure)'로 규정하였다. 따라서 국가의 개입을 증대시키는 재정정책이 아니라 국가개입 없이 일정한 준칙에 따라 이루어지는 통화정책을 지지한다. 아울러 소득세율의 인하와 법인세의 폐지를 주장하였다. 특히 프리드먼은 고비용과 비효율의 복지국가로부터 탈출할 것을 주장하였다. 복지지출을 줄이고 개인의 자력해결을 통한 복지증진을 강조하였다. 이러한 프리드먼의 신자유주의적 관점은 애덤 스미스의 경제적 자유주의의 현대판이라 할 만하다.

이와 같이 비개입주의와 반케인스주의 그리고 복지국가 해체를 지향하는 신자유주의는 사회주의의 붕괴를 계기로 그 입지가 크게 강화되었다. 오늘날 신자유주의는 글로벌화의 급속한 진전에 따라 전세계적으로 확산되어 글로벌 신자유주의로 발전하고 있다. 신자유주의는 개입주의의 모순을 어느 정도 해소하고 자본주의 체제에 새로운 활력을 불러일으켰다. 그러나 신자유주의는 빈익빈 부익부의 심화로 인한 사회의 양극화와 고삐 풀린 시장으로 인한 극도의 불안정성을 초래하고 있다.

더 읽을거리

■ 쉬잔느 드 브뤼노프. 1992, 『국가와 자본』(신현준 옮김), 새길.
제임스 오코너. 1990, 『현대국가의 재정위기』(우동명 옮김), 이론과 실천.
진노 나오히코. 1999, 『체제개혁의 정치경제학』(이재은 옮김), 한울.
I. 고프. 1990, 『복지국가의 정치경제학』(김연명·이승욱 옮김), 한울.

제12장
세계시장과 국제경제질서

　자본주의는 해외시장 없이 국내시장만으로 존재할 수 없다. 이러한 해외시장을 정치경제학에서는 세계시장이라 한다. 세계시장에서 국제무역이 전개되고 자본의 국제화가 이루어진다. 세계시장에서는 일정한 국제경제질서가 형성된다. 이 질서 속에서 국제경제체제가 성립한다. 이 장에서는 세계시장이 어떻게 형성되는지, 국제무역의 원리는 무엇인지, 자본의 국제화 과정은 어떠한지, 국제경제질서의 형성 원리는 무엇인지를 알아본다.

1. 세계시장과 자본의 국제화

세계시장의 형성과 확장

　상품생산의 발전에 따라 상품이 유통되는 시장의 범위는 국지적 시장(local market)에서 국민적 시장(national market)으로, 국민적 시장에서 세계시장(world market)으로 확대되어왔다. 세계시장은 국제무역이 이루어질 경우 형성된다. 그런데 국제무역은 자본주의 이전 이미 고대에서부터 부분적으로 이루어져왔다. 그러나 국제무역이나 세계시장이 사회적 생산의 필수적 조건으로 된 것은 자본주의가 확립된 이후부터이다. 오늘날 어떤 자본주의 경제라도 국제무역 혹은 세계시장 없이는 존속할 수 없다. 자본주의적 생산은 기본적으로 세계시장을 향한 생산인 것이다. 세계시장에서의 상품의 수요와 공급, 수출과 수입, 자본이동은 각 자본주의 국가들의 경제활동에 직접적인 영향을 미치고 있다.

　자본주의 발전에 따라 국제무역이 확대되고 세계시장이 부단히 확장되어왔다. 맑스는 일찍이 1848년 『공산주의 선언(Communist Manifesto)』에서 '자신의 생산물의 판로를 끊임없이 확장하려는 욕구가 부르주아지를 전지구상으로 내몬다'고 서술한 바 있다. 생산물의 판로가 전지구상으로 확장된다는 것은 곧 세계시장이 형성된다는 것을 의미한다. 요컨대, 보다 큰 규모로 생산하여 보다 많은 이윤을 얻으려는 욕구가 자본으로 하여금 끊임없이 국제무역을 확대하고 세계시장을 확장하게 만든다는 것이다. 이처럼 150여 년 전에 이미 맑스는 세계시장의 형성이 자본주의의 재생산에 필수적임을 통찰하였다.

19세기 중엽에 산업혁명을 먼저 달성한 영국은 면제품과 철강·기계 등의 중공업 제품을 전세계로 수출하고 전세계로부터 원면과 같은 공업원료와 식료품을 수입하였다. 이러한 국제무역을 통해 영국 자본주의가 성장하였다. 19세기 동안에는 영국이 지배하는 세계시장이 형성되고 있었다. 그러나 이 당시 세계시장에 편입된 아시아, 아프리카, 라틴 아메리카 국가들은 대부분 아직 자본주의가 확립되어 있지 않았다. 그리고 이들 국가들의 세계시장 편입도 대체로 개항 지역을 중심으로 한 국지적인 현상에 머물러 있었다. 따라서 이 시기의 세계시장은 아직 진정한 의미에서 전지구적 범위의 세계시장으로 볼 수 없다.

실제로 전지구적 범위에서 세계시장이 형성되는 시기는 제국주의 열강들이 지구촌의 영토분할을 완료하는 20세기 초이다. 제국주의의 침략에 의해 식민지화·종속화된 지역들이 세계시장에 편입되어 전지구적 범위의 세계시장이 형성된 것이다. 예컨대, 1910년에 식민지 조선은 일본 제국주의에 합병되어 세계시장에 편입되었다. 제국주의가 성립한 이 시기 이후 자본주의는 세계시장에 기초하여 성장하여왔다. 그런데 1917년 러시아 사회주의혁명으로 소련이 세계시장에서 떨어져나오게 된다. 소련 및 동유럽과 중국 및 제3세계 일부 국가들에서 사회주의 국가가 성립하고 세계 사회주의 체제가 형성됨에 따라 자본주의 세계시장은 크게 축소된다. 그러나 소련 및 동구 사회주의권이 붕괴된 1990년대 초 이후 다시 세계시장이 전지구적 범위로 확장된다.

21세기 여명기인 2001년 현재 세계시장에는 지구촌의 거의 모든 국가들이 참가하고 있다. 개방적 시장경제를 유지하고 있는 선진자본주의 국가들은 말할 것도 없고 국제무역에 더욱 의존하는 성장전략을 채택하고 있는 개발도상국가 및 신흥공업국가들이 세계시장에 더욱 깊숙이 편입되어 있다. 이제 세계시장에는 계획경제로부터 시장경제로 전환하는 과정에 있는 옛 동구권의 전환도상국 가들(countries in transition)과 '중국특색의 사회주의'라는 독특한 시장사회주의 (market socialism)를 지향하고 있는 중국경제가 포함되어 있고, 자력갱생의 원칙에 따라 세계시장과 담을 쌓은 채 '우리식 사회주의'를 고집하던 북한경제가 세계시장 참가를 탐색하고 있다. 이와 같이 지구촌의 경제가 시장경제로 단일화되어감에 따라 점차 하나의 단일한 세계시장이 전지구적 범위에서 형성되고 있다.

전지구적 범위에서 세계시장의 형성을 촉진한 요인으로는 크게 세 가지를 들 수 있다. 첫째 요인은 20세기 초의 제국주의의 성립과 20세기 말의 사회주의 체제의 붕괴라는 정치경제적 과정이다. 이 역사적 과정은 지구촌을 자본이 지배하는 단일한 공간으로 만들어 세계시장 형성을 촉진하였다. 둘째 요인은 개발도상국가들과 신흥공업국가들의 대외개방과 자유화이다. 이들 국가들이 자유무역주의를 수용하고 외국자본 도입을 자유화함으로써 세계시장 형성을 저해하는 요인들이 제거되었다. 셋째 요인은 정보통신기술의 발달이다. 인터넷을 통한 전자상거래의 급속한 확산은 전지구적 범위에서 단일한 세계시장을 형성시키고 있는 강력한 요인이 되고 있다. 예컨대, 세계최대의 인터넷 서점인 '아마존 닷 컴 (amazon.com)'은 책의 세계시장이 형성되어 있음을 말해주는 상징적인 존재이다.

오늘날 세계시장에서는 세계 각국의 자본들이 상품의 수출과 수입, 금융자본의 수요와 공급을 둘러싸고 치열한 경쟁을 하고 있다. 이 경쟁은 국경선을 넘어 전개되는 글로벌 경쟁(global competition)이다. 글로벌 경쟁에서는 더 이상 경쟁을 제한하는 국경선이나 영토라는 장애물이 거의 존재하지 않는다. 따라서 세계시장에서의 자본간 경쟁은 무한경쟁 혹은 거대경쟁(mega-competition)의 성격을 띤다. 이 경쟁은 인터넷 사이버 공간을 통해 국경선 안팎에서 지구촌 구석구석에서 이루어진다.

시장거래가 지구촌이란 단일의 통합된 공간에서 광속도로 이루어진다. 시장의 거래조건과 관련된 정보는 실시간으로 지구촌의 거래자들에게 전파된다. 특히 주식이나 외환과 같은 금융시장에서의 거래는 더욱 그러하다. 그런데 현재 주로 미국에 기반을 둔 소수의 거대 다국적기업들이 세계시장을 지배하고 있기 때문에 세계시장은 강한 독점적 성격을 가진다.[1]

국제무역의 원리

앞에서 지적한 것처럼 세계시장은 국제무역을 통해 형성된다. 국제무역(inter-national trade)은 말 그대로 국가간의 상품 – 재화와 서비스 – 의 교환이다. 국제무역이 이루어지면 그에 대응하여 국제분업(international division of labor)이 발생한다. 예컨대, 국가간에 농산물과 공산물의 교역이 이루어지면 농공분업(農工分業)이라는 국제분업이 발생한다. 그렇다면 국제무역은 왜 일어나고, 국제분업은 어떻게 이루어지는가?

자본주의 이전의 국제무역은 유무상통(有無相通)의 원리에 따라 국가간에 진귀한 물품을 서로 교환하는 과정으로 이루어졌다. 그런데 자본주의에서는 이런 측면이 없는 것이 아니나 기본적으로 산업자본이 생산한 상품을 외국으로 수출하고 산업자본이 생산과정에 투입하는 원료나 기계설비와 같은 생산수단을 외국에서 수입함으로써 국제무역이 발생한다. 즉 자본주의에서 국제무역은 주로 산업자본의 재생산의 요구에 따라 이루어진다.

정치경제학에서는 자본주의에서 수출을 발생시키는 기본 요인을 두 가지로 파악한다. 하나의 요인은 근본적인 자본의 팽창 욕구이다. 부단히 확대재생산하려는 본성을 가진 자본에게는 부단히 확대되는 시장이 필요한데, 자본은 국내시장이 포화상태에 도달한 이후 해외에서의 판로를 확보하려는 수출을 추구한다.

국내시장에서의 잉여가치 실현의 곤란이 수출을 발생시키는 또 다른 요인이다. 국내시장에서 구매력이 부족하면 생산된 상품의 판매가 곤란하게 된다. 즉 잉여가치의 실현이 어렵게 된다. 국내시장에서의 노동자계급을 비롯한 대중의 소비의 한계가 생산과 소비 간의 괴리를 확대시켜 잉여가치 실현 문제를 발생시킨다. 잉여가치 실현 문제에 직면한 자본은 해외시장에서 판로를 찾는 수출을 지향하게 된다.[2]

그런데 한 나라가 상품을 수출하려면 다른 나라가 그 상품을 수입하여야 한다. 왜 어떤 나라는 그 상품을 국내에서 구입하지 않고 수입하는가? 수입을 발

---

1) 글로벌화 속에서 다국적기업의 행동에 관해서는 제20장 2절에서 자세히 다룬다.
2) 해외에 판로를 개척하기 위해 다른 나라를 식민지화하는 경우도 있다. 이는 제18장에서 다룰 제국주의 현상으로 나타난다.

생시키는 요인은 무엇인가? 정치경제학의 관점에 의하면, 수입(輸入)을 발생시키는 요인으로 다음 두 가지를 들 수 있다.

첫째, 값싼 원재료 및 에너지와 식료품 등 소비재의 수입이 상품생산에 투입되는 불변자본과 가변자본의 절약을 가능하게 하여, 산업자본의 이윤율을 높이기 때문에 수입이 이루어진다. 국산에 비해 값싼 외국산 원재료와 에너지를 사용하면 불변자본의 가치가 낮아져서 자본의 가치구성이 하락하기 때문에, 다른 조건이 동일할 때 이윤율이 높아진다. 그리고 저렴한 식료품과 같은 소비재의 수입은 가변자본의 가치, 즉 노동력의 가치를 낮추어서 잉여가치율을 높이고 이윤율을 상승시킨다. 이와 같이 수입을 통해 생산수단과 생활수단의 가치를 하락시킬 수 있기 때문에 수입이 이루어진다. 이러한 수입패턴은 대체로 선진 자본주의 국가가 후진 농업국가의 1차산품이나 노동집약적 경공업 제품을 구입할 때 나타난다.

둘째, 기계설비와 같은 생산재를 수입함으로써 특별잉여가치를 생산하여 초과이윤을 획득할 수 있기 때문에 수입이 이루어진다. 고생산성과 고품질을 가능하게 하는 신기술을 갖춘 새로운 생산재를 외국에서 수입하여 특별잉여가치를 획득하려는 산업자본가들간의 경쟁이 생산재 수입을 증가시킨다. 신기술을 갖춘 생산재의 수입은 노동생산성을 향상시켜 경제 전체의 잉여가치율을 높이기 때문에 이윤율을 높인다. 이러한 수입패턴은 대체로 기술이 낙후한 개발도상국가나 신흥공업국가가 선진자본주의 국가의 생산재를 수입할 때 나타난다. 한 나라의 생산활동이 외국기술에 지속적으로 의존하는 기술적 종속이 나타나면 이러한 수입패턴이 형성된다.

요컨대, 자본의 팽창욕구와 잉여가치의 실현 곤란이 상품의 수출을 발생시키며, 잉여가치율과 이윤율을 높이려는 자본간의 경쟁이 수입을 발생하게 한다. 따라서 국제무역은 자본의 확대재생산[3] 과정에서 필연적으로 발생하지 않을 수 없다. 이런 점에서 세계시장은 자본의 존립의 전제조건이라 할 수 있다.

이와 같이 자본의 확대재생산을 위해 국제무역이 이루어질 경우, 무역패턴은 각 나라의 생산요소의 부존상태(factor endowments), 기술수준, 임금수준 등 생

---

3) 자본의 확대재생산과정은 자본축적과 경제성장과정이다. 이에 관한 논의는 제14장에서 다룬다.

산조건의 차이에 따라 달라진다. 농산품과 공산품 간의 무역, 소비재와 생산재 간의 무역, 노동집약적 경공업 제품과 자본집약적 중공업 제품 간의 무역 등과 같은 무역패턴이 서로 다른 나라들 사이에 나타날 것이다. 각국의 생산조건의 차이에 따라 다양하게 나타나는 이러한 무역패턴들은 일정한 국제분업구조를 형성한다. 포도주와 직물 간의 교환, 석유와 자동차 간의 교환, 의류와 기계 간의 교환 등과 같은 산업간 무역(inter-industry trade)은 생산조건의 차이에서 비롯되는 무역패턴이다. 산업간 무역에 대응하여 산업간 분업이라는 국제분업구조가 형성된다.

실제 자본주의 역사를 통해 보면 이런 국제분업구조는 제국주의 국가에 의해 강요되는 경우가 많았다. 제국주의 국가의 요구에 따라 제국주의 국가와 식민지 종속국 사이에 국제분업구조가 형성되는 것이다. 19세기와 20세기에 중남미와 아시아 국가들이 커피, 고무, 사탕수수, 쌀과 같은 농산물의 단일경작(monoculture)을 강요받아왔는데, 이것이 농업과 공업 간의 국제분업구조가 형성된 주된 계기였다.

그런데 국제무역은 자본의 요구에 따라서만 이루어지는 것이 아니다. 소비자들이 국내상품에 비해 더 값싸고 질 좋은 외국상품을 선호하기 때문에 국제무역이 이루어진다. 각 나라 소비자들의 소득수준과 기호가 다르기 때문에 유사한 상품들간의 무역이 이루어질 수 있다. 즉 자동차와 자동차가 교환되고 포도주와 포도주가 교환될 수 있다. 이 경우 서로 교환되는 자동차들과 포도주들은 각각 품질 혹은 디자인과 가격이 다르다. 예컨대, 한국의 소나타 승용차가 독일에 수출되고 독일의 벤츠 승용차가 한국에 수입되며, 프랑스산 포도주가 미국에 수출되고 미국의 캘리포니아산 포도주가 프랑스에 수입된다. 이를 산업내 무역(intra-industry trade)이라 한다.

이러한 유형의 산업내 무역은 각 나라의 소비조건의 차이에서 비롯되는 무역패턴이다. 각 나라의 소비자들의 욕구가 갈수록 다양해지고 더욱 가변적으로 되고 있는데, 이에 대응한 제품의 차별화가 산업내 무역의 비중을 확대시키고 있다. 산업내 무역은 산업내 분업이라는 국제분업구조에 대응하여 이루어진다.

한편, 오늘날 산업내 무역은 하나의 상품을 생산하는 생산공정(工程)이 분리되어 서로 다른 나라에서 수행될 때 발생하는 경우가 많다. 자본주의적 노동과정은 구상과 실행이 분리되는 것이 특징인데, 이 구상노동과 실행노동이 분할되어 서로 다른 나라에서 수행될 경우 산업내 무역이 발생한다. 이러한 산업내 분업을 결정하는 주된 요인은 각국의 노동자들의 숙련수준과 임금수준 그리고 노동조합 조직률 등과 같은 노동력의 공급조건의 차이이다.

예컨대, 자동차 생산에서 설계와 디자인은 미국에서 하고 완성차 조립 생산은 한국에서 하며, 단순 부품생산은 태국에서 하는 국제간의 산업내 분업이 이루어지면, 설계와 디자인이라는 서비스와 완성차와 부품이라는 제품이 서로 교환되는 산업내 무역이 발생한다. 즉 미국은 한국에 설계와 디자인 기술을 수출하고 태국은 한국에 부품을 수출하며 한국은 태국과 미국에 완성차를 수출한다. 이러한 국제분업 혹은 무역패턴은 주로 미국과 한국과 태국의 노동자들의 숙련수준 및 임금수준의 차이에서 비롯된다. 이와 같이 자동차라는 하나의 상품이 세 나라 사이의 국제분업구조에서 생산되고, 그에 대응하여 산업내 무역이 이루어지는 것이다.

이러한 산업내 무역과 함께 오늘날 다국적기업을 중심으로 기업내 무역이 발생하고 있다. 해외의 여러 나라에 자회사를 둔 다국적기업들이 자회사들 사이에 원료, 기계, 부품, 중간재 등을 내부 거래하는데, 이 경우 기업내 무역이라는 무역패턴이 형성된다. 이는 다국적기업을 통한 생산의 국제화에 따라 기업내 분업이 국제화됨으로써 형성되는 무역패턴이다. 예컨대, 컴퓨터를 생산하는 다국적기업인 IBM의 경우, 미국 본사는 소프트웨어를 생산하고, 한국 지사는 하드웨어를 생산하며, 말레이시아 지사는 부품을 조립생산하는 기업내 분업이 이루어진다. 이때 IBM회사 내의 기업내 분업이 국제화되어 기업내 무역이 발생하는 것이다.

기업내 무역은 산업내 무역에 포함된다. 산업내 무역은 국제무역에서 갈수록 그 비중이 증가하고 있다. 산업내 무역 비중의 증가는 국제분업이 심화되고 있음을 나타내준다. 다국적기업을 통해 이루어지는 기업내 무역은 자본의 국제화 특히 생산의 국제화를 표현해주고 있다.

〈표 12.1〉 산업내 무역 비중

	1961	1966	1971	1976	1981	1986	1991	1996
독일	0.4102	0.4868	0.5735	0.5631	0.6115	0.6597	0.7500	0.7277
일본	0.2453	0.2319	0.2743	0.2025	0.2010	0.2463	0.3385	0.4310
미국	0.4695	0.5295	0.5271	0.5008	0.4953	0.5361	0.6556	0.6721

주: Grubel-Lloyd 지수(GL)로 계산한 것임. GL=$[\sum[(Ex+Im)-Ex-Im]/\sum(Ex+Im)]$
    1961년 항의 일본 자료는 1962년 수치임.
자료: OECD, *International Trade by Commodities Statistics.*
출처: H. Siebert, *The World Economy*, 1999, p.44 <표 2.1>.

2. 자본의 국제화와 국제가치

자본의 국제화: 개념과 형태

　세계시장에서는 상품의 수출입이 이루어지는 국제무역과 자본의 수출입이 이루어지는 자본의 국제화 현상이 나타난다. 자본의 국제화(internationalization of capital)는 기본적으로 자본이 보다 높은 이윤을 얻기 위해 해외로 수출되는 현상을 말한다. 자본의 국제화는 자본수출 혹은 국제자본이동이라 부르기도 한다.
　국제간의 이윤율 격차가 자본의 국제화가 이루어지는 기본 동인이다. 일반적으로 자본을 수출하는 나라는 자본이 과잉하여 이윤율이 낮은 반면, 자본을 수입하는 나라는 자본이 부족하여 이윤율이 높다. 이와 같이 이윤율 격차가 존재할 경우 자본은 저이윤율 국가에서 고이윤율 국가로 이동한다. 자본수출 국가에서 나타나는 이윤율 하락 경향이 자본수출을 발생시키는 근본 요인이다. 즉 자본축적이 진전되어 자본의 가치구성이 고도화됨에 따라 이윤율이 하락하는데, 이때 이윤율이 낮은 국가로부터 자본의 가치구성이 낮아 이윤율이 높은 국가로 자본이 이동하는 것이다.[4]
　자본의 국제화에는 화폐자본의 국제화와 생산자본의 국제화라는 두 가지 형태가 있다. 자본의 국제화는 산업자본의 순환과정에서부터 설명할 수 있다. 제5

---

4) 자본의 국제화는 자본주의가 제국주의 단계에 들어갔을 때 본격적으로 전개된다. 이 점에 관해서는 제18장을 참조하라.

<그림 12.1> 자본의 국제화의 형태

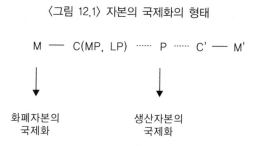

장에서 본 것처럼 산업자본의 순환은 'M-C(MP, LP)···P···C'-M''으로 표시된다. 여기서 M은 화폐자본, P는 생산자본, C'는 상품자본을 나타낸다.

화폐자본의 국제화는 화폐자본인 M이 해외로 유출되는 것으로서 금융자본의 국제화라고도 한다. 화폐자본의 국제화에는 국내 금융기관이 해외의 자본가에게 대출해주는 해외대부(foreign loan)와 국내 투자자들이 해외의 자본가가 발행한 주식이나 채권을 매입하는 해외포트폴리오투자(FPI: foreign portfolio investment)라는 두 가지 형태가 있다.

자본수입국(host country)의 입장에서 보면 화폐자본의 국제화는 다양한 형태의 외자도입으로 나타난다. 즉, 해외대부는 외국차관으로, 해외포트폴리오투자는 외국인포트폴리오투자로 나타난다. 화폐자본의 국제화는 외국자본이 생산과정을 직접 장악하지 않는다는 점에서 생산자본의 국제화와 구분된다.

생산자본의 국제화는 산업자본의 순환에서 생산과정 'C(MP, LP)···P···C''의 일부 혹은 전부가 해외에서 수행되는 것으로서 생산의 국제화라고도 한다. 산업자본이 해외에 있는 다른 나라 노동자들의 노동력을 통제하여 잉여가치를 생산하는 것이 생산자본의 국제화이다. 예컨대, 컴퓨터를 생산하는 기업이 부품의 조립공정을 자기 회사의 해외 생산기지에서 생산하거나 해외의 다른 나라 기업에 하청을 주어 생산하는 것이 생산자본의 국제화인 것이다.

생산자본의 국제화는 해외생산을 통하는 방식과 두 나라의 산업자본들간의 국제하청이나 전략적 제휴 관계를 맺는 방식을 통해 이루어진다. 해외생산 방식은 해외집적투자를 통해 이루어진다. 해외직접투자(FDI: foreign direct investment)는 국내 자본가들이 해외에 있는 기업의 소유권을 취득하는 투자나 해외에 새로이 기업을 설립하는 투자를 말한다.

국제하청은 핵심공정과 단순공정 간 혹은 구상노동과 실행노동 간의 산업내 국제분업으로, 전략적 제휴는 대체로 서로 다른 핵심적 공정들간의 산업내 국제분업으로 나타난다. 국제하청은 주로 선진국과 후진국 간에, 전략적 제휴는 주로 선진국들간에 이루어진다. 오늘날 다국적기업이 주도하는 생산자본의 국제화는 국제분업 구조를 결정짓는 가장 중요한 요인 중의 하나다.

세계의 해외직접투자(FDI) 실적추이

연도	선진국		개도국		중·동부 유럽		세계 전체	
	유입	유출	유입	유출	유입	유출	유입	유출
투자액(10억 달러)								
1983~1987	58.7	72.6	18.3	4.2	0.02	0.01	77.1	76.8
1987~1989	139.1	193.3	36.8	15.2	1.36	0.04	177.3	208.5
1990	169.8	222.5	33.7	17.8	0.30	0.04	203.8	204.3
1991	114.0	201.9	41.3	8.9	2.45	0.04	157.8	210.8
1992	114.0	181.4	50.4	21.0	3.77	0.10	168.1	203.1
1993	129.3	192.4	73.1	33.0	5.59	0.20	207.9	225.5
1994	132.8	190.9	87.0	38.6	5.89	0.55	225.7	230.0
1995	203.2	270.5	99.7	47.0	12.08	0.30	314.9	37.8
비중(%)								
1983~1987	76	95	24	5	0.02	0.01	100	100
1988~1992	78	93	21	7	0.77	0.02	100	100
1993	62	85	35	15	2.70	0.09	100	100
1994	59	83	39	17	2.60	0.24	100	100
1995	65	85	32	15	3.80	0.09	100	100
증가율(%)								
1983~1987	37	35	9	24	-7	68	29	35
1988~1992	-4	3	15	16	298	46	1	4
1993	13	6	45	52	46	99	24	11
1994	3	-1	19	17	7	179	9	2
1995	53	42	15	22	106	-45	40	38

자료 : UNCTAD, *World Investment Report*, 1996.

자본 국제화의 요인과 효과

지난 20세기 동안 화폐자본의 국제화는 한편으로 자본수입국인 제3세계에 자본주의적 생산관계를 확산시키고 경제성장을 촉진하여 한국, 싱가포르, 멕시코 등 소수의 신흥공업국가들을 탄생시켰지만, 다른 한편으로 많은 국가에서 외자에 의존하는 금융적 종속을 낳고 만성적인 외채위기를 발생시켰다.

오늘날 화폐자본의 국제화는 주로 국제금융시장을 통해 이루어지고 있다. 그런데 국제금융자본의 투기활동으로 인해 국제금융시장은 극도로 불안정하다. 화폐자본의 국제화가 외채위기와 금융위기를 초래하여 세계자본주의를 위기에 빠뜨리고 있는 것이다. 1997년에 발생한 태국, 인도네시아, 한국 등 동아시아 국가들의 외환위기와 금융위기는 화폐자본 국제화의 파괴적 효과를 적나라하게 보여주었다.

생산자본의 국제화는 생산의 국제화를 초래하여 국제분업구조 형성에 큰 영향을 미쳤다. 생산자본의 국제화가 어떠한 과정을 통해 생산의 국제화를 초래하는지 보자.

생산자본의 국제화를 가능하게 하는 요인들은 다음과 같다. 첫째 노동과정의 일부 혹은 전부를 해외로 이전하는 것이 가능하다는 기술적 요인, 둘째, 해외에서 저임금과 같은 유리한 생산조건을 이용할 수 있다는 생산관계적 요인, 셋째 해외시장에의 접근가능성을 높인다는 시장관계적 요인 등이 그것이다.

표준화된 상품을 대량생산하는 포드주의의 경우, 노동과정은 (Ⅰ) 연구개발, 설계, 엔지니어링과 같은 구상기능, (Ⅱ) 숙련노동자를 필요로 하는 제조공정, (Ⅲ) 비숙련노동으로도 가능한 단순조립작업라는 세 가지 수준으로 분할될 수 있다. 이 분할된 노동과정에서 주로 수준 Ⅰ은 전략적 제휴를 통해, 수준 Ⅱ와 수준 Ⅲ은 국제하청을 통해 각각 해외에 이전되어 생산이 국제화되는 것이다. 이에 더하여 수송 및 정보통신 기술의 발달이 생산과정의 해외이전에 따른 수송비와 통신비용을 크게 낮춤으로써5) 생산의 국제화가 촉진되었다.

국제하청을 통한 수준 Ⅱ 및 Ⅲ의 해외이전은 주로 저임금을 이용하려는 동

---

5) 예컨대, 뉴욕과 런던 간의 3분 전화통화 비용은 1930년 250달러(1990년 불변가격), 1950년 50달러, 1990년 3.32달러로 급격히 줄어들었다.

기에서 이루어진다. 따라서 저임금의 양질의 풍부한 노동력이 존재하고 생산성이 높은 국가로 생산과정이 이전될 가능성이 높다. 저임금은 노동력의 초과공급이 존재한다는 노동시장적 요인과 노동조합의 힘이 미약하다는 노사관계적 요인이 결합되어 유지된다. 높은 생산성은 잘 규율된 노동자들과 효율적인 생산조직과 작업조직이 존재할 경우 실현된다. 전략적 제휴를 통한 수준 Ⅰ의 해외이전은 높은 수준의 기술적 능력을 갖춘 인력이 존재하고 노사관계가 안정적인 국가를 대상으로 이루어진다. 이러한 생산관계적 요인들이 생산자본의 국제화를 촉진한다.

그리고 수입을 제한하는 관세장벽 혹은 비관세장벽이 존재할 경우 이를 회피하기 위해 생산을 현지화하여 시장에 대한 접근가능성을 높이려는 동기에서 생산자본의 국제화가 이루어진다. 이 경우에는 저임금을 이용하려는 동기와는 달리 시장을 확보하려는 동기에서 생산자본의 국제화가 이루어지기 때문에, 저임금 국가보다는 주로 고임금 국가로 생산과정이 이전된다. 특히 1980년대 후반이후 유럽연합(EU), 북미자유무역협정(NAFTA)과 같은 지역경제통합이 결성됨에 따라 해외시장 확보를 위한 생산의 국제화가 급속히 확산되고 있다. 지역경제통합은 역내 기업에게는 시장참가 기회를 보장하지만 역외 기업에 대해서는 진입장벽을 높였다. 따라서 역외 기업들은 시장확보와 진입장벽 회피를 위해 생산을 현지화한다. 이와 같이 상품의 판로확보라는 시장관계적 요인이 생산의 국제화를 촉진하는 또 하나의 요인이다.

화폐자본과 생산자본의 국제화를 포함하는 자본의 국제화는 자본주의적 생산관계와 생산력을 국제적으로 확산시키는 역할을 하였다. 오늘날 자본의 국제화는 그동안 더욱 진전되어 자본의 글로벌화(globalization of capital) 단계로 발전하고 있다. 자본의 글로벌화는 자본의 국제적 이동에 대한 장애물이 제거되어 전지구적으로 자본이 자유롭게 이동하고, 자본주의적 생산관계가 전세계적으로 확산되고, 자본축적이 세계적 규모로 진전되는 상황을 말한다. 20세기 말의 사회주의 세계 체제의 붕괴, 신자유주의의 등장에 따른 금융의 자유화, 정보통신기술혁명 등의 요인이 자본의 글로벌화를 촉진하고 있다.[6]

---

6) 자본의 글로벌화에 관한 더 자세한 논의는 제20장 2절에서 이루어진다.

국제가치

이제 세계시장에서 상품의 가치 즉 국제가치가 어떻게 결정되는지 알아보자. 국제무역이 이루어질 경우, 서로 독립적으로 이루어지는 각 국민의 노동들은 국제분업의 일환을 형성한다. 이와 같이 국제분업구조에서 세계시장을 향한 상품을 생산하는 노동을 세계노동이라 한다. 이러한 세계노동을 통해 국제가치가 형성된다. 국제가치의 실체는 세계노동이다. 세계노동과 국제가치라는 개념은 시장의 범위와 노동의 사회적 성격이 확장됨에 따라 성립한다. 사회적 분업이 이루어지는 영역이 '국지적 분업→국민적 분업→국제분업'으로 확대됨에 따라 시장의 범위가 '국지적 시장→국민적 시장→세계시장'으로 확장된다. 이에 따라 노동의 사회적 성격이 '국지적 노동→국민적 노동→세계노동'으로 전화된다. 이와 같이 분업의 영역과 시장의 범위가 확장되고 노동의 사회적 성격이 증대됨에 따라 가치는 '국지적 가치→국민적 가치→국제가치'로 발전한다. 이러한 '분업-시장-노동-가치' 관계의 발전을 나타낸 것이 <그림 12.2>이다.

자본주의 이전에는 국지적 분업에 기초하여 국지적 시장이 성립하고 노동의 사회적 성격은 국지적 노동에 머물렀다. 따라서 상품의 가치도 국지적 가치로 형성되어 지역마다 상품의 가치가 달랐다. 그러나 자본주의가 확립되면서 국민국가의 경계선 내부에서 국민적 분업이 형성되고 국민적 시장이 성립한다. 이에 따라 노동의 사회적 성격이 국민적 노동으로 된다. 따라서 상품의 가치는 국민적 가치로 형성된다. 정치경제학에서 핵심적 기초 개념인 가치는 바로 이 국민적 가치를 말한다. 자본주의가 발전함에 따라 국제분업이 본격적으로 전개된다. 국제분업에 기초하여 세계시장이 성립하고 마침내 노동의 사회적 성격은 세계노동으로 발전한다. 국제무역이 이루어지는 세계시장에서 상품의 가치는 세계노동을 통해 형성되는 국제가치가 된다.

세계시장이 형성되어 있고, 국민국가와 국민경제가 존재하는 현 단계의 자본주의에서는 국민적 가치와 국제가치가 병존한다. 국민적 가치의 실체가 국민적 노동인 것처럼 국제가치의 실체는 세계노동이다. 국제가치의 크기는 어떤 상품을 생산하는 데 들어가는 세계적으로 필요한 노동시간에 의해 결정된다. 국가 간에 생산조건이 서로 다르므로 어떤 상품을 생산하는 데 들어가는 사회적 필

〈그림 12.2〉 '분업-시장-노동-가치' 관계의 발전

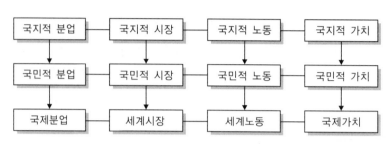

요노동시간이 나라마다 다르다. 여기서 세계적으로 필요한 노동시간은 각 국민 국가에서의 사회적 필요노동시간을 가중 평균한 것이다. 예컨대, 세계 각지에서 생산되어 미국 시카고 곡물시장에서 거래되는 밀의 국제가치는 밀을 생산하는 데 들어가는 세계적으로 필요한 노동시간에 의해 결정된다. 석유, 철강, 반도체 칩 등 세계적으로 표준화된 상품의 국제가치도 마찬가지로 세계적으로 필요한 노동시간에 의해 결정된다.

국민적 가치가 국민적 화폐를 통해 표현되는 것처럼 국제가치는 세계화폐를 통해 표현된다. 국제가치는 과거 금본위제 아래에서는 세계화폐인 금으로 표현되었다. 오늘날은 국제가치는 세계화폐의 역할을 하고 있는 달러화에 의해 표현된다. 유로화와 엔화도 국제가치를 표현하는 부차적 세계화폐의 역할을 하고 있다.

만약 국제간에 상품과 자본 및 노동이 완전히 자유롭게 이동한다면, 완전히 단일한 세계시장이 형성되어 국제가치와 국민적 가치가 일치할 것이다. 완전히 글로벌화된 상황에서는 국제가치와 국민적 가치가 일치하여 하나의 상품에 대해서는 세계 어디서나 하나의 동일한 가치를 가지게 될 것이다.

그러나 국가별로 생산조건에 격차가 존재하고 국제간에 자본과 노동의 이동이 제한되어 있으므로 어떤 상품의 국제가치는 그 국민적 가치와 괴리가 생기게 마련이다. 세계시장이 존재하고 국제가치와 국민적 가치가 차이가 날 경우, 노동생산성이 세계평균보다 높은 국가는 국제가치보다 국민적 가치가 낮고, 노동생산성이 세계평균보다 낮은 국가는 국제가치보다 국민적 가치가 높다. 따라서 노동생산성이 높은 나라는 특별잉여가치를 얻고, 노동생산성이 낮은 나라는

손실을 입게 된다. 이는 마치 국민국가 내에서 동일 산업 내의 평균적 생산조건보다 우월한 생산조건을 갖춘 기업이 플러스의 특별잉여가치를 얻고 열등한 생산조건을 갖춘 기업이 마이너스의 특별잉여가치 즉 손실을 얻는 것과 같은 원리이다.

다만, 국민국가 내에서는 자본간 경쟁을 통해 생산조건이 평준화되어 가치와 개별적 가치의 격차가 축소되는 경향이 강하게 나타나지만, 국제간에는 자본간 경쟁이 제한되어 있으므로 국제적 가치와 국민적 가치의 격차가 유지된다. 물론 세계시장에서의 경쟁이 격화되어 국제간에 생산조건의 격차가 축소되면 국제가치와 국민적 가치 간의 격차도 줄어들 것이다.

이러한 국제가치가 각 나라의 화폐로 표현될 경우에는 환율과 관세라는 요인이 작용한다. 자국화폐와 외환의 교환비율인 환율의 변동에 따라 상품의 수입가격이 달라진다. 또한 관세율의 변화에 따라 수입가격이 달라진다.

3. 국제경제질서

국제간의 가치 이전과 생산력 이전

국제무역과 자본의 국제화가 이루어지는 세계시장에는 국제간에 가치이전과 생산력 이전이 발생할 수 있다. 먼저 국제간에 가치이전이 발생하는 경우를 보자. 국제간의 가치이전은 약탈, 부등가교환, 착취, 금융투기라는 네 가지 과정을 통해 이루어진다.

첫째, 국제간 가치이전의 가장 원시적 과정은 약탈이다.[7] 약탈은 폭력을 사용하여 한 나라가 다른 나라의 부를 강제로 뺏는 행위를 말한다. 인류 역사를 통해 수없이 치러진 국가간의 정복 전쟁에서 무자비한 약탈이 이루어졌다. 고대와 중세에서 속국이 종주국에 정기적으로 바쳤던 조공(朝貢)은 약탈이 제도화된 것이다. 근대 자본주의에서는 제국주의 국가와 식민지 간의 식민지 무역

---

7) 자본주의 이전 사회에서의 약탈은 엄밀히 말하면 가치이전이 아니라 부(富)의 이전이다. 자본주의에 들어와서 부가 가치의 형태를 띠기 때문이다.

을 통해 약탈이 이루어졌다.

고대 로마제국의 유럽 약탈, 중세 중국의 아시아 약탈, 18세기 유럽의 아메리카 약탈, 19세기 유럽의 아시아·아프리카 약탈, 20세기 제국주의의 아시아·아프리카·라틴 아메리카 약탈 등 세계사를 점철한 약탈을 통해 한 나라로부터 다른 나라로 가치가 이전되었다. 이러한 약탈을 통한 국제간 가치이전은 유럽에서의 자본주의 형성에 크게 기여하였다. 약탈을 통해 해외에서 이전된 가치가 산업자본으로 전환되는 자본의 본원적 축적 과정이 전개된 것이다.

둘째, 국제간의 가치이전은 국제부등가교환을 통해서도 나타난다. 국제부등가교환은 국제간의 상품교환 즉 국제무역에서 상품이 가치 이하 혹은 가치 이상으로 거래될 때 발생한다. 세계시장에는 독점적 지배력을 가진 다국적기업이 존재하고 각 나라의 국제적 영향력이 서로 다르기 때문에 이러한 요인들이 작용하는 국제무역에서 부등가교환이 일어날 수 있다. 즉 국제적 독점기업인 다국적기업은 해외 현지 국가의 다른 기업으로부터 원료나 부품 그리고 노동력을 가치 이하로 구입하고, 자신이 생산한 상품을 현지 국가의 기업이나 소비자에게 가치 이상으로 판매할 수 있다. 이 경우 국제간에 부등가교환이 발생한다.

이러한 부등가교환은 애초에 주로 천연자원 수출국과 공산품 수출국 간에 일어났지만, 최근에는 첨단산업제품 수출국과 표준화된 제품 수출국 간에 일어나고 있다. 이러한 부등가교환의 배후에는 선후진국간의 기술격차와 선진국의 기술독점이란 요인이 작용하고 있다. 따라서 앞으로 기술격차와 기술독점이 지속될 경우 무역을 통한 국제간 가치이전이 지속될 것이다.

한편 세계시장에서 영향력이 큰 강대국의 상품은 가치 이상으로 판매될 가능성이 있고, 영향력이 약한 약소국의 상품은 가치 이하로 판매될 가능성이 있다. 예컨대, 강대국이 약소국에 수출하는 무기는 가치 이상으로 판매되고, 약소국이 강대국에 수출하는 농산물은 가치 이하로 판매된다. 이러한 부등가교환은 강대국과 약소국 사이에 체결되는 불평등조약을 통해 더욱 심화된다. 제국주의 국가와 식민지·종속국 간의 국제무역에서 특히 이러한 부등가교환이 이루어지는 경우가 많다.8)

---

8) 제국주의 국가와 종속국 간의 무역을 통한 부등가교환 문제는 종속이론을 다루는 제18장 3절에서 다룬다.

셋째, 국제간의 가치이전은 자본의 국제화에 의해 이루어지는 국제착취를 통해서도 발생한다. 국제착취는 생산자본의 국제화인 해외직접투자와 화폐자본의 국제화인 해외포트폴리오투자를 통해 이루어진다. 생산자본이 국제화될 경우에는 직접적으로 자본이 해외의 노동자를 고용하여 잉여가치를 생산함으로써 국제착취가 이루어진다. 이런 국제착취의 가장 중요한 주체는 다국적기업이다. 다국적기업이 해외자회사들에 고용된 현지 노동자들을 착취하여 획득한 이윤을 본국으로 송금함으로써 국제착취가 일어난다. 화폐자본이 국제화될 경우에는 주식과 채권 보유로부터 발생하는 배당과 이자소득이 본국으로 송금됨으로써 국제착취가 이루어진다.

넷째, 국제간의 가치이전은 국제금융시장에서 이루어지는 금융투기를 통해서도 발생한다. 국제금융투기를 통한 국제간 가치이전은 금융의 자유화와 글로벌화에 따라 오늘날 가장 중요한 국제간 가치이전과정이 되고 있다. 정보통신혁명에 따라 금융자본이 국제간에 광속도로 거래되는 과정에서 이루어지는 주식투기와 외환투기를 통해 막대한 규모의 가치가 국제간에 이동하고 있다. 오늘날 선진국에 의해 일방적으로 창출되고 관리되는 국제금융질서 아래에서 국제금융시장을 통한 가치이전은 개발도상국에서 선진국으로 일방적으로 이루어진다.

현재 금융투기를 통한 국제간 가치이전은 주로 국제금융시장에 새로이 편입된 신흥공업국가와 개발도상국가로부터 국제금융자본의 중심지인 미국 월가(Wall Street)로 향해 발생하고 있다. 국제금융자본의 투기활동으로 인하여 발생한 1990년대의 아시아와 라틴 아메리카 국가들의 주가폭락과 환율폭등 과정에서 막대한 규모의 가치가 이들 국가로부터 미국으로 유출되었다. 대량의 외채를 가지고 있는 저개발국가와 신흥공업국가에서는 환율의 폭등으로 부채규모가 급증하여 원리금 상환 형태로 유출되는 가치가 크게 증대되었다.

이와 같은 가치이전과는 대조적으로 국제간에는 생산력이 이전될 수 있다. 국제간 생산력 이전은 상품자본과 생산자본의 국제화를 통해 기술이전이 이루어질 경우 발생한다. 상품자본이 국제화될 경우 수입되는 기계설비에 체화된 기술이 이전될 수 있다. 그러나 기계설비에 체화된 기술은 습득하기 어렵기 때문에 이를 통한 기술이전의 가능성은 매우 제한적이다. 생산자본이 국제화될 경우 생산과정 그 자체가 현지 국가에 이전됨에 따라 기계설비와 함께 기술노동자가 유입된다.

이 과정에서 기계설비에 체화된 기술뿐만 아니라 생산설계와 생산기법과 같은 기술 그 자체가 이전될 수 있다. 이때 기술이전의 가능성은 이전된 생산과정에 채택되어 있는 기술이 어느 정도 핵심기술인가, 수입국의 기술학습 능력이 어느 정도인가에 달려 있다. 현지 저임금 노동력 이용과 시장획득이라는 다국적기업의 이해와 기술습득이라는 현지기업의 이해가 일치하여 합작기업을 설립할 경우 기술이전 가능성이 높아진다.

그런데 국제무역과 자본의 국제화는 국제경쟁을 격화시켜 생산력수준이 높은 나라의 상품과 생산자본이 생산력수준이 낮은 나라의 기존의 생산력을 파괴하여 생산력 발전을 정체시킬 수도 있다. 반대로 그것은 생산력수준이 낮은 나라의 기술혁신을 강제하여 생산력 발전을 촉진할 수도 있다. 국제무역과 자본의 국제화는 저개발국 혹은 후진국에 대해 생산력 파괴 효과와 생산력 촉진 효과라는 이중적 효과를 낳는다. 그리고 국제무역과 자본의 국제화는 후진국에서 선진국으로의 가치이전을 발생시킬 수 있다. 반대로 그것은 세계시장에서의 자본간 경쟁을 격화시켜 제품의 가격을 낮추고 품질을 향상시켜 후진국 소비자들의 효용을 증대시킬 수 있다.

이와 같이 국제무역과 자본의 국제화는 국제간의 가치이전 효과와 효용증대 효과를 동시에 낳는다. 신고전파 경제학에서는 효용증대 효과와 생산력 촉진 효과를 일면적으로 강조하고 가치이전 효과와 생산력 파괴 효과를 무시한다. 반대로 맑스 경제학에서는 가치이전 효과와 생산력 파괴 효과를 일면적으로 강조하고, 효용증대 효과와 생산력 촉진 효과가 경시된다.

요컨대, 국가간의 생산력 격차, 즉 기술격차가 상당히 큰 상태에서 이루어지는 국제무역과 국제자본이동의 효과는 다음과 같이 정리할 수 있다. 사유무역과 자유로운 국제자본이동이 이루어질 경우 생산력이 낮은 국가에서는 가치이전 효과, 효용증대 효과, 생산력 이전 효과, 생산력 파괴 효과가 동시에 나타난다. 보호무역과 국제자본이동에 대한 통제가 이루어질 경우에는 이 효과들이 전체적으로 약화될 것이다.

국제경제체제: 국제무역질서와 국제금융질서

국제무역과 자본의 국제화가 창출하는 이중적 효과 중 가치이전 효과와 생산력 파괴 효과라는 부정적 효과가 더 강한가, 아니면 효용증대 효과와 생산력 촉진 효과라는 긍정적 효과가 더 강한가는 국제경제체제가 어떻게 구축되어 있느냐에 상당 정도 달려 있다. 여기서 국제경제체제(international economic regime)란 국제경제질서를 규율하는 제도 및 규칙과 국민경제들 간의 현실적 세력관계를 말한다. 국제경제질서를 구성하는 양대 요인은 국제무역질서와 국제금융질서이다.

먼저, 국제무역질서에 대해 알아보자. 국제무역질서에는 자유무역과 보호주의라는 두 가지 형태가 존재한다. 자유무역(free trade)은 상품과 자본의 자유로운 수출과 수입을 제한하는 규제가 없는 국제무역질서이다. 즉 수입에 대해 국가가 높은 관세를 부과하거나, 수입금지 및 수출금지와 수입허가제와 같은 비관세장벽을 설치하여 무역을 규제하는 행위를 하지 않고 국제간의 자본이동을 제한하지 않는 것이 자유무역 질서이다. 반대로 보호주의(protectionism)는 세계시장의 경쟁으로부터 국내산업을 보호하기 위해 높은 관세를 부과하거나 수입을 제한하며, 국제간 자본이동을 제한하는 국제무역질서이다.

보호주의는 일반적으로 생산력 발전수준이 낮은 후진국이 자국의 유치산업을 보호하기 위해 실시하는 무역정책이다. 국제간에 생산력 격차가 현격하게 존재하는 상황에서 자유무역이 이루어지면 우월한 생산력을 갖춘 외국의 수입품이 국내 유치산업을 파괴할 것이라는 것이 보호주의 정책의 기본 인식이다.

보호주의의 배후에는 경제적 민족주의가 있다. 경제적 민족주의(economic nationalism)는 자립적 민족경제를 바탕으로 자주국가를 건설하고 유지하는 것을 표방하는 이데올로기이다. 경제적 민족주의는 국제경제질서를 기본적으로 국가들간의 이해가 대립하고 충돌하는 과정으로 파악한다. 그것은 국가의 이익과 국내 생산자의 이익을 우선적으로 고려하는 입장에서 국내산업과 생산자의 보호를 위해 보호무역정책을 실시한다. 후진자본주의 국가에서 경제적 민족주의는 대체로 민족 부르주아지의 이데올로기로 나타난다.

보호주의는 생산력 발전수준이 높은 선진국에서 사양산업을 보호하기 위해 실시되기도 한다. 1970년대 이후 미국과 유럽에서 실시된 사양산업 보호를 위한 보호주의를 후진국의 유치산업 보호를 위한 보호주의와 구별하기 위해 신보호주의라 한다. 1970년대 이후 미국과 유럽의 선진국에서는 동아시아 신흥공업국들의 부상으로 인해 전통적 산업 특히 섬유, 조선, 철강 부문에서 경쟁력을 상실하게 되자, 이들 산업에서의 실업을 방지하고 국제수지를 방어하기 위해 수출 자율규제나 수입수량 제한과 같은 보호조치를 취해왔다.

역사적으로 보면 중상주의 단계의 국제무역질서는 보호주의였다. 독일, 프랑스, 미국, 러시아 등 19세기 유럽의 후발 자본주의 국가들, 20세기 신흥공업국가들이 대체로 보호주의 정책을 실시하였다. 세계 어느 나라든 거의 예외 없이 경제발전의 초기 단계에는 보호주의를 채택하였다. 그리고 발달한 자본주의 국가에서도 생산이 크게 침체하고 대량실업이 발생하는 경제위기시에는 보호주의 경향이 강하게 대두하였다. 각국이 서로 보호주의를 채택할 경우 국제무역이 위축되고 국가간에 무역분쟁이 확대·심화될 수 있다.

자유무역은 경제적 자유주의가 주창하는 국제무역질서이다. 경제적 자유주의(economic liberalism)는 자유무역을 통해 자원을 효율적으로 배분하고 사회구성원의 복지를 증진시킬 수 있다고 본다. 경제적 자유주의는 자유무역이 교역을 하는 모든 나라에 무역이익(gains from trade)을 발생시킨다고 보기 때문에 국제경제질서를 조화로운 과정으로 파악한다. 경제적 자유주의는 전체 사회구성원의 이익과 소비자의 이익을 우선적으로 고려하는 입장을 취한다.

그러나 자유무역을 주창하는 경제적 자유주의는 생산력이 우월한 나라의 국가의 이익과 생산자의 이익을 대변하는 측면이 있다는 점을 간과할 수 없다. 자립경제의 건설을 위해 보호주의를 채택하려는 후진국의 경제적 민족주의에 대해 자국 자본가의 이익을 위해 자유무역을 강요하는 선진국의 경제적 자유주의는 결국 '자유무역 제국주의'로 전화될 수 있다.

자유무역질서는 제2차세계대전 이후 1948년에 세계 각국이 체결한 '관세 및 무역에 관한 일반협정(GATT: General Agreement on Tariffs and Trade)'이란 제도적 장치를 통해 형성되기 시작했다. GATT의 목적은 무역장벽의 철폐와 관세 인하를 통한 자유무역질서의 확립에 있었다. GATT를 계승하여 1995년에 출범한 세계무역기구(WTO)는 재화뿐만 아니라 서비스와 지적재산권까지도 자유무역의 대상으로 하였다. 2001년 7월 현재 142개국이 가입하고 있는 WTO는 오늘날 세계시장에서 자유무역질서를 규율하는 제도적 장치이다. WTO가 추구하는 국제무역질서는 자유화, 무차별, 상호주의라는 세 가지 주요 원칙에 기초하고 있다.

자유화(liberalization)란 관세인상이나 신규 관세 부과를 금지하고 수량 제한이나 비관세장벽 설치를 금지함으로써 무역장벽을 제거하자는 것이다. 자유화 원칙은 자유무역질서의 가장 중요한 원칙이다. GATT와 WTO의 최혜국 대우 조약에 근거를 두고 있는 무차별(non-discrimination)은 각 국가의 무역정책이 국가들을 서로 차별하지 않고 동등하게 대우해야 하며, 특히 국산품과 수입품 간에 차별이 있어서는 안된다는 것이다. 즉 나라에 따라 다른 관세율을 부과해서는 안되며, 같은 종류의 국산품과 수입품 간에 조세부과에 차별이 있어서는 안된다는 것이다. 상호주의(reciprocity)란 한 나라의 관세인하에 상응하여 다른 나라의 관세가 인하되어야 한다는 것이다.

이러한 세 가지 원칙은 결국 국민국가들이 자국 산업을 보호하는 규제조치를 금지하는 것이다. 이 원칙에 따르면 생산력 발전수준이 낮은 나라가 관세장벽 및 비관세장벽과 보조금제도 및 조세제도를 통해 국내산업을 보호할 수 없게 되어 있다. 기업의 연구개발과 숙련형성에 대한 국가의 지원만이 허용된다. 요컨대, WTO가 지향하는 자유무역질서에서는 생산력 격차에 따른 불리함을 국가의 개입을 통해 약화시킬 수 없다. 따라서 WTO체제에서는 기술격차 및 숙련격차와 임금격차와 같은 직접적인 생산조건 격차가 국제무역의 흐름을 좌우하는 더욱 결정적인 요인이 된다.

이밖에 노동조건과 무역을 연계시키는 블루 라운드(BR), 환경조건과 무역을 연계시키는 그린 라운드(GR) 등이 국제무역을 규율하는 새로운 요인으로 등장하고 있다. 국제노동기준에 크게 미달하는 노동조건에서 생산하는 나라들이나 지구 환경을 심각하게 파괴시키는 생산방법을 채택하고 있는 나라들은 불공정 무역을 하는 것으로 간주되어 무역제재를 받게 되어 있다. 이러한 공정무역 원칙들은 한편으로는 장기적으로 지구촌 전체 노동계급의 상태 개선과 생태계 보전에 기여하겠지만, 다른 한편으로는 단기적으로 열악한 노동조건과 낮은 기술에 기초하여 공업화를 시도하고 있는 후진국에 불리하게 작용한다.

국제무역질서와 함께 국제금융질서가 존재한다. 국제금융질서는 국제통화체제, 국제금융시장의 규칙, 국제금융기구 등 각국 화폐간의 교환비율과 국제간의 자본이동을 규율하는 일련의 질서이다. 국제간의 상품의 이동은 국제간의 화폐 이동을 수반하므로 국제금융은 수동적으로는 국제무역을 반영한다. 이런 점에서 국제금융질서는 국제무역질서에 대응하여 형성된다. 그러나 국제간의 자본 이동이 국제무역과는 무관하게 이루어질 수 있기 때문에 국제금융질서는 국제 무역질서와는 다른 독자적 내용을 가진다.

국제통화체제의 기본 문제는 앞서 제10장에서 서술한 바대로 무엇을 세계화 폐로 설정하고, 어떤 환율제도를 가질 것인가 하는 것이다. 금본위제 해체 이후 아직 진정한 의미의 세계화폐가 존재하지 않기 때문에 어느 나라의 국민화폐를 세계화폐로 삼을 것인가 하는 것은 국제통화체제의 결정적인 문제가 된다. 현재 기축통화인 달러를 중심으로 유로, 엔 등이 세계화폐의 역할을 하고 있다. 3대 세계화폐간의 교환비율 즉 환율의 변동은 국제무역과 국제자본이동에 큰 영향을 미쳐 세계경제의 흐름을 좌우한다. 세계 각국의 환율은 기본적으로 이들 세계화 폐와 자국 화폐의 구매력의 차이에 따라 결정되지만, 외환의 수요와 공급에 의 해 영향을 받기도 한다. 환율이 고정되어 있는 고정환율제도와는 달리 변동환율 제도에서는 외환의 수요와 공급에 따라 환율이 신축적으로 변화한다.

국제금융시장의 규칙은 외환시장, 주식시장, 채권시장 등을 통한 국제간의 자본이동을 규율하는 규칙이다. 그 규칙은 국민국가에 의해 혹은 국제금융기구 를 통해 제정되고 실행된다. 이 규칙에는 금융의 자유화와 금융시장에 대한 규 제라는 두 가지 유형이 존재한다. 금융의 자유화는 국제간의 자유로운 자본이 동을 보장하는 것이다. 금융시장에 대한 규제는 국제금융시장에 대해 국민국가 혹은 국제금융기구가 개입을 하는 것이다. 그 개입은 환율의 급격한 변동과 외 화의 급격한 유출입으로 인한 외환위기 혹은 금융위기를 막기 위해 국제간의 딘기자본이동을 제한하는 방식으로 이루어진다. 국제금융질서는 금융이 자유화 되느냐 아니면 금융시장에 대한 규제가 행해지느냐에 따라 그 양상이 달라진다.

제2차세계대전 이후 국제통화체제는 미국 헤게모니 아래 달러가 기축통화로 되고 고정환율제도가 유지되는 국제통화기금(IMF) 체제였다. 이를 GATT와 함 께 브레턴우즈(Bretton Woods) 체제라고도 한다. IMF체제 혹은 브레턴우즈 체 제에서는 국제간의 단기자본이동이 규제되고 있었다. IMF의 목적은 각국의 국제수지 불균형을 해소하고 환율의 안정을 도모하는 것이었다. 고정환율제도가 유지되고 상품의 수출입이 국제수지를 결정하는 중심적 요인이 되고 있는 상황에서는 IMF의 이런 목적은 비교적 잘 달성될 수 있었다.

그런데 1971년 달러화의 금태환 정지 이후 고정환율제도가 폐지되고 변동환율제도가 채택됨에 따라 이제 국제단기자본의 이동이 환율을 변화시키는 주요 결정요인이 된다. 이에 따라 IMF의 목적 달성이 어렵게 되고 브레턴우즈 체제는 붕괴된다. 1980년대 신자유주의 정책에 의해 금융의 자유화 및 글로벌화가 이루어지자 국제단기자본의 급속한 이동이 나타나는데, 이것이 국제금융시장의 불안정성을 크게 증대시켰다. 오늘날 단기자본의 이동에 따른 국제금융시장의 불안정성이 세계자본주의 위기의 중심적 요인이 되고 있다. 따라서 현재 이 위기를 극복하는 새로운 국제금융질서를 수립할 수 있는 것이 중요한 의제로 올라와 있다.

┌─ **더 읽을거리** ──────────────────────────

■ 로버트 길핀. 1990, 『국제관계의 정치경제학』(강문구 옮김), 인간사랑.

　사또시 이께다, 1999, 「세계생산」, 이매뉴얼 월러스틴 외, 『이행의 시대』(백승욱·김영아 옮김), 창작과비평사 .

　이대근. 1998, 『세계경제론』, 박영사.

　이대근·정운영 편. 1984, 『세계자본주의론』, 까치.

　이수훈. 1999, 『세계체제론』, 나남출판사.

New Political Economy

제4편 자본주의의 성장과 위기

제13장
자본주의적 재생산

앞의 제2편과 제3편에서 자본주의의 기본적 경제관계와 주요 경제주체 및 제도에 대해 고찰하였다. 상품·화폐 관계와 자본-임노동 관계, 자본간 관계 속에서 상품생산자, 소비자, 자본가, 노동자, 채권자와 채무자, 국가 등의 경제주체들이 시장, 기업, 노동조합, 금융제도, 재정제도, 세계시장 등과 같은 제도들의 제약을 받으며 전개하는 행동들이 상호작용하여 자본주의가 유지된다. 그런데 자본주의는 성장과 위기를 번갈아가면서 유지된다.

제4편에서는 자본주의적 재생산은 어떻게 이루어지는지, 자본축적과 경제성장을 결정하는 요인은 무엇인지, 경제위기와 경기변동은 어떻게 발생하는지에 대해 논의한다. 아울러 자본주의에서 성장과 위기가 번갈아 일어나면서 유지되는 메커니즘이 무엇인지를 축적체제와 조절양식이란 개념을 통해 알아본다. 먼저 제13장에서는 자본주의적 재생산의 여러 계기들을 검토하고 재생산이 이루어지는 과정을 재생산모델을 통해 밝히고자 한다.

1. 자본주의적 재생산의 주요 계기들

재생산

재생산(reproduction)이란 좁은 의미로 보면 생산이 반복되고 갱신되는 과정을 말한다. 넓은 의미로 보면 재생산은 어떤 과정이 지속되고 관계가 유지되는 것을 가리키기도 한다. 어떤 사회이든 재생산[1]이 이루어져야 사회가 유지될 수

있다. 재생산이 이루어지기 위해서는 우선 생산과정에 투입되는 모든 생산요소
가 지속적으로 존재해야 한다. 즉 재생산이 이루어지려면 노동력과 생산수단이
재생산되어야 한다.

노동력의 재생산은 노동자가 육체적으로 유지되는 생명 재생산과 특정한 숙련
과 지식을 가진 노동능력의 창출을 말한다. 노동력의 재생산을 위해서는 무엇보
다 인간의 주거환경이 재생산되어야 한다. 즉 생명체인 인간이 다른 생명체와 더
불어 살 수 있도록 물과 공기의 청정도, 토양과 삼림의 비옥도가 유지되어야 한
다. 이는 생명 재생산의 필수적 조건이다. 생명이 재생산되어야 노동력이 세대를
이어 재생산될 수 있다. 생명 재생산을 위해서는 사람들이 의식주 등 생활수단을
소비해야 한다. 요컨대, 노동력이 재생산되기 위해서는 생명 재생산과 생활수단
의 재생산이 필수적이다. 그리고 사회가 필요로 하는 재화와 서비스를 생산할 수
있는 숙련과 지식이 창출되어야 한다. 이를 위해서는 교육훈련 시스템이 갖추어
져야 한다. 노동력의 질적 향상은 생산력 발전의 중요한 요소가 된다.

생산수단의 재생산은 원료 및 반제품과 같은 노동대상과 기계설비 및 에너지
와 같은 노동수단이 재생산되는 것을 말한다. 생산과정에 투입되는 대부분의
원료와 에너지는 자연자원으로부터 나온다. 따라서 자연자원의 보전은 재생산
에 절대적으로 중요하다. 자연자원 중 일부 예컨대, 원유, 가스, 광석 등은 재생
산이 불가능하기 때문에 이러한 에너지와 원료 자원에 기초한 재생산은 항구적
으로 지속될 수 없다. 따라서 과학기술에 기초하여 재생산 불가능한 에너지와
원료를 대체하는 새로운 에너지원과 원료를 개발하는 것이 재생산에 중요한 문
제로 대두된다. 기계설비와 같은 노동수단은 인간의 노동을 통해 부단히 재생
산된다. 과학기술의 발전은 기계설비의 성능을 높이고 새로운 기계설비를 개발
하여 노동수단의 부단한 갱신을 가능하게 하였다. 산업혁명 이후 오늘날 정보
기술혁명까지 기술혁신을 통한 생산수단의 향상은 생산력 발전의 결정적인 요
소가 되어왔다.

이와 같은 노동력과 생산수단의 재생산을 통해 생산력이 유지되고 발전되는
가운데 재생산이 이루어진다. 생명 재생산, 생활수단의 재생산, 자연자원의 재

---

1) 여기서 재생산은 좁은 의미의 재생산을 말한다.

생산, 숙련·지식·과학의 창출이 재생산의 필수적 요소들이다. 재생산의 이러한 요소들은 결국 자연의 재생산과 인간의 재생산으로 압축될 수 있다. 요컨대, 자연과 인간이 공생해야 재생산이 가능하다. 자연과 인간 간의 공생관계 형성을 위해서는 인간의 경제활동이 영위되는 경제체계(economic system)와 자연의 물질대사가 이루어지는 생태체계(ecological system) 간의 균형이 필요하다.

재생산을 위해서는 생산관계의 재생산이 필요하다. 생산을 둘러싼 인간과 인간의 관계인 생산관계가 유지되어야 생산이 지속될 수 있다. 생산수단의 소유자인 지배계급과 비소유자인 피지배계급으로 사회가 분열되어 있는 계급사회에서는 계급관계가 유지되어야 재생산이 가능하다. 생산관계를 맺고 있는 계급간의 갈등이 격화되면 생산이 침체되고 생산력이 파괴되어 재생산에 위기가 초래될 수 있다. 생산관계가 안정적으로 형성되면 재생산이 순조롭게 전개될 수 있고 생산력 발전이 촉진될 수 있다. 어떤 사회이든 생산관계의 유지와 혁신은 재생산에 결정적인 중요성을 가진다. 생산관계의 재생산에는 국가의 법과 제도의 역할이 중요하다. 법과 제도는 생산관계를 규율함으로써 재생산에 기여한다.

앞에서 서술한 내용은 재생산의 기초적 조건이다. 현실 경제에서 재생산이 순조로이 전개되려면 어떤 형태로든 경제조정(economic coordination)이 이루어져야 한다. 우선, 생산, 분배, 교환, 소비 등 경제활동의 네 영역이 서로 연계되어 거시경제적 순환(macroeconomic circulation)이 이루어져야 한다. 생산된 생산물이 분배되고 교환되며 소비되어야 생산이 지속될 수 있다. 특히 생산과 소비 간의 균형, 생산재 생산과 소비재 생산 간의 균형이 유지되어야 경제의 침체와 혼란이 없는 재생산이 가능하다.

다음으로, 자원배분이 효율적으로 이루어지도록 하는 미시경제적 조정(micro-economic coordination)이 필요하다. 적재적소에 자원이 배분될 뿐만 아니라 노동력, 노동대상, 노동수단을 효과적으로 결합하는 작업조직과 생산체제를 구축해야 효율적인 재생산이 가능하고 생산력이 발전할 수 있다. 이와 같은 거시경제적 순환과 미시경제적 조정은 어떤 사회이든 재생산의 결정적인 문제가 된다.

〈그림 13.1〉 재생산의 여러 측면

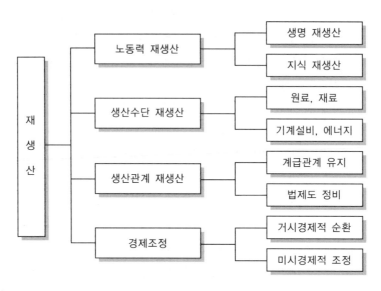

자본주의적 재생산

　위에서 논의한 재생산은 어떤 사회에도 해당되며, 자본주의 사회에서의 재생산도 마찬가지다. 그러나 자본주의 사회에서는 그러한 재생산이 자본주의적 형태로 이루어진다. 이를 자본주의적 재생산이라 부른다. 자본주의적 재생산은 어떤 특수성을 가지는가?

　자본주의적 재생산은 자본의 재생산과 임노동의 재생산 그리고 자본-임노동 관계의 재생산이라는 특수한 형태로 이루어진다. 그리고 자연의 재생산과 인간의 재생산이 자본의 재생산에 종속되어 있는 것이 자본주의적 재생산의 특징이다. 따라서 자본의 재생산을 중심으로 자본주의직 새생산을 고찰할 필요가 있다.

　자본의 재생산은 잉여가치의 생산과 잉여가치의 실현이 반복되면서 자본축적이 이루어지는 과정이다. 자본의 재생산과정에서 자본가가 화폐로 구입하는 상품 중 노동력은 인간으로부터 나오고, 생산수단은 궁극적으로 자연으로부터 나온다. 생산수단 중 특히 원료와 에너지의 대부분은 직접적으로 자연의 산물이다. 노동력과 재생산이 불가능한 에너지는 자본에 의해 재생산될 수 없다. 따

〈그림 13.2〉 자본의 재생산과 자연 및 인간의 재생산

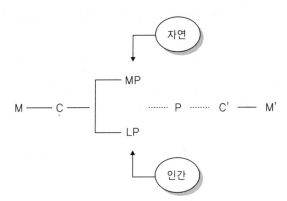

라서 자본의 재생산은 그 외부에서 자연의 재생산과 인간의 재생산이라는 별도의 과정이 존재해야 가능하다. 가치증식에 필수적인 이들 생산요소들이 자본그 자체에 의해 마음대로 재생산될 수 없다는 것이 자본의 재생산의 궁극적 한계점이 된다.

    <그림 13.2>는 자연 및 인간의 재생산과 결합되어 자본이 재생산되는 과정을 보여준다. 인간의 노동력이 유지되고 자연이 보전되어야 자본의 지속적인 재생산이 가능하다. 노동력과 자연이 회복 불가능하게 파괴된다면 자본의 재생산은 항구적으로 지속될 수 없다. 그런데 자본의 재생산은 많든 적든 노동력과 자연의 파괴를 수반한다. 자본의 무한한 확장 욕구는 자연과 노동력의 파괴를 가속화시킨다. 따라서 자연과 인간의 재생산은 자본주의의 유지를 위한 필수조건이다. 이것이 이른바 '지속가능한 발전'의 문제이다.

    그런데 자본의 재생산을 위해서는 생산과정에 투입되는 원료 및 노동력과 같은 소재(material)가 지속적으로 존재하기만 하면 되는 것이 아니다. 자본주의적 생산의 목적이 가치증식에 있기 때문에 투자된 자본의 가치가 회수되어야 한다. 다시 말해서 자본의 재생산과정에서는 소재보전(素材補塡)과 가치보전(價値補塡)이 동시에 이루어져야 한다. 예컨대, 직물업의 경우 생산과정에서 마모된 5,000만 원짜리 직기가 대체되는 소재보전뿐만 아니라, 직기에 투자된 5,000만 원의 가치가 회수되는 가치보전이 이루어져야 한다.

자본주의적 재생산에서는 특히 가치보전이 중요하다. 소재보전이 이루어지더라도 가치보전이 이루어지지 않으면 자본의 재생산은 중단된다. 가치보전이 이루어지지 않으면 소재보전이 불가능하게 된다. 가치보전이 이루어지려면 노동자들이 생산수단에 포함된 구(舊) 가치를 생산물에 이전시키고 새로운 가치를 부가해야 함과 동시에 생산된 생산물이 판매되어 그 속에 포함된 가치가 회수되어야 한다. 요컨대, 가치보전은 잉여가치의 생산과 잉여가치의 실현이 순탄하게 이루어져야 가능하다.

자본주의적 재생산을 위해서는 단순히 노동력이 재생산되어서는 안되고 임노동이 재생산되어야 한다. 즉 생산수단의 비소유자인 임노동자가 생산수단의 소유자인 자본가에게 고용되어 종속노동을 행하는 임노동이 지속적으로 존재해야 한다. 임노동이 재생산되기 위해서는 직접적인 생산자인 노동자가 생산수단으로부터 계속 분리되어야 한다. 그러기 위해서는 생산수단의 사적 소유 즉 사유재산제도 아래에서 소수의 인구가 생산수단 소유를 독점하고 다수의 인구가 생산수단의 비소유자로 되어야 한다. 아울러 생산수단의 비소유자들이 자신의 노동력을 자유롭게 처분할 수 있어야 한다. 이럴 때만이 생산수단이 없는 노동자가 살아가기 위해 노동력을 판매하지 않을 수 없으므로 노동력 상품화가 지속될 수 있고 종속노동이 이루어질 수 있다.

자본주의적 재생산을 위해서는 자본-임노동 관계가 재생산되어야 한다. 즉 자본이 임노동을 고용하여 종속노동을 행하게 하고 잉여가치를 생산하게 만드는 고용관계가 자본가와 노동자 사이에 성립해야 한다. 다시 말해서 자본이 임노동을 억압하고 착취하는 관계가 유지되어야 한다. 이러한 억압적이고 불평등한 관계가 성립하기 위해서는 임노동에 대해 행사되는 자본의 권력과 그것을 보장하는 국가권력의 강제가 필요하다. 따라서 자본주의적 재생산을 위혜서는 지본-임노동 관계의 재생산을 보장하는 자본주의 국가가 존재해야 한다. 이미 제2장에서 지적했듯이 자본주의 국가는 자본-임노동 관계의 재생산을 위해 사유재산제도를 비롯한 여러 가지 법률과 제도를 시행하고 각종 이데올기적 국가기구를 동원한다.

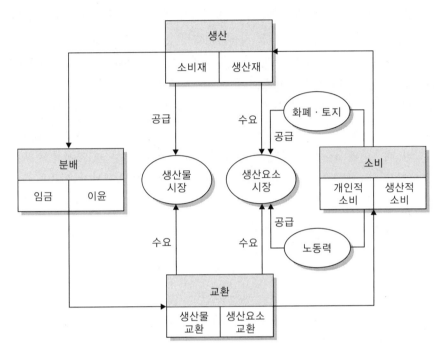

〈그림 13.3〉 자본주의의 거시경제적 순환

2. 재생산모델

거시경제적 순환

자본주의적 재생산이 이루어지기 위한 경제적 조건은 무엇인가? 먼저 자본주의에서 생산-분배-교환-소비의 연계를 통한 거시경제적 순환 과정을 보기로 하자.

<그림 13.3>은 자본주의의 거시경제적 순환을 나타낸다. 생산영역에서 생산된 생산물은 소비재(생활수단)와 생산재(생산수단)라는 두 가지 종류로 구성된다. 생산에 참여한 자본가와 노동자라는 두 계급이 이윤과 임금이라는 형태의 소득을 획득한다. 이는 생산된 생산물을 두 계급이 분배받는 과정이다. 생산물의 가치 중에서 노동력 가치가 임금으로, 잉여가치가 이윤으로 전화된다. 이

렇게 해서 생산은 분배로 연결된다.

자본가와 노동자에게 분배된 소득은 생산물에 대한 수요를 형성한다. 노동자의 임금은 소비재에 대한 수요를, 자본가의 이윤은 생산재에 대한 수요와 소비재에 대한 수요를 형성한다. 생산영역은 소비재와 생산재에 대한 공급을 형성한다. 여기서 생산물시장이 형성되어 교환이 이루어진다.

교환을 통해 구매된 소비재와 생산재는 소비된다. 소비재는 노동자를 비롯한 소비자들의 생활수단으로 소비된다. 이를 개인적 소비라 한다. 개인적 소비는 인간의 재생산과 노동력 재생산을 보장해준다. 생산재는 생산영역에서 자본가에 의해 생산수단으로 소비된다. 이를 생산적 소비라 한다. 생산적 소비란 자원을 현재의 개인적 소비에 사용하지 않고 미래의 소비를 위해 생산에 투입하기 때문에 결국 투자에 다름 아니다. 노동력 재생산과 투자를 통해 생산이 다시 이루어질 수 있다.

재생산된 노동력은 노동시장을 통해 생산영역에 공급된다. 아울러 생산에 투입되는 화폐자본은 금융시장을 통해 공급된다. 토지는 토지시장에서 공급된다. 이렇게 노동력, 화폐자본, 토지 등이 교환되는 생산요소시장이 성립한다.

이와 같이 생산, 분배, 교환, 소비가 서로 연계되어 거시경제적 순환이 이루어지고 자본주의적 재생산이 이루어진다. 여기서 분배와 교환은 생산과 소비를 매개하는 영역이다. 따라서 거시경제적 순환에서 핵심적 문제는 생산과 소비의 연계 문제라 할 수 있다. 생산과 소비는 시장을 통해 연결된다. 다시 말해서 거시경제적 순환은 시장을 매개로 해서 이루어진다. 시장에서 결정되는 생산물 및 생산요소의 가격과 시장에 나타나는 수요와 공급 상황은 거시경제적 순환에 영향을 미친다. 즉 가격의 상승과 하락, 초과공급과 초과수요가 거시경제적 순환에서 여러 가지 촉진요인과 장애요인을 발생시킨다.

시상가十는 이 거시경제적 순환의 장애를 해소함과 동시에 장애를 발생시키기도 한다. 시장경쟁을 통해 초과공급과 초과수요가 해소될 경우에는 거시경제적 순환이 별 문제 없이 순조로이 이루어진다. 그러나 시장경쟁이 과잉생산이나 지나친 초과수요를 발생시키면 거시경제적 순환에 장애가 나타난다. 마치 인체에 고혈압이나 빈혈이 나타나는 것처럼 순환 장애가 발생하는 것이다. 이처럼 생산수단의 사적 소유 아래 시장의 매개를 통해 거시경제적 순환이 이루어지는 자본주의 경제는 본질적으로 불안정하다. 따라서 자본주의적 재생산은 결코 순탄한 과정이 아니라 모순에 찬 어려운 과정인 것이다.

재생산표식: 2부문 재생산모형

이제 이러한 거시경제적 순환을 통해 재생산이 이루어지는 과정을 단순화하여 하나의 모델로 나타내보자. 재생산이 이루어지는 과정을 거시경제적 모형으로 표시한 것을 재생산표식(reproduction scheme)이라 한다. 일찍이 맑스에 의해 제시된 재생산표식은 생산물이 분배와 교환을 매개로 소비됨으로써 재생산이 이루어지는 과정을 나타낸다. 여기서는 맑스가 사용한 재생산표식에 따라 자본주의적 재생산의 경제적 조건을 분석하기로 한다.

재생산을 분석하기 위해서 우선 자본주의 경제를 두 부문으로 나눈다. 즉 생산재 생산부문인 Ⅰ부문과 소비재 생산부문인 Ⅱ부문으로 구성된 자본주의 경제를 상정한다. 이러한 '2부문 재생산모형'을 통해 재생산을 분석하기 위해 다음과 같은 가정을 한다.

(1) 자본가와 노동자라는 두 계급만이 존재한다. 지주도 없고 정부도 없다. 따라서 잉여가치는 오로지 자본가에게만 귀속된다.

(2) 모든 상품은 그 가치대로 판매된다. 따라서 가치의 생산가격으로의 전형 문제를 고려하지 않는다.

(3) 모든 자본가들이 자기자본을 사용한다. 즉 금융시장을 통한 화폐자본의 차입 즉 신용이 존재하지 않는다.

(4) 임금은 생존수준에서 고정되어 있다. 그래서 노동자들은 자신의 소득을 전부 소비한다. 즉 노동자의 저축은 0이다.

(5) 두 부문의 잉여가치율이 동일하다.

(6) 모든 자본은 생산기간 동안 완전히 소모된다. 즉 투자된 자본량과 소모된 자본량이 같다.

(7) 기술변화가 없다. 따라서 자본의 가치구성에 변화가 없다.

(8) 외국무역이 없는 폐쇄경제이다.

이러한 가정들은 물론 비현실적이지만 자본주의 경제에서 재생산이 이루어지는 기본적 메커니즘을 파악하기 위해 필요한 단순화 가정들이다. 이제 이러한 가정 아래 재생산표식을 제시해보면 다음과 같다.

Ⅰ부문과 Ⅱ부문에서 생산된 생산물의 총가치를 각각 W_1, W_2라고 하면,

$$W_1 = C_1 + V_1 + S_1$$
$$W_2 = C_2 + V_2 + S_2$$

로 나타낼 수 있다. 여기서 예컨대, Ⅰ부문의 생산물의 가치(W_1)는 소모된 생산수단의 가치(C_1), 고용된 노동력의 가치(V_1), 창출된 잉여가치(S_1)의 합이다. Ⅱ부문의 경우도 이와 마찬가지다. 이것이 2부문 재생산모형의 재생산표식이다.

이 재생산표식은 다음과 같은 내용을 나타내준다. 첫째, 이 자본주의 경제에서 생산된 생산물의 총가치는 '($W_1 + W_2$)'이다. 이는 케인스 경제학에서 국민총생산(GNP)에 해당한다. 둘째, 새로이 창출된 가치 즉 부가가치는 '($V_1 + S_1 + V_2 + S_2$)'이다. 이는 케인스 경제학의 국민순생산(NNP)에 해당한다. 셋째, Ⅰ부문의 생산물인 생산재는 Ⅰ, Ⅱ 두 부문에서 자본가에 의해 생산적으로 소비되며, Ⅱ부문의 생산물인 소비재는 Ⅰ, Ⅱ 두 부문에서 노동자와 자본가에 의해 개인적으로 소비된다.

단순재생산의 균형조건

단순재생산(simple reproduction)은 동일한 규모의 생산이 반복되는 것을 말한다. 어느 사회에서든지 잉여생산물이 사회구성원들에 의해 전부 개인적으로 소비되는 경우 단순재생산이 이루어진다. 자본주의에서는 잉여가치가 자본가에 의해 전부 개인적으로 소비되는 경우 단순재생산이 이루어진다. 자본주의적 생산에서 잉여가치가 전부 소비되면 새로운 투자가 이루어질 수 없고 따라서 생산규모에 변화가 없다. 단순재생산에서는 자본축적이 이루어지지 않는다. 이러한 단순재생산은 자본주의 사회에서 비현실적인 것이다. 그럼에도 불구하고 단순재생산 모형은 자본주의적 재생산의 특성을 분명히 보여주기 때문에 분석적으로 매우 유용하다.

단순재생산 모형의 가정은 위의 재생산표식의 가정들에다 새로운 가정 즉 자본가가 저축과 투자를 하지 않는다는 가정을 추가한 것이다. 단순재생산에서는 자본가들이 잉여가치를 모두 소비하기 때문에 자본가 소비는 '(S_1+S_2)'이다. 또한 노동자는 자신의 임금을 모두 소비지출하기 때문에 노동자 소비는 '(V_1+V_2)'이다.

이러한 단순재생산이 지속되기 위한 조건 즉 단순재생산의 균형조건은 무엇인가? 여기서 균형조건은 경제 전체에서 공급과 수요가 일치하여 거시경제적 순환이 순조로이 이루어지는 것을 말한다. 위의 재생산표식에 따라 단순재생산의 균형조건을 도출해보자.

우선, I 부문에서 생산되는 생산수단이 I, II 부문에 불변자본으로 투입되기 때문에, 균형이 성립하기 위해서는 I 부문에서 생산된 생산수단의 가치$(C_1+V_1+S_1)$가 I, II 부문에 투입되는 불변자본의 가치(C_1+C_2)와 같아야 한다. 다음으로 II 부문에서 생산되는 소비재가 I, II 부문의 노동자와 자본가에 의해 소비되기 때문에, 균형이 성립하기 위해서는 II 부문에서 생산된 소비재의 가치$(C_2+V_2+S_2)$가 I, II 부문의 자본가와 노동자의 소비$(V_1+S_1+V_2+S_2)$와 같아야 한다. 따라서 단순재생산의 균형조건은 다음과 같이 쓸 수 있다.

$$\begin{array}{ll} <공급> \qquad <수요> & \\ C_1+V_1+S_1=C_1+C_2 & (1) \\ C_2+V_2+S_2=V_1+S_1+V_2+S_2 & (2) \end{array}$$

위에서 (1)식은 I 부문의 생산수단의 공급이 I, II 부문의 생산수단 수요와 일치한다는 것을 나타낸다. 여기서 I, II 부문의 생산수단 수요는 생산과정에서 소모된 부분을 보전하는 것일 뿐 생산수단 규모를 늘이는 것이 아니다. (2)식은 II 부문의 소비재 공급이 I, II 부문의 소비재 수요와 일치한다는 것을 나타낸다. 따라서 이 경제의 총공급$(C_1+V_1+S_1+C_2+V_2+S_2)$은 총수요$(C_1+C_2+V_1+S_1+V_2+S_2)$와 일치한다. 균형조건은 곧 '총공급=총수요'의 조건이다.

(1), (2) 두 식을 요약하면 다음과 같다.

$$V_1 + S_1 = C_2$$

이것이 단순재생산의 균형조건이다. 이 균형조건은 Ⅰ부문에서 생산된 생산수단의 가치(W_1) 중에서 Ⅰ부문 자체에서 소모된 생산수단의 가치(C_1)를 뺀 것($V_1 + S_1$)이 소비재 생산부문인 Ⅱ부문에 투입되는 생산수단의 가치(C_2)와 같아야 된다는 것을 의미한다. 또한 역으로 Ⅱ부문에서 생산된 소비재 가치(W_2) 중에서 Ⅱ부문 자체에서 소비되는 소비재의 가치($V_2 + S_2$)를 뺀 것(C_2)이 Ⅰ부문에서 소비되는 소비재의 가치와 같아야 한다는 것을 의미한다. 이 균형조건은 Ⅰ부문에서 생산된 생산수단 '($V_1 + S_1$)'이 Ⅱ부문에서 생산된 소비재 C_2와 거래된다는 것을 나타낸다.

이제 단순재생산 모형을 수치 예를 통해서 설명하면 다음과 같다.

> Ⅰ부문 : $6,000W_1 = 4,000C_1 + 1,000V_1 + 1,000S_1$
> Ⅱ부문 : $3,000W_2 = 2,000C_2 + 500V_2 + 500S_2$

Ⅰ부문에서, $4,000C_1$은 Ⅰ부문 자체에서 생산된 생산수단이고 '($1,000V_1 + 1,000S_1$)'은 Ⅱ부문에서 생산된 소비재이다. Ⅱ부문에서 $2,000C_2$는 Ⅰ부문에서 생산된 생산수단이고, '($500V_2 + 500S_2$)'는 Ⅱ부문 그 자체에서 생산된 소비재이다. 여기서 단순재생산의 균형조건은 '$1,000V_1 + 1,000S_1 = 2,000C_2$'이다. 이는 Ⅰ부문이 노동자 소비와 자본가 소비를 위해 Ⅱ부문으로부터 공급받아야 하는 소비재의 가치 '($1,000V_1 + 1,000S_1$)'가 Ⅱ부문이 소모된 생산수단을 보전하기 위해 Ⅰ부문으로부터 공급받아야 하는 생산수단의 가치 $2,000C_2$와 같아야 한다는 것을 의미한다.

이와 같이 단순재생산이 이루어지는 경제에서는 '9,000' 규모의 생산이 반복되어 경제가 성장하지 않는다. 이는 잉여가치가 전부 소비되어 생산규모가 증가할 수 없기 때문이다.

확대재생산의 균형조건

확대재생산(extended reproduction)은 생산규모가 증대되면서 재생산이 이루어지는 것을 말한다. 자본주의에서 확대재생산이 이루어지려면 자본가가 잉여가치의 전부를 소비하지 않고 그 일부를 저축하여 투자해야 한다. 투자가 이루어지면 자본규모가 증가하여 생산규모가 증가한다. 잉여가치가 투자되는 것을 자본축적이라 한다. 따라서 확대재생산은 자본축적이 이루어지는 경우의 재생산을 말한다. 다만 여기서는 자본축적이 이루어져도 자본의 가치구성은 변하지 않는다는 앞서의 가정에 기초하여 확대재생산의 균형조건을 도출한다.

잉여가치의 일부가 투자될 경우, 잉여가치(S)는 추가되는 생산수단에 투자되는 부분(Sc), 추가되는 노동력에 투자되는 부분(Sv), 자본가의 개인적 소비(Sk) 등 세 부분으로 나누어진다. 즉 'S=Sc+Sv+Sk'. 이를 I, II 부문에 대해서 표시하면 다음과 같다.

$$S_1 = Sc_1 + Sv_1 + Sk_1$$
$$S_2 = Sc_2 + Sv_2 + Sk_2$$

여기서 자본가의 투자는 'I=Sc+Sv=αS'로 나타낼 수 있다. 여기서 'α=(Sc+ Sv)/S'이며, 잉여가치 중에서 자본가가 투자하기 위해 저축하는 비율, 즉 자본가의 저축률이다. 이를 축적률이라고도 한다. I 부문의 투자는 'I$_1$=Sc$_1$+Sv$_1$=$\alpha_1 S_1$, II 부문의 투자는 'I$_2$=Sc$_2$+Sv$_2$=$\alpha_2 S_2$'로 된다.

확대재생산이 이루어지기 위해서는 I 부문은 I, II 두 부문에서 소모된 생산수단을 보전할 부분(C$_1$+C$_2$)뿐만 아니라 추가될 생산수단(Sc$_1$+Sc$_2$)도 생산해야 한다. 그리고 II 부문은 I, II 두 부문에서 이미 취업되어 있는 노동자와 자본가가 소비하는 소비재(V$_1$+Sk$_1$+V$_2$+Sk$_2$)뿐만 아니라 추가로 취업하는 노동자가 소비할 소비재(Sv$_1$+Sv$_2$)도 생산해야 한다. 이와 같이 I, II 두 부문에서 생산규모가 증가할 수 있는 것은 잉여가치의 일부가 투자되기 때문이다. 이러한 확대재생산의 경우 재생산표식을 보면 다음과 같다.

$$W_1 = C_1 + V_1 + Sc_1 + Sv_1 + Sk_1 = C_1 + Sc_1 + V_1 + Sv_1 + Sk_1$$
$$W_2 = C_2 + V_2 + Sc_2 + Sv_2 + Sk_2 = C_2 + Sc_2 + V_2 + Sv_2 + Sk_2$$

이제 균형조건을 보자. 우선, Ⅰ부문에서 생산된 생산수단의 가치($C_1 + Sc_1 + V_1 + Sv_1 + Sk_1$)가 Ⅰ, Ⅱ부문에 투입되는 불변자본의 가치($C_1 + Sc_1 + C_2 + Sc_2$)와 같아야 한다. 다음으로 Ⅱ부문에서 생산된 소비재의 가치($C_2 + Sc_2 + V_2 + Sv_2 + Sk_2$)가 Ⅰ, Ⅱ부문의 자본가 및 노동자의 소비($V_1 + Sv_1 + Sk_1 + V_2 + Sv_2 + Sk_2$)와 같아야 한다. 따라서 확대재생산의 균형조건은 다음과 같다.

<공급>　　　　　　<수요>
$$C_1 + Sc_1 + V_1 + Sv_1 + Sk_1 = C_1 + Sc_1 + C_2 + Sc_2 \qquad (3)$$
$$C_2 + Sc_2 + V_2 + Sv_2 + Sk_2 = V_1 + Sv_1 + Sk_1 + V_2 + Sv_2 + Sk_2 \qquad (4)$$

(3), (4) 두 식을 요약하면 다음과 같다.

$$V_1 + Sv_1 + Sk_1 = C_2 + Sc_2$$

이것이 확대재생산의 균형조건이다. 이는 Ⅰ부문의 소비재 필요분이 Ⅱ부문의 생산수단 필요분과 동일해야 확대재생산의 균형이 이루어짐을 말해준다.

이제 구체적인 수치를 통해 확대재생산의 균형조건과 확대재생산의 진행과정을 보기로 한다. Ⅰ, Ⅱ 부문의 자본의 가치구성이 각각 '$q_1 = 4$, $q_2 = 2$'이고 잉여가치율이 둘 다 100%인 어떤 경제의 초기연도의 재생산표식이 다음과 같다고 하자.

$$6,000W_1 = 4,000C_1 + 1,000V_1 + 1,000S_1$$
$$3,000W_2 = 1,500C_2 + 750V_2 + 750S_2$$

지금 Ⅰ, Ⅱ 부문의 자본가의 저축률[2]을 각각 '$\alpha_1 = 0.5$, $\alpha_2 = 0$'이라고 가

정하자. $\alpha_1 = 0.5$이므로 I 부문의 잉여가치 $1,000S_1$는 자본가가 개인적으로 소비하는 부분 $500Sk_1$과 투자되는 부분 500으로 나누어진다. 투자되는 500은 추가되는 생산수단 $400Sc_1$과 추가되는 노동력$100Sv_1$으로 분할된다. 즉 '$1,000S_1 = 400Sc_1 + 100Sv_1 + 500Sk_1$'이다. $\alpha_2 = 0$이므로 II 부문의 잉여가치는 전부 소비된다. 이러한 조건에서 재생산이 이루어지면, I 부문의 산출물인 생산수단에 대한 수요 '$C_1 + Sc_1 + C_2 = 4,000 + 400 + 1,500 = 5,900$'인 반면, 공급은 6,000이다. 따라서 100만큼의 공급과잉이 나타나는 불균형이 생긴다.

만약 두 부문의 저축률이 '$\alpha_1 = \alpha_2 = 0.5$'라고 한다면, II 부문의 잉여가치는 '$750S_2 = 250Sc_2 + 125Sv_2 + 375Sk_2$'로 분할된다. 이러한 조건에서 재생산이 이루어지면, I 부문의 산출물인 생산수단에 대한 수요 '$C_1 + Sc_1 + C_2 + Sc_2 = 4,000 + 400 + 1,500 + 250 = 6,150$'이다. 생산수단 공급이 6,000이기 때문에 150만큼의 공급부족이 나타나는 불균형이 생긴다.

이러한 불균형이 해소되려면, α_1이 고정되어 있다고 가정한 상태에서 α_2가 조정되어야 한다. 지금 '$\alpha_2 = 0.2$'이면, I 부문의 산출물인 생산수단에 대한 수요는 '$C_1 + Sc_1 + C_2 + Sc_2 = 4,000 + 400 + 1,500 + 100 = 6,000$'이다. 이 경우 수요와 공급이 일치하여 과부족 없이 균형이 달성된다.

이제 확대재생산의 진행과정을 <표 13.1>을 통해서 보자. 이 표는 첫해에 생산이 이루어지고 난 뒤, 연말의 총생산액 9,000(I 부문 6,000, II 부문 3,000) 중에서 투자가 이루어질 경우 확대재생산이 진행되는 과정을 보여준다.

1차년도 말의 자본가 저축률이 I 부문 '$\alpha_1 = 0.5$', II 부문 '$\alpha_2 = 0.2$'라고 한다면 I 부문의 생산수단 생산액 6,000이 I 부문의 생산물인 생산수단에 대한 수요 6,000과 일치하므로 균형이 이루어진다. 2차년도 초에 650의 투자가 이루어짐에 따라 2차년도 말의 총생산액은 9,800(I 부문 6,600, II 부문 3,200)으로 증가하였다. 2차년도에 I 부문의 산출물의 가치 6,600은 생산수단(불변자본)의 가치 '$4,400(4,000 + 400)$', 노동력(가변자본) 가치 '$1,100(1,000 + 100)$', 잉여가치 1,100로 구성된다. II 부문의 산출물의 가치 3,200은 투입된 생산수단(불변자본)의 가치 '$1,600(1,500 + 100)$', 노동력(가변자본) 가치 '$800(750 + 50)$', 잉

---

2) 여기서 저축률은 자본축적률이라고도 한다. 자본축적률에 관해서는 다음 제14장 1절에서 다룬다.

〈표 13.1〉 확대재생산의 진행과정

연도 (연말)	부문	불변자본 (생산수단) C	가변자본 (노동력) V	잉여가치 S	총가치 W	불변자본 투자 Sc	가변자본 투자 Sv	자본가 소비 Sk	자본가 저축률 α
1	I	4,000	1,000	1,000	6,000	400	100	500	0.5
	II	1,500	750	750	3,000	100	50	600	0.2
2	I	4,400	1,100	1,100	6,600	440	110	550	0.5
	II	1,600	800	800	3,200	160	80	560	0.3
3	I	4,840	1,210	1,210	7,260	484	121	605	0.5
	II	1,760	880	880	3,520	176	88	616	0.3
4	I	5,324	1,331	1,331	7,986	532	133	665	0.5
	II	1,936	968	968	3,872	193	97	678	0.3

여가치 800으로 구성된다.

여기서 I 부문의 생산수단 생산액 6,600이 완전히 판매되어 균형이 달성되기 위해서는 2차년도 말 II부문의 자본가 저축률이 '$\alpha_2=0.3$'으로 되어야 한다. '$\alpha_1=0.5$, $\alpha_2=0.3$'일 경우 둘째 해 말의 잉여가치는 I 부문 '$1,100S_1=440Sc_1+110Sv_1+550Sk_1$', II부문 '$800S_2=160Sc_2+80Sv_2+560Sk_2$'로 분할된다. 3차년도 초의 투자는 '790(440+110+160+80)'이다. 이 투자를 통해 3차년도 말의 총생산액은 '10,780(I 부문 7,260, II부문 3,520)'이 된다. 이런 식으로 해서 4차년도 이후에 자본가 저축률 '$\alpha_1=0.5$, $\alpha_2=0.3$'인 상태에서 확대재생산이 전개된다.

이러한 확대재생산을 통해 경제가 성장한다. 표에서 보면 생산수단을 생산하는 I 부문은 매년 10%씩 성장하고 소비재를 생산하는 II 부문은 1차년도에는 6.7% 성장하다가 2차년도 이후 매년 10% 성장한다. 전체 경제는 1차년도에는 8.9% 성장하다가 2차년도 이후에는 매년 10% 성장한다. 여기서는 생산수단(불변자본)과 노동력(가변자본)의 더 많은 투입을 통해 경제성장이 이루어지고 있음을 알 수 있다.

재생산표식의 의미와 한계

위에서 본 재생산표식은 한 경제에서 생산된 총생산물이 교환되고 소비되어 사회적 총자본이 재생산되는 과정을 간명하게 나타내준다. 재생산표식에서 제시된 단순재생산과 확대재생산의 균형조건은, 자본주의적 재생산이 균형상태에서 이루어지려면 생산수단 생산부문(Ⅰ부문)과 소비재 생산부문(Ⅱ부문) 간에 일정한 비례관계가 성립해야 한다는 것을 보여준다. 생산수단 생산량과 소비재 생산량 간에 일정한 비례관계가 성립해야 생산수단에 대한 수요와 공급, 소비재에 대한 수요와 공급이 일치하여 전체적으로 생산과 소비 간에 균형이 성립할 수 있는 것이다.

이 비례관계의 성립에서 결정적으로 중요한 요인은 자본가의 저축행위 다시 말해서 투자행위이다. 노동자는 자신의 임금소득을 전부 소비한다고 가정하고 있기 때문에 이 재생산표식에서는 노동자의 저축은 고려되지 않는다. 위의 재생산표식에서 보는 바와 같이 Ⅰ부문과 Ⅱ부문의 자본가의 저축률 즉 축적률이 특정한 비례관계를 유지해야 재생산이 균형을 취할 수 있다. 만약 그러한 관계가 유지되지 않으면 생산물의 공급과잉 혹은 공급부족이 초래된다. 그런데 자본가들이 개별적이고 분산적으로 투자행위를 하는 자본주의 시장경제에서 두 부문의 자본가의 저축률 사이의 그러한 비례관계가 사전적으로 성립한다는 것은 지극히 우연에 불과하다. 특히 장래에 대한 불확실성이 높은 현실 자본주의 경제에서 투자는 본질적으로 매우 불안정하다.

따라서 재생산표식에서 제시된 재생산의 균형조건은 역설적으로 자본주의에서 균형의 성립이 불가능하다는 것을 보여준다. 불균형상태에서 확대재생산이 이루어지다가 경제위기가 발생하여 경제가 침체하고 다시 그 위기가 극복되어 성장이 이루어지는 것이 자본주의 경제의 현실이다. 이와 같이 성장과 위기가 교체되고 경기가 변동하는 과정에 대해서는 다음 제14, 15, 16장에서 논의할 것이다.

맑스가 그 원형을 제시한 재생산표식은 현실 자본주의의 재생산과정을 분석하는 데는 많은 한계가 있다. 첫째, 기술변화가 고려되고 있지 않다. 기술변화는 자본의 가치 구성과 잉여가치율을 변화시킨다. 또한 기술변화는 Ⅰ, Ⅱ 부문 간에 불균등하게 나타날 수 있다. 이러한 요인들은 재생산조건에 큰 변화를 초래한다. 기술진보가 고려되고 있지 않기 때문에 재생산표식은 자본축적의 동태적인 과정을 파악할 수 없다. 따라서 확대재생산 모델조차 사실상 정태적인 모델이 된다.

둘째, 현실 자본주의 경제에서는 자본간 경쟁을 통해 자본의 가치구성이 높아지는 경향이 있는데, 재생산표식에서는 이를 무시하고 있다. 자본의 가치구성이 고도화되면, 상품공급량의 증가, 이윤율의 하락, 실업자 증가 등의 현상이 나타난다. 이러한 변화는 재생산에 큰 영향을 미친다. 자본의 가치구성 고도화에 의한 노동생산성 향상은 상품공급량을 증가시켜 과잉생산의 가능성을 높인다. 자본의 가치 구성 고도화는 이윤율을 하락시켜 경제위기를 초래할 수 있다. 노동자를 기계로 대체하는 과정을 수반하는 자본의 가치 구성 고도화는 실업자를 증가시켜 노동자의 소득 감소에 따른 유효수요 감소로 경제위기를 초래할 수 있다.

셋째, 자본주의적 재생산에 대해 금융시장이 미치는 영향을 무시하고 있다. 앞에서 본 재생산모델은 실물부문만이 고려되고 있고, 화폐의 흐름은 상품의 흐름에 따라 움직이는 수동적인 요인으로 파악되고 있다. 금융시장에서의 화폐자본의 수요와 공급은 실물부문인 Ⅰ, Ⅱ부문의 재생산에 직접적인 영향을 미친다. 금융시장에서 결정되는 이자율의 변화는 투자를 변화시키고, 신용은 실물부문의 생산활동에 직접적인 영향을 미친다. 과도한 신용팽창은 과잉투자를 유발하여 과잉생산을 초래할 수 있다. 신용경색과 같은 금융시장의 교란은 실물부문의 재생산에 위기를 초래한다.

넷째, 노동력 재생산에 대한 논의가 결여되어 있다. 재생산표식에서는 노동력 재생산은 주어진 것으로 보고, 노동력 가치는 변화가 없다고 가정하고 있다. 자본의 재생산에 필수적인 노동력 재생산에 대한 고려가 없기 때문에 자본주의적 재생산을 분석하는 데는 그만큼 한계가 있다. 교육과 훈련을 통한 노동력의 질의 향상은 노동생산성을 상승시켜 재생산에 영향을 준다. 노동자들의 욕구증대와 노동력의 질의 향상은 노동력 가치를 증가시키는데, 이는 가변자본량을 변화시켜 재생산조건에 영향을 준다.

이러한 재생산표식의 한계는 자본축적, 경제성장, 경제위기를 분석하는 동태적 이론들을 통해 극복될 수 있다. 이에 관해서는 다음의 제14, 15, 16장에서 다룬다.

┌ 더 읽을거리 ──────────────────────

■ 김수행. 1988, 「4장 자본의 운동형태」, 『정치경제학원론』, 한길사.
  정운영. 1993, 「5장 재생산 표식의 형식 논리」, 『노동가치이론연구』, 까치.
  B. 파인·L. 해리스. 1985, 『현대정치경제학 입문』(김수행 옮김), 한울.

제14장
자본축적과 경제성장

　지금까지의 인류 역사에서 자본주의보다 더 역동적인 경제체제는 없었다. 자본주의의 역동성은 자본가간 경쟁과, 자본가와 노동자 간의 투쟁 속에서 전개되는 자본축적이라는 동태적인 과정에서 비롯된다. 자본축적은 자본주의 경제의 성장과 위기를 초래한다. 또한 자본축적은 기술변화를 동반한다. 오늘날 급속히 변화하는 기술은 자본주의 경제와 사회에 깊고 큰 영향을 미치고 있다. 자본축적과 기술진보의 결과 경제성장이 이루어진다. 경제성장은 소득증대를 통해 삶의 질을 향상시키기도 하고, 환경파괴를 초래하여 삶의 질을 악화시키기도 하여, 빛과 그림자를 동시에 가지고 있다. 자본주의적 축적은 실업과 빈곤으로 노동계급의 상태를 악화시키고 부익부 빈익빈 법칙을 통해 사회를 양극화시키는 경향이 있다. 이 장에서는 이러한 자본주의 경제의 거시적이고 동태적인 과정의 기초가 되는 자본축적과 경제성장을 다룬다.

1. 자본축적의 기본 원리

자본축적의 결정요인

　자본축적(capital accumulation) 개념은 잉여가치 및 자본과 함께 정치경제학의 핵심개념 중의 하나이다. 자본은 잉여가치를 낳는 가치이다. 자본축적은 잉여가치를 낳는 가치인 자본이 축적되는 것을 말한다. 자본이 축적되려면 잉여가치가 전부 소비되지 않고 투자되어 다시 자본으로 바뀌어야 한다. 정치경제학에서는 '잉여가치의 자본으로의 전화'를 자본축적이라 정의한다. 자본축적의 결과 자본량(capital stock)이 증가한다.

자본축적의 원천은 잉여가치이다. 그런데 잉여가치는 노동자의 잉여노동에서 비롯된다. 따라서 자본축적의 궁극적 원천은 노동자의 잉여노동이다. 자본가가 노동자의 잉여노동을 많이 착취할수록 잉여가치율이 높아지고, 잉여가치율이 높아질수록 잉여가치가 커져서 더 많은 자본을 축적할 수 있다. 노동생산성이 향상되어 잉여가치율이 증가하면 그만큼 더 많은 자본축적이 이루어진다. 자본이 잉여가치를 생산하고, 잉여가치가 자본으로 전화되어 자본축적이 이루어진다. 자본축적과정은 '자본→잉여가치→자본→잉여가치→자본 ……'이 되풀이되는 누적적 과정이다.

그런데 앞 장에서 논의한 것처럼, 자본가가 획득한 잉여가치는 투자되는 부분과 개인적으로 소비되는 부분으로 분할된다. 투자되는 부분은 다음 번에 잉여가치를 낳지만 소비되는 부분은 자본가의 만족을 증가시키지만 잉여가치를 낳지 못한다. 투자되는 부분은 추가적인 생산수단(Sc) 및 추가적 노동력(Sv) 구입에 사용된다. 소비되는 부분은 소비재(Sk) 구입에 사용된다. 따라서 잉여가치는 다음과 같이 분할된다.

$$S = Sc + Sv + Sk$$

새로이 추가되는 자본은 'Sc+Sv=S−Sk'이다. 애초에 자본가가 'K=C+V'만큼을 투자하여 잉여가치 S를 획득했다고 하고, 그 잉여가치 S중에서 'Sc+Sv'만큼 투자하여 자본축적이 이루어졌다고 한다면 자본량은 'K′=C+V+Sc+Sv'로 증가한다. 예컨대, 자본가가 1억 원(5,000만 원C+5,000만 원V)을 투자하여 잉여가치 5,000만 원을 획득하고, 잉여가치 5,000만 원 중에서 1,000만 원을 개인적으로 소비하고 나머지 4,000만 원을 기계 구입(2,000만 원Sc)과 노동자 고용(2,000만 원Sv)에 새로이 투자했다고 한다면, 자본량은 1억 4천만 원으로 증가한다.

잉여가치 중에서 투자되는 비율을 자본축적률이라 한다. 자본축적률 Ar은 다음과 같이 표시할 수 있다.

$$Ar = \frac{Sc + Sv}{S} = \frac{(S - Sk)}{S} = 1 - \frac{Sk}{S}$$

이 식에서 보면 잉여가치 중에서 자본가가 개인적으로 소비하는 비율(Sk/S)이 적을수록 자본축적률이 커진다는 사실을 알 수 있다. 자본가 자신이 획득한 잉여가치를 지금 개인적으로 소비하면 그만큼 투자할 부분은 적어진다. 현재의 개인적 소비를 줄여 더 많이 투자하면 미래에 더 많은 잉여가치를 획득할 수 있다. 여기서 자본가는 현재의 향락을 위해 잉여가치를 소비할 것이냐 아니면 미래의 잉여가치를 위해 소비를 억제하고 투자할 것이냐 하는 선택에 직면한다. 이것을 자본가의 '소비-투자' 선택(consumption-investment choice)이라 한다.

이러한 자본가 선택을 통해 투자가 이루어지고 미래에 잉여가치가 획득되기 때문에, 이윤은 자본가가 현재의 소비를 억제하고 투자한 대가인 것처럼 보이는 외관이 형성된다. 19세기 중엽 영국의 대표적인 경제학자 시니어는 이윤의 원천을 자본가가 현재의 소비욕망을 억제한 대가라고 보는 절욕설을 주장한 바 있다. 시니어의 절욕설은 이윤의 진정한 원천을 은폐하는 변호론에 불과하지만, 자본가가 현재의 소비를 억제함을 통해 이윤획득을 가능하게 하는 투자가 이루어지는 측면을 부각시킨 것이다. 잉여가치의 크기가 주어져 있을 때 자본가 소비가 줄어들면 투자가 늘어나므로 자본축적과정에서 자본가의 절욕은 자본축적률을 높인다. 자본가들이 향락과 사치를 일삼으면 잉여가치 중에서 그만큼 투자할 원천이 감소함은 두말할 필요가 없다.

그렇다면 자본가가 잉여가치 중에서 얼마만큼 소비하고 얼마만큼 투자할 것인가를 결정짓는 요인은 무엇인가? 다시 말해서 자본축적률을 결정하는 요인은 무엇인가? 하나는 자본가간 경쟁이고, 다른 하나는 투자의 예상수익률이다.

우선, 더 많은 잉여가치를 획득하려는 자본가들간의 경쟁은 개별 자본가로 하여금 잉여가치의 더 많은 부분을 투자하게 강제한다. 자본가간 경쟁이 전개되고 있는 상태에서는 더 많은 자본을 가진 자본가가 경쟁에서 우위에 서게 되고 더 많은 잉여가치를 생산할 수 있으므로, 잉여가치 중에서 개인적 소비를 더 많이 하고 투자를 적게 하는 자본가는 결국 도태된다. 따라서 경쟁에 패하여 도태되지 않으려면 잉여가치 중 더 많은 부분을 끊임없이 투자해야 한다. 이러한 경쟁의 외적 강제법칙이 자본가로 하여금 축적하게 만든다. 이런 까닭에 '축적하라, 축적하라, 축적하라, ……,' 이것이 자본가의 십계명이다.

다음으로, 다른 조건이 동일할 때 투자의 예상수익률이 높을수록 자본축적률이 높아진다. 투자의 예상수익률은 곧 예상이윤율이다. 예상이윤율이 낮으면 그만큼 투자유인이 적게되므로 자본축적률이 감소하게 될 것이다. 예상이윤율이 낮으면 자본가는 소비하고 남은 잉여가치를 투자하지 않고 화폐형태로 보유하려고 할 것이다. 잉여가치가 화폐형태로 퇴장(hoarding)되어 보유되면 그만큼 자본축적률은 낮아진다. 이윤전망이 흐리면 자본가는 잉여가치로서 추가적인 생산수단과 노동력을 구입하지 않고 다른 투기 목적을 위해 보유하거나 은행에 예금하여 이자 수입을 얻으려 할 것이기 때문이다. 따라서 자본축적률은 예상이윤율(Pe), 예상투기수익률(Se), 이자율(r) 등의 요인에 의해 영향을 받게 된다. 이를 함수형태로 표시하면 다음과 같다.

$$Ar = f(Pe, \ Se, \ r)$$

자본축적률은 다른 조건이 동일할 때 예상이윤율이 높을수록, 예상투기수익률이 낮을수록, 이자율이 낮을수록 높아진다. 이자율이나 예상투기수익률이 예상이윤율보다 높은 경제에서는 자본축적이 둔화된다. 투기가 만연하고 고금리인 경제에서는 자본축적이 지체된다. 따라서 자본축적이 촉진되려면 투기수익률이 낮고 이자율이 낮아야 한다.

자본축적과 소유법칙의 변화

앞에서 지적한 것처럼 자본축적의 원천은 잉여가치이다. 그런데 자본가는 잉여가치 생산과 자본축적에 들어가기 이전에 생산에 투입할 화폐자본을 확보해야 한다. 자본가가 사업을 시작할 때 확보한 화폐자본을 본원적 자본이라 한다. 이 본원적 자본은 노동자가 창출한 잉여가치에서 나온 것이 아니다. 본원적 자본의 원천은 다양할 것이다. 본원적 자본은 자신의 재산을 처분하여 확보할 수도 있고, 소득의 일부를 저축하여 마련할 수도 있다. 다른 사람의 재산을 수탈하여 마련할 수도 있고, 은행에 대출을 받아 확보할 수도 있다. 즉 본원적 자본의 원천은 저축, 수탈, 신용 등 세 가지로 나눌 수 있다. 은행이 제공하는 신용인 은행자본의 원천도 따져보면 궁극적으로 자신의 저축의 결과이거나, 아니면 남의 재산을 수탈한 것 둘 중 하나다. 따라서 본원적 자본의 원천은 결국 저축과 수탈로 압축된다.

역사적으로 보면 자본주의 경제체제가 출현할 당시 형성된 본원적 자본의 원천도 자기노동의 결과를 저축한 것이거나 아니면 타인노동의 결과를 수탈한 것이었다. 『국부론』에서 애덤 스미스는 저축이 주된 원천이었다고 주장하였고, 『자본』에서 맑스는 수탈이 주된 원천이었다고 보았다. 자영농민과 독립수공업자가 자신의 노동으로 생산한 농산물이나 공산물을 판매한 수입을 모은 저축이 본원적 자본의 주된 원천이었다는 것이 스미스의 주장이다. 반대로 맑스는 상인이나 고리대금업자가 상업과 돈놀이를 통해 농민이나 수공업자를 수탈하여 모은 재산이 본원적 자본의 주된 원천이었다고 주장하였다. 세계 각국의 자본주의 역사를 보면 나라에 따라 차이는 있지만 수탈을 통한 본원적 자본의 형성 경로가 주된 것이었음을 알 수 있다.

수탈이 아니라 저축을 통해 본원적 자본이 형성된 경우, 소유는 '노동에 의한 소유' 유형이 지배한다. 즉 자신의 노동으로 생산한 노동생산물을 상품으로 판매하여 획득한 화폐가치의 일부가 축적된 결과 소유가 이루어진다. 이와 같이 상품생산과 상품유통에 기초한 소유가 이루어지는 것을 상품생산 사회의 소유법칙이라 한다. 그런데 자본축적이 진전되면 이러한 상품생산 사회의 소유법칙이 바뀐다. 본원적 자본이 투자되어 자본으로 되고, 이 자본이 잉여가치를 생산하고 생산된 잉여가치가 실현되어 획득된 이윤의 일부가 투자되어 자본으로 전화되는 과정이 되풀이되면 소유법칙이 바뀐다는 것이다. 어떻게 해서 소유법칙이 바뀌는가?

자본이 잉여가치를 낳고 잉여가치가 자본을 증가시키고 다시 증가된 자본이 더 많은 잉여가치를 낳는 과정이 되풀이되는 과정을 누적적 축적이라 한다. 이 누적적 축적을 통해 복리로 증가된 자본량 중에서 본원적 자본이 차지하는 비율은 자본축적이 지속됨에 따라 점차 감소하여 마침내 0에 가까워진다. 이렇게 되면 결국 자본가가 소유하는 자본은 '축적된 잉여가치'에 다름 아니다. 잉여가

〈표 14.1〉 자본축적에 따른 소유법칙의 변화: 수치 예

(단위: 만 원)

연도	투자자본 (연초)	불변자본	가변자본	잉여가치	자본가 소비	추가자본	자본량 (연말)
1차년도	10,000	5,000	5,000	5,000	2,500	2,500	12,500
2차년도	12,500	6,250	6,250	6,250	3,125	3,125	15,625
3차년도	15,625	7,813	7,813	7,813	3,907	3,907	19,532
4차년도	19,532	9,766	9,766	9,766	4,883	4,883	24,415
5차년도	24,415	12,208	12,208	12,208	6,104	6,104	30,519

치는 노동자의 잉여노동이 창출한 것이다. 따라서 누적적 축적을 통해 자본가가 소유하게 되는 자본은 자본가의 자기노동의 산물이 아니라 노동자의 잉여노동을 착취한 것이다. 반면 노동자는 누적적 축적 과정에서 잉여가치를 분배받지 못하므로 노동력의 가치에 해당하는 임금을 받아 생활을 유지할 수 있을 뿐 계속 비소유자로 남는다. 이를 통해 '노동에 의한 비소유와 비노동에 의한 소유'라는 자본주의적 소유법칙이 관철된다.

이처럼 자본축적이 진전되면 '노동에 의한 소유'라는 상품생산 사회의 소유법칙이 '노동에 의한 비소유와 비노동에 의한 소유'라는 자본주의적 소유법칙으로 전화된다. 따라서 자본축적이 이루어지는 당초에는 자본가가 자기 돈으로 먹고살고 노동자도 먹여살리는 것 같지만, 자본축적이 진전됨에 따라 노동자가 자본가를 먹여살리는 것이 점차 분명해진다. 노동자는 자신의 노동으로 자본가를 먹여살릴 뿐만 아니라 자본가가 소유하는 자본량을 증가시켜준다.

지금 어떤 자본가가 자신이 저축한 1억 원의 본원적 자본으로 사업을 시작한다고 하자. 이 1억 원은 자기노동의 결과이다. 투자자본 1억 원이 불변자본 5,000만 원과 가변자본 5,000만 원으로 구성되고, 잉여가치율이 100%이며 축적률이 50%라고 가정하자. 그리고 생산된 잉여가치가 전부 실현되고 자본의 유기적 구성에 변화가 없다고 하자. 이 경우 자본축적의 진전에 따른 소유법칙의 변화는 <표 14.1>에서 확인할 수 있다.

이 자본가의 1차년도의 투자자본 즉 본원적 자본은 1억 원이었으나, 5차년도 말에 소유하는 자본량은 약 3억 원이다. 5년 사이에 늘어난 자본 2억 원은 축

적된 잉여가치이다. 투자된 가변자본은 노동자에게 임금으로 지급되어 전부 소비된다. 노동자 한 사람의 연간 임금이 1,000만 원으로 고정되어 있다고 한다면, 1차년도에 5명 고용되던 것이 자본축적의 진전에 따라 5차년도에는 12명이 고용된다. 고용 노동자 수는 늘어났지만 그 노동자들은 여전히 비소유 상태로 노동력을 판매한다. 노동자의 임금수준과 소비수준에는 변화가 없으나, 자본가의 개인적 소비는 갈수록 늘어난다. 자본가와 노동자 간의 소득격차는 1차년도에 2,500만 원 대 1,000만 원이었으나 5차년도에는 6,104만 원 대 1,000만 원으로 확대된다. 이는 자본축적의 진전에 따라 '노동에 의한 비소유와 비노동에 의한 소유'라는 자본주의적 소유법칙이 관철되고 있음을 잘 나타내준다.

2. 자본축적의 동태적 과정

자본의 유기적 구성 고도화

자본축적의 진행에 따라 자본의 구성이 변화한다. 자본의 구성은 자본축적의 성격을 분석하는 데 매우 중요한 지표이다. 자본구성의 변화는 잉여가치의 생산과 실현의 조건을 변화시켜 경제성장과 경제위기를 초래할 뿐만 아니라 고용수준과 소득분배 구조를 변화시켜 노동자의 삶의 질에 영향을 미친다.

정치경제학에서는 생산에 투입되는 자본의 구성을 세 가지 지표로 파악한다. 하나는 소재 측면에서 파악한 지표로서 생산에 투입되는 생산수단의 수량과 노동자수의 비율인데, 이를 자본의 기술적 구성(TCC: technical composition of capital)이라 한다. 자본의 기술적 구성은 생산수단과 노동자가 어떤 비율로 결합되는지를 나타낸다. 이를 식으로 표시하면 다음과 같다.

$$TCC = \frac{Qc}{Qv}$$

여기서 Qc는 생산수단의 수량, Qv는 취업노동자수이다. 예컨대, 직기 10대와 노동자 5명이 결합되고 있다면 자본의 기술적 구성은 '10/5 = 2'이다. 이는 노동자 한 사람이 직기 2대와 함께 작업을 한다는 것을 나타낸다. 자본의 기술적 구성은 생산기술이 변화하면 달라진다. 예컨대, 새로운 직기가 도입되어 직기 10대와 노동자 2명이 결합되고 있다면 자본의 기술적 구성은 '10/2=5'로 높아진다. 자본의 기술적 구성이 높아지면 일반적으로 노동생산성과 노동강도가 높아진다. 노동자는 주어진 시간에 더 많은 양을 생산하고 더 빠른 속도로 작업하게 된다.

다른 하나는 가치 측면에서 파악한 지표로서, 생산에 투입되는 불변자본 혹은 생산수단의 가치(C)와 가변자본 혹은 노동력의 가치(V)의 비율로 나타낸 것인데, 이를 자본의 가치 구성(VCC: value composition of capital)이라 부른다. 이를 식으로 표시하면 다음과 같다.

$$VCC = \frac{C}{V} = \frac{Pc \cdot Qc}{Pv \cdot Qv}$$

여기서 Pc는 생산수단 1단위의 가치, Pv는 노동자 1인의 노동력 가치이다. 예컨대, 직물공장에서 1,000만 원 짜리 직기 10대가 투입되고, 연간 1,000만 원의 임금을 받는 노동자 10명이 고용되어 있다고 한다면, 자본의 기술적 구성은 '(1,000만×10대)/(1,000만×10명)=1'이 된다. 자본의 가치 구성은 생산에 투입되는 생산수단과 노동력의 수량과 가치가 변화함에 따라 그 값이 달라진다. 수량이 변화함과 동시에 그 단위당 가치가 변화하므로 자본의 가치 구성에서는 자본의 기술적 구성의 변화가 그대로 반영되지 않는다.

여기서 소재 측면과 가치 측면을 모두 고려한 자본의 유기적 구성 지표가 제시된다. 자본의 유기적 구성(OCC: organic composition of capital)은 자본의 기술적 구성에 의해 결정되고 그 변화를 반영하는 자본의 가치구성이다. 자본의 가치구성이 자본의 기술적 구성의 변화를 그대로 반영하려면 생산수단과 노동력의 단위 가치가 일정하다는 가정이 필요하다. 따라서 자본의 유기적 구성은 다음과 같다.

$$OCC = \frac{\overline{Pc}}{Pv} \cdot \frac{Qc}{Qv}$$

　　자본의 유기적 구성은 정치경제학에서 자본축적 분석에 널리 사용되는 주요 지표이다. 이 지표는 생산기술의 변화에 따른 자본의 기술적 구성의 변화를 반영하는 장점이 있지만, 기술진보에 따른 생산수단과 노동력의 가치 변화를 반영하지 못한다는 한계가 있다. 현실의 자본축적과정에서는 기술진보에 따라 노동생산성이 향상되면, 다른 조건이 동일할 때 생산수단의 가치와 노동력의 가치가 하락하는데, 자본의 유기적 구성 지표는 그것이 일정하다고 가정하고 있기 때문이다. 이러한 한계에도 불구하고 자본의 유기적 구성 지표는 자본축적과 그것의 효과를 분석하는 데 유용하다.

　　맑스는 『자본』에서 자본축적의 진전에 따라 자본의 유기적 구성이 높아진다고 주장하였다. 이를 '자본의 유기적 구성 고도화' 명제라 한다. 자본의 유기적 구성이 고도화된다는 것은 자본의 기술적 구성이 고도화되고, 그 결과 자본의 가치구성이 높아진다는 것을 의미한다. 즉 노동력과 결합되는 생산수단의 수량이 증가하고, 그에 따라 가변자본에 비한 불변자본의 비중이 높아지는 것을 말한다.

　　자본의 유기적 구성이 고도화되는 이유는 무엇인가? 자본가들은 특별잉여가치를 획득하기 위해 서로 치열한 경쟁을 한다. 이미 알고 있듯이 특별잉여가치는 가치와 개별적 가치의 차액이다. 평균 이상의 높은 노동생산성을 발휘하는 기업은 개별 가치가 가치보다 낮아 특별잉여가치를 획득한다. 그런데 노동생산성을 높이려면 더 많은, 더 나은 생산설비를 도입해야 한다. 이는 일반적으로 생산과정의 기계화를 심화시킨다. 그 결과 자본의 기술적 구성이 고도화되고 따라서 자본의 유기적 구성이 고도화되는 것이다.

　　자본의 유기적 구성의 고도화 과정을 예를 들어보면 <표 14.2>와 같다. 어떤 직물공장에서 1차년도에 1억 원을 투자하여 직기 5대와 노동자 5명을 고용하여 생산을 개시했다고 한다면, 직기 1대의 가치가 1,000만 원이고 노동자 1인의 노동력 가치가 1,000만 원일 경우, 그 직물공장의 자본의 유기적 구성은 1이다. 2차년도에 2억 원을 투자하여 직기 12대와 노동자 8명을 고용하면 자본의 유기적 구성은 1.5로 높아진다. 3차년도에 3억 원을 투자하여 직기 20대와 노동자 10명을 고용하면 자본의 유기적 구성은 2로 상승한다. 3차년도까지는 비록 자본의 유기적 구성이 고도화되어도 취업노동자수가 절대적으로 증가하지만 5차년도 이후에는 기계가 노동자를 대체하여 취업노동자수가 절대적으로 감소한다. 이와 같이

〈표 14.2〉 자본의 유기적 구성의 고도화

(단위: 만 원)

연도	투자 자본	직기 대수 Qc	취업 노동자수 Qv	자본의 기술적 구성 TCC	직기 1대당 가치 Pc	노동자 1인의 노동력 가치 Pv	자본의 유기적 구성 OCC
1차년도	10,000	5대	5명	5/5=1	1,000	1,000	5,000/5,000=1
2차년도	20,000	12대	8명	12/8=1.5	1,000	1,000	12,000/8,000=1.5
3차년도	30,000	20대	10명	20/10=2	1,000	1,000	20,000/10,000=2
4차년도	40,000	30대	10명	30/10=3	1,000	1,000	30,000/10,000=3
5차년도	50,000	42대	8명	42/8=5.25	1,000	1,000	42,000/8,000=5.25
6차년도	60,000	54대	6명	54/6=9	1,000	1,000	54,000/6,000=9

자본축적의 진전에 따라, 즉 투자자본의 증가에 따라 자본의 유기적 구성이 고도화된다. 여기서 자본의 유기적 구성이 고도화되면 일정 시점 이후에는 취업노동자수가 감소할 수 있음을 알 수 있다. 따라서 경제 전체적으로 자본의 유기적 구성이 고도화되면 생산과정에서 배제된 실업자수가 증가하게 된다.

이러한 '자본의 유기적 구성 고도화' 명제는 자본주의 발전의 현실에 비추어 타당한가? 산업혁명 이후 기계화가 심화됨에 따라 자본의 유기적 구성은 고도화되어왔다. 20세기 중화학공업 중심의 대량생산체제 아래에서 자본의 유기적 구성은 크게 높아져왔다. 기계화, 자동화에 따라 생산라인에 투입되는 노동력은 갈수록 줄어들고 심지어 무인공장까지 등장하였다. 이는 그동안의 자본주의 발전과정에서 '자본의 유기적 구성 고도화' 명제가 타당하였음을 말해준다. 그런데 앞으로의 자본주의 발전과정에서 자본의 유기적 구성이 계속 고도화될 것인가? 대량생산체제를 갖춘 중공업에서는 자본의 유기적 구성이 고도화될 것이다. 그러나 경제 전체적으로 보면 자본의 유기적 구성이 반드시 지속적으로 고도화된다고 보기 어렵다.

21세기 여명기의 현대자본주의에서 자본의 유기적 구성의 고도화를 둔화시키는 요인들은 다음과 같다. 첫째, 경제의 서비스화에 따라 자본의 유기적 구성이 낮은 서비스 부문이 크게 확대되었다는 것, 둘째, 지식기반경제로의 이행에 따라 노동자의 지식 및 숙련수준이 높아지고 그 결과 노동력 가치가 상승했다는 것,

셋째, 과학기술의 발전에 따른 노동생산성의 상승으로 생산설비의 가치가 급격히 하락했다는 것이다. 이와 같이 자본의 기술적 구성을 낮추고 노동력의 가치를 상승시키며 생산수단의 가치를 하락시키는 요인들이 자본의 유기적 구성의 고도화를 저지한다. 이러한 추세는 21세기에 더욱 강화될 것으로 예상된다.

자본의 집중과 자본축적

자본축적과정에서 개별 자본가의 자본량은 두 가지 방식으로 증가한다. 하나는 잉여가치의 일부가 자본화되어 자본규모가 증가하는 것이다. 이를 자본의 집적(concentration of capital)이라 한다. 다른 하나는 기존의 개별 자본이 독립성을 상실하여 소수의 자본가 수중에 모여 자본규모가 증가하는 것이다. 이를 자본의 집중(centralization of capital)이라 한다. 자본의 집중이 이루어질 경우 경제 전체적으로 자본량은 증가하지 않고 자본가들 사이의 자본소유의 재분배가 이루어질 뿐이다. 자본의 집중은 자본가들간의 경쟁이 격화됨에 따라 경쟁에서 패한 기업이 도산하거나 업종 전환 등을 위해 사업을 정리하여 퇴출하는 과정을 통해서 나타난다.

오늘날 자본의 집중은 인수 및 합병(M&A: mergers and aquisition)이라는 과정을 통해서 이루어지는 경우가 많다. 단순히 기업의 도산 때문이 아니라 적극적인 경영전략의 일환으로서 기업들끼리 서로 인수하고 합병하는 사례가 빈번히 나타나고 있다. 인수 및 합병을 통한 자본의 집중 현상은 국내는 물론 세계적으로 크게 늘어나고 있다.

자본의 집중은 산업과 지역 두 차원에서 이루어진다. 그래서 자본의 집중에는 한 산업 내에서 다수 자본들간의 경쟁의 결과 이루어지는 산업내 집중, 서로 다른 산업에 있는 서로 다른 자본들이 동일한 자본가의 소유로 통합되는 산업간 집중, 하나의 지역경제 내에서 이루어지는 지역내 집중, 국민경제에서 특정 지역으로의 자본의 집중이 이루어지는 지역간 집중, 세계경제 내에서의 특정국가로의 자본의 집중이 이루어지는 국가간 집중 등의 형태가 존재한다. 산업내 집중은 한 산업 내에서의 독점자본의 형성의 계기가 된다. 산업간 집중은 특정 산업으로의 자본의 집중과 기업집단 형성의 계기가 된다.

자본의 집중은 국민경제에 대해 여러 측면에서 영향을 미치는 매우 중요한 경제현상이다. 첫째, 자본의 집중은 생산의 집중을 초래한다. 생산의 집중은 하나의 기업에 생산수단과 노동력이 집중되어 한 산업 내에서 그 기업이 차지하는 생산량의 비중이 커지는 것을 말한다. 생산의 집중은 한 기업이 시장지배력을 가지는 시장집중을 초래한다. 이러한 생산의 집중은 독점자본을 형성하는 주요한 계기가 된다. 둘째, 자본의 집중은 기업간, 산업간, 지역간, 국가간 불균등발전을 초래한다. 자본이 집중된 기업, 산업, 지역, 국가는 크게 성장할 수 있고, 그렇지 않은 기업, 산업, 지역, 국가는 침체하거나 쇠퇴할 가능성이 높다. 그 결과 기업간, 산업간, 지역간, 국가간에 경제력과 성장의 격차가 발생한다.

셋째, 자본의 집중은 자본소유 구조의 재편을 의미하기 때문에 고용관계와 노사관계에 변동이 초래된다. 도산하거나 인수·합병되는 기업의 노동자들이 자본을 집중하는 기업으로 고용이 그대로 승계되지 않을 경우 고용불안과 실업이 발생하게 된다. 서로 다른 노사관계 문화를 가진 기업들이 합병될 경우 노사관계가 불안해질 수 있다. 넷째, 자본의 집중은 자본구조를 재편하여 경제전체의 자본축적을 가속화한다. 비효율적인 자본으로부터 효율적인 자본으로의 자본의 집중은 경제 전체의 투자의 효율성을 증대시켜 자본축적과 경제성장을 가속화하게 된다. 다섯째, 자본의 집중은 경제력 집중을 초래하여 경제 전체에 불공평을 초래한다. 그래서 자본의 집중은 소득과 부의 분배의 불평등을 심화시키게 된다.

지금까지는 개별 자본가가 잉여가치의 일부를 자본화시켜 자본축적이 이루어진다고 가정하였다. 즉 투자자본은 축적된 잉여가치에서 조달되었다. 그런데 현실에는 기업들이 은행에 돈을 빌리거나 주식이나 채권을 발행하여 투자자본을 형성한다. 이 경우 개별 자본은 자신이 생산하여 축적한 잉여가치의 한계를 넘어 대량의 투자를 할 수 있다. 따라서 은행신용의 증대와 주식시장 및 채권시장등 금융시장의 활성화는 자본축적에 중요한 요소가 된다. 특히 대기업들이 대규모의 투자사업을 추진할 때에 금융시장은 자본축적에 결정적인 역할을 한다.

기술변화

자본축적과정은 기술변화를 동반한다. 기술변화는 생산방식과 노동양식의 변화를 초래한다. 기술은 인류 역사와 함께 발전해왔다. 구석기, 신석기, 청동기, 철기

시대 등 자본주의 이전의 인류 역사의 변화는 기술의 변화과정을 잘 보여준다.

기술은 자본주의의 등장 이후 자본의 가치증식 욕구와 결합되어 자본축적을 가속화시키는 역할을 해왔다. 생산과정에 기계가 도입된 18세기 산업혁명 (industrial revolution), 과학과 생산이 직접 결합하는 20세기 과학기술혁명 (scientific technological revolution)은 기술의 혁명적 변화과정이었다. 전기, 전자 기술에 이어 21세기 여명기인 오늘날 컴퓨터와 인터넷으로 상징되는 정보기술 (information technology)과 인간 게놈 프로젝트로 상징되는 유전자 기술(DNA technology)의 발전은 기술변화가 새로운 단계에 진입하였음을 나타내준다.

기술 그 자체를 연구하는 것은 자연과학과 공학의 과제이다. 경제학에서는 기술이 생산을 비롯한 인간의 경제활동에 미치는 영향을 다룬다. 경제학에서 기술(technology)은 생산과정에서 주어진 자원에 가치를 부가하는 인간의 능력 으로 정의된다. 따라서 기술은 생산활동과 관련된 인간의 지식과 숙련을 포함 한다. 기술은 한편으로는 인간의 두뇌에 내장되어 있고 다른 한편으로는 기계 와 같은 생산수단에 체화되어 있다. 기술은 과학에 기초하여, 과학과 결합하여 발전한다.

기술진보는 점진적 형태와 혁명적 형태를 취한다. 점진적 형태는 동일한 기 술적 원리에 기초한 기계나 공정을 개량하는 것이다. 기술진보의 점진적 형태 를 특히 일본에서는 개선(kaizen)이라 부른다. 일본자본주의 발전의 주요한 요 인 중의 하나는 생산현장에서의 부단한 개선활동이었다. 혁명적 형태는 새로운 기술적 원리가 도입되는 것이다. 슘페터(J. A. Schumpeter)는 기술진보의 혁명 적 형태를 혁신(innovation)이라 불렀다. 혁신은 창조적 파괴를 통해 새로운 제 품, 새로운 공정, 새로운 시장, 새로운 소재, 새로운 조직형태가 창출되는 과정 이다. 혁신이 나타나면 자본축적이 새롭게 가속화되어 자본주의가 호황을 누린 다. 혁신이 없으면 자본주의는 침체하고 위기에 빠진다. 슘페터의 혁신 개념은 경제성장과 경제위기 분석에 아주 유용한 개념이다. 혁신을 위해서는 연구 및 개발(R&D) 투자와 교육훈련 투자가 필요하다.

경제분석에서 기술진보는 생산과정에서의 생산수단과 노동력 질의 변화, 생 산수단과 노동력 결합관계의 변화, 투입물과 산출물 관계의 변화 등 세 측면에 서 파악된다. 첫째, 제품의 질을 높이는 새로운 소재의 개발, 새로운 성능의 기계장비와 생산설비의 발명, 노동자의 창의력과 지식 및 숙련수준의 향상 등은 기술진보를 표현하는 기본적 지표들이다. 둘째, 생산수단과 노동력의 결합방식이 바뀌어 생산체제와 작업조직이 개선되고 혁신되는 것 또한 기술진보이다. 자본주의에서는 일반적으로 더 많은 생산수단이 더 적은 노동력과 결합되는 노동절약적 기술진보가 나타난다. 셋째, 기술진보는 주어진 생산요소 투입으로 더 많은 생산물을 산출하는 것이다. 달리 표현하면 기술진보는 일정한 생산량을 더 적은 생산요소 투입으로 생산하는 것이다.

기술진보는 여러 가지 경제적 효과를 낳는다. 첫째, 고품질의 고부가가치 상품의 생산으로 경제 전체의 부가가치를 높인다. 둘째, 노동절약적 기술진보는 자본의 유기적 구성을 높여 실업자를 발생시키지만 기술진보로 새로운 사업이 출현하고 새로운 시장이 형성되면 새로운 일자리가 창출될 수 있다. 셋째, 노동생산성을 향상시켜 상품의 가치를 하락시킨다. 넷째, 노동생산성과 노동강도를 높여 잉여가치율을 높인다. 다섯째, 신기술을 먼저 도입한 자본에게 특별잉여가치 획득을 가능하게 한다. 여섯째, 한편으로 노동자의 숙련을 해체시키는 탈숙련(deskilling)과 다른 한편으로 숙련을 상승시키는 재숙련(reskilling)이라는 상반된 경향을 동시에 낳는다. 마지막으로, 경제성장률을 높인다.

이러한 기술진보의 경제적 효과는 자본가에게는 잉여가치율의 상승, 노동자에게는 실업의 발생과 새로운 일자리 창출, 소비자에게는 가격하락, 국민경제에는 경제성장률 상승 등과 같이 서로 다르게 나타난다. 이처럼 기술진보가 서로 다른 계급, 서로 다른 경제주체들에게 미치는 효과는 각각 다르다.

3. 경제성장

경제성장의 결정요인

자본축적과 기술진보를 통해 확대재생산이 이루어지면 경제가 성장한다. 경제성장(economic growth)은 한 사회의 생산물과 생산요소가 양적으로 증대하고 질적으로 개선되어 소득과 부가 증가하는 현상을 말한다. 자본축적을 통해 확대재생산이 이루어지면 생산수단과 노동력 투입이 증가하여 산출량이 증가한다. 기술진보로 생산수단의 성능과 노동력의 질이 향상되면 동일량의 생산요소 투입으로도 더 많은 생산물이 생산되고 생산물의 품질이 향상된다.

경제성장은 결국 일정 기간 동안 한 나라 국민이 생산하는 생산물인 국민총생산(GNP: gross national product)의 증가로 나타난다.[1] 국민총생산에서 마모된 생산수단의 가치인 감가상각비를 뺀 것이 국민순생산(NNP: net national product)이다. 국민순생산이 증가하면 경제주체들에게 분배되는 국민소득(NI: national income)이 증가한다. 국민소득이 증가하면 국부가 증가한다.

국부(national wealth)란 일정 시점에서 한 나라가 보유하고 있는 재화의 총계이다. 국부를 구성하는 요소에는 자연자원, 생산수단, 국가와 개인이 소유하고 있는 물적 재산(실물자산과 금융자산)과 지적 재산(저작권과 공업소유권) 등이 있다. 국부는 국민소득을 창출하는 원천이고 국민소득은 그 일부가 저축되어 국부를 증대시킨다. 일정 시점에서 파악되는 저량(stock)으로서의 부(富)로부터 일정 기간 동안 파악되는 유량(flow)인 소득이 창출되고, 유량인 소득이 증가하면 저량인 부가 증가한다. 이렇게 해서 경제성장으로 소득이 증가하면 부가 증가하고, 이는 다시 경제성장을 가능하게 한다.

경제가 성장하는 정도를 나타내는 것이 경제성장률이다. 경제성장률은 다음과 같은 식으로 표시된다.

$$g_t = \frac{\Delta Y_t}{Y_{t-1}} = \frac{Y_t - Y_{t-1}}{Y_{t-1}}$$

즉 t기의 경제성장률(g_t)은 t기의 산출량 증가분(ΔY_t)을 t-1기의 산출량(Y_{t-1})으로 나눈 값이다. 이와 같이 경제성장률을 총산출량의 증가율로 나타낼 수도 있고 국민 1인당 산출량의 증가율로 나타낼 수도 있다.

그렇다면 경제성장의 원천과 경제성장률을 결정하는 요인은 무엇인가? 경제성장은 더 많은 자본이 투자될 때 이루어진다. 그런데 투자는 잉여가치가 자본으로 전화함으로써 이루어진다. 자본주의 경제에서 자본축적의 원천이 되는 잉

---

[1] 요즘은 GNP 대신, 국내총생산을 나타내는 GDP(gross domestic product)를 많이 쓴다.

〈그림 14.1〉 '잉여가치-자본축적-경제성장'의 관계

여가치가 많을수록 더 많은 투자가 가능하고, 따라서 경제가 더 많이 성장한다. 잉여가치는 잉여가치율($s = S/V$)이 높을수록 커진다. 잉여가치율은 노동시간, 노동강도, 노동생산성이 길고 높을수록 높아진다. 기술이 진보하면 노동생산성이 높아져서 잉여가치율이 높아진다.

따라서 경제성장의 원천은 노동자에 대한 착취와 기술진보라 할 수 있다. 생산된 잉여가치 중에서 자본가가 저축하여 투자하는 비율인 자본축적률[$\alpha = (Sc + Sv)/S$]이 높을수록 더 많은 투자가 이루어져서 더 많은 성장이 가능하다. 그리고 투자된 자본이 어느 정도의 산출량을 생산하는가를 나타내는 산출-자본 비율($\mu = Y/K$)[2]이 높을수록 더 많은 성장이 가능하다. 기술이 진보하고 생산체제의 효율성이 높아지면 산출-자본 비율이 높아진다.

이와 같은 '잉여가치-자본축적-경제성장'의 관계를 <그림 14.1>과 같이 나타낼 수 있다.

t기의 자본투자 '$K_t = C_t + V_t$'에서 발생하는 잉여가치(S_t)는 가변자본 투자량(V_t)에다 잉여가치율(s)을 곱한 것과 같다. 즉 '$S_t = s \cdot V_t$'. 그리고 t기의 잉여가치로부터 $t+1$기의 신투자가 이루어진다. '$t+1$'기의 신투자(I_{t+1})는 t기의 잉여가치에다 자본축적률(α)을 곱한 것이다. 즉 '$I_{t+1} = \alpha \cdot S_t$'. 이와 같이 투자가 이루어지면 '$t+1$'기의 자본량 '$K_{t+1} = K_t + I_{t+1}$'이 된다. '$t+1$'기의 산출량($Y_{t+1}$)은 이러한 자본투입량($K_{t+1}$)에 산출-자본 비율($\mu$)을 곱한 것이다.[3] 즉 '$Y_{t+1} = \mu \cdot K_{t+1}$'.

---

2) 여기서의 산출-자본 비율에서 사용되는 자본(K)은 불변자본(생산수단)과 가변자본으로 구성된다는 점에 유의해야 한다. 케인스 경제학에서 사용하는 산출-자본 비율에서 자본은 불변자본이다.

3) 여기서는 투자된 자본은 완전 이용되고 있다는 가정, 즉 가동률이 100%라는 가정을 하고 있다. 이는 투자된 자본이 산출한 생산물이 완전히 판매될 만큼 수요가 충분하다는 가정이다. 가동률이 떨어지면 경제성장률이 둔화된다. 이에 관해서는 다음 제15장에서 다룬다.

이와 같은 일련의 관계로부터 't+1'기의 산출량은 다음과 같이 표시할 수 있다.

$$Y_{t+1} = \mu \cdot K_{t+1} = \mu (Kt + I_{t+1}) = \mu (Kt + \alpha \cdot St) = \mu (Kt + \alpha \cdot s \cdot Vt)$$
$$= \mu [Ct + (1 + \alpha \cdot s)Vt]$$

위의 식으로부터 경제성장을 결정하는 요인은 잉여가치율, 자본축적률, 산출-자본 비율임을 알 수 있다. 즉 잉여가치율이 높을수록, 자본축적률이 높을수록, 산출-자본 비율이 높을수록 경제성장률은 높아진다. 잉여가치율은 노동통제의 효과성에 의해 좌우되는 노동시간 및 노동강도와 기술수준에 좌우되는 노동생산성에 달려 있다. 자본축적률은 자본가간 경쟁에 의해 강제되는 자본가의 '투자-소비 선택'에 달려 있으며, 산출-자본 비율은 기술수준과 생산체제의 효율성에 달려 있다. 요컨대, 자본주의에서 경제성장은 자본가와 노동자 간의 계급투쟁, 기술수준, 자본간 경쟁, 자본가 선택 등 여러 가지 요인에 의해 결정된다.

경제성장의 유형: 외연적 성장과 내포적 성장

경제성장이 이루어지는 방식에는 두 가지 유형이 있다. 하나는 외연적 성장이고, 다른 하나는 내포적 성장이다.

외연적 성장(extensive growth)은 기술수준에 변화가 없어 생산성이 불변인 상태에서 생산요소의 투입이 증가함으로써 이루어지는 경제성장이다. 이 유형의 경제성장에서는 생산성이 불변이기 때문에 생산수단과 노동력과 같은 생산요소를 더 많이 투입해야만 경제성장이 가능하다. 기계설비를 더 많이 투입하고 노동자를 더 많이 고용하며, 노동자들이 더 오랜 시간 노동하여 산출량이 증가하는 것이 바로 외연적 성장이다. 따라서 외연적 성장에서는 예컨대, 산출량을 두 배로 늘리려면 생산요소 투입을 두 배로 늘려야 한다. 노동시간의 연장을 통한 절대적 잉여가치 생산방식이 지배할 경우 나타나는 성장이 외연적 성장이다.

내포적 성장(intensive growth)은 기술진보가 이루어져서 생산성이 증대함으로써 달성되는 경제성장을 말한다. 이 유형의 경제성장에서는 기술혁신을 통한 생산수단의 질적 개선과 교육 및 훈련을 통한 노동력의 질적 향상이 생산성을 증대시켜 주어진 생산요소 투입으로 더 많은 산출량을 생산할 수 있다. 이를 생산의 집약화라고 한다. 내포적 성장에서는 노동자들이 더 적은 시간 일하고도 더 많은 생산물을 생산할 수 있다. 노동생산성 향상에 따른 필요노동시간의 단축을 통한 상대적 잉여가치 생산방식이 지배할 경우 나타나는 성장이 내포적 성장이다.

외연적 성장에서는 경제성장에 비례하여 생산수단과 노동력을 더 많이 투입해야 하므로 그만큼 자연자원과 인적자원을 더 많이 소모시킨다. 따라서 외연적 성장 유형에서는 경제성장에 따라 자연과 노동력이 파괴될 가능성이 높으며, 부존 자연자원과 노동력 공급이 제한되어 있을 경우 결국 성장의 한계에 부딪힌다. 크루그만(P. Krugman)은 한국을 비롯한 동아시아 국가들이 외연적 성장의 한계에 부딪혀 경제위기가 초래되었다고 주장한 바 있다. 생산의 집약화가 이루어지는 내포적 성장에서는 자연자원과 노동력 투입이 절약되므로 경제성장이 자연과 노동력을 파괴할 가능성이 그만큼 적고, 따라서 경제성장의 지속가능성이 더 높다.

자본주의 역사를 보면 기술진보와 노동자의 지식과 숙련수준의 향상에 따라 외연적 성장 유형에서 내포적 성장 유형으로 발전해왔음을 알 수 있다. 오늘날 지식기반경제의 출현은 내포적 성장 체제가 지배하는 시대가 본격적으로 도래했음을 말해준다. 내포적 성장이 이루어지려면 특히 연구개발 투자와 교육훈련 투자가 집중적으로 이루어져야 한다. 내포적 성장 유형에서는 노동시간 단축과 임금상승이 양립 가능하여 노동자의 삶의 질이 향상될 가능성이 있다. 노동자들의 노동시간 단축 투쟁은 한 나라의 경제가 외연적 성장으로부터 내포적 성장으로 전환되는 것을 강제한다.

경제성장의 빛과 그림자: 성장과 삶의 질

경제성장이 이루어지면 사람들의 삶의 질(quality of life)이 향상되는가? 삶의 질 향상은 안정되고 보람된 일자리, 생활에 불편이 없는 충분한 소득, 넉넉한 자유시간과 여가생활, 쾌적한 자연환경, 심리적 만족, 풍부한 정신적 생활 등을 통해 인간다운 삶을 누리게 되는 것을 말한다. 경제성장은 과연 이러한 내용을 가진 삶의 질 향상에 기여하는가?

무엇보다 경제성장은 소득을 증대시키므로 삶의 질을 높인다. 최저생계비에 미달하는 저소득수준에 있으면, 인간은 의식주와 같은 기본적 욕구(basic needs)도 충족되지 못하여 비인간화되고 야만상태에 빠지게 된다. 따라서 이런 측면에서 소득증대를 가져오는 경제성장은 삶의 질을 높임에 틀림없다. 소득이 증대되면 노동시간이 줄어들고 자유시간이 늘어나 삶에 여유가 생길 수 있다. 물질생활이 풍요로워지면 정신적 생활이 풍부해질 가능성이 있다. 그리고 경제성장은 일자리 수를 증가시켜 국민 전체의 삶의 질을 높인다. 일자리를 가지고 노동을 하는 것은 가장 기초적인 삶의 질이다. 이와 같이 경제성장은 소득을 증대시키고 고용량을 증가시킴으로써 삶의 질 향상에 기여한다. 이것이 경제성장의 빛에 해당한다. 거의 모든 나라들이 경제성장을 가장 중요한 정책목표로 추구하는 까닭은 바로 여기에 있다.

그러나 경제성장은 삶의 질을 떨어뜨리는 그림자를 동반한다. 우선 경제성장을 일방적으로 추구하면 자연자원이 더 많이 투입되므로 환경파괴가 발생할 수 있다. 특히 환경보전을 고려하지 않는 성장지상주의는 대기오염이나 수질오염과 같은 공해를 발생시켜 삶의 질을 하락시킨다. 특히 대량생산과 대량소비에 기초한 20세기의 경제성장은 대규모의 산업폐기물과 생활쓰레기를 배출하여 생태위기를 초래하였다. 생태계파괴는 삶의 질을 하락시키는 데 머물지 않고 인간을 비롯한 생명체의 존립을 위태롭게 하는 지경에 이르렀다.

경제성장은 반드시 고용증가를 수반하는 것이 아니다. 기계화 혹은 자동화에 의한 자본의 유기적 구성 고도화는 노동자를 기계로 대체하여 실업자를 발생시킬 수 있다. 이 경우 경제성장이 지속되어도 고용이 증가하지 않거나 심지어 감소할 수 있다. 이러한 '일자리 없는 성장(jobless growth)'이나 일자리를 파괴하는 성장이 진행되면 노동자들의 삶의 질은 떨어진다. 또한 경제성장이 일자리 수를 증가시킨다고 해도 저임금의 임시직 일자리 비중이 증가한다면 노동자들의 삶의 질은 오히려 하락하게 될 것이다.

한편, 경제성장이 소득분배의 불평등을 심화시킨다면 다수 국민의 삶의 질이 떨어진다. 경제성장으로 소득이 절대적으로 증가한 개인들도 다른 사람에 비해 상대적으로 소득이 하락하면 상대적 박탈감을 느끼게 되어 삶의 질이 하락한다. 더욱이 자본주의적 경제성장은 부익부 빈익빈 현상을 초래하는 경향이 있는데,

이 경우 소수의 부자는 삶의 질이 향상되지만 다수의 빈자는 삶의 질이 떨어지는 것이다. 특히 소수의 부자가 과잉부유화하여 사치와 낭비와 방탕으로 비인간화될 수 있는 반면, 다수의 빈민은 가난으로 야만화되어 비인간화될 수 있다.

마지막으로 경제성장은 물질만능 혹은 황금만능의 사고를 부추길 수 있다. '더 많은 생산, 더 많은 소득, 더 많은 소비'가 효율과 성공과 만족의 잣대로 간주되면, 예의염치(禮儀廉恥)와 같은 인간적 가치와 안빈낙도(安貧樂道)와 같은 정신적 가치가 무시되어 인간관계가 삭막해지고 황폐화될 수 있다. 이렇게 되면 경제성장으로 물질적 생활수준은 향상될지 모르나 정신적 생활은 오히려 빈곤하고 피폐해져 삶의 질이 떨어질 수 있다.

4. 자본주의적 축적의 일반적 경향

상대적 과잉인구와 실업

자본축적 혹은 자본주의적 축적이 초래하는 세 가지 주요 경향은 ① 상대적 과잉인구 창출과 실업의 발생, ② 노동자계급의 빈곤화와 사회의 양극화, ③ 노자대립의 격화와 위기발생으로 요약할 수 있다. 이는 자본주의적 축적이 진전되는 곳에는 어디서든 나타날 수 있는 현상이라는 점에서 자본주의적 축적의 일반적 경향이라 부를 수 있다.

먼저, 상대적 과잉인구 창출과 실업발생에 대해서 보자. 맑스는 '자본의 평균적인 가치증식 욕구에 필요한 인구를 넘는 인구'를 상대적 과잉인구(relative surplus population)라 정의하였다. 맑스의 상대적 과잉인구 개념은 맬서스(T. R. Malthus)의 절대적 과잉인구 개념과 대비된다.

맬서스는 식량을 비롯한 생활수단이 인구를 부양하기에 절대적으로 부족하기 때문에 인구의 일부가 굶주리게 되고, 노동자를 고용할 생산수단이 절대적으로 부족하기 때문에 노동자의 일부가 실업을 당한다고 보았다. 이처럼 생산수단과 생활수단의 절대적 부족 때문에 발생하는 과잉인구가 절대적 과잉인구이다. 이와는 달리 맑스는 생산수단과 생활수단이 풍부하게 존재함에도 불구하고, 자본의 가치증식 욕구 실현에 불필요한 노동자를 자본가가 고용하지 않기 때문에 과잉인구가 발생한다고 보았다. 이때의 과잉인구는 자본의 가치증식 욕구에 비해 상대적으로 과잉한 인구이다. 맑스는 상대적 과잉인구 발생을 자본주의의 독특한 인구법칙이라 보았다.

상대적 과잉인구는 자본의 유기적 구성의 고도화에 따라 노동력에 대한 수요가 상대적으로 감소하기 때문에 창출된다. 앞의 <표 14.2>에서 보면 자본의 유기적 구성의 고도화에 따라 투자자본 1단위당 고용하는 취업노동자수가 감소함을 알 수 있다. 노동절약적 기술진보가 나타나 자본의 유기적 구성이 더욱 고도화되면 노동력에 대한 수요가 절대적으로 감소하여 인력의 과잉이 발생한다. 이 과잉한 노동자가 해고되어 실업자가 발생한다. 이처럼 자본의 유기적 구성이 고도화되는 개별 기업에서 상대적 과잉인구인 실업자가 발생할 수 있다. 이제 경제 전체에서 상대적 과잉인구 혹은 실업자가 발생하는 조건을 검토하기로 하자.

노동력에 대한 수요는 가변자본으로부터 발생한다. 따라서 노동력 수요 증가율은 가변자본 증가율(Gv)과 같다. 가변자본의 증가율 'Gv= $\Delta V/V$'이다. 가변자본의 증가분은 '$\Delta V = \beta \cdot I = \beta \cdot \alpha \cdot S$'로 표시된다. 여기서 I는 신투자, α는 자본축적률, β는 투자자본 중 가변자본의 비율이다. 따라서,

$$노동력 \ 수요 \ 증가율 = Gv = \frac{\Delta V}{V} = \frac{\beta \cdot \alpha \cdot S}{V} = \beta \cdot \alpha \cdot s$$

여기서 s는 잉여가치율이다. 노동력 수요 증가율은 잉여가치율(s), 자본축적률(α), 투자자본 중 가변자본의 비율(β)의 크기에 의존한다. 자본의 유기적 구성이 고도화되면 투자자본 중 가변자본의 비율인 β가 감소한다. 따라서 자본축적률이 일정할 경우, 노동력 수요 증가율은 β의 감소율과 s의 증가율의 크기에 의존한다. β의 감소율이 s의 증가율보다 크면 노동력 수요 증가율이 감소한다. 즉 자본의 유기적 구성이 고도화하는 속도가 잉여가치율의 증가 속도보다 크면 노동력 수요 증가율이 감소한다. 실업은 노동력의 수요와 공급 관계에서 발생한다. 만약 노동력 수요 증가율보다 노동력 공급 증가율이 크면 실업자

가 발생하게 된다.

그런데 현실경제에서 상대적 과잉인구는 경기변동과정의 불황국면에서, 그리고 사양산업에서 집중적으로 창출된다. 호황 때와 성장산업에서는 자본축적률이 높아서 자본의 유기적 구성이 고도화됨에도 불구하고 상대적 과잉인구가 발생할 가능성이 적다. 상대적 과잉인구는 호황 때 흡수되고 불황 때 방출되며, 사양산업에서 방출되고 성장산업에서 흡수된다.

이와 같이 흡수(고용)되고 방출(해고)되는 과정에서 취업하지 못하고 유동하는 과잉인구를 '유동적 과잉인구'라 한다. 이 형태의 과잉인구는 명시적으로 실업자로 파악된다. 그런데 자본주의 경제에서는 고용조건이 양호한 경제의 중심부에서 배제되어 고용조건이 열악한 주변부에 취업하는 노동인구가 다수 존재한다. 이러한 과잉인구를 정체적 과잉인구라 한다. 이들은 통계상으로는 취업자로 잡히지만 중심부에서 활동하는 자본에게는 과잉한 인구이다. 한편 자영업 부문 취업자나 가사노동 혹은 학업에 종사하는 비경제활동인구 중에서는 취업할 기회가 없어 가사에 종사하거나 공부를 하고 있는 사람들이 있다. 이들을 잠재적 과잉인구라 한다.

이와 같이 상대적 과잉인구는 유동적 과잉인구, 정체적 과잉인구, 잠재적 과잉인구라는 세 가지 형태로 존재한다. 정치경제학에서는 유동적 과잉인구만을 실업자로 보지 않고, 사실상의 실업자라 할 수 있는 정체적 과잉인구와 잠재적 과잉인구도 실업자의 일부로 보고 있다. 이들 세 가지 형태의 상대적 과잉인구는 중심부 자본이 소집할 때를 기다리고 있는 산업예비군(industrial reserve army)인 것이다.

노동자계급의 빈곤화와 사회의 양극화

자본주의적 축적은 노동자계급을 빈곤화시키는 경향이 있다. 여기서 빈곤화란 노동조건과 생활조건의 악화 혹은 삶의 질의 악화를 의미한다. 노동자계급의 빈곤화에는 노동조건과 생활조건의 절대적 악화를 의미하는 '절대적 빈곤화'와, 자본가계급과 비교했을 때의 상대적인 생활조건의 악화를 의미하는 '상대적 빈곤화'라는 두 가지 형태가 있다. 절대적 빈곤화는 실질임금의 하락으로 생활수준이 하락하는 경우에 나타난다. 반면 실질임금이 상승해도 이윤과 임금의 격차가 확대되면 자본가와 노동자 간에 소득분배의 불평등이 심화되어 상대적 빈곤화가 발생한다. 정치경제학에서 초점을 맞추는 노동자계급의 빈곤화는 바로 상대적 빈곤화를 의미한다.

노동자계급의 빈곤화는 단순히 자본가와 노동자 간의 소득불평등뿐만 아니라 노동시장, 노동과정, 노동력 재생산과정에서의 노동자의 지위 하락을 의미하기도 한다. 실업과 고용불안과 같은 노동시장의 불안정성, 노동시간의 증가와 자유시간의 감소, 구상과 실행의 분리, 노동자의 숙련이 해체되는 탈숙련, 노동자의 직무 자율성(job autonomy) 상실과 자본가에 대한 종속성의 심화와 같은

자본축적의 일반 법칙

자본주의 체제 내에서는 사회적 노동생산력을 제고하기 위한 모든 방법은 개별 노동자들의 희생 위에서 이루어진다. 생산을 발전시키는 모든 수단들은 생산자를 지배하고 착취하는 수단으로 전환되며, 노동자를 불완전한 인간으로 불구화하며, 노동자를 기계의 부속물로 떨어뜨리며, 그의 노동의 실제 내용을 파괴함으로써 노동을 단지 혐오스러운 고통으로 전환시키며, 과학이 독립적인 힘으로써 노동과정에 도입되는 정도에 따라서 노동과정의 지적 잠재력을 노동자로부터 소외시킨다. 또한 노동생산성을 제고시키는 모든 방법들은 노동자의 노동조건을 개악하며, 노동과정에서 노동자를 독재(그 비열함 때문에 더욱 혐오스럽다)에 굴복시키며, 그의 전체 생활시간을 노동시간으로 전환시키며, 그의 처자를 자본이라는 자거노트의 수레바퀴 밑으로 (자본을 위하여 희생시키려고) 질질 끌고 간다. 그러나 잉여가치를 생산하는 모든 방법은 동시에 축적의 방법이며, 그리고 축적의 모든 확대는 다시 이 방법을 발전시키는 수단으로 된다. 이로부터 자본이 축적됨에 따라 노동자의 상태는 그가 받는 임금이 많든지 적든지 간에 악화되지 않을 수 없다는 결론이 나온다. 끝으로 상대적 과잉인구, 또는 산업예비군을 언제나 축적의 규모 및 활력에 알맞도록 유지하고 있는 그 법칙은 벌컨신(Vulcan: 불과 대장일의 신)의 쐐기가 프로메테우스를 바위에 결박시킨 것보다도 더 단단하게 노동자를 자본에 결박시킨다. 그 법칙은 자본의 축적에 대응한 빈곤의 축적을 필연적인 것으로 만든다. 따라서 한쪽 끝에서의 부의 축적은 동시에 맞은편 끝 '즉, 자기 자신의 생산물을 자본으로서 생산하는 노동계급의 측'에서의 빈궁, 노동의 고통, 노예상태, 무지, 야만화 및 도덕적 타락의 축적이다.

K. 마르크스, 『자본론 Ⅰ』(김수행 옮김), 비봉출판사, 1989, 812-813쪽.

노동의 비인간화(dehumanization of work), 교육훈련 기회의 결핍과 같은 노동력 재생산과정상의 불평등 등이 빈곤화의 주요 내용을 이룬다.

자본주의적 축적이 진행됨에 따라 이러한 노동자계급의 빈곤화가 진전된다. 반면 자본가계급은 자본주의적 소유법칙에 따라 잉여가치를 전유하여 자본축적이 진행될수록 부와 소득이 증대한다. 따라서 자본가계급에게는 부가 축적되고 노동자계급에게는 빈곤이 축적된다. 이와 같이 '한 극에서의 부의 축적과 다른 한 극에서의 빈곤의 축적', 즉 부익부 빈익빈 현상을 맑스는 '자본주의적 축적의 일반법칙'이라 불렀다.

이에 따라 자본주의 사회는 소수의 부르주아지와 다수의 프롤레타리아트로 양극화된다. 자본가와의 경쟁에 패배한 중간층인 자영업자들이 몰락하여 프롤레타리아트로 전락하고 임노동자들이 빈곤화함에 따라 양극화가 진전된다. 이를 정치경제학에서는 '양극화 명제(polarization thesis)'라 한다. 양극화로 인해 중간층이 얇은 '모래시계형 사회'가 출현한다.

그런데 자본주의적 축적의 일반법칙은 노동자계급의 투쟁과 국가의 개입을 통해 수정될 수 있다. 노동시간 단축과 임금인상 투쟁, 숙련상승과 직무 자율성 증대와 같은 '노동의 인간화(humanization of work)'를 위한 투쟁, 실업보험과 최저임금제도와 같은 사회보장 쟁취투쟁, 교육훈련 기회 확대 투쟁 등과 같은 계급투쟁이 노동자계급의 상태를 개선할 수 있다. 노동자의 투쟁에 대응하여 자본가가 양보하고 국가가 노동자계급의 요구를 수용하여 제도개선을 할 경우 빈곤화는 저지될 수 있다. 만약 자본가들이 이윤의 일부를 노동자에게 분배하고 주식을 제공할 경우, 국가가 조세제도를 통해 자본가로부터 노동자에게로 소득을 재분배할 경우, 노동자계급의 일부는 저축을 하고 재산을 형성하여 중간층으로 상승할 수도 있다. 이렇게 되면 사회의 양극화는 역전되어 중간층이 두텁게 형성되는 '항아리형 사회'가 출현할 수 있다.

이처럼 자본주의적 축적의 일반법칙은 수정될 수 있다. 그러나 노동자계급의 투쟁과 국가의 개입은 이 법칙을 수정할 수는 있어도 법칙 그 자체를 폐기할 수는 없다. 노동가계급의 힘이 강하고 진보적 정부가 개입하여 그 법칙의 완전한 관철을 저지할 수 있지만, 노동자계급의 힘이 약화되고 보수적 정부가 국가개입을 철회하면 자본주의적 축적의 일반법칙은 그대로 관철된다. 최근 신자유주의[4)]

의 지배로 인한 자본주의 사회의 양극화는 이 법칙이 건재함을 과시하고 있다.

노자대립의 격화와 위기

부익부 빈익빈이라는 자본주의적 축적의 일반법칙이 관철되면, 자본과 임노동 간, 부르주아지와 프롤레타리아트 간의 적대성(antagonism)이 증대한다. 사회의 양극화는 사회계급들간의 적대성을 강화시킨다. 한편 자본주의적 축적의 진전에 따라 노동자계급의 수가 증대하고, 대기업에 노동자들이 집중하여 조직력과 단결력이 높아짐으로써 노동자계급이 성장한다. 노동자들의 교육수준의 향상으로 노동자들의 권리의식과 투쟁의식이 높아진다. 이처럼 노동자계급이 한편으로 빈곤화하고 다른 한편으로 계급의식이 높아지고 힘이 커지면, 노자대립이 격화된다. 자본가에 대한 노동자들의 반항이 증대하여 계급투쟁이 격화된다. 자본가와 국가가 양보하고 제도개혁을 하여 빈곤화가 저지되지 않으면 계급투쟁이 혁명화될 가능성이 있다. 그리하여 자본주의는 마침내 체제위기에 빠질 수 있다.

이러한 체제위기까지 진전되지 않더라도 자본주의에서는 자본축적이 진전됨에 따라 주기적으로 경제위기가 나타난다. 우선 자본축적의 진전에 따라 자본의 유기적 구성이 고도화되거나 임금이 상승하여 이윤율이 하락함으로써 투자가 위축되어 경제위기가 발생할 수 있다. 또한 노동자들이 빈곤화되면 유효수요가 부족하여 잉여가치가 실현되지 않아 경제위기가 발생할 수 있다. 아울러 생산재 생산부문과 소비재 생산부문 간의 격심한 불균형으로 인하여 경제위기가 발생할 수도 있다. 이러한 경제위기들은 극복되어 자본주의는 다시 성장을 한다. 그러나 위기가 반복되는 과정에서 모순들이 심화되고 적대성이 강화되면 경제위기는 체제위기로 전화될 수 있다. 이러한 경제위기에 관한 구체적 논의는 다음 제15장에서 이루어진다.

노자대립의 격화는 경제위기를 초래할 수 있고, 경제위기는 노자대립을 격화시킬 수 있다. 예컨대, 노동자들의 파업투쟁이 격화되면 잉여가치의 생산에 큰 차질이 생겨 경제위기가 초래된다. 경제위기가 발생하면 해고, 임금삭감, 노동

---

4) 신자유주의에 대한 자세한 논의는 제20장 1절에서 이루어진다.

조건 악화가 이루어지므로 노자대립이 격화된다. 이처럼 노자대립과 경제위기는 상호작용한다.

┌─ 더 읽을거리 ──────────────────

■ 데이비드 M. 고든. 1998, 『분절된 노동, 분할된 노동자』(고병웅 옮김), 신서원.
　제레미 리프킨. 1996, 『노동의 종말』(이영호 옮김), 민음사.
　K. 마르크스. 1989, 「24장 잉여가치의 자본으로의 전환」, 「25장 자본주의적 축적
　　　의 일반법칙」, 김수행 옮김, 『자본론 Ⅰ』(하), 비봉출판사.

제15장
경제위기와 경기순환

자본주의 경제는 자본축적의 진전에 따라 성장하다가 위기에 빠진다. 위기는 극복되어 다시 성장이 나타난다. 항구적 성장도 항구적 위기도 없다. 성장과 위기는 서로 번갈아 나타나면서 순환한다. 이와 같이 자본주의 경제에서 나타나는 경제위기와 경기순환의 원인은 무엇인가? 경제위기의 원인에 관해서는 정치경제학 내에서 서로 다른 가설들이 경합하고 있다. 경기순환은 자본주의에 고유한 현상이며, 자본주의는 경기순환을 하면서 발전한다. 경기순환과정에서 어떤 현상들이 나타나며 그 원인은 무엇인가? 경제위기가 격렬하게 발생하여 그 폐해가 심각해지면 국가가 개입하지 않을 수 없다. 경제위기 극복을 위한 국가 개입의 형태와 효과는 어떠한가? 이 장에서는 자본주의 경제의 가장 중심적인 문제라 할 수 있는 경제위기와 경기순환에 대해 다루기로 한다.

1. 자본주의와 경제위기

공황과 위기: 자본주의의 병과 약

자본주의가 확대재생산을 통해 팽창하다가 갑자기 자본축적이 중단되어 생산이 급격히 축소되고 대량의 실업자가 발생하여 경제가 마비되고 혼란이 초래되는 파국적인 현상을 공황(恐慌, panic)이라 한다. 한편 자본축적의 급격한 일시적 중단인 공황국면과 그에 이어지는 불황국면을 통틀어 경제위기(economic crisis)라 한다. 여기서는 이와 같이 공황 개념을 경제위기의 한 특수한 국면을 지칭할 때 사용하고 보다 포괄적으로는 경제위기 개념을 사용하고자 한다.

공황은 자본주의가 확립된 이후 주기적으로 발생해왔다. 최초의 공황은 1825
년 영국에서 발생했다. 이후 자본주의 체제를 가진 나라라면 어느 나라든 주기
적 공황이 발발했다. 자본주의 역사에서 가장 격렬했던 공황은 두말할 필요 없
이 1929년의 세계대공황이었다. 당시 먼저 공황이 발생했던 미국에서는 실질
국민총생산이 1930년 9.9%, 1931년 7.7%, 1932년 14.8% 감소했다. 이에 따
라 실업률은 1929년 3.2%, 1930년 8.7%, 1931년 15.9%, 1932년 23.6%,
1933년 24.9%로 크게 증가하였다. 1933년에는 미국과 독일의 산업생산수준이
1929년의 47% 수준으로 떨어졌다. 그 결과 경제적 혼란이 격화되고 사회적 위
기가 심화되어 자본주의는 체제위기를 맞이하게 된다. 세계대공황의 발생으로
독일에서는 파시즘이 득세하고, 미국에서는 뉴딜정책이 등장하였다. 1930년대
세계대공황을 계기로 자본주의 국가에서는 어디든 경제에 대한 국가개입이 본
격적으로 이루어진다.

1930년대의 세계대공황을 계기로 자본주의 시장경제가 완전하다는 미신이
깨어졌다. 자본주의 시장경제는 자생적으로 총공급과 총수요가 일치하여 균형
이 달성되기 때문에 일반적 과잉생산은 있을 수 없고, 완전고용이 달성된다는
신고전파 경제학의 주장이 오류라는 것이 명백히 드러났다. 일시적으로 경제가
균형에서 이탈하더라도 곧 균형을 회복하며 부분적인 과잉생산이 나타나면 시
장기구를 통해 과잉이 해소되어 일반적 과잉생산은 있을 수 없다는 주장은 파
국적인 일반적 과잉생산이 장기화되는 현실 앞에 설득력을 가질 수 없었다. 시
장경제에서는 완전고용이 달성된다는 신고전파 경제 이론은 장기 지속되는 대
량실업 사태 앞에 파산하게 된다. 공황은 자본주의의 내재적인 모순이 폭발한
고질병이라는 인식이 널리 확산된다.

1930년대의 세계대공황이라는 자본주의 역사상 유례없는 위기는 제2차세계
대전이라는 전쟁을 계기로 극복된다. 제2차세계대전 이후 선진자본주의 경제는
다시 성장추세로 돌아선다. 1940년대 중반에서 1970년대 초반까지 약 30년간
고도성장이 지속되었다. 그러나 1973년 석유파동을 계기로 그 장기호황은 끝이
나고 선진 자본주의 국가들이 다시 경제위기에 빠진다. 1997~1998년에는 한
국, 태국, 브라질 등 신흥공업국 자본주의 경제에서 금융위기가 발생하였다. 신

홍공업국가의 선두 주자로서 OECD에 가입한 한국의 경우, 1997년 말에 외환
위기가 발발하고 이것이 공황으로 연결되어 산업생산이 급격히 감소하고 실업
률이 급증하는 파국적 경제위기를 경험한 바 있다. 자본주의의 출생과 함께 주

대공황

대공황은 그 누구에게도 책임을 돌릴 수 없는 이상한 사건이다. 시민들은 나름대로
무얼 사두면 재산을 늘릴 수 있을까를 따져본 끝에 주식 값이 오를 때 샀고 내릴 때는
팔았다. 자본가들은 경기가 좋으면 투자를 늘렸고 물건이 안 팔리면 생산을 줄였다. 소
비자들은 소득이 줄고 일자리를 잃어버렸기 때문에 씀씀이를 줄였을 뿐이다. 모두가 현
명한 행동을 했는데 사회 전체가 불행해졌으니 서로 원망할 수도 없는 일이었다.

창고의 먹을 것과 입을 것을 가득 쌓아놓고도 밖에서 얼어 죽고 굶어 죽는 사람이 있
다면, 바보가 아니면 정신병자라고 해야 할 것이다. 그런데 대공황이 위세를 떨치는 동
안 사람들은 집단으로 그런 짓을 했다. 그것도 스스로 세계를 이끄는 문명사회를 만들
었노라고 자랑하던 사람들이, 하루 이틀도 아니고 여러 해에 걸쳐서.

상점과 공장 창고에는 팔리지 않은 물건이 그득그득 쌓여 있었다. 그런데 거리에는
헐벗고 굶주린 사람들이 쓰레기통을 뒤지며 돌아다녔다. 상품은 너무 많은데 그것을 쓸
사람들에게는 돈이 없었기 때문이다. 어제까지만 해도 쉴새없이 돌아가던 기계는 거기
그대로 멈춰서 있었다. 노동자들은 사랑하는 가족을 먹여살리려고 열심히 일자리를 찾아
다녔다. 하지만 기업가는 물건이 팔리지 않기 때문에 공장을 돌릴 수 없었고 그래서 그
들을 고용할 수 없었다. 상점 진열대도 그대로였고 은행에서 발행한 현금도 누군가의 금
고에 들어 있었지만 아무도 그 돈을 투자하려 들지 않았다. 야적장에는 석탄이 산더미처
럼 쌓여 있는데 가난한 사람들은 겨우내 떨며 살았고 거지꼴을 한 아이들이 철조망 사이
로 석탄을 훔치러 다녔다. 캘리포니아 농장에서 오렌지 공급을 줄이려고 농장주들이 멀
쩡한 오렌지에 석유를 뿌려 썩이는 동안 뉴욕 빈민가 어린이들은 영양실조로 죽어갔다.
새로운 기계와 신품종 오렌지를 개발한 과학자들은 창고를 상품으로 가득 채우는 데 크
게 공헌했다. 그러나 그것을 지혜롭게 나누어 쓰는 문제에 대해서는 과학자도 정치가도
기업가도 뾰족한 대책을 세울 수 없었다.

그러나 모든 사람이 다 공황 때문에 손해를 보지는 않았다. 부자들은 더 큰 부자가
되었다. 그들은 쓰러진 경쟁기업을 헐값에 사들이고 값이 떨어진 주식을 긁어모았다. 대
공황이라는 폭풍우를 견뎌낸 기업은 시장을 지배하는 독점기업으로 성장했다. 한편에서
가난과 절망이 켜켜이 쌓여가는 동안 다른 한편에서는 더 많은 재산을 쌓아올린 것이다.

유시민, 『거꾸로 읽는 세계사』, 풀빛신서, 1995, 114-116쪽.

기적으로 발생해온 공황은 한편으로는 자본주의의 고질병이 터진 것이지만, 다른 한편으로는 그 병을 치료하는 역할을 한다. 자본축적의 모순이 심화되어 공황이 폭발하고 경제위기가 발생하지만 바로 그 공황의 폭발과 위기의 발발을 통해 누적되어온 모순들이 해소된다. 호황국면에서 심화되어온 불균형이 극도에 달하여 붕괴한 후 다시 불균형이 일시에 회복된다. 급속한 팽창으로 인한 상품의 과잉생산과 과잉축적으로 인한 노동력 부족과 임금상승이 이윤율을 하락시키고 투자를 위축시켜 공황이 발생한다. 그러나 공황의 폭발에 따라 과잉시설이 폐기되고 과잉자본이 파괴되며 대량실업이 발생함에 따라 이윤율이 회복되고 투자가 촉진되어 다시 경제가 성장할 수 있게 된다. 부실하고 비효율적인 기업은 도태되고, 보다 효율적인 기업을 중심으로 자본이 재편되는 구조조정을 통해 경기가 회복된다. 이런 점에서 공황과 경제위기는 자본주의의 병이자 약이 된다.

그러나 고질병은 다시 재발한다. 공황과 경제위기가 거듭되면 자본주의라는 유기체의 체질이 약화된다. 공황과 경제위기는 후유증 없이 극복되지 않는다. 특히 공황의 발발과 경제위기 해결과정에서 계급투쟁이 격화되고, 정치적 및 사회적 혼란이 나타난다. 주기적인 공황과 위기는 그냥 맡겨두면 자본주의의 체제위기로 전화될 가능성이 있다. 따라서 거듭되는 공황과 경제위기는 경제에 대한 국가의 개입을 불가피하게 만든다.

그런데 국가의 개입은 일시적으로 병을 치유할 수는 있어도 병의 뿌리를 다스릴 수는 없다. 즉 국가개입은 공황의 격렬성을 완화시키거나 공황의 발발을 지연시킬 수 있을지 몰라도 주기적 공황과 위기 그 자체를 없앨 수 없다. 국가개입을 통한 위기 극복은 마치 항생제 투입을 통한 병의 치료가 인체의 면역기능을 약화시키는 것처럼 자본주의의 면역력을 약화시킨다.

공황 발생의 가능성

공황은 자본주의에 고유한 경제위기 현상이다. 자본주의 이전에는 자연재해나 전쟁과 같은 외부적 충격으로 인해 생산과 유통이 중단되어 경제가 위기에 빠지는 경우가 있었다. 그러나 자본주의에서는 이러한 외부적 충격 없이도 체제 그 자체의 모순 때문에 자본축적이 일시에 중단되는 공황이 발생한다. 자본주의에서 공황이 발생하게 되는 체제적 요인은 무엇인가?

첫째, 자본주의가 상품생산을 하기 때문에 공황이 발생할 가능성이 있다. 자본주의는 고도로 발달한 상품생산 사회이다. 따라서 자본주의에서 상품생산 사회의 모순이 가장 현저하게 나타난다. 앞의 제4장에서 논의한 것처럼 상품생산 사회에서는 상품생산자의 사적 노동이 사회적 노동으로 인정되는 것은 시장에서의 교환을 통해야 가능하다. 서로 경쟁하고 있는 수많은 상품생산자들의 사적 노동의 결과인 생산물이 시장에 공급되지만 그 생산물들이 팔린다는 아무런 보장이 없다. 다시 말해서 사회적 총생산물의 공급 즉 총공급(aggregate supply)이 사회적 총생산물에 대한 수요 즉 총수요(aggregate demand)와 일치하는 것은 우연에 불과하다. 이를 사회적 생산의 무계획성 혹은 무정부성이라 한다. 이와 같은 사회적 생산의 무계획성 때문에 총공급이 총수요를 초과하여 상품의 일반적 과잉생산이 발생할 수 있다. 그 결과 상품가격이 폭락하고 생산이 급격히 축소되고 고용이 감소되는 공황이 발생할 수 있다.

둘째, 자본주의는 화폐경제이기 때문에 공황이 발생할 가능성이 있다. 자본주의는 화폐가 경제활동에 결정적인 역할을 하는 고도로 발달한 화폐경제이다. 자본주의에서 화폐가 가치증식을 위한 유통수단과 지불수단으로서 기능을 할 경우 공황 발생 가능성이 있다.

우선 화폐가 유통수단으로 기능을 할 경우를 보자. 'C-M-C'에서 상품생산자들이 판매만 하고 구매를 하지 않아 화폐가 퇴장되면 판매(C-M)와 구매(M-C)가 분리되어 'C-M-C'의 유통이 중단된다. 이렇게 되면 상품생산자들은 판매할 수 없는 일반적 과잉생산 현상이 나타난다. 그래서 생산이 급격히 축소되고 상품가격이 폭락하는 공황이 발생한다. 따라서 '공급은 스스로 수요를 창출한다', 다시 말해서 '판매는 항상 구매를 수반한다'는 '세이의 법칙(Say's law)'은 판매가 곧 구매인 물물교환경제(barter economy)에서 관철되지만 판매와 구매가 분리되는 화폐경제(money economy)에서는 통하지 않는다.

이와 같이 화폐의 퇴장(hoarding)이 공황을 초래할 수 있다. 화폐가 단순한 유통수단으로 사용되는 단순상품생산과 달리 유통수단뿐만 아니라 가치증식수단과 투기수단으로 사용되는 자본주의 경제에서는 화폐의 퇴장 가능성은 훨씬 더 높다. 'C-M-C'라는 유통이 이루어지는 단순상품생산에서는 사용가치 획득을 목적으로 '사기 위해 팔기' 때문에 판매(C-M)는 조만간 구매(M-C)로 연결된다. 따라서 공황 발생의 가능성은 그만큼 적다.

그러나 'M-C-M''라는 유통이 이루어지는 자본주의에서는 교환가치 획득을 목적으로 '팔기 위해 사기' 때문에 가치증식의 가능성 즉 이윤획득의 가능성이 비관적이면 자본가가 생산수단과 노동력을 구입하지 않아 화폐는 퇴장되고 'M-C'의 과정이 중단된다. 아울러 상품이 판매되지 않아 'C-M''의 과정이 중단되면 생산과정이 중단되고 따라서 생산수단과 노동력을 구입하는 'M-C'의 과정이 중단된다. 비록 상품이 판매되더라도 이윤율이 이자율보다 낮다면 이윤을 재투자하지 않고 화폐를 퇴장시키기 때문에 생산이 급격히 위축된다. 생산활동보다 높은 수익이 발생하는 투기 기회가 많으면 많을수록 화폐의 퇴장 가능성은 높고, 따라서 공황 발생 가능성이 높다.

한편 지불수단으로 기능을 하는 화폐가 부족하면 공황 발생 가능성이 있다. 화폐가 채무를 변제하는 최종적 지불수단으로 기능하기 때문에 신용거래가 이루어지고 어음과 수표와 같은 신용화폐가 발행된다. 이와 같이 신용에 기초하여 거래가 이루어지고 잉여가치의 생산과 자본축적이 진전되면 확대재생산이 촉진된다. 특히 신용창조를 통해 신용화폐의 공급이 증가하면 생산은 크게 팽창한다. 그런데 만약 복잡하게 서로 얽힌 신용거래의 고리에서 어떤 거래자가 채무를 이행하지 못하면 연쇄적인 채무불이행 사태가 발생한다.

이렇게 되면 신용질서는 붕괴되고 모든 거래자는 최종 지불수단인 화폐를 구하게 된다. 그리하여 신용공황과 화폐기근이 발생한다. 여기서 지불불능의 기업은 도산한다. 신용거래의 고리에 따라 연쇄적인 지불불능 사태가 발생하여 기업들의 연쇄도산이 나타난다. 화폐기근으로 이자율은 폭등하고 상품의 투매로 상품가격은 폭락한다. 그 결과 생산이 위축되고 고용이 감소되는 공황이 발생한다. 금융위기가 실물경제의 위기로 전환하는 것이다. 은행신용을 받아 부채에 기초하여 자본축적을 하는 경제에서는 이러한 요인에 의한 공황 발생가능성이 더 높다.

셋째, 자본주의는 불안정한 동태적 체제이기 때문에 공황 발생가능성이 있다. 자본주의의 정상적인 상태는 균형이 아니라 불균형이고, 조화가 아니라 갈등이다. 그것은 자본주의가 무정부적 생산과 적대적 생산관계에 기초하고 있기 때문이다. 사전적 조정기구가 없는 무정부적 생산 때문에 불균형이 일반적이며 균형은 특수한 우연적 상황에 불과하다. 불균형이 확대되면 균형을 회복하는 힘이 작용하지만 다시 불균형이 나타난다.

자본주의는 끊임없이 불균형상태에서 운동하는 경제체제이다. 그리고 자본가가 노동자를 착취하기 때문에 생산관계가 적대적이고, 따라서 갈등이 상존한다. 계급타협을 통해 일시적으로 조화가 나타날 수 있으나 이는 특수한 정세에서 일어나는 현상이다. 이처럼 불균형과 계급갈등이 심화되면 자본주의의 불안정성이 증대한다. 이는 투자의 불안정성을 증대시킨다. 투자는 급증하다가 일시에 갑자기 줄어들 수 있다. 이때 투자의 급속한 위축은 생산의 격감과 실업의 급증을 초래하는 공황을 발생시킨다.

아울러 급격한 기술변화로 인한 제품주기(life-cycle)의 급격한 단축은 기존 기술로 생산한 제품의 과잉을 낳고, 기존 기술을 갖춘 기계설비의 과잉을 낳는다. 따라서 다수의 기업들이 기술변화의 속도에 따라가지 못하면 과잉생산과 과잉설비가 나타나서 사회적 생산이 급격히 감소하는 공황이 발생한다. 급격한 기술변화와 기술의 불균등발전은 경제부문간 불일치를 증폭시키고, 산업간 및 지역간 불균등발전을 심화시켜 과잉생산과 과잉설비를 낳아 공황을 발생시킬 수 있다.

다른 한편 생산부문간의 연관성이 갈수록 증대하는 자본주의 경제에서 기간산업 노동자들의 파업은 자본축적을 일시에 중단시키고 경제를 혼란에 빠뜨려 공황을 불러일으킬 수 있다. 노동자계급의 교섭력의 증대로 인한 실질임금의 급격한 상승이 이윤율을 하락시킴으로써 투자가 급격히 위축되어 공황이 초래될 수 있다. 이와 반대로 부익부 빈익빈이란 자본주의적 축적의 일반법칙이 관철된 결과 나타나는 사회의 양극화는 노동자 대중의 빈곤을 초래하여 유효수요 부족으로 인한 공황을 야기할 수 있다.

2. 경제위기의 원인: 대안적 가설들

지금까지 자본주의에서 공황이 발생할 수 있는 가능성에 대해 논의하였다.

이제 현실 자본주의에서 공황과 경제위기가 발생하게 되는 직접적인 원인은 무엇인가를 알아보자. 정치경제학에서 경제위기의 원인에 관해서는 서로 다른 가설들이 경합하고 있다. 이윤율 하락에 따른 경제위기를 중요시하는 자본구성 고도화설, 임금 상승설, 생산성 위기설, 상품의 실현곤란에 따른 경제위기를 중요시하는 과소소비설과 불비례설 등 크게 5가지 가설들이 제시되고 있다.

이윤율 하락에 따른 경제위기

이윤율 하락은 투자를 위축시켜 경제위기를 초래한다. 앞에서 우리는 자본축적의 진전에 따라 이윤율 하락 경향이 나타난다고 서술한 바 있다. 그렇다면 이윤율 하락의 원인이 곧 경제위기의 원인이 될 것이다. 이윤율 하락의 원인은 무엇인가?

이윤율(p)은 다음과 같이 두 가지 방식으로 표시할 수 있다.

$$p = \frac{S}{C+V} = \frac{S/V}{C/V+1} = \frac{s}{q+1} \quad (1)$$

$$p = \frac{P}{K} = \frac{P}{Y} \cdot \frac{Y}{L} \cdot \frac{L}{K} \quad\quad (2)$$

(1)식에서 S는 잉여가치, C는 불변자본, V는 가변자본, s는 잉여가치율, q는 자본의 유기적 구성을 나타낸다. (2)식에서 P는 이윤량 K는 고정자본, L은 취업노동자수, Y는 산출량(혹은 국민순생산)이다.[1] P/Y는 국민순생산 중에서 차지하는 이윤의 비중으로서 이윤 몫(profit share)이라 한다. 국민순생산 Y는 임금(W)과 이윤(P)으로 분배되므로 'Y=W+P'이다. 따라서 'P/Y=1-W/Y'가 된다. 여기서 W/Y는 임금 몫(wage share)이다. Y/L은 노동생산성, L/K는 자본-노동 비율(노동자 1인당 고정자본량) K/L의 역수이다. 그리고 K/L은 자본의 유기적 구성을 반영한다. 자본의 유기적 구성이 높아지면 K/L이 증가한다.

위의 (2)식을 보면 이윤율은 이윤 몫(P/Y), 노동생산성(Y/L), 자본-노동 비율

---

1) (1)식에서는 '투자자본=불변자본+가변자본'이 분모가 되고, (2)식에서는 고정자본(기계설비)만이 분모로 되고 있다는 차이점을 유의할 필요가 있다.

(K/L)이라는 세 가지 요인에 의해 결정됨을 알 수 있다. 따라서 이윤율 하락의 원인은 ① 이윤 몫의 하락, ② 노동생산성의 하락, ③ 자본-노동 비율의 상승 등 세 가지로 구분해 볼 수 있다. 이 세 가지 요인 중 어느 것을 주요한 요인으로 보느냐에 따라 서로 다른 가설이 제기된다.

첫째는, 자본구성 고도화 가설이다. 이는 자본의 유기적 구성 고도화가 경제위기의 주된 원인이라고 보는 가설이다. 이 가설은 위의 (2)식에서 자본-노동 비율의 상승이 이윤율 하락의 주된 원인이라고 본다. 특별잉여가치를 추구하는 자본간 경쟁이 격화됨에 따라 자본의 유기적 구성이 고도화되면 이윤율이 하락하여 투자가 위축되므로 경제위기가 발생한다는 것이다. 이윤율 하락에 대응하여 이윤량을 증대시키기 위해 자본가들이 다투어 투자를 늘리면 이윤율은 더욱 하락하고 과잉생산이 초래되어 사태를 더욱 악화시키게 된다. 자본의 유기적 구성 고도화는 노동생산성을 향상시켜 잉여가치율을 높임으로써 이윤율을 높이는 요인을 발생시킨다.

그런데 이 가설에 의하면 잉여가치율(s) 상승 정도보다 자본의 유기적 구성(q) 상승 정도가 훨씬 더 높아 이윤율이 하락한다고 주장한다. 즉 위의 (1)식에서 s의 증가속도보다 q의 증가속도가 더 높다는 것이다. 요컨대, '자본구성 고도화 가설'은 특별잉여가치를 추구하는 자본간 경쟁의 격화가 자본의 유기적 구성을 고도화시키고, 이것이 이윤율을 하락시켜 투자를 위축시킴으로써 경제위기가 발생한다는 주장을 하고 있는 것이다.

둘째는, 이윤압박 가설(profit squeeze theory)이다. 이 가설은 임금상승으로 인한 이윤감소가 경제위기의 주된 원인이라고 본다. 즉 임금상승이 임금 몫(W/Y)을 상승시키고,[2] 그 결과 이윤 몫(P/Y)을 하락시켜 이윤율을 하락시킴으로써 투자가 위축되어 경제위기가 발생한다는 것이다. 호황기의 급속한 자본축적이 자본의 유기적 구성의 고도화에도 불구하고 노동력 수요를 크게 증대시켜 노동시장에서 상대적 과잉인구를 고갈시키고 노동력의 부족을 초래하여 임금을

---

2) 임금상승이 임금 몫(W/Y)을 증가시키는 것은 임금 상승률이 노동생산성 상승률 보다 더 큰 경우이다. 임금 몫은 'W/Y=(W/L)·(L/Y)'로 표시할 수 있다. 여기서 W/L은 평균임금, L/Y는 노동생산성 Y/L의 역수이다. 따라서 임금 상승률이 노동생산성 상승률이 더 높으면 임금 몫이 상승한다.

〈그림 15.1〉 이윤율 하락에 따른 경제위기 발생경로: 세 가지 가설

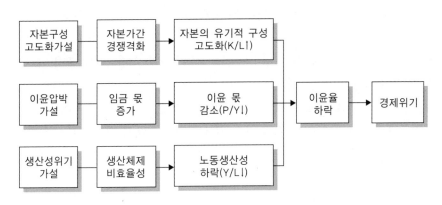

상승시킨다. 이와 같이 실질임금의 상승을 초래하여 이윤율을 하락시키는 자본축적을 과잉축적(overaccumulation)이라 한다. 자본의 과잉축적을 맑스는 자본의 과잉생산이라 불렀다.

　한편, 임금상승의 원인을 과잉축적에서 찾기보다는 노동계급의 세력강화에서 찾는 견해도 있다. 노동계급의 교섭력 강화가 실질임금을 상승시키고 이것이 이윤을 압박하여 투자를 위축시킴으로써 경제위기를 초래한다는 것이다. 과잉축적 요인을 강조하느냐 아니면 노동계급 세력강화 요인을 강조하느냐의 차이는 있지만, 임금상승이 이윤율을 하락시켜 경제위기를 초래한다고 보는 점에서 두 견해는 일치한다.

　셋째는, 생산성 위기 가설이다. 이 가설은 생산성 상승의 둔화를 경제위기의 주된 원인으로 본다. 즉 노동생산성(Y/L)의 하락이 이윤율을 하락시켜 투자를 위축시킴으로써 경제위기가 초래된다는 것이다. 자본의 유기적 구성이 고도화됨에도 불구하고 노동생산성이 하락하는 것은 생산체제가 비효율적이거나 노동통제가 비효과적이기 때문일 것이다. 앞의 제8장에서 밝힌 것처럼 생산체제의 비효율성은 주로 생산기술과 작업조직의 낙후에서 비롯된다. 노동통제의 비효과성은 대부분 노자간의 계급대립이 심화되어 노동자들이 노동의욕을 상실하거나 결근, 태업, 파업과 같은 투쟁을 하여 노동강도가 감소한 데서 비롯된다.

　이와 같이 기술적 요인과 노사관계적 요인에 의해 생산성이 크게 하락하는

현상을 생산성 위기(productivity crisis)라 한다. 기술혁신과 조직혁신이 지체되고 효과적인 노동통제체제가 정립되지 못하면 생산성 위기가 나타날 수 있고, 이것이 경제위기의 원인이 될 수 있다. '생산성 위기 가설'은 단기적인 경기순환과정에서 나타나는 순환적 위기보다는 자본주의의 장기침체와 같은 구조적 위기[3]를 설명하는 가설이다.

이제 이 세 가지 가설이 설명하는 경제위기 발생 경로를 나타내보면 <그림 15.1>과 같다. 세 가지 가설은 이윤율 하락의 원인에 대해 서로 다른 견해를 가지고 있지만, 이윤율 하락이 경제위기를 초래한다는 점에서는 인식을 같이한다.

실현곤란에 따른 경제위기

앞에서는 생산된 상품이 지나친 재고 누적이 없이 그 가치대로 판매되는 경우에도 이윤율 하락으로 인해 경제위기가 발생함을 보았다. 원래 이윤율 하락 경향은 상품이 그 가치대로 판매된다는 가정 아래 도출된다. 그런데 상품의 판매부진으로 상품 속에 포함되어 있는 가치의 실현이 곤란하여 경제위기가 발생할 수 있다. 미국의 대표적 정치경제학자 스위지는 자본가가 자신이 생산하는 상품의 가치를 완전히 실현할 수 없기 때문에 발생하는 공황을 '실현공황(realization crisis)'이라 불렀다. 상품의 실현곤란에 따른 경제위기에는 두 가지 형태가 있다. 하나는 노동계급의 과소소비로 인한 실현곤란이 발생시키는 경제위기이고, 다른 하나는 생산부문간 불비례로 인한 실현곤란이 초래하는 경제위기이다. 전자의 요인을 강조하는 것이 '과소소비 가설'이고, 후자의 요인을 강조하는 것이 '불비례 가설'이다.

먼저 '과소소비 가설(underconsumption thesis)'을 보자. 노동자의 저임금 때문에 소비수요의 대부분을 차지하는 노동자의 소비수요가 부족해서 소비재 판매가 부진하기 때문에 경제위기가 발생한다는 것이 과소소비 가설의 주장이다.

이러한 소비수요의 부족 즉 과소소비가 경제위기를 발생시키는 경로를 보면 다음과 같다. '노동자의 소비수요 부족→소비재 생산 과잉→소비재 생산 축소→생산재 수요 감소→생산재 생산 과잉→생산재 생산 축소'라는 파급 효과를

---

3) 순환적 위기와 구조적 위기에 관한 자세한 논의는 다음 제16장 2절에서 다룬다.

통해 총수요가 감소하여 경제위기가 발생한다. 이처럼 과소소비 가설의 핵심적 논리는 노동자의 저임금으로 인해 소비재 수요 증가율이 소비재 생산 증가율보다 적기 때문에 소비재 생산의 과잉이 발생하여 경제위기가 발생한다는 것이다. 여기서 노동자의 저임금이란 임금 상승률이 노동생산성 상승률보다 적은 상태를 말한다. 임금 상승률이 노동생산성 상승률보다 낮으면 임금 몫이 감소한다.[4] 이 임금 몫의 감소가 소비수요의 부족을 초래하는 것이다.

따라서 임금 몫의 감소와 이윤 몫의 증가를 가져오는 분배관계의 변화가 유효수요를 부족하게 하여 경제위기를 발생시킨다. 임금이 상승해도 임금 몫이 감소하면 과소소비로 인해 경제위기가 발생하지만, 만약 임금이 하락한다면 과소소비로 인한 경제위기 발생 가능성은 그만큼 더 높게 될 것이다. 이처럼 과소소비 가설은 노동자에게 불리한 분배관계가 유효수요를 부족하게 하여 경제위기를 초래하는 과정에 초점을 맞추고 있다.

다음으로 '불비례 가설(disproportionality thesis)'을 보자. 불비례 가설은 자본주의적 생산의 무정부성에서 비롯된 생산부문간의 불비례(不比例)로 인한 잉여가치 실현곤란에서 공황의 원인을 찾고 있다. 이 가설은 생산재 생산부문과 소비재 생산부문 간의 불균형이 상품의 실현을 곤란하게 하여 경제위기를 초래한다고 본다. 즉 생산재 생산부문인 I부문이 소비재 생산부문인 Ⅱ부문에 비해 과잉 팽창하여 생산재의 과잉생산이 나타나 경제위기가 발생한다는 것이다. 재생산표식에서 볼 때, 확대재생산의 균형조건 충족에 필요한 생산재보다 더 많은 생산재가 생산되면, 생산재 판매 부진이 생산재 생산을 축소시켜 경제위기가 발생하는 것이다. 다시 말해서 생산재 생산이 생산재에 대한 수요 즉 투자수요보다 크기 때문에 실현곤란이 생겨 경제위기가 발생한다는 것이다.

생산재의 과잉생산은 I부문에서 과잉투자가 이루어졌기 때문이다. 이러한 생산부문간의 불비례는 근본적으로 자본주의적 생산의 무정부성에서 비롯된다. 생산의 무정부성으로 인한 불안정한 투자수요가 과잉투자와 과잉생산을 불러일으키고, 이것이 마침내 투자위축을 초래하여 경제위기를 초래한다.

---

4) 임금 몫은 'W/Y=(W/L)·(L/Y)=(W/L)/(Y/L)'로 나타낼 수 있기 때문에 임금(W/L) 상승률이 노동생산성(Y/L) 상승률보다 낮으면 임금 몫이 하락함을 알 수 있다.

경제위기 가설들의 적합성: 이론과 현실

위에서 경제위기를 설명하는 다섯 가지 가설에 대해 알아보았다. 각 가설은 경제위기를 초래하는 주된 요인을 서로 다르게 인식하고 있다. 과연 어느 가설이 현실의 경제위기를 잘 설명하는가? 현실의 경제위기에는 복합적 요인들이 작용하고 있고, 경제위기가 나타나는 나라와 시기에 따라 그 주요한 원인이 서로 다르다. 각 가설들은 현실의 경제위기를 설명하는 데 강점과 약점을 가지고 있다.

자본구성 고도화 가설은 경제위기의 원인을 자본의 유기적 구성 고도화라는 생산과정의 기술적 요인에서 찾고 있다는 점에서 특징적이다. 다른 조건이 동일할 때, 자본의 유기적 구성이 고도화되면 이윤율이 하락한다. 그러나 자본의 유기적 구성 고도화는 노동생산성을 높여 잉여가치율을 높이고 상대적 과잉인구를 발생시켜 임금을 하락시킴으로써 이윤율을 높일 수 있다. 이 가설은 이러한 가능성을 무시한다. 자본의 유기적 구성 고도화와 이윤율의 하락은 자본축적과정에서 장기 추세로서 나타나는 현상이다. 따라서 이 가설은 자본주의의 장기침체 설명에는 적합할지 몰라도 단기적인 공황 및 경제위기 설명에는 한계가 있다. 이 가설은 1970년대 이후 유럽의 경제위기를 일정하게 설명하는 하나의 가설이 될 수 있지만, 1930년대 대공황을 설명하지 못한다.

이윤압박 가설은 임금 몫의 증가라는 분배과정에서의 변화가 경제위기를 초래한다고 보는 점에서 생산과정에서 경제위기의 원인을 찾고 있는 자본구성 고도화 가설과 구분된다. 과잉축적이나 노동계급의 세력강화가 임금 몫을 상승시켜 경제위기를 초래한다고 보는 이윤압박 가설은 임금 몫의 하락으로 인한 노동자의 과소소비가 경제위기를 발생시킨다고 보는 과소소비 가설과는 정반대의 논리를 펴고 있다. 이윤압박 가설은 노동자들의 저임금 상태에서 과잉생산이 이루어져 발생한 1930년대의 대공황을 설명하지 못한다. 그러나 고임금과 저생산성으로 인해 발생한 1970, 1980년대 유럽 자본주의의 경제위기를 설명하는 가설의 하나로 평가된다.

생산성 위기 가설은 생산과정 내부에서의 기술적 요인과 노사관계적 요인에 의한 생산체제의 비효율성과 노동통제의 비효과성을 경제위기의 원인으로 보고 있다. 이 가설은 잉여가치 실현과정이 아니라 잉여가치 생산과정에 주목하여 유통과정이나 분배관계가 아니라 생산관계에서 경제위기의 원인을 찾으려는 점에서 정치경제학의 관점에 충실하다. 많은 경제위기들의 기초에 생산성 위기가 있다고 할 수 있기 때문에 이 가설은 경제위기를 설명하는 유력한 가설이 될 수 있다. 그러나 이 가설은 잉여가치의 실현곤란으로 인한 경제위기를 설명하지 못하는 일면성을 가진다. 1970, 1980년대 유럽 자본주의의 경제위기를 설명하는 유력한 가설의 하나이지만, 1930년대 대공황을 설명하지 못한다. 그리고 이 가설도 자본주의의 장기침체를 설명하는 데는 강점이 있지만 단기적인 공황을 설명하는 데는 한계가 있다.

과소소비 가설은 노동계급의 저임금으로 인한 임금 몫의 하락이 소비수요 부족을 초래하여 경제위기를 발생시킨다고 본다. 이 가설은 잉여가치의 실현과정에 초점을 맞추어 분배관계가 유효수요에 미치는 영향에 주목한다는 점에서 특징적이다. 이 가설의 최대의 문제점은 공황과 경제위기가 발생하기 직전의 호황국면에서 임금이 상승하기 때문에 노동계급의 과소소비로 인해 공황과 경제위기가 발생한다고 주장하기 어렵다는 것이다. 과소소비 가설은 기본적으로 '대량소비 없는 대량생산'으로 인한 실현곤란에서 비롯되었던 1930년대 대공황을 설명하는 유력한 가설이다. 그러나 1970, 1980년대 유럽 자본주의의 경제위기는 설명하지 못한다.

불비례 가설은 자본주의적 생산의 무정부성에서 비롯된 특정 부문의 과잉생산이 다른 부문으로 파급되어 일반적 과잉생산이 초래된다고 본다. 특히 생산재 생산부문의 과잉팽창에서 경제위기의 원인을 찾고 있다. 그런데 부문간 불비례는 자본주의의 항상적인 현상이다. 또한 부문간 불비례는 생산재와 소비재의 상대가격의 변화와 생산부문간 자본의 이동을 통해 조정될 수 있다. 불비례 가설은 그러한 가능성을 무시한다. 불비례 가설은 1930년대 대공황도 1970, 1980년대 경제위기도 설명하지 못한다. 앞에서 제시한 다섯 가지 가설 중 불비례 가설의 현실 적합성이 가장 적은 것으로 평가된다.

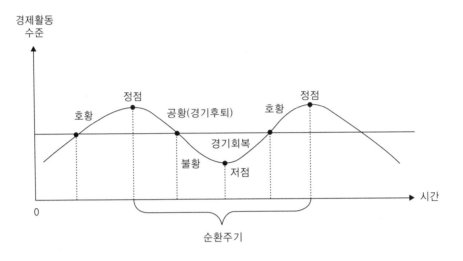

〈그림 15.2〉 경기순환의 각 국면

3. 경기순환의 현상과 원인

경기순환: 성장, 위기, 실업의 순환성

자본주의 경제의 가장 중요한 특징 중의 하나는 경제활동이 일정한 규칙성을 가지고 주기적으로 변동하는 순환성을 가진다는 것이다. 항구적 성장도 없고 항구적 위기도 없이 성장과 위기는 서로 교체된다. 즉 '성장→위기→성장→위기→……'라는 식으로 성장과 위기가 주기적으로 나타난다. 즉 순환적 성장 (cyclical growth)과 순환적 위기(cyclical crisis)가 나타나는 것이다. 이에 따라 실업도 성장국면에서 감소하다가 위기국면에서 늘어나고 다시 성장국면에서 감소하는 순환성을 가진다. 이를 순환적 실업(cyclical unemployment)이라 한다.

이와 같은 성장, 위기, 실업의 순환성은 자본주의 경제가 경기순환(business cycle)을 하기 때문이다. 자본주의 경제는 호황(boom), 공황(crisis), 불황 (depression), 경기회복(recovery)이라는 네 국면이 일정한 주기를 가지면서 순환한다. 즉 <그림 15.2>에서 보는 것처럼 '호황→공황→불황→경기회복→호황→……'이라는 순환이 되풀이된다. 여기서 경기회복과 호황이 성장국면이고,

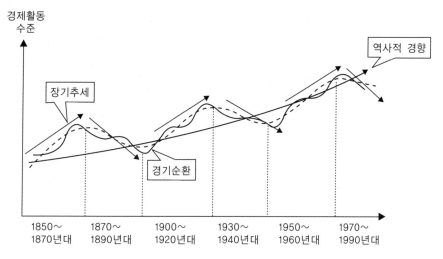

〈그림 15.3〉 자본주의의 단기적 경기순환, 장기적 추세, 역사적 경향

공황과 불황이 위기국면이다. 호황 다음에 이어지는 자본축적의 갑작스런 중단
현상인 공황 대신에 경제성장률, 투자수준, 고용수준 등 경제활동수준이 점진적
으로 떨어지는 경기후퇴(recession) 현상이 나타날 수 있다. 이 경우 경기순환은
'호황→경기후퇴→불황→경기회복'이라는 과정이 나타난다. 호황이 최고조에
달한 때를 정점(頂点, peak)이라 하고, 불황이 가장 심각한 때를 저점(低点,
trough)이라 한다. 한 정점(혹은 저점)에서 다음 정점(혹은 저점)까지의 기간을
순환주기라 한다.

1825년 최초의 공황 이후 미국, 영국, 독일 프랑스 등 주요 선진국 자본주의
역사에서 나타난 경기순환은 그 주기에 따라 네 가지 유형으로 나누어진다. 즉
3년을 주기로 하는 소순환 혹은 키친 순환(Kitchin cycle), 9년을 주기로 하는
주순환 혹은 주글러 순환(Jugler cycle), 20년을 주기로 하는 건축순환 혹은 쿠
즈네츠 순환(Kuznets cycle), 50년을 주기로 하는 장기파동 혹은 콘드라티에프
파동(Kondratieff wave) 등이다.

자본주의 경제는 단기적 경기순환을 되풀이하면서 장기적 추세(trend)를 형
성한다. 추세는 장기적 변화의 방향이다. <그림 15.3>은 자본주의의 단기적
경기순환(short-term business cycle)과 장기적 추세(long-run trend) 그리고 역사

적 경향(historical tendency)을 나타내고 있다. 18세기 이후 지금까지 자본주의 경제는 단기적 경기순환 속의 장기적 상승추세와 하강추세를 교대로 보여왔다. 1850~1870년대의 상승추세, 1870~1890년대의 하강추세, 1900~1920년대의 상승추세, 1920년대와 1929년 세계대공황 이후 1930년대까지 이어지는 하강추세, '자본주의의 황금시대'라 불리는 1950~1960년대의 상승추세, 1970년대 공황 이후 1990년대까지 이어지는 하강추세 등 상승과 하강을 거듭하는 장기추세를 보여왔다. 이러한 장기추세 속에서 전체적으로 경제활동수준이 상향 발전하는 역사적 경향을 나타냈다.

호황국면

이제 단기적 경기순환의 각 국면에 어떤 현상들이 나타나고 그 원인은 무엇인지 알아보자. 우선 호황국면에서는 소비와 투자가 증가하고 설비가동률이 높아진다. 자본의 유기적 구성이 고도화되어 노동생산성이 상승한다. 그 결과 생산과 소득이 증가하여 경제성장률이 상승한다. 경제성장으로 노동력 수요가 증가하여 실업률이 감소한다. 노동생산성 상승과 실업률 감소에 따라 실질임금이 상승한다. 경기가 급격히 팽창할 경우 소비수요와 투자수요로 구성되는 총수요가 크게 증가하여 총공급의 증가를 능가하면 물가가 상승한다. 인플레이션은 호황국면의 일반적 특징이다. 이러한 현상이 정점에서는 최고에 달한다.

호황국면에서 이윤율은 어떻게 변화하는가? 단기적인 경기순환 과정에서 이윤율은 설비가동률에 큰 영향을 받는다. 지금 설비가동률 요인을 고려한 이윤율(p) 공식은 다음과 같이 나타낼 수 있다.

$$p = \frac{P}{K} = \frac{P}{Y} \cdot \frac{Y}{Z} \cdot \frac{Z}{K}$$

여기서 Z는 설비를 100% 가동했을 때의 산출량 즉 잠재산출량(potential output)이다. Y는 실제산출량이다. 따라서 Y/Z는 설비가동률이 된다. 그리고 Z/K는 잠재적 산출-자본 비율이다. 단기적으로 기술의 변화가 없다고 한다면

Z/K는 일정하다. Z/K가 일정하다면 이윤율은 설비가동률(Y/Z)과 이윤 몫(P/Y)에 의해 결정된다. 앞에서 지적한 것처럼 호황기에는 소비와 투자가 증가하여 설비가동률이 증가한다. 이윤 몫은 일반적으로 호황기에 증가한다. 왜냐하면 노동생산성 상승률이 임금 상승률보다 높아서 임금 몫이 하락하기 때문이다. 이처럼 설비가동률이 증가하고 임금 몫이 감소하면 이윤율이 증가한다. 이윤율이 상승하면 투자는 더욱 증가한다. 고이윤이 고투자를 불러일으키고 고투자가 고이윤을 발생시킨다. 이러한 상승작용을 통해 호황은 정점에 달한다.

공황국면

호황의 정점에서 생산이 급격히 감소하고 실업자가 급증하며 물가가 폭락하는 공황이 발생한다. 정점에서 갑자기 공황이 나타나는 이유는 무엇인가? 경기가 급격히 팽창하여 정점에 가까워지면 노동력 수요의 대폭적인 증대로 산업예비군이 고갈되어 임금이 크게 상승한다. 여기서 임금 상승률이 노동생산성 상승률을 초과하여 임금 몫이 증가할 수 있다. 임금 몫이 증가하면 이윤 몫이 감소한다. 한편, 과잉축적으로 인해 과잉생산이 나타나면 재고가 누적되어 설비가동률이 감소한다. 이와 같이 설비가동률이 감소하고 이윤 몫이 감소하면 이윤율이 하락하여 투자가 감소한다. 투자가 감소하면 생산재에 대한 수요가 감소하여 경기가 후퇴한다. 경기후퇴가 공황으로 연결되는 것은 화폐와 신용의 역할 때문이다.

호황기의 급속한 자본축적과정에서 고정자본이 크게 팽창한다. 대규모의 고정자본 투자는 일반적으로 화폐자본에 대한 수요를 크게 증대시켜 이자율을 상승시킨다. 대규모 투자를 하는 기업들은 은행신용을 통해 화폐자본을 조달하는 것이 일반적이다. 따라서 호황의 정점에서 이윤율이 감소하는 반면 이자율은 상승한다. 이자율과 임금의 상승에 따라 기업의 수익성이 하락한다. 수익성이 하락하면 화폐의 퇴장이 나타난다. 호황기에 은행신용에 기초하여 팽창해온 기업들 중 수익성이 더욱 나쁜 기업들은 채무불능에 빠지게 되고 마침내 도산하게 된다. 한 기업이 도산하면 서로 복잡하게 얽혀 있는 신용관계로 인해 연쇄도산이 나타난다. 화폐의 기근과 신용공황이 나타나고 이자율이 폭등한다. 이에 따라 상품의 투매로 가격이 폭락하고 생산이 급격히 축소되고 대량실업이 나타나는 공황이 발생한다.

불황국면

공황에 이어 불황국면이 전개된다. 갑작스런 자본축적의 중단 이후 생산이 더욱 축소된다. 설비가동률이 더욱 떨어진다. 실업자는 더욱 늘어난다. 실업자의 증가로 임금이 하락한다. 임금하락으로 인한 소비수요의 감소로 유효수요가 감소하여 잉여가치의 실현이 곤란해진다. 따라서 임금하락으로 인한 이윤 몫 상승에도 불구하고 이윤율이 더욱 감소한다. 즉 앞의 식에서 이윤 몫 P/Y의 상승 정도보다 설비가동률 Y/Z의 하락 정도가 더 커서 이윤율이 감소하는 것이다. 불황국면에서는 임금과 이윤율이 함께 하락하는 현상이 나타난다. 따라서 소비와 투자가 모두 감소한다. 물가도 더욱 하락한다.

공황에 이어지는 불황국면에서 대규모의 가치파괴(devalorisation)가 일어난다. 가치파괴는 상품가치, 자본가치, 노동력 가치 등 세 측면에서 나타난다.

첫째, 잉여가치의 실현 곤란으로 상품가치가 파괴된다. 판매되지 않는 대량의 상품 속에 포함된 가치가 화폐로 전화되지 못하고 파괴되어버린다. 예컨대, 10,000원짜리 상품이 판매되지 않아 폐기되면 10,000원의 가치가 파괴된다. 상품가치가 파괴되면 투자한 자본의 가치가 제대로 회수되지 못하여 자본가치의 파괴를 가져온다.

둘째, 설비가동률의 하락으로 유휴설비가 증가함에 따라 상품을 생산하지 못하는 유휴설비 속에 포함된 자본가치가 파괴된다. 특히 설비가 놀고 있는 동안 새로운 기술을 갖춘 기계가 도입되면 유휴설비는 기술적 진부화로 무용지물이 되어 그 설비에 포함된 자본가치가 파괴된다. 예컨대, 가동되고 있지 않는 1억 원짜리 기계는 조만간 새로운 기술을 갖춘 기계가 도입됨에 따라 고철덩이에 불과하게 되어 1억 원의 자본가치가 파괴된다.

셋째, 실업으로 인해 노동력이 판매되지 않으면 노동력 가치가 파괴된다. 실업은 노동자의 육체와 정신을 황폐화시키고, 습득한 숙련과 지식을 무용지물로 만들 수 있다. 그래서 노동력이 파괴되고 따라서 노동력 가치가 파괴된다. 실업이 장기화될수록 이러한 현상은 강화된다. 상품과잉과 자본과잉이 노동력 과잉을 낳고 상품가치와 자본가치의 파괴가 노동력 가치를 파괴시키는 것이다.

불황국면에서 진행되는 대규모의 가치파괴는 호황국면에서 과잉된 상품과 자본을 파괴하여 과잉생산과 과잉축적이란 모순을 해소하는 과정이기도 하다. 즉 상품과잉과 자본과잉을 한꺼번에 해소하는 과정이 가치파괴인 것이다. 요컨대, 가치파괴는 호황국면에서 확대되어온 불균형을 해소하고 균형을 회복하는 과정이다. 이처럼 상품가치, 자본가치, 노동력 가치의 파괴를 통한 경제위기 극복과정은 자본주의의 본질적 속성이다.

불황국면에서는 자본이 재편성된다. 먼저 공황국면에서 도산한 기업들을 살아남은 기업들이 흡수하는 자본의 집중이 활발하게 일어난다. 기업의 인수·합병(M&A)이 대대적으로 일어나는 것은 불황국면에서이다. 또한 낡은 사양산업이 사라지고 새로운 성장산업이 등장하며, 비효율적인 부실기업이 퇴출되고 보다 효율적인 우량기업이 진입하는 산업구조조정이 나타난다. 그리고 살아남은 기업들간에 불황 극복을 위해 신기술 도입 경쟁이 격화된다. 그래서 낡은 설비와 생산방법이 폐기되고 새로운 설비와 생산방법이 도입된다. 이처럼 불황국면에서는 자본의 소유구조와 기술구조 그리고 산업구조가 바뀌는 자본의 재편성이 일어난다.

한편 불황국면에서는 자본-임노동 관계가 재정립된다. 호황기에 산업예비군이 고갈됨에 따라 노동자들의 교섭력(bargaining power)이 높아지고 자본의 노동통제가 약화되며, 임금이 상승하고 노동조건이 개선된다. 이처럼 잉여가치 생산에 불리한 조건이 공황과 불황을 계기로 타파된다. 공황과 불황국면의 대량실업의 존재로 인한 노동자들의 교섭력 약화를 배경으로 자본가들은 임금인하, 노동시간 연장, 작업속도 증대, 노동통제 강화, 작업환경 개악 등을 시도한다. 노동자들에 대한 해고의 위협이 가해지는 가운데 이러한 자본가들의 시도가 관철된다. 그 결과 잉여가치 생산에 유리한 조건이 형성된다. 이처럼 자본-임노동 관계가 잉여가치 생산에 보다 유리하게 재정립되는 것이 불황국면의 주요한 특징 중의 하나이다.

경기회복국면

불황국면에 이어 경기회복국면이 전개된다. 불황기에 나타나는 가치파괴, 자본의 재편성, 자본-임노동 관계의 재정립 등은 경기회복을 위한 기술적 기초와 생산관계적 기초를 형성한다. 가치파괴를 통해 상품과잉과 자본과잉이 해소되어 잉여가치 실현에 유리한 조건이 형성된다. 임금하락과 노동시간 연장, 노동강도 증대, 신기술 도입에 따른 노동생산성 증가로 잉여가치 생산에 유리한 조건이 형성된다. 이와 같이 잉여가치의 생산과 실현에 유리한 조건이 형성됨에 따라 이윤율이 회복되어 투자가 다시 증가하여 경기회복이 시작된다.

불황국면의 저점에 이르면 호황국면에서 대규모 투자를 통해 형성된 고정자본의 갱신 시기가 도래함에 따라 고정자본 갱신을 위한 대체투자가 대규모로 나타나 투자수요가 증대하여 경기회복이 촉진된다. 대체투자뿐만 아니라 신기술의 도입에 따른 신투자도 나타난다. 투자수요 증대에 따른 생산과 소득의 증대로 소비수요가 증가하기 시작한다. 이와 같이 총수요가 증가함에 따라 설비가동률이 높아진다.

불황국면 동안의 임금의 하락은 이윤 몫을 증가시킨다. 경기 저점에서 노동생산성은 상승하기 시작하는데, 임금은 최저수준에 머물러 있기 때문에 임금 몫이 하락하고 이윤 몫이 증가한다. 이리하여 위의 이윤율 식을 통해 볼 때, 설비가동률 Y/Z와 이윤 몫 P/Y가 증가하여 이윤율 p가 상승한다. 한편 불황의 저점에서 이자율은 최저한으로 하락한다. 공황국면에서의 화폐기근으로 치솟았던 이자율이 불황국면에서의 화폐자본 수요의 급격한 감소로 크게 떨어진다. 이자율은 낮은데 이윤율이 상승함에 따라 투자유인이 증대한다. 경기회복국면에서 물가는 완만하게 상승한다. 이 물가상승은 투자를 촉진한다.

경기회복에 따라 투자수요가 증가하면 그로 인한 소득증가로 소비수요가 증가하고, 소비수요가 증가하면 다시 투자수요가 증가한다. 투자수요 증가는 다시 소득증가를 가져온다. 또한 이윤율의 상승이 투자증대를 가져온다. 경기회복이 시작되어 경기가 상승국면으로 전환하면 실업률이 감소한다. 실업률이 감소하고 그것을 배경으로 노동자들의 교섭력이 증대하면 실질임금이 상승한다. 실질임금의 상승은 노동자들의 소비수요를 증가시킨다. 노동자의 소비수요 증가는 생산과 소득의 증가를 가져오고, 이는 다시 노동자 소비를 증가시킨다. 이러한 상승작용을 통해 경기회복이 가속화되어 마침내 새로운 호황이 나타난다.

장기파동과 그 원인

자본주의 경제는 '호황→공황→불황→경기회복→호황'으로 이어지는 단기적 경기순환이 되풀이되면서 장기적 추세를 나타낸다. 이 장기적 추세가 상승과 하강을 되풀이하는 파동을 보인다. 이를 장기파동(long wave)이라 한다. 장기파동은 약 50년의 주기를 가지고 장기간에 걸쳐 경제활동의 팽창과 수축이 되풀이되는 순환과정이다. 세계자본주의에서 이러한 장기파동의 존재를 최초로 밝힌 사람은 소련의 경제학자 콘드라티에프(N. D. Kondratieff)이다.

콘드라티에프는 산출량과 물가 지표를 가지고 1780년과 1920년 사이에 3개의 장기파동이 있었음을 확인하였다. 제1장기파동은 상승기(upswing) 1780~1790년(저점)에서 1810~1817년(정점), 하강기(downswing) 1810~1817년(정점)에서 1844~1851년(저점)이고, 제2장기파동은 상승기 1844~1851년(저점)에서 1870~1875년(정점), 하강기 1870~1875년(정점)에서 1890~1896년(저점)이며, 제3장기파동은 상승기 1890~1896년(저점)에서 1914~1920년(정점), 하강기 1914~1920년 이후 등이다. 장기파동의 상승기에서는 산출량이 증대하고 물가가 상승하는 호황인 해가 많은 반면, 하강기에는 산출량이 감소하고 물가가 하락하는 불황인 해가 많았다.

한편 만델(E. Mandel)은 이윤율 지표를 가지고 1793년과 1967년 사이에 4개의 장기파동이 존재하였음을 밝혀내었다. 제1장기파동의 상승기 1793~1825년, 하강기 1826~1847년, 제2장기파동의 상승기 1848~1873년, 하강기 1874~1893년, 제3장기파동의 상승기 1894~1913년, 하강기 1914~1939년, 제4장기파동의 상승기 1940/45~1966, 하강기 1967년 이후 등이다. 만델의 시기구분에 의하면 1929년의 세계대공황은 제3파동의 하강기에서 발생한 것이 된다. 또한 1973~1975년의 세계공황은 제4장기파동의 하강기에 발생한 것이 된다. 장기파동의 상승기에는 이윤율이 상승하고 하강기에는 이윤율이 하락하였다.

장기파동의 원인은 무엇인가? 콘드라티에프는 매우 긴 내구연수를 가진 고정자본의 대체투자의 순환이 장기파동을 낳는다고 보았다. 즉 고정자본의 대체투자가 대규모로 나타날 때 장기파동의 상승기가 나타난다는 것이다. 장기파동에 관한 대표적 이론가인 슘페터는 주요한 기술혁신(innovation)들이 장기파동의 상승기를 초래하고, 기술혁신의 효력이 사라졌을 때 하강기가 시작된다고 보았다. 면방직업과 제철업이 제1장기파동의 상승기를, 철도와 증기기관, 철강산업이 제2장기파동의 상승기를, 전기와 화학산업이 제3장기파동의 상승기를 각각 초래하였다. 이들 산업에서 기업가(entrepreneur)들의 혁신활동을 통해 새로운 투자가 집중적으로 일어나서 장기파동의 상승기가 나타난다는 것이다.

만델은 기술혁신, 세계시장의 확장, 노동계급의 세력약화 등에 의한 이윤율의 장기적 상승이 장기파동의 상승기를 초래하고, 자본의 유기적 구성의 고도화, 세계시장의 위축, 산업예비군의 고갈과 계급투쟁의 격화 등에 의한 이윤율의 장기적 하락이 장기파동의 하강기를 초래한다고 주장하였다. 프랑스의 조절이론에서는 하나의 발전모델[5]이 위기에 빠지면 장기파동의 하강기가 나타나고, 새로운 발전모델이 구축되면 장기파동의 상승기가 나타난다고 본다.

한편 코츠(D. M. Kotz)와 라이히(M. Reich) 등 미국 급진파 정치경제학자들은 자본축적과정을 지지하는 여러 제도들의 복합체인 '사회적 축적구조(SSA: social structure of accumulation)'의 형성과 해체가 장기파동의 상승기와 하강기를 가져온다고 보았다. 사회적 축적구조를 구성하는 제도들에는 노사관계, 작업조직, 산업조직, 화폐금융제도, 국가개입, 국제경제관계 등이 포함된다. 이러한 사회적 축적구조가 효과적으로 작동하고 있을 동안에는 자본주의가 장기적으로 성장하고, 그것이 붕괴할 때는 새로운 사회적 축적구조가 나타날 때까지 장기적으로 위기에 빠진다.

장기파동의 원인에 대한 이러한 논의들은, 기술혁신과 장기투자의 순환으로부터 장기파동을 설명하려는 것과 자본축적을 지탱하는 제도와 계급투쟁으로부터 장기파동을 설명하려는 것으로 구분된다. 자본주의의 장기적 상승과 하강의 진정한 원인이 무엇인지를 밝히는 이론적 및 실증적 작업은 아직 끝나지 않았다. 경제와 정치 및 문화 사이의 상호작용과 경제구조와 경제주체의 상호작용

---

5) 발전모델 개념에 관해서는 제16장에서 다룬다.

을 중요시하는 정치경제학적 관점에서 보면, 계급투쟁의 장기적 추세와 자본축적을 지탱하는 제도들의 형성과 붕괴가 자본주의의 장기적 성장과 위기를 초래하는 주요한 요인들이다.

4. 경제위기와 국가개입

반순환정책: 총수요 관리

자본주의 경제에서 경기순환은 인체의 생리현상처럼 자생적이고 주기적으로 일어난다. 호황이 공황과 불황으로 이어지고, 불황이 경기회복과 호황으로 연결된다. 공황과 불황은 그냥 두어도 시간이 지나면 자생적으로 경기회복국면으로 접어든다. 그러나 공황과 불황으로 인한 기업들의 도산과 대량실업이 큰 사회적 혼란과 위기를 초래할 수 있기 때문에 국가는 빠른 시간내에 경기를 회복하기 위해 개입하게 된다. 특히 1930년대에 유례없는 파국적 대공황을 경험한 자본주의 국가들은 자본주의 시장경제의 불완전성을 인정하고 국가가 경제에 개입하였다.6) 시장경제의 기초위에서 복지지출의 확대를 통해 경기회복을 시도했던 미국의 뉴딜정책, 통제경제 아래 군비지출의 확대를 통해 경기회복을 꾀했던 독일의 파시즘정책은 바로 대공황을 탈출하기 위한 서로 다른 국가개입방식이다.

경기순환과정에 대한 국가의 개입은 일반적으로 경기순환의 진폭을 완화시키는 반순환정책(counter-cyclical policy)을 실시하는 방식으로 이루어진다. 반순환정책의 목표는 재정금융정책을 통해 총수요를 관리하여 경기과열로 인한 인플레이션을 방지하고 공황과 불황을 극복하려는 것이다. 반순환정책으로서의 재정정책 수단에는 조세정책과 정부지출정책이 있다. 금융정책 수단에는 통화량 조절정책과 이자율정책이 있다. 조세와 정부지출, 통화량과 이자율은 총수요 수준에 영향을 미친다.

---

6) 이와 같이 경제에 대한 국가의 체계적 개입이 이루어지는 자본주의를 정치경제학에서는 '국가독점자본주의'라 한다. 이에 관해서는 제17장에서 다루게 된다.

정부지출이 있을 경우의 총수요(AD)는 소비수요(C), 투자수요(I), 정부지출(G)의 합이다. 즉 'AD=C+I+G'. 따라서 정부지출이 증가하면 총수요가 증가한다. 그리고 임금과 이윤에 부과되는 조세가 증가하면, 다른 조건이 동일할 때, 소비수요와 투자수요를 합한 민간수요(C+I)는 줄어든다. 따라서 조세가 감소하거나 정부지출이 증가하면 총수요가 증가한다. 반대로 조세가 증가하거나 정부지출이 감소하면 총수요가 감소한다. 한편 통화량 공급을 증가시키고 이자율을 낮추면 총수요가 증가하고 반대로 통화량 공급을 감소하고 이자율을 높이면 총수요가 감소한다. 한편 수출(X)이 증가하면 총수요가 증가한다. 반면 수입(M)이 증가하면 총수요가 감소한다. 이제 총수요는 'AD=C+I+G+X-M'이 된다.

반순환정책의 기본 방향은 호황국면에서 인플레이션을 막기 위해 정부가 조세를 증가시키고 정부지출을 감소시키며 통화공급을 줄여서 총수요를 감소시키는 것이다. 공황과 불황국면에서는 이와 반대로 조세를 감소시키고 정부지출을 증가시키고 통화공급량을 증대시켜 총수요를 증가시키는 것이다. 반순환정책이 기대하는 효과는 요컨대, 경기순환과 반대 방향으로 순정부지출(정부지출-조세) 수준의 순환을 형성함으로써 경기변동의 진폭을 줄이려는 것이다. 수출을 확대하고 수입을 억제하는 것도 반순환정책의 하나이다. 그런데 전세계가 불황에 빠져 있을 경우, 수출확대를 통한 불황탈출은 결국 불황과 실업을 다른 나라로 수출하는 셈이 된다.

반순환정책은 이처럼 국가가 총수요를 관리함으로서 경기순환의 진폭을 줄여 경제를 안정시킨다는 점에서 총수요 관리정책 혹은 안정화정책(stabilization policy)의 하나다. 반순환정책은 공황과 불황의 원인이 유효수요 부족으로 인한 잉여가치 실현곤란에 있다는 사실인식에 기초를 두고 있다. 따라서 만약 공황과 불황의 원인이 이윤율 하락에 있다면 반순환정책의 효과는 별로 나타나지 않을 것이다.

반순환정책의 일환으로서 정부가 경기를 부양하기 위해 법정최저임금을 인상하거나 실업자를 줄이는 고용확대정책을 실시하면 실질임금이 상승하는데, 이는 경제위기 극복에 상반되는 이중적 효과를 낳는다. 즉 실질임금의 인상은 총수요를 증대시켜 실현문제(realization problem)를 완화시키지만, 이윤을 감소시켜 수익성 문제(profitability problem)를 악화시킨다. 따라서 실현문제를 완화시키려는 반순환정책이 수익성 문제를 악화시켜 경기회복에 부정적 효과를 미친다는 사실은 총수요관리정책의 한계와 모순을 가리켜준다.

국가개입과 경기순환의 변용

국가가 경기순환과정에 개입함에 따라 자생적인 경기순환 메커니즘은 변용된다. 우선 반순환정책이 실시됨에 따라 경기순환의 진폭이 줄어든다. 따라서 경기과열이 억제되고 공황과 불황의 골이 얕아진다. 그래서 격렬한 공황과 깊은 불황 대신에 비교적 약한 경기후퇴가 나타나고 경기순환의 주기가 단축된다. 경기부양정책이 실시됨에 따라 공황과 불황의 지속기간이 짧아지기 때문이다. 이제 경기순환은 자생성을 잃게 되고, 정부의 총수요관리정책에 의해 호황과 경기후퇴가 교체되는 타율적 경기순환이 나타난다. 이와 같이 정부의 경제정책에 의해 생기는 경기순환을 칼레츠키(M. Kalecki)는 '정치적 경기순환(political business cycle)'이라 불렀다.

제2차세계대전 이후 선진자본주의 국가에서는 불황국면에서도 경제성장률이 마이너스가 아니라 플러스인 상태에서 증가하고 감소하는 이른바 '성장순환'의 형태가 나타난다. 그래서 1929~1932년의 세계대공황 이후 지금까지 선진자본주의 국가에서는 그와 같은 격렬한 공황은 발생하지 않았다. 1929~1932년의 세계대공황 때는 마이너스 성장이 나타났지만 1973~1975년의 공황 때는 경제성장률이 크게 둔화되었으나 플러스의 성장률을 나타내었다.

다른 한편, 경기회복을 위한 국가의 개입에 따라 불황국면에서 물가가 하락하는 것이 아니라 오히려 상승하는 이른바 스태그플레이션(stagflation)이라는 새로운 현상이 1970년대 이후 나타났다. 유효수요를 증대시키려는 정부의 통화량 팽창정책이 생산을 촉진하는 데 실패하면 물가가 상승하는 인플레이션이 발생한다. 인플레이션은 실질임금을 하락시켜 잉여가치율을 높일 수 있지만, 다른 한편으로는 실질임금 하락이 노동자들의 소비수요를 감소시키므로 실현문제를 악화시킨다. 이처럼 인플레이션이 생산을 촉진하지도 못하고 이윤율 하락을 막을 수도 없기 때문에 생산의 침체(stagnation)와 인플레이션(inflation)이 결합된 스태그플레이션이 발생한다.

스태그플레이션 상황에서는 실업률이 증가하는데도 물가가 상승하는 이상 현상이 나타난다. 자본과잉이 해소되지 않고 생산성이 정체하고 있는 상태에서 통화량이 팽창하면 스태그플레이션 현상은 더욱 심화되고 장기화된다. 1973∼1975년 공황 이후 선진자본주의에서 나타난 스태그플레이션 현상은 생산성 위기 속에서 국가개입을 통한 통화량 팽창이 인플레이션만 초래하고 경기회복에 실패한 데서 비롯된 것이다. 스태그플레이션 현상은 '시장의 실패'를 치유하려는 국가개입이 소기의 성과를 거두지 못하고 오히려 사태를 악화시켜 '정부실패'를 가져온 대표적 사례중의 하나라 하겠다.

이처럼 경기순환과정에 대한 국가의 개입으로 경기순환은 변용을 받지만 결코 경기순환 그 자체가 없어지지 않는다. 국가의 개입은 경기순환의 진폭을 줄이고 주기를 단축시키지만 그 대가로 자생적 경기회복 능력을 약화시키고 경제활동의 흐름을 왜곡시킨다. 따라서 시장의 '보이지 않는 손(invisible hand)'을 맹신하는 것도 잘못이지만, 정부의 '보이는 손'을 과신하는 것도 잘못이다. 자본주의의 모순은 국가개입을 통해 완화될 수는 있어도 제거될 수 없다. 말하자면 국가개입은 자본주의의 고질병에 대한 진통제는 될 수 있을지언정 병의 뿌리를 다스릴 수는 없는 것이다.

더 읽을거리

■ 김수행. 1994, 『경제변동론』, 비봉출판사.
  변형윤. 1976, 『경기순환론 연구』, 유풍출판사.
  양동휴. 2000, 『세계대공황 연구』, 서울대학교 출판부.

제16장
자본주의 발전모델

　자본축적과 경제성장 그리고 경제위기와 경기순환은 자본주의의 기본적 생산관계 속에서 기술이 변화하는 가운데 수많은 경제주체들이 집단적으로 혹은 개인적으로 제도의 제약을 받으며 행동한 결과 나타난 경제현상이다. 따라서 경제현상을 분석하려면 정치, 경제, 문화의 상호작용과 함께, 기본적 생산관계, 생산력, 제도, 주체 간의 상호작용을 밝혀야 한다.

　앞의 제3편에서 다룬 자본주의 주요 경제주체와 제도들이 제4편의 세 장에서 다룬 자본주의의 경제성장과 경제위기에 어떤 메커니즘을 통해 영향을 미치는가? 자본주의의 성장과 위기에 제도와 주체는 어떻게 작용하는가? 이러한 문제를 분석하는 데 유용한 개념이 프랑스 조절이론이 제시하는 축적체제과 조절양식, 그리고 이 양자를 결합한 발전모델이라는 개념이다. 이 장에서는 이러한 개념들로서 자본주의가 시간적으로 가변적이고 공간적으로 다양화되는 원리를 밝히고자 한다. 아울러 경기순환상의 공황이나 불황과는 다른 장기적으로 지속되는 구조적 위기에 대해서 알아본다.

1. 축적체제와 조절양식

생산관계-제도-주체

　자본주의의 기본적 생산관계는 어느 시대 어느 나라 자본주의라도 모두 동일하다. 자본주의적 소유관계가 성립하고 있는 것, 상품·화폐 관계를 통해 가치가

창출되고 표현되는 것, 자본-임노동 관계를 통해 잉여가치가 생산되는 것, 자
본간 관계를 통해 생산된 잉여가치가 이윤으로 실현되는 것 등 이러한 현상은
자본주의에 공통적이다.

  이러한 기본적 생산관계 속에서 나타나는 시장, 기업, 노동조합, 화폐금융제
도, 국가 등은 어느 나라 어느 시대 자본주의에나 존재하는 제도들이다. 그러나
이 제도들의 구체적 형태, 즉 제도형태는 나라에 따라 시대에 따라 서로 다르게
마련이다. 그리고 상품생산자와 소비자, 자본가와 노동자, 채권자와 채무자, 국
가와 같은 경제주체들의 행동방식도 나라와 시대에 따라 서로 다른 경향을 보
일 수 있다.

  이처럼 제도형태와 주체의 행동방식에 차이가 나면, 상품·화폐 관계, 자본-
임노동 관계, 자본간 관계와 같은 자본주의의 기본적 생산관계의 구체적 내용
이 달라진다. 따라서 상품생산과 화폐유통의 방식, 잉여가치의 생산방식, 잉여
가치가 이윤으로 실현되는 방식 등이 나라에 따라 시대에 따라 다르게 나타날
수 있다. 생산, 교환, 분배, 소비 등 경제활동의 모든 영역에서 제도의 내용과
주체의 행동이 영향을 미친다.

  따라서 생산성, 상품의 가격, 임금, 이윤, 이자, 지대 등과 같은 경제변수들은
순수 경제적 현상으로 이해될 수 없다. 이 변수들의 결정과정에서는 권력
(power), 기술(techology), 시장(market)이란 세 요인이 작용한다. 예컨대, 임금
결정에는 자본가와 노동자 간의 세력관계, 기술변화에 따른 노동생산성 변화,
노동시장에서의 노동력의 수요와 공급이라는 세 요인이 복합적으로 작용한다.

  정치경제학에서는 특히 권력 요인이 경제변수에 미치는 영향에 초점을 맞춘다.
권력 요인은 바로 제도형태와 주체들의 행동이다. 경제주체들의 행동에는 제2장
에서 지적했듯이 집단적 투쟁과 개인적 선택이라는 두 유형이 존재한다. 집단적
투쟁과 개인적 선택의 구체적 양상이 그러한 경제변수들에 영향을 미친다.

  예컨대, 최저임금제도가 도입되면 임금은 단순히 노동시장에서 노동력에 대
한 수요와 공급에 의해 결정되는 것이 아니라 법률에 의해 그 최저한이 결정된
다. 단체교섭제도가 도입되면 임금과 이윤수준은 자본가와 노동조합 간의 상대
적인 교섭력에 따라 달라진다. 국가가 개입하여 상품가격이나 이자를 통제하면
생산물시장이나 금융시장에서 수요공급에 의해 결정되는 수준보다 낮은 가격과

〈그림 16.1〉 '생산관계-제도-주체'와 경제현상

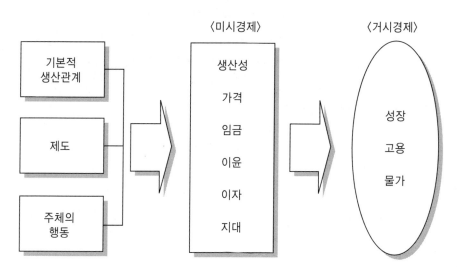

이자가 성립한다.

　제도형태와 주체의 행동은 생산성에 영향을 미친다. 예컨대, 이윤분배제도가 도입되면 생산성 향상에 따라 증가된 이윤의 일부가 노동자에게 분배되므로 노동자들이 생산성 향상에 노력하게 되고 그 결과 생산성이 상승한다. 노동자들의 직무불만은 태만으로 이어져 생산성을 떨어뜨린다. 노사갈등이 심화되면 생산성이 하락할 수 있다. 자본가들 사이에 신뢰가 형성되면 자본간 협력을 통해 생산성을 높일 수 있다.

　이러한 경제변수들이 변화하면 자본축적, 경제성장, 고용, 물가와 같은 거시경제에 변화가 나타난다. 예컨대, 노동자의 임금투쟁으로 임금이 상승하면 한편에서는 이윤이 감소하여 자본축적을 둔화시키는 효과를 낳고, 다른 한편에서는 노동자의 소비가 증가하여 자본축적을 촉진하는 효과를 낳는다. 이윤분배제도의 도입을 통한 생산성 향상은 경제성장을 촉진한다. 독점기업의 독점가격 설정은 물가를 상승시킨다.

　이제 기본적 생산관계, 제도, 주체의 상호작용을 통해 경제현상이 나타나는 과정을 보면 <그림 16.1>과 같다. 여기서 기본적 생산관계와 제도형태 그리고

주체의 행동이 생산성, 가격, 임금, 이윤, 이자, 지대와 같은 미시경제 변수에
영향을 미침으로써 성장, 고용, 물가와 같은 거시경제 변수에 변화를 초래한다.
기본적 생산관계와 제도형태와 주체의 행동이 상호작용하는 방식을 조절이론
(regulation theory)에서는 축적체제와 조절양식이란 개념으로 설명한다.

축적체제: 거시적 순환구조

자본주의는 그 본질이 불변인 채 재생산되다가 체제위기에 빠져서 사회주의
로 이행한 것이 아니라 성장과 위기를 교대하면서 그 구조가 변화되어왔다. 그
리고 각 나라의 정치와 문화의 차이에 따라 서로 다르게 형성된 제도의 차이에
따라 서로 다른 자본주의가 성립되었다. 19세기 자본주의와 20세기 자본주의는
같은 자본주의가 아니며, 미국자본주의와 독일자본주의도 같은 자본주의가 아
니다. 이처럼 성장과 위기를 교대하는 자본주의가 가지는 시간적 가변성과 공
간적 다양성에 주목하여 전후 선진자본주의의 새로운 현상을 설명하려는 이론
이 조절이론이다.

착취와 경쟁에서 비롯되는 모순들로 가득 찬 자본주의에서 어떻게 자본축적
이 지속될 수 있는가? 자본가계급과 노동자계급 간의 대립과 갈등, 무정부적 생
산으로 인한 불안정성과 불확실성 속에서 자본축적이 지속될 수 있는 까닭은
무엇인가? 그것은 자본축적과정에서 발생하는 모순들을 흡수하고 자본축적에
규칙성을 부여하는 어떤 요인들이 자본주의 내부에 장착되어 있기 때문이다.
조절이론은 자본주의가 성장과 위기를 교대하면서 유지되는 메커니즘을 축적체
제와 조절양식이란 개념, 그리고 이 양자를 결합한 발전모델 개념에 따라 밝히
고자 하였다. 여기서 축적체제는 거시적 순환구조를, 조절양식은 안정화 메커니
즘을 가리킨다.

자본축적이 순조롭게 진행되려면 거시적 순환이 규칙성을 가지고 지속되어
야 한다. 여기서 거시적 순환이란 생산-분배-교환-소비가 서로 연계되어 경제
활동이 지속되는 과정을 말한다. 자본주의 국민경제가 순조롭게 거시적 순환을
하려면 다음 두 가지 조건이 충족되어야 한다. 첫째, 잉여가치의 생산과 잉여가
치의 실현이 연계되어야 한다. 둘째, 생산재 생산부문인 제I부문과 소비재 생산

〈그림 16.2〉 축적체제의 구성요소

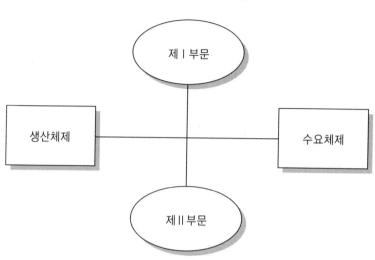

부문인 제II부문이 연계되어야 한다.

우선 생산된 잉여가치가 실현되어야 거시적 순환이 가능하다. 잉여가치가 생산되는 체제를 생산체제(production regime)[1]라 한다. 생산체제의 변수들은 노동시간, 노동생산성, 노동강도, 노동의 질 등 잉여가치 생산조건을 결정하는 요인들이다. 잉여가치의 실현은 상품에 대한 수요가 있어야 가능하므로 잉여가치가 실현되는 체제를 수요체제(demand regime)라 한다. 수요체제는 소비수요, 투자수요, 정부지출, 수출 등으로 구성된다. 따라서 거시적 순환이 이루어지려면 생산체제와 수요체제가 어떤 방식으로든 연계되어야 한다.

다음으로 제I부문과 제II부문이 연계되어야 거시적 순환이 가능하다. 제13장의 재생산표식에서 살펴본 확대재생산의 균형조건이 근사적으로라도 성립되어야 자본축적이 순조롭게 진전될 수 있다. 재생산표식은 I, II부문 간에 일정한 비례관계가 성립해야 확대재생산이 가능함을 보여준다. 그러나 재생산표식은 확대재생산이 어떤 방식으로 이루어지는지를 말해주지는 않는다. 생산체제와 수요체제는 확대재생산이 이루어지는 방식을 말해준다.

---

1) 생산체제 개념에 관해서는 이미 제8장 4절에서 논의하였다. 생산체제에는 양적 측면(기술적 측면)과 질적 측면(사회적 측면)이 존재한다.

〈표 16.1〉 축적체제의 유형

구분기준	외연적 축적체제	내포적 축적체제
생산체제	저생산성 절대적 잉여가치 생산	고생산성 상대적 잉여가치 생산
수요체제	저소비 고투자	대량소비 고투자
I - II 부문간 관계	I 부문의 일방적 성장 II 부문 지체	I, II 부문의 병행성장
경제성장 요인	생산요소 투입 증대	생산성 상승

이처럼 생산체제와 수요체제가 연계하고 제I부문과 제II부문이 연계하여 거
시경제적 순환이 지속되는 체제를 축적체제(accumulation regime)라 한다. 다시
말해서 축적체제는 생산부문간에 일정한 비례가 성립하고, 잉여가치의 생산과
잉여가치의 실현이 연계되는 거시경제적 규칙성이다.[2] <그림 16.2>는 이러한
축적체제의 구성요소를 나타내고 있다.

잉여가치가 어떻게 생산되고 어떻게 실현되느냐, 제I부문과 제II부문이 어떻
게 연계되고 있느냐에 따라 축적체제는 외연적 축적체제와 내포적 축적체제로
나누어진다.

외연적 축적체제(extensive regime of accumulation)는 저생산성의 상태에서
장시간 노동에 의한 절대적 잉여가치 생산방식이 지배하는 생산체제, 저임금과
고이윤에 따른 저소비와 고투자의 수요체제, 제II부문이 뒤처진 상태에서의 제
I부문의 일방적 성장 등으로 특징지어지는 축적체제이다. 제II부문의 성장이
지체되는 까닭은 주로 저임금 때문이다. 외연적 축적체제에서는 저생산성과 저
임금이 결합되어 있다. 경제성장은 주로 노동시간 증대와 고용확대 그리고 자
본투입 증대를 통해 이루어지는 외연적 성장이 나타난다. 19세기 자본주의에서
는 이러한 외연적 축적체제가 지배하였다.

---

2) 맑스의 재생산표식은 확대재생산이 이루어질 조건을 말해주지만, 확대재생산이 어떤 방
   식으로 이루어지는지를 말해주지 않는다. 조절이론의 축적체제 개념은 확대재생산의 조
   건뿐만 아니라 확대재생산의 방식을 분석할 수 있는 개념이다. 생산체제와 수요체제에
   대한 분석이 확대재생산의 성격을 밝혀줄 수 있다.

내포적 축적체제(intensive regime of accumulation)는 고생산성에 의한 상대적 잉여가치 생산방식이 지배하는 생산체제, 고임금과 고이윤에 따른 대량소비와 고투자의 수요체제, 대량생산의 생산체제와 대량소비의 수요체제의 결합, 제Ⅰ부문과 제Ⅱ부문의 병행 성장 등으로 특징지어지는 축적체제이다. 내포적 축적체제에서는 기술진보를 통한 고생산성이 대량생산을 초래하고 고생산성이 고임금을 가능하게 하며, 고임금이 노동계급의 대량소비를 가능하게 한다. 대량소비는 제Ⅱ부문의 확장을 가능하게 하고, 제Ⅱ부문의 확장이 투자를 증대시켜 제I부문의 확장을 유발한다. 이렇게 Ⅰ, Ⅱ부문의 성장이 상승작용을 하여 거시적 순환이 형성되는 것이 내포적 축적체제의 특징이다. 여기서는 생산성 향상에 기초하여 내포적 성장이 나타난다. 20세기 자본주의에는 이러한 내포적 축적체제가 지배해왔다.

조절양식: 안정화 메커니즘

자본주의에서는 무정부적 생산이 이루어지므로 생산부문간 비례와 총공급과 총수요의 일치는 우연에 불과하다. 자본주의 시장경제에서는 그러한 조건을 충족시키는 아무런 사전적 장치가 없다. 그리고 자본주의에서 생산체제는 자본에 의한 임노동의 착취에 기초하고 있기 때문에 부단한 대립과 갈등이 나타난다. 이와 같이 무정부적 생산과 착취에 기초한 축적체제는 본질적으로 불안정하다.

이처럼 모순에 찬 축적체제에 규칙성을 부여하여 일정 기간 동안 자본축적이 안정적으로 진행되도록 만드는 것이 조절양식(mode of regulation)이다. 조절양식은 서로 투쟁하거나 경쟁하고 있는 개별 경제주체들의 상호 모순적이고 대립적인 행동들을 축적체제의 전체적 원리에 적합하도록 작용하는 다양한 메커니즘의 총체이다. 여기서 조절이란 개념은 불어의 레귤라시옹(régulation)을 번역한 것으로서, 정부에 의한 위로부터의 통제를 의미하는 영어의 레귤레이션 즉 규제와는 다르다. 프랑스 조절이론이 사용하는 독특한 개념인 조절이란, 체제(régime) 내부의 서로 대립하는 요소들이 투쟁을 통해서 통일되는 방식을 말한다. 대립물이 투쟁하면서도 통일되어 체제가 일정 기간 안정화되는 과정을 조절이라 한다.

조절양식을 통해 축적체제가 규칙성을 가지게 되는 것은 다양한 형태의 제도들이 작용하기 때문이다. 이러한 제도에는 법률이나 규칙과 같이 강제를 통해 개인이나 집단에게 일정한 행동유형을 부과하는 것, 협정이나 규약과 같이 개인이나 집단의 상호의무를 규제하는 것, 규범이나 관습과 같이 암묵적으로 개인들의 관습적 행동을 창출하는 것 등이 있다. 이들 제도(institution)는 경제주체들간의 투쟁과 경쟁의 산물로 형성되는 '게임의 규칙(rule of game)'이다.

게임의 규칙으로서 제도는 경제주체들의 행동 즉 투쟁과 경쟁에 제약을 가한다. 예컨대, 노사관계제도를 보면, 노동법, 노사간의 단체협약, 교섭관행 등은 자본가와 노동자 간의 투쟁의 산물이면서 동시에 그것에 제약을 가한다. 한편 다양한 제도들의 게임의 규칙이 형성하는 질서는 개별 경제주체들에게 내면화되어 개인들은 그 질서에 따라 행동하게 된다. 개별 경제주체들의 행동에 질서가 존재하면 축적체제에서 발생하는 대립과 갈등 그리고 불안정성은 그만큼 약화된다. 이렇게 해서 제도는 축적체제에 규칙성을 부여하여 그것을 안정화시킨다.

이와 같이 '제도를 통한 조절'에 의하여 축적체제가 규칙성을 가지게 된다. 제도의 작용 없이 순수한 시장기구만으로는 축적체제가 안정화될 수 없다. 애덤 스미스의 '보이지 않는 손'은 불완전하고 그것에 기초한 경제는 불안정한 것이다. 하이에크의 '자생적 질서'는 결국 자생적 무질서로 전환된다. 따라서 시장기구에 제도를 통한 조절이 결합될 때 자본주의 축적체제는 일정 기간 안정성을 가질 수 있는 것이다. 이처럼 조절양식은 축적체제에 규칙성을 부여하는 메커니즘의 총체로서 자본주의 시장경제의 안정화 메커니즘인 것이다. 조절양식을 통해 자본주의적 생산관계가 재생산되고 축적체제가 유지되며, 개별 경제주체들의 분산적 의사결정이 전체적 일관성을 지니게 된다.

축적체제에 작용하는 자본주의의 기본적 경제제도에는 임노동관계, 화폐형태, 경쟁형태, 국가형태, 국제체제에의 편입형태 등 다섯 가지 형태가 있다. 임노동관계는 노동과정, 노동시장, 노동력 재생산 등 임노동 재생산의 전체적 조건을 말한다. 화폐형태는 통화제도와 신용제도를 포함하는 화폐금융관계를 말한다. 경쟁형태는 기업간 관계와 시장구조를 말한다. 국가형태는 국가개입의 형

태, 경제정책의 성격을 말한다. 국제체제에의 편입형태는 국민경제의 세계시장
과의 관계와 국제분업에서의 위치를 말한다.

이 제도형태들은 각각 자신의 게임의 규칙을 가지고 있기 때문에 조절양식으
로서 축적체제에 작용한다. 예컨대, 임노동관계에서 최저임금법은 노동시장에
영향을 미치고, 화폐형태에서 관리통화제도는 금융시장에 영향을 미치며, 반독
점법 혹은 공정거래법은 기업간 관계와 시장구조에 영향을 미친다. 국가의 각
종 경제정책을 뒷받침하는 법률은 경제주체들의 행동을 제약하고 시장에 영향
을 미친다. 국제통상 관련 조약은 수출과 수입에 영향을 준다. 이처럼 각 제도
들의 게임의 규칙이 시장에 영향을 미치고 경제주체들의 행동을 제약함으로써
축적체제에 작용한다.

다른 한편 이들 제도들은 그 자체가 축적체제의 내용을 구성한다. 즉 임노동
재생산조건, 통화제도와 신용제도, 기업간 관계와 시장구조, 국가개입형태와 경
제정책의 성격, 국민경제의 세계시장과의 관계와 국제분업에서의 위치 등이 생
산체제와 수요체제의 내용을 구성하고, 제Ⅰ부문과 제Ⅱ부문 간의 연관에 영향
을 미침으로써 축적체제의 성격을 결정짓는다. 나라와 시대에 따라 이들 제도
들의 내용이 상이하면 축적체제의 성격이 달라지게 된다. 요컨대, 이러한 제도
들의 차이가 나라에 따라 서로 다른 축적체제를 구축하게 만든다.

2. 발전모델과 구조적 위기

발전모델: 축적체제와 조절양식의 결합

특정 시대 특정 국가의 자본주의는 특정한 조절양식에 의해 매개되는 특정의
축적체제로 그 성격이 파악될 수 있다. 축적체제와 조절양식으로 구성되는 자
본주의의 존재형태를 조절이론에서는 발전모델(development model) 혹은 발전
양식(mode of development)이라 부른다. 발전모델이 다르면 자본주의의 성격이
달라진다. 다시 말해서 자본주의의 시간적 가변성과 공간적 다양성은 발전모델
의 차이에서 비롯된다. 인류 역사가 생산양식의 교체과정인 것처럼 자본주의의

역사는 발전모델의 교체과정이다.

하나의 발전모델에는 그에 적합한 정치적 및 이데올로기적 상부구조가 구축된다. 하나의 발전모델에는 그것에 가장 큰 이해가 걸려 있고 따라서 그것을 주도하는 사회계급 혹은 계층이 존재한다. 자본주의에서는 자본가계급 내부에서 산업자본가, 상업자본가, 금융자본가, 독점자본가 중의 어느 한 분파가 특정 발전모델을 주도할 것이다. 일정한 게임의 규칙들을 가지는 조절양식이 정착하기 위해서는 발전모델을 주도하는 사회계급이 자신의 이익을 추구하는 과정에서 다른 계급 혹은 계층의 이익을 접합시키는 정치적 타협을 도출해야 한다. 여기서 주도계급을 중심으로 한 계급동맹이 형성된다.

이와 같이 하나의 발전모델을 주도하는 사회계급을 중심으로 형성되는 계급동맹을 헤게모니 블록(hegemonic bloc)[3]이라 한다. 헤게모니 블록은 지배계급의 이해와 피지배계급의 이해의 일부를 접합시킴으로서 발전모델에 정치적 정당성을 부여한다. 축적체제는 헤게모니 블록에 참가하는 계급이나 계층의 이해를 보장해야 한다. 이처럼 정치적 상부구조로서의 헤게모니 블록이 형성되어야만 피지배계급은 지배계급이 주도하는 발전모델의 게임의 규칙에 자발적으로 따르게 될 것이고, 따라서 발전모델이 안정화될 수 있다.

특정한 발전모델을 가진 사회를 살아가는 사람들의 지배적인 가치관을 사회 패러다임(societal paradigm)이라 한다. 달리 표현하자면 사회 패러다임은 사회적 의식이고, 이데올로기적 상부구조이다. 하나의 발전모델에는 그것에 적합한 사회 패러다임이 존재한다. 사람들은 대체로 이러한 사회 패러다임의 틀에 따라 생각하고 행동한다. 사회 패러다임은 사람들의 관습과 규범에 영향을 미친다. 그러므로 사회 패러다임은 제도형태와 함께 조절양식의 내용을 결정하는 주요 요소가 된다. 사회 통념적으로 무엇이 옳고 무엇이 그른지를 판별해주는 사회 패러다임은 발전모델에 도덕적 정당성을 부여하는 역할을 한다. 한 사회의 지배적인 사상이 바뀌면 사회 패러다임이 전환한다. 새로운 발전모델은 새로운 사회 패러다임을 요청한다.

이와 같이 축적체제, 조절양식, 제도형태, 헤게모니 블록, 사회 패러다임 등

---

3) 헤게모니 블록은 이탈리아 맑스주의자 그람시(A. Gramsci)의 용법에 따라 조절이론가 중의 한 사람인 리피에츠(A. Lipietz)가 사용하고 있는 개념이다.

〈그림 16.3〉 발전모델과 자본주의 사회구성체

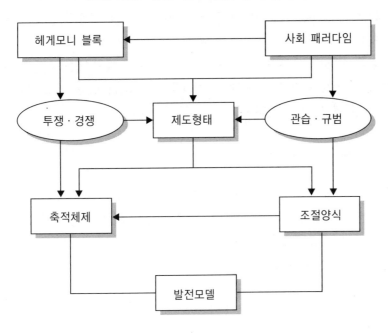

의 요소들의 총체가 바로 자본주의 사회구성체이다. 자본주의 사회구성체는 발전모델이라는 경제와 헤게모니 블록이라는 정치, 사회 패러다임이라는 문화가 상호작용하는 총체이다.

이제 발전모델을 비롯하여 자본주의 사회구성체의 각 요소들간의 관계를 보면 〈그림 16.3〉과 같다. 발전모델을 구성하는 요소는 축적체제와 조절양식이다. 축적체제에는 경제주체들간의 투쟁과 경쟁이 직접적으로 작용한다. 특히 자본가와 노동자 간의 투쟁과, 자본가간의 경쟁은 임금과 이윤, 투자와 소비를 변화시켜 축적체제에 중요하게 영향을 미친다.

제도형태는 경제주체들간의 투쟁과 경쟁 그리고 사회의 관습 및 규범의 산물로서, 축적체제의 내용을 구성함과 동시에 조절양식의 구성요소를 이룬다. 관습과 규범은 조절양식의 내용을 구성한다. 역으로 경제주체들간의 투쟁과 경쟁 그리고 사회의 관습과 규범은 제도형태에 의해 제약을 당하거나 영향을 받는다.

경제주체들간의 투쟁과 경쟁 속에서 특정한 형태의 헤게모니 블록이 형성된다. 헤게모니 블록은 제도형태의 형성과 경제주체들의 투쟁과 경쟁에 영향을 미친다. 다시 말해서 어떤 계급들 혹은 계층들이 헤게모니 블록에 참가하고 어떤 내용의 계급타협을 하느냐에 따라 형성되는 제도형태의 내용이 달라지고 경제주체들의 투쟁과 경쟁의 양상이 달라진다. 사회 패러다임은 관습 및 규범과 제도형태의 형성에 작용한다.

발전모델의 위기: 구조적 위기

이러한 발전모델에서 잉여가치가 생산되고 자본축적이 진전함에 따라 자본주의 경제는 장기 추세적으로 성장한다. 즉 발전모델을 구성하는 요소들이 정합성을 가지고 상호작용하고 있을 때, 자본주의는 성장추세가 지속된다. 그러나 각 구성요소들의 내부모순이 격화되고 요소들간에 불일치가 생기면, 자본주의는 장기침체에 빠지게 된다. 발전모델은 자본축적과정에서 발생한 모순을 흡수하여 자본축적이 일정 기간 동안 안정성을 가질 수 있도록 한다. 그러나 발전모델 그 자체의 모순이 심화되면 자본주의의 위기는 장기적으로 지속된다. 자본주의의 경제위기는 ① 순환적 위기, ② 구조적 위기, ③ 최종적 위기라는 세 가지 수준으로 구분할 수 있다. 순환적 위기는 경기순환과정의 공황과 불황국면을 말하며, 소위기라고도 한다. 구조적 위기는 발전모델 자체의 위기로서 대위기라고도 한다. 최종적 위기는 자본주의의 체제위기를 말한다. 하나의 발전모델에는 순환적 위기와 구조적 위기라는 두 가지 수준의 위기가 나타난다. 만약 어떤 발전모델이 자본주의의 최후의 발전모델이라고 한다면 그 발전모델의 구조적 위기는 자본주의의 최종적 위기가 될 것이다.

순환적 위기는 임금의 급상승, 과잉생산과 같이 호황국면에서 발생한 불균형이 해소되는 과정이다. 따라서 순환적 위기는 현재의 조절양식이 건전하게 작용하고 있다는 증거이다. 순환적 위기의 경우에는 현행의 제도형태나 조절양식에 변화가 나타나지 않는다. 이런 의미에서 그것은 소위기라 불린다. 순환적 위기는 경기순환과정에서 발생과 소멸을 반복한다. 대체로 9년을 주기를 가지는 쥬글러 순환의 공황과 불황국면에서 나타나는 위기가 순환적 위기이다. 자본주의 역사에서는 순환적 위기가 수없이 발생했다가 소멸되었다. 이러한 순환적 위기의 원인에 대해서는 이미 앞의 제15장에서 논의한 바 있다.

발전모델의 위기인 구조적 위기의 현상은 어떠하고, 그 원인은 무엇인가? 구조적 위기 발생의 징후는 다음과 같다. 경기와 이윤율이 자동적으로 회복되지 않는다. 노동생산성, 이윤율, 경제성장률이 장기적으로 하락추세를 나타낸다. 노동자들의 파업투쟁을 비롯한 계급투쟁이 격화된다. 헤게모니 블록에 참여한 계급들이 맺은 정치적 타협이 붕괴된다. 사회의 규범과 관습이 변하고 사람들의 사고방식과 행동양식이 달라져 경제주체들이 현행의 게임의 규칙에 이의를 제기한다. 이러한 징후들은 축적체제와 조절양식에 위기가 발생하였다는 것을 말해준다.

구조적 위기에는 두 가지 유형이 있다. 하나는, 조절양식의 위기이다. 이는 기존의 조절양식이 축적체제를 제대로 조절할 수 없는 경우이다. 조절양식의 위기는 기존의 조절양식이 자본축적과정에서 발생한 모순을 완화시키지 못하거나, 계급투쟁이 격화되어 기존의 제도형태가 요구하는 게임의 규칙이 준수되지 않거나, 사람들이 기존의 규범과 관습을 지키지 않을 경우에 발생한다. 이러한 사태가 발생하면 기존의 조절양식은 축적체제에 규칙성을 부여하지 못한다. 이를 조절양식의 위기라 한다.

조절양식의 위기는 특히 임노동관계에서 노동자들이 기존의 노동법, 단체협약, 노사관계 관행을 거부하고 새로운 노사관계 질서를 요구할 때 발생할 가능성이 높다. 노동자들의 의식과 행동이 기존의 게임의 규칙과 사회 규범을 배척할 때도 조절양식이 위기에 빠진다. 아울러 기존의 헤게모니 블록과 사회 패러다임이 해체될 경우 초래되는 정치적 및 사회적 위기는 조절양식의 위기를 격화시킨다. 이와 같이 조절양식이 위기에 처하면 경제활동이 장기침체하는 구조적 위기가 초래된다.

다른 하나는 축적체제의 위기이다. 이는 축적체제 그 자체의 기능이 크게 떨어지거나 마비되는 경우이다. 축적체제의 위기는 생산체제의 효율성이 크게 하락하거나 생산체제와 수요체제가 불일치할 경우 발생한다.

생산체제의 효율성 하락은 생산성 향상이 둔화되는 생산성 위기(productivity crisis)로부터 발생한다. 생산성 위기는 경영방식, 기술체계, 작업조직, 숙련형성, 보상체계, 노사관계 등 생산체제를 구성하는 여러 요소들이 안고 있는 문제점으로부터 초래된다. 생산성 위기는 이윤율을 하락시키는 수익성 위기(profitability crisis)를 초래하여 축적체제에 위기를 발생시킨다.

생산체제와 수요체제의 불일치는 분배체계의 모순 때문에 일어난다. 예컨대, 고임금-저이윤, 고이자-저이윤, 고지대-저이윤의 분배체계에서 비롯되는 수익성 하락으로 인한 자본가들의 저투자는 장기침체를 발생시켜 축적체제에 위기를 초래한다. 이와는 반대로 저임금-고이윤의 분배체계에서 비롯되는 노동계급의 과소소비는 만성적 불황을 초래하여 축적체제에 위기를 발생시킬 수 있다. 이처럼 분배위기(distribution crisis)가 축적체제의 위기를 발생시킨다. 총수요에서 수출의 비중이 높은 수출의존적 축적체제를 가진 나라의 경우 수출의 둔화는 곧바로 축적체제의 위기를 초래한다.

이처럼 구조적 위기는 발전모델을 구성하는 축적체제와 조절양식이 위기에 빠질 때 발생하기 때문에 그것은 결국 발전모델의 위기이다. 구조적 위기는 기존의 발전모델이 생명력을 다하고 있음에도 불구하고 아직 새로운 발전모델이 등장하고 있지 않을 때 지속된다. 새로운 발전모델이 구축되면 구조적 위기는 해소되고 자본주의 경제는 새로운 성장추세를 나타낸다.

자본주의 경제에서 나타난 장기파동은 발전모델의 위기와 관련이 있다. 장기파동의 하강국면은 기존의 발전모델이 위기에 빠질 때 나타났다. 예컨대, 제2장기파동의 하강국면에서 발생한 19세기 말의 대불황, 제3장기파동의 하강국면에서 나타난 1930년대 대공황, 제4장기파동의 하강국면에서 나타난 1970년대 공황은 각각 기존의 발전모델이 위기에 빠진 결과 발생하였다. 제3장기파동의 상승국면인 20세기 초 자본주의의 '상대적 안정기', 제4장기파동의 상승국면인 제2차세계대전 이후 30년간의 '자본주의 황금시대'는 새로운 발전모델이 등장함에 따라 출현하였다. 21세기 여명기인 현재 자본주의는 새로운 발전모델이 등장하고 있는 제5장기파동의 상승국면에 있다고 판단된다. 이처럼 장기파동은 단순히 기술혁신 요인만으로 설명할 수 없고, 발전모델의 흥망성쇠로서 설명할 수 있다.

┌─ 더 읽을거리 ──────────────────────────

■미셸 아글리에타. 1994, 『자본주의 조절이론』(성낙선 외 옮김), 한길사.
야마다 도시오. 1995, 『20세기 자본주의』(현대자본주의 연구모임 옮김), 한울.
정명기. 1992, 『위기와 조절』, 창작과비평사.
R. 브와예. 1991, 『조절이론』(정신동 옮김), 학민사.

New Political Economy

제5편 현대자본주의

제17장
독점자본주의

    지금까지 자본주의의 기본적 경제관계, 주요 경제주체와 제도, 성장과 위기에 관해 논하였다. 이제 우리가 살고 있는 현대자본주의에 대해 고찰하기로 하자. 현대자본주의는 20세기 초에 형성되기 시작하여 성장과 위기를 거듭하면서 구조변화를 하여 오늘에 이르고 있다. 독점자본주의와 국가독점자본주의, 제국주의와 종속, 포드주의, 글로벌화와 신자유주의, 정보기술과 디지털 경제, 생태위기 등은 20세기를 통해 현대자본주의에서 나타난 주요 현상들이라 할 수 있다.

    자본주의는 서양에서 19세기 말에서 20세기 초에 걸쳐 자유경쟁 자본주의 단계로부터 독점자본주의 단계로 넘어간다. 자유경쟁 자본주의(free competition capitalism)는 경쟁적인 산업자본이 지배하는 자본주의이고, 독점자본주의(monopoly capitalism)는 독점자본이 지배하는 자본주의이다. 21세기 여명기인 오늘날까지 자본주의는 독점자본주의로서의 성격을 여전히 가지고 있다. 독점자본주의는 1917년 러시아 사회주의혁명과 1930년대 세계대공황을 계기로 자본주의가 위기에 처하자 국가가 경제에 체계적으로 개입하여 국가독점자본주의(state monopoly capitalism)로 전화된다. 국가독점자본주의는 경제에 대한 국가개입의 배제를 지향하는 신자유주의가 등장하는 1980년대 이전까지 유지된다.

    이 장에서는 20세기 현대자본주의의 출발점을 이루는 독점자본주의와 그것에 기초하여 등장한 국가독점자본주의의 성격과 그 모순을 밝히고자 한다.

1. 독점자본의 형성과 지배

독점자본의 형성

오늘날 거의 모든 자본주의 국가에서는 소수의 거대기업이 국민경제를 지배하고 있다. 한국에서는 삼성, 현대, LG와 같은 거대 재벌기업들이 국민경제를 지배하고 있다. 세계경제도 IBM, SONY, GM 등과 같은 소수의 거대 다국적기업에 의해 지배되고 있다. 이런 현상은 지금부터 우리가 다루려는 독점에서 비롯된다.

독점(monopoly)은 한 산업 내에서 하나 혹은 소수의 기업이 그 산업의 생산을 지배하고 시장을 지배하는 현상이다.[1] 이러한 독점은 한 산업 내에서 다수의 자본들이 서로 경쟁한 결과 생긴다. 독점은 자유경쟁의 결과 발생한다. 독점은 자유경쟁이 부정되어 경쟁이 제한되는 현상이다.

그러나 독점의 본질은 경쟁이 제한된다는 데 있는 것이 아니라 경쟁의 제한을 통해 지배력을 행사한다는 데 있다. 요컨대, 독점의 본질은 생산과 시장에 대한 독점적 지배력, 즉 잉여가치 생산과 실현 과정에 대한 독점적 지배력이다. 그렇다면 독점적 지배력은 어디서 나오는가? 그것은 초과이윤의 획득을 가능하게 하는 경제적 우월성에서 나온다. 경제적 우월성은 크게 화폐자본의 조달 능력이 앞서는 금융적 우월성과 생산기술이 앞서는 기술적 우월성으로 구분할 수 있다.[2]

이러한 독점적 지배력을 가진 자본을 독점자본(monopoly capital)이라 한다. 독점자본은 한 산업 내에서 생산과 시장을 지배하며, 나아가 국민경제에 대한 지배력도 행사할 수 있다. 독점자본이 조직화된 것이 독점기업이다.

독점은 어떻게 형성되는가? 독점 형성의 경제적 기초는 생산의 집적이다. 생산의 집적은 개별 자본 아래 생산수단과 노동력이 집적되어 생산규모가 증대하

---

1) 정치경제학에서 말하는 독점은 하나 혹은 소수의 기업이 생산과 시장을 지배하는 것을 가리키기 때문에, 신고전파 경제학에서 말하는 독과점에 해당된다. 신고전파 경제학에서 독점은 하나의 기업만이 시장을 완전히 지배하는 것을 가리킨다.
2) 물론 현실에서는 기술적 우월성 없이 국가로부터 배타적인 사업권을 따내어 법률이나 정치적 특혜에 기초하여 독점적 지배력을 행사할 수도 있다.

는 것을 말한다. 즉 생산수단과 노동자수가 증대하여 기업규모가 커지는 것이 생산의 집적이다. 이러한 생산의 집적은 자본주의라면 언제 어디에서나 나타나는 일반적인 현상이고, 그 자체로서는 양적 변화일 따름이다.

그렇지만 생산의 집적이 일정 단계에 도달하면 한 산업의 생산이 소수의 대기업 수중에 집중되어 독점이 형성된다. 예컨대, 어떤 산업 내에서 생산액 순위로 상위 3사가 차지하는 생산액 비중이 60% 이상이라고 한다면 이 산업에는 독점이 성립하고 있다고 할 수 있다. 어떤 개별 자본이 생산의 집적을 통해 특정한 상품의 생산조건과 판매조건을 좌우할 결정적 수량의 생산수단을 소유하게 되면 독점이 발생한다. 이처럼 생산의 집적이란 양적 변화가 개별 자본들간의 관계에 질적 변화를 초래하여 자유경쟁을 독점으로 전화시킨다.

생산의 집적이 이루어지려면 자본이 집적되어야 한다. 자본의 집적은 개별 자본이 소유하는 자본량이 증가하는 것을 말한다. 자본의 집적은 잉여가치가 자본으로 전화되는 자본축적을 통해 이루어진다. 자본의 집적은 은행신용이나 주식발행을 통해 개별 자본이 생산한 잉여가치량의 한계를 넘어 크게 진전될 수 있다. 그래서 은행제도와 주식회사제도는 생산의 집적을 보다 빠른 속도로 진전시켜 독점 성립을 촉진한다.

독점은 상대적 잉여가치 생산 단계에서 성립할 가능성이 높다. 그 이유는 무엇인가? 절대적 잉여가치 생산 단계에서는 노동일의 연장을 통해서만 잉여가치 증대가 가능하기 때문에 소자본에 대한 대자본의 우위는 결정적으로 확립되지 못한다. 상대적 잉여가치 생산 단계에서는 생산수단이 보다 크게 집적되어 노동생산성이 높은 대자본이 특별잉여가치를 생산할 수 있기 때문에, 소자본에 대한 대자본의 우위가 결정적으로 확립된다. 이 경우 잉여가치법칙의 작용에 의해 소자본의 도태와 대자본에 의한 소자본의 흡수·합병이 진전되어 독점이 형성된다.

독점의 형성은 자본의 집중을 통해 촉진된다. 자본의 집중은 서로 경쟁하는 다수의 자본들이 독립성을 잃고 하나의 자본으로 통합되는 것을 말한다. 자본의 집중은 소수의 자본으로의 생산의 집중을 초래하여 독점을 성립시킨다. 은행신용은 자본의 집중을 촉진하는 유력한 수단이 된다. 인수·합병에 필요한 거액의 자금을 은행에서 대출 받을 수 있기 때문이다. 이처럼 은행제도는 자본의 집중을 촉진함으로써 독점 성립에 기여하는 주요 요인이 된다.

　독점이 형성될 경우, 한 산업 내에는 독점적 지배력을 가진 독점자본과 그것이 없는 비독점자본(non-monopoly capital)이 함께 존재하는 것이 보통이다. 일반적으로 독점자본이 독점적 대기업 형태로 존재한다면, 비독점자본은 경쟁적 중소기업 형태로 존재한다. 여기서 독점자본은 비독점자본을 지배한다. 이와 같이 자본과 자본 사이에 지배-종속의 관계가 성립하는 것이 독점자본주의의 특징이다. 자유경쟁 자본주의에서는 자본간 관계가 대체로 대등하고 수평적이었다. 그러나 독점자본주의에서는 자본간 관계가 불평등하고 수직적이게 된다.

독점자본의 형태

　독점자본은 19세기 말에서 20세기 초에 형성되기 시작하여 그 이후 다양한 형태를 띠면서 진화해왔다. 지금까지 존재해온 독점자본에는 자본의 집중이 이루어지는 방식에 따라 수평적 통합과 수직적 통합이라는 두 가지 유형이 있다.

　수평적 통합은 한 산업 내에서 독점체가 형성되는 것으로서, 19세기 말에서 20세기 초에 걸쳐 많이 나타났던 유형이다. 수평적 통합의 형태에는 카르텔(cartel), 신디케이트(syndicate), 트러스트(trust) 등 세 가지 형태가 있다.

　카르텔은 가격, 판매시장, 생산량 등 판매조건에 관한 독립적 기업들 사이의 협정으로서 가장 약한 형태의 독점체이다. 카르텔은 독일에서 지배적이었다. 신디케이트는 법률적 독립성과 생산활동의 독자성을 유지한 채로 단일의 판매사무소를 설치하여 상업활동을 통합하는 것으로서 보다 강한 형태의 독점체이다. 신디케이트는 프랑스와 러시아에서 많이 나타났다. 트러스트는 생산, 판매, 재무가 완전히 통합된 것으로서, 19세기 말부터 20세기 초에 걸쳐 가장 강한 형태의 독점체였다. 한 산업을 지배하는 거대기업이었던 트러스트는 미국에서 주된 위치를 차지했다. 스탠더드 오일(Standard Oil) 회사와 아메리칸 타바코(American Tobacco) 회사 등은 전형적인 트러스트였다.

　이처럼 수평적 통합을 통해 형성된 독점체들이 한 산업 내에서 독점적 지배력을 가지는 독점자본의 존재형태였다. 그중 특히 트러스트는 당시 가장 고도로 발달한 독점자본의 형태로서 오늘날까지 독점자본의 대명사가 되고 있다.

수직적 통합은 서로 상이하지만 기술적으로 관련된 산업에서 활동하는 기업들이 하나의 기업으로 통합되어 독점체가 형성되는 것을 말한다. 예컨대, 자동차 회사가 철강회사와 자동차 판매회사를 합병하여 형성되는 독점체가 이에 해당한다. 수직적 통합은 자본운동의 다각화 과정의 일부를 이루고 있다. 다각화란 자신이 속하는 산업을 넘어 다른 산업으로 자본이 진출하는 것이다. 이러한 다각화에 기초하여 형성되는 독점체를 콘체른(Konzern)이라 부른다.

콘체른은 여러 산업에 걸쳐 독점적 지배력을 행사하는 거대기업이다. 주로 자동차, 철강, 화학, 석유, 전기 등 중화학공업에서 콘체른이 형성되었다. 그 때문에 콘체른은 국민경제에 대한 지배력을 행사하였다. 20세기 초 독일의 전기공업을 지배한 지멘스(Siemens)나 알게마이네 엘렉트리지태트 게젤샤프트(A.E.G)는 전형적인 콘체른이었다. 제2차세계대전 이전 일본의 재벌(zaibatzu)이었던 미쓰이(三井), 미쓰비시(三菱), 스미토모(住友) 등과 현재 한국의 재벌(chaebol)인 현대, 삼성, LG 등도 이러한 콘체른 형태에 속한다.

한편 1960년대 이후에는 미국을 중심으로 서로 관련이 없는 다수의 중소기업이 합병되어 콩글로머릿(conglomerate)이라는 독점체가 형성되었다. 콩글로머릿은 비관련 다각화의 사례이다. 이 형태는 수직적 통합과 수평적 통합을 금지하는 반독점법(Anti-Trust Law)을 회피하거나, 급변하는 시장상황에 기동성 있게 적응하거나, 인수 및 합병(M&A)을 통해 주식시장에서 투기수익을 얻을 목적으로 조직된다.

국민국가의 경제를 넘어 세계경제에서 독점적 지배력을 행사하는 것이 국제독점체라 한다. 국제독점체에는 국제카르텔, 국제신디케이트, 국제트러스트, 국제콘체른 등이 있다. 이들 중 오늘날 지배적 형태를 차지하는 것은 국제콘체른이다. 국제콘체른은 곧 다국적 독점자본이며, 그것은 다국적기업으로 조직화된다. 다국적기업은 오늘날 세계경제를 지배하는 국제독점자본이다. 이 국제독점자본의 운동이 제18장에서 살펴볼 제국주의와 종속이라는 자본주의의 주요 모순을 낳는다.

위에서 본 독점자본은 생산 혹은 유통영역에서 형성된 독점인 산업독점이다. 그런데 은행자본의 집적과 집중을 통해 은행독점이 형성된다. 은행독점자본은 금융시장에 대한 지배력을 가진 은행, 보험회사, 투자회사, 연금기금 등의 형태로 나타난다. 이 은행독점자본과 산업독점자본이 융합되어 국민경제를 지배하는 막강한 독점체가 형성된다. 이러한 독점체를 독일의 정치경제학자 힐퍼딩은 '금융자본(Finanzkapital)'[3]이라 불렀다. '금융자본'은 국민경제의 실물부문과 금융부문 양쪽을 지배하는 독점자본의 현대적 형태이다.

은행독점자본과 산업독점자본의 융합 형태에는 산업기업과 은행기업에 의한 주식의 상호소유를 통한 자본참여, 상호교차이사회를 통한 은행부르주아지와 산업부르주아지 사이의 인적 결합, 산업기업에 대한 은행기업의 장기신용대부 등이 있다. 이러한 융합에 기초하여 금융과두(金融寡頭, financial oligarchy)가 성립한다. 금융과두란 독점부르주아지 상층부와 법인기업의 최고경영자들이 포함된 자본주의 엘리트층이다. 그야말로 한줌도 안되는 이 금융과두가 독점자본주의에서 국민경제를 지배하는 계층이다. 이 계층은 경제력에 기초하여 정치와 문화에 큰 영향을 미친다.

독점적 지배구조

독점자본의 본질이 독점적 지배력이라 한다면, 독점자본은 무엇을 어떻게 지배하는가? 다시 말해서 독점적 지배구조는 어떠한가?

우선, 독점자본은 임노동을 지배한다. 독점대기업의 노동과정에서는 포드주의적 대량생산체제가 도입되어 정신노동과 육체노동의 분리, 육체노동의 단순화가 더욱 철저하게 진전된다. 그리고 기업조직에서 노동자에 대한 자본의 권력행사가 관료적 규칙에 따라 이루어지는 관료적 통제(bureaucratic control)가 나타난다.

한편 독점대기업이 다른 기업에 없는 특수한 기술 즉 기업특수적 기술 (firm-specific technology)을 독점할 경우, 그 기업특수적 기술이 그에 상응하는 기업특수적 숙련(firm-specific skill)의 형성을 필요로 하므로, 숙련이 기업 내부에서 형성되는 현상이 나타난다. 독점자본은 직접 기업 외부에서 직업훈련기관

---

3) 힐퍼딩의 '금융자본(finance capital)' 개념은 우리가 이 책에서 사용하는 금융자본(financial capital) 개념과 전혀 다르다. 힐퍼딩의 금융자본 개념은 산업자본과 은행자본이 결합된 독점자본의 현대적 형태이고, 이 책에서의 금융자본 개념은 요컨대, 은행자본이다.

이나 교육기관을 설립하여 자신에게 필요한 노동력을 육성하기도 한다. 이는 독점자본이 노동력 재생산과정을 지배함을 의미한다.

다음으로, 독점자본은 비독점자본을 지배한다. 즉 생산과정과 유통과정에서 독점자본과 비독점자본 사이에는 지배–종속 관계가 성립한다. 생산과정에서는 하청계열관계를 통해 독점자본이 비독점자본을 지배한다. 예컨대, 자동차 완성차 회사인 독점기업과 자동차 부품 회사인 비독점기업 사이에 자동차 부품 생산을 둘러싼 하청계열관계가 성립할 경우, 완성차 회사와 부품회사 사이에 지배–종속 관계가 성립한다. 하청계열관계를 통해 독점자본은 금융, 생산기술, 경영 등의 측면에서 비독점자본을 지배할 수 있다. 독점기업은 비독점기업에 생산자금을 대주거나 기술지도를 하거나 경영 노하우를 가르쳐줄 수 있다. 이처럼 독점자본에 대한 비독점자본의 금융적, 기술적, 경영적 의존은 독점자본이 비독점자본을 생산과정을 통해 지배할 수 있는 근거를 제공한다.

이러한 생산과정을 통한 지배에 기초하여 하청계열관계에 있는 독점자본과 비독점자본 사이의 거래에서 부등가교환이 발생할 수 있다. 즉 비독점자본이 생산하여 납품하는 상품을 독점기업이 가치 이하로 구입할 수 있다. 하청거래에서 빈번히 나타나는 제품의 단가인하(rate cutting)는 독점적 지배력에 기초한 독점자본과 비독점자본 사이의 부등가교환의 전형적 사례라 할 수 있다.

유통과정에서 독점자본은 비독점자본에 대해 시장지배력을 행사한다. 독점자본의 시장지배력은 생산의 집중에서 나온다. 생산의 집중은 시장의 집중으로 반영된다. 시장집중을 나타내는 지표는 시장점유율(market share)이다. 시장점유율은 한 산업의 총출하액에서 어떤 기업이 차지하는 출하액[4]의 비중이다. 시장점유율이 높을수록 시장지배력이 높음은 두말할 필요가 없다. 독점자본이 시장을 지배하면 독점적 시장구조가 형성된다. 시장구조를 나타내는 지표로는 한국의 경우 보통 상위 3사 출하집중률(CR_3)을 사용한다. CR_3는 각 산업의 전체 출하액 중에서 상위 3개 기업이 차지하는 출하액의 비중을 말한다. CR_3가 높을수록 그 산업에서 독점자본의 시장지배력이 높다.

독점자본은 시장지배력을 통해 상품의 판매조건을 좌우한다. 시장지배력을

---

4) 여기서 출하액은 생산액과 거의 일치한다. 생산액과 출하액의 차이는 재고가 될 것이다.

재벌이 지배하는 한국경제

재벌의 계열기업수 추이

(단위: 개)

	1987	1991	1994	1997
재벌수	32	30	30(상위 5)	30(상위 5)
계열기업수	509	561	616(210)	819(262)
평균 계열기업수	15.9	18.7	20.5(42.0)	27.3(52.4)

자료: 공정거래위원회

30대재벌의 광공업부문 출하액 비중

	1980	1983	1987	1991	1994
5대재벌	16.9	22.6	22.0	23.4	24.5
6~30대재벌	19.1	17.8	15.3	15.4	15.0
30대재벌	36.0	40.4	37.3	38.8	39.6

자료: 한국개발연구원

시장구조의 유형별 비중변화 추이

(단위 : %)

구분	1981년	1990년	1991년	1992년	1993년	1994년	1995년
집중형 (CR3 50% 이상)	87.8	80.9	80.4	78.8	73.3	75.8	71.6
경쟁형 (CR3 50% 이하)	12.2	19.1	19.6	21.2	26.7	24.2	28.4

자료: 공정거래위원회. <공정거래백서>, 1998

참여연대 참여사회연구소 경제분과, 『한국 5대재벌 백서』, 나남출판, 1999, 46, 110쪽.

가진 독점기업은 시장에서 상품의 가격을 설정할 수 있다. 독점기업은 출하량을 조절하여 가격을 올릴 수도 있고 내릴 수도 있다. 즉 독점기업은 가격설정자(price-setter)가 된다. 비독점기업은 독점기업이 설정한 가격에 따르는 가격추종자(price-follower)가 된다. 이때 독점기업이 설정하는 가격이 독점가격이다.

독점자본은 구매조건도 좌우한다. 독점자본이 구입하는 생산수단과 노동력에 대해 수요독점(monopsony)을 하고 있을 경우, 구매하는 상품의 가격을 설정할 수 있다. 비독점기업에게 구매하는 원자재, 자영농민에게 구매하는 농산물, 노동자가 판매하는 노동력 등에 대해 독점기업이 가격을 설정할 수 있다.

독점자본은 소비자를 지배한다. 독점자본이 시장지배력을 통해 상품가격을 인상하는 행위가 소비자 지배의 전형적 형태이다. 그리고 독점자본은 광고와 선전을 통해 소비자들의 구매행위와 소비양식에 영향을 미친다. 독점자본이 생산하는 상품에 대한 소비자들의 수요를 확대하기 위해 소비자 신용 제도가 실시된다. 독점자본은 다양한 매체를 통해 소비가 미덕이라는 사고를 확산시키고 사치와 낭비를 조장한다. 따라서 독점자본이 지배하는 자본주의 경제에서는 소비자가 왕이 되는 소비자 주권(consumer's sovereignty)이 훼손될 수 있다.

나아가 독점자본은 국가권력을 지배할 수 있다. 경제력 독점이 정치권력 독점을 가능하게 하기 때문에 독점자본이 국가권력을 지배할 수 있다. 독점자본은 행정부와 의회를 지배하여 독점자본의 이윤추구에 보다 적합한 정책이 입안되고 실행되도록 만든다. 따라서 독점자본주의에서 국가는 자본가 일반의 국가가 아니라 독점자본가의 국가가 될 가능성이 높다. 또한 독점자본은 소유주로서 혹은 광고주로서 신문과 TV와 같은 대중매체를 지배할 수 있다. 독점자본은 언론기관 지배를 통해 시민사회에 큰 영향력을 행사할 수 있다. 독점자본의 국가권력 지배는 독점자본과 국가권력이 유착하는 국가독점자본주의에서 가장 현저하게 나타난다.

2. 독점가격과 독점이윤

독점가격의 설정

앞에서 독점적 지배력에 기초하여 독점기업이 상품의 가격을 설정할 수 있다고 하였다. 독점기업이 설정하는 가격이 독점가격(monopoly price)이다. 독점가격은 어떻게 설정되는가?

독점기업은 상품을 판매할 때 독점적 최고가격을 설정한다. 이 경우 독점가격(Pm)은 상품 1단위당 비용가격($C+V$)에 독점이윤(Rm)을 더한 것이다. 상품 1단위당 독점이윤은 단위당 비용가격에 독점이윤율 r_m을 곱한 것이다. 즉 '$Rm=r_m(C+V)$'이다. 따라서 '독점가격 $Pm=C+V+Rm=(1+r_m)(C+V)$'이다. 만약 독점자본이 존재하지 않았다면 산업내 자본간 경쟁을 통해 평균이윤율(r_a)이 형성되었을 것이다. 이 경우에는 단위당 비용가격에 평균이윤(Ra)이 더해진 경쟁가격(Pc)이 형성되었을 것이다. 평균이윤은 단위당 비용가격에 평균이윤율 r_a를 곱한 것이다. 즉 '$Ra=r_a(C+V)$'이다. 따라서 경쟁가격은 '$Pc=C+V+Ra=(1+r_a)(C+V)$'가 되었을 것이다. 여기서 독점이윤율은 평균이윤율보다 높다(즉 $r_m>r_a$). 따라서 독점가격은 경쟁가격보다 높다(즉 $Pm>Pc$).

$$Pc=C+V+Ra=(1+r_a)(C+V)$$
$$Pm=C+V+Rm=(1+r_m)(C+V)$$

예컨대, 가령 청바지를 생산하는 기업이 100개가 존재하여 이들간의 경쟁을 통해 20%의 평균이윤율이 형성되고 청바지 한 장의 비용가격이 30,000원이었다면, 청바지 1장의 경쟁가격은 36,000원으로 형성되었을 것이다. 그러나 청바지를 생산하는 산업이 독점화되어 3개의 기업이 독점적으로 청바지를 생산하고 독점이윤율을 40%로 책정한다면, 독점가격은 42,000원으로 설정될 것이다. 독점기업이 책정하는 독점이윤율을 칼레츠키는 마크업 율(mark-up rate)이라 불렀다. 그리고 그는 비용가격에 마크업 율을 곱하여 독점가격을 설정하는 것을 마크업 프라이싱(mark-up pricing)이라 하였다.

여기서 독점가격과 단위당 비용가격의 차이 즉 'Pm-(C+V)'는 독점기업의 독점적 지배력이 강할수록 커지게 된다. 칼레츠키는 독점기업의 독점적 지배력을 측정하는 지표로서 독점도(degree of monopoly)를 제시하였다. 독점도 Dm은 다음과 같이 정의된다.

$$Dm = \frac{Pm-(C+V)}{C+V} = \frac{Pm}{C+V} - 1$$

이 독점도가 높다는 것은 독점적 지배력이 강하다는 것을 의미한다. 독점적 지배력이 높을수록 높은 독점이윤율을 책정할 수 있고 높은 독점가격을 설정할 수 있다. 그렇게 되면 그만큼 독점도가 높게 나타난다.

그렇다면 독점기업은 독점가격을 어느 선에서 설정하는가? 독점기업이 지나치게 높은 수준의 가격을 설정하면 상품판매량이 크게 감소하여 이윤액이 감소할 수 있다. 그러므로 독점기업은 자기 기업 상품에 대한 소비자들의 선호도와 지불능력을 감안하여 이윤을 최대화할 수 있는 독점가격을 설정할 것이다. 독점적 최고가격의 한계는 상품에 대한 소비자의 지불능력이 있는 수요 즉 유효수요의 크기가 된다. 유효수요가 클수록 독점가격을 높게 설정할 수 있다.

독점기업이 이와 같이 독점가격을 설정할 경우, 노동생산성이 향상되어 단위당 비용가격이 하락했음에도 불구하고 그에 상응하여 가격이 하락하지 않는 현상이 나타난다. 만약 독점이 지배하지 않는다면 비용가격이 하락할 경우 자본 간 경쟁을 통해 가격이 하락할 것이다. 생산비가 하락했음에도 불구하고 가격이 하락하지 않는 이러한 가격의 하방경직성은 독점자본이 지배하는 독점자본주의의 주요 현상 중의 하나이다. 가격설정 능력을 가지는 독점기업의 상품가격 인상은 인플레이션을 초래하는 요인이 된다.

독점기업은 상품구매시 독점적 최저가격을 설정한다. 독점기업과 하청관계를 맺고 있는 비독점기업의 상품을 구입할 때 독점적 최저가격이 책정된다. 모기업인 독점기업과 하청기업인 비독점기업 사이에 권력의 비대칭성이 존재하고, 모기업이 수요독점자의 지위에 있기 때문에 모기업은 하청기업이 생산한 상품의 가격을 설정할 수 있다. 이 경우 독점기업은 비독점 하청기업이 생산한 상품의 생산가격보다 낮은 구입가격을 책정한다. 이렇게 되면 하청기업이 생산한 잉여가치의 일부가 모기업에게 수탈된다. 이러한 잉여가치 수탈은 단가인하의 형태로 행해진다.

독점적 최저가격(Pmm)은 하청기업의 생산가격 'C+V+Pe'[5]보다는 낮고 비용가격 'C+V'보다는 높은 수준에서 책정될 것이다. 즉,

$$C+V<Pmm<C+V+Pe$$

만약 독점적 최저가격이 비용가격보다 낮게 책정된다면 비독점자본의 재생산이 불가능할 것이다. 모기업과 하청기업의 상대적 교섭력에 따라 독점적 최저가격이 설정되는 수준이 달라질 것이다.

그런데 하청기업이 모기업이 제시하는 비용가격 이하의 독점적 최저가격을 받아들이지 않을 수 없다고 한다면, 하청기업은 자기 기업 노동자의 임금을 깎아 이윤을 보전하려고 할 것이다.[6] 이와 같이 모기업의 단가인하(rate cutting)가 하청기업의 임금인하(wage cutting)로 연결되면 결국 독점 모기업은 비독점 하청기업의 노동자를 수탈하는 셈이 된다. 이는 비독점자본에 대한 독점자본의 수탈이 비독점자본의 임노동에 대한 독점자본의 수탈로 전화되는 과정이다.

독점자본 지배 아래의 농업부문과 공업부문 간의 거래에서 독점자본은 농민이 생산한 원료와 식량 등 농산물을 독점적 최저가격으로 구매한다. 농민은 생산비 이하의 가격으로 독점자본에게 판매한다. 반면 독점자본은 농기구, 비료, 농약 등과 같은 공산품을 독점적 최고가격으로 농민에게 판매한다. 이 경우 농산물 가격과 공산물 가격 간에 격차가 생긴다. 이러한 가격 격차를 '협상가격차(鋏狀價格差)'라 한다. 이는 독점자본이 농민을 이중적으로 수탈하는 과정이다. 이러한 수탈은 독점자본과 거래하는 거의 모든 소상품생산자에게 행해진다.

---

5) 여기서 Pe는 평균이윤이다.
6) 모기업이 비용가격 이상의 독점적 최저가격을 설정하더라도 독점적 최저가격과 비용가격의 차이[Pmm-(C+V)]가 작다면, 하청기업이 모기업의 단가인하로 인한 이윤감소를 보전하기 위해 자기 노동자들의 임금을 인하할 수 있다.

독점이윤과 그 원천

독점기업은 독점적 지배력을 가지기 때문에 독점가격을 설정할 수 있고, 상품을 독점가격으로 판매할 수 있기 때문에 독점이윤을 획득할 수 있다. 독점이윤은 궁극적으로 독점적 지배력으로부터 발생한다. 어떤 산업의 생산과 시장이 독점자본에 의해 지배되고 있으면 그 산업은 독점산업이다. 그렇지 않는 산업은 비독점산업 즉 경쟁산업이다. 독점산업을 독점부문(monopoly sector), 경쟁산업을 경쟁부문(competitive sector)이라 부르기도 한다.

독점부문과 경쟁부문 사이에는 이윤율 격차가 존재한다. 예컨대, 독점이 지배하는 자동차 산업과 경쟁이 관철되는 섬유산업 사이에는 이윤율 격차가 존재한다. 독점부문과 경쟁부문 간의 이윤율 격차는 독점의 지배로 인해 경제 전체에서 이윤율이 균등화되지 않기 때문이다. 만약 독점자본이 존재하지 않는다고 한다면 자본간 경쟁을 통해 저이윤율 부문으로부터 고이윤율 부문으로 자본이 이동하여 이윤율이 균등화되었을 것이다. 경쟁부문으로부터 독점부문으로의 자본이동이 제한되기 때문에 이윤율이 균등화되지 않고 이윤율의 격차가 발생한다.

독점부문과 경쟁부문 간의 이윤율 격차는 곧 독점자본과 비독점자본 간의 이윤율 격차로 나타난다. 독점자본과 비독점자본 간의 이윤율 격차를 α 라고 하면, 독점이윤율 r_m과 비독점이윤율 r_c의 관계는 다음과 같이 표시할 수 있다.

$$r_m = r_c + \alpha$$

독점자본과 비독점자본 간의 이윤율 격차를 도표로 나타내면 <그림 17.1>과 같다. 가로축은 자본의 유기적 구성 'q=C/V'를 나타내고 세로축은 이윤율을 나타내고 있다. r_m은 독점이윤율 곡선이고 r_c는 비독점이윤율 곡선이다. 독점이윤율과 비독점이윤율은 각각 자본의 유기적 구성이 고도화되면 하락한다. r_m 곡선은 r_c 곡선보다 α만큼 위쪽에 있다.

그림에서 독점기업과 비독점기업의 자본의 유기적 구성이 q*로 동일하다면 독점이윤율은 r_m*, 비독점이윤율은 r_c*가 된다. 여기서 'r_m*=r_c*+α'이다. 그런데 일반적으로 독점기업의 자본의 유기적 구성이 비독점기업의 그것보다 높

〈그림 17.1〉 독점자본과 비독점자본 간의 이윤율 격차

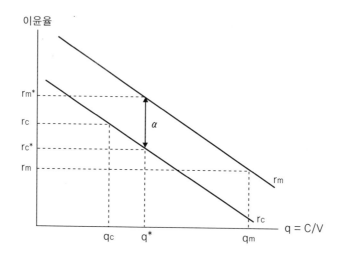

다. 그래서 그림에서처럼 독점기업의 자본의 유기적 구성 q_m이 비독점기업의 자본의 유기적 구성 q_c보다 훨씬 높다면, 관찰되는 이윤율은 독점기업의 경우 (r_m)보다 비독점기업의 경우(r_c)가 더 높게 나타날 수 있다.

그렇다면 독점이윤의 원천은 무엇인가? 독점이윤율 r_m은 비독점이윤율 r_c에 α 를 더한 값이다. 이 α 를 독점적 초과이윤율이라 한다. 그렇다면 α 는 어디서 발생하는가? α 는 독점기업의 기술적 우위에 기초한 초과이윤 부분인 t와 독점적 지배력에 기초한 수탈 부분 e로 나눌 수 있다. 즉 '$\alpha = t + e$'이다. 따라서 다음과 같이 정리할 수 있다.

$$r_m = r_c + \alpha$$
$$\alpha = t + e$$
$$r_m = r_c + t + e$$

여기서 t는 독점기업이 비독점기업에 비한 기술적 우위 때문에 획득하는 특별잉여가치이다. 독점적 초과이윤 중에서 이 부분은 생산에서 우월한 기술에 기초하고 있으므로 공정하다. 그러나 e는 시장에 대한 지배력에 기초하여 비독점자본, 소생산자, 소비자 등 다른 경제주체들을 수탈하여 획득한 것이다. 이 부분은 지배를 통한 경쟁의 제한으로부터 발생하는 것이므로 불공정하다. 독점 기업이 기술혁신(innovation)을 통해 초과이윤을 획득하는 경향이 강하면 t의 비중이 높아질 것이고, 경쟁의 제한을 통해 수탈하는 경향이 강하면 e의 비중이 높아질 것이다. t의 비중이 높을수록 독점은 혁신적이며, e의 비중이 높을수록 기생적(寄生的)이다. 따라서 t와 e의 상대적 비중은 독점이 정당한가 부당한가를 가리는 기준이 된다.

세계 제일의 컴퓨터 소프트웨어 회사인 마이크로소프트(Microsoft) 사의 반독점법(Anti-Trust Law) 위반 여부에 대한 미국 법원의 세기적 재판은 바로 독점 기업인 마이크로소프트사가 혁신을 통해 이윤을 추구했는가, 아니면 시장지배에 기초한 경쟁 제한을 통해 비독점기업과 소비자를 수탈하여 이윤을 추구했는가에 대한 판정이다. 마이크로소프트측은 혁신을 통한 정당한 이윤추구를 주장하고 있고, 미 법무성은 경쟁 제한을 통한 부당이득 추구(즉 수탈)라고 주장하고 있다. 이 세기적 재판은 결국 마이크로소프트사의 독점이윤 중에서 t와 e의 상대적 비중에 대한 판결인 셈이다.

3. 독점자본주의의 경제법칙

독점과 가치법칙

독점자본이 지배하는 독점자본주의에서는 자유경쟁 자본주의와 다른 경제법칙이 관철되는가? 자유경쟁 자본주의에서는 상품의 가치가 사회적 필요노동시간에 의해 결정되고 상품이 가치에 기초하여 교환된다는 가치법칙이 관철된다. 독점자본주의에서는 이러한 가치법칙이 관철되는가? 이 문제에 대해 정치경제학 내부에서는 자본논리학파와 독점이론가들 사이에 논쟁이 전개된 바 있다.

독일의 자본논리학파(capital-logic school)는 독점을 평균이윤율의 형성을 방해하는 자본이동의 제한이라고 파악하고, 독점을 자유경쟁으로부터 일시적으로 벗어나는 우연적 현상으로서 경쟁의 특수형태일 뿐이라고 본다. 일시적이고 우연적으로 형성된 독점은 경쟁을 촉진하는 요인들에 의해 해소된다. 즉 독점은 형성되었다가 해소되고 다시 형성될 수 있다. 이처럼 독점은 항구적이고 필연적인 현상이 아니기 때문에 독점을 자본주의 발전의 필연적인 단계로 볼 수 없다. 따라서 그들은 독점자본주의라는 개념 자체를 부정한다. 이러한 관점을 가지는 자본논리학파는 독점이 존재해도 가치법칙이 관철되며 자본간 경쟁을 통해 평균이윤율이 형성된다고 주장한다. .

반면, 독점이론가들은 독점자본주의에서는 가치법칙이 관철되지 않는다고 본다. 독점적 지배구조 때문에 국민경제가 독점부문과 비독점부문으로 분할되어 독점부문 내, 비독점부문 내에는 경쟁이 이루어지지만, 독점부분과 비독점부문 간에는 경쟁이 이루어지지 않는다. 이러한 구조에서 독점부문과 비독점부문 간에 생산력의 격차가 존재하고 자본이동이 제한되기 때문에 이윤율 격차가 나타난다. 이 이윤율 격차는 부문간 경쟁에 따라 소멸되는 일시적인 것이 아니라 독점적 지배구조가 존재하는 한 유지되는 항구적인 것이다. 따라서 이윤율은 균등화되지 않고 평균이윤율이 성립하지 않는다. 그리고 독점부문과 비독점부문 간의 거래에서 부등가교환이 이루어지므로 상품이 가치대로 교환되지 않는다. 그러므로 독점자본주의에서 가치법칙은 관철되지 않는다. 자본들 사이에는 가치법칙 대신 권력과 폭력이 지배한다.

자본논리학파와 독점이론가들 간의 논쟁의 쟁점은 결국 독점을 일시적이고 우연적인 것으로 보느냐, 아니면 항구적이고 필연적인 것으로 보느냐 하는 것이다. 20세기 자본주의의 역사를 보면 독점적 지배체제는 어떤 형태로든 유지되어왔음을 알 수 있다. 물론 독점적 지배력을 행사하는 개별 자본의 구성은 변화해왔다. 몰락하는 독점기업이 있는 반면 새로운 독점기업이 생성되어왔다. 또한 어떤 산업에서는 독점이 해체되고 경쟁이 지배해왔다. 그러나 전체적으로 보면 독점적 지배체제는 지속되어왔다. 이처럼 독점이 항구적인 현상이라고 한다면 가치법칙은 부정된다고 결론지을 수 있다.

그런데 독점이 지배한다고 해서 경쟁이 결코 폐지되는 것이 아님에 유의해야 한다. 독점자본들 사이에, 비독점자본들 사이에 치열한 경쟁이 이루어진다. 심지어 독점자본과 비독점자본 사이에도 잠재적인 경쟁이 이루어진다. 독점적 지배체제 아래의 경쟁이 독점자본주의의 특징이라 할 수 있다.

정체경향과 성장경향

독점자본주의에서는 자본축적이 둔화되는 정체(stagnation)경향이 나타나는가 아닌가? 자유경쟁 자본주의에서는 특별잉여가치를 획득하려는 자본간 경쟁이 부단한 기술혁신을 초래한다. 따라서 주기적인 공황에도 불구하고 성장경향이 나타난다. 그렇다면 독점자본주의에서는 어떠한가?

『독점자본』(1966)의 저자인 바란과 스위지는 독점자본주의에서는 정체경향이 나타난다고 주장하였다. 그들을 비롯한 독점이론가들에 의하면 독점자본주의에서는 기술진보가 지체되거나 만성적 과잉축적과 유효수요 부족으로 인하여 자본축적이 둔화되어 정체경향이 나타난다고 본다.

독점자본주의에서 기술진보가 지체되는 이유는 무엇인가? 그것은 첫째, 독점적 생산 및 시장 구조에서 새로운 생산방법의 보급을 강제하는 자본간 경쟁이 약화되기 때문이다. 둘째, 거대한 생산능력과 초과설비(excess capacity)를 가진 독점기업은 시장수요의 규모가 대폭 확대되지 않는 한 기술적으로 진부해진 기존의 생산설비를 계속 사용하려고 할 것이기 때문이다. 셋째, 독점기업이 기술독점을 하고 있을 경우 새로운 기술을 개발할 인센티브가 그만큼 적을 것이기 때문이다. 이러한 이유들로 인한 기술진보의 지체가 정체경향을 초래한다는 것이다. 요컨대, 독점이 기술진보에 제동을 건다는 것이다.

한편 바란과 스위지는 독점자본주의에서 '경제잉여(economic surplus)' 증대 경향이 나타나고, 그 잉여를 제대로 흡수하지 못해 정체경향이 초래된다고 주장하였다. 여기서 '경제잉여＝생산액－소비액'으로 정의된다. 독점자본주의하에서 노동생산성이 증가함에 따라 경제잉여가 증대하는 경향이 있다. 이 증대하는 경제잉여는 자본가의 저투자와 노동자의 과소소비로 인해 충분히 흡수되지 않는다. 자본가의 저투자는 초과설비를 가진 독점기업이 시장수요가 증가해도 새로운 설비를 도입하지 않기 때문이다. 노동자의 과소소비는 저임금 때문이다. 이처럼 유효수요의 부족으로 인해 경제잉여가 흡수되지 않기 때문에 정체경향이 나타난다. 정체를 해결하기 위한 대안은 민간의 낭비와 정부지출이다. 정부지출 중에서는 특히 군비지출이 잉여흡수의 주요한 대안이 된다. 이러한 잉여흡수 방식은 경제의 군사화를 초래한다.

독점자본주의에서 정체경향을 발생시키는 또 다른 요인은 독점자본의 비독점자본 수탈이다. 독점자본이 기술혁신보다는 비독점자본으로부터의 가치이전을 통해 자본축적을 할 경우 독점자본은 성장해도 비독점자본이 위축되기 때문에 경제 전체적으로 '영합게임' 양상이 나타나서 정체경향이 발생한다. 또한 독점자본이 생산보다는 유통에서, 실물보다는 금융에서 투기적이고 기생적인 방식을 통해 자본축적을 할 경우, 정체경향이 발생할 수 있다.

그러나 독점자본주의에서 이러한 정체경향이 지배적인 경향이라고 생각하면 잘못이다. '독점＝정체'론은 현실과 부합하지 않는다. 독점부문 내에서 독점자본들간의 치열한 경쟁이 전개되고, 이것이 기술진보를 촉진한다. 국내에서는 독점기업일지라도 세계시장에서는 경쟁기업으로서 글로벌 경쟁에 직면하기 때문에 부단히 기술혁신을 하지 않을 수 없다. 그리고 주식회사제도와 은행제도를 통해 공급되는 거대 산업자금이 자본축적을 촉진한다. 또한 독점적 거대기업의 대규모 투자가 자본축적을 주도한다. 그래서 독점자본주의 단계에서 자본주의는 급속히 성장한다. 그런데 이 성장은 더욱 불균등하게 된다. 기업간, 산업간, 지역간 불균등 성장이 더욱 심화된다. 요컨대, 불균등 성장 속에서 성장경향과 정체경향이 공존하는 것이 독점자본주의의 거시경제적 특징이다.

독점적 사회화와 공황

독점자본주의에서는 생산의 사회화가 크게 진전된다. 생산의 사회화는 생산의 사회적 성격이 강화되는 것을 말한다. 다시 말하면 생산의 사회화는 사회적 분업과 기업내 분업이 확대·심화되어 자본들간의 상호연관성과 노동의 상호연관성이 증대하는 것을 말한다.

독점자본이 자본의 집중에 의한 기업들의 수직적 통합과 수평적 통합을 통해 생성되고, 독점자본과 비독점자본 간에 하청계열관계가 형성되기 때문에 독점자본이 지배하는 독점자본주의에서는 기업간 관계가 보다 긴밀해진다. 경쟁자본주의에서처럼 수많은 소규모 기업들이 원자적 경쟁을 하고 있는 것이 아니라 독점기업을 중심으로 다수의 기업들이 서로 결합되어 생산활동이 조정된다. 기업들간에 경영, 기술, 금융 면에서의 전략적 제휴가 이루어진다. 은행자본과 산업자본의 결합은 실물부문과 금융부문간의 연관성을 크게 증대시켰다. 이와 같이 기업간 결합관계가 확대 강화됨에 따라 독점자본을 중심으로 한 사회적 생산의 조직화가 확대된다.

독점자본주의 단계에서 주식회사 형태가 지배적인 기업조직 형태로 되어 소유와 경영이 분리되고 주식소유가 분산될 경우, 소유와 경영이 제한적이나마 사회화된다. 이와 함께 거대독점기업 내부에서는 제조, 구매, 판매, 재무, 노무, 연구개발, 교육훈련 등 생산체제의 각 부문간의 연관성이 증대하며, 노동과정 내부에서 공정간 분업이 확대된다. 업무의 전문화와 직능의 다양화가 진전되는 가운데 각 부문을 통합적으로 관리하기 위해 집권적 관리체제가 도입되어 생산체제와 노동과정에 대한 통제가 체계화되고 관료화된다. 시장지배력을 가지기 때문에 가격설정자가 되는 독점기업은 생산활동을 의식적으로 통제할 수 있다. 이를 독점자본에 의한 생산의 계획화라 한다.

이와 같이 독점기업을 중심으로 한 기업간 관계와 독점기업 내부에서 생산의 사회화가 강화됨에 따라 사회적 생산에서 일정한 계획성이 도입된다. 경쟁자본주의에서의 무정부적 생산과는 달리, 독점자본주의에서는 생산을 집중하고 있는 소수의 독점기업들이 생산을 계획하고 가격을 설정함에 따라 생산과 교환을 의식적으로 규제할 수 있다. 이것이 독점자본주의에서 진전되는 사회화의 내용이다. 이러한 사회화에 따라 시장에서의 원자적 경쟁을 통한 생산과 가격변동의 진폭이 완화되어 생산의 무정부성이 어느 정도 약화될 수 있다.

그러나 이러한 사회화는 독점자본의 지배체제가 유지되는 가운데 이루어지는 독점적 사회화에 불과하다. 다시 말해서 독점자본가의 소유라는 소유의 사적 성격이 유지되고, 노동자와 민중에 대한 독점자본의 계급지배가 유지되는 가운데서 생산의 사회화가 진전된다. 따라서 독점자본주의 단계에서는 생산의 사회적 성격과 소유의 사적 성격 간의 모순이라는 자본주의의 기본 모순이 더욱 심화된다.

이와 같은 소수 거대 독점기업들에 의한 생산과 교환의 통제가 공황을 없앨 수 있는가? 힐퍼딩은 독점자본이 생산과 교환을 통제함으로써 자본주의가 공황 없이 지속적으로 발전할 수 있다고 주장한 바 있다. 그는 이를 '조직된 자본주의(organized capitalism)'라 하였다. 그러나 독점자본에 의한 생산의 계획화는 어디까지나 개별 독점자본의 계획화이지 경제 전체의 계획화가 아니기 때문에 공황을 회피할 수 없다. 독점자본간 경쟁이 치열하게 전개되기 때문에 과잉축적이 불가피하며 이윤율 하락 경향을 제거할 수 없다. 그리고 독점의 지배로 인해 부익부 빈익빈 현상과 노동계급의 빈곤화 경향이 강화되기 때문에 계급투쟁이 격화되어 경제위기가 발생하게 된다.

다만 독점자본은 과잉생산이 발생했을 때 생산의 제한을 통해 상품가격의 폭락을 저지할 수 있기 때문에 공황이 폭발적으로 나타나지 않는다. 그 대신 공황을 통한 상품가치와 자본가치의 파괴가 충분히 이루어지지 못하기 때문에 과잉축적과 과잉생산을 일시에 해소하여 균형을 회복시킨다는 공황의 기능이 제대로 발휘되지 않는다. 따라서 독점자본주의에서 경제위기는 급성의 공황보다는 만성적 불황의 형태로 나타나는 경향이 있다.

양극구조와 분단

원래 양극화는 자본주의의 본질적 경향이지만 독점자본주의 단계에서 그것은 양극구조로 형성된다. 국민경제가 독점부문과 비독점부문으로 분할되고, 독점부문이 비독점부문을 지배하기 때문에 양극화가 진전된다. 양극화에 따라 독점부문과 비독점부문 간에 생산조건과 노동조건에 격차가 발생한다. 그 결과 이윤율과 임금율의 격차가 생긴다. 독점부문은 중심부문(core sector)이, 비독점부문은 주변부문(periphery sector)이 된다. 그래서 국민경제 내에 '중심-주변'이라는 양극구조가 형성된다.

'중심-주변'이란 양극구조의 형성에 따라 노동시장 분단이 나타난다. 노동시장 분단(labor market segmentation)은 독점기업의 노동시장과 경쟁기업의 노동시장으로 노동시장이 분할되는 것을 말한다. 시장지배력을 가지기 때문에 생산물시장에서 안정적인 수요에 직면하는 독점기업의 노동시장은 고임금, 고용안정, 높은 승진기회, 내부노동시장[7] 존재 등으로 특징지어지는 1차시장(primary market)이 된다. 반면, 시장지배력이 없어서 생산물시장에서 불안정한 수요에

---

7) 내부노동시장은 외부 노동시장과 격리되어 기업 내의 규칙에 따라 임금결정과 노동력의 배분이 이루어지는 현상을 말한다.

직면하는 경쟁기업의 노동시장은 저임금, 고용불안, 낮은 승진기회, 내부노동시장 부재 등으로 특징지어지는 2차시장(secondary market)이 된다. 독점기업에 고용되는 임시고·일고·시간제 고용 등 비정규직 노동자들은 2차시장에 속한다.

이와 같이 노동시장이 독점부문을 중심으로 형성되는 1차시장과 경쟁부문을 중심으로 형성되는 2차시장으로 분단되는 것이 노동시장 분단이다. 특히 독점기업에는 내부노동시장이 형성되기 때문에 노동시장의 기업별 분단 현상이 나타난다. 노동시장이 분단되면 분단된 노동시장들 사이에 노동이동이 제한되기 때문에 임금률 격차가 유지된다. 따라서 동일 직종에서 독점기업과 비독점기업 사이에 임금격차가 나타나고 서로간에 노동이동이 드물면 노동시장 분단 현상이 나타나고 있다고 판단 내릴 수 있다.

노동시장 분단은 독점부문 노동자들과 비독점부문 노동자들을 경제적으로 이질화시켜 노동계급을 서로 다른 계층으로 분열시키는 작용을 한다. 이러한 정치적 효과가 있기 때문에 독점자본가들은 노동계급을 분할지배(divide-and-rule)하기 위한 의식적 전략으로서 노동시장을 분단시킬 수 있다. 노동력에 대한 수요독점의 지위를 가지는 독점기업은 노동력을 차별함으로써 노동시장을 분단시킨다. 우선 동일 직무를 인위적으로 정규직과 비정규직으로 구분하여 분단시킨다. 그리고 성(gender)과 인종(race)과 같은 노동력의 자연적 차이(differentiation)를 노동력 차별(discrimination)로 전화시켜 고용차별과 임금차별을 행한다.

독점자본이 주도하는 정규직-비정규직 간의 차별, 성차별과 인종차별에 의해 동일 노동에 대해 차별 임금이 지급되고, 기타 고용조건에 격차가 나타난다. 노동조합이 기업별 노조로 조직되어 있고, 독점기업의 노조가 자기 조합원의 양호한 노동조건을 유지하고 향상시키는 데만 관심을 두는 실리적 조합주의(business unionism) 노선을 가질 경우 노동시장의 분단은 그만큼 고착화될 가능성이 높다. 독점기업의 노동자들이 독점적 초과이윤의 일부를 이윤분배나 성과급의 형태로 분배받아 고임금에 안주하는 노동귀족이 될 경우, 노동시장 분단은 곧 노동계급의 분열로 이어질 것이다.

4. 독점의 모순과 반독점의 필연성

독점의 폐해: 불공평성과 비효율성

경쟁을 부정하고 제한하는 독점은 불공평할 뿐만 아니라 비효율적이다. 여기서 공평성(equity)은 공정성(fairness), 기회균등, 평등(equality)이란 세 가지 차원을 가진다. 효율성은 기술적 효율성과 배분적 효율성이란 두 차원을 가진다.

우선 독점이 공평성의 측면에서 볼 때 불공평한 이유는 무엇인가? 첫째, 독점자본이 비독점자본, 자영업자, 소비자를 수탈함으로써 발생하는 부등가교환은 불공정하다. 독점자본이 상품판매시에 독점적 최고가격을 설정하고 상품구매시에 독점적 최저가격을 관철시켜 부당이익을 챙기는 행위는 불공정거래로서 독점의 불공정성의 대표적 사례이다. 둘째, 독점기업은 기술력, 금융기회, 인적자원을 독점하고 있어 독점기업과 비독점기업 간에 부존자원이 차이가 나므로 기회가 불균등하다. 기회의 불균등은 공정경쟁을 부정하고 분배의 불평등을 초래한다. 셋째, 불공정성과 기회불균등으로 인해 독점은 소득과 부의 분배에서 극심한 불평등을 초래한다. 특히 독점자본이 의식적 전략으로서 추진하는 노동시장 분단과 성차별 및 인종차별은 불평등을 초래하는 불공정성과 기회불균등의 두드러진 현상들이다. 소수의 독점자본가들의 경제력 집중은 부익부 빈익빈 경향을 강화하여 불평등을 심화시킨다.

이러한 세 가지 측면에서 독점은 불공평하다. 독점자본에 의한 경제력 독점은 정치권력의 독점을 촉진한다. 경제력 집중이 정치권력 집중을 초래하는 것이다. 이미 지적했듯이, 자본주의 국가는 그 본성상 자본가계급의 이익을 우선적으로 반영하는 경향이 있다. 그런데 독점자본주의에서는 국가가 독점자본가의 이익을 더욱 우선적으로 반영하는 경향이 있다. 이는 행정부, 입법부, 사법부 등 정치권력에 대한 독점자본가들의 영향력이 강화되기 때문이다. 따라서 정치권력은 분산되는 것이 아니라 집중되는 경향이 생긴다. 이처럼 독점은 경제적 측면뿐만 아니라 정치적 측면에서도 불공평을 야기한다.

효율성의 측면에서 독점은 비효율적이다. 그 이유는 무엇인가? 먼저 기술적 효율성의 관점에서 보자. 독점은 기술진보를 억제하는 정체경향을 가지기 때문에, 최소의 투입으로 최대의 산출을 생산한다는 기술적 효율성의 관점에서 비효율적이게 된다. 물론 독점기업이 기술혁신을 하여 첨단기술을 도입할 경우 기술적 효율성은 높아질 것이다. 그러나 독점이 지배하고 있는 한 기술적으로 비효율적인 생산방법이 상당 기간 유지될 수 있다. 경쟁가격보다 더 높게 설정된 독점적 최대가격이 기술적으로 비효율적인 생산방법을 유지시키는 기초가 된다.

주어진 자원을 각 생산부문에 최적 배분한다는 배분적 효율성의 관점에서도 독점은 비효율적이다. 신고전파 경제학에서 밝히고 있는 것처럼, 독점이 지배할 경우 다른 사람의 후생을 감소시키지 않고는 어떤 사람의 후생을 증가시킬 수 없는 자원의 최적배분 상태인 파레토 최적(Pareto optimum)이 실현되지 않는다. 독점기업이 보유하는 초과설비는 독점이 자원을 비효율적으로 배분하고 있다는 결정적인 증거이다. 생산가격보다 훨씬 높게 설정된 독점가격은 자원의 희소성을 왜곡하므로 가격기구를 통해 자원이 효율적으로 배분되지 않는다. 독점이 지배할 경우 시장의 실패는 더욱 심하게 나타난다. 또한 독점부문에서의 자원과잉과 비독점부문에서의 자원결핍은 경제 시스템 전체의 비효율성을 초래하는 배분적 비효율성을 낳는다.

아울러 독점자본주의에서 나타나는 차별과 분단은 배분적 비효율성을 초래하는 또 다른 요인이다. 특히 성차별과 인종차별 같은 노동력 차별은 그 자체가 불공평할 뿐만 아니라 우수한 자원을 적재적소에 배치되지 못하게 만들어 비효율성을 초래한다.

반독점의 필연성

이와 같이 독점이 불공평하고 비효율적이기 때문에 반독점(anti-monopoly)은 필연적이다. 반독점은 독점의 폐해를 시정하는 정책과 독점적 지배체제에 대항하는 운동을 포함한다. 반독점은 한편으로는 독점자본의 시장지배력을 제한하는 독점에 대한 규제(regulation)와 다른 한편으로는 독점적 지배체제 그 자체를 민주화하려는 반독점 민주변혁(anti-monopoly democratic revolution)의 방향으로 전개될 수 있다. 전자는 자유주의적 대안이고, 후자는 민주주의적 대안이다.

자유주의적 대안인 독점규제는 독점자본이 범하는 시장에서의 불공정행위를 규제하는 법률을 제정하여 실행하는 것이 중심이다. 독점규제의 목표는 시장에서 자유경쟁 질서를 확립하는 것이다. 미국에서의 반독점법(Anti-Trust Law), 한국에서의 공정거래법 등이 독점규제의 형태들이다. 독점기업들간의 가격담합, 공급제한, 끼워 팔기, 계열사간 부당 내부거래, 판매가격 인상과 구매가격 인하를 통한 부당이득, 부당 인수합병 등 시장에서의 경쟁제한과 부당이득 추구 행위를 금지하는 것이 반독점법이나 공정거래법의 주요 내용들이다. 이처럼 독점규제는 독점자본 그 자체를 부정하는 것이 아니고 독점자본의 시장지배력 남용 행위를 저지하려는 것이다. 독점자본의 지배체제가 건재하는 상태에서 이루어지는 독점규제는 독점의 폐해를 근본적으로 치유할 수 없다.

민주주의적 대안인 반독점 민주변혁은 독점자본의 사회화나 국유화를 통해 경제민주주의(economic democracy)를 실현하려는 것이다. 독점자본의 사회화는 독점기업의 소유구조와 지배구조를 민주화하고, 독점기업과 비독점기업 간의 관계를 대등하고 공정한 관계로 개혁하고, 독점기업에 대한 국가와 시민사회의 민주적 통제를 확립하여 독점기업의 공정성과 공익성을 높이는 것이다. 소유와 경영의 분리, 소유의 분산, 노동자의 경영참가를 통해 독점기업을 민주적 기업으로 전환시키는 것, 종속적인 하청계열관계를 폐지하고 협력적인 기업간 관계를 정립하는 것, 경제정의 실천운동, 소비자운동, 환경운동 등을 통해 독점기업의 반사회적인 불공정행위를 시민들이 감시하는 것 등은 독점자본을 사회화하는 방안들이다.

독점자본의 국유화는 독점기업의 소유구조를 변혁하여 국가적 소유로 전환시키는 것이다. 국유화의 대상이 되는 독점자본은 주로 전력, 철도, 도로, 통신, 등 국가 기간산업의 독점기업이다. 물론 이때 국가는 독점자본의 국가가 아니라 민주개혁세력의 국가이어야 한다. 국가독점자본주의에서처럼 독점자본의 국가가 이들 산업의 독점자본을 국유화할 수 있다.[8] 그러나 이는 민주주의적 대안과는 거리가 멀다. 민주개혁세력의 국가가 독점자본을 국유화하여 국민경제의 생산력을 높이고 전체 국민의 삶의 질을 높이는 데 기여하는 생산활동을 전

---

8) 국가독점자본주의 아래에서의 국유화에 대해서는 뒤의 5절에서 다룬다.

개하도록 만드는 것이 민주주의적 대안으로서의 독점자본의 국유화이다.

　민주주의적 대안으로서의 반독점 민주변혁을 수행하려면 광범한 반독점 민주연합이 결성되어야 한다. 노동자(정신노동자와 육체노동자), 농민, 도시자영업자, 중소자본가, 전문경영인, 지식인 등 독점자본에 반대하는 폭넓은 계급·계층이 반독점 민주연합의 구성주체가 될 수 있다. 독점기업에 고용되어 있는 노동자들과, 독점기업과 하청계열관계를 맺고 있는 중소기업의 자본가들은 그들의 현실적 생존과 존립조건이 독점자본에 기초하고 있기 때문에 반독점 민주운동에서 모순적 태도를 보일 수 있다. 이들이 반독점 경제민주주의 실현이란 대의에 동참하는가의 여부가 반독점 민주연합 구성의 핵심적 문제가 된다.

5. 국가독점자본주의

국가독점자본주의의 성립 요인: 위기설과 사회화설

　19세기 말에서 20세기 초에 걸쳐 형성된 독점자본주의는 1917년의 러시아 사회주의혁명과 1930년대의 세계대공황이라는 역사적 사건을 거치면서 국가독점자본주의(state monopoly capitalism)로 전화된다. 국가독점자본주의는 1930년대 이후의 20세기 자본주의를 특징짓는 자본주의의 새로운 형태이다. 국가독점자본주의는 국가와 독점자본이 결합하고 경제에 대한 국가개입이 본격화되는 자본주의를 말한다.

　국가독점자본주의가 성립하는 계기를 설명하는 데는 크게 두 가지 가설이 있다. 하나는 독점자본주의의 위기를 강조하는 '위기설'이고, 다른 하나는 독점자본주의에서의 생산의 사회화의 진전을 강조하는 '사회화설'이다.

　위기설에 의하면, 제1차세계대전 이후 대두된 혁명적 노동운동과 1917년에 발생한 러시아 사회주의혁명에 따른 정치적 위기, 1929년에 발발한 세계대공황에 따른 경제적 위기가 겹쳐 자본주의가 전반적 위기(general crisis)에 빠진 결과, 위기관리체제로서 국가독점자본주의가 성립하였다. 자본주의의 타도를 지향하는 혁명적 노동운동의 등장과 러시아에서의 사회주의혁명의 성공은 서구

자본주의 내에서 계급투쟁을 격화시켜 체제위기를 초래하였다. 이에 국가가 체제를 안정시키기 위해 계급투쟁을 약화시키는 방향으로 노사관계에 개입하고 사회정책을 실시하게 된다. 이런 사회정책 중 대표적인 것으로는 노동3권의 법적 인정이나 사회보장제도를 들 수 있다.

1929년의 세계대공황과 그에 이은 1930년대의 극심한 장기불황에서 발생한 생산의 급격한 감축과 대량실업은 자본주의 시장경제가 완전하다는 경제적 자유주의자들과 신고전파 경제학의 주장과 이론이 오류임을 입증하였다. 자유시장경제가 파국적인 위기를 초래하고 시장이 불완전하다는 것이 명백히 된 이상, 시장에 대한 국가의 개입이 불가피하게 되었다. 따라서 국가가 재정금융정책을 통해 경기부양정책을 실시하고, 자본의 과잉축적을 해소하기 위해 구조조정정책을 실시하게 되었다.

한편, 사회화설에 의하면, 독점자본주의에서 크게 진전된 생산의 사회화와 생산관계의 사적 성격간의 심화된 모순을 해결하기 위해 생산관계를 사회화하는 방향으로 국가가 경제에 개입하여 국가독점자본주의가 성립하였다. 여기서 생산관계의 사회화란 생산의 전면적 사회화에 대응하여 국가가 사회적 생산을 전체적으로 규제하고 계획하는 것을 말한다. 이처럼 생산관계를 사회화할 필요성이 대두된 결과, 경제관리체제로서 국가독점자본주의가 성립했다는 것이다.

독점자본주의에서 생산의 사회화에 대응하여 사회적 생산을 지배하는 독점기업들이 생산을 계획하고 규제함으로써 생산관계의 사회화가 일정하게 진전된다. 그러나 이때의 사회화는 어디까지나 개별 독점자본 단위로 이루어지는 생산관계의 부분적인 사회화이지 국민경제수준에서의 생산관계의 전체적 사회화는 아니다. 생산관계의 전체적 사회화는 전체 국민경제에 대한 국가의 개입을 통해 이루어질 수밖에 없다. 이때 국가는 독점자본과 함께 생산관계의 한 주체가 된다. 생산, 교환, 분배, 소비 등 경제생활의 전 영역에 국가가 개입하여 사회적 총자본의 잉여가치의 생산과 실현을 연계시킴으로써 자본축적의 연속성을 보장할 필요성이 제기된 결과 국가독점자본주의가 성립하게 되는 것이다. 아울러 일반적 생산조건의 제공, 교통문제·과밀과 같은 도시문제와 환경파괴와 같은 생태문제의 해결 필요성 증대도 국가독점자본주의의 성립을 요청한다.

이 두 가지 가설은 현실의 자본주의 역사에서 국가독점자본주의가 성립하는 과정에서 작용한 서로 다른 요인을 강조하고 있는 것으로써 서로 보완적인 가설로 이해해야 할 것이다.

국가독점자본주의의 본질

국가독점자본주의가 자본주의 일반, 그리고 단순한 독점자본주의와 다른 본질적 특성은 무엇인가?

자본주의 역사에서 국가는 다양한 형태로 경제주체들의 행동에 개입해왔다. 자본주의 초기 중상주의 단계에서 국가는 수출을 장려하고 수입을 통제하며 특권 상인과 제조업자에게 특혜를 부여하는 형태로 개입하였다. 자유경쟁 자본주의 단계에서는 기본적으로 경제에 대한 개입을 배제하는 자유방임이 유지되어 왔다. 그러나 이 단계에서조차 국가는 자본주의적 생산관계를 유지하고 생산의 일반적 조건을 보장해왔으며 개별 경제부문에 대해 개입하고 특정 자본가 집단의 이윤추구 활동을 정책적으로 지원해왔다.

독점자본주의 단계에 들어오면 자본주의의 모순이 심화됨에 따라 점차 국가가 경제에 개입하는 경향이 강화된다. 다시 말해서 계급투쟁이 심화되고 공황이 격렬화되며 생산의 사회화가 전면적으로 진전됨에 따라 국가는 국민경제 전체에 개입하게 된다. 전 산업적 및 전국적 범위에서 경제활동에 대한 국가의 목적의식적 규제가 이루어진다. 요컨대, 국가의 경제규제는 중앙집권적이고 거시경제적 성격을 가지게 된다. 여기서 국가독점자본주의가 성립한다.

국가독점자본주의에서의 국가의 경제규제는 그 이전과는 달리 사후적(ex-post)이기보다는 사전적(ex-ante)이다. 다시 말해서 어떤 경제문제가 발생하고 난 뒤에 그것을 해결하는 규제방식보다는 경제문제의 발생을 예방하는 규제방식이다. 이 사전적 규제는 법률, 제도, 정책, 계획 등을 통해 이루어진다. 예컨대, 공정거래법, 최저임금제도, 전략산업 육성정책, 경제개발 5개년 계획 등이 사전적 규제의 예들이다. 국가의 사전적 규제는 민간 경제주체들의 행위를 제약하고 일정한 방향으로 유도한다. 이런 점에서 국가독점자본주의는 자본주의의 계획적 형태라 할 수 있다.

경제에 대한 국가의 개입과정에서 국가와 독점자본이 결합된다. 즉 경제에 대한 국가의 개입이 독점부르주아지의 이익을 우선적으로 반영하는 방향으로 이루어진다. 독점대기업에게 유리한 법률, 제도, 정책, 계획이 도입된다. 이 과정에서 국가권력이 독점자본에게 특권과 특혜를 주고 독점자본은 국가권력의 물질적 기초를 강화해준다. 이에 따라 국가권력과 독점자본이 융합되는 이른바 정경유착이 나타난다. 이렇게 되면 국가는 소수의 독점부르주아지의 이익에 봉사하기 때문에 그 공공적 성격이 약화되고 사적 성격이 강화되며, 국가권력이 더욱 집중되고 독재화되는 경향이 나타난다. 사적 독점과 국가독점이 결합되어 국민경제의 독점적 성격은 크게 강화된다.

그러나 국가와 독점자본 사이의 관계를 단순화시켜 파악해서는 안된다. 국가는 독점자본의 이익에 봉사함과 동시에 독점자본의 활동을 규제한다. 독점자본의 지배에 따라 발생하는 경제문제들을 해결하고, 노동자와 자영업자, 비독점자본가 등의 이익을 일정하게 반영하여 계급갈등을 완화시켜야 할 필요가 있기 때문이다. 따라서 국가가 독점자본에 종속되어 자율성이 없다고 보는 것은 잘못이다. 국가는 독점자본에 대해 상대적 자율성(relative autonomy)을 가지고 능동적으로 활동할 수 있다. 국가는 '반독점법'을 제정하여 독점자본의 활동을 규제하기도 하며, 심지어 특정 독점자본의 해체를 명령할 수도 있다.

국가의 경제규제 수단

국가독점자본주의에서 국가의 경제규제 수단에는 재정정책, 관리통화제도, 사회보장제도, 단체교섭제도, 최저임금제도, 적극적 노동시장정책, 소득정책, 국유화정책, 계획화정책 등이 있다.

재정정책은 국가의 경제규제의 가장 중요한 수단이다. 국가재정은 조세와 정부지출로 구성된다. 국가독점자본주의에서는 이전 시기의 자본주의에 비교되지 않을 정도로 경제활동에서 국가재정의 비중이 높다. 주요 선진국의 국내총생산(GDP)에 대한 정부지출의 비중은 세계대공황이 발생한 1930년대부터 급격히 증가한다(<표 17.1> 참조).

이미 앞의 제11장에서 논의한 것처럼, 조세와 정부지출을 통해 국가는 자원배분을 규제하고 소득재분배를 실시한다. 국가는 세율과 정부지출 수준의 변경

〈표 17.1〉 주요 국가의 정부지출의 비중

	1880	1913	1938	1950	1973	1992
프랑스	11.2	8.9	23.2	27.6	38.8	51.0d
독일	10.0a	17.7	42.4	30.4	42.0	46.1d
일본	9.0b	14.2	30.3	19.8	22.9	33.5
네덜란드	-	8.2c	21.7	26.8	45.5	54.1
영국	9.9	13.3	28.8	34.2	41.5	51.2
미국	-	8.0	19.8	21.4	31.1	38.5
평균	10.0	11.7	27.7	26.7	37.0	45.7

주: a는 1881년, b는 1885년, c는 1910년, d는 1990년 자료. 경상가격 기준임.
출처: A. Maddison, *Monitoring the World Economy 1820~1992*, OECD, 1995.

을 통해 총수요를 관리하고, 세율구조와 정부지출 구조의 변경을 통해 생산, 분배, 교환, 소비 활동의 흐름을 바꿀 수 있다. 특히 정부지출 중에서 사회적 투자를 통해 생산활동을, 사회적 소비를 통해 노동력 재생산과 소비활동을, 사회적 손비를 통해 소비활동을 규제할 수 있다. 국가독점자본주의에서는 불황시에 적자재정에 의한 팽창정책, 인플레이션이 발생하는 경기과열시에 흑자재정에 의한 긴축정책을 통해 총수요수준을 관리하는 것이 특징이다. 이를 통해 경기순환을 완화시키는 것을 반순환(counter-cyclical)적 규제라 한다.

관리통화제도는 불환지폐제도 아래에서 화폐의 발행이 국가의 정책에 따라 결정되는 제도이다. 관리통화제도에서는 은행권 발행과 화폐유통 규제의 독점권을 가지는 중앙은행을 통해 국가가 이자율과 통화량을 규제한다. 국가는 이자율을 변경함으로써 자본가들의 투자행위에 영향을 미치고 주식시장이나 채권시장과 같은 금융시장에 영향을 미친다. 아울러 국가는 공개시장 조작9)을 통해 통화량을 규제할 수 있다. 이와 같이 관리통화제도를 통해 이자율과 통화량을 규제함으로써 국가는 화폐의 흐름과 실물경제의 활동을 규제할 수 있다. 불황시에는 금융팽창정책을 통해 총수요를 증대시키고, 호황시에는 금융긴축정책을

---

9) 국가가 소유하는 국공채를 증권시장에서 매각하거나 매입하는 것을 말한다.

통해 총수요를 억제할 수 있다. 또한 국가는 국제자본이동을 규제하며 환율의 변경을 통해 외환시장에 개입할 수 있다.

사회보장제도는 실업보험제도, 산재보험제도, 의료보험제도 등 사회보험제도와 빈곤층에 대한 생계, 교육, 의료, 육아, 양로 등을 지원하는 공적부조제도가 있다. 이러한 사회보장제도는 국가가 모든 국민들에게 국민적 최저수준(national minimum)의 생활을 보장함으로써 실업, 노동불능, 저임금, 저소득에도 불구하고 노동력의 정상적 재생산을 가능하게 한다. 사회보장제도는 사회민주주의적[10]인 복지국가(welfare state)형의 국가독점자본주의에서 비교적 잘 갖추어져 있고, 파시즘적인 전쟁국가(warfare state)형 국가독점자본주의에서는 빈약하다. 사회보장제도를 통해 국가가 노동자에게 지급하는 사회보장급부는 사회임금으로서 노동력 재생산비의 일부를 구성한다. 국가의 사회보장지출은 노동력 재생산을 보장하여 국민경제의 생산력을 유지하고 노동계급과 빈곤층의 소비를 보장하여 총수요를 유지해주는 역할을 한다. 이 점에서 사회보장제도는 경제규제의 기능을 한다.

단결권과 단체행동권과 함께 단체교섭권을 국가가 법적으로 보장하는 단체교섭제도는 임금이 노동력의 수요와 공급에 의해서가 아니라 자본가와 노동자의 교섭에 기초하여 결정되게 함으로써 노동시장을 규제하는 기능을 한다. 최저임금제도는 노동시장에서 결정되는 임금수준보다 높은 수준의 법정최저임금을 자본가들이 의무적으로 지급하게 함으로써 노동시장을 규제하는 제도이다. 적극적 노동시장정책은 실업자에 대한 직업훈련의 실시, 일자리 알선, 노동시장정보 제공 등을 통해 고용을 촉진하는 정책이다. 이처럼 국가는 단체교섭제도와 최저임금제도 그리고 적극적 노동시장정책을 통해 노동시장에 개입하고 규제함으로써 경제의 흐름에 영향을 미친다.

소득정책(income policy)은 국가, 자본가 단체, 노동조합이 전국수준에서 임금인상률을 합의하는 과정에서 물가상승과 다른 소득(배당, 이자)상승에 일정한 한계를 설정하는 것이다. 소득정책을 통해 국가는 임금인상률을 생산성 상승률 범위 내에 제한함으로써 물가를 안정시키고 자본가들에게 이윤을 확보해주는

---

10) 사회민주주의에 대해서는 제20장 1절을 참조하라.

역할을 한다. 소득정책은 국가의 주도 아래 노사정간의 사회적 합의를 통해 임금을 비롯하여 소득과 물가를 규제하여 소득분배에 영향을 미친다. 소득정책은 자본가 단체와 노동조합이 전국수준에서 잘 조직되어 있고, 노동자와 자본가가 계급타협을 하려고 하고, 국가가 중립적 제3자라는 외관을 취하는 나라, 즉 사회적 합의 체제인 코포라티즘(corporatism)이 구축되어 있는 나라에서 효과적인 경제규제정책으로 될 수 있다.

국유화정책은 국가가 직접적으로 생산수단을 소유하고 기업을 경영함으로써 경제를 규제하는 것이다. 일반적으로 국민경제에서 전략적 중요성을 가지는 전력, 교통, 통신 등 기간산업이 국유화되기 때문에 국유화정책은 국민경제에 심대한 영향을 미친다. 국유화된 기업의 가격결정은 민간부문에서 생산되는 상품의 가격체계에 영향을 미친다. 예컨대, 국영기업인 한국전력이 전력요금체계를 변경시키면 민간부문이 생산하는 생산물의 원가에서 전력요금이 차지하는 비중이 다르므로 상품 가격체계가 달라진다. 한편 국영기업이 결정하는 임금은 민간부문의 임금결정에 영향을 미치며, 국영기업의 노동력 수요가 전체 고용수준에 영향을 미친다. 이처럼 국유화정책을 통해 국가는 생산물시장과 노동시장을 규제할 수 있다.

국가독점자본주의에서는 자본주의적 계획이 실시될 수 있다. 자본주의적 계획은 생산수단의 사적 소유와 시장경제 기초 위에서 실시되는 계획이다. 이것은 국가가 성장률, 투자율 등의 정책목표를 제시하고, 재정금융정책 등의 정책수단을 동원하여 민간경제를 간접통제하는 계획화이다. 이를 유도적 계획(indicative planning)이라 한다. 이는 생산수단의 사회적 소유에 기초하여 실시되고 국민경제를 직접 통제하는 사회주의적 계획화인 명령적 계획(imperative planning)과 구분된다. 제2차세계대전 후 일본의 계획화나 1960년대 이후 한국의 5개년 계획은 자본주의적 계획화의 대표적인 예이다. 자본주의적 계획화의 수행에는 중앙은행과 국유화된 시중은행과 기간산업이 주요한 역할을 한다.

국가독점자본주의의 생산관계와 경제규제 메커니즘

이상에서 본 국가의 경제규제는 자본주의 생산관계와 경제규제 메커니즘을 변화시킨다. 첫째, 소유관계가 변화한다. 즉 국가가 생산수단의 소유자가 된다. 기간산업이 국유화되어 국가적 소유 형태가 나타난다. 그 결과 소유관계가 사회화된다. 이에 따라 국가독점기업인 국영기업이 출현한다. 국영기업은 일반적으로 전력, 교통, 통신, 등과 같이 거대한 초기투자를 필요로 하고 투자비용의 회수기간이 긴 사회자본 부문에서 성립한다. 이 부문들은 대체로 생산의 일반적 조건을 제공하는 국가 기간산업이고, 그 수익성이 낮아 사적 독점자본이 진출하기를 기피하는 부문이다. 국가재정에 기초하여 운영되는 국영기업은 이윤원리에 따라 움직이는 것은 아니다. 국영기업에서 생산된 재화와 서비스는 저렴한 가격으로 독점자본을 비롯한 민간 경제주체에게 공급된다. 이를 통해 국영기업은 사적 독점기업의 자본축적을 지원한다. 국영기업이 생산한 잉여가치는 일부는 낮은 가격의 형태로 민간부문에 재분배되고 다른 일부는 재투자된다.

둘째, 자본-임노동 관계가 변화한다. 국가가 노동관계법을 통해 노동과정, 노동시장, 노동력 재생산에 개입함으로써 자본-임노동 관계에 대한 국가적 규제가 이루어진다. 근로기준법은 고용과 해고, 노동력의 사용조건을 법률로 규정한다. 최저임금제도를 통해 노동시장의 임금결정에 개입한다. 사회보장제도를 통해 노동력 재생산비의 일부를 국가가 부담함으로써 노동력 재생산이 사회화된다. 아울러 노동3권을 법적으로 인정해줌으로써 노동조합의 활동을 보장하면서도 체제 내로 제한한다. 노사정의 사회적 합의는 기업수준의 노사관계를 넘어 사회수준의 노사관계를 형성하게 한다.

이러한 제도들이 도입된 결과 국가독점자본주의의 자본-임노동 관계는 사회화된다. 아울러 노동운동이 제도적 틀 내에서 전개되어 계급투쟁이 제도화된다. 그런데 이러한 현상은 노동3권을 인정하는 복지국가의 사회민주주의형 혹은 뉴딜형 국가독점자본주의에서 나타나며, 노동3권을 부정하는 파시즘형 국가독점자본주의에서는 이와는 달리 자본-임노동 관계가 국가의 통제를 받고 노동3권이 부정되어 병영화된다.

셋째, 잉여가치의 분배형태가 변화한다. 국가가 없다고 가정한다면 자본주의에서 잉여가치는 이자, 상업이윤, 지대, 기업가 이윤의 형태로 분배된다. 국가가 존재하기 때문에 잉여가치의 일부가 조세로 징수된다. 위기관리와 경제관리를 위해 국가가 경제에 전면적으로 개입하게 되는 국가독점자본주의에서는 잉여가치 중에서 조세로 징수되는 비율이 이전 시기와는 비교가 되지 않을 정도로 높다. 따라서 조세가 주요한 잉여가치 분배형태가 된다. 그런데 국가는 조세를 자신을 위해 취득하지 않는다. 그것은 정부지출의 형태로 자본의 재생산과 노동력 재생산에 다시 투입된다. 국가의 조세는 특히 독점자본의 자본축적과정에 집중적으로 사용된다.

조세가 잉여가치 분배의 주요한 형태가 됨에 따라 국가는 자본축적의 수준과 내용에 직접적인 영향을 미친다. 조세의 징수는 투자의 원천인 기업가 이윤을 줄여 자본축적을 둔화시키지만 조세에 기초한 정부지출은 사회적 투자로 전화되어 자본축적을 가속화한다. 아울러 조세와 정부지출을 통해 이루어지는 잉여가치의 재분배를 통해 경제주체들간, 계급간 분배 관계를 변화시킨다.

넷째, 경제규제 메커니즘이 변화한다. 국가가 경제에 전면적으로 개입함에 따라 자본주의 경제는 시장과 국가라는 두 가지 메커니즘에 의해 중층적으로 규제된다. 즉 시장의 경쟁을 통해 자원배분이 이루어지는 시장적 규제와 국가의 명령을 통해 자원배분이 이루어지는 국가적 규제가 결합된다. 나라에 따라 그 결합방식은 다양하다. 국가독점자본주의 이전의 자본주의에서는 기본적으로 시장적 규제에 의해 자원이 배분되었다. 시장적 규제와 국가적 규제가 결합된 것이 국가독점자본주의의 경제규제 메커니즘의 특징이다. 이런 측면에서 국가독점자본주의를 혼합경제라 부르기도 한다.

이러한 규제방식과 함께 국가독점자본주의에서는 사적 독점자본에 의한 규제인 독점적 규제, 노사정의 사회적 합의를 통한 규제인 코포라티즘적 규제가 병존한다. 시민사회가 발달한 국가에서는 시민사회에 의한 민주적 규제가 결합될 수 있다.

국가독점자본주의의 모순

국가와 독점자본이 결합하고 국가가 경제에 전면적으로 개입하는 국가독점자본주의의 효과와 한계, 그리고 모순은 무엇인가? 그리고 그로부터 어떤 위기가 발생하는가?

첫째, 불황 때에 팽창정책을, 호황 때 긴축정책을 실시하는 반순환적 규제를 통해 공황을 완화하고 경기순환의 진폭을 줄여 파국적 경제위기와 경기과열을 막았지만, 공황과 경기순환 그 자체를 제거할 수 없었다. 국가가 시장에 개입하여 시장의 불안정성을 약화시킬 수 있었지만, 시장의 무정부성 그 자체를 없앨 수 없었다. 독점자본간의 치열한 경쟁에 따른 자본의 과잉축적을 막을 수도 없었고, 독점가격의 인상과 재정적자에 따른 인플레이션도 막을 수 없었다.

둘째, 생산의 사회화의 전면적 진전에 대응하여 국유화와 계획화를 통해 생산관계를 사회화시킴으로써 생산의 사회적 성격과 소유의 사적 성격 간의 모순이라는 자본주의의 기본 모순을 일정하게 완화했지만, 자본주의적 사적 소유가 여전히 유지되고 국가가 독점부르주아지의 국가라는 성격을 가지기 때문에 자본주의의 기본 모순에 따른 불안정성과 불공평성을 제거할 수 없었다. 그리고 국유화는 독점자본의 이해와 충돌하지 않는 좁은 범위 내에서 이루어지고, 계획화는 시장기구를 부정하는 것도 아니고 강제적인 것도 아니었다는 점에서 제한적이었다.

셋째, 경제에 대한 국가의 개입은 정경유착이라는 모순을 발생시켰다. 정경유착은 조세징수와 정부지출이라는 국가재정 활동, 국유화된 은행을 통한 신용할당, 경제활동에 대한 행정규제과정 등 여러 곳에 나타난다. 이 과정에서 국가권력과 독점자본 간에 특권 및 특혜와 정치자금 및 뇌물이 교환된다. 국가적 규제가 부패의 온상이 되었다. 독점자본과 국가권력이 유착하는 정경유착은 자본주의의 부패성을 크게 심화시켰다. 정치인과 관료 그리고 독점자본의 부패는 국가독점자본주의의 두드러진 특징이다. 정경유착에 의한 부패는 정치와 경제의 고비용과 저효율을 초래하여 자본주의 경제를 정체시키는 주된 요인 중의 하나이다.

넷째, 전면적인 국가의 개입은 '정부실패'를 초래하였다. 여기서 '정부실패'란 국가의 개입에 따른 경제활동의 관료화로 인한 비능률, 국가독점에 따른 경쟁의 제한으로 인한 비효율, 국가적 규제에 따른 부패가 수반하는 고비용 등으로 인해 자원의 효율적 배분이 실패하는 현상을 가리킨다. 관료화된 행정조직과 국가독점기업인 국영기업에서 발생하는 비능률성, 해고를 제한하는 노동법으로 인한 노동시장 경직성이 수반하는 고비용, 지나친 행정규제로 인해 시장기능을 억압한 데 따른 비효율과 고비용 등은 그 현저한 예들이다. 시장실패를 치유하기 위한 국가의 개입이 정부실패라는 새로운 모순을 낳은 것이다. 시장 기능을 강화시키면 시장실패가 발생하고 국가개입을 강화하면 정부실패가 초래 되는 것, 이러한 딜레마는 국가독점자본주의에 고유한 자기모순이다.

다섯째, 경제의 글로벌화에 따라 세계시장의 경쟁이 격화되면 국가의 경제규 제의 효과가 점차 감소한다. 국제무역의 확대, 생산의 글로벌화, 국제자본이동 의 증가, 다국적기업의 영향력 강화 등 글로벌화가 진전됨에 따라 국가의 재정 금융정책, 물가·고용·성장정책 등 거시경제정책의 효과가 떨어진다. 예컨대, 투 자를 증가시키기 위해 이자율을 낮추면 금융자본이 해외로 빠져나가 이자율 상 승 요인이 발생한다. 법정최저임금수준을 올리고 노동조건에 대한 국가규제를 강화하면, 자국기업의 국제경쟁력이 약화되고 생산자본이 해외로 빠져나가 고 용이 감소한다. 국제자본이동이 증가함에 따라 이자율과 통화량을 규제하는 중 앙은행의 관리통화정책의 효과가 떨어진다. 국민경제에서 다국적기업의 비중이 증가하면, 국가의 규제가 미치는 범위가 사실상 제한되어 거시경제정책의 효과 가 그만큼 떨어진다. 이처럼 글로벌화와 국가독점자본주의적 규제는 상충한다.

여섯째, 국가독점자본주의가 중앙집권적 경제규제를 실시하고 사적 독점과 국가독점이 결합된 강력한 독점체제를 창출한 결과, 중앙집권과 수도집중의 체 제가 형성된다. 이에 따라 경제력의 수도집중이 이루어져서 중앙과 지방간 격 차가 확대된다. 이러한 격차는 국가의 개입을 통해 어느 정도 줄어들 수 있지 만, 중앙정부인 국가가 권력을 독점하고 있는 이상 그 한계는 명백하다. 중앙집 권과 수도집중 체제에서는 자본의 노동 지배와 착취에 따른 계급모순에 더하여 중앙의 지방 지배와 수탈에 따른 지역모순이 발생한다.

국가독점자본주의의 위기

이러한 국가독점자본주의의 모순들이 누적되어 위기가 발생한다. 국가독점자 본주의의 위기는 재정위기, 스태그플레이션, 복지국가의 위기, 경제규제 메커니 즘의 위기로 나타난다.

우선 재정위기부터 보자. 국가독점자본주의에서는 축적위기와 정당성 위기를 극복하기 위한 국가개입 확대의 필요성 때문에 정부지출을 크게 증가시키지 않을 수 없다. 반면 국가독점자본주의에서 나타나는 경제의 정체경향과 국민들의 조세저항 때문에 조세수입의 대폭적 증가가 한계에 부딪힌다. 이처럼 국가개입의 확대에 따라 정부지출이 크게 증가하는데도 조세수입이 이를 뒷받침하지 못하여 재정적자가 나타난다. 특히 불황시에 조세수입은 줄어드는데도 실업수당을 비롯한 사회보장지출은 늘어나야 하기 때문에 재정적자는 불가피하다. 그 결과 재정적자가 누적된다. 국가는 국채를 발행하여 재정적자를 보전할 수 있다. 그러나 재정적자가 누적되면 국가부채가 늘어나 채무위기가 발생하게 된다.

이처럼 축적위기와 체제위기를 극복하려는 국가의 개입이 재정위기를 발생시켰다. 케인스는 정부가 적자재정에 의한 정부지출 증대를 통해 유효수요를 증대시킴으로써 불황을 극복해야 한다고 제안하였다. 그러나 불황 때의 적자예산을 호황 때의 흑자예산으로 상쇄하여 동태적인 균형예산을 달성한다는 케인스주의 재정정책의 아이디어는 주요 자본주의 국가 현실에서는 그대로 실현되지 못하고 재정적자의 누적으로 귀결되었다. 국가독점자본주의하에서 경제성장이 둔화될 경우 재정위기는 심화된다. 재정위기는 경제주체로서의 국가의 신용도를 떨어뜨려 국가의 정책 수행 능력을 약화시킨다.

국가독점자본주의에서는 스태그플레이션이라는 새로운 경제위기가 나타난다. 스태그플레이션(stagflation)은 말 그대로 경기침체(stagnation)와 인플레이션(inflation)이 결합된 경제위기 현상이다. 국가독점자본주의 이전에는 불황 때는 물가가 하락하고 호황 때는 물가가 상승하였다. 경기가 침체하는 불황 때도 물가가 상승하는 특이한 현상은 국가독점자본주의에 들어와서 출현한다. 스태그플레이션은 국가가 경제에 개입하여 경기순환이 왜곡된 데서 비롯된다.

만약 국가가 개입하지 않으면 공황이 발생하여 생산이 급격히 감축되고 물가가 폭락한다. 대량실업이 발생하고 임금이 하락한다. 공황에 이은 불황과정에서 다수의 기업들이 도산하여 과잉축적과 과잉생산이 해소되고, 임금이 하락하여 이윤몫이 증가함에 따라 다시 경기가 회복된다. 그런데 국가가 개입하면 공황 발생이 지연되고 그 격렬성이 약화되는 반면, 생산감축과 물가하락이 충분히 이루어지지 못해 과잉축적과 과잉생산이 제대로 해소되지 못한다. 상대적 과잉인구 방출이 억제되기 때문에 임금하락 폭이 적어 수익성 회복이 충분치 못하게 된다. 그 결과 공황은 급성으로 격렬하게 발발하여 일시에 해소되지 못하고 만성적 불황(chronic depression)의 형태로 나타난다.

이러한 만성적 불황 상황에서도 물가가 하락하지 않고 상승하는 이유는 무엇인가? 독점가격과 임금의 하방경직성, 재정금융팽창, 생산성 상승 둔화라는 구조적 조건 속에서의 독점기업의 독점가격 인상, 국가의 재정적자, 노동조합의 임금인상투쟁 등이 그 주된 이유라 할 수 있다.

비용가격에다 일정한 비율의 이윤을 더하여 설정하는 독점가격은 잘 내려가지 않는다. 생산성 상승으로 비용가격이 하락해도 독점기업은 가격을 잘 내리지 않는다. 이러한 독점가격의 하방경직성이 인플레이션의 요인이 된다. 노동조합의 강한 교섭력, 최저임금제도, 실업보험제도, 해고제한 등의 제도적 요인으로 인해 경기침체에도 불구하고 임금이 하락하지 않는 임금의 하방경직성 현상이 나타난다. 팽창적 재정금융정책도 주요한 물가상승 요인이 된다. 생산성 둔화 현상은 스태그플레이션의 주된 요인의 하나가 된다.

불황에서의 수익성 회복을 위해 독점기업이 독점가격을 인상한 결과 물가가 상승한다. 물론 수요가 위축되는 불황이기 때문에 독점기업이 가격을 인상하는 데는 한계가 있다. 그럼에도 불구하고 독점기업이 생산하는 상품이 대체가능성이 없는 핵심적인 생산재이고, 필수적인 소비재일 경우 독점기업의 이윤량을 증가시키는 가격인상이 가능하다. 국가의 재정적자는 통화량을 증발시켜 물가상승을 초래할 수 있다. 국채를 발행하여 중앙은행에게 인수하게 하면 통화량이 증가하여 물가가 상승한다.

노동조합의 임금인상투쟁으로 임금 상승률이 생산성 증가율보다 높게 될 때 물가상승 요인이 발생한다. 만약 임금이 인상되더라도 이윤이 감소한다면 물가는 상승하지 않는다. 그러나 독점기업이 이윤을 감소시키지 않고 임금인상을 가격인상으로 전가시키기 때문에 임금인상이 물가상승으로 연결된다. 만약 노동조합이 물가상승으로 인한 실질임금 하락을 회복하기 위해 임금인상 투쟁을 하고 그 결과 나타난 화폐임금 상승이 독점기업의 가격인상으로 연결된다면, '물가상승→임금상승→물가상승→임금상승→……'이 되풀이되는 이른바 임금-물가 악순환(wage-price spiral)이 진행된다. 이처럼 스태그플레이션은 만성적 불황 속에서의 독점자본의 이윤추구행위, 국가의 팽창적 재정정책, 노동조합의 임금인상투쟁 등이 결합되어 발생한다.

한편 복지국가형 국가독점자본주의에서는 복지국가의 위기가 나타난다. 사회보장지출의 확대에 따른 조세부담의 증가와 재정적자의 누적은 자본축적을 저해하는 요인으로 등장한다. 정당성 위기를 해소하기 위한 사회보장지출이 축적위기를 초래한다. 여기서 복지국가의 요구와 자본축적의 요구가 상충하게 된다. 이에 대응하여 국가는 사회적 총자본의 재생산을 보장하기 위해 사회보장지출을 축소한다. 그 결과 복지국가의 위기가 발생한다.

경제에 대한 국가개입의 결과가 재정위기, 스태그플레이션, 국영기업의 적자누적 등으로 귀결되었다. 이는 국가독점자본주의 경제규제 메커니즘 그 자체에 위기가 발생하였음을 의미한다. 여기서 시장만능을 신봉하며 규제철폐, 민영화, 사회보장지출 축소, 노동시장의 유연화를 지향하는 신자유주의가 등장한다. 국가독점자본주의의 위기가 국가독점자본주의의 해체를 초래하는 신자유주의를 불러들인 것이다.

더 읽을거리

北原 勇. 1984, 『독점자본주의론』(김재훈 옮김), 사계절.
아페 외. 1986, 『자본주의 국가논쟁』(주익종 옮김), 한울림.
정운영. 1988, 『국가독점자본주의론 이론연구』, 돌베개.
P. 바란·P. 스위지. 1984, 『독점자본』(최희선 옮김), 한울.
V. I. 레닌. 1988, 『제국주의론』(남상일 옮김), 백산서당.

제18장
제국주의와 종속

    19세기 말에서 20세기 초에 걸쳐 독점자본주의 단계에 들어간 영국, 독일, 프랑스, 미국, 일본 등 선진 자본주의 국가는 제국주의 국가로 전환된다. 한편, 이들 제국주의 국가의 침략과 간섭으로 아시아, 아프리카, 라틴 아메리카 등 지구촌의 많은 국가들은 식민지, 반식민지, 혹은 종속국가로 전락한다. 영국의 인도지배, 일본의 한국지배, 프랑스의 베트남지배, 미국의 세계지배 등은 그 대표적 예들이다.

    제국주의의 등장과 그에 따른 식민지, 종속현상의 출현은 20세기 자본주의의 주요한 특징 중의 하나이다. 20세기의 두 차례 세계대전, 지구촌 곳곳에 나타난 민족간, 인종간 분열과 갈등은 제국주의와 밀접히 연관되어 있다. 그리고 오늘날 아시아, 아프리카, 라틴 아메리카 국가들의 민중이 겪고 있는 빈곤과 실업, 굶주림은 상당 정도 제국주의로부터 약탈과 착취를 당한 고난의 역사에서 비롯되고 있다.

    제국주의란 무엇인가? 제국주의 지배의 정치경제적 효과는 무엇인가? 제3세계의 종속과 저발전은 어떻게 연관되어 있는가? 제2차세계대전 이후 일부 제3세계 종속국가에서 나타난 경제성장을 어떻게 설명할 것인가? 제국주의와 종속은 오늘날 세계화 시대에도 지속되고 있는 현상인가? 이 장에서는 이러한 문제들을 다룬다.

1. 제국주의란 무엇인가

제국주의: 독점자본의 국제적 지배체제

제국주의(imperialism)라고 하면 사람들은 대체로 강대국이 약소국을 침략하거나 지배하는 현상으로 이해한다. 사실 일상적 용법에서는 제국주의란 한 국가가 다른 국가를 정치적, 경제적, 문화적으로 지배하는 것을 의미한다. 식민지·종속상태에 있었던 제3세계의 민족해방운동은 제국주의를 타도와 배격의 대상으로 설정했다. 이런 점에서 제국주의란 용어는 민족의 독립과 자주성을 지향하고 민족적 이익을 추구하는 제3세계의 민족주의 이데올로기와 밀접히 연관되어 있다.

정치경제학에서는 이와는 다른 시각에서 제국주의를 이해한다. 자본주의가 독점자본주의 단계에 들어가면, 독점자본이 국경을 넘어 해외로 팽창하여 다른 나라를 지배하게 되는데, 이 과정에서 제국주의라는 새로운 현상이 나타난다고 본다. 이러한 인식에 기초하여 정치경제학에서는 제국주의를 독점단계의 자본주의로 보고 '독점자본의 국제적 지배체제'로 정의한다. 이 정의 속에는 제국주의에서 지배의 주체는 독점자본이고 그것이 국제적 지배체제를 통해 지배한다는 의미가 포함되어 있다. 이때의 독점자본은 국제독점자본이고, 오늘날 그 주요 형태는 다국적기업으로 조직된 초국적자본(transnational capital)이다.

그런데 국경을 넘어선 지배 그 자체는 결코 자본주의에 고유한 현상이 아니라 동서고금의 인류 역사에 보편적인 현상이다. 로마제국, 이슬람제국, 몽골제국 등 고대와 중세의 제국들은 한 국가가 다른 국가를, 한 민족이 다른 민족을 지배하는 국제적 지배체제를 형성하고 있었다. 강대국이 약소국을 정복 전쟁이나 동맹을 통해 복속시키고 속국인 약소국이 제국의 황제에게 조공을 바치는 현상은 동서양의 고대와 중세사회에 공통적으로 나타났다. 반면, 제국주의는 근대 자본주의 사회의 독점자본주의 단계에서 출현한 국제적 지배체제이다. 요컨대, '제국'은 초역사적으로 존재해왔으나, '제국주의'는 자본주의에 특유한 현상이다.

제국주의를 독점자본의 국제적 지배체제로 정의할 경우, 제국주의의 지배에는 '국가 대 국가'라는 측면과 '계급 대 계급'이라는 두 측면이 존재한다. 다시 말해서 제국주의에는 한 국가가 다른 국가를 지배한다는 측면과 한 계급이 다른 계급을 지배한다는 측면이 공존한다. 예컨대, 일본제국주의에서는 일본이 한국을 지배함과 동시에 일본의 독점자본가들이 한국의 노동자, 농민 등 민중을 지배하였다. 한 국가가 다른 국가를 지배하는 것은 대체로 한 민족이 다른 민족을 지배하는 것이다.

이렇게 볼 때 제국주의의 지배는 '민족 대 민족'과 '계급 대 계급'이란 두 측면에서 이해될 수 있다. 식민지 종속국가의 입장에서 본다면 제국주의는 제국주의 종주국에 의한 주권의 상실과 제한, 제국주의 독점자본의 식민지 민중에 대한 착취를 의미한다. 따라서 제국주의 지배에는 한 민족의 다른 민족 지배에 따른 대립과 투쟁이라는 민족모순과, 한 계급의 다른 계급 지배에 따른 대립과 투쟁이라는 계급모순이 동시에 발생한다.

제국주의의 지배를 받는 식민지 종속국가의 계급구조에 따라 그 계급모순의 구체적 양상은 달라진다. 식민지가 아직 봉건사회이면 지주와 소작인, 이미 자본주의 사회이면 자본가와 노동자, 농민, 수공업자 등으로 구성된 계급구조가 제국주의 지배와 결합되어 서로 다른 계급대립과 투쟁의 양상이 나타난다. 여기서 식민지 종속국가의 지배계급인 지주나 자본가들은 제국주의와 협력하기도 하고 투쟁하기도 한다. 자본가들의 경우 제국주의에 빌붙어 협력하는 매판자본가가 있는가 하면 제국주의에 맞서는 민족자본가도 존재한다. 종속국가에서 자본주의가 발전하여 독점자본이 성립할 수 있는데, 이 독점자본을 종속적 독점자본 혹은 예속독점자본이라 부른다. 종속적 독점자본(dependent monopoly capital)은 제국주의 국가의 지배적 독점자본(dominant monopoly capital)에 종속되어 재생산된다.

이처럼 독점자본의 국제적 지배체제, 즉 제국주의가 성립함에 따라 자본주의는 세계자본주의(world capitalism)로 발전한다. 제국주의가 지배하는 세계자본주의는 정점에 있는 제국주의 본국의 지배적 독점자본이 본국의 비독점자본, 식민지 종속국가의 종속적 (독점)자본과 민족적 (독점)자본, 저변의 농업과 수공업 등 전자본주의 생산양식을 지배하는 피라미드형 구조를 가진다. 이러한 지배구조에서 제국주의 국가의 지배적 독점자본은 본국의 비독점자본과 식민지 종속국의 종속적 (독점)자본 및 민족자본, 자영업자 등을 수탈하고, 본국과 식민지 종속국의 노동자를 착취한다. 이를 통해 지배적 독점자본은 본국에서 독점적 초과이윤을 얻을 뿐만 아니라 식민지 종속국에서 그보다 훨씬 더 높은 식민지 초과이윤을 획득한다.

제국주의의 식민지 종속국 지배는 경제적 지배, 정치적·군사적 지배, 문화적 지배라는 세 측면에서 이루어진다. 제국주의 국가와 지배적 독점자본이 식민지 종속국가의 경제, 정치, 문화를 지배하는 것이다. 제국주의 국가의 군사력과 우월한 생산력이 이 지배의 기초가 된다.

자본주의 일반과 구분되는 제국주의의 특징은 무엇인가? 제국주의는 독점자본주의에 기초를 두고 있다. 국내에서 독점적 지배체제를 확립한 독점자본이 해외로 진출하여 국제적 지배체제를 구축함으로써 제국주의가 성립한다. 따라서 첫째, 생산과 자본의 집적이 고도로 발전하고, 산업자본과 은행자본이 융합하여 독점자본이 형성된 기초 위에서 자본수출이 이루어진다는 점, 둘째, 자본수출을 통해 국제독점자본이 형성되고, 자본주의 열강에 의한 전세계의 영토적 분할이 완료된다는 점이 제국주의의 기본적 특징이다. 따라서 제국주의는 일국 수준에서는 독점자본주의이고, 세계수준에서는 국제독점자본 혹은 초국적자본이 지배하는 세계자본주의이다.

제국주의 성립의 요인: 실현문제와 이윤율 하락

제국주의는 어떻게 해서 성립하게 되는가? 독점자본이 국경을 넘어 해외로 팽창하는 까닭은 무엇인가? 해외로 팽창한 독점자본이 어떻게 국제적 지배체제를 형성하는가?

독점자본이 해외로 팽창하는 것을 자본수출(capital export)이라 한다. 자본수출은 제국주의의 결정적인 지표이다. 그렇다면 자본수출이 이루어지는 이유는 무엇인가? 정치경제학에서는 자본수출을 통한 제국주의의 성립을 설명하는 두 가지 가설이 있다. 하나는 과소소비설이고, 다른 하나는 이윤율 하락설이다.

과소소비설에 의하면, 노동계급의 빈곤으로 인한 유효수요의 부족으로 국내 시장이 한계에 부딪히게 되자 해외시장을 개척하기 위해 독점자본이 해외로 팽창하여 자본수출이 이루어진다. 국내시장에서 과잉한 상품을 해외시장에 판매하기 위해 독점자본이 해외에 생산기지를 건설하거나 판매망을 구축하는 것이다. 이 과정에서 시장개방을 강요하는 압력과 침략이 발생하여 제국주의가 성립한다.

폴란드 출신의 혁명적 맑스주의자인 로자 룩셈부르크(Rosa Luxemburg)는 자본주의가 지속적으로 확대재생산되려면 전(前) 자본주의 사회로 확장되어야 한다고 주장하였다. 그 이유는 첫째, 자본주의 경제가 만성적인 실현문제에 직면하여 해외시장을 추구하지 않을 수 없기 때문이다. 둘째, 자본간 경쟁이 자본으로 하여금 값싼 원료와 노동력을 추구하여 해외로 팽창하게 만들기 때문이다. 그런데 자급자족하는 자연경제가 지배하는 전 자본주의 사회에서는 시장이 존재하지 않기 때문에 시장경쟁을 통해서는 자본주의가 전 자본주의 사회로 확장될 수 없다. 따라서 전 자본주의의 자연경제는 폭력을 통해 개방되고 파괴되어야 한다. 이처럼 자본주의의 확대재생산의 필요성 때문에 전 자본주의 사회를 지배하는 제국주의가 성립한다.

제국주의론의 원조라 할 수 있는 홉슨(J. A. Hobson)은 과소소비설에 기초하여 제국주의 성립을 설명한다. 그에 의하면 선진자본주의 경제에서 나타나는 소득불평등과 독과점이 유효수요를 부족하게 만든다. 즉 소득분배의 불평등으로 인해 소비성향이 높은 저소득층보다 저축성향이 높은 고소득층에게 소득이 집중되고, 독과점으로 인해 소수 독점기업에게 이윤이 집중된 결과, 과잉저축이 나타나고 유효수요가 부족하게 된다. 아울러 경제성장이 진전됨에 따라 국내시장이 포화상태에 이르러 국내 투자기회가 줄어든다. 이러한 과잉저축과 국내시장의 포화상태를 해소하기 위해 해외투자와 해외시장 개척이 이루어지는데, 이로 인해 제국주의가 생겨난다.

한편 이윤율 하락설에 의하면, 선진자본주의에서 나타나는 이윤율 하락 경향에 대응하여 독점자본은 이윤율이 높은 후진자본주의로 자본을 수출하게 된다. 선진국의 저이윤율과 후진국의 고이윤율 간의 이윤율 격차가 자본수출을 가져온다. 이때 자본수출을 통해 과잉한 자본이 외국에 수출됨으로써 이윤율 하락 경향이 저지되고 국내 이윤율보다 높은 초과이윤을 획득할 수 있다. 자본수출의 형태에는 채권발행을 통해 이루어지는 대부자본의 수출과 주식발행이나 직접투자를 통해 이루어지는 산업자본의 수출이 있다.

자본수출이 이루어지기 위해서는 후진국으로의 자본의 자유로운 이동이 보장되고 시장이 개방되어야 한다. 그러나 후진국이 자국의 산업과 시장을 선진국 자본으로부터 보호하기 위한 정책을 고집한다면 후진국의 주권을 제한하거나 뺏는 제국주의 침략이 자행된다. 이러한 제국주의 지배를 통해 제국주의 국가는 식민지 종속국가로부터 식민지 초과이윤을 획득한다. 이 식민지 초과이윤은 국내의 독점적 초과이윤보다 높은데, 그것은 식민지 노동자에 대한 착취와 민중에 대한 수탈에서 비롯된다.

힐퍼딩, 부하린(N. I. Bukharin), 레닌 등에 의하면, 이윤율 하락 경향을 저지하기 위해 독점자본 혹은 '금융자본'이 국가의 지원을 받아 해외로 팽창하여 제국주의가 성립한다. 자본수출을 통해 국제독점체가 형성되고, 이들 국제독점체들 사이에 세계시장의 분할을 둘러싼 투쟁이 전개된다. 이 투쟁은 제국주의의 주요한 특징 중의 하나이다. 이 투쟁이 제국주의 열강들에 의한 지구촌의 영토분할을 둘러싼 투쟁으로 전화되고 이는 마침내 제국주의 전쟁으로 귀결된다. 제국주의 전쟁은 제국주의 열강들에 의한 세계 영토의 분할과 재분할을 둘러싼 투쟁이다. 두 차례의 세계대전은 전형적인 제국주의 전쟁이었다.

이와 같이 해외시장 개척을 위해서건 초과이윤 획득을 위해서건, 독점자본이 해외 생산기지 및 원료기지와 해외시장을 배타적으로 확보하기 위해 군사력으로 타국의 주권을 제한하거나 빼앗음으로써 제국주의가 성립한다. 20세기 세계역사를 보면 상품판매와 원료기지 확보를 위해 다른 나라에 개항과 불평등조약을 강요하고 영토를 점령하며 식민지화하는 것이 제국주의의 기본적 정책이었음을 알 수 있다. 이 점에서 제국주의는 곧 식민지주의(colonialism)인 것이다.

2. 제국주의의 정치경제적 효과

식민지 초과이윤과 기생성 및 부패성

앞에서 지적한 것처럼 제국주의의 본질적 특징은 자본수출이고, 그 결과는

식민지 초과이윤이다. 자본수출과 식민지 초과이윤이 제국주의 국가에 미치는
효과는 무엇인가?

자본수출은 과잉자본을 해소하여 이윤율 하락을 저지한다. 아울러 자본수출
을 통한 해외시장의 개척은 과소소비 문제를 해결한다. 따라서 자본수출은 공
황과 경제위기를 완화할 수 있다. 그리고 식민지 초과이윤의 획득은 제국주의
국가의 독점 부르주아지의 소득과 부를 증대시키고 국부를 증대시키며, 투자
가능한 기금을 증대시킨다. 그래서 자본수출과 식민지 초과이윤은 제국주의 국
가의 자본축적을 촉진하는 요인이 된다.

자본수출과 식민지 초과이윤은 제국주의 국가의 자본주의가 기생성과 부패
성이란 성격을 강하게 가지게 만든다. 여기서 기생성이란 생산활동에 참가하지
않고 타인의 노동의 결과인 불로소득으로 살아가는 것을 말한다. 요컨대, 이자,
지대, 임대료, 배당 등의 소득으로 생활하는 것을 가리킨다. 부패성이란 뇌물을
통한 매수가 이루어지는 현상을 말한다. 주로 자본이 권력과 유착하여 이권을
추구하고 노동을 통제하는 과정에서 부패가 나타난다. 기생성과 부패성은 자본
이 노동과 인간을 지배하는 자본주의 사회에서 보편적인 현상이지만, 제국주의
에서 현저하게 나타난다.

제국주의 국가가 거대한 화폐자본 수출을 통해 획득한 막대한 식민지 초과이
윤은 증권소유자인 금리생활자 계층(rentier class)을 형성시킨다. 이들은 식민지
종속국가에 수출된 대부자본에 대한 이자소득이나 주식자본에 대한 배당소득을
획득하여, 생산으로부터 완전히 분리된 채 노동하지 않고 살아간다. 제국주의
국가의 금리생활자 계층은 결국 식민지 종속국가의 민중에 대한 착취에 기생하
는 것이다. 이러한 기생성은 점차 강화되어 마침내 제국주의 국가를 금리생활
자 국가(rentier state)로 전화시킨다. 이제 제국주의 국가는 자본수출을 통해 얻
은 식민지 초과이윤에 기생하는 존재로 된다.

한편 제국주의 국가의 독점 부르주아지는 식민지 초과이윤의 일부를 자국과
식민지 종속국가의 관료와 정치인을 매수하는 데 사용한다. 여기서 정경유착이
라는 부패가 발생한다. 또한 식민지 초과이윤의 일부는 자국의 노동자 상층에
게 고임금의 형태로 분배된다. 식민지 초과이윤의 일부를 분배받은 노동자 상
층은 노동귀족(labor aristocracy)으로 되어 다른 노동자계층과 경제적으로 이질

화된다. 아울러 식민지 초과이윤의 일부는 노동운동을 체제내화하고 노사협조
주의를 정착시키기 위해 노동조합 지도자들을 매수하는 데 사용되기도 한다.
이렇게 해서 제국주의는 부패성을 강하게 띠게 된다.

제국주의에서 나타나는 강한 기생성과 부패성은 제국주의 국가의 자본축적
을 둔화시키고 정체 경향을 낳는다. 레닌은 이러한 측면을 크게 부각시켜 제국
주의를 '사멸하는 자본주의(decaying capitalism)'라 규정한 바 있다.

제국주의의 야만성과 문명성

제국주의가 식민지 종속국가에 미친 효과는 어떠한가? 제국주의의 지배는 식
민지 종속국가를 한편에서는 야만화하고, 다른 한편에서는 문명화하였다. 여기
서 야만화란 인간과 자연을 파괴하는 것을 말하고, 문명화란 미개상태를 개화
하여 역사를 발전시킨다는 것을 의미한다. 제국주의는 야만성과 문명성이란 양
면성을 가진다.

먼저, 제국주의의 야만성에 대해 보자. 제국주의는 식민지 종속국가의 주권
을 빼앗거나 제한하여 예속시킴으로써 그 자주성을 말살하고 민중을 노예상태
에 빠지게 만들었다. 이것이 제국주의의 가장 중요한 야만성이다. 식민지화되기
전의 아시아, 아프리카, 라틴 아메리카의 전통사회들이 제국주의 침략으로 강제
로 해체되면서 그 민족의 고유한 생활양식이 파괴되었다.

제국주의 독점자본의 진출로 자생적으로 싹트고 있던 농업과 수공업에서 자
본주의 맹아(萌芽)가 파괴되고 제국주의 독점자본에 대항하려는 민족자본의 성
장이 억압되었다. 식민지 종속국의 경제를 제국주의 본국의 자본축적의 필요에
적합하게 재편함으로써 경제구조를 불구화시켰다. 제국주의가 필요로 하는 약
간의 산업만이 기형적으로 성장하는 단일경작형 경제구조가 형성되었다. 제국
주의 국가와 식민지 사이에 '공업-농업' 간 분업, '중공업-경공업' 간 분업이라
는 제국주의적 국제분업구조가 형성되고, 이를 통해 식민지 종속국으로부터 제
국주의 국가로 경제잉여가 이전된다. 이에 따라 식민지 종속국가는 자생적이고
정상적인 자본주의 발전의 길이 막히게 된다.

아울러 제국주의 독점자본의 무분별한 원료채취와 자원약탈로 자연이 파괴

되고 자연자원이 고갈되며 민중의 주거환경이 황폐화되었다. 오늘날 기아와 질병이 휩쓸고 있는 아프리카의 생태위기와 생활환경의 황폐화는 상당 정도 제국주의 지배에서 비롯된 것이다. 아울러 식민지 종속국가의 노동력은 거의 대부분 단순 노동력으로 재생산되고 가혹하게 착취되어 소모되었다. 노동력 파괴와 인간파괴가 보편화되었다. 20세기 제국주의 시대에 아시아, 아프리카, 라틴 아메리카에 광범하게 전개된 이러한 자연파괴와 인간파괴는 제국주의의 야만성을 극명하게 나타내준다.

그런데 제국주의는 이러한 야만성만 가지는 것이 아니다. 제국주의는 식민지 종속국가의 낡은 전통적 생산양식을 해체하고 자본주의적 생산양식을 확산시킴으로써 문명화 효과를 낳는다. 제국주의의 자본수출은 자연경제를 파괴하고 자본주의적 생산관계를 이식시킨다. 지주, 소작인, 자영농민, 독립수공업자 등 전근대적 계급을 몰락시키고 자본가계급과 노동자계급이라는 근대적 계급을 창출한다. 제국주의 국가로부터 기계제 생산이라는 근대적 자본주의 생산력이 일정하게 도입된다. 철도, 항만, 도로와 같은 사회자본이 부설된다. 식민지 통치와 노동력 양성을 위해 식민지적 차별 속에서 일정한 근대적 교육이 이루어진다.

이러한 자본주의화와 근대화는 제국주의가 식민지 종속국가에 미친 문명화 효과이다. 맑스는 영국의 인도 지배가 이러한 문명화 효과를 낳았다고 보고, 이를 자본의 문명화 작용이라고 하였다. 워렌(B. Warren)은 제국주의를 '자본주의 개척자(pioneer of capitalism)'로 규정하고 제3세계에 대한 제국주의의 문명화 작용을 강조한 바 있다. 그러나 제국주의의 문명화 작용만 일방적으로 강조하면 결국 제국주의 침략과 지배를 미화하고 합리화할 위험이 있다. 제국주의의 문명화는 어디까지나 수탈을 위한 문명화이고, 제국주의의 문명성과 야만성은 동전의 양면과 같다는 사실을 망각해서는 안될 것이다.

제국주의와 생산양식 접합 그리고 민족경제

제국주의가 식민지 종속국가의 전 자본주의 생산양식을 해체하고 자본주의 생산양식을 확산시킨다고 해서 이것을 단선적으로 이해해서는 안된다. 전 자본주의 생산양식은 제국주의의 지배로 인해 해체되면서도 보존되는 두 측면을 가진다. 제국주의의 지배로 인해 식민지에서 자본주의 발전이 제한되고 왜곡되어 지배적 생산양식으로 되지 못하기 때문에 지주제, 노예제, 단순상품생산과 같은 전 자본주의 생산양식이 결정적으로 해체되지 않는다. 따라서 식민지 종속국가에는 자본주의 생산양식과 전 자본주의 생산양식이 공존한다. 신고전파 경제학에서는 이를 이중경제(dual economy)라 부르지만, 정치경제학에서는 생산양식의 접합(articulation)이라 한다.

생산양식의 접합을 통해 자본주의 생산양식은 전자본주의 생산양식을 지배하고 수탈한다. 예컨대, 제국주의 독점자본은 원료구매와 생산물 판매과정에서 강압에 기초하여 식민지 농민을 수탈한다. 또한 전자본주의 생산양식이 존재하면 자본주의 생산관계에서 잉여노동의 착취를 강화할 수 있다. 예컨대, 자영농업을 하는 농가의 자녀가 자본주의 기업에 임노동자로 취업할 경우, 이 노동자가 자본가로부터 받는 임금은 노동력 재생산비에 미달하는데, 이때 부족한 부분을 자기 집의 농업소득으로 보충하게 된다. 이 경우 자본가는 최저생계비 이하의 저임금을 지급하여 노동력 재생산비의 일부를 전자본주의 생산양식인 농업에 부담시킴으로써 노동자를 초과착취(super-exploitation)할 수 있다. 다른 한편 저임금이라도 소득획득 기회가 생기기 때문에 전자본주의 생산양식도 유지될 수 있다. 이런 까닭에 제국주의는 식민지에서 낡은 생산양식을 보존하려고 한다. 이처럼 제국주의 지배 아래에서 자본주의 생산양식과 전자본주의 생산양식은 접합되어 서로를 강화하게 된다.

한편, 제국주의 지배 아래 식민지 종속국가에서는 자본주의가 제한된 범위 내에서 발전할 수 있다. 이때 제국주의 독점자본 지배체제의 틈새에서 식민지 종속국가의 토착자본이 발흥하고 성장할 수 있다. 제국주의 독점자본과 별개로 재생산되고, 경우에 따라서는 그것에 대항하고 경쟁하는 토착자본을 민족자본(national capital)이라 한다. 민족자본은 그 재생산에 있어 제국주의 독점자본에 자금, 기술, 판로를 결정적으로 의존하지 않기 때문에 독립성을 가진다. 이와는 달리 제국주의 독점자본에 종속되어 그것에 협력함으로써 재생산되는 토착자본은 예속자본(subordinate capital)이라 한다. 이처럼 제국주의 지배 아래 토착자본은 민족자본과 예속자본으로 나누어진다.

민족자본은 식민지에서의 농업, 상업, 수공업 등으로부터 발생한다. 민족자본은 전자본주의 생산양식과 함께 식민지 아래에서 민족경제(national economy)를 형성한다. 민족경제는 제국주의 경제의 주변부에서 상대적으로 독자적인 재생산권을 가지고 영위된다. 제국주의 독점자본이 여러 가지 식민지정책을 통하여 민족자본의 성장을 억압하기 때문에 식민지 아래에서 민족자본의 발전과 민족경제의 성장에는 한계가 있다. 이런 까닭에 민족자본은 자신의 확대재생산을 위한 욕구로부터 제국주의에 저항할 가능성이 있다. 민족자본과 민족경제는 식민지에서 제국주의에 저항하는 민족주의 이데올로기가 출현하는 물적 토대가 된다.

그러나 민족자본은 그 독립성이 매우 취약하고 자본으로서의 존립을 위해 제국주의 독점자본에 의존할 개연성이 높기 때문에 제국주의에 반대하는 민족해방운동에 소극적이거나 기회주의적 태도를 보일 수 있다. 따라서 민족자본은 식민지 민중과 이해가 일치하는 측면과 대립하는 측면을 동시에 가진다. 예컨대, 일본제국주의 아래 식민지 한국의 민족자본들이 민족해방운동에 대해 보인 이중적 태도는 그 단적인 예라 하겠다.

3. 종속과 저발전, 종속적 발전

종속이론의 문제설정: 저발전

제국주의 지배의 이면은 식민지화와 종속이다. 부하린, 힐퍼딩, 레닌 등 고전적 제국주의론자들은 제국주의 현상 중에서 제국주의 국가들간의 영토분할을 둘러싼 경쟁과 제국주의 전쟁이 발생하는 측면을 강조했다. 제국주의가 식민지 종속국가를 지배하는 측면에 대한 분석은 비교적 소홀히 취급하였다. 제국주의 지배를 받는 식민지 종속국가의 입장에서는 제국주의 국가간의 경쟁이란 측면보다도 제국주의 지배에 따른 식민지화와 종속, 그리고 그 결과 초래된 저발전이란 측면이 더 절실한 문제가 된다.

이러한 문제의식을 가지고 제3세계의 저발전 내지 후진성을 제국주의 국가에 대한 종속으로부터 설명하고 탈종속의 대안을 모색하는 이론이 종속이론(dependency theory)이다. 종속이론은 제3세계 식민지 종속국가의 민족해방과 자립적 발전이란 실천적 목표를 가지고 저발전의 원인을 탐구한다. 저발전의 원인에 관한 종속이론의 가설은 1950년대 바란을 시발로 해서 1960년대 프랑크, 도스 산토스(T. Dos Santos), 아민, 윌러스틴(I. Wallerstein), 에마뉴엘 등에 의해 제시되었다.

종속이론은 맑스 경제학적 자본주의 분석에 제3세계의 저항적 민족주의 이데올로기가 결합되어 생성된 이론이다. 제국주의론이 제국주의 열강들간의 경쟁과 투쟁에 초점이 맞추어는 것과는 달리, 종속이론에서는 제국주의 세계경제 내에서의 선진자본주의 국가와 후진국 간의 지배-종속 관계에 초점을 맞춘다.

종속이론에서는 종속을 주로 경제적 종속의 측면에서 파악한다. 종속이란 '어떤 나라의 경제가 자신을 지배하는 다른 나라 경제의 발전과 팽창에 의해 좌우되는 상황'(T. Dos Santos)을 말한다. 다시 말하자면 종속이란 내생적 경제발전의 메커니즘을 결여한 채 제국주의 국가의 경제에 지배당하는 상황을 말한다. 경제적 종속에는 상업적 종속, 금융적 종속, 기술적 종속 등 세 가지 형태가 존재한다. 상업적 종속은 상품의 판매를 다른 나라 자본에 의존하는 것이며, 금융적 종속은 투자자본과 국가재정을 외채에 의존하는 것을 말하며, 기술적 종속은 핵심기술을 외국자본에 의존하는 것을 의미한다. 요컨대, 경제적 종속이란 시장, 자본, 기술을 제국주의 독점자본에 의존하는 것이다.

종속이론의 기본 인식은 제3세계의 후진성이 저발전(underdevelopment)에서 비롯된다고 보는 것이다. 여기서 저발전은 단순히 덜 개발된(less developed) 상태나 경제발전 수준이 낮은 것이 아니라, 제국주의 세계경제에 편입된 결과 후진국의 경제구조가 왜곡되어 초래된 발달장애현상을 가리킨다. 제국주의 세계경제에서 선진자본주의와 제3세계 사이에 이루어지는 자유무역과 국제자본이동은 제3세계에 경제발전이 아니라 저발전을 초래한다. 저발전을 초래한 핵심적 요인은 종속과 그로 인한 부등가교환이다.

이러한 인식은 후진성의 원인을 순전히 후진국의 국내적 요인에서 찾는 인식과는 크게 다르다. 바로 이 점에서 종속이론은 후진성을 후진국의 전근대성에서 찾는 근대화론이나 자본의 부족으로 인한 저투자에서 찾는 신고전파 경제학과 구분된다. 근대화론에서는 정치, 경제, 문화를 서구화하고 자본주의화하는 근대화를 추진하면 후진성을 극복할 수 있다고 본다. 신고전파 경제학에서는 부족한 자본을 해외에서 도입하여 투자를 증가시키면 경제성장이 달성되어 후진성이 극복된다고 생각한다. 그러나 종속이론에서는 제국주의에 대한 종속에서 벗어나는 것이 저발전과 후진성 극복의 유일한 길이라고 본다.

저발전의 원인에 관한 가설들

이제 몇몇 대표적 종속이론가들의 논의를 소개하기로 한다. 먼저 종속이론의 원조라 할 수 있는 바란의 저발전 분석을 보자. 바란은 경제성장은 경제잉여의 규모와 그것이 생산적 투자에 배분되는 정도에 달려 있다고 보았다. 여기서 경제잉여는 생산액에서 소비액을 뺀 것으로 투자 가능한 기금이다. 후진국에서 경제침체의 원인은 경제잉여가 부족하고, 또한 그것이 비생산적으로 소비되기 때문이다. 경제잉여가 부족한 까닭은 후진국이 제국주의 경제에 편입되어 식민지화되어 독립성을 상실함에 따라 토착 생산력이 파괴되고 주변부에서 중심부로 경제잉여가 유출되었기 때문이다. 제2차세계대전 이후 제국주의로부터 정치적으로 독립되었으나 경제적으로 여전히 종속되어 있는 신식민지 상황에서는 주로 외국인투자로부터의 이윤송금을 통해 잉여가 유출되어 경제잉여가 부족하게 된다.

한편 주변부 사회의 계급구조와 분배구조가 그나마 부족한 경제잉여를 비생산적으로 소비되게 만들었다. 지배계급인 매판 부르주아지와 지주들이 경제잉여를 투자하지 않고 사치와 낭비에 소비하는 까닭에 경제잉여가 비생산적으로 사용된다. 아울러 소득불평등으로 인한 민중의 과소소비가 대량소비에 기반한 산업에 대한 투자를 어렵게 만들고 경제잉여가 생산적으로 사용될 수 없도록 만들었다.

이처럼 바란은 주변부에서 중심부로의 경제잉여의 이전(transfer of economic surplus)과 매판 부르주아지와 지주가 지배하는 주변부 사회의 계급구조가 후진국의 저발전을 초래하였다고 분석하였다. 따라서 후진국의 성장과 발전을 위한 대안은 제국주의 중심부와 관계를 끊고 사회주의적 발전의 길을 걷는 것이다. 바란은 특히 소련의 계획경제 모델을 도입하여 자본집약적 중공업에 경제잉여를 집중적으로 배분하여 급속한 경제성장을 하여 저발전에서 벗어나야 한다고 주장하였다.

라틴 아메리카의 종속 문제를 다룬 프랑크는 자본주의 세계시장에 참가하는 선진자본주의 국가(metropolis)가 그 위성(satellite)인 후진국을 착취하기 때문에 후진국이 저발전 상태에 빠진다고 보았다. 즉 선진자본주의 국가가 제3세계 후진국의 전자본주의적 생산양식을 붕괴시키고 그들을 자본주의 세계시장에 편입하고 경제잉여를 수탈함으로써 선진자본주의는 발전하는 반면 후진국은 침체하게 된다. 선진자본주의의 발전과 제3세계의 저발전은 동전의 양면이다. 프랑크는 이러한 제3세계의 침체상태를 '저발전의 발전(development of underdevelopment)'이라 불렀다. 프랑크는 주변부에서 중심부로의 잉여이전이 저발전의 주된 원인이라고 보았다. 그는 혁명을 통해 선진자본주의와 연계를 끊고 사회주의로 나아가야만 경제잉여 유출을 막고 경제발전을 할 수 있다고 보았다. 따라서 후진국이해야 할 선택은 '저발전인가 아니면 혁명인가' 하는 것이다.

아민은 '불평등발전(unequal development)'으로 특징지어지는 '주변부 자본주의(peripheral capitalism)'를 분석하였다. 불균등발전이란 식민지화와 종속으로 인한 '불평등한 국제특화(unequal specialization)'에서 비롯되는 왜곡된 발전을 말한다. 여기서 불평등한 국제특화란 선진국과 후진국 간에 생산성 격차와 임금격차가 큰 상황에서 후진국의 경제발전을 가로막는 불리한 국제특화가 이루어지는 것을 말한다. 중심부 자본의 요구에 따라 중심부와 주변부 사이에 '공산품-농산품', '생산재-소비재', '소프트웨어-하드웨어'라는 불평등한 국제특화가 나타난다. 이와 같이 주변부가 중심부를 위한 보완적 생산물의 공급자로서의 역할만을 맡도록 하는 국제분업 구조가 형성되는데, 이것이 주변부의 자립적 경제발전을 가로막는다.

아민이 제시하는 주변부 자본주의의 특징은 다음과 같다. 첫째, 외부지향성이다. 식민지 무역, 외국인투자, 다국적기업 내부의 국제분업 등의 요인들이 후진국의 내생적 경제발전의 계기를 파괴하고 경제활동을 대외 의존적으로 만들었다. 둘째, 주변화(marginalization)이다. 영세자영업을 하는 상업, 서비스 등 3차 부문이 비대하고, 비생산적 활동의 비중이 높다. 경제활동인구의 다수가 저소득 업종 혹은 저임금 직종에 불완전취업하고 있는 상대적 과잉인구이다. 도시에 존재하는 영세상업과 제조업, 서비스업 등 이른바 도시비공식부문(urban

informal sector)의 비대화는 주변화의 뚜렷한 증거이다. 셋째, 종속이다. 중심부
에 대한 상업적, 금융적, 기술적 종속이 주변부의 중요한 특징이다.

이러한 주변부 자본주의의 특징은 주변부에서의 경제성장을 가로막는 원천
적인 제약요인이다. 아민에 의하면, 제3세계 국가들이 경제성장을 하려면 이러
한 주변부적 특성을 극복하여 자기 중심을 가지는 내생적 경제발전 메커니즘을
갖추어야 한다. 이를 위해서는 중심부와 단절하고 사회주의로 나아가야 한다.

한편 중심부 자본주의와 주변부 자본주의로 구성되는 세계자본주의에서는
세계적 규모의 자본축적이 전개되는데, 이 과정에서 세계 부르주아지와 세계
프롤레타리아트가 형성된다. 이에 따라 계급투쟁은 세계적 규모에서 전개된다.
주변부가 비자본주의적 발전의 길로 이행할 가능성은 이 세계 수준의 계급투쟁
에 달려 있다.

월러스틴은 세계체제(world system) 개념에 기초하여 제3세계의 종속문제에
접근하고 있다. 여기서 세계체제는 국민국가들로 구성된 국가간 체제(interstate
system)와 세계경제로 구성되어 있다. 세계경제(world economy)는 단일의 국제
분업 틀 안에서 시장교환에 의해 연결되어 작동한다. 세계체제 내에서 국민국
가들은 단일의 국제분업의 틀에 묶여 있기 때문에 서로 독립적일 수 없고 상호
의존 관계에 있다. 서로 다른 국민국가들은 세계체제의 구성부분일 뿐이다. 따
라서 월러스틴에 의하면, 분석 단위는 국민국가가 아니라 세계체제이어야 한다.

'시장을 위한 생산'으로 정의되는 자본주의[1]는 16세기 등장 당시부터 세계
경제로 존재했기 때문에 근대 세계체제는 자본주의 세계체제이다. 자본주의 세
계체제는 '중심부(core)-반주변부(semi-periphery)-주변부(periphery)'라는 세 층
의 국가들로 구성된 위계구조를 가진다. 어떤 나라가 이 위계구조의 어디에 속
하느냐는 그 국가의 상대적 힘에 달려 있다. 이 자본주의 세계체제 내에서 주변
부로부터 중심부로 잉여가 이전된다. 국민국가들간의 국가권력의 크기의 차이
가 교역조건에 영향을 미치기 때문에 잉여이전이 이루어진다. 잉여의 이전은
중심부 국가를 강화하고 주변부 국가를 약화시킨다. 말하자면 세계체제 내에서
는 '영합게임'이 벌어진다.

---

1) 이러한 월러스틴의 자본주의 정의는 앞서 본 정치경제학의 그것과 다르다. 이는 생산과
정에 기초하지 않고 교환과정에 기초하여 자본주의를 정의하는 유통주의적 관점이다.

반주변부의 존재는 세계체제 내에서 특정 국가의 지위가 변할 수 있다는 점을 나타내준다. 어떤 국가가 주변부에서 반주변부로 상승하고 마침내 중심부에 진입할 수 있다. 자본주의 세계체제 내에는 노예노동, 소작노동, 임노동 등 다양한 노동통제 양식이 존재한다. 월러스틴은 사회주의 국가도 이 자본주의 세계체제의 일부를 구성하고 있다고 본다.

월러스틴은 종속문제의 해결을 위한 길을 자본주의 세계체제의 극복에서 찾는다. 그는 세계체제 내에서 한 나라만이 독자적으로 사회주의혁명을 성공시킬 수 없다고 주장한다. 세계적 규모의 반체제 혁명운동을 통해서만 사회주의의 승리가 가능하다고 본다.

잉여이전 메커니즘: 부등가교환 모형

종속이론가들이 공통적으로 제시하는 저발전의 직접적 원인은 주변부에서 중심부로의 잉여의 이전이다. 그렇다면 잉여의 이전은 어떻게 이루어지는가? 에마뉴엘은 부등가교환(unequal exchange) 개념에 기초하여 잉여이전을 논증하고자 하였다. 에마뉴엘의 부등가교환 모형은 종속이론의 과학성 여부를 가려주는 시금석이라 할 수 있다. 잉여이전을 논증하지 못하면 종속의 원인이 잉여이전에 있다는 종속이론의 가설이 기각되기 때문이다.

에마뉴엘은 국제무역을 통해 주변부에서 중심부로 잉여가 이전되는 과정을 밝히고자 했다. 그는 중심부와 주변부 간의 자본의 유기적 구성과 임금수준의 차이가 부등가교환을 낳는다고 보았다. 부등가교환은 두 가지 형태로 구분된다. 제1형태는 자본의 유기적 구성이 다르고 임금수준이 동일한 국가들간의 부등가교환이고, 제2형태는 자본의 유기적 구성이 같고 임금수준이 다른 국가들간의 부등가교환이다. 제1형태는 광의의 부등가교환이고, 제2형태가 엄밀한 의미의 부등가교환이다. 에마뉴엘은 제2형태를 중요시하였다.

이제 부등가교환의 제2형태를 중심으로 에마뉴엘의 부등가교환 모형을 보기로 하자.

우선, 국제간에 자유로운 자본이동이 이루어지지만 노동이동은 이루어지지 않는다고 하자. 따라서 국제간에 이윤율은 균등화되지만 임금격차가 존재한다.

다음으로 자본의 유기적 구성이 동일하다고 하자. 단순화를 위해 고정자본은 없으며, 두 나라의 노동은 동질적이라고 가정한다. 선진국인 A국은 자동차를 후진국인 B국은 홍차를 생산하며, 두 나라의 생산조건이 다음과 같다고 하자.

	불변자본 (C)	가변자본 (V)	잉여가치 (S)	총가치 (C+V+S)	생산량	단위당 가치
A국	480	120	120	720	30대	720/30=24
B국	240	60	180	480	30톤	480/30=16

여기서 A국은 720일의 노동을 투입하여 자동차 30대를 생산한다. B국은 480일의 노동을 투입하여 30톤의 홍차를 생산한다. 이 경우 자동차 1대의 노동가치는 24이고, 홍차 1톤의 노동가치는 16이다. 자본의 유기적 구성은 4이고 잉여가치율은 A국이 100%, B국이 300%이다. 이러한 잉여가치율의 격차는 임금격차에서 비롯된다. 국제자본이동이 없을 경우 이윤율은 A국이 '20%(120/600)', B국이 '60%(180/300)'이다. 그러나 국제간에 자유로운 자본이동이 이루어지면 양국간에 이윤율이 균등화되어 평균이윤율이 형성된다. '평균이윤율 p=300/900=33.3%'이다.

따라서 생산가격은 다음과 같이 형성된다.

	비용가격 (C+V)	이윤 p(C+V)	생산가격 (1+p)(C+V)	산출량 단위당 가격
A국	600	200	800	800/30=80/3
B국	300	100	400	400/30=40/3

자동차 1대의 생산가격은 80/3이고, 홍차 1톤의 생산가격은 40/3이다. 따라서 자동차와 홍차의 노동가치 비율은 '1.5(24/16)'인데 생산가격 비율은 '2(80/3÷40/3)'이다. 여기서 가령 A국이 자동차 3대를 수출하고 얻은 금액으로 B국의 홍차 6톤을 수입한다고 하자. 이 경우 양국은 수출액과 수입액이 80으로 동일하여 국제수지에는 변화가 없다. 두 나라간의 무역에서 생산가격 기준으로 보면 80이 80과 교환되었으므로 국제수지 면에서는 이익도 손실도 없다. 그러나 노동가치

기준으로 보면 홍차 6톤의 노동가치 96과 자동차 3대의 노동가치 72가 교환된
것이다. 따라서 이 교환은 부등가교환이 된다. 이 부등가교환을 통해 24일(96-
72)의 노동가치가 B국으로부터 A국으로 이전된다.

이러한 부등가교환은 선진국의 경제성장을 가속화하고 임금을 상승시키는 반
면, 후진국의 경제성장을 정체시키고 임금을 하락시킨다. 그 결과 선진국과 후진
국 간의 격차를 확대시키고, 이는 다시 부등가교환을 강화한다. 이렇게 해서 임금
격차에 기초한 부등가교환은 선후진국간에 불평등발전(unequal development)을
초래한다.

에마뉴엘의 부등가교환 모형에 의하면 저임금의 후진국에서 부등가교환을
통해 잉여유출이 발생한다. 이에 대해 베텔랭(C. Bettelheim)은 제3세계의 저개
발의 원인은 낮은 생산력에 있는 것이지 선진국과의 임금격차에 있는 것이 아
니라고 비판하였다. 그리고 임금격차는 저개발의 원인이 아니라 결과라는 비판
도 제기되었다. 에마뉴엘은 그의 모형에서 선후진국간의 임금격차만 고려할 뿐
생산력 격차를 무시하고 있다. 만약 선후진국간의 생산력 격차가 임금격차보다
크다면 부등가교환 발생을 논증할 수 없게 된다. 이것이 그의 부등가교환론의
약점이다.

에마뉴엘의 부등가교환론에 대해 제기되는 또 다른 의문점은 과연 부등가교
환이 후진국의 경제발전을 저지할 만큼 심각한가, 부등가교환이 발생하더라도
후진국이 무역이익을 얻을 수 있지 않는가 하는 것이다. 이는 사실 종속이론 전
체에 대해 제기되는 의문이다. 이 의문에 대한 체계적 해명은 아직 이루어지고
있지 못하다. 또한 그의 부등가교환론은 한 국가가 다른 국가를 착취한다고 주
장하지만, 원래 착취란 계급간 관계에서 발생하는 것이지 국가간의 관계에서
발생하지 않는다는 점을 지적할 수 있다. 이러한 한계와 난점에도 불구하고 에
마뉴엘의 부등가교환론은 선진국과 후진국 간의 잉여이전 메커니즘을 논증하려
고 한 선구적 시도로 평가할 만하다.

주변부 자본주의의 종속적 발전: 신흥공업국의 출현

종속이론의 가설에 의하면, 제3세계는 종속으로 인한 부등가교환 때문에 저

발전 상태에 빠져 경제성장이 정체된다. 그런데 1970년대에 들어오면 한국, 대만, 싱가포르, 멕시코, 브라질 등 소수의 제3세계 국가들이 제국주의 세계경제에 대한 종속에도 불구하고 급속한 경제성장을 달성하여, 이른바 신흥공업국가(NICs: Newly Industrializing Countries)로 등장한다. 이 신흥공업국 현상은 경제적 종속상태에서도 제3세계 국가들이 저발전 상태를 벗어나 경제발전을 할 수 있다는 사실을 보여주었다. 이는 종속이론의 가설이 예측하는 바와 명백히 배치되는 현상임에 틀림없다. 따라서 신흥공업국가에 관한 한 프랑크의 '저발전의 발전'이란 명제는 오류임이 밝혀졌다.

이러한 현상을 어떻게 이해해야 할 것인가? 종속이론은 완전히 틀린 것인가? 제국주의의 지배가 식민지 종속국가의 자본주의적 발전을 촉진한다는 주장이 옳은 것인가? 아니면 신흥공업국 현상은 예외로 보아야 하며 대다수 제3세계 국가들은 여전히 저발전 상태에 있지 않느냐는 종속이론가들의 반론이 옳은가?

신흥공업국가의 사례는 주변부 자본주의에서의 종속적 발전(dependent development)의 가능성을 입증해주었다. 그렇다면 부등가교환이나 외국인투자의 과실송금을 통한 잉여유출에도 불구하고 종속적 발전이 가능했던 이유는 무엇일까? 그 이유는 크게 세 가지를 들 수 있다.

첫째, 중심부와 주변부 사이의 새로운 국제분업구조가 주변부의 경제성장을 가능하게 했기 때문이다. 중심부와 주변부 사이의 국제분업이 '공업-농업' 간 분업 단계에 있었을 때는 주변부의 경제성장이 정체되었으나, '중공업-경공업' 분업 단계, 혹은 나아가 '소프트웨어-하드웨어' 분업 단계에서는 주변부에서도 공업화가 진전될 수 있고 경제성장이 달성될 수 있었다. 이러한 국제분업 과정에서 중심부로부터 주변부로 기계설비와 기술이 도입됨에 따라 제한된 범위 내에서나마 생산력 이전이 이루어져 노동생산성이 향상될 수 있었던 것이다.

둘째, 주변부 자본주의에서 국가가 여러 가지 정책을 통해 경제발전을 주도하였기 때문이다. 주변부의 국가가 경제잉여를 생산적으로 투자하도록 산업정책과 재정금융정책을 실시하고, 생산력을 발전시키는 연구개발투자와 교육훈련투자를 촉진하는 과학기술정책을 실시하며, 외자도입과 기술도입 그리고 수출확대를 위한 국제경제정책을 펼친 결과 고도경제성장이 가능하였다. 아울러 발전지향적인 강력한 국가가 경제발전을 주도함으로써 공업화에 성공할 수 있었다. 이러한 역할을 하는 주변부 국가를 발전국가(developmental state)라 부른다. 국가가 경제 발전을 주도하는 제3세계 자본주의를 국가자본주의(state capitalism)로 규정하기도 한다. 발전국가는 제국주의 국가에 대해 상대적인 자율성을 가지고 자국 자본의 자본축적을 지원할 수 있었다.

셋째, 주변부의 높은 잉여가치율이 중심부로의 잉여유출에도 불구하고 경제성장을 위한 잉여의 생산적 투자를 가능하게 했기 때문이다. 주변부 국가의 저임금, 장시간 노동, 높은 노동강도, 높은 노동생산성은 절대적 잉여가치 생산과 상대적 잉여가치 생산을 결합시켜 고율의 잉여가치율을 실현할 수 있었다. 이는 구상과 실행을 분리하는 테일러주의와 포드주의 대량생산체제를 도입한 기초 위에서 강력하고 효율적인 노동통제가 가해졌기 때문에 가능하였다. 노동기본권이 억압되고 노동과정에서의 자율성이 부정되는 병영적 노동통제와 그것을 뒷받침하는 개발독재2)가 고율의 잉여가치 추출을 가능하게 하였다. 그래서 잉여유출에도 불구하고 고도성장을 위해 투자할 잉여가 축적될 수 있었던 것이다.

종속이론은 신흥공업국가에 나타난 이러한 세 가지 요인을 간과했기 때문에 종속적 발전의 가능성을 과소평가하게 되었다. 이는 종속이론이 후진국에 대한 선진국의 상품 및 자본 수출이 후진국의 생산력을 파괴하는 측면에만 주목할 뿐, 생산력 이전의 측면을 무시하고 후진국 내부의 경제성장 요인을 과소평가했기 때문이다. 이러한 이론의 일면성이 신흥공업국 현상을 설명하지 못하게 만들었다. 그럼에도 불구하고 제국주의의 야만성과 종속으로 인한 왜곡이 다수의 후진국들의 저발전을 낳고 있는 일면의 현실은 종속이론의 부분적 유효성을 입증해준다 할 것이다.

4. 제국주의와 종속의 역사적 지위

제국주의: 자본주의의 최후 단계?

레닌은 1917년의 『제국주의론』에서 제국주의를 자본주의 발전의 최고의 최

---

2) 개발독재에 관해서는 제19장 4절에서 자세히 다룬다.

후의 단계라고 규정하였다. 제국주의는 사멸하는 자본주의이며, 제국주의 다음에는 사회주의가 도래한다고 생각했다. 2001년 현 시점의 선진자본주의도 여전히 자본주의의 최후의 단계인 제국주의인가?

앞에서 본 것처럼 제국주의는 독점자본의 국제적 지배체제이다. 그리고 제국주의는 한편으로는 세계의 영토적 분할과 재분할을 둘러싼 자본주의 열강들간의 경쟁과 투쟁이고, 다른 한편으로는 제국주의 국가와 제국주의 독점자본에 의한 식민지 종속국가와 그 민중에 대한 지배와 착취 과정이다. 그리고 제국주의는 실현문제와 이윤율 하락에 대응한 자본수출을 통해 성립한다. 이러한 제국주의의 성격과 그 성립 요인에 비추어볼 때, 현재의 선진자본주의는 제국주의인가 아닌가? 그리고 자본축적의 요구로부터 제국주의적 팽창의 필요성이 있는가 없는가?

제국주의 경향을 보이는 세계자본주의

세계 자본주의는 제국이지만 영토가 없는 제국이다. 세계 자본주의에는 또 주권과 주권의 외형들도 없다. 주권은 여전히 각국에 속해 있으며, 사실은 이 때문에 세계 자본주의의 영향력은 제한을 받는다. 세계 자본주의는 눈으로 볼 수도 없다. 그것을 나타내는 공식적인 구조가 없기 때문이다. 그러나 세계 자본주의에는 백성들이 있다. 전세계의 인류가 세계 자본주의의 백성들이다. 하지만 이 백성들은 자신들이 어떤 제국의 지배를 받고 있다고는 거의 느끼지 못한다. 혹은 자신들을 지배하는 비인간적이고 때로는 파괴적인 힘은 느끼고 있지만, 그 힘이 무엇인지는 제대로 모르고 있다.

이 같은 제국주의 비교가 가능한 것은 세계 자본주의가 그 백성들을 실제로 지배하기 때문이다(그리고 백성들이 그것에서 벗어나기 어렵기 때문이다). 게다가 세계 자본주의에는 (다른 제국처럼) 중심과 주변이 있다. 그리고 중심은 주변의 희생으로 이득을 보고 있다.

이보다 더 중요한 것은, 세계 자본주의가 실제로 제국주의적 경향을 보인다는 점이다. 그것은 잠시도 쉬지 않고 계속해서 확장되고 있다. 세계 자본주의는 시장이나 자원이 있으면 어디든 찾아간다. 이 점에서 세계 자본주의는 알렉산더 대왕이나 징기스칸과 비슷하다. 다만 차이가 있다면 영토를 확장하는 것이 아니라 영향력을 확대한다는 것뿐이다. 그러나 이것도 그들처럼 이른 종말을 맞을 가능성이 높다.

조지 소로스, 『세계자본주의의 위기』(형선호 옮김), 김영사, 1999, 159쪽.

식민지 종속국가들에서 민족해방운동이 고양되어 대체로 제2차세계대전 이후 식민지 국가들이 정치적 독립을 하게 된다. 그러나 정치적 독립 이후에도 아시아 아프리카 라틴 아메리카의 많은 제3세계 국가들이 경제적으로 과거의 제국주의 국가에 종속된다. 이와 같이 정치적 독립 이후 경제적 종속을 통해 유지되는 불평등한 경제관계 체계를 신식민지주의(neocolonialism)라 한다. 1950~1960년대 제3세계에 존재했던 신식민지주의에서의 정치적 독립은 경제적 종속 때문에 불완전하였다.

그런데 글로벌화가 급진전되고 있는 21세기 여명기인 오늘날 세계의 영토적 분할과 재분할을 둘러싼 자본주의 열강간의 경쟁과 투쟁은 더 이상 존재하지 않는다. 그 대신 세계시장의 분할과 재분할을 둘러싼 다국적기업들간의 치열한 경쟁이 전개되고 있다. 그리고 제국주의 국가가 식민지 종속국을 정치·군사적으로 직접적으로 지배하는 현상은 거의 찾아볼 수 없다. 그러나 제3세계국가의 정치·군사, 경제, 교육·문화에 대한 미국, 일본, 유럽 국가들의 직·간접적인 개입과 지배가 보다 세련된 형태로 유지되고 있다. 예컨대, 한미주둔군지위협정(SOFA)과 같은 불평등조약이 건재하고 있다. 이런 측면에서 보면 20세기 중반까지의 고전적 제국주의는 사라지고 제국주의적 지배가 크게 약화된 것이 사실이나 제국주의적 지배라는 본성이 없어진 것은 아니다.

제국주의적 팽창의 필요성 측면에서 본다면, 오늘날 선진자본주의의 독점자본이 과소소비로 인한 실현위기와 과잉축적에 따른 이윤율 하락 때문에 후진국으로 진출할 필요성은 줄어들고 있다. 제국주의는 대량생산이 이루어지는데 과소소비가 나타났던 외연적 축적 단계의 자본주의에서 확대재생산을 위해 해외시장과 식민지가 필요했기 때문에 출현하였다. 대량생산과 대량소비가 결합되어 국내시장에 기반을 둔 자본축적이 가능하게 된 내포적 축적 단계의 자본주의에서는 식민지와 해외시장의 필요성이 감소한다. 아울러 정보기술산업의 비중이 크게 증가하고 자원의존산업의 비중이 크게 감소되고 있는 오늘날의 선진자본주의에서 원료공급기지로서의 제3세계의 중요성이 줄어들고 있다. 그리고 현재 자본수출은 주로 선진자본주의 국가간에 이루어지며, 제3세계로의 자본수출 비중은 적다.

이런 측면에서 보면 제국주의는 자본주의 발전의 '최후의 단계'가 아니라 외연적 축적 단계에서 출현한 자본주의 발전과정의 '하나의 단계'인 것이다. 그럼에도 불구하고 제국주의의 특성은 새로운 형태로 남아 있다. 요컨대, 제국주의 단계는 지나갔으나 제국주의의 본성이 사라진 것은 아니다. 오늘날 우리는 일본에서의 군국주의 부활, 독일에서의 신나치 등장, 미국의 공세적 세계전략에서 제국주의 침략의 망령이 되살아나고 있음을 본다.

종속: 낡은 형태와 새로운 형태

오늘날 후진국에서 종속현상은 여전히 존재하는가? '어떤 나라의 경제가 자신을 지배하는 다른 나라 경제의 발전과 팽창에 의해 좌우되는 상황'은 지속되고 있는가?

제국주의가 자본주의 발전의 하나의 단계라고 한다면 그러한 고전적 제국주의에 대응한 종속도 주변부 자본주의 발전의 일정 단계에서 나타나는 현상이라 할 수 있다. 주변부 자본주의가 값싼 원료공급기지로서, 교역조건이 불리한 1차산품 생산국으로서, 단순조립가공의 국제하청 생산기지로서, 제국주의에 지배당하고 있을 때 종속은 두드러진 현상으로 나타난다. 그러나 주변부 국가가 반주변부 국가로 상승함에 따라 경제적 종속은 약화된다. 즉 자본주의 세계체제 내에서의 국제정치관계와 국제분업상의 지위가 높아지면 상업적 종속, 금융적 종속, 기술적 종속이 약화되는 것이다. 종속적 발전을 통해 주변부에서 신흥공업국가가 출현한 것은 바로 이러한 종속약화의 증거이다.

신흥공업국의 사례는 종속이 고정불변의 것이 아님을 말해준다. 부등가교환을 통한 잉여유출에도 불구하고 주변부 국가가 저발전에서 발전으로 이행하고 종속에서 탈종속으로 나아갈 수 있는 것이다. 앞에서 지적한 것처럼 이러한 가능성은 국제분업구조의 변화, 주변부 국가의 역할, 잉여가치 생산조건 등에 의존한다.

그러나 아직 대다수의 주변부 국가는 여전히 종속상태에 있다. 그중 상당수 아프리카 국가들의 경우 자본주의 세계체제에서 배제되는 '연계단절(delinking)' 현상이 나타나고 있다. 그들은 더 이상 선진자본주의 국가의 착취의 대상으로 되지 않아 저발전 상태로 방치되고 있는 것이다. 연계단절은 어쩌면 최악의 종속상태라 할 수 있다.

오늘날 주변부 자본주의에서 종속, 탈종속, 연계단절이란 과정이 공존하고 있다. 신흥공업국의 경우에도 글로벌화 시대에 세계시장에서의 경쟁에 패배하면 새로운 경제적 종속이 나타날 것이다. 오늘날 신자유주의적 글로벌화 시대에는 초국적 금융자본이 주변부 자본주의 경제를 좌우하는 새로운 종속의 형태가 나타나고 있다. 이처럼 고전적 제국주의가 사라지고 글로벌화가 진전됨에 따라 낡은 형태의 종속은 사라졌으나, 종속은 지구촌의 많은 후진국들에서 새로운 형태로 재생산되고 있는 것이다.

┌─ 더 읽을거리 ──────────────────────────────

■신광영. 1999, 『동아시아의 산업화와 민주화』, 문학과지성사.

염홍철. 1998, 『다시 읽는 종속이론』, 한울.

조반니 아리기 외. 1998, 『발전주의 비판에서 신자유주의 비판으로: 세계체계론의 시각』(권현정 외 옮김), 공감.

폴 A. 바란. 1984, 『성장의 정치경제학』(김윤자 옮김), 두레.

A. G. 프랭크. 1980, 『저개발의 개발』(최완규 옮김), 새밭.

J. A. 홉슨. 1982, 『제국주의론』(신홍범·김종철 옮김), 창작과비평사.

V. I. 레닌. 1988, 『제국주의론』(남상일 옮김), 백산서당.

제19장
포드주의 발전모델

　1930년대 대공황을 계기로 전반적 위기에 빠졌던 선진자본주의는 제2차세계대전 이후 새롭게 성장추세를 보인다. 파국적 공황과 전쟁을 거치면서도 자본주의는 붕괴하지 않고 회생한 것이다. 제3세계 국가 중 일부는 제2차세계대전 이후 종속적 발전을 통해 고도성장을 달성하고 종속과 저발전 상태에서 벗어나기 시작했다. 이는 국가독점자본주의론, 제국주의론, 종속이론이 예측한 것과는 명백히 다른 현상이었다.

　레닌은 국가독점자본주의를 '사회주의를 위한 가장 완전한 물질적 준비이며 사회주의의 입구이고 그것과 사회주의 단계 사이에는 어떤 중간 단계도 없는 역사의 하나의 단계'라고 보았다. 또한 그는 제국주의를 '자본주의의 최후의 단계이고 사회주의혁명의 전야'라고 규정하였다. 종속이론은 제3세계의 저발전 국가가 사회주의로 이행하는 것만이 저발전을 극복하는 유일한 대안이라고 보았다.

　그러나 현실에서는 국가독점자본주의가 사회주의로 이행한 것이 아니라 '자본주의의 황금기'라 불리는 포드주의의 시대로 전환하였다. 제국주의도 최후의 단계가 아니라 하나의 단계로 지나가고 자본주의는 새로운 발전단계로 진입하였으며, 선진자본주의에서는 사회주의혁명이 일어나지 않았고 다수의 유럽 국가들에서 사회민주주의라는 자본주의의 새로운 구조가 형성되었다.

　제2차세계대전 이후 선진자본주의는 사회주의 진영과의 대립 속에서 심대한 구조변화를 겪고 자본주의 세계경제질서도 새롭게 재편된다. 1930년대부터 심화되어오던 위기추세는 다시 성장추세로 반전되었다. 사회주의적 발전의 길을 걸은 제3세계국가들이 경제침체에 빠진 것과는 대조적으로 종속적 자본주의 발전의 길을 걸은 일부 국가들은 신흥공업국가로 등장하고 선진국 진입을 전망하는 중진자본주의로 발돋움하였다.

이러한 현상들은 기존의 국가독점자본주의론, 제국주의론, 종속이론으로는 제대로 설명할 수 없다. 특히 전후 선진자본주의의 새로운 성장추세는 전반적 위기론과 정체론의 시각을 가진 기존의 정치경제학으로서는 해명할 수 없었다. 그런데 1970년대에 프랑스에서 등장한 조절이론은 전후 30년간의 선진자본주의의 새로운 성장추세를 포드주의라는 개념으로 설명하였다.

이 장에서는 현대자본주의를 분석하는 조절이론의 개념들에 기초하여 제2차 세계대전 이후의 선진자본주의의 성장과 위기의 요인을 밝힌다. 아울러 1970년대에 제3세계 주변부 자본주의에서 성립한 '주변부 포드주의' 현상을 고찰한다.

1. 포드주의 축적체제

대량생산과 대량소비의 결합

조절이론은 제2차세계대전 이후 선진자본주의의 발전모델을 포드주의 (Fordism)로 규정하였다. 포드주의는 1930년대 세계대공황과 제2차세계대전이라는 큰 역사적 사건을 거치면서 형성되었다. 미국, 영국, 프랑스, 독일 등 선진자본주의 국가에서는 제2차세계대전 이후 포드주의라는 발전모델이 약간씩 서로 다른 형태를 띠면서 확립된다. 21세기 여명기인 오늘날의 자본주의는 제2차세계대전 이후 확립된 포드주의 발전모델(Fordist development model)이 위기에 빠져 해체되고 새로운 발전모델이 등장하고 있는 과도기에 있다. 20세기 자본주의의 역사는 포드주의 발전모델의 생성, 성숙, 쇠퇴의 역사라 할 수 있다. 이제 앞의 제16장에서 제시한 조절이론의 개념들에 기초하여 포드주의적 발전모델의 특성을 알아보자.

포드주의적 축적체제는 우선 대량생산과 대량소비의 결합으로 특징지어진다. 대량생산은 생산체제의 성격을, 대량소비는 수요체제의 성격을 나타낸다. 대량생산이 대량소비를 가능하게 하고, 대량소비가 대량생산을 가능하게 한다. 대량

〈그림 19.1〉 포드주의적 축적체제의 거시경제적 회로

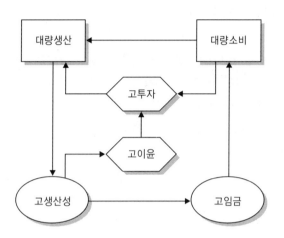

생산과 대량소비가 결합됨으로써 거시경제적 순환이 지속될 수 있다. 대량생산은 대규모 설비투자를 통해 이루어지고, 대량소비는 노동계급의 고임금을 통해 이루어진다. 대량생산을 통해 고생산성이 실현된다. 고생산성은 고임금 지급을 가능하게 한다. 이렇게 해서 대량생산과 대량소비의 결합, 고생산성과 고임금의 결합에 기초한 축적체제가 성립한다. 한편, 고생산성은 고이윤을 가져오고, 고이윤은 고투자를 가능하게 하여 대량생산을 지속시킨다. 다른 한편, 대량소비는 고투자를 유발한다. 고투자는 대량소비와 함께 직접적으로 대량생산을 뒷받침하는 총수요를 형성한다.

이리하여 포드주의적 축적체제의 거시경제적 회로가 <그림 19.1>과 같이 형성된다. 이와 같이 '고투자-고생산성-고이윤-고임금'을 통해 대량생산과 대량소비가 결합되는 호순환이 이루어져서 지속적 성장이 가능하게 된다. 이러한 포드주의적 축적체제를 내포적 축적체제라 한다.

대량생산체제: 테일러주의와 기계화의 결합

포드주의적 축적체제의 바탕에는 포드주의적 생산체제가 있다. 포드주의적 생산체제의 특징은 대량생산체제(mass production system)이다. 전용기계[1] 중심

의 기계화를 통해 노동생산성을 높이고, 단일품종 혹은 소품종의 대량생산을 통해 생산물 단위당 비용을 낮추는 '규모의 경제(economies of scale)'를 실현함으로써 저비용을 추구하려는 것이 대량생산체제의 생산전략이다.

포드주의적 대량생산체제에는 포드주의적 노동과정이 존재한다. 포드주의적 노동과정은 간단히 '테일러주의+기계화'로 요약될 수 있다. 제8장에서 논의한 것처럼 테일러주의는 테일러가 주창한 과학적 관리를 지칭하는 것으로서, 구상과 실행의 분리, 육체노동의 단순화, 위계적 노동통제 등으로 특징지어지는 노동과정 혹은 작업조직을 말한다. 테일러주의의 요체는 생산을 구상하는 사람과 생산을 실행하는 사람 간의 분리에 기초하여 육체노동을 단순화하고 직무를 세분화하여 상명하달의 위계적 통제를 통해 노동강도를 높임으로써 잉여가치 생산을 증대시키려는 것이다.

테일러주의에서는 생산현장 노동자들이 노동과정에서 구상기능을 수행하지 못하고 엔지니어나 경영자의 업무지시에 따라 오직 세분화된 단순반복노동을 수행할 뿐이다. 생산현장 노동자들에게 요구되는 것은 지적 숙련이나 지식 혹은 창의성이 아니라 주어진 세분화된 직무를 최대한 빠른 시간에 수행할 수 있는 능력이다. 포드주의적 대량생산체제에서는 이러한 테일러주의에 컨베이어 시스템으로 상징되는 기계화가 결합되어 테일러주의의 원리가 더 철저하게 관철된다. 중간생산물의 이전이 자동화되는 컨베이어 시스템이 도입됨에 따라 작업속도가 크게 증대하여 노동강도는 더욱 높아지게 된다.

2. 포드주의 조절양식

포드주의 제도형태

다음으로 포드주의적 조절양식을 보자. <그림 19.1>의 거시경제적 회로에서 고생산성과 고임금의 연계, 대량소비와 고투자를 통한 총수요의 유지가 축

---

1) 전용기계는 한 종류의 제품생산에만 사용될 수 있는 기계를 말한다. 여러 종류의 제품 생산을 할 있는 기계는 범용기계라 한다.

적체제의 규칙성과 안정성에 결정적인 중요성을 가진다. 이러한 포드주의적 축적체제에 규칙성을 부여하고, 그것을 안정화시키는 제도형태는 무엇인가?

포드주의의 주요 제도형태는 임노동관계 측면에서는 단체교섭제도, 최저임금제도, 사회보장제도, 화폐형태 측면에서는 관리통화제도와 소비자신용제도, 경쟁형태 측면에서는 독점적 대기업제도와 대기업의 독점적 가격설정, 국가형태 측면에서는 케인스주의적 재정금융정책과 복지국가, 국제체제 측면에서는 IMF-GATT체제를 중심으로 하는 팍스 아메리카나(Pax Americana) 등을 들 수 있다.

단체교섭제도는 고생산성을 고임금으로 전환시켜주는 제도형태이다. 노동3권의 법적 인정과 노동조합의 교섭력에 기초한 단체교섭제도는 생산성 향상이 임금인상으로 연결될 수 있게 해주었다. 최저임금제도는 노동시장 상황과 무관하게 임금소득을 지지해준다. 실업수당과 같은 사회보장제도는 노동자가 실업상태에서도 소비를 할 수 있게 해주어 대량소비를 지속시켜주는 역할을 하였다. 단체교섭제도, 최저임금제도, 사회보장제도는 경기변동과 노동시장 상황이 임금과 고용에 미치는 영향력을 제한하여 노동시장을 경직화시키는(혹은 안정화시키는) 요인이 되었다. 즉 노동력의 초과공급이 있어도 임금이 잘 하락하지 않으며, 불황이 와도 쉽게 해고할 수 없었다. 이러한 노동시장 경직화는 포드주의의 주요 특징 중의 하나이다.

관리통화제도는 정부가 통화량을 조절하여 고투자와 유효수요를 유지해주는 역할을 하였다. 미래의 소득을 담보로 현재의 소비를 가능하게 해주는 소비자신용제도는 대량소비를 유발하는 작용을 하였다. 독점적 대기업의 안정적인 시장수요와 높은 수익성은 고투자를 지속하게 하였다. 케인스주의적 팽창적 재정금융정책과 복지국가는 지속적 성장을 위한 유효수요를 뒷받침해주었다.

팍스 아메리카나는 말 그대로 미국 헤게모니하에서 세계평화가 유지되는 국제질서이다. 이 질서는 20세기 전반에 제국주의 세계경제에서 자본주의 열강들간에 전개된 경쟁과 투쟁과는 다른 양상이었다. 패권국 미국 중심의 국제질서가 형성되면서 20세기 전반과 같은 제국주의 국가들간의 경쟁과 투쟁이 극복된 것이다. 팍스 아메리카나 아래 새로운 국제경제질서인 IMF-GATT체제가 구축되었다. IMF-GATT는 초기에 안정적이었기 때문에 각국은 환율을 쉽게 조정하여 성장을 지속할 수 있었다.

이러한 포드주의 발전모델에서 정치적, 사회적 안정성을 담보한 것은 자본가와 노동자 간의 계급타협이었다. 우선 기업수준에서는 단체교섭을 통해 노동측이 구상과 실행을 분리하는 테일러주의를 수용한 대신에, 자본측이 생산성 상승에 비례하여 임금을 인상시키는 생산성 연동 임금제를 실시하는 노사타협이 이루어졌다. 요컨대, 노동편성에서의 노동측의 양보와 임금형성에서의 자본측의 양보를 통해 노사타협이 이루어졌다. 이를 포드주의적 노사타협이라 한다. 국가수준에서는 최저임금제도와 사회보장제도와 같은 복지국가의 제도들이 실시됨으로써 노동자의 생활이 안정됨에 따라 노동자들이 자본가의 헤게모니를 인정하고 자본주의 체제에 동의하게 되었다.

이러한 계급타협을 근간으로 해서 포드주의의 헤게모니 블록이 형성되었다. 이 헤게모니 블록에는 발전모델을 주도하는 대자본가를 중심으로 중소자본가와 신중간층 그리고 대기업의 정규직 노동자가 포함되었다. 생산성 연동 임금제, 최저임금제도, 누진세제도, 실업보험제도 등이 존재하여 포드주의 발전모델이 구축된 사회에서는 국민의 2/3정도가 경제성장의 과실을 누릴 수 있었다. 이런 의미에서 포드주의 사회는 '2/3사회'라 불리기도 한다. 포드주의 발전모델은 노동자계급의 정치참가, 복지국가가 실현되고 시장에 대해 친노동자적 국가개입 등이 이루어지는 서구 사회민주주의 국가에서 잘 발달하였다. 왜냐하면 사회민주주의에서는 노사간의 계급타협을 통한 헤게모니 블록이 보다 쉽게 형성될 수 있었기 때문이다.

포드주의 사회 패러다임

포드주의 발전모델의 사회 패러다임은 어떠한가? 우선 노동과정에서 정신노동과 육체노동의 분리, 구상과 실행의 분리를 당연시하는 사고를 들 수 있다. 생산현장 노동자는 작업지시에 따라 단순반복노동을 숙달되게 실행하는 것만이 요구되며, 지식을 가지거나 자율성을 가져서는 안되고 가질 필요도 없다는 사고방식이다. 노동자들은 머리를 써서는 안되고 손발만 써야 된다는 테일러의 생각이 바로 이 사고방식이다. 이는 현장노동자에 대해 노동과정에서의 어떠한 지적 참가(intellectual involvement)도 부정하는 테일러주의 패러다임의 연장이라 할 수 있다.

다음으로 '소비가 미덕'이라는 소비주의(consumerism) 사고이다. 포드주의의 거시경제적 순환에서 필수적인 대량소비를 위한 사회적 요구가 '소비가 미덕'이라는 관념을 형성시킨다. '저축이 미덕'이라는 사고는 부적합한 낡은 사고로 치부된다. 이에 따라 절약정신은 사라지고 향락과 사치 그리고 낭비를 부추기는 소비문화가 형성된다.

그리고 국가는 경제성장과 완전고용을 위해 적극적으로 경제에 개입하는 것이 바람직하다는 케인스주의 관점, 국가가 국민의 기초생활을 보장해야 한다는 복지국가의 사상을 제시한 베버리지(Lord Beveridge)의 관점이 포드주의의 사회 패러다임을 구성하고 있다. 이런 점에서 포드주의적 사회패러다임에는 포드와 케인스와 베버리지의 사상이 혼합되어 있다고 할 수 있다. 성장지상주의는 또 다른 포드주의적 사회 패러다임이다. 성장과 개발이 지상목표이고, 생태계 유지와 환경보전은 부차적인 것으로 치부된다. 사회진보의 기준은 경제성장, 구매력 증대, 소비수준의 향상으로 간주된다. '더 많은 생산, 더 많은 소득, 더 많은 소비'를 통해 행복을 추구하려는 쾌락주의적 생산력주의가 사람들의 사고와 행동을 지배하였다. 이러한 포드주의적 사회 패러다임이 가장 전형적으로 구현된 것이 바로 미국적 생활방식이다.

3. 포드주의의 성장과 위기

'자본주의 황금시대'와 그 종언

포드주의는 미국에서 먼저 구축되었지만 제2차세계대전 이후 다른 선진자본주의 국가들로 확산되어간다. 미국이 서유럽과 일본에 기술과 자본을 이전하여 산업을 재건한 마셜 플랜(Marshall Plan)이 포드주의를 확산시킨 계기였다.

포드주의 발전모델이 구축됨에 따라 자본주의 경제는 높은 성장률을 달성한다. 포드주의 발전모델의 거시경제적 성과는 어떠한가?

<표 19.1>에서 1870년 이후 OECD 국가들의 경제성장 관련 지표를 보면,

〈표 19.1〉 선진자본주의 국가의 경제성장 관련 지표

(연평균 성장률: %)

시기	GDP	1인당 GDP	1인 1노동시간당 GDP	고정자본 스톡
1870~1913	2.5	1.4	1.6	2.9
1913~1950	1.9	1.2	1.8	1.7
1950~1973	4.9	3.8	4.5	5.5
1973~1979	2.5	2.0	2.7	4.4

주: OECD 16개국 산술평균임.
자료: A. Maddison, *Phases of Capitalist Development*, 1982.

국내총생산(GDP), 1인당 국내총생산, 1인 1노동시간당 국내총생산, 고정자본
스톡 모두 1950~1973년 사이에 그 전후의 다른 시기에 비해 훨씬 높은 성장
률을 나타내었음을 알 수 있다. 이와 같이 포드주의 발전모델이 구축된 이후 약
30년간(1945~1974) 선진자본주의는 고도성장을 달성한다. 이에 따라 '고성장-
완전고용-고복지', '고생산성-고임금'으로 특징지어지는 '자본주의의 황금시
대'가 도래한다.

그러나 포드주의적 발전모델은 1973년 석유파동이라는 외적 충격을 계기로
위기에 빠진다. 1974년 이후 이윤율의 하락과 생산성 둔화 현상이 뚜렷이 나타
난다. 그 결과 기업의 투자활동이 위축되고 경제성장이 둔화되며, 실업률이 크
게 증대한다. OECD국가의 이윤율은 1952~1959년은 26.8%, 1960~1969년은
26.2%이었으나, 1970~1979년은 17.8%, 1980~1987년은 13.1%로 하락한다.
생산성은 1960~1973년 3.7%이었으나, 1973~1989년은 1.9%로 하락한다. 경
제성장률은 1950~1973년까지 4.9%이었으나, 1973~1979년 2.5%로 하락한
다. 실업률은 유럽의 경우 1960년대에 2.2%이었으나, 1970년대 4.0%, 1980년
대 9.0%로 증가한다.

이와 같이 1970년대 이후 성장률, 생산성, 이윤율 등의 대폭적인 하락은 포
드주의가 위기에 빠졌음을 말해준다. 포드주의의 위기는 1980년대까지 지속된
다. 이 위기과정에서 포드주의는 해체되어간다.

포드주의 위기의 원인

그러면 포드주의는 왜 위기에 빠지게 되었나? 포드주의에서는 고임금이었기 때문에 저임금으로 인한 노동자의 과소소비 때문에 경제위기가 발생한다는 과소소비 가설은 포드주의 위기를 설명할 수 없다. 따라서 포드주의 위기의 원인은 이윤율 하락 가설로 설명해야 한다. 그렇다면 포드주의 발전모델에서 이윤율 하락의 원인은 무엇이었던가?

제15장에서 본 것처럼 이윤율의 하락은 ① 이윤 몫(P/Y)의 하락, ② 노동생산성(Y/L)의 하락, ③ 자본-노동 비율(K/L)의 상승 등의 요인으로 분해할 수 있다. 1970년대 이후 포드주의의 위기 속에서 나타난 이윤율 하락도 이러한 세 가지 요인으로 설명할 수 있다.

우선 이윤 몫은 실질임금의 상승으로 인한 이윤압박(profits squeeze)으로 하락하였다. 유럽에서 실질임금은 1960년대 말에 큰 폭으로 상승한다. 예컨대, 프랑스의 경우 실질임금 상승률은 1965~1967년에 2.9%이었으나 1968~1969년에 5.4%이었고, 독일의 경우 1966~1968년에 연평균 3.3% 증가했으나 1969~1970년에 9.2% 증가하였다. 노동생산성 상승을 크게 초과하는 임금의 폭발적 증가는 이윤을 압박하여 이윤 몫을 감소시키는 요인이 되었다. 이러한 임금폭발은 한편으로는 황금시대 동안의 고도성장에 따른 노동력 수요 증대로 실업자가 감소했다는 노동시장 요인, 다른 한편으로는 이러한 노동시장 요인을 배경으로 노동조합의 교섭력이 증대했다는 노사관계 요인으로 설명된다.

다음으로 노동생산성은 포드주의적 노동과정 즉 테일러주의의 효율성 하락으로 인해 그 상승이 둔화하였다. 이러한 현상은 구상과 실행을 엄격히 분리하고 육체노동을 탈숙련시키며, 위계적 노동통제를 하는 테일러주의에 대한 노동자들의 불만과 반항이 증대함에 따라 생산성 상승의 원천이 고갈되었기 때문이다. 테일러주의는 처음에는 생산성을 크게 향상시켰지만, 노동자들의 교육수준 향상, 자의식 증대, 직무만족과 노동의 존엄성에 대한 욕구증대에 따라 점차 효율성이 떨어졌다. 이렇게 해서 테일러주의에 기초한 포드주의적 대량생산체제가 위기에 빠지게 된다.

한편 기업간 경쟁 격화에 따른 과잉투자로 인해 자본-노동비율이 상승하였는데, 이는 이윤율을 하락시킨 또 다른 요인이었다. 과잉투자 혹은 과잉축적은 한편에서는 노동력 수요 증대로 임금을 상승시키고, 다른 한편에서는 과잉설비를 초래하여 이윤율을 하락시켰다.

이와 같이 생산성 둔화로 나타난 생산성 획득의 위기에 이윤 몫 감소로 나타난 생산성 분배의 위기가 중첩되어 생산성은 하락하는데도 임금이 상승하였다. 이런 상황에서 유효수요를 증대시키기 위한 케인스주의적 팽창적 재정금융정책은 인플레이션을 유발할 뿐이었다. 이렇게 해서 생산은 침체하는 데 물가가 상승하는 스태그플레이션(stagflation) 현상이 출현하였다.

이러한 공급측 요인과 함께 수요측 요인도 무시할 수 없다. 소비자 욕구의 다양화와 가변성 증대에 따라 다품종 소량소비가 출현하였는데, 이는 소품종 대량생산체제와 부합하지 않았다. 이와 같이 다품종 소량소비로의 소비패턴 변화에 따라 전용기계에 의해 소품종을 대량생산하는 경직적인 포드주의의 기술이 부적합하게 되어 대량생산체제에 위기가 발생한다. 아울러 글로벌화의 진전에 따른 국제경쟁의 격화로 국내수요가 정체되고, 국민국가가 유효수요를 통제하여 성장을 관리하는 것이 거의 불가능하게 됨에 따라 축적체제의 불안정성이 크게 증대하였다.

생산성이 하락함에도 불구하고 임금은 그대로 유지되었기 때문에 '저생산성-고임금'이 되어 '고생산성-고임금'이란 호순환 구조가 깨어진다. 이에 대응하여 자본가들은 경기변동과 노동시장 상황에 따라 임금과 고용을 신축적으로 조정하는 노동시장 유연화를 시도한다. 이에 따라 포드주의적 노사타협이 해체되고 노사관계가 위기에 처한다. 이러한 경향은 1980년대에 신자유주의의 길로 나아간 미국과 영국에서 더욱 현저하게 나타났다.

아울러 사회보장제도의 위기가 나타난다. 사회보장지출 증대로 인한 재정적자 누적, 기업의 조세 부담 증대는 자본축적의 위기를 가중시켰다. 아울러 사회보장이 확대되어 실업을 당했을 때 국가가 노동자의 생활을 보장해줌에 따라 실업의 규율효과[2]가 감소하여 자본의 노동통제가 그만큼 어렵게 되었다. 이에 대응하여 자본과 국가가 사회보장지출을 삭감하려는 시도를 한다. 여기서 포드

---

2) 실업의 규율효과란 실업률이 높을 경우 취업하고 있는 노동자들이 자본의 통제에 잘 순종하게 되는 상황을 말한다. 이를 산업예비군 효과라 부르기도 한다.

주의 발전모델의 중요한 축을 형성하고 있었던 복지국가가 해체되어간다.

그리고 자본의 글로벌화3)가 진전함에 따라 환율, 주가, 금리가 세계경제 상황에 직접적으로 영향을 받게 되어 성장, 고용, 물가 등에 대한 국민국가의 거시경제정책의 효력이 약화되었다. 종래의 케인스주의적 개입정책의 유효성이 떨어진 것이다. 아울러 글로벌화의 진전에도 불구하고 국가간의 성장에 균형을 맞추고, 세계경제를 조절하기 위한 새로운 국제협약과 같은 국제적 조절양식이 결여되어 세계경제의 불안정성이 크게 증대한다. 세계 무대에서 유럽과 일본이 등장하여 미국 헤게모니가 약화되고, 팍스 아메리카나가 해체됨에 따라 세계경제의 불안정성이 더욱 증폭된다.

대량생산과 대량소비의 결합에 기초한 포드주의는 하나뿐인 지구의 생존을 위협하는 심각한 생태위기(ecological crisis)를 초래하였다. 원재료 및 에너지와 같은 자연자원의 대량사용에 기초한 대량생산은 인류의 공유재산인 자연자원을 파괴하고 고갈시켰으며, 대량의 이산화탄소(CO_2)와 산업폐기물을 배출하였다. 대량소비는 에너지의 대량사용과 생활쓰레기 대량배출을 가져와 환경을 파괴하였다. 대량생산과 대량소비가 필요로 하는 대량의 에너지를 화석 에너지에 의존하는 데 한계에 부딪히자 개발된 것이 원자력 에너지였다. 그러나 원자력 에너지는 지구의 생존과 인류의 생명을 위협하는 가공할 흉기로 등장하였다. '자본주의의 황금시대'를 도래시킨 포드주의는 지구의 종말을 초래할지 모를 생태위기를 야기시켰다.

요컨대, 테일러주의의 모순으로 인한 생산성 획득의 위기, 노동생산성 둔화와 실질임금 상승으로 인한 생산성 분배의 위기, 글로벌화로 인한 수요의 정체와 불안정 등의 요인이 중첩되어 축적체제의 위기가 발생하고, 포드주의적 노사타협의 해체, 복지국가의 해체, 케인스주의적 거시경제정책의 효력 약화, 팍스 아메리카나의 해체로 인한 세계경제의 불안정성의 증대 등과 같은 요인들이 중첩되어 조절양식의 위기가 발생하였다. 이에 따라 포드주의 발전모델은 총체적 위기에 빠져 해체된다.

---

3) 자본의 글로벌화에 대한 자세한 논의는 제20장 2절에서 이루어진다.

4. 포드주의 이후와 주변부 포드주의

포드주의 이후의 발전모델: 네오 포드주의와 포스트 포드주의

포드주의의 위기는 1970년대 중반 이후 점차 심화되어 1980년대에는 해체 현상이 뚜렷이 나타난다. 이 과정에서 포드주의가 초래한 경제위기를 극복하려는 두 가지 길이 나타난다. 포드주의 위기 탈출의 두 가지 길은 포드주의 이후 (after Fordism)의 서로 다른 발전모델의 등장으로 연결된다. 하나는 네오 포드주의(Neo-Fordism)의 길이고, 다른 하나는 포스트 포드주의(Post-Fordism)의 길이다.

우선, 네오 포드주의는 포드주의 위기의 주요 원인을 임금과 고용의 경직성과 사회보장지출 증대에 따른 고비용 구조에서 찾는다. 그리고 이윤율 하락의 원인을 임금상승으로 인한 이윤 몫(P/Y)의 하락 즉 생산성 분배의 위기에서 찾는다. 임금상승은 포드주의적 노사타협에 의한 임금과 고용의 경직성 때문이라고 본다.

따라서 임금 및 고용의 경직성을 폐지하는 것, 다시 말해서 노동시장의 유연화를 추구하는 것이 네오 포드주의의 위기탈출 전략이다. 즉 생산성 연동 임금제를 해체하고 노동자를 자유롭게 고용하고 해고하며, 임금을 경기변동과 노동시장 상황에 따라 신축적으로 조정하는 자본의 권능을 회복하려는 것이다. 이를 위해 자본은 노동조합을 약화시키거나 무노조 전략을 구사하여 단체교섭을 약화시키거나 폐지하려는 경영방식을 추구하였다.

다른 한편 구상과 실행을 분리하는 테일러주의적 노동과정은 그대로 두었다. 컴퓨터와 결합된 극소전자(ME) 기술과 정보기술이 도입되었을 경우, 종래의 테일러주의적 노동과정을 해체하는 것이 아니라 새롭게 강화하였다. 이런 점에서 네오 포드주의를 컴퓨터 지원 테일러주의라 부른다. 그리고 테일러주의의 노동과정을 그대로 답습하고 있다는 점에서 네오 테일러주의(Neo-Taylorism)라 부르기도 한다.

정부는 해고를 제한하는 노동법과 같은 노동시장에 대한 친노동자적 규제를 완화하거나 폐지하여 노동시장의 유연화를 촉진하였다. 그리고 국영기업 혹은 공기업을 민영화하였다. 사회보장지출을 대폭 삭감하여 복지국가가 후퇴하거나 해체되었다. 경제에 대한 국가의 개입을 증대시키는 케인스주의 거시경제정책은 후퇴하고, 시장의 완전성을 믿고 국가개입에 반대하는 통화주의 정책이 전면에 등장하였다. 이러한 현상은 1980년대에 미국의 레이건 정부와 영국의 대처 정부와 같은 보수정권이 집권하면서 나타났다. 이 정권들이 추구한 정책 노선이 바로 신자유주의(neoliberalism)였다.

미국이 주도하는 신자유주의는 1990년대 중반 이후의 글로벌화의 급속한 진전에 따라 다른 선진국, 신흥공업국, 이행도상국(구 사회주의권) 등 범세계적으로 확산된다. 이에 따라 지구촌은 글로벌 신자유주의가 지배한다. 이들 국가들이 경제위기를 극복하기 위한 구조조정 프로그램은 정도의 차이는 있어도 대체로 네오 포드주의 발전모델을 따르고 있다. 1997~1998년에 외환위기를 당한 한국과 태국과 같은 채무국에 강제되고 있는 IMF의 구조조정 프로그램도 그러하다.

네오 포드주의와는 달리 포스트 포드주의의 길은 포드주의 위기의 주요 원인을 대량생산체제와 테일러주의적 노동과정의 비효율성에서 찾는다. 이윤율 하락의 원인도 임금인상으로 인한 이윤 몫 감소에서 찾는 것이 아니라 노동생산성(Y/L) 둔화와 과잉설비(K/L의 증대)에서 찾는다. 즉 생산성 분배의 위기가 아니라 생산성 획득의 위기에서, 고비용 구조가 아니라 저효율 구조에서 위기의 원인을 찾는다. 그리고 생산성 위기는 기본적으로 구상과 실행을 분리하는 테일러주의에서 비롯된다고 본다.

따라서 생산체제와 노동과정 혁신을 통해 생산성 향상을 추구하는 것, 고효율 생산조직을 창출하는 것이 위기탈출의 전략이다. 즉 임금과 고용의 경직성(안정성)을 유지하면서 노동과정을 테일러주의로부터 반테일러주의(Anti-Taylorism)로 전환하려는 전략이다. 구상과 실행의 분리, 정형화된 단순작업, 위계적 명령조직이라는 테일러주의 원리를 완화하거나 폐기하고 참가의식을 가진 다기능 숙련노동으로 작업조직을 재편성하는 것, 노동자들의 지식과 창의성을 동원해서 생산성과 품질을 향상시키려는 것이 이 전략의 핵심내용이다.

그런데 노동자의 지식과 창의성을 노동과정의 개선에 사용하기 위해서는 노동자에게 상당한 자율성을 부여할 필요가 있다. 물론 이때의 자율성은 생산체제에서 자본가가 부과하는 책임을 다하는 자율성 즉 책임 있는 자율성(responsible autonomy)이다. 노동자가 자율성을 가지기 위해서는 교섭에 기초한 참가(negoti-ated involvement)가 필요하다. 여기서 교섭에 기초한 참가란 노동자가 생산성 분배에 대해서 교섭하고 생산성 획득에 적극 참가하는 것이다. 요컨대, 교섭에 기초한 참가를 통해 노동자에게 책임 있는 자율성을 부여함으로써 그들의 지적 능력과 창의성을 동원하여 생산성과 품질을 높이려는 전략이 포스트 포드주의의 길이다.

그리고 경제위기에 대응하여 기업이 임금을 동결 내지 삭감하고 고용을 줄이는 방어적 전략을 취하는 네오 포드주의와는 달리, 포스트 포드주의는 노동조직을 유연하게 하여 노동자를 배치전환하거나 교육훈련을 통해 노동자의 능력을 향상시키는 공격적 전략을 취한다. 전자와 같은 네오 포드주의의 전략을 수량적 유연성(numerical flexibility) 전략이라 하고 후자와 같은 포스트 포드주의 전략을 기능적 유연성(functional flexibility) 전략이라 한다.

한편 포스트 포드주의에서는 복지국가(welfare state)의 위기를 복지의 축소가 아니라 복지공동체(welfare community)의 건설을 통해 극복하려 한다. 신자유주의적 네오 포드주의는 복지지출의 삭감과 사회보장제도의 폐지, 복지를 시장기능에 맡기는 사보험 실시 등을 통해 복지국가의 위기를 극복하려고 하였다. 이와는 달리 포스트 포드주의에서는 시장부문도 국가부문도 아닌 '제3부문(third sector)'4)을 건설하여 사회복지를 지역공동체가 주도하고 정부가 지원하는 방식을 선호한다. '공동체 지향 제3부문'은 새로운 복지모델일 뿐만 아니라 경제관계를 인간화하는 새로운 발전모델의 핵심요소로서 의미를 가진다. 아울러 포스트 포드주의는 노동시간 단축을 통해 실업을 줄이고 고용을 창출하는 대안을 지향하며, 생태위기를 극복하기 위한 대안적 생활양식을 지향하는 생태주의(ecology)를 지지한다.

포스트 포드주의적 발전모델은 1980년대에 스웨덴이나 독일과 같이 사회민주당의 영향력이 강한 나라가 걸으려고 했던 길이다. 1990년대에 들어와 자본의 글로벌화가 급속히 진전함에 따라 이 발전모델은 위기에 빠진다. 1980년대에 높은 경쟁력을 나타내었던 포스트 포드주의는 21세기 여명기인 현재 크게

---

4) 여기서 '제3부문'은 시민사회에서 이루어지는 경제활동영역을 말한다. 협동조합이나 자활공동체 같은 것이 제3부문에 속한다. '제3부문'은 '사회적 경제(social economy)'라고도 한다.

위축되어 있다. 과연 신자유주의적 글로벌화 속에서 이 발전모델이 생존할 수 있을지가 의문시되고 있다. 그러나 사회민주당 정부가 집권하고 있는 오늘날의 유럽에서 아직 이 발전모델의 생명력이 다했다고 단언할 수는 없다.

주변부 포드주의

중심부 포드주의가 위기에 빠진 1970년대 중반 이후 포드주의가 중심부에서 한국, 브라질, 멕시코 등 주변부의 신흥공업국가에로 확산된다. 1970년대 말에서 1980년대 전반에 걸쳐 이들 지역에 성립한 주변부적 특성을 가진 포드주의를 조절이론가 리피에츠는 '주변부 포드주의(peripheral Fordism)'이라 불렀다. 주변부 포드주의는 자동차, 기계, 철강, 조선, 화학 등 중화학공업 부문을 중심으로 성립한다.

리피에츠에 의하면, 주변부 포드주의가 성립하는 계기는 두 가지다. 하나는 중심부 포드주의의 위기에 따른 포드주의의 세계적 확산이라는 외부적 조건이고, 다른 하나는 주변부 자본주의 내부의 자본축적 요구라는 내부적 조건이다.

먼저, 주변부 포드주의의 성립의 외부적 조건부터 보자. 앞에서 본 것처럼 포드주의의 위기는 생산성 둔화로 인한 생산성 획득의 위기에 임금상승에 따른 이윤 몫 감소로 인한 생산성 분배의 위기가 중첩되어 발생하였다. 이 두 가지 위기를 탈출하기 위해 중심부 국가는 한편으로는 국내 축적체제를 네오 포드주의나 포스트 포드주의로 전환시키는 시도를 하고, 다른 한편으로는 저임금을 추구하여 주변부 국가와 새로운 국제분업관계를 형성한다.

포드주의 발전모델에서의 임금상승이 이윤 몫을 감소시켜 이윤율을 하락시키는 데 대응하여 중심부 자본은 저임금을 추구하여 생산과정의 전부 혹은 일부를 임금이 낮은 주변부 국가로 이전시킨다. 저임금의 양질의 노동력이 풍부하게 존재하고 노동조합 조직률이 낮으며, 노동통제가 비교적 쉬워 노동시장이 유연한 주변부 국가로 생산과정이 이전되는 것이다. 아울러 선진자본주의 국가에서 포드주의적 대량생산체제가 발생시키는 환경오염에 대한 규제가 강화되자 그 규제가 약한 주변부 국가로 생산라인이 이전된다. 또한 중심부 노동자들이 기피하는 중화학공업의 이른바 3D(dangerous, dirty, difficult)작업이나 단순반복작업이 주변부로 이전된다.

이와 같이 생산과정이 주변부 국가로 이전될 수 있는 것은 포드주의적 노동과정이 기술적으로 분할될 수 있고, 그것에 기초하여 중심부와 주변부 간에 포드주의 부문의 '산업내 국제분업'이란 형태의 새로운 국제분업관계가 형성될 수 있었기 때문이다. 포드주의적 노동과정은 (Ⅰ) 연구개발, 설계, 엔지니어링 등 구상기능, (Ⅱ) 숙련노동력을 필요로 하는 제조공정, (Ⅲ) 비숙련노동으로도 가능한 단순조립작업 등 세 수준의 과정으로 분할할 수 있다. 여기서 수준 Ⅲ 이나 수준 Ⅱ가 주변부로 이전한다. 예컨대, 대표적인 포드주의 부문인 자동차산업의 경우, 자동차의 신기술개발 및 설계(제Ⅰ수준)와 부품생산(제Ⅱ수준)은 중심부가 맡고, 완성차의 단순조립가공(제Ⅲ수준)은 주변부가 맡는 산업내 국제분업이 이루어진다. 수준 Ⅲ의 과정을 저임금의 주변부에 맡김으로써 노동비용을 절약하고 생산성을 향상시켜 이윤율을 높일 수 있었다.

다음으로 주변부 포드주의 성립의 내부적 조건은 무엇이었는가? 풍부하게 존재하는 노동력을 공업화에 적합하게 양성하고 통제하며 중심부가 요구하는 새로운 국제분업체제에 적합한 수출주도형 축적체제를 확립시키는 능력을 가진 정치체제가 존재했기 때문에 주변부 포드주의가 성립할 수 있었다. 주변부 국가의 정치체제가 이러한 능력을 가지려면, 기존의 제국주의 지배에 대한 자립성, 기존의 축적체제와 결부된 구 지배계급(지주나 매판 부르주아지와 같은)에 대한 자립성, 민중에 대한 자립성이라는 3중의 자립성이 있어야 한다.

이처럼 외세와 구 지배계급에 대해 일정한 자립성을 가지고 노동자를 비롯한 민중에 대해 강력한 독재를 하는 정치체제가, 1차산품 수출과 공산품 수입대체의 전략을 버리고 포드주의적 노동과정의 제Ⅲ수준에 해당하는 저가의 공산품을 대량수출하는 수출주도 전략을 선택하여 고도성장을 달성하였다. 한국에서 전형적으로 나타난 이러한 정치체제를 개발독재(developmental dictatorship)체제라 부른다. 주변부 포드주의는 이러한 수출주도의 개발독재를 통해 성립하였다.

주변부 포드주의는 중심부 포드주의와 다른 특징들을 가진다. 첫째, 노동과정에서의 핵심적 구상기능과 설계, 그리고 핵심적 생산설비를 자급하지 못하고 외국자본에 의존하고 있다. 즉 중심부에 대해 기술적 종속상태에 있다. 둘째, 생산성은 높으나 임금이 낮다. 따라서 '고생산성-고임금'의 중심부 포드주의와 달리 '고생산성-저임금'이 특징이다. 셋째, 대량생산과 대량소비가 결합된 중심부 포드주의와 달리 대량생산과 대량수출이 결합되어 있다. 이처럼 국내시장에 기초한 내포적 축적체제가 형성되어 있지 못하고, 자본축적이 수출에 결정적으로 의존하기 때문에 축적체제가 불안정하다. 넷째, '저임금-장시간 노동-고생산성-고강도 노동'을 통해 고율의 잉여가치를 생산한다. 이것이 노사간 계급갈등을 격화시키지만 중심부로의 잉여유출에도 불구하고 고도성장을 가능하게 한 토대이다. 다섯째, 포드주의적 노사타협의 기초인 생산성임금제, 고용안정, 복지국가가 존재하지 않는다. 축적체제를 안정화시키는 이러한 제도들이 없기 때문에 축적체제가 불안정하다.

이와 같이 주변부 포드주의가 중심부 포드주의와 다른 특징들을 가지기 때문에 주변부의 축적체제를 포드주의라 규정할 수 없다는 반론이 제기된다. 그러나 그러한 특징들을 주변부적 특수성으로 본다면 미국, 유럽 등 중심부의 전형적 포드주의와는 다르다 하더라도 주변부 포드주의로 규정할 수 있을 것이다. 그런데 1990년대 한국의 경우처럼 일부 주변부 국가는 기술적 종속이 약화되고 임금수준의 상승으로 대량소비가 나타나며, 사회복지가 확대되어감에 따라 점차 본래의 포드주의에 접근해간다. 주변부 포드주의는 선진자본주의의 금융의 자유화와 글로벌화에 따른 주변부 국가의 개방화와 자유화가 확대되어감에 따라, 1990년대 후반에 접어들면 위기를 맞이한다. 1997년 한국의 외환위기에 이은 경제위기는 국제금융자본에 지배받는 주변부 포드주의의 위기라 할 수 있다.

더 읽을거리

■ 강석재 외 편역. 1993, 『생산혁신과 노동의 변화』, 새길.
  김형기. 2001, 「포디즘적 발전모델의 성쇠」, 『세계사적 나침반은 어디에』, 참여연대 시민강좌 1.
  알랭 리피에츠. 1990, 『기적과 환상』(김종한 외 옮김), 한울.
  필립 암스트롱 외. 1996, 『1945년 이후 자본주의』(김수행 옮김), 동아출판사.

제20장
신자유주의적 글로벌 자본주의

자본주의의 황금시대를 열었던 포드주의적 발전모델이 위기에 빠져 해체되면서 자본주의는 격동의 소용돌이에 휘말려들고 있다. 1989년의 동구 사회주의의 몰락과 1991년 소련 사회주의의 붕괴로 지구촌은 자본주의로 통일되어가고 있다. 자본주의는 이제 말 그대로 '글로벌 자본주의'의 모습을 지니게 되었다. 이제 지구촌의 대립구도는 '자본주의 대 사회주의'로부터 '자본주의 대 자본주의'로 이행하고 있다.

세계 사회주의의 붕괴와 포드주의의 해체 이후 신자유주의가 등장하고 글로벌화가 급속히 진전되어 글로벌 신자유주의가 지구촌을 지배한다. 한편 컴퓨터와 인터넷으로 상징되는 디지털 기술이 등장하여 자본주의 경제의 생산력과 생산관계를 크게 변화시키고 있다. 디지털 경제와 지식기반경제를 내용으로 하는 이른바 '신경제'가 출현하고 있다. 신자유주의의 지배에 따라 금융의 자유화와 글로벌화가 진전되는데, 이에 기초하여 금융주도 축적체제가 새로이 형성되고 있다. 1990년대부터 본격화된 이러한 현상들은 명백히 1970년대까지의 자본주의와는 완연하게 다른 모습이다. 이는 20세기 자본주의와는 다른 21세기 자본주의를 예고하는 것임에 틀림없다.

신자유주의와 글로벌화, 디지털 기술과 신경제, 금융주도 축적체제 등으로 특징지어지는 21세기 여명기 현 단계 자본주의를 '신자유주의적 글로벌 자본주의'로 규정할 수 있다. 포드주의적 발전모델에 이어 나타나고 있는 이러한 자본주의의 새로운 단계는 새로운 모순을 낳고 위기를 발생시키고 있다. 이 장에서는 신자유주의적 글로벌 자본주의의 특성들과 그것이 안고 있는 모순 그리고 그로부터 발생하고 있는 위기의 성격에 대해 고찰한다.

1. 신자유주의

신자유주의의 등장 배경

제2차세계대전 이후 30년간의 선진자본주의의 성격은 이론적 시각에 따라 국가독점자본주의, 포드주의, 사회민주주의라는 세 가지 방식으로 정의된다. 국가와 독점자본간의 융합과 경제에 대한 국가의 개입을 통해 자본주의의 위기가 관리되는 과정에 초점을 맞추면 국가독점자본주의로 규정할 수 있다. 자본-임노동 관계의 토대 위에 구축되는 축적체제와 제도를 통한 조절양식에 초점을 맞추면 포드주의로 규정할 수 있다. 자본주의와 사회주의라는 경제체제의 기본원리와 목표에 초점을 맞추면 사회민주주의로 규정할 수 있다.

신자유주의(neoliberalism)는 1970년대 중반경 국가독점자본주의, 혹은 포드주의, 혹은 사회민주주의가 위기에 직면하자, 그 위기를 돌파하기 위한 보수적 대안으로 영국과 미국에서 1980년대에 먼저 등장하였다. 신자유주의가 어떤 것인가를 알기 위해서는 국가독점자본주의, 포드주의, 사회민주주의의 모순과 위기의 성격을 이해해야 한다. 국가독점자본주의와 포드주의의 성격에 관해서는 이미 앞에서 논의했으므로 여기서는 사회민주주의의 성격에 대해 간략히 서술하고 신자유주의에 대한 논의로 넘어가기로 한다.

19세기 말 독일의 개량주의자 베른슈타인(E. Bernstein)은 자본주의도 아니고 공산주의도 아닌 제3의 길인 사회민주주의(social democracy) 노선을 제시하였다. 그는 프롤레타리아 독재를 통한 사회주의로의 혁명적 이행을 거부하고 민주주의의 확대·심화를 통해 사회주의에 이르는 점진적 이행의 길을 주창하였다. 이러한 베른슈타인의 사회민주주의 노선은 그후 유럽 사회민주당들의 이념, 정강, 정책으로 구체화되었다. 스웨덴, 독일 등 사회민주당이 강력한 영향력을 가지고 집권까지 한 나라에서는 제2차세계대전 이후 사회민주주의가 하나의 체제로서 성립하였다.

사회민주주의 체제는 ① 시장경제, ② 민주주의, ③ 복지국가라는 세 개의 큰 기둥으로 구성되어 있다. 첫째, 사회민주주의는 시장경제를 지향한다. 그러나 사회민주주의 체제에서 시장경제는 시장에 대한 국가의 광범한 개입이 이루어지기 때문에 자유방임적인 자유시장경제(free market economy)와는 다르다. 경기부양정책처럼 총수요관리를 위한 케인스적 국가개입과 최저임금제도와 사회보장제도처럼 사회복지를 위한 베버리지적 국가개입이 이루어지는 자본주의 시장경제이다. 이를 보통 혼합경제라 부른다. 시장 메커니즘의 효율성과 역동성을 살리되 국가의 개입을 통해 시장의 불안정성과 불공평성 그리고 사회적 양극화를 방지하려는 것이 사회민주주의의 목표이다. 요컨대, 공평성과 안정성을 실현하고 사회적 연대를 추구하는 시장경제가 혼합경제이다.

둘째, 사회민주주의는 정치민주주의와 경제민주주의를 지향한다. 여기서 정치민주주의는 노동자계급의 이익을 대변하는 사회민주당이 의회에 참가하여 노동자계급을 위한 정책을 입안하고, 나아가 집권하여 국가권력을 통해 친노동자적 정책을 펴는 것을 가리킨다. 경제민주주의는 반독점정책을 통해 경제력 집중을 완화하고 기간산업을 국유화하며, 산업민주주의를 통해 노동자가 기업경영에 참가하고 노동의 인간화를 추구하는 것을 말한다. 사회민주주의에서 민주주의는 보통선거로 구성되는 의회를 통해 국민적 합의가 도출되는 대의제 민주주의 형태뿐만 아니라, 자본가계급과 노동자계급이 전국수준에서 계급타협을 통해 사회적 합의에 도달하는 코포라티즘이란 형태가 존재한다.

셋째, 사회민주주의는 포괄적 복지국가를 지향한다. 실업보험제도를 실시하여 실업을 구제하고, 일자리를 창출하는 적극적 노동시장정책(active labor market policy)을 통해 완전고용을 달성함과 동시에 국가가 교육, 의료, 육아, 양로 등 사회서비스를 제공하여 '요람에서 무덤까지' 시민들의 삶을 보장하는 포괄적 복지국가를 실현하고자 한다. 이처럼 이전 시기에 시장을 통해 상품으로 공급되던 사회서비스를 국가가 사회보장제도를 통해 무상이나 저가로 공급하는 것을 탈상품화(decommoditification)라 한다. 노동력의 상품화로 인한 고용불안과 생활불안을 복지국가의 사회보장제도를 통해 해소하여 노동자계급의 고용안정과 생활안정을 도모하려는 것이 복지국가의 목표이다. 그래서 사회민주주의에서는 인간의 삶에서 시장의 경쟁에 의존하는 생활영역이 축소되고 국가의 보장에 의존하는 생활영역이 확대된다.

이러한 성격의 사회민주주의 체제는 국가독점자본주의의 개량적 형태라 할 수 있다. 그것은 제2차세계대전 이전 국가독점자본주의의 폭력적 형태인 히틀러의 파시즘에 대비된다. 영국의 맑스주의 역사학자 홉스봄(E. Hobsbawm)의 주장대로, 스탈린의 공산주의, 1930년대의 대공황, 그리고 히틀러의 파시즘에 대한 공포가 사회민주주의를 성립하게 만들었다. 그러나 사회민주주의는 무엇보다 포드주의적 발전모델이 달성한 지속적 고성장에 기초하여 성공할 수 있었다.

1970년대 초에 포드주의적 발전모델이 위기에 처하자 사회민주주의도 위기에 빠진다. 사회민주주의를 떠받들고 있던 노동운동이 약화되고 1989년 동구 사회주의의 몰락과 1991년 소련의 붕괴로 공산주의에 대한 공포가 사라지자 사회민주주의의 위기가 심화된다. 중앙계획을 실시했던 소련식 사회주의의 위기는 국가독점적 경제규제를 실시했던 국가독점자본주의에도 위기를 초래하였다. 포드주의와 사회민주주의 그리고 국가독점자본주의의 위기로부터 탈출하는 보수적 대안이 바로 신자유주의인 것이다. 미국이 주도하는 '글로벌 신자유주의'의 압도적 영향 아래 신흥공업국가의 주변부 포드주의 혹은 국가자본주의의 위기에 대한 보수적 대안도 결국 신자유주의로 귀결되었다.

1980년대에 영국과 미국에서 먼저 등장한 신자유주의는 1990년대에는 미국과 유럽, 일본 등 선진자본주의는 물론이고 아시아, 라틴 아메리카, 아프리카의 신흥공업국가와 저발전 국가, 심지어 소련과 동유럽의 전환도상국가에 이르기까지 광범하게 확산되고 영향을 미친다. 1990년대 이후 신자유주의는 미국이 주도하는 IMF와 세계은행을 통해 세계적으로 확산되어 '글로벌 신자유주의(global neoliberalism)'로 전환된다. 따라서 1990년대 이후의 자본주의를 '신자유주의적 글로벌 자본주의(neoliberalist global capitalism)'로 규정할 수 있다.

신자유주의의 특성: 이데올로기와 경제정책

경제적 측면에 국한해서 볼 때, 신자유주의 이데올로기의 핵심내용은 ① 시장의 완전성을 신봉하여 모든 것을 시장에 맡기자는 시장근본주의, ② 사유재산권과 영리추구 활동의 자유를 주창하는 자유기업주의, ③ 생산성과 효율성을 유일한 평가기준으로 삼는 성장지상주의로 요약될 수 있다. 이는 18, 19세기의 경제적 자유주의 이데올로기를 그대로 이어받은 것이다.

시장근본주의는 시장에 대한 국가의 개입을 배제하는 비개입주의(non-interventionism) 입장을 취한다. 케인스주의적 개입주의를 지향하는 사회민주주의와 달리 신자유주의는 프리드먼으로 대표되는 통화주의적 비개입주의를 지향한다. 시장근본주의는 일반상품시장은 물론이고 노동력, 토지, 화폐와 같은 생산요소시장, 특히 노동시장과 금융시장에 대한 국가의 규제 철폐를 주장한다. 시장에서는 '자생적 질서'가 수립된다는 하이에크의 주장은 시장의 '보이지 않는 손'에 의해 사회적 조화가 달성된다는 애덤 스미스의 주장에 이어 시장근본주의를 뒷받침하는 가장 강력한 논리로 제시되고 있다. 이는 경제와 사회에 대한 국가 혹은 정부의 개입이 최소한에 그쳐야 한다는 최소국가(minimal state)론과 작은 정부(small government)론으로 귀결된다.

자유기업주의는 사유재산권과 이윤추구활동을 신성불가침한 것으로 절대화한다. 사유재산권의 자유와 이윤추구 활동의 자유가 완전히 보장되어야 한다고 주장한다. 서로 관련된 이 두 가지 자유가 보장되려면 노동력 사용의 자유가 보장되어야 한다. 노동력 사용의 자유란 자본가가 노동자를 자유롭게 채용하고 해고할 권리, 노동과정에서 잉여가치 생산을 위해 노동력을 자유롭게 이용할 권리를 의미한다. 자유기업주의는 개인의 자유가 사유재산권에 기초한다고 생각한다. 따라서 공익의 이름으로 국가가 사유재산권과 이윤추구활동을 제한하는 것은 곧 개인의 자유를 제한하는 것으로 간주한다. 자유기업주의는 소유권과 경영권을 절대화하고 인권과 노동권을 경시한다.

성장지상주의는 생산성 향상과 효율성 증대를 통해 경제성장을 극대화하는 것을 경제정책의 최대 목표로 삼는다. 글로벌화가 진전되는 가운데 성장지상주의는 국제경쟁력의 강화를 위해서 생산성과 효율성 향상이 절대적으로 요청된다는 논리로 나타난다. 생산성과 효율성 향상은 시장경쟁에 의해 촉진되는 혁신을 통해 실현될 수 있다고 보기 때문에 경쟁과 경쟁력이 가장 존중되는 규칙과 덕목이 된다. 기회균등과 분배의 평등을 지향하는 공평성과 더불어 함께 살아가는 공동체를 지향하는 연대를 추구하는 것은 생산성과 효율성을 떨어뜨린다고 생각한다. 효율성만 강조되고 공평성은 무시된다. 따라서 사회 구성원들간의 평등한 분배와 더불어 함께 사는 공동체 원리가 부정된다. 경쟁을 통한 생산성 상승과 효율성 추구 과정에서 발생하는 인간성 파괴와 자연 파괴 가능성은 고려하지 않는다.

이러한 이데올로기를 가진 신자유주의는 1970년대 선진자본주의 국가들의 경제위기 원인을 국가개입, 노동시장 경직성, 복지국가에서 찾는다. 국가의 개입이 시장의 활력을 떨어뜨리고 스태그플레이션만 발생시켰고, 불황시에 임금삭감이나 해고를 쉽게 하지 못하는 임금과 고용의 경직성이 기업의 수익성을 하락시켰으며, 과다한 복지지출이 재정적자를 누적시키고 기업부담을 가중시켜 자본축적을 저해하였다고 진단한다. 신자유주의는 포드주의 발전모델이 위기에 빠지게 된 주된 원인을 임금상승에 따른 이윤 몫 하락으로 인한 생산성 분배의 위기에서 찾는다. 요컨대, 고비용의 분배구조가 포드주의 발전모델을 위기에 빠뜨렸다고 생각한다.

신자유주의는 시장근본주의로 국가개입을 비판하고, 자유기업주의로 노동시장 경직성을 비판하며, 성장지상주의로 복지국가를 비판한다. 따라서 신자유주의 경제정책은 국가개입을 철회하고, 노동시장 경직성을 타파하며, 복지국가를 해체하는 방향으로 실시된다.

국가개입의 철회는 법률과 제도를 통한 시장에 대한 규제를 철회하는 규제철폐(deregulation)와 국영기업의 민영화(privatization)로 나타났다. 노동시장 경직성 타파는 임금과 고용의 유연성 즉 노동시장 유연성을 높이기 위해 정리해고를 제한하는 법률을 폐지하거나 최저임금제도를 폐지하는 방향으로 나타났다. 복지국가의 해체는 사회보장제도를 폐지하거나 약화시켜 복지지출을 삭감하고, 국가가 제공하던 육아, 양로, 의료, 교육 등 사회복지 서비스를 시장을 통해 공급되게 하는 재상품화(recommoditification)[1]의 방향으로 전개되었다.

이러한 정책들은 결국 포드주의 발전모델을 지탱하였던 여러 가지 제도들을 시장화하는 것이다. 이에 따라 제도를 통한 조절이 약화되고 시장에 의한 조정이 강화된다. 축적체제에 규칙성을 부여하였던 제도들이 해체됨에 따라 자본주의의 불안정성이 크게 증대한다. 자본주의는 무정부적 시장의 힘에 의해 좌우되었던 19세기 자본주의로 회귀하는 양상을 보인다. 이를 '자본주의의 역류'라 부른다.

신자유주의 경제정책 중에서 가장 중요한 정책은 아마도 노동시장 유연화 정책과 금융시장 자유화 정책일 것이다. 노동시장 유연화 정책의 목표는 노동자

---

1) 재상품화는 원래 상품화(commoditification)되고 있던 것을 탈상품화(decommoditification) 했다가 다시 상품화하는 것을 말한다.

를 자유롭게 고용하고 해고하며, 임금을 경기변동과 노동시장 상황에 따라 신축적으로 조정할 수 있는 자본의 권능을 회복하려는 것이다. 국가가 실시하는 노동시장 유연화 정책을 배경으로 하여 자본가들은 노동조합을 약화시키거나 무노조 전략을 구사하여, 단체교섭을 약화시키거나 폐지하려는 경영방식을 추구하였다. 노조가 없는 국내 다른 지역이나 해외로 생산기지를 옮기기도 하였다. 이로 인해 포드주의적 노사타협이 깨어지고 노사관계가 불안정하게 된다.

금융시장의 자유화 정책은 이자율 규제를 철폐하고 국제간 단기자본이동 규제를 철폐하는 것이다. 이를 금융의 자유화라 한다. 산업자본이 주도하는 포드주의적 발전모델에서는 산업자본의 안정적 축적을 위해 이자율을 규제하고 국제간에 단기자본이동을 규제하였다. 금융시장에 대한 규제는 산업자본의 이해에 금융자본의 이해를 종속시키는 것이었다. 금융의 자유화는 이제 금융자본의 이해가 우선적으로 고려되게 되었음을 의미한다. 금융의 자유화는 금융자본의 자유로운 국제적 이동이 나타나는 금융의 글로벌화를 초래하였다. 산업자본에 대한 금융자본의 우위와 지배에 따라 자본주의의 투기성과 기생성이 크게 강화된다. 신자유주의 경제정책이 실시된 결과 노동의 권리와 자유가 축소된 반면, 자본의 권리와 자유는 확대되었다. 기회균등과 분배의 평등을 지향하는 공평성의 원칙과 더불어 함께 살아가는 연대의 원리가 후퇴한 반면, 효율성의 원칙과 적자생존의 경쟁의 원리가 전면에 등장하였다. 그 결과 부익부 빈익빈 현상이 격화되어 사회가 양극화된다. 경제생활에서 국가의 역할은 약화된 반면 시장의 역할은 강화되었다. 그 결과 시장의 불안정성과 불확실성이 더욱 증폭된다. 신자유주의의 지배로 실업과 빈곤, 생활불안과 상대적 박탈감이 대다수 사람들에게 삶의 멍에로 지워진다. 그래서 소수만이 이 체제의 승자가 되고 대다수는 패자가 되는 '20 대 80 사회'가 출현한다.

2. 글로벌화

글로벌화란 무엇인가

신자유주의와 함께 현 단계 자본주의를 특징짓는 다른 하나의 주요한 경향은

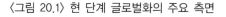

〈그림 20.1〉 현 단계 글로벌화의 주요 측면

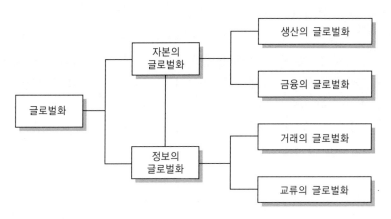

글로벌화(globalization)[2]이다. 글로벌화는 국민국가들 사이의 경계 즉 국경이 없어지고(borderless), 말 그대로 지구촌이 하나가 되는 과정을 말한다. 현재 인류의 생활에서 국경이 거의 완전히 없어진 영역은 자본과 정보의 이동이다. 오늘날 자본과 정보는 지구촌 곳곳을 거의 아무런 제약 없이 자유롭게 이동하고 있다. 정보의 글로벌화는 거의 완료되었고 자본의 글로벌화도 크게 진전되고 있다. 이와는 달리 국제간 노동력의 이동은 여전히 제한을 받고 있다. 노동의 글로벌화는 아직 진전되지 않고 있다. 글로벌화에 있어서 자본 및 정보와 노동 간의 이러한 비대칭성이 현 단계 글로벌화의 특징이다. 현 단계 글로벌화는 자본의 글로벌화와 정보의 글로벌화라는 두 개의 큰 흐름으로 구성되어 있다.

자본의 글로벌화는 자본의 국제적 이동에 대한 장애물이 제거되어 전지구적 범위에 걸쳐 자본이 자유롭게 이동하고, 자본주의적 생산관계가 전세계적으로 확산되며, 자본축적이 세계적 규모로 진전되는 과정이다. 자본의 글로벌화는 자본이 국경을 넘어 해외로 진출하는 자본의 국제화가 더욱 진전되고, 국제간의

---

2) 글로벌화를 흔히 세계화라 번역한다. 그러나 말뜻 그대로 정확히 번역하자면 지구화라 해야 한다. 국제화가 더욱 진전된 것이 글로벌화이다. 국제경제나 세계경제와 달리 국경선이 없어진 경제를 글로벌 경제(global economy)라 한다. 이런 까닭에 글로벌이란 말을 '세계적'이라고 번역하면 그 뜻이 정확히 전달되지 않는다. 따라서 여기에서는 글로벌을 외래어로 그대로 쓰기로 한다.

자본이동에 대한 규제가 거의 없어진 상태를 말한다. 자본의 국제화는 20세기 초 제국주의 단계에서 나타난 자본수출을 통해 본격화되었다. 그러나 20세기를 통해 러시아, 동구, 중국 등에서 사회주의체제의 성립, 제2차세계대전 이후 제3세계에서의 자력갱생의 민족주의적 발전전략의 채택, 유럽 사회민주주의 국가에서의 금융시장 규제 등으로 인해 자본의 글로벌화는 달성되지 못했다.

그런데 1970년대에 제3세계에서 민족주의적인 수입대체 발전전략의 실패와 외자도입과 수출주도에 의한 경제성장 전략 추구, 1980년대에 뚜렷해진 유럽 사회민주주의의 해체와 신자유주의의 등장, 1989년에서 1991년에 이은 동구 및 소련에서의 사회주의 체제의 붕괴와 시장경제로의 이행 등 일련의 계기를 통해 자본의 글로벌화가 급속히 진전된다. 신흥공업국가 금융시장의 개방과 금융의 자유화, 사회주의 중국의 개혁과 개방은 자본의 글로벌화를 가속화하는 데 큰 기여를 하였다. 그리고 주요 선진국과 신흥공업국가에서 변동환율제도가 채택되고, WTO체제 성립으로 상품무역과 서비스 무역에서 관세장벽이 철폐되어 무역자유화의 폭이 확대됨에 따라 자본의 글로벌화가 크게 촉진된다.

현재 자본의 글로벌화를 추동하고 있는 것은 생산의 글로벌화와 금융의 글로벌화이다. 생산의 글로벌화는 세계의 생산에서 다국적기업에 의한 해외생산의 비중이 증대되는 것을 말한다. 금융의 글로벌화는 금융거래에서 국제간의 금융거래의 비중이 증가하는 것을 말한다. 이러한 자본의 글로벌화에 따라 해외직접투자(FDI), 다국적기업들간의 전략적 제휴와 인수 및 합병(M&A), 국제단기자본의 이동이 크게 증가한다. 상품무역과 서비스 무역이 크게 증가했음은 두말할 필요가 없다. 생산의 글로벌화의 가장 중요한 지표는 해외직접투자이다. 해외직접투자는 1980년대 중반 이후 크게 증가한다(<그림 20.2> 참조). 1985년에서 1997년 사이에 세계산업생산은 연평균 2.3% 증가하였고, 세계수출은 7.2% 증가하였는 데 비해 해외직접투자는 14.5% 증가하였다.

자본의 글로벌화에 따라 지구촌 거의 모든 국가들이 세계시장에 편입되었다. 다국적기업들을 중심으로 연구개발(R&D), 자금조달, 생산, 판매에서 전세계적인 네트워크가 형성되는 '글로벌 경영'이 이루어진다. 이에 따라 새로운 국제분업구조가 형성된다. 세계시장에서 초국적자본들 혹은 국민적 자본들 사이에 치열한 '글로벌 경쟁'이 이루어진다. 이에 따라 지구촌이 하나의 큰 경제권으로

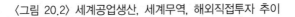

〈그림 20.2〉 세계공업생산, 세계무역, 해외직접투자 추이

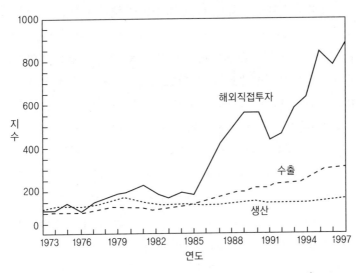

출처: Horst Siebert, *The World Economy*, Routledge, 1999, p.12, 그림 1.6.

통합되는 '글로벌 경제(global economy)'3)가 출현하고 있다.

　이러한 자본의 글로벌화와 함께 지역화(regionalization)가 진전된다. 지역화란 유럽연합(EU), 북미자유무역협정(NAFTA)과 같이 대륙 단위로 진전되고 있는 지역경제통합을 가리킨다. 특히 유럽연합은 유로(euro)라는 단일통화를 사용하는 통화통합과 유럽의회와 유럽집행위원회의 설치라는 정치통합으로까지 나아가고 있다. 아시아 지역에서는 일본, 한국, 중국 중심의 경제권이 형성되고 있지만 아직 유럽, 북미와 같은 지역경제통합은 실현되고 있지는 않다. 그러나 일본, 한국, 중국 및 아세안(ASEAN)을 중심으로 하는 동아시아 국가들간에는 생산의 국제화를 통한 시장의 상호의존관계가 확대되어왔으며, 이로 인해 동아시아는 사실상 하나의 지역경제권으로 부상하고 있다. 따라서 세계경제에는 미국 중심의 북미경제권, 유럽연합 중심의 유럽경제권, 일본 중심의 동아시아 경제권

---

3) 여기서 글로벌 경제는 세계경제의 최근의 존재형태이다. 글로벌 경제는 여러 국민경제들로 구성된 세계경제와 달리 하나의 단일한 경제권을 형성하는 세계경제라는 의미를 가진다.

이라는 삼극체제가 형성되어 있다. 이를 삼극화(triadization)라 부르기도 한다.

삼극화 형태의 지역화는 대륙단위의 글로벌화로 해석될 수도 있지만, 대륙단위의 지역경제를 보호하려는 성향을 가지고 있으므로 지구촌이 하나로 되는 글로벌화와 상반되는 경향을 보인다. 미국의 경우, NAFTA를 통한 지역주의가 자신의 패권유지를 위한 수단으로 되고 있고, 유럽연합의 경우 대륙단위의 경제통합이 미국의 헤게모니에 대항하는 독자적인 국제경제질서 구축의 수단이 되고 있다. 동아시아의 경우 1997~1998년 외환위기를 계기로 무역과 금융에서 미국의 기준을 '글로벌 스탠더드(glodbal standard)'로 강요하는 것에 대항하여 아시아적 가치를 추구하는 지역경제통합 움직임이 나타나고 있다. 이처럼 현 단계 글로벌화는 지역화라는 경향을 내포하면서 진전되고 있다.

정보의 글로벌화는 글로벌화의 또 다른 중요한 측면이다. 컴퓨터와 인터넷으로 상징되는 정보기술(information technology)의 발달에 따라 각종 정보가 빛의 속도로 지구촌 방방곡곡으로 이동한다. 인터넷을 통한 주식거래는 국제금융자본의 활동범위를 전 지구로 확대하였다. 전자우편(e-mail)은 지구촌 사람들간의 세계적 교류를 결정적으로 촉진시켰고, 전자상거래(e-commerce)는 세계시장에서의 기업간(B2B), 기업과 소비자 간(B2C)의 상품 교환을 크게 증대시켰다. 교류와 거래의 글로벌화를 내용으로 하는 정보의 글로벌화는 자본의 글로벌화 특히 금융의 글로벌화를 촉진하고 세계시장에서의 글로벌 경쟁을 격화시켰다. 이 점에서 정보의 글로벌화는 글로벌 경제의 토대를 이루는 하부구조(infrastructure)가되고 있다. 정보의 글로벌화는 소비양식과 생활양식의 글로벌화 즉 문화의 글로벌화도 초래하고 있다. 지구촌의 '코카콜라화'와 '맥도날드화'는 그 단적인 예들이다. 이는 장차 지구촌이 하나의 글로벌 사회(global society)로 형성될 가능성을 보여주고 있다.

이러한 자본의 글로벌화와 정보의 글로벌화가 결합된 글로벌화는 1990년대에 새로이 출현한 것으로서 자본주의가 글로벌 자본주의(global capitalism)로 이행하고 있음을 말해준다. 글로벌 자본주의는 국민자본주의의 틀을 넘어 형성되고 있고, 지역화 경향을 내포하고 있다. 현재 글로벌 자본주의는 1980년대에 등장한 신자유주의와 결합되어 '신자유주의적 글로벌 자본주의'라는 새로운 발전 단계에 진입하고 있다. 신자유주의가 지배하고 있는 글로벌 자본주의에서는 금융의 자유화와 글로벌화가 세계경제의 흐름을 좌우하는 결정적인 요인이 되고 있다.

글로벌화는 지구촌 주민에게 기회인가 아니면 위기인가? 이는 주로 생산의 글로벌화와 금융의 글로벌화가 어떤 결과를 초래하는가에 달려 있을 것이다. 이에 관해서는 뒤의 5절에서 자세히 알아본다. 다만 여기서 강조할 것은 글로벌화가 각국의 역사적·문화적 특성을 무시하고 주도국의 제도와 관행, 문화를 글로벌 스탠더드로 설정할 경우, 인류 문화의 다양성이 소멸되어 인류의 발전을 위협하는 위험을 내포하고 있다는 점이다. 이는 마치 생물 종다양성의 상실이 생태위기를 초래하는 것과 같은 원리이다.

생산의 글로벌화와 다국적기업

21세기 여명기에 전지구적 범위로 확장된 세계시장에서 생산의 글로벌화를 주도하는 경제주체는 1960년대 이후 등장한 다국적기업(MNC: multinational corporation)이다. 다국적기업은 해외직접투자를 통해서 다수의 해외자회사를 소유하거나 통제하고, 이들의 생산 및 판매 혹은 영업활동을 본사가 통합관리하여 세계적 규모에서 자본축적을 하는 기업이다.

다국적기업은 다국적자본이 조직화된 형태이다. 다국적기업 혹은 다국적자본에서 다국적성은 자본의 국적이 여러 개라는 의미가 아니고, 자본이 여러 나라에서 가치증식활동을 하고 있다는 의미라는 점에 주의해야 한다. 다국적기업의 소유와 지배는 보통 본사가 위치하고 있는 나라의 자본가들에 의해 이루어지고 있기 때문에 다국적기업에서 자본의 국적은 하나인 것이 일반적이다. 하나의 국민국가 내에 본사를 둔 자본이 해외직접투자를 통해 여러 나라에 해외자회사를 설립하여 국경을 넘은 이윤추구활동을 하는 것이다.

1960~1980년대에는 해외직접투자를 통해 해외생산을 하는 다국적산업자본이 다국적기업의 주된 조직자였다. 1990년대 이후 금융의 글로벌화가 진전됨에 따라 국제금융을 하는 다국적금융자본이 다국적기업의 주요한 조직자로 등장한다. 그래서 오늘날 다국적산업자본과 다국적금융자본이 다국적기업의 두 축을 형성하고 있다. GM, IBM, Exxon, Simens, ITT, SONY, Toyota, Coca-Cola,

McDonald's, Nestle, Citibank, Deutsche Bank, Credit Lyonnais, SAMSUNG, LG 등은 대표적인 다국적기업들이다.

다국적기업의 특성은 다음과 같다. 첫째, 다국적기업은 국제적인 수직통합형 혹은 수평통합형 생산체제를 갖추고, 기업내 국제무역을 하는 기업이다. 예컨 대, 본사를 미국에 둔 전자회사가 멕시코, 홍콩, 싱가포르 등에 전자부품의 조 립가공 기지를 설립하고 본사에서 만든 부품을 그 생산기지들에 보내어 조립하 고, 이를 다시 본사에 보내어 완제품으로 만든 후 본사의 마케팅 전략에 따라 세계 각지에 판매한다. 이와 같이 부품생산, 완성품생산, 판매 등에 이르는 일 련의 과정이 각국에 배치된 자회사들과 본사 간의 기업내 국제분업을 통해 수 행된다는 점에서 다국적기업은 국제적인 수직통합형 생산체제를 갖춘 기업인 것이다. 최근에는 다국적기업이 시장 수요의 다양성에 대응하여 제품차별화를 위한 생산거점을 여러 국가에 두고 서로 교역하거나, 중간재, 부품 생산을 여러 나라의 생산기지에 분산시켜 생산하여 서로 교역하는 수평통합형 생산체제를 갖추고 있다. 이러한 생산체제 내에서 기업내 국제분업 즉 본사와 자회사 간, 자회사와 자회사 간의 국제분업이 이루어진다.

둘째, 다국적기업은 자본, 기술, 경영능력, 노동능력 등의 측면에서 세계수준 에서 경제적 우월성을 가지고 있는 거대기업집단이다. 따라서 다국적기업은 세 계시장에서 독점력을 행사하는 독점기업이다. 다국적기업은 국민적 시장에서 이미 독점적 지배력을 행사하던 국민적 독점기업이 국경을 넘어 세계시장에서 다국적 독점기업으로 발전함으로써 생겨났다. 그 독점력을 통해 다국적기업은 세계시장에서의 상품의 생산과 유통 그리고 금융을 지배한다. 따라서 다국적기 업은 세계시장에 편입된 국가들 특히 자회사가 위치하는 국가들의 국민경제에 큰 영향을 미친다. 국제무역과 해외직접투자를 주도하고 세계시장에서 독점력 을 행사하는 다국적기업의 세계적 규모의 자본축적 활동은 세계경제의 역동성 과 불안정성 그리고 불균등발전을 야기하는 근본 원인이 되고 있다. 국민경제 에 대한 국민국가의 영향력은 약화되는 반면, 다국적기업의 영향력은 강화되고 있는 것이 오늘날 자본주의의 현저한 특징이다.

셋째, 다국적기업의 본사와 해외자회사 간에 이루어지는 기업내 국제무역에 서 다국적기업은 본사의 의사결정에 의해 이전가격(transfer price)을 설정한다.

이전가격 설정(transfer pricing)은 다국적기업이 세금을 적게 내고, 모든 자회사를 포함하는 기업전체 이윤을 극대화하기 위한 수단으로 사용되는 일종의 가격조작 행위이다. 법인세율이 낮은 국가의 자회사에 대해서는 정상가격보다 낮은 이전가격으로 거래하고, 법인세율이 높은 국가의 자회사에 대해서는 정상가격보다 높은 이전가격으로 거래하여 조세부담을 줄인다. 또한 본사가 해외자회사에 수출할 때는 정상가격보다 높은 이전가격을 설정하고, 해외자회사가 본사에 수출할 때는 정상가격보다 낮은 이전가격을 설정하여 이윤을 극대화한다. 이러한 이전가격 설정을 통해 자회사가 있는 국가로부터 본사가 있는 국가로 가치이전이 발생한다.

넷째, 다국적기업은 해외자회사를 통해 세계 각 지역의 저렴한 노동력을 최대한 이용하는 노동통제체제를 갖추고자 한다. 그래서 다국적기업은 해외자회사들과 본사를 포함하는 전체 다국적기업 내부에 고용되어 있는 노동력을 하나의 기업체제 내에 통합하고 있지만, 노동시장은 국가별로 분단된다. 예컨대, 미국에 본사를 둔 다국적기업의 멕시코 자회사 노동자들과 싱가포르 자회사 노동자들 그리고 한국 자회사 노동자들은 동일한 다국적기업에 고용되어 있으면서도 임금을 비롯한 노동조건에 격차가 존재한다. 이는 각 나라의 자회사의 노동자들이 다른 나라의 자회사로 이동하는 것이 제한되어 있기 때문이다. 국제간의 자본의 자유로운 이동과는 반대로 노동이동은 제한되어 있는 오늘날의 세계경제 현실이 다국적기업 내의 노동시장의 분단을 초래하고 있다. 다국적기업은 세계 노동시장의 분단이라는 현실을 최대한 이용하여 세계 노동자들을 분할지배(divide and rule)하고 있는 것이다.

다국적기업이 세계경제와 국민경제의 성과에 미치는 효과에 대해서는 견해가 대립하고 있다. 신고전파 경제학에서는 다국적기업이 자유로운 국제자본이동을 통해 세계적으로 자원의 최적배분을 실현하고, 자본의 국제화를 통해 자본과 기술을 이전함으로써 저개발국가의 경제성장과 발전을 촉진한다고 보고 있다. 이러한 다국적기업 옹호론과는 반대로, 정치경제학에서는 다국적기업이 세계시장에서의 독점을 통해 세계경제의 불균등발전을 조장하고 자회사가 있는 국가로부터 본사가 있는 국가로 가치이전을 발생시켜 저개발국가의 경제성장을 억압한다고 본다. 다국적기업이 세계경제의 균등화 요인인가 양극화 요인인가,

안정화 요인인가 불안정화 요인인가, 저개발국의 생산력 발전의 촉진자인가 억제자인가. 이것이 다국적기업의 역할을 둘러싼 핵심 쟁점들이다.

금융의 글로벌화와 국제금융자본

금융의 글로벌화는 현 단계 자본주의의 가장 중요한 특징이다. 현대 자본주의의 위기의 직접적이고 결정적인 요인은 무엇보다 금융의 글로벌화에 따른 금융위기라 할 수 있다. 금융의 글로벌화는 금융의 자유화를 계기로 진전되는데, 국제금융자본이 그것을 주도하고 있다.

1971년까지 자본주의 세계경제는 브레턴우즈 체제 아래 고정환율제도와 달러본위제를 유지하고 있었다. 그리고 브레턴우즈 체제 아래 성립된 선진자본주의의 포드주의적 발전모델에서 금융시장은 엄격히 규제되고 있었다. 금융시장에 대한 규제의 핵심은 이자율의 규제와 단기자본의 국제간 이동의 규제였다. 금융자본이 산업자본의 자본축적에 봉사하도록 이자율을 낮게 유지하고 투기성이 높은 단기자본의 국제간 이동을 통제하였기 때문에 금융이 상대적으로 안정될 수 있었다. 이와 같이 관리된 금융 시스템에서 실시된 정부의 저금리정책은 투자율을 높여서 고생산성과 고성장의 달성에 기여하였다.

1971년에 미국 달러의 금태환 정지 결정으로 인해 브레턴우즈 체제가 붕괴됨에 따라 고정환율제도가 변동환율제도로 이행하였다. 변동환율제도의 채택은 외환시장에 의한 금융불안정의 출발점이 되었다. 1980년대에는 미국과 영국에서 신자유주의가 등장함에 따라 국제간의 단기자본이동이 자유화되고 이자율에 대한 규제가 철폐되는 금융의 자유화가 추진되었다. 주식시장과 채권시장에 대한 규제도 철폐되었다. 금융의 자유화는 금융자본의 이익을 대변하여 탈규제와 시장기능 회복을 주장하는 신자유주의자들의 공세가 주효했기 때문에 이루어졌다. 이 점에서 금융의 자유화는 순수 경제적 과정이 아니라 정치적 과정이었다 할 수 있다.

한편 1980년대는 경제주체들의 금융자산 보유가 늘어나는 금융화가 진전되고, 연금기금(pension fund)과 상호기금(mutual fund)과 같은 기관투자가들이 급성장하며 파생금융상품의 유통이 급증하는 시기였다. 아울러 정부 부채가 채권의 형태를 띠는 증권화(securitization)를 계기로 채권시장이 급속히 팽창한다.

금융의 자유화에 따라 환율과 이자율이 자유롭게 변동하는 가운데 기관투자가를 비롯한 금융자본의 투기행위가 지배하는 시장금융 시스템이 형성되었다. 자유화된 시장금융 시스템에서는 이자율이 급격히 변동함에 따라 주식과 채권 같은 금융자산의 가격이 급변하여 금융 시스템 전체의 위험이 커진다. 환율과 이자율의 급격한 변동이 단기자본의 국내외로의 급속한 유출입을 초래하여 금융시장의 불안정성을 크게 증대시킨다. 이러한 금융 시스템의 위험성과 금융시장의 불안정성 때문에 국지적인 교란이 급속히 전체로 파급되어 파국적 금융위기가 발생하게 되는 것이다.

금융의 자유화와 정보통신기술(ICT)의 발달에 기초하여 금융의 글로벌화가 급속히 진전된다. 금융의 글로벌화는 국민적 통화제도와 국민적 금융시장들이 서로 아주 밀접히 연계되는 현상을 말한다. 여기서 정보통신기술은 금융의 글로벌화의 필요조건이고, 금융의 자유화는 그 충분조건이라는 점에 유의해야 한다. 금융자본의 이익을 반영하는 금융의 자유화라는 정치적 과정이 전제되지 않고는 정보통신기술이 아무리 발달해도 금융의 글로벌화가 진전되기 어렵기 때문이다. 이에 더하여 해외부채에 기초하여 경제성장을 성취한 한국, 멕시코 등 신흥공업국가들의 금융시장 개방과 금융의 자유화 조치가 금융의 글로벌화를 촉진한 또 다른 요인이었다.

금융의 글로벌화에 따라 점차 세계금융시장이 형성되고 있다. 외환시장, 주식시장, 채권시장 등 금융시장에서는 이제 국민국가의 경계가 거의 완전히 허물어졌다. 각 국민국가의 환율, 주가, 이자율은 아주 밀접히 상호작용을 한다. 세계금융시장에서는 인터넷을 통해 대규모의 금융거래가 광속도로 지구적 범위에서 이루어지고 있다. 현재 금융의 글로벌화는 미국 월스트리트에 본부를 둔 국제금융자본의 주도하에 이루어지고 있다. 오늘날 세계금융시장을 지배하는 것은 연금기금과 상호기금과 같은 기관투자가인 국제금융자본이다.

이들 중 일부를 구성하는 국제투기자본은 국민적 금융시장을 불안정하게 만드는 가장 중요한 요인이다. 거의 대부분 변동환율제도를 채택하고 있는 국민국가들의 환율은 국제투기자본의 투기행위에 따라 급변한다. 이로 인한 외환시장의 불안정은 주식시장과 채권시장의 불안정으로 파급된다. 각 국민국가들의 주식시장과 채권시장은 그 자체가 이미 국제금융자본의 지배하에 들어가 있다. 따라서 환율과 주가와 이자율은 국제금융자본의 투기행위에 의해 좌우되며, 그것들에 대한 국민국가의 거시경제정책의 효과는 크게 약화되고 있다.

금융의 글로벌화에 따라 이제 금융위기는 세계금융위기로 나타난다. 한 나라의 금융위기가 다른 나라의 금융위기로 전염되는 현상이 나타난다. 미국 뉴욕 증권시장의 주가 폭락은 곧바로 한국 증권시장의 주가 폭락으로 이어진다. 미국의 이자율 변동이 세계 각국의 금융시장에 직접적 영향을 미친다. 월가가 기침을 하면 주변국가들은 몸살을 앓는다. 금융위기의 파괴적 영향은 부채에 기초하여 경제성장을 추진해온 고부채 국가에 더욱 심각하게 미친다. 1997년 아시아 금융위기는 그것을 웅변하고 있다. 금융이 세계화되고 세계금융시장이 형성되고 있으며, 세계금융위기가 나타나고 있음에도 불구하고 이를 규제할 효과적인 세계금융질서가 수립되어 있지 않기 때문에 지금 세계자본주의는 파국의 위험을 안고 있다.

3. 디지털 기술과 '신경제'

디지털 기술: 새로운 기술 패러다임

신자유주의적 글로벌 자본주의에서 발휘되고 있는 생산력은 1990년대 후반에 본격적으로 확산된 디지털 기술(digital technology)에 기초를 두고 있다. 디지털 기술은 포드주의 시대의 자동화(automation) 기술과는 구분되는 새로운 기술 패러다임으로서 정보기술(information technology)이라고도 불린다. 오늘날 미국이 선도하고 있는 디지털 기술은 경제와 사회구조를 근본적으로 변화시키고 있으며, 노동자들의 일과 삶을 크게 바꾸어놓고 있다.

디지털 기술은 컴퓨터와 인터넷으로 구성된 새로운 기술체계이다. 컴퓨터를 통한 정보처리와 인터넷을 통한 정보전달이 결합된 것이 바로 디지털 기술이다. 디지털 기술의 기초에는 반도체 기술이 있다. 반도체 기술은 전자기기에 자료를 인식하고 저장하는 방식의 하나로 모든 정보를 0과 1의 조합을 통해 표현한다. 이를 통해 예컨대, CD 한 장에 백과사전 수십 권에 해당하는 방대한 분량의 정보를 저장할 수 있다. 그리고 이렇게 디지털화된 자료는 컴퓨터를 통해 처리되고 인터넷을 통해 전달된다. 인터넷은 네트워크 기술에 기초하고 있다. 네트워크 기술은 컴퓨터에 의해 디지털화된 정보를 가지고 의사소통을 할 수 있게 하는 통신기술이다.

디지털 기술은 어떤 특징을 가지는가? 첫째, 빛과 같은 속도로 이동하면서 정보전달이 가능한 광속성이다. 둘째, 반복 사용해도 정보가 줄어들거나 질이 떨어지지 않는 무한반복성과 재현성이다. 셋째, 정보가공이 쉽고 다양한 형태로 변형이 가능한 조작과 변형의 용이성이다. 넷째, 방대한 정보처리를 위한 압축이 가능하고 정보의 쌍방향 전달이 용이한 압축성과 쌍방향성이다.

정보전달이 광속으로 이루어지기 때문에 실시간으로 지구촌 전체에 정보가 확산되는 정보의 글로벌화가 진전된다. 이는 기업의 생산방식이나 사람들의 생활양식에 수렴을 가져오고 세계시장에서 자본간 무한경쟁이 전개되는 글로벌 경쟁을 초래하였다. 무한반복성과 재현성, 그리고 압축성은 정보처리와 정보전달 비용을 획기적으로 감소시켜 상품생산비와 거래비용을 획기적으로 절감시켰다. 조작과 변형의 용이성은 유연 자동화(flexible automation)를 통해 유연생산체제(flexible manufacturing system)에서의 다품종 소량생산을 가능하게 하였다. 포드주의의 경직적인 자동화 기술이 제품의 표준화를 실현했다고 한다면, 유연한 자동화 기술인 디지털 기술은 제품의 차별화를 가능하게 하였다. 정보 전달의 쌍방향성은 사람들간의 의사소통을 촉진시키고, 집권적인 위계적 조직이 분권적인 수평적 조직으로 전환될 수 있는 가능성을 주었다.

이와 같이 디지털 기술은 생산성의 비약적 발전과 생산방식과 생활양식에 혁명적 변화를 가져왔다. 이런 의미에서 이를 디지털혁명이라 부른다. 20세기 말의 디지털혁명은 18세기 말 산업혁명에 비견되는 인류 역사상 큰 변화이다. 현재 디지털혁명은 폭발적으로 전개되고 있는데, 첫 도입 이후 이용자수가 5천만 명이 되는 데 걸린 시간이 라디오 38년, TV 13년인 데 비해 인터넷은 불과 5년이었을 정도이다.

산업혁명과 디지털혁명의 차이를 비교해본 것이 <표 20.1>이다. 산업혁명에서 노동수단은 증기기관과 기계였으나 디지털혁명에서는 컴퓨터와 인터넷이다.

〈표 20.1〉 산업혁명과 디지털혁명의 비교

	산업혁명	디지털혁명
노동수단	증기기관과 기계	컴퓨터와 인터넷
노동대상	원료와 에너지	정보
기술적 기초	기계공학	전자공학
사회변화	산업화	정보화
주도계급	산업자본가	네티즌

컴퓨터와 인터넷은 노동수단일 뿐만 아니라 교류수단이기도 하다. 산업혁명에서 노동대상은 원료와 에너지였으나, 디지털혁명에서는 정보가 노동대상이다. 산업혁명의 기술적 기초는 기계공학이고 기술적 과정은 기계화였음에 비해, 디지털혁명의 기술적 기초는 전자공학이고 기술적 과정은 극소전자(ME)화다. 전자공학 중에서도 특히 100만 분의 1미터(m)의 크기에서 가공·계측·제어가 가능한 정밀기술인 극소전자공학(microelectronics)과 10억 분의 1미터에서 가공·계측·제어가 가능한 초정밀기술인 나노기술(nanotechnology)이 디지털혁명을 일으키고 있다. 산업자본가가 주도했던 산업혁명을 통해 사회가 산업화되었음에 비해, 컴퓨터·인터넷 전문가 집단과 사용자 집단으로 구성된 네티즌(netizen)이 주도하는 디지털혁명을 통해 사회가 정보화되고 있다.

'신경제': 디지털 경제와 지식기반경제

산업혁명을 통해 자본주의가 확립되었던 것처럼 디지털혁명을 통해 자본주의 구조가 근본적인 변화를 겪고 있다. 디지털혁명을 통해 출현하고 있는 새로운 자

〈표 20.2〉 우리나라의 디지털 경제 관련 지표

	1995	1996	1997	1998	1999
인터넷 이용자수(만 명)	37	73	163	310	1,086
PC 보급대수(만 대)	535	623	693	784	1,035
정보기술 산업의 GDP 비중(%)	8.5	8.6	9.5	11.6	21.0

자료: 재경부 기술정보과.

〈표 20.3〉 대량생산경제와 신경제의 비교

	대량생산경제	신경제
기술적 기초	자동화 기술	디지털 기술
생산체제	대량생산체제	유연생산체제
노동과정	구상과 실행의 분리	구상과 실행의 통합
숙련의 성격	단능숙련	지적 숙련·사회적 숙련
수익법칙	수확체감	수확체증
잉여가치생산	상대적 잉여가치	집약적 잉여가치
이윤율 추세	이윤율 하락 경향	이윤율 상승 경향
소비양식	내구재 대량소비	하이테크 제품의 다품종 소량소비 교육·문화 서비스 소비
조직원리	집권화·위계·타율	분권화·네트워크·자율
경제영역간 경계	재생산·생산·소비간 경계 분명	재생산·생산·소비간 경계 모호
경제활동공간	현실공간	현실공간·가상공간

본주의를 디지털 자본주의(digital capitalism)라 부른다. 여기서는 단순한 노동력이 아니라 지식과 정보가 가치 증식에 결정적인 생산요소가 되기 때문에 이를 지식자본주의(knowledge capitalism) 혹은 정보자본주의(information capitalism)라고도 한다. 현재 미국을 중심으로 나타나고 있는 이러한 새로운 경제현상을 디지털 경제(digital economy) 혹은 지식기반경제(knowledge-based economy)라 하며 이를 통틀어 '신경제(new economy)'라 부른다. 신경제는 디지털 기술과 지식과 정보라는 생산요소에 기초하는 경제이다. 이러한 신경제는 우리나라에서도 급속히 확산되고 있다.

신경제는 어떤 특성을 가지는가? 1945~1974년 간에 전형적으로 나타난 포드주의의 대량생산경제와 1990년대 이후 등장하고 있는 디지털 경제와 지식기반경제를 포함하는 신경제를 비교해보면 <표 20.3>과 같다. 대량생산경제는 자동화 기술에 기초한 소품종의 대량생산체제를 가지고 있는 데 비해, 신경제는 디지털 기술에 기초한 다품종 소량의 유연생산체제를 갖추고 있다. 대량생산경제에서는 노동과정에서 구상과 실행이 분리되고 현장노동자들에게 하나의 직무에 숙달된 단능숙련(simple skill)을 요구하는 데 반해, 지식기반경제인 신경제에서는 노동과정에서 구상과 실행이 통일되고 현장노동자들에게 창의성과 문제해결 능력을 갖춘 지적 숙련(intellectual skill)과 의사소통능력과 매개능력을 갖춘 사회적 숙련(social skill)이 요구된다. 이러한 지적숙련과 사회적 숙련을 갖춘 노동을 지식노동(intellectual labor)이라 한다.

대량생산경제에서는 수확체감(decreasing returns to scale)의 수익법칙이 지배하지만, 신경제에서는 수확체증(increasing returns to scale)의 수익법칙이 작용한다. 자원을 가공하고 에너지를 투입하는 대량생산경제에서는 생산규모를 확대하면 처음에는 생산비가 하락하다가(이를 규모의 경제라 한다) 일정 단계가 지나면 결국 생산비가 상승한다(이를 규모의 불경제라 한다). 수확체감이 작용하면 생산비가 상승하고 이윤이 감소하므로 시장에서 앞서가는 기업의 시장점유율도 결국 일정한 한계에 달하게 된다. 따라서 어떤 기업도 단독으로 시장을 완전히 지배하지 못한다. 주로 자동차, 철강 등 전통적 제조업－이른바 굴뚝산업－의 대량생산체제에서 이러한 수확체감이 나타난다.

이와 반대로 정보를 가공하고 지식을 투입하는 신경제에서는 생산규모를 확대함에 따라 지속적으로 생산비가 하락하는 수확체증이 나타난다. 수확체증이 작용할 경우, 한 기업이 어떤 이유에서건 앞서나가 시장을 선점하게 되면 그 우위성이 계속 확대된다. 이러한 양의 상호작용 메커니즘(positive feedback mechanism)이 작동하여 그 기업이 마침내 시장을 완전히 지배하게 된다. 따라서 수확체증의 법칙이 작용하는 세계는 일등만이 살아남아 시장을 싹쓸이하는 승자독식(winner-takes-all)의 세계이다. 수확체증의 법칙은 주로 하이테크의 지식기반산업에서 작동한다.

수확체증이론을 제시한 브라이언 아서(W. B. Arthur)에 의하면, 하이테크 산업에서 수확체증법칙이 작용하는 이유는 다음과 같다.

첫째, 초기개발비용이 높기 때문이다. 예컨대, 컴퓨터의 하드웨어와 소프트웨어의 경우 제품의 설계에서부터 시장에 출시하기까지 아주 복잡한 과정을 거치게 되므로 연구개발(R&D)비용이 엄청나게 많이 들어간다. 그러나 한 번 개발하고 나면 생산량이 늘어나고 매출이 증가함에 따라 단위당 생산비가 급격히 줄어든다.

둘째, 네트워크 효과(network effect)가 나타나기 때문이다. 컴퓨터 소프트웨어와 같이 하이테크 제품 중에는 특정한 사용자 네트워크와 연결되어야 사용이 가능한 제품이 많다. 이때 그 네트워크 사용자가 많아질수록 소프트웨어에 대한 수요가 증가하여 수익이 증가한다. 이를 네트워크 효과라 한다.

셋째, 소비자의 타성효과(consumer groove-in) 때문이다. 하이테크 제품을 사용하기 위해서는 상당 정도의 훈련이 필요한데, 일단 어떤 하이테크 제품 사용에 익숙하게 되면 소비자는 다른 제품을 사용하려고 하지 않는다. 이를 타성효과라 한다. 이러한 타성효과가 나타나면 시장을 선점한 기업은 미래시장을 확보하는 것이 그만큼 더 쉬워진다.

대량생산경제에서는 대규모 설비투자를 통해 노동생산성을 증가시켜 필요노동시간을 단축시킴으로써 잉여가치율을 높이는 상대적 잉여가치 생산이 지배적이지만, 신경제에서는 창의성 있는 지식노동을 통해 고부가가치를 생산함으로써 잉여가치율을 높이는 집약적 잉여가치 생산방법이 지배적으로 된다.

이처럼 신경제에서 생산되는 고율의 잉여가치율이 고이윤을 실현한다. 설비투자 증가를 통해 상대적 잉여가치를 생산하는 대량생산경제에서는 이윤율 하락 경향이 나타나지만 인적자원투자를 통해 집약적 잉여가치를 생산하는 신경제에서는 이윤율 상승 경향이 나타날 수 있다. 이러한 현상은 이윤율 식 'p=S/(C+V)=(S/V)/[(C/V)+1]'에서 볼 때, 고율의 집약적 잉여가치 생산으로 잉여가치율(S/V)이 상승하는 반면, 지식노동 비중의 증대로 자본의 유기적 구성(C/V)이 둔화되거나 하락하여 이윤율이 상승하기 때문에 나타날 수 있다.

한편, 대량생산경제의 소비양식은 표준화된 내구재의 대량소비인 데 반해 신경제에서는 하이테크 제품의 다품종 소량소비와 지식형성을 위한 교육 및 문화서비스에 대한 소비라는 새로운 소비양식이 나타난다. 소비자들의 욕구의 다양성과 가변성이 크게 증가하고 소비양식이 빠르게 변하며 인터넷을 통해 새로운 소비양식이 급속히 전파된다. 이에 대응하여 신경제에서는 생산체제가 매우 유연하게 변하지 않을 수 없게 된다.

대량생산경제에서 기업조직은 중앙집권화된 조직, 수직적인 위계적 조직, 상명하달의 타율조직이다. 반면, 인터넷이 사용되고 노동자들에게 창의성 있는 지식이 요구되는 신경제의 기업조직은 분권화된 조직, 수평적인 네트워크 조직, 하의상달의 자율조직이다. 따라서 대량생산경제에서 자동차, 철강, 조선산업 등과 같이 중후장대(重厚長大)한 산업에서의 기업조직이 집권화·위계·타율로 특징지어지는 뚱뚱한 조직이 되는 데 반해, 신경제에서 컴퓨터 하드웨어·소프트웨어, 정보통신 등 경박단소(輕薄短小)한 정보기술(IT)산업에서의 기업조직은 분권화·네트워크·자율로 특징지어지는 날씬한 조직이 된다. 단일 기업 내에 하나로 통합되어 있었던 기능들이 분할되어 기업외부로 분산되고 이것들이 다시 네트워크를 통해 연결되는 네트워크 조직이 출현하여 기업간 관계가 바뀐다. 이와 같이 신경제에서는 자본주의적 생산관계에 큰 변화가 나타난다.

대량생산경제에서는 노동력이 창출되는 재생산과정과 가치가 창출되는 생산과정이 명확히 구분되기 때문에 재생산과 생산 간의 경계가 분명하고 상품의 생산과 소비는 별도의 과정으로 구분된다. 이와는 대조적으로 지식이 가치창출의 주된 원천이 되는 신경제에서는 지식이 창출되는 재생산과정이 곧 가치창출과정이 되므로 재생산과 생산이 뚜렷이 구분되지 않는다. 대학연구실에서의 연구활동이 곧 생산활동이 되는 것이다. 이는 생산과정이 재생산과정으로 확장되고 있음을 의미한다. 그리고 인터넷을 사용하는 디지털 경제에서는 정보재와 같이 이용자가 많을수록 그 가치가 증가하고 정보를 수요(소비)하기 위해 접속하는 사람이 곧 정보의 공급자(생산자)가 되므로 생산과 소비 간의 경계가 모호해진다. 이처럼 디지털 경제에서 인터넷에 접속하는 소비자가 바로 생산자가 되기 때문에 '생산소비자(prosumer)'라는 새로운 경제주체가 등장한다.

대량생산경제에서는 현실공간 중심의 경제활동이 전개되어왔으나, 신경제에서는 현실공간뿐만 아니라 인터넷을 통해 형성되는 가상공간이 새로운 경제활동영역으로 등장한다. 가상공간에서는 MP3와 같이 물리적 형태로 존재하지 않는 디지털 재화 혹은 가상재화가 공급되고 수요되며, 생산설비와 같은 물리적 투입요소의 비중이 낮아지는 반면 창의성 있는 지식의 비중이 높아진다. 가상공간에서의 경제활동의 경우 시공간이 단축되고 거래비용이 0에 가깝기 때문에 저비용–고효율의 경제적 성과가 달성될 수 있게 된다.

4. 금융주도 축적체제

신자유주의적 글로벌 자본주의의 축적체제: 금융주도 축적체제

신자유주의적 글로벌 자본주의의 생산력적 기초는 신경제, 즉 디지털 경제와 지식기반경제이다. 여기에 글로벌화라는 자본운동의 새로운 경향과 신자유주의라는 이념과 정책이 결합된다. 글로벌화와 신자유주의 그리고 디지털 경제와 지식기반경제는 자본주의적 생산관계를 크게 변화시켰다. 이러한 생산력과 생산관계의 기초 위에 금융이 거시경제 순환을 좌우하는 새로운 축적체제가 형성되고 있다. 1990년대에 새롭게 등장한 이 축적체제를 아글리에타(M. Aglietta)와 브아예(R. Boyer)와 같은 조절이론가들은 '금융주도 축적체제(finance-led accumulation regime)'라 부른다. 금융주도 축적체제는 디지털 경제와 지식기반경제의 거시경제적 순환 메커니즘을 나타낸다.

금융주도 축적체제는 포드주의적 축적체제의 위기 속에서 등장하였다. 1970년대에 포드주의적 축적체제가 위기에 빠져 해체되고 있는 가운데 금융주도 축적체제 출현의 주된 계기가 된 것은 금융화와 금융의 자유화 및 글로벌화였다.

금융화(financialisation)는 가계자산에서 금융자산의 비중이 증가하는 현상을 말한다. 금융화는 선진국의 포드주의하에서 노동자 가계소득의 지속적 증가로 저축이 증가하여 금융자산이 축적된 결과 초래된 현상이다. 이런 점에서 금융화의 진전은 포드주의의 성공의 결과인 셈이다. 시간이 지남에 따라 선진국 가계의 금융자산 중에서 은행예금에 비해 주식이 차지하는 비율이 상승하는 자산형태의 변화가 나타난다. 한편 기업에서는 은행차입보다는 주식을 발행하는 자기금융을 통해 자금을 조달하는 자금조달 방식의 변화가 이루어진다.

이러한 가계자산의 금융화와 기업의 자금조달 방식의 변화와 함께, 이자율규제와 국제간 단기자본이동에 대한 규제를 폐지하는 금융의 자유화가 연금기금, 상호기금, 헤지펀드 등과 같은 기관투자가에게 유리하게 작용하였다. 그리고 금융의 글로벌화는 세계적 범위에서 활동하는 기관투자가의 영향력을 크게 증대시켰다. 기관투자가의 금융투자행위는 세계 각국의 거시경제의 흐름에 결정적인 영향을 미치게 되었다.

기관투자가는 자신이 소유하는 주식을 발행한 기업의 지배구조에 변화를 초 래한다. 수집한 저축을 주식투자에 운용하여 개별 저축자에게 높은 수익을 보 장하기 위해 기관투자가는 대주주로서 기업의 의사결정에 참가한다. 즉 기업주 식을 보유한 기관투자가들은 주주의 이익을 실현하기 위해 기업지배구조를 통 해 단기적인 주식가치를 극대화하도록 기업에게 강제한다. 이에 따라 기업행동 의 핵심변수는 주가수익이 된다. 기관투자가는 주가수익을 극대화하기 위해 생 산물시장과 금융시장의 변화에 대응하여 기업조직이 신축적으로 변화되는 유연 성을 요구한다. 이러한 요구에 따라 기업들은 기업구조조정과 인수합병(M&A) 을 빈번하게 추진하고 작업조직의 유연화와 노동시장의 유연화를 시도한다.

이러한 까닭에 투자의 시간지평이 짧은 단기주의(short-termism)가 기업행동 을 지배한다. 기업 경영의 목표는 금융시장에서 평가되는 단기적 기업가치를 높이기 위한 주가수익의 극대화에 맞추어진다. 경영자들의 행동을 유인하는 것 은 장기적인 조직 안정성이 아니라 단기적인 수익성 추구를 위한 단기적 유연 성이 된다. 요컨대, 단기적 수익성과 단기적 유연성 추구가 기업행동의 준칙이 된다.

이와 같이 기관투자가 주도의 기업지배구조를 가지는 금융주도 축적체제는 포드주의적 축적체제에서 나타나는 경영자 주도의 기업지배구조와 뚜렷이 구분 된다. 후자의 경우 주주로부터 자율성을 가지는 경영자들이 생산성 상승에 상 응하는 임금상승과 고용안정에 기초한 포드주의적 노사타협을 도출하여 주주의 이익과 노동자의 이익을 함께 실현하고자 한다. 이와 대조적으로 전자의 경우 기업 의사결정에서 금융자본인 주주의 이익에 부합하는 주가수익의 증대가 최 우선으로 고려되고 노동자의 이익에 부합하는 임금상승은 부차적 고려 사항이 된다. 심지어 주가수익의 유지를 위해 임금을 동결하거나 삭감되기도 하는데 이는 기업의 생존이란 명분으로 강행된다. 주가수익을 높이기 위한 기업구조조 정과 인수합병, 그리고 노동시장의 유연화는 고용불안정을 초래한다. 이에 따라 포드주의적 노사타협이 깨어진다.

금융의 글로벌화에 따라 미국 월가의 기관투자가들은 IMF와 세계은행을 통 해 한국, 멕시코 등 아시아·라틴 아메리카의 신흥공업국들에 금융시장의 개방 과 자유화, 규제완화와 민영화, 주주 중심의 기업지배구조 구축 등과 같은 신자유주의적 구조조정을 강요한다. 기관투자가들은 미국식 기업지배구조, 미국식 회계기준과 같이 미국식 자본주의에 적합한 게임의 규칙, 이른바 '미국적 표준(American standard)'을 '글로벌 스탠더드'로 강요한다.

　기관투자가들은 신흥공업국가들의 금융시장인 신흥시장(emerging market)에서 금융투기를 통해 막대한 규모의 금융자본을 축적한다. 이리하여 미국 월가를 정점으로 하여 위계적으로 통합된 세계금융시장에서 금융이 지배하는 세계적 축적체제가 등장한다. 이런 상황에서 벌어진 기관투자가의 투기적 공세가 1990년대를 통해 한국, 멕시코 등 신흥공업국과 태국, 인도네시아 등 개발도상국, 러시아 등 이행도상국의 금융위기를 초래하였다.

　이상과 같은 금융주도 축적체제는 자본주의적 생산관계를 크게 변화시켰다. 첫째, 자본-임노동 관계를 변화시켰다. 임금과 고용의 유연화에 따른 고용불안과 임금불안으로 포드주의적 노사타협이 깨어지고 자본가 우위의 일방적 노사관계가 형성되었다. 둘째, 산업자본과 금융자본 간의 관계를 변화시켰다. 금융의 자유화로 금융자본이 자립화하고 금융자본이 기업을 지배함에 따라, 종전에 산업자본의 축적요구에 금융자본의 이익이 종속되었던 상황으로부터 금융자본의 축적요구에 산업자본의 이익이 종속되는 상황으로 관계의 역전이 발생하였다. 셋째, 채무자와 채권자의 관계를 변화시켰다. 주로 산업자본인 채무자 주도의 경제에서 주로 금융자본인 채권자 주도의 경제로 이행하였다.

　금융주도 축적체제는 임노동의 존재조건에 큰 변화를 초래하였다. 우선 임노동자들이 주식이나 채권을 소유하는 금융자산의 소유자로 되고 있는 점을 들 수 있다. 비숙련노동자의 경우 저임금과 불안정고용이 확산되는 반면, 고숙련노동자의 경우 연봉제 형태의 성과급과 보수를 주식으로 받는 스톡 옵션(stock option)의 비중 증가로 소득분배상에서 그 위상이 높아진다. 그 결과 일부의 고숙련노동자와 다수의 비숙련노동자 사이에 소비양식을 비롯한 생활양식의 양극화가 진전된다. 이는 다수의 반숙련노동자들 중심으로 노동자들의 생활양식이 비교적 평준화되어 있던 포드주의 시대의 상황과는 대조적이다.

　고숙련노동자의 가계소득에서 이자, 배당, 주가수익 등 금융소득이 차지하는 비중이 높게 나타난다. 이들의 생활수준은 자신의 노동력이 거래되는 노동시장 상황 못지않게 자신의 주식이 거래되는 금융시장 상황에 좌우된다. 이런 까닭에 임금수준의 변동뿐만 아니라 주가변동이 가계소득 수준을 결정하며, 자본-임노동 관계와 함께 화폐금융관계가 그들의 삶을 조건짓게 된다. 지식노동을 행하는 고소득 노동자들이 자신의 소득을 지식향상을 위해 인적자원투자에 지출하기보다 금융소득 증대를 위해 금융자산투자에 지출하는 비중이 높을수록, 그들의 삶은 더욱더 화폐금융관계와 금융시장 상황에 의존하게 될 것이다.

금융주도 축적체제의 거시경제적 순환

이상과 같은 계기를 통해 형성된 금융주도 축적체제에서 거시경제적 순환은 어떻게 이루어지는가? 그것은 포드주의적 축적체제의 경우와는 어떻게 다른가?

우선 금융화에 따라 가계의 저축행위와 금융투자 행위가 거시경제의 주요 변수로 등장한다. 가계의 저축은 연금기금이나 상호기금으로 전환되기도 하고 주식시장에서 직접 투자될 수도 있다. 노동력과 금융자산의 소유인인 노동자 가계는 임금과 주가수익에 기초하여 소비를 행한다. 따라서 노동시장에서의 임금 수준만이 아니라 금융시장에서의 주가수익 전망이 가계의 소비를 결정하는 요인이 된다.

기업은 단기적 수익성 제고라는 금융적 요구에 맞추어 한편으로 구조조정을 통해 조직혁신을 하여 생산성을 향상시키고 생산비를 절감한다. 주가수익을 높이기 위한 구조조정이나 합리화 투자와 같은 조직혁신투자가 기업혁신의 중심이 된다. 다른 한편으로 기업은 글로벌 경영 즉 지구적 범위에서의 원료 및 노동력 획득(글로벌 소싱, global sourcing)과 전세계적 범위에서의 외주(글로벌 아웃소싱, global out-sourcing)를 통해 생산성을 상승시키고 생산비를 절감한다. 또한 디지털 기술이 생산비와 거래비용을 줄인다. 이것이 제품가격을 하락시켜 소비를 증대시킨다.

가계의 저축을 수집한 기관투자가들의 투자행위는 주가의 변동을 초래하는 가장 중요한 요인이 된다. 따라서 기관투자가가 지배하는 금융시장은 금융주도적 축적체제의 거시경제적 순환을 좌우하는 결정적인 요인이 된다. 금융시장에서 결정되는 주가, 이자율, 환율이 거시경제의 핵심변수로 등장한다. 기관투자가들의 금융투기에 따라 급변하는 이들 변수가 거시경제의 불안정을 초래한다.

〈그림 20.3〉 금융주도 축적체제의 거시경제적 순환

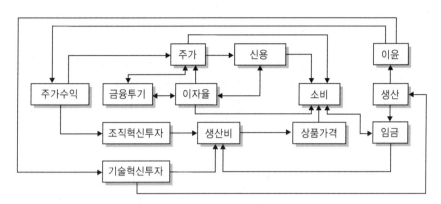

이제 <그림 20.3>에 제시된 금융주도 축적체제의 거시경제적 순환과정을 보기로 하자. 이 순환에서 가장 중요한 변수는 주가수익이다. 주가수익의 증가는 주가상승을 가져온다. 주가상승은 주식을 담보로 한 은행차입을 증가시켜 소비를 증가시킨다. 또한 주가상승으로 인한 자본이득(capital gain)은 직접적으로 소비를 증가시킨다. 여기서 은행신용의 수요와 공급 상황에 의해 금융시장에서 결정되는 이자율은 주가에 영향을 미치고 은행신용과 이자소득에 영향을 미쳐 소비에 영향을 미친다. 주가와 이자율의 변동에 직접적인 영향을 받는 기관투자가들의 금융투기가 주가를 급격히 변화시킨다. 이자율은 자본의 글로벌화에 따라 국제자본이동과 다른 나라의 이자율에 영향을 받는다. 이처럼 소비수준은 금융시장에서 결정되는 주가와 이자율에 연계되어 변동한다.

이러한 과정을 통해 결정되는 소비는 생산에 영향을 미친다. 생산과정에서 발생하는 부가가치는 이윤과 임금으로 분배되는데, 이때 기관투자가 주도의 기업지배구조에서 높은 주가수익을 담보하도록 더 많은 부가가치가 이윤으로 분배되고 임금으로의 분배는 최대한 억제된다. 포드주의에서처럼 고생산성에 기초한 고임금으로 대량소비를 발생시키는 회로는 존재하지 않는다. 최저임금제도, 단체교섭제도, 생산성연동임금제도 등 제도를 통한 임금 결정이 아니라 이들 제도의 폐지 내지 약화로 시장경쟁을 통한 임금결정이 이루어진다. 이제 임금은 유효수요보다는 생산비로서 인식되어 생산비 절감을 위해 억제되어야 할 대상으로 관리된다. 노동소득(임금)으로부터의 소비보다 금융소득(배당, 이자, 자본이득)으로부터의 소비가 거시경제순환에서 점차 더 중요하게 된다.

한편 주가수익을 높이기 위해 이루어지는 기업의 조직혁신투자는 생산비를 낮추고 이는 다시 상품가격을 인하시킨다. 상품가격의 하락이 소비를 증가시킨다. 아울러 디지털 기술의 도입을 비롯한 기술혁신투자가 생산성을 향상시켜 생산비를 감소시키고 상품가격을 하락시켜 소비를 증가시킨다. 금융주도 축적체제의 기반이 되는 기술혁신투자는 투자를 증대시킨다. 이윤은 주가수익을 높여 주가를 높이고 기술혁신투자를 촉진한다. 이와 같은 경로를 통한 소비와 투자의 증대에 의해 확대재생산이 지속되어 경제성장이 이루어진다. 주로 임금에 기초한 소비가 경제성장을 주도하는 포드주의적 축적체제와는 달리 금융주도 축적체제는 주로 금융소득에 기초한 소비가 경제성장을 주도한다.

이러한 금융주도 축적체제는 불안정하다. 왜 그런가? 무엇보다 금융시장이 본질적으로 불안정하기 때문이다. 주식과 같은 금융자산의 가격은 불확실한 미래에 대한 기대에 큰 영향을 받기 때문에 속성상 불안정하다. 특히 상호기금과 헤지펀드 같은 기관투자가들이 지배하는 금융시장은 그들의 투기행위로 인해 매우 불안정하다. 금융의 글로벌화에 따라 한 나라의 금융불안정과 금융위기는 다른 나라로 급속히 전염된다. 이처럼 금융시장의 본질적 불안정성으로 인한 금융자산 가격의 불안정성이 금융소득에 기초한 소비수요의 가변성을 높인다. 특히 금융투기 거품(bubble)이 부풀어올랐다가 갑자기 꺼짐에 따라 금융소득에 기초한 소비가 급격히 감소한다.

아울러 노동시장의 유연화가 노동시장을 불안정하게 만들었기 때문이다. 노동시장에 대한 규제완화로 임금이 시장경쟁에서 결정되고 해고가 자유롭게 됨에 따라 임금과 고용의 불안정성이 증대한다. 이에 따라 임금소득이 불안정하게 되고 소비가 매우 가변적으로 된다.

금융주도 축적체제의 불안정성은 이전의 포드주의적 축적체제의 안정성과 대비된다. 금융주도 축적체제의 불안정성은 결국 금융시장과 노동시장의 불안정성에서 비롯된다. 신자유주의가 실시한 금융시장과 노동시장에 대한 규제철폐정책이 바로 이 축적체제의 불안정을 초래한 요인이었다.

5. 신자유주의적 글로벌 자본주의의 모순과 위기

'신경제'의 성장과 위기

디지털 경제와 지식기반경제를 바탕으로 하여 선진자본주의를 중심으로 금융주도 축적체제가 형성되고 이것이 글로벌화되어 금융이 지배하는 세계적 축적체제로 발전하고 있는 것이 신자유주의적 글로벌 자본주의의 특징이다. 미국과 유럽은 물론이고 일본과 신흥공업국, 개발도상국, 이행도상국 등 지구촌 전체가 이 축적체제의 영향권 안에 있다.

이러한 새로운 자본주의는 선진자본주의 국가 즉 OECD 국가에서 새로운 고성장추세를 낳았다. 특히 1990년대의 10년 동안 미국경제는 디지털 경제, 지식기반경제, 금융주도 축적체제를 통해 낮은 물가상승률 속에서 높은 경제성장률을 달성하여 낮은 실업률을 유지해왔다. 이러한 새로운 경제현상을 좁은 의미의 '신경제'라 부른다. 신경제에서 과연 무엇이 새로운 현상인가?

일반적으로 실업률과 물가상승률은 반비례 관계에 있는 것으로 알려져 있다. 즉 실업률을 낮추려고 팽창정책을 실시하면 인플레이션이 수반된다. 인플레이션을 억제하려고 긴축정책을 실시하면 실업률이 증가한다. 이러한 반비례관계를 나타낸 것이 필립스 곡선(Phillips curve)이다. 그런데 1990년 이후 2000년까지의 10년 동안 미국경제의 지속적 호황 속에서 낮은 실업률과 낮은 인플레이션이 공존한 현상은 필립스 곡선과는 반대되는 양상이었다. 1945~1974년간의 자본주의의 황금시대에서는 완전고용에 가까운 낮은 실업률에서 비교적 높은 물가상승이 지속되어왔다. 1970년대 중반 이후 1980년대까지는 경기침체 속에서 높은 실업률과 높은 인플레이션이 공존하는 스태그플레이션이 나타났다. 따라서 '저실업률–저인플레이션'은 적어도 지난 50년 동안의 자본주의 역사에서 분명 새로운 것이다.

이러한 신경제에 대해서는 현재 낙관론과 비관론이 엇갈리고 있다. 낙관론은 신경제에서는 지속적 고성장이 나타나 낮은 실업률과 낮은 인플레이션 속에서 호황이 지속되어 더 이상 경기순환은 없다고 전망한다. 반대로 비관론에서는 신경제는 일시적 현상으로서 거품에 불과하다고 본다. 정보통신산업에의 과잉투자로 인한 정보기술 거품과 금융투기로 인한 금융거품이 꺼지면 결국 경제가 다시 침체할 것으로 본다.

디지털 경제와 지식기반경제에서 수확체증 현상이 나타난다하더라도 과잉축적은 피할 수 없다. 정보기술 산업에서 경쟁이 격화되어 과잉투자가 이루어져 이윤율이 하락할 수 있기 때문이다. 실제 미국에서 정보기술 산업으로 투자가 집중되고 정보통신관련 주가(NASDAQ 지수)가 급격히 상승함에 따라 이른바 정보기술 거품이 생기고 금융투기의 과열로 금융거품이 생기는데 이 거품이 꺼지자 2001년부터 미국경제에 경기후퇴가 나타난다. 이러한 경제후퇴가 '신경제'의 종언을 의미하는가 아니면 일시적 현상인가, 신경제는 반짝 경기라는 신화에 불과한가 아니면 새로운 자본주의 단계를 상징하는 현실인가?

이러한 신경제 논쟁은 아직 끝나지 않았다. 신경제를 단순히 일시적 현상으로 보고 그 새로운 추세를 읽지 못하는 것은 잘못이다. 디지털 기술에 기초한 디지털혁명이 초래한 새로운 생산성혁명과 신산업인 정보기술 산업이 주도하는 새로운 경제구조의 역동성을 과소평가할 수 없기 때문이다. 다른 한편 신경제에서는 경기순환이 사라지고 호황이 지속된다는 주장도 잘못된 것이다. 신경제에서도 과잉축적으로 인한 경제위기가 발생하는 것이다. 따라서 신경제에서는 새로운 성장 원천이 나타나고 새로운 위기가 출현한다고 보는 것이 타당할 것이다.

'20 대 80 사회'

신자유주의적 글로벌 자본주의에서는 새로운 불공평성과 불안정성이 나타난다. 디지털 격차, 지식격차, 금융자산 격차가 새로운 불공평성을 낳고 있다. 그리고 글로벌화된 금융주도 축적체제는 매우 불안정하다.

디지털 격차(digital divide)는 컴퓨터와 인터넷을 통해 정보기술에 접근하는 집단과 접근하지 못하는 집단 간의 격차로 정의된다. 디지털 격차는 계층간, 연령간, 지역간, 국가간에 나타난다. 디지털 격차는 보통 컴퓨터 보급률과 인터넷 접속률의 차이로 측정된다. 디지털 격차를 낳는 주된 요인은 소득과 교육수준이다. 실증연구에 의하면 소득수준이 높을수록, 학력이 높을수록 컴퓨터 보유율과 인터넷 접속률이 높다. 예컨대, 1998년 미국의 경우 연간 75,000달러 이상

빈곤의 세계화

제3세계와 동유럽 그리고 선진국을 막론하고 소수 특권층은 인구 대다수를 희생시켜 막대한 양의 부를 축적해왔다. 현재의 새로운 국제 금융질서는 인간의 빈곤과 자연환경의 파괴 위에서 유지되고 있다. 신질서는 사회적으로 인종분리를 불러일으키고, 인종차별과 종족갈등을 조장하며, 여성의 권리를 퇴보시킬 뿐 아니라 종종 국가를 민족간의 파괴적 충돌로 몰아넣는다. 요컨대, 전세계 100여 개 나라에 동시에 적용되고 있는 이 같은 개혁들은 '빈곤의 세계화', 즉 이 지구상의 인간의 생활수준을 저하시키고 시민사회를 파괴하는 과정으로 나아가고 있는 것이다.

세계 소득분포

(1993년 현재)

	인구[3] (100만 명)	세계인구 구성비(%)	1인당 국민 소득(달러)	총소득 (10억 달러)	세계 총소득 대비 비율(%)
제3세계 저소득 국가	3,077.8	56.0	379	1,166.5	4.9
사하라 이남 아프리카	599.0	10.9	520	311.5	1.3
남아시아	1,194.4	21.7	310	370.3	1.5
중국	1,178.4	21.4	490	577.4	2.4
제3세계 중간소득 국가	1,218.9	22.2	2,397	2,921.7	12.2
제3세계 전체	4,296.7	78.1	951	4,088.6	17.1
동유럽 및 구 소련	392.3	7.1	2,665	1,045.5	4.4
저소득 국가 전체[1]	4,689.0	85.2	1,095	5,133.7	21.5
OECD국가[2]	812.2	14.7	22,924	18,618.9	77.9
고소득 국가 전체	812.4	14.8	23,090	18,758.3	78.5
세계 총계	5,501.5	100.0	4,343.0	23,892.0	100.0

- 자료 : World Bank, World Development Report, Washington, 1995, pp.162~163에 기초해서 추산
- 1) 저소득 국가는 제3세계와 동유럽 국가 그리고 구 소련을 말함.
- 2) 아이슬란드, 멕시코, 터키는 제외했음.
- 3) 1993년 중반의 수치임.
- 주: 국가군 설정은 세계은행의 범주와 다르다(여기서 타자흐스탄과 그루지야, 아르메니아는 동유럽 및 구 소련에 포함시켰음).

미셸 초스도프스키, 『빈곤의 세계화』(이대훈 옮김), 당대, 1998, 37, 42쪽.

버는 사람의 경우 60%가 인터넷을 사용했지만 25,000달러 이하의 소득자는 20%만이 인터넷을 사용했으며, 대졸노동자의 60% 이상이 인터넷을 사용한 반면 고졸은 15%에 불과하다. 소득과 교육수준이 낮은 사람들은 정보에 대한 접근기회가 적고 전자상거래를 통해 더 낮은 가격으로 상품을 구입할 기회가 적기 때문에 불이익을 받는다.

지식격차(knowledge gap)는 가치창출에 기여하는 지식의 소유정도가 집단별로 차이가 나는 것을 말한다. 지식기반경제에서는 가치창출에 기여하는 지식을 보다 많이 소유한 개인, 기업, 지역, 국가가 보다 많은 소득과 부를 획득할 수 있다. 지식기반경제에 기초한 지식사회(knowledge society)에서는 생산수단의 소유여부보다도 지식의 소유여부가 사회계층을 결정짓는 더 중요한 요인이 된다. 아울러 단순한 물적 자본보다 지식자본(intellectual capital)이 잉여노동을 수취하는 효과적 수단이 되고 단순노동보다 지식노동이 가치창출의 보다 중요한 원천이 된다. 따라서 지식격차는 소득과 부의 불평등을 발생시키는 보다 중요한 요인이 된다. 지식이 자본과 결합되어 지식자본으로 되느냐, 아니면 노동과 결합되어 지식노동으로 되느냐에 따라 소득과 부의 분배구조가 달라진다.

한편 지식기반경제에서 정보기술은 비숙련노동에 대한 수요를 감소시키고 고숙련노동에 대한 수요를 증대시키는 경향이 있다. 즉 정보기술은 숙련편향적 기술변화(skill-biased technological change)라는 특징을 가진다. 따라서 노동자들 내부의 지식격차는 지식노동자와 일반노동자 간의 고용기회의 차이를 가져온다. 임금결정에서 지식수준 요인의 비중이 높아지기 때문에 지식격차는 임금격차의 주된 요인이 된다. 정보기술이 요구하는 지식과 숙련을 가지지 못한 노동자들은 해고되고 장기 실업상태에 빠진다. 이들 계층이 고용기회를 상실하고 사회에 적응하지 못하는 사회적 배제(social exclusion) 현상은 지식기반경제와 지식사회에 새로운 불평등과 빈곤의 문제로 등장한다. 정보기술이 초래하는 이러한 실업과 사회적 배제 현상을 미래학자 리프킨(J. Rifkin)은 '노동의 종말(the end of work)'이라 묘사한 바 있다.

지식기반경제에서 요구되는 지식은 단순한 경험적 지식보다는 이론적 지식과 창의성 있는 지식이기 때문에 그 지식의 성격은 기업 특수적이라기보다는 산업 일반적 성격이 강하다. 그렇기 때문에 이론적 지식 혹은 일반적 지식이 창출되고 창의성이 개발되는 학교교육 특히 대학교육의 중요성이 증대된다. 따라서 고등교육에서의 기회의 격차가 지식격차의 중요한 요인이 되고 소득과 부의 불평등의 주된 요인이 된다.

금융주도 축적체제에서 금융자산 격차는 금융소득 격차를 낳아 불평등의 또 다른 중요한 요인이 된다. 특히 금융의 자유화와 글로벌화 속에서 세계적 범위

세계화에 맞선 전지구적인 반세계화 운동

2001년 7월 20일, 이탈리아 제노바에서는 전세계를 술렁거리게 한 사건이 일어났다. 그날의 공식행사는 물론 G8 정상회담이었지만, 더욱 중요한 일이 바로 거리에서 일어나고 있었다.

회의기간 동안 세계 각지에서 모인 시위대의 숫자는 무려 15만 명을 넘었고, 400여 명이 부상했으며, 결국은 스페인 청년 카를로 줄리아니를 죽음으로 내모는 사태까지 벌어졌다. 그러나 이렇게 폭발한 반세계화 시위의 도화선이 된 것은 1999년 12월, 미국 시애틀에서 열린 WTO 회담이었다. 세계각지에서 모인 반WTO 시위대는 시내를 점거하였으며, 결국은 시장이 '비상사태'까지 선포하게 만들었다. 이후, 시민단체 및 노동단체들의 시위는 보다 조직적이며, 그 방법과 주체 또한 다양하게 발전하였다. 2000년 9월, IMF와 World Bank 연차총회가 열렸던 체코 프라하에서는 목사, 학생, 노동자, 농민 등 세계 각국에서 모여든 다양한 사람들이 시위에 참여했다. 이들은 경찰의 탄압을 효율적으로 피하기 위해 게릴라 시위, 인터넷을 통한 연락망 구축, 해킹 등 다양한 투쟁 방법을 구사하였다. 이러한 시위는 2001년에 접어들면서 더욱 빈번해지고 있다. 2001년 1월 스위스 다보스 경제포럼을 시작으로 거의 매달, 적게는 수천 명에서부터 많게는 수만 명의 사람들이 시위를 벌였다.

사태의 심각성을 이해하는지, 세계화를 주도했던 인물들도 이들의 지적을 시인하기 시작했다. 울펜손 세계은행 총재는 "전세계 20%의 인구가 80%의 소득을 쥐고 있다면 잘못"이라며, 선진국들이 개도국에 대한 지원을 확대할 것을 주장했다. G8 회담에 참석했던 시라크 프랑스 대통령조차 "정당한 이유 없이 10~15만 명이 몰려드는 시위는 없다"면서 반세계화 시위대에 동조를 표명했다. 또한 한 청년의 죽음으로 이어진 이번 제노바 회담의 폭력진압에 대해 각국 저명인사들의 비난이 빗발치고 있다.

그러나 이러한 분위기가 과연 '인간의 얼굴을 한 자본주의'로 이어질 수 있을지는 여전히 의문스럽다. 세계화를 주도하고 있는 미국이 쿄토의정서 비준을 거부했을 뿐 아니라, 여전히 MD 추진을 고수하고 있기 때문이다.

≪연합뉴스≫, 1999년 12월에서 2001년 7월 사이의 관련기사.

에서 전개되는 금융투기를 통해 획득되는 막대한 금융소득은 소득과 부의 심각한 불평등의 원인이 된다. 금융주도 축적체제에서 금융소득은 지지되고 노동소득은 억제된다.

이러한 디지털 격차, 지식격차, 금융자산격차는 시간이 갈수록 확대되는 경향이 있다. 우선 신경제에서 나타나는 수확체증법칙이 양의 상호작용 메커니즘을 통해 초기에 발생한 격차가 누적적으로 확대되어 승자독식의 현상을 낳는다. 그래서 일등과 이등의 공존이 아니라 일등만이 살아남게 된다. 아울러 금융자산 격차는 이자가 이자를 낳는 이른바 '복리의 마술'을 통해 갈수록 격차를 확대시킨다. 따라서 지식·정보와 금융자산을 함께 가진 계층과 그 둘 다를 결여한 계층 간에 소득과 부에 큰 격차가 발생하게 된다.

노동시장과 금융시장에 대한 규제를 철폐하여 산업자본과 금융자본에 전면적인 자유를 부여한 신자유주의는 이러한 디지털 격차, 지식격차, 금융자산 격차로 인한 불평등을 더욱 확대시키는 역할을 하고 있다. 따라서 디지털 경제, 지식기반경제, 금융주도 축적체제와 결합된 신자유주의적 자본주의에서는 소수의 창의성 있는 지식 소유자, 금융자본가, 지식과 금융을 결합시키는 산업자본가인 벤처자본가가 새로운 지배계급으로 등장한다. 노동자계급 내에서는 소수의 지식노동자는 고용안정과 고임금을 누리지만 다수의 보통노동자는 고용불안과 저임금에 시달리고 비숙련노동자들은 사회적으로 배제된다. 그래서 인구의 20%만이 이 자본주의에서 고소득을 벌고 80%는 저소득이나 실업상태에 빠지는 이른바 '20 대 80의 사회'가 출현한다.

이러한 경향은 한 나라 내부만이 아니라 지구촌 전체에도 나타난다. 선후진국간의 디지털 격차와 지식격차는 국제무역에서 후진국을 더욱 불리하게 만들고 따라서 선후진국간에 경제발전 격차와 소득격차를 확대시킨다.

이렇게 해서 자본주의적 축적의 일반법칙인 부익부 빈익빈의 법칙이 일국수준과 세계수준에서 자본주의의 그 어느 시대보다도 강력하게 관철된다. 이러한 경향은 사회계급간의 대립과 갈등을 심화시켜 정치위기를 초래할 것이다. 이런 까닭에 신자유주의적 글로벌 자본주의에서 반신자유주의(Anti-Neoliberalism)와 반글로벌리즘(Anti-Globalism) 운동의 등장은 필연적이다. 금융위기, 경제위기, 노동의 위기, 삶의 위기, 정치위기가 중첩된 총체적 위기가 21세기 초 자본주의에

서 발생하고 있다. 자본주의의 장래는 이 위기를 극복할 수 있는 새로운 발전모
델을 구축할 수 있는가 없는가에 달려 있다 하겠다.

더 읽을거리

■ 경상대학교 사회과학연구소 엮음. 2000, 『디지털 혁명과 자본주의의 전망』, 한울.

김기태 외. 2001, 『디지털경제, 디지털경영』, 사회평론.

미셸 아글리에타, 「전환세기의 자본주의와 조절이론」, 전창환 옮김. 1999, 『현대자
    본주의의 미래와 조절이론』, 문원출판.

미셸 초스도프스키. 1998, 『빈곤의 세계화』(이대훈 옮김), 당대.

블라드미르 앙드레프. 1999, 『세계화 시대의 다국적 기업』(우석훈 옮김), 문원출판.

피터 드러커·브라이언 아서 외. 1999, 『지식자본주의 혁명』(기술과 진화의 경제학
    연구회 옮김), 21세기북스.

피터 드러커. 1993, 『자본주의 이후의 사회』(이재규 옮김), 한국경제신문사.

한스 피터 마르틴·하랄드 슈만. 1997, 『세계화의 덫』(강수돌 옮김), 영림카디널.

F. 쉐네. 1998, 「금융지배적인 세계적 축적체계의 출현」, 이병천·백영현 엮음, 『한
    국사회에 주는 충고』, 삼인.

제21장
생태위기와 지속가능발전

　지금까지 우리는 앞의 여러 장들을 통해 정치경제학의 관점에서 자본주의 일반과 현대자본주의에 대한 분석을 진행해왔다. 거기서 우리는 자본주의 일반과 현대자본주의의 모순과 위기를 밝히고자 하였다.

　이때 분석의 초점을 인간과 인간의 관계에서 발생하는 사회적 모순과 경제위기에 두었다. 즉 자본주의의 모순에서 비롯되는 착취와 소외, 불평등과 불안정, 실업과 빈곤, 지배와 종속현상에 주목해왔다. 자본주의 위기 분석의 경우에도 경제위기 분석에 초점을 맞추었다.

　그런데 현재 이러한 사회적 모순과 경제위기보다 더욱 심각한 문제는 환경오염과 생태계파괴로 인한 인류의 생존 그 자체의 위기이다. 인간과 자연 간의 관계에서 발생하는 생태모순과 생태위기는 자본주의의 존망의 문제를 훨씬 넘어서는 인류의 존망이 달린 참으로 중대한 문제로 되고 있다. 생태위기를 해결하지 못하면 가까운 장래에 경제발전의 지속과 자본주의 유지 그 자체도 불가능하게 될 것으로 전망된다.

　이 장에서는 현대자본주의에서 더욱 심화되어 마침내 인류의 생존을 위협하고 있는 생태위기의 원인을 탐구하고 지속가능발전의 조건을 밝히고자 한다.

1. 생태의 정치경제학

재생산과 생태위기

　최근 20~30년 동안 대기오염, 수질오염, 토양오염, 산림파괴, 지구온난화 등

환경오염과 생태계파괴가 빠르게 진전되고 있다. 오존층파괴가 몇 년 전 과학자들이 생각했던 것보다 훨씬 빠른 속도로 진행되고 있다. 매일 적어도 140여 종의 동식물이 사라지고 있으며, 매년 1,700만 헥타르의 산림이 파괴되고 있다. 지구 온실효과의 주범인 이산화탄소(CO_2)의 대기 중 농도가 공업화 이전 시대보다 26% 높아졌고 계속하여 상승하고 있다. 그 결과 지구온난화가 진전되어 19세기 중엽 기상 관측이 시작된 이래 1990년은 평균기온이 가장 높은 해였고, 가장 더웠던 일곱 해 가운데 여섯 해가 1980년 이후 기록되었다.

이러한 생태위기는 자본주의의 유지는 물론이고 경제발전의 지속을 어렵게 만들고 나아가 인간을 비롯한 지구촌의 생명의 존립 그 자체를 위협하고 있다. 요컨대, 환경오염과 생태계파괴로 나타나는 생태위기는 지속가능성(sustainability)의 문제를 제기한다. 지속가능성 문제가 대두하는 까닭은 자본주의적 재생산이

환경파괴로 인한 지구의 온난화

UN에 의해 만들어졌으며, 2,000명 이상의 과학자가 소속된 기후변화에 관한 정부 간 패널(IPCC)은 산업화 이전보다 대기 중 이산화탄소 농도가 현재 두 배 이상 증가하면서 해수면 상승, 해안 침수, 잦은 기상악화, 농업과 물 관리체계 압박, 이주형태의 변화, 생물종의 감소, 전염병의 확산 등 엄청난 피해가 있을 것으로 내다본다. 북반구에서의 빙하 감소와 극지방의 온난화 현상이 IPCC의 주장을 뒷받침하는 가장 강력한 증거였다. 해저조사 결과 1950년 이래로 북극의 얼음 두께가 42% 정도 줄었으며, 노르웨이 학자들은 2050년이 되면 북극에서 여름에 얼음을 찾아볼 수 없을 것으로 예상한다. 공중관측 결과 그린란드에서는 매년 51㎢의 빙하가 녹고 있다. 빙하가 완전히 녹아버리면 해수면이 7m 정도 상승할 것이다. 그 결과 막대한 양의 담수 유입이 일어나 해양의 열순환이 느려지고, 그로 인해 과거에도 그랬듯이 북극지방이 갑자기 냉각될 것이다.

미국 국립 대기연구센터의 톰 위글리는 …… 2100년 대기 중 이산화탄소 농도가 산업화 이전 수준의 두 배에서 세 배에 이르는 558ppmv에서 825ppmv일 것으로 보고 있다. 평균 지표온도는 지난 세기 온도 상승률의 3배에서 5배에 이르는 섭씨 1.9에서 2.9도 정도 증가할 것이다. 평균 해수위는 지난 수백 년 동안 두 배에서 네 배에 이르는 46㎝에서 58㎝ 정도 상승할 것이다. 이러한 변화는 모든 온실가스에 의해 일어나지만, 특히 온난화 발생 원인의 66%에서 74%를 차지하는 이산화탄소의 영향력이 지배적이다.

The World Watch Institute, 『지구환경보고서 2001』, 도요새, 2001, 117-118쪽.

인간에 의한 인간의 착취로 인하여 사회적 한계에 부딪힐 뿐만 아니라 인간에 의한 자연의 착취로 인하여 자연적 한계에 직면하기 때문이다. 인간에 의한 인간의 착취로부터 계급모순(class contradiction)이 발생하듯이, 인간에 의한 자연의 착취로부터 생태모순(ecological contradiction)이 발생한다. 계급모순으로부터 계급투쟁이 발생하듯이 생태모순으로부터 인류의 생존 환경이 파괴되는 '자연의 반란'이 나타난다.

자본주의적 재생산은 사회적 한계와 자연적 한계에 부딪힌다. 자본주의적 재생산의 사회적 한계는 자본주의적 생산과정을 통해서는 창출될 수 없는 노동력을 자본의 재생산과정에 투입해야 하기 때문에 주어진다. 노동력을 소유한 노동자가 살아 있는 인간이기 때문에 삶의 질을 높이려는 그들의 욕구와 투쟁에 의해 자본축적이 제한을 받는다. 잉여가치 생산을 증대시키기 위한 임금인하, 노동시간 연장, 노동강도 증대는 노동자들의 저항에 의해 한계에 부딪힌다. 노동력 부족과 노동자계급의 교섭력 증가로 인한 임금상승은 이윤을 감소시켜 자본축적을 둔화시킨다. 노동자들의 복지지출의 증대 요구도 자본축적에 제약을 가한다. 이처럼 자본주의적 재생산은 노동자들의 욕구와 투쟁을 통해 사회적 한계에 직면한다.

자본주의적 재생산의 자연적 한계도 노동력처럼 자본주의적 생산과정을 통해 창출될 수 없는 원료와 에너지인 노동대상이 자본의 재생산과정에 투입되고, 생태계의 유지, 대기권 오존층의 유지, 해안이나 하천 유역의 안정성, 토양·대기·수질의 유지 등과 같은 자본에 의해 재생산될 수 없는 '자연적 생산조건'이 생산활동에 필수적으로 요구되기 때문에 주어진다. 자본주의적 재생산이 어떻게 해서 자연적 한계에 부딪히게 되는가?

우선 모든 재생산은 생산수단의 재생산과 노동력의 재생산을 포함한다. 생산수단은 노동수단과 노동대상으로 구성된다. 여기서 노동대상에는 자연자원에서 나오는 원료와 에너지가 포함된다. 이때 철광석이나 석유와 같이 재생불가능한 원료와 에너지의 사용은 재생산이 지속되다보면 언젠가는 고갈된다. 목재와 같이 재생가능한 원료와 에너지의 경우에도 그 사용속도가 재생속도를 능가하면 '과잉착취(overexploitation)'[1]되어 결국 고갈된다. 인구가 증가하여 생산물에 대한 소비가 크게 증가하면 그만큼 원료와 에너지의 소진은 더욱 빨라질 것이다.

이렇게 되면 재생산에서 소재보전이 점차 어려워지게 된다. 물론 기술진보로 새로운 소재와 대체 에너지가 개발되면 소재보전의 곤란을 어느 정도 극복할 수 있지만, 대부분의 생산활동은 유한한 자연자원에 대한 의존이 불가피하기 때문에 재생산의 자연적 한계를 벗어날 수 없다. 기계설비와 같은 노동수단의 경우에도 원료 및 에너지 투입과 노동력 투입을 통해 생산되므로 그 생산량이 많아지면 마침내 자연적 한계에 부딪힌다.

자본주의적 재생산에서는 자본의 가치증식 욕구가 무한하기 때문에 더욱 빠른 시간내에 재생산의 자연적 한계에 부딪히게 된다. 끝없는 가치증식 욕구를 가진 자본은 가치증식과정의 투입물인 자연을 마치 무한정 소모할 수 있는 것처럼 전제하여 사용한다. 그런데 자연적 생산조건은 유한하고 자연의 수용능력은 제한되어 있다. 이처럼 자본의 가치증식 욕구의 무한성과 자연적 생산조건의 유한성 간의 모순이 자본주의 사회의 생태모순이다. 자연이 수용할 수 있는 능력을 넘어서까지 생태계를 파괴하고 환경을 오염시키면 생태모순이 심화되어 생태위기가 초래된다.

그런데 생태위기는 자본주의적 재생산에서만 발생하는 것이 아니라 사회주의적 재생산에서도 발생한다. 사회주의에서도 사람들의 욕구 충족을 위한 생산물의 생산을 위해 인간에 의한 자연의 착취가 이루어지기 때문이다. 사회주의는 자본주의와 달리 자본의 무한한 가치증식 욕구에 의해 생산활동이 추동되지는 않지만, 경제성장을 최우선의 목표로 설정할 경우 자본주의에 못지않은 생태위기가 발생할 수 있다. 붕괴한 동구 사회주의권의 심각한 환경파괴 사례를 보라!

요컨대, 재생산과정은 그 목표가 자본의 가치증식 욕구 충족에 있든 사람들의 욕구 충족에 있든 생태위기를 초래할 수 있다. 인간에 의한 자연의 착취가 자연이 수용할 수 있는 범위를 넘어서까지 진전되는 사회에서는 어느 사회나 생태위기가 발생하게 된다.

---

1) 착취란 원래 인간과 인간의 관계에서 이루어지는 것이지만, 여기서는 인간과 자연의 관계에서도 적용하여 비유적으로 사용하고 있다.

생태체계와 경제체계의 관계

생태위기를 이해하려면 무엇보다 생태(ecology)와 경제(economy)가 어떤 관계가 있는지 알아야 한다. 생태와 관련해서 다음 세 가지 가설이 성립한다. ① 모든 것은 다른 모든 것과 연관되어 있다. 생태계내의 어떤 국지적 혼란도 멀리 떨어진 다른 부분에 지속적으로 큰 영향을 끼칠 수 있다. ② 모든 것은 반드시 어디론가 간다. 자연계에서는 최종적으로 사라지는 것이 없으며 물질과 에너지는 보존되고, 하나의 생태적 과정에서 나온 폐기물은 또 다른 과정으로 이전된다. ③ 무에서 창조되는 것은 아무 것도 없다. 자연을 착취하면 항상 생태계의 파괴라는 대가를 치러야 한다.

첫째 가설에 따라 다음의 예들을 생각해볼 수 있다. 예컨대, 어떤 공업단지에서 방출하는 폐수는 강물을 오염시키고 어패류를 폐사시키며, 그 어패류를 먹은 사람을 중금속에 오염시켜 죽게 만드는 연쇄효과를 미친다. 어떤 지역의 삼림의 파괴는 이산화탄소 증가에 의한 온실효과를 통해 지구온난화를 초래하여 지구상의 모든 생물에 나쁜 영향을 미친다. 이와 같이 생태문제들이 상호 연결되어 있기 때문에, 생태문제에 대해서는 항상 국지적(local)인 접근이 아니라 전체적(global) 접근을 해야 한다. 즉 전체주의적 접근(holistic approach)이 필요하다.

둘째와 셋째 가설은 열역학 법칙과 관련되어 있다. 열역학 제1법칙은 '폐쇄된 시스템 내의 에너지와 소재는 그 상태가 변화하더라도 그 양이 고정되어 있다'는 것이다. 이를 에너지 보존의 법칙이라 한다. 열역학 제2법칙은 '에너지와 소재의 질은 사용과정에서 반드시 감소한다'는 것이다. 이를 엔트로피(entropy) 증대 법칙이라 한다. 여기서 엔트로피란 물리학 개념으로써, 물체의 열역학적 양을 나타낸다. 엔트로피가 증가한다는 것은 물질의 무질서가 증대하여 일을 수행하는 능력이나 인간의 욕구를 충족시키는 능력이 떨어지는 것을 의미한다.

열역학 제1법칙에 따르면 한번 발생한 산업 폐기물과 생활 쓰레기는 어떤 방식으로 처리하든 다른 형태로 그 에너지가 그대로 존속된다. 따라서 생산과 소비가 증가함에 따라 산업폐기물과 생활쓰레기가 증가하면 환경오염과 생태계파괴 가능성은 더욱 증대한다. 열역학 제2법칙인 엔트로피 증대법칙에 따르면, 소재와 에너지를 변형시켜 사용가치를 생산하고 그 사용가치를 소비함에 따라 엔트로피가 증가한다. 두 법칙을 결합하면, 에너지는 존속되지만 일로 전환될 수 있는 유용한 에너지의 비중은 일로 전환될 수 없는 쓸모 없는 에너지에 비해 감소한다.

사람들이 소비하는 사용가치는 열역학적으로 낮은 엔트로피 혹은 높은 질서를 가지는 물질이나 에너지로 정의할 수 있다. 따라서 자연에서 채취된 소재와 에너지를 변형시켜 사용가치를 생산하면 경제활동이 이루어지는 경제체계(economic system)의 엔트로피는 감소하지만 원료와 에너지의 변형과정이 자원의 고갈과 오염을 발생시키므로 생태체계(ecosystem)의 엔트로피를 증가시킨다. 사용가치를 소비함에 따라 낡고 닳아 점차 그 사용가치가 떨어져서 마침내 쓰레기가 되는데, 이에 따라 경제체계의 엔트로피가 증가하고 산업폐기물과 생활 쓰레기가 발생하여 생태체계의 엔트로피가 증가한다. 따라서 경제체계의 엔트로피 감소보다 생태체계의 엔트로피 증가가 더 크다. 이렇게 해서 사용가치의 생산과 소비는 생태체계의 엔트로피를 증가시킨다. 엔트로피 증가는 비가역적인 자연법칙이다. 경제체제와 사회의 성격에 따라서 그 증가율이 달라질 뿐이다.

자본주의적 생산과정은 한편에서는 가치의 전환과정(즉 가치증식과정)이고 다른 한편에서는 소재와 에너지의 전환과정(즉 노동과정)이다. 사용가치의 생산과정인 소재와 에너지의 전환과정은 인간과 자연 간의 물질대사과정이다. 자본주의에서 사용가치 생산과정은 가치증식과정에 종속된다. 따라서 자본의 무한한 가치증식 욕구가 충족되기 위해서는 보다 더 많은 사용가치가 생산되고 소비되어야하기 때문에 엔트로피 증가율은 다른 어떤 경제체계보다도 높게 된다. 특히 잉여가치율을 높이기 위한 노동생산성의 증대는 사용가치 생산량을 증가시켜 엔트로피의 가속적인 증대를 초래한다.

이처럼 소재와 에너지는 사용가치의 창출과정(생산), 사용과정(소비), 최종적 상실과정(쓰레기)에서 변형되어 생태체계의 엔트로피를 증가시킨다. 엔트로피가 증가하면 생물권과 비생물권의 상호작용을 통해 생물권이 엔트로피를 제거할 수 있는 능력을 감소시킨다. 산림파괴가 대기 중의 이산화탄소를 줄이는 능력을 감소시켜 온실효과를 가속화하는 것은 그 좋은 예이다. 이런 관점에서 보면 사용가치는 신고전파 경제학이 상정하는 것처럼 개인의 욕구충족의 대상이고 맑스경제학이 상정하고 있는 것처럼 가치를 체현하고 있는 상품체임과 동시

〈그림 21.1〉 생태체계와 경제체계의 관계

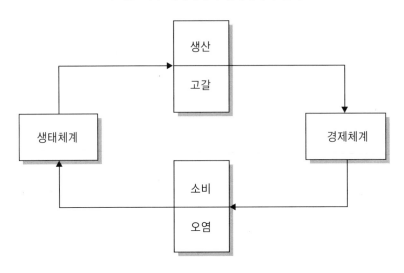

에, 엔트로피 증가의 요인이다. '사용가치-욕구', '사용가치-가치 담지자', '사용가치-엔트로피'라는 개념 쌍이 동시에 성립하는 것이다. 사용가치를 엔트로피 증가 요인으로 보는 생태이론의 관점은 사용가치의 생산과 소비가 생태계에 미치는 파괴적 효과에 주목한다.

이제 생태체계와 경제체계 간의 관계를 <그림 21.1>[2]을 통해 보자. 경제체계에서 이루어지는 사용가치의 생산은 생태체계에서 자원을 고갈시키고 생태계를 파괴하여 엔트로피를 높인다. 또한 경제체계에서 이루어지는 사용가치의 소비는 환경을 오염시키고 생태계를 파괴하여 엔트로피를 증가시킨다. 이처럼 경제체계는 생태체계에 의존하면서 생태체계를 파괴시키는 경향이 있다. 그러나 생태체계에서 재생산되고 있는 생명은 자원을 재생산하고 오염을 정화함으로써 엔트로피를 낮춘다. 따라서 경제체계에서 이루어지는 인간의 생산과 소비 활동이 자연을 과잉착취하고 지나치게 오염시켜 자연의 수용능력을 넘어서는 지점까지 생태계를 파괴하고 오염시키면 마침내 인간 생존의 기반인 생산과 소비 활동 그 자체도 파괴된다. 이렇게 되면 결국에는 자연과 인간이 공멸하여 지구

---

2) 이 그림은 H. E. Daly, *Steady-state Economics*, 1991, p.35의 <그림 3>을 재구성한 것이다.

촌의 종말이 도래할 것이다.

생태의 정치경제학을 향하여

생태위기를 설명하고 생태위기 극복을 위한 대안을 모색하기 위해서는 기존의 정치경제학의 틀을 넘어 '생태의 정치경제학(political economy of ecology)'을 정립해야 한다.

맑스의 『자본』은 기본적으로 자본주의의 기본적 생산관계인 자본-임노동 관계 속에서의 자본의 재생산을 분석하는 '자본의 정치경제학(political economy of capital)'이다. 자본의 정치경제학에서는 살아 있는 인간인 노동자로부터 분리될 수 없는 임노동이 재생산되는 과정은 분석되지 않는다. 자본의 재생산과정에 투입되는 노동력은 물질적 생산요소로서 노동자들이 임금으로 구입한 생활수단의 소비를 통해 그 재생산이 보장되는 것으로 간주된다. 노동력이 생명재생산을 통해 재생산된다는 사실이 인식되지 않는다. 거기서는 자본의 운동법칙에 종속되는 객체로서의 임노동만 존재할 뿐이고 독자적인 욕구를 가지고 자본운동에 대항하는 주체로서의 임노동은 존재하지 않는다. 이런 점에서 자본의 정치경제학인 『자본』은 일면적이다. 따라서 캐나다의 정치경제학자 레보위츠(M. A. Lebowitz)가 주창하는 것처럼, 자본주의를 총체적으로 분석하기 위해서는 임노동 주체의 관점에서 임노동의 재생산을 분석하는 '임노동의 정치경제학(political economy of wage-labor)'이 필요하다.

맑스의 『자본』은 자본과 임노동 간의 계급관계를 중심으로 자본주의 생산양식을 분석한다. 『자본』에서는 자본이 임노동을 지배하고 착취함에 따라 발생하는 계급모순(class contradiction)에 초점이 맞추어진다. 자본이 자연을 착취하고 인간의 노동과정과 소비활동이 자연을 파괴하는 과정은 분석하지 않는다. 자본의 재생산과정에 투입되는 원료와 에너지는 유한하고 자연을 통해 재생산된다는 사실이 인식되지 않는다.

자본의 정치경제학은 인간(자본가)에 의한 인간(노동자)의 착취에서 발생하는 계급모순은 해명하지만 인간에 의한 자연의 착취에서 발생하는 생태모순(ecological contradiction)을 해명하지 못한다. 노동에 대한 착취에 따른 노동자의 반란은 중요시하지만, 자연에 대한 착취에 따른 '자연의 반란'을 고려하지 않는다. 이 점에서 자본의 정치경제학인『자본』은 노동자를 포함한 인간 삶의 조건을 밝히는 데 한계가 있다. 따라서 생태계 유지의 관점에서 자본의 재생산과 자연의 재생산의 연관성을 분석하는 생태의 정치경제학이 필요하다.

생태의 정치경제학은 자본의 재생산이 노동력의 재생산과 자연의 재생산 없이는 유지될 수 없다는 인식에서 출발한다. 인간의 노동력이나 자연은 자본주의적으로 재생산되지 않으며 오로지 생명 재생산을 통해서 재생산된다. 인간의 생명 재생산은 인간을 둘러싼 생태계에 존재하는 식물과 동물의 생명 재생산 없이는 생각할 수 없다. 생명 재생산이 이루어지는 생태체계가 유지되지 않으면 자본의 재생산이 이루어지는 경제체계가 지속될 수 없다. 따라서 가치증식이 이루어지는 자본의 재생산 분석을 노동력 재생산 분석 및 자연의 재생산 분석과 통합할 필요가 있다. 이를 통해 자본의 정치경제학과 임노동의 정치경제학 그리고 생태의 정치경제학을 통합하는 새로운 정치경제학 체계 구축이 가능할 것이다.

이와 관련해서 독일의 정치경제학자 알트파터(E. Altvater)는 생태주의적 정치경제학 비판(ecological critique of political economy)을, 미국의 정치경제학자인 오코너는 생태주의 맑시즘(ecological Marxism)의 정립을 시도하고 있다. 여기서 그들의 논의에 기초하여 자본의 정치경제학과 생태의 정치경제학의 차이점을 제시해보면 다음과 같다.

첫째, 자본의 정치경제학은 가치분석에서 출발하지만 생태의 정치경제학은 사용가치 분석에서 출발한다. 전자는 인간(자본가)과 인간(노동자)의 관계에 기초한 가치증식과정에 초점을 맞추지만, 후자는 인간과 자연 간의 물질대사에 기초한 원료와 에너지의 변형과정에 초점을 맞춘다. 생산과정을 분석할 경우 전자는 가치의 변화에 후자는 소재의 변화에 주목한다. 전자는 가치증식이 자본축적과 노동자계급의 상태에 미치는 효과를 분석한다면 후자는 원료 및 에너지 전환을 통한 사용가치의 생산과 소비가 생태체계에 미치는 효과를 분석한다. 따라서 노동과정을 분석할 경우, 자본의 정치경제학은 자연을 변형하는 노동과정의 기술적 성격과 사회적 성격에 초점을 맞추어 '잉여노동의 전유양식'으로서의 노동과정의 성격에 주목하지만, 생태의 정치경제학은 '자연의 사회적 전유양식(mode of social appropriation of nature)'으로서의 노동과정의 특성에 주목한다.

둘째, 자본의 정치경제학은 생산의 사회적 성격과 소유의 사적 성격 간의 모순을 자본주의의 기본 모순으로 인식하고 이 모순으로부터 공황, 실업, 불평등, 노동계급의 빈곤화를 설명한다. 생태의 정치경제학은 자본의 가치증식 욕구의 무한성과 자연적 생산조건의 유한성 간의 모순을 자본주의의 기본 모순으로 인식하고 이 모순으로부터 환경오염과 생태계파괴를 설명한다. 자본의 정치경제학은 자본의 임노동 착취에서 비롯되는 계급모순으로부터 자본주의 사회의 갈등과 변화를 설명하지만 생태의 정치경제학은 자본의 자연착취, 인간의 자연착취에서 비롯되는 생태모순으로부터 자본주의 사회의 생태계 변화와 생태위기를 설명한다. 아울러 생태의 정치경제학은 비자본주의 사회에서도 증대하는 인간의 소비욕구 및 사회의 성장욕구와 유한한 자연적 생산조건 간의 모순인 생태모순으로부터 생태위기가 발생한다고 본다.

셋째, 자본의 정치경제학은 가역적인 가치증식과정을 분석하지만 생태의 정치경제학은 비가역적인 소재와 에너지 전환과정을 분석한다. 원래 모든 경제적 과정은 '생산-분배-교환-소비-생산-……'으로 연결되는 순환적이고 가역적인 과정이다. 자본의 가치증식과정(재생산과정)도 '화폐자본-생산자본-상품자본-화폐자본-……'으로 연결되는 순환적이고 가역적인 과정이다. 가치증식과정에서 변화의 기준임과 동시에 성과 측정의 기준은 이윤율이다. 반면, 소재와 에너지 변형과정은 엔트로피 법칙으로 인해 반드시 그 질의 저하를 가져오므로 비가역적이다. 소재와 에너지 변형과정에서 변화의 측정기준은 엔트로피 변화율이다. 이처럼 자본의 정치경제학은 가역성(reversibility)을 전제로 이론이 구성되고, 생태의 정치경제학은 비가역성(irreversibility)을 전제로 이론이 구성된다.

넷째, 가역적인 가치증식과정에서는 시간과 공간의 차이가 무시될 수 있지만, 비가역적인 소재 및 에너지 변형과정에서는 시간과 공간의 차이가 본질적으로 중요하다. 교통수단과 정보통신기술의 발달은 경제활동에서의 시간과 공간을 축약하여 자본의 재생산 기간을 크게 단축시켰다. 오늘날 디지털 경제에서는 사이버 공간에서 초시간적이고 초공간적인 경제활동이 전개되고 있다. 따라서 가치증식이 이루어지는 경제체계에서는 시간과 공간이 무시될 수 있다. 거기서는 시간과 장소의 차이는 단순히 양적인 차이일 뿐 질적으로는 동질적인 것으로 취급된다. 그러나 아무리 기술이 발전하더라도 자연은 시간과 공간 없이 존재할 수 없다. 또한 소재와 에너지 변형과정은 비가역적이고 그 과정에서 엔트로피가 증가하기 때문에, 그리고 자연 그 자체가 구체적 공간 속에서 존재하기 때문에, 소재와 에너지 변형과정에서는 시간과 공간의 차이가 본질적으로 중요하다. 따라서 자본의 정치경제학에서는 시간과 공간을 초월한 가치증식과정이 분석되지만 생태의 정치경제학에서는 시간과 공간의 제약 속에서의 소재와 에너지 변형과정이 분석된다.

이와 같이 경제적 논리에 기초한 자본의 정치경제학과 생태적 논리에 기초한 생태의 정치경제학은 차이가 있다. 따라서 인간과 자연의 공생을 위한 새로운 정치경제학을 정립하기 위해서는 경제적 논리와 생태적 논리를 통합해야 할 것이다. 자본의 정치경제학과 임노동의 정치경제학 그리고 생태의 정치경제학, 이 3자를 통합하는 새로운 정치경제학 체계 구축이 과제로 남아 있다.

2. 생태위기의 원인은 무엇인가

생태위기의 근본원인: 자본주의, 공업주의, 생산력주의

경제체계에서의 생산과 소비가 자연이 수용할 수 있는 능력을 넘어서는 지점까지 생태계를 파괴하고 환경을 오염시키면 생태모순이 심화되어 생태위기가 발생한다. 그렇다면 생태위기의 근본원인은 무엇인가? 생태위기는 자본주의에 고유한 문제인가, 아니면 어느 시대 어느 사회에서나 발생하는 초역사적인 문제인가? 생태위기를 초래하는 근본원인은 자본주의인가, 공업주의인가, 생산력주의인가? 자본주의라고 한다면 자본주의 일반인가 아니면 자본주의의 특정 발전모델인가? 생태위기의 근본원인에 관해서는 서로 다른 접근방식에서 서로 다른 주장이 제기되고 있다.

우선 생태위기는 자본주의에 고유한 문제인가 아닌가? 자본주의 이전 사회에서도 생산과정이 어느 정도 자연을 파괴하고 환경을 오염시켰다. 그러나 그것이 자연의 수용능력 한계 내에서 이루어졌기 때문에 생태문제는 존재했지만 생태위기는 발생하지 않았다.

전 자본주의 사회는 대부분 농업사회였고, 생산의 목적이 사회구성원의 의식주 등 기본 욕구의 충족과 소수의 지배계급의 사치욕구 충족에 있었기 때문에 생산물의 생산과 소비로 인한 생태계파괴와 환경오염 가능성은 그만큼 적었다. 경작이나 목축과 같은 농업생산의 경우, 농업노동이 자연을 변형하는 노동이라기보다 자연을 조절하고 재생산하는 노동이기 때문에 인간에 의한 자연의 조작 가능성(manipulability)이 그만큼 제한적이다. 생산과정에서 농약과 화학비료를 사용하지 않는다면 농업생산은 환경오염을 거의 발생시키지 않는다. 이런 농업생산이 이윤추구를 위한 상업적 농업이나 대규모 자본주의적 농업이 아니라 가족이나 공동체 구성원의 욕구 충족을 위한 소규모 생계농업으로 영위된다면 생태계파괴 가능성은 그만큼 적다. 또한 농업생산물은 생물이기 때문에 그 소비과정에서 발생하는 쓰레기는 대부분 재활용될 수 있어 그만큼 환경오염의 가능성이 적다. 이런 까닭에 전자본주의 사회에서는 생태위기가 발생하지 않았다.

산업혁명을 통해 확립된 자본주의는 생산과정에 기계를 도입하여 원료를 소재와 에너지를 변형시키는 공업을 중심으로 성장해온 결과 생태위기를 초래하였다. 자본주의는 공업화, 기계화와 함께 발전해왔다. 공업화는 자연을 물리적이고 화학적으로 변형시키는 노동과정에 기초하기 때문에 환경을 오염시키고 생태계를 파괴시킬 가능성이 높다. 특히 중화학 공업화는 대규모 생산설비로 철강, 금속, 석유화학 제품 등을 생산하는 과정에서 많은 소재와 에너지와 물을 소모할 뿐만 아니라 중금속과 화학물질을 포함한 유독성 산업폐기물을 대량으로 배출함으로써 생태계파괴와 환경오염을 격화시켰다. 노동생산성을 높이는 기계화는 소재와 에너지 변형을 가속화시킴으로써 엔트로피를 크게 높였다. 따라서 공업주의(industrialism)는 생태위기를 초래하는 요인이라 할 수 있다.

자본의 무한한 가치증식 욕구 실현을 목표로 생산활동이 이루어지는 자본주의에서 공업화와 기계화는 생태위기를 더욱 격화시킨다. 그리고 자본주의는 대다수 농촌인구를 몰락시켜 프롤레타리아로 전화시켰고, 공업화는 이들을 공장지역에 집중시켜 도시화를 촉진하였는데, 도시화는 도시지역에서 인구과밀과 교통혼잡 그리고 산업폐기물과 생활쓰레기로 인한 대기오염과 수질오염을 발생시켰다. 한편 노동력의 상품화에 기초하여 성립한 자본주의는 마침내 자연을 상품화하였는데, 토지·산림·물과 같은 자연의 상품화는 생태위기를 초래한 또 다른 요인이었다. 자연이 사유화되고 이윤추구를 목표로 하는 자본에 의해 개발되어 상품화됨에 따라 토지의 황폐화, 삼림파괴, 지하수 고갈과 같은 자원고갈과 생태계파괴를 초래한 것이다. 이렇게 해서 무한한 가치증식 욕구에 따라 끝없이 팽창하는 자본주의에서는 자연의 생산능력, 수용능력, 자정능력을 넘어서서 지나치게 자연을 파괴하고 오염물질을 방출함으로써 생태위기를 초래한다. 이런 까닭에 자본주의(capitalism)는 생태위기를 초래하는 원인이 된다.

공업주의나 자본주의와 함께 생산력주의(productivism)가 또 다른 생태위기의 원인이 된다. 생산력주의는 인간의 소비욕구를 충족시키기 위해 더 많은 재화를 생산하기 위한 생산력 발전, 소득증대와 일자리 증가를 위한 경제성장을 가장 우선하는 과제로 설정하는 가치관을 의미한다. 생산력주의는 곧 성장주의로 통한다. 생산력주의의 바탕에는 재화의 소비량을 행복의 주된 지표로 설정하는 쾌락주의(hedonism)가 깔려 있다. 따라서 생산력주의는 개인들이 재화의 소비를 통해 만족을 얻고 자기 정체성을 확인하려는 경향인 소비주의(consumerism)로 연결된다.

이러한 생산력주의, 성장주의, 쾌락주의, 소비주의는 재화의 생산과 소비 과정에서 더 많은 소재와 에너지를 소모하고 더 많은 산업폐기물과 생활 쓰레기를 배출함으로써 생태위기를 초래한다. 생산력주의는 공업주의와 마찬가지로 자본주의에서 가장 심하게 나타나지만 결코 자본주의에만 고유한 것이 아니다. 생산력주의와 공업주의는 경제성장을 최우선의 과제로 설정한 기존의 사회주의에서도 나타났다. 생산력주의와 공업주의가 지배하는 사회주의에서는 자본주의에서와 마찬가지로 생태위기가 발생하게 마련이다. 오늘날 급성장하고 있는 중국의 심각한 환경오염 실태를 상기하라!

이상에서 논의한 것처럼 생태위기의 원인은 자본주의, 공업주의, 생산력주의라는 서로 다른 세 가지 차원에서 찾을 수 있다. 위의 논의로부터 다음과 같은 명제들을 도출할 수 있다. 다른 조건이 동일할 때 '생산력주의를 지향하는 공업자본주의'가 가장 심각한 생태위기를 발생시킬 것이다. 탈공업화(deindustrialization) 단계의 자본주의는 생태위기가 완화될 가능성이 있지만 그것도 어디까지나 자본주의이기 때문에 생태위기를 극복할 수 없다. 생태위기를 근본적으로 극복하기 위해서는 자본주의, 공업주의, 생산력주의 모두를 넘어서야 한다.

현대자본주의와 생태위기

자본주의가 생태위기의 원인이라고 하더라도 20세기 현대자본주의에서는 18세기나 19세기의 자본주의와는 비교가 안될 정도로 훨씬 심각한 생태계파괴가 진행되었다. 특히 20세기 중반 이후 생태위기가 크게 격화되었다. 그것은 무엇보다 20세기 중반 이후 선진자본주의 국가에서 등장한 포드주의적 발전모델 때문이었다.

앞의 제19장에서 지적한 것처럼 대량생산과 대량소비에 기초한 축적체제를 가지는 포드주의는 생산체제와 소비양식 두 측면에서 생태위기를 초래하였다. 우선 포드주의에서는 중화학공업을 중심으로 대규모 설비투자에 기초한 대량생산체제가 성립하는데, 이 대량생산은 기계설비의 제작과 유지 그리고 생산물 생산을 위해 대량의 소재와 에너지를 소모하고 대량의 산업폐기물과 이산화탄소를 배출하였다. 이러한 중화학공업의 대량생산체제는 농업이나 경공업과는 비교가 안되는 빠른 속도의 자연자원 고갈과 생태계파괴를 가져왔다. 이처럼 포드주의는 대량생산이라는 생산력주의와 중화학공업이라는 공업주의에 기초하고 있기 때문에 생태위기를 격화시키게 된다.

공업주의에 기초한 경제성장의 경우, 기술이 불변인 상태에서 생산요소의 투입증대를 통해 생산량을 증대시키는 외연적 성장 유형은, 기술진보를 통해 주어진 생산량을 더 적은 생산요소 투입으로 생산하는 내포적 성장 유형에 비해 환경오염과 생태계파괴 가능성이 그만큼 더 높다. 따라서 기술수준이 낮은 포드주의는 기술수준이 높은 포드주의에 비해 공업주의에 따른 생태위기 발생 가능성이 그만큼 더 높다고 할 수 있다. 따라서 공업주의적 대량생산경제가 후기 공업주의(post-industrialism)적 지식기반경제, 디지털 경제로 전환되면 자원고갈, 환경오염, 생태계파괴가 덜 진전될 수 있으므로 생태위기가 완화되는 요인이 발생한다. 즉, 자원절약적 기술진보, 지식집약적 기술진보가 나타나면 그만큼 생태위기는 완화될 수 있다.

다른 한편 포드주의에서는 역사상 최초로 다수 대중의 대량소비가 출현한 시기였다. 포드주의적 대량생산체제의 고생산성 기초 위에서 단체교섭제도와 생산성연동임금제를 통해서 가능하게 된 고임금은 인구의 다수를 점하는 노동자 계급의 소비를 폭발적으로 증가시켰다. 이에 따라 대량생산체제에서 생산된 자동차, TV, 냉장고, 세탁기 등 내구재에 대한 대량소비라는 새로운 소비양식이 정착된다. 이 내구재의 대량소비는 그 소비과정에서 석유, 전기, 물, 가스 등 에너지를 많이 소모할 뿐만 아니라 유해가스와 오염물질을 발생시키며, 그 사용가치가 상실되어 용도폐기될 때에는 대량의 생활쓰레기를 발생시킨다. 농산물에 대한 대량소비는 농약과 비료의 사용을 증가시키고 마침내 유전자 변형 농산물까지 생산하게 만들어 환경오염을 악화시켰다.

대량소비는 더 많은 재화의 소비로부터 더 큰 행복을 느끼는 소비자들의 쾌락주의에 기초하고 있다. 이런 쾌락주의가 소비주의를 낳고 이는 생산력주의를 촉발한다. 생산력주의와 소비주의는 자본의 이윤욕구와 소비자들의 소비욕구에서 비롯된다. 포드주의 발전모델에서 자본의 확대재생산은 이런 생산력주의와 소비주의에 의해 추동된다. 이처럼 포드주의에서 전형적으로 나타나는 생산력주의와 소비주의는 자본주의와 결합되어 심각한 생태위기를 발생시켰다.

대량생산과 대량소비 과정을 통해 소모되는 대량의 화석 에너지 소비과정에서는 막대한 양의 이산화탄소가 발생하였는데, 이는 지구온난화를 초래하였다. 화석 에너지 고갈에 대응하여 개발된 핵에너지는 방사능 피폭과 핵폐기물 방출을 동반하여 인류의 생존 그 자체를 위협하고 있다. 석유와 같이 재생불가능한 에너지 자원의 고갈에 따른 에너지 투입비용의 증가는 생산비를 상승시켜 이윤율을 하락시킨다. 소재 및 에너지의 고갈, 환경오염과 생태계파괴는 생산조건을 파괴한다. 대기 온난화는 인간의 생명과 다른 종의 생명을 파괴한다. 산성비는 산림과 호수, 그리고 건물을 침식한다. 지하수면의 염류화, 유독성 폐기물, 토양 침식은 자연을 손상시킨다. 살충제의 사용은 자연을 파괴한다.

이러한 생산조건의 파괴와 그에 따른 그 재생산 비용의 상승은 '생산조건의 위기'를 초래한다. 예컨대, 석유사용의 급증에 따른 석유 매장량 감소가 유가를 상승시키고 이것이 생산비를 증가시켰다. 생산조건의 위기에 따라 경제성장에 자연적 한계가 부과되고 이윤율이 하락한다. 오코너는 이를 '과소생산(underproduction)의 위기'라 불렀다. 과소생산이란 생태적 환경의 악화와 그로 인한 경제문제 및 사회문제의 발생을 의미한다.

대량생산과 대량소비의 결합에 기초한 축적체제를 가진 자본주의에서 대량생산과 대량소비가 생태적 과소생산으로 귀결될 수 있다. 과잉생산의 위기가 수요측 위기이고 경제적 위기라 한다면 과소생산의 위기는 공급측 위기이고 생태적 위기라 할 수 있다. 자본주의에서 과잉생산의 위기를 해소하기 위해 소비진작과 같은 유효수요 증대정책을 실시하면 과소생산 위기가 초래될 수 있다. 경제적 과잉생산이 생태적 과소생산을 유발하는 것이다. 경제적 과잉생산이 이윤율을 하락시키는 것처럼 생태적 과소생산도 이윤율을 저하시킨다.

포드주의 이후 등장한 신자유주의적 글로벌 자본주의에서는 자본에 대한 국가의 규제가 완화되거나 폐지되고 자본이 글로벌화 됨에 따라 생태위기가 더욱 심화된다. 세계시장에서 자본간 경쟁이 격화됨에 따라 국제경쟁력을 높여야 할 필요성 때문에 생산력주의가 더욱 강화됨으로써 생태위기가 심화된다. 효율성을 높이고 비용을 절감한다는 명분에서 환경오염과 생태계파괴에 대한 규제가 완화됨으로써 생태위기가 격화된다. 자본의 글로벌화는 생태위기도 글로벌화하였다. 제국주의 시대부터 진전되어온 자본의 글로벌화는 지구촌의 원료와 에너지 고갈을 가속화시켰고, 전지구적으로 생태계파괴를 초래하였다. 그래서 오존층파괴, 삼림파괴, 지구온난화 등으로 나타나는 '글로벌 생태위기(global ecological crisis)'를 발생시켰다. 이제 생태위기는 한 나라의 문제가 아니고 전지구적 문제가 된 것이다. 글로벌 생태위기는 곧 하나뿐인 지구 그 자체의 위기인 것이다.

생태 제국주의와 생태적 종속

글로벌 생태위기 속에서 생태 제국주의와 생태적 종속이란 새로운 형태의 제국주의와 종속이 나타난다. 선진자본주의 국가(북측 국가)가 후진국가(남측 국가)에 대해 환경오염을 이전시키고 자신들의 환경규제 기준을 강요하는 현상을 생태 제국주의(ecological imperialism)라 한다. 생태 제국주의가 지배하는 세계 자본주의체제 내에서 선진자본주의에 대한 경제적 종속 아래 공업화를 추진하는 제3세계 국가들이 경제적 종속으로 인하여 생태위기를 맞이하는 현상을 생태적 종속(ecological dependency)이라 한다.

제19장에서 지적했듯이, 1970년대 중반 이후 선진자본주의의 포드주의가 위기에 빠지자 포드주의적 대량생산체제의 일부 혹은 전부가 제3세계 개발도상국으로 이전된다. 즉 중심부와 주변부 간에 '지식기반산업-중화학공업'이라는 국제분업구조가 형성되어 다국적기업이 주도하는 산업내 국제분업을 통해 철강, 조선, 화학 등과 같은 산업의 생산라인이 주변부에 이전되는 것이다. 이를 통해 포드주의가 글로벌화되고 제3세계에서 '주변부 포드주의'가 성립한다.

이 과정에서 특히 선진국 내에서의 환경규제로 인해 생산활동이 어려운 오염물질 배출산업 즉 이른바 공해산업이 주변부로 이전된다. 한편 선진국에서 감축된 핵발전 시설이 제3세계로 이전된다. 선진국들은 후진국에 대해 대체에너지 기술은 이전시키기 않고 핵발전 기술을 이전시킨다. 물론 이러한 이전이 일방적 강제를 통해서 이루어지는 것이 아니라 후진국이 선택한 결과이기도 하지만, 불평등한 국제분업구조에서는 사실상 강요된 것으로 볼 수 있다. 이렇게 해서 경제적 제국주의가 주변부로부터 중심부로 경제잉여를 이전시킨다고 한다면, 생태 제국주의는 중심부로부터 주변부로 환경오염을 이전시킨다. 다른 한편 선진국들은 생태위기를 배경으로 개발도상국의 수출상품에 까다로운 생태적 요구조건을 제시하여 무역장벽을 높이는 한편, 각종 환경 관련설비와 기술을 개발도상국에 강매하였다.

미국 등 선진국은 자국의 에너지 소비량이나 온실 가스 배출량을 줄이는 데는 소극적이면서도 개발도상국이나 후진국에 대해서는 환경규제를 강화하려는 이중적 태도를 보인다. 선진국들은 과거 공업화와 경제성장, 제국주의적 팽창과정에서 엄청난 규모로 지구 환경을 오염시키고 생태계를 파괴시켰다. 지구촌의 생태위기를 대가로 선진국들이 공업화를 달성한 것이다. 이미 탈공업화 단계에 들어갔고 높은 생활수준을 누릴 수 있는 경제성장을 달성한 선진국이 이제 공업화와 경제성장을 달성하려는 후진국에 대해 자국의 환경규제 기준을 적용하려는 것은 결국 후진국의 경제발전을 가로막는 제국주의적 행태라 할 수 있다.

생태 제국주의는 기후변화 및 종다양성과 관련된 남측 국가와 북측 국가 간의 갈등을 낳았다. 먼저 기후변화와 관련된 남북간의 갈등을 보자. 이산화탄소 방출로 인한 온실효과로 기온이 상승하는 지구온난화를 억제하는 데 있어 선진국과 후진국의 입장이 대립하고 있다. 기온상승으로 인한 세계의 열대화는 주로 농업에 의존하는 남측 국가에게 치명적인 타격을 준다. 아울러 기온상승으로 인한 해수면상승도 장기적으로 심각한 문제이다. 농업에 대한 의존도가 낮은 미국과 같은 북측 국가들은 온실효과와 싸우는 데 소극적이다. 지구온난화 가스규제 협약인 교토 의정서가 세계 최대 온난화 가스 배출국가인 미국의 반대로 그 발효 시기가 늦추어지고 있는 것을 보라!

현재 이산화탄소 배출 억제를 위한 서로 다른 해결책이 제안되고 있다. 하나는 북측의 입장을 대변하는 것으로, 선진국은 현재를 기준으로 자신의 배출 몫을 유지하고 후진국에 나머지 몫을 배분하자는 안이다. 이는 선진국의 기득권을 인정하는 것이며 후진국의 공업화를 실질적으로 불가능하게 만드는 안이다. 다른 하나는 남측의 입장을 대변하는 것으로 각국 인구별로 연간 오염배출 쿼터를 설정하자는 것이다. 이 안은 북측 국가들에게 더 엄격한 절제를 요구하고 후진국에 공업화를 추진할 여지를 준다. 여기서 선진국의 입장은 생태 제국주의에 다름 아니다.

생물 종다양성과 관련해서 북측 국가 특히 미국은 남측 국가의 산야에 풍부하게 존재하는 생물분자는 공짜이지만 북측의 연구실에서 확인된 모든 생물분자에 대해서는 로열티를 지불해야 한다고 주장한다. 반면 남측 국가들은 천연자원으로 존재하는 종다양성은 그 국가에 귀속되어야 하며 과학의 산물인 생물분자의 사용가치는 인류의 공동재화이어야 한다고 주장한다. 이러한 북측 국가의 입장도 생태 제국주의의 표현에 다름 아니다. 이러한 대립은 1992년 리우회의에서 종다양성에 대한 남측의 소유권의 일부가 인정되면서 일단락 났다.

리우 회담의 결과 북측기업은 남측에 대한 생명기술(BT) 연구개발 재정지원의 조건으로 생물자원에 대한 특허권을 가지고, 남측 국가는 특정지역을 개발하지 않는다는 조건으로 그들 영토 내의 생물자원에 대해 로열티를 받을 권리를 가지게 되었다. 이러한 국제협약을 통해 공업화를 추진하는 남측과 북측 국가의 생산력주의적 엘리트는 얻었으나, 자신의 삶을 위해 종다양성을 보호하려는 남측의 토착민들과 남측과 북측의 급진 생태주의자들은 잃었다.

선진자본주의 국가에 대해 경제적으로 종속되어 있는 상태에서 공업화를 달성하려는 후진국은 경제적 종속 때문에 생태적으로 종속된다. 북측 국가의 투자를 유치하기 위해 남측 국가들이 환경규제를 완화한 결과 환경오염과 생태계파괴가 가속화되었다. 북측 국가 내의 엄격한 환경규제와 대비되는 남측 국가의 느슨한 환경규제 때문에 남측 국가들은 북측 국가의 유독성 폐기물 처분장으로 전락한다. 특히 외채에 기초하여 공업화를 추진하려는 제3세계 국가의 경우 외채를 갚기 위해 외화를 획득할 수 있는 광물자원이나 삼림자원을 채취하는 수출산업, 단일경작형 수출농작물의 재배에 집중함에 따라 자원고갈, 토지황폐화, 종다양성의 상실, 환경오염 등이 진전되어 생태계파괴가 심각하게 나타난다. 이처럼 경제적 종속은 생태적 종속을 초래한다. 이런 까닭에 선진자본주의 국가에 금융적으로 종속되어 있는 제3세계 국가에서 외채위기가 발생하면 생태위기가 더욱 격화된다.

3. 지속가능발전

지속가능발전의 조건

자본주의, 공업주의, 생산력주의로 인한 생태위기는 경제성장과 생태계 보전을 조화시키려는 지속가능발전(sustainable development)이란 개념을 제기하게 만들었다. 지속가능발전 개념의 기본 아이디어는 1972년 로마클럽이 낸 『성장의 한계』라는 보고서에서 비롯된다. 이 보고서는 자원고갈, 환경오염, 생태계파괴를 발생시키는 경제성장이 계속된다면 인류의 생존이 더 이상 보장될 수 없다고 경고하였다. 보고서는 가속적인 공업화, 급속한 인구증가, 광범위한 영양실조, 재생불가능한 자원소모, 환경오염 등 세계적 중요성을 가지는 다섯 가지 경향들을 중단시키기 위해 '성장의 한계'를 인식하고 지구를 구하기 위한 근본적 조치가 필요함을 역설하였다.

이러한 인식이 1992년 리우 환경회의에서 경제성장과 환경보전을 조화시키는 '환경적으로 건전하고 지속가능한 발전(ESSD: environmentally sound and sustainable development)' 개념으로 이어졌다. '지속가능발전'은 '인간의 욕구를 지속적으로 충족시키고 삶의 질을 개선시키는 데 적합한 발전' 혹은 '미래세대의 욕구충족 능력을 제한하지 않으면서 현 세대가 자신들의 욕구를 충족시키는 발전'으로 정의된다. 지속가능발전이란 결국 자연과 사회의 조화를 지향하여 생태체계의 수용능력 범위 내에서 경제발전을 추구하려는 발상이다.

지속가능발전의 조건은 무엇인가? 지속적인 재생산이 가능한 자원과 환경의 보전이라는 관점에서 지속가능발전의 조건은 다음과 같이 정의된다. 첫째, 재생가능한 자원의 이용율은 그것의 재생율 이하로 유지되어야 한다. 둘째, 재생불가능한 자원의 이용율은 그것을 대체할 수 있는 재생가능한 자원이 개발되는 비율을 초과할 수 없다. 셋째, 오염과 동식물 서식지의 파괴는 '환경의 수용 한계량(carrying capacity)' 즉 자연의 자정능력을 초과할 수 없다.

이러한 조건이 충족되기 위해서는 현재의 경제성장 속도를 감소시키거나 경우에 따라서는 마이너스 성장도 감수해야 한다. 그러나 무한한 가치증식 욕구 실현을 위해 끊임없는 확대재생산이 요구되는 자본주의와 제로 성장 내지 마이너스 성장은 장기적으로 양립할 수 없다. 따라서 지속가능발전을 위해서는 '축적을 위한 축적'을 하는 자본주의를 넘어서야 한다. 재생불가능한 소재와 에너지를 대량 사용하여 대량생산하고 대량소비하는 중화학공업 중심의 대량생산경제에서는 지속가능발전의 조건이 충족되기 어렵다. 따라서 지속가능발전을 위해서는 공업주의와 생산력주의를 넘어서야 한다.

이제 엔트로피 개념에 기초하여 지속가능발전의 조건을 보자. 어떤 개방 시스템의 엔트로피 변화는 물질과 에너지 변형의 결과인 시스템 내의 엔트로피 증가와, 에너지 유입 및 엔트로피 배출을 통한 환경과의 상호교환으로 구성된다. 즉 다음과 같은 엔트로피 식이 성립한다.

시스템의 전체 엔트로피 변화율		시스템 내의 엔트로피 생산 변화율		환경으로의 엔트로피 배출 변화율		환경으로부터의 에너지 유입 변화율
(A)	=	(B)	−	(C)	−	(D)
$\dfrac{dS}{dt}$		$\dfrac{dSp}{dt}$		$\dfrac{dSa}{dt}$		$\dfrac{dE}{dt}$

여기서 시스템의 엔트로피 증가율이 크게 높아지면 생태위기가 발생한다. 따라서 지속가능발전을 위해서는 엔트로피 증가율을 줄여야 한다.

지구를 하나의 개방 시스템으로 보았을 때, 지속가능발전을 위해 시스템의 엔트로피 증가율을 줄이는 방법으로는 환경으로부터의 에너지 유입 증대(요인 D), 환경으로의 엔트로피 배출(요인 C), 엔트로피 생산 증가율의 저하(요인 B) 등 세 가지를 들 수 있다. 지구 외부로부터 태양 에너지 유입의 흐름이 일정하다고 한다면($dE/dt=0$), 그리고 오염물질을 지구 외부로 배출할 수 없다고 한다면($dSa/dt=0$), 엔트로피 증가율을 줄일 수 있는 유일한 방법은 지구 내부의 엔트로피 생산 증가율을 줄이는 것이다. 대기오염, 산업폐기물, 고체 쓰레기를 발생시키지 않고 에너지 사용을 줄여야 한다. 이를 위해서는 기술적 수단의 도입뿐만 아니라 '열역학적으로 효율적인 조절양식'을 정착시켜야 한다. 열역학적으로 효율적인 조절이란 엔트로피 증가를 최소화하는 제도와 정책 그리고 생활방식을 통해 사회경제가 조절되는 것을 의미한다.

이런 관점에서 고찰했을 때 지속가능발전의 조건은 엔트로피를 가능한 최소한으로 유지하는 생산체제와 조절양식을 가진 발전모델을 구축하는 것이다. 소재와 에너지를 보다 적게 투입하고 산업폐기물을 발생시키지 않는 생산방식의 채택, 태양에너지와 같이 지구온난화 가스를 발생시키지 않는 대체에너지의 개발, 물질적 재화의 소비수준을 줄이는 생활양식의 영위, 그리고 이러한 새로운 생산방식과 생활양식의 확산을 촉진하는 제도 및 정책과 가치관 등이 필요하다. 요컨대, 지속가능발전의 조건은 현재와 같은 대량생산과 대량소비를 통한 환경파괴적인 생산방식과 생활양식을 버리고, 환경친화적 생산방식과 대안적 생활양식에 기초하여 사회와 자연 간의 물질대사를 보다 환경친화적으로 재구축하는 새로운 생태주의적 '대안적 발전모델(alternative development model)'을 확립하는 것으로 귀착된다.

생태위기 극복을 위한 대안

지속가능발전을 위해 생태위기를 극복할 수 있는 구체적인 대안은 무엇인가? 먼저 생태위기를 극복하기 위한 화폐적 접근과 기술적 접근을 보자.

화폐적 접근은 환경오염에 대한 해결수단으로 화폐를 사용하는 것이다. 예컨대, 수질오염 기업에 대한 과태료 부과, 유해환경작업에 대한 위험수당 지급, 청정지역의 지가상승 등이 그것이다. 이 접근은 환경을 오염시키는 기업에 대해 아주 무거운 과태료를 부과하면 오염배출이 억제될 것이며, 깨끗한 공기와 맑은 물이 있는 주택지의 집값이 올라가면 지역주민들이 환경친화적인 생활을 할 것이라는 생각에 기초해 있다. 이는 오염제거 비용을 오염발생 기업이 부담하게 함으로써 환경오염을 억제하자는 것이다. 또한 화폐적 지출을 통해 환경오염으로 인한 생태적 손상을 수리하고 보전하자는 것이다.

그러나 이러한 화폐적 접근의 한계는 명백하다. 아무리 많은 화폐적 보상을 해도 한 번 파괴된 생태계는 대부분 회복될 수 없다. 그리고 생태적 손상의 수리·보전을 통한 엔트로피 방출은 필연적으로 환경의 다른 지점에서의 엔트로피 증대를 초래한다. 따라서 예컨대, 쓰레기 재생(recycling)은 생태위기 극복의 근본적 해법이 되지 못한다. 생태위기를 해결하기 위해 고안된 환경산업은 오히려 자본축적의 새로운 기회를 제공할 따름이다. 이런 점에서 볼 때, 자기 자신의 자연적 토대를 소비재로서 지속적으로 재창출하는 사회인 생태 자본주의(ecological capitalism)는 실현가능한 것처럼 보이지만, 자연환경의 회복적 재창출이 반드시 엔트로피를 증가시킨다는 사실 자체를 지울 수 없다. 따라서 생태 자본주의란 본질적으로 실현불가능하다.

생태위기에 대한 기술적 접근은 환경친화적 기술을 통해 소재와 에너지 사용을 줄이고 산업폐기물을 줄이자는 것이다. 신소재의 개발, 생명기술(BT), 극소전자 기술(ME)을 통해 원료 및 에너지와 같은 노동대상과 기계와 같은 노동수단을 절약하고, 자원재생기술과 오염정화 기술을 통해 오염물질을 줄임으로써 생태위기를 벗어나려는 것이 이 접근의 특징이다. 이 접근은 환경기술을 통해 소재와 에너지를 많이 사용하는 외연적 성장으로부터 그것을 보다 적게 사용하는 내포적 성장으로 경제성장 유형을 전환시킴으로써 생태위기를 극복할 수 있다고 본다.

확실히 환경친화적 기술이 자원고갈과 환경오염의 가능성을 줄일 것이다. 그러나 이런 접근에도 한계가 있다. 환경친화적 기술이라 하여도 기술 그 자체가 자연을 변형시키는 과정인 한 생태계파괴의 새로운 가능성이 존재한다. 예컨대, 화학적 및 생물학적 방법에 의한 신소재 개발이나 유전자 조작 식품의 개발 등은 자연을 새로이 파괴하거나 자연법칙을 침해하여 생태계에 큰 재앙을 초래할 위험성을 내포하고 있다. 그리고 선진국에서는 환경기술을 통해 생태위기를 어느 정도 극복할 수 있을지 모른다. 그러나 이때 선진국 공해산업들이 대량으로 후진국에 수출하거나 이전될 경우 생태위기는 해결된 것이 아니라 전가된다. 요컨대, 기술은 경제문제 해결뿐만 아니라 생태문제 해결에도 만능일 수 없다.

이처럼 화폐적 접근과 기술적 접근이 생태위기의 근본적 해법이 될 수 없다면, 다른 대안은 있는가? 생태위기 극복을 위한 제도적 접근을 생각해볼 수 있다. 이는 '열역학적으로 효율적인 조절양식'을 통해 생태주의적인 대안적 발전모델을 구축하는 데 기여하는 제도를 정비하려는 것이다. 현재 제시되고 있는 생태위기 극복을 위한 유력한 제도로는 노동시간 단축을 들 수 있다.

생태 사회주의(ecological socialism)를 주창하는 앙드레 고르(Andre Gorz)에 의하면, 인류는 그 어느 때보다 더 많은 소비를 하고 있지만 삶의 질은 더욱 악화되고 있는데, 이는 성장의 비용이 그 과실을 능가하고 있기 때문이다. 이제 생산활동은 생산하는 것 이상을 파괴해야만 가능한 단계로 진입하였다. 따라서 생태위기를 극복하는 대안은 더 적게 생산하고 더 적게 소비하면서 과거와는 다른 방식으로 살아가는 것이다. 이러한 대안을 실현하기 위한 가장 중요한 제도는 노동시간 단축이다. 노동시간 단축은 일자리 나누기(work sharing)를 통해 실업을 줄이는 데 기여할 뿐만 아니라 더 적게 생산하고 더 적게 소비하게 만들어 산업폐기물과 생활쓰레기를 줄여 생태위기를 극복하는 데 기여할 수 있다.

노동시간 단축이 생태위기 극복의 현실적 대안이 될 수 있기 위해서는 한 사회의 총생산량이 사회적 필요수준을 능가하고 있는 풍요로운 사회이어야 하며, 사람들의 지배적 가치관 즉 사회 패러다임이 생산력주의와 소비주의를 거부하며 생태주의를 지향해야 한다. 사회적 진보의 기준을 경제성장과 소비수준이 아니라 삶의 질로 설정하고, 행복의 지표를 재화의 소비량에서 찾는 쾌락주의가 아니라 정신적 만족과 삶의 여유에서 찾는 방향으로 가치관의 근본적 전환이 있어야 한다. 그런데 이러한 사회 패러다임은 자본주의와 양립할 수 없다. 환경친화적 생산방식의 기초 위에서 노동시간 단축으로 덜 일하고 덜 생산하며 덜 소비하지만 인간답게 살 수 있는 최소한의 경제적 필요가 해결되며 물질적 소비생활이 아닌 정신적 생활에서 삶의 의미를 찾게 되는 사회가 실현될 때 생태위기가 극복될 수 있다. 이는 자본주의, 공업주의, 생산력주의, 소비주의, 쾌락주의 모두를 넘어설 때 가능할 것이다. 앙드레 고르가 주창하는 생태 사회주의는 바로 그러한 사회상의 하나라 할 수 있다.

열역학적으로 효율적인 조절양식을 구축하는 데 있어서는 노동시간 단축과 함께 지방분권이 필요하다. 생태위기 극복을 위해 왜 지방분권이 필요한가?

현재의 원자력 에너지와 같은 중앙집중적 대규모 에너지가 아니라 지역실정에 맞는 분산적인 소규모 에너지 공급체계를 갖추는 연성 에너지 경로(soft energy path)를 설정해야 당면한 생태위기를 극복할 수 있다. 연성 에너지는 풍력, 지열이나 태양열과 같은 에너지이다. 아울러 생태위기 극복을 위해서는 적

부드러운 에너지 길

지금의 정부지도자들이 어느 날 갑자기 집중화된 에너지 공급원들에 대한 지원을 중단하고 그 대신 널리 분산되어 있는 재생가능 에너지원들의 개발에 힘을 쏟을 것이라고는 생각하기 어렵다. 그러한 변화가 일어나려면 먼저 미래에 대한 정책입안자들의 비전이 바뀌어야만 한다. 랭던 위너는 『고래와 원자로 The Whale and Reactor』에서 다양한 에너지 선택들 각각에 고유한 사회 및 정치 구조들에 관해서 기술했다.

"인자한 사제인 체하는 과학자들이 지배하는 원자력을 선택할 것인가? 거대한 다국적기업들이 당신에게 가져다주는 석탄과 석유를 택할 것인가? 국가가 보조금을 제공하며 관리하는 합성연료를 택할 것인가? 아니면 당신 자신과 이웃이 당신에게 가져다줄 부드러운 에너지 길을 따를 것인가?"

아래로부터 강한 압력이 가해진다면 지도자들이 그 길을 따라가도록 만들 수 있을 것이다. 그러나 모든 정책 선택이 그렇듯이, 문제의 근본 원인들을 찾아내지 않는 한 영구적인 해결은 불가능하다. 만약 에너지부문 이외의 모든 정책이 한결같이 집중화와 대규모 그리고 첨단기술을 지향한다면 다양하고 분산된 재생가능 에너지원을 향한 '부드러운 에너지 길'은 선택할 수 있는 것이 아니다.

에너지 인프라가 대체로 개발되지 않은 남쪽 국가들은 재생가능 에너지 전략을 장려하고 채택할 수 있는 기회가 매우 많다. 하지만 이러한 전략들은 산업 '개발'로부터 벗어나기 위한 노력, 그리고 세계화 경제에 대한 의존 대신에 자립을 추구하는 노력과 함께 나아갈 때 가장 성공적일 수 있다.

헬레나 노르베리-호지, 『허울뿐인 세계화』(이민아 옮김), 따님, 2000, 98쪽.

정기술[3])이 채택되어야 한다. 적정기술이란 지역주민들의 욕구와 문화, 능력에 적합하며 지역의 환경에 민감한 기술이다. 태양열이나 지열을 사용하는 대체에너지 기술이 그러한 예이다. 이러한 기술은 핵에너지 기술과 같이 외부인의 능력과 이해관계에 부합되도록 개발되고 그 기술의 환경파괴 효과가 고려되지 않는 기술과 다르다. 지역 여건과 능력에 적합하고 일반적으로 규모가 작은 적정기술은 자력갱생을 지원하고 지역 생태계를 덜 파괴한다.

연성 에너지 경로를 설정하고 적정기술을 선택하기 위해서는 지방분권이 필수적이다. 국가 정책결정에서 지역에 결정권이 주어지는 지방분권은 중앙집권에 따른 불필요한 자원낭비를 줄일 수 있을 뿐만 아니라, 지역의 여건에 맞는 효율적인 사회경제 시스템 구축을 용이하게 한다. 지방분권을 통해 중앙집권적 국가주도의 외생적 발전(exogenous development) 전략이 아니라, 연성에너지와 적정기술에 기초한 지역공동체 주도의 내생적 발전(endogenous development) 전략을 채택할 때 생태위기 극복을 전망할 수 있을 것이다.

개발도상국의 지속가능발전

생태위기 극복을 위한 노동시간 단축 대안은 생산력수준이 낮고 인구의 다수가 의식주 등 기본 욕구(basic needs)를 충족시키고 있지 못한 후진국이나 개발도상국에서는 당장은 현실적 대안이 될 수 없다. 선진국의 생태 제국주의의 지배 아래에서 생태적 종속상태에 있는 제3세계 개발도상국이 지속가능발전을 하기 위한 대안은 무엇인가?

개발도상국들에게는 소득수준을 높이기 위한 공업화를 추진해야 할 필요성과 공업화의 생태계파괴 효과를 줄이기 위한 대안적 공업발전 경로를 계획할 필요성이 동시에 제기된다. 이와 관련해서 개발도상국의 지속가능발전 전략으로 제시되는 대안에는 다음 세 가지가 있다.

첫째, 비성장전략이다. 자연의 수용능력에 맞추어 전지구적으로 저성장을 하거나 성장을 중지하는 방법이다. 이는 선진국이나 후진국 모두 환경친화적인 비성장전략을 채택해야 한다는 제안이다. 이 제안은 개발도상국의 공업화 필요

---

3) 적정기술은 중간기술이라고도 한다.

성을 옹호하는 사람들로부터 큰 비판을 받는다. 비판자들은 지금까지 높은 성장률을 달성한 선진국이 저성장 부담을 져야 하며 더 큰 발전의 필요성이 있는 저개발국은 전지구적 저성장의 한계 내에서 높은 성장률을 추구해야 한다고 주장한다. 이 전략은 공업화가 절실한 저개발국가에게 수용될 수 없는 전략이다.

둘째, 선진국에게는 비성장전략을 적용하고, 저개발국에게는 지속적 성장 전략을 허용하자는 제안이다. 이 제안은 제3세계 국가들의 발전의 필요성을 고려하는 방식이다. 이 제안은 북측 국가들의 과도한 발전이 남측 국가들의 발전을 가로막고 있으며, 생태위기의 원인은 가난한 남측 국가들의 인구증가나 공업화에 있다기보다는 부유한 북측 국가들의 과소비에 있다는 생각에 기초하고 있다. 따라서 북측 국가의 탈발전과 남측 국가의 발전이라는 전략을 추진해야 한다는 것이다. 이 제안에 대해 환경론자들은 자연적 한계로 인해 세계의 모든 나라들

중간기술

간디가 말한 것처럼, 전세계의 가난한 사람들을 구제할 수 있는 것은 대량생산(大量生産)이 아니라 대중에 의한 생산이다. 대량생산체제에 입각한 기술은 매우 자본집약적이고 대량의 에너지를 소모하며 노동절약형이다. 현재 사회가 풍족하다는 것이 그 전제가 되고 있다. 왜냐하면 작업장 하나를 만드는 데도 큰 투자가 필요하기 때문이다. 대중에 의한 생산에서는 누구나 갖고 있는 존귀한 자원, 즉 민첩한 머리와 능숙한 손이 활용되며 이를 제1급의 도구가 도와준다. 대량생산의 기술은 본질적으로 폭력적이어서 생태계를 파괴하고 재생할 수 없는 자원을 낭비하며 인간성을 침식한다. 대중에 의한 생산기술은 현대의 지식이나 최량(最良)의 경험을 활용하고 분산화를 촉진하며, 생태학의 법칙에 벗어나지 않고 희소한 자원을 낭비하지 않으며, 인간을 기계에 봉사하게 하는 게 아니라 인간에게 유용하도록 만들어져 있다.

나는 이에 중간기술(中間技術)이라는 이름을 붙였는데, 이는 이 기술이 과거의 유치한 기술보다는 훨씬 우수한 것이지만, 부유한 나라의 거대기술(巨大技術)보다는 훨씬 소박하고 값이 싸며 제약이 적다는 성격을 띠고 있다. 자립의 기술, 민주적 기술 또는 민중의 기술이라 할 수도 있다. 요컨대 누구나 사용할 수 있으며, 부자나 권력자들만을 위한 기술이 아닌 것이다.

E. F. 슈마허, 『작은 것이 아름답다』(김진욱 옮김), 범우사, 1995, 170-171쪽.

이 선진국수준의 성장률과 소비수준에 도달할 수 없다고 보기 때문에 반대한다. 이 제안의 큰 맹점은 경제적 종속상태에서 저개발국의 성장은 선진국의 성장에 의존한다는 사실을 무시하고 있다는 점이다.

셋째, 지속가능발전과 자력갱생을 결합시키는 전략이다. 즉 자력갱생에 기초하여 지속가능발전을 추구하자는 것이다. 자력갱생은 경제적 종속을 해결하기 위해 필요할 뿐만 아니라 저개발국의 발전과 생태문제를 해결하기 위해서도 필요하다. 자력갱생을 위해서는 적정기술이 채택되어야 한다. 앞서 지적했듯이 이 전략은 중앙집권적 국가주도의 외생적 발전 전략이 아니라 지방분권적 지역공동체 주도의 내생적 발전 전략과 친화성을 가진다.

철저한 생태주의 관점에서 보면 첫째 대안이 바람직하나 저개발국의 지속가능발전 전략으로서는 현실성이 없다. 따라서 개발도상국가의 지속가능발전 문제는 둘째 대안과 셋째 대안 간의 선택으로 집약된다. 선진국의 비성장 전략이 현실성이 없으므로 둘째 대안도 실현가능성이 희박하다. 셋째 대안이 생태위기를 극복할 수 있는 보다 근본적이고 현실적인 대안으로 평가된다. 물론 여기서도 기존 기술을 대체할 수 있는 적정기술의 개발 문제가 남는다.

이상의 논의에 기초할 때 선진국에서 노동시간을 단축하여 소비를 줄이고 개발도상국에서 적정기술의 개발로 자력갱생을 하는 것이 선진국과 후진국을 포함한 지구 전체의 지속가능발전을 보장하는 길이라 하겠다. 요컨대, 선진국의 노동시간 단축과 개발도상국의 자력갱생의 결합이 지구촌의 생태위기 극복의 올바른 길이라 결론지을 수 있다. 이는 결국 선·후진국 모두에 생태주의적 대안적 발전모델을 구축하는 문제로 귀착된다.

더 읽을거리

■ 레스터 브라운 외. 2001, 『지구환경보고서 2001』(오수길 외 옮김), 도서출판 도요새.
엘프리드 W. 크로스비. 2000, 『생태제국주의』(안효상·정범진 옮김), 지식의 풍경.
존 포스터. 1994, 『환경혁명 ─ 새로운 문명의 패러다임을 찾아서』(조길영 옮김), 동쪽나라.

헬레나 노르베리-호지. 2001, 『오래된 미래: 라다크로부터 배운다(개정증보판)』(김 종철·김태언 옮김), 녹색평론사.
힐러리 프렌치. 2001, 『세계화는 어떻게 지구환경을 파괴하는가』(주요섭 옮김), 도요새.

New Political Economy

제6편 대안적 경제체제와 발전모델

제22장
역사적 사회주의

　자본주의가 인간에 의한 인간의 착취에 기초한 불공평하고 불안정한 경제체제라고 한다면 그것을 넘어서는 대안적 경제체제는 무엇인가? 1917년 러시아 사회주의혁명을 통해 최초로 사회주의 경제체제가 수립되었다. 그러나 소련과 동유럽에 성립한 사회주의는 70년간의 실험 끝에 마침내 붕괴하였다. 중국, 북한, 쿠바 등이 사회주의 체제를 유지하고 있으나 그 내실을 보면 사실상 자본주의화되고 있거나 내부모순이 격화되어 심각하게 침식되고 있다. 20세기 마지막 10년이 시작될 무렵 세계사적 수준에서는 사회주의가 몰락하였다.

　자본주의에 대한 대안으로 최초로 소련에서 성립하였으나 이제는 소멸한 역사적 사회주의는 어떤 경제체제이었는가? 기존의 역사적 사회주의와 다른 새로운 사회주의에는 어떤 것이 있을 수 있는가? 21세기 여명기 현대자본주의의 모순과 위기를 극복할 자본주의를 넘어서는 새로운 경제체제는 무엇인가?

　이 책의 마지막 부분인 제6편에서는 실패한 20세기의 역사적 사회주의와 모순에 찬 자본주의를 넘어서는 21세기의 새로운 경제체제와 대안적 발전모델에 대해 다루고자 한다. 먼저 제22장에서는 20세기를 통해 소련과 동유럽, 중국과 북한 등에 성립한 사회주의, 즉 역사적 사회주의(historical socialism)에 대해 알아본다. 소비에트 사회주의, 동유럽의 개혁 사회주의, 중국과 북한 등 주변부 사회주의는 어떤 특징을 가지는가? 그리고 사회주의 체제는 왜 붕괴했는가?

1. 사회주의 경제체제의 기본 원리

사회주의 이념: 공상적 사회주의와 과학적 사회주의

사회주의는 이념과 운동 그리고 체제의 형태로 존재해왔다. 사회주의 이념은 사회주의 운동을 이끌고 사회주의 체제를 건설하는 사상적 기초를 제공하였다. 물론 역사적 사회주의에서 사회주의 이념이 반드시 현실의 사회주의 체제에 그대로 구현된 것은 아니었다. 실제 지난날 소련과 동유럽 그리고 주변부 사회주의에서는 사회주의 이념에 반하는 많은 정책들이 사회주의의 이름으로 추진되었다. 그러나 사회주의 이념에는 어떤 통일된 교리도 없었다. 사실 사회주의 이념은 단일하지 않았고 역사상 다양한 형태로 존재하였다. 따라서 무엇이 사회주의 이념이냐에 대해서는 간단히 답하기 어렵다.

사회주의 이념은 18세기 말에서 19세기 중엽까지는 '공상이냐 과학이냐'를 둘러싸고 공상적 사회주의와 과학적 사회주의로 대립하였고, 20세기 초에는 '혁명이냐 개량이냐'를 둘러싸고 볼셰비즘(Bolshevism)[1]과 사회민주주의가 대립하였다. 1980년대 중반에는 소련 내부에서 사회주의의 쇄신을 둘러싼 '페레스트로이카 논쟁'이 제기되었다. 소련과 동유럽 사회주의 붕괴 이후에는 사회주의 이념을 폐기하는 지적 분위기 속에서 새로운 사회주의 이념을 모색하는 시도들이 나타난다. 그런데 어떤 형태로 존재했든 사회주의 이념은 '반 자본주의'(anti-capitalism)적이라는 점에서는 공통적이었다.

반 자본주의 이념으로서의 사회주의는 최초로 공상적 사회주의(utopian socialism) 형태로 나타났다. 공상적 사회주의는 산업혁명을 통해 자본주의가 확립되어 가고 있던 18세기 말에 생시몽(Saint-Simon), 푸리에(C. Fourier), 오웬(R. Owen) 프루동(P-J. Proudhon) 등에 의해 자본주의를 비판하는 이념으로 제기되었다. 공상적 사회주의는 1789년 프랑스혁명의 세 가지 이념인 자유, 평등, 박애 중에서 평등과 박애 이념이 경제적 영역으로 확장된 것이다.

공상적 사회주의자들은 산업혁명 당시의 자본주의의 모순들, 즉 생산수단의

---

1) 볼셰비즘은 러시아혁명 과정에서 레닌이 주도하는 다수파의 노선으로서 혁명적 사회주의를 주창하였다.

소수의 수중으로의 집중, 소농민과 수공업자의 몰락, 프롤레타리아트의 빈곤, 생산의 무정부성과 과잉생산 및 공황, 기계장치와 분업의 파괴적 작용, 소득과 부의 분배의 불평등 등을 날카롭게 비판하였다. 그들은 성립과정에 있는 불평등한 자본주의에 반대하고 평등한 사회주의 공동체의 건설을 주장하였다. 그들이 지향한 사회주의 공동체는 대체로 평등과 박애 이념에 기초한 소생산자들로 구성되는 공동체였다.

예컨대, 프랑스의 푸리에는 스스로 생산수단을 소유한 주민들이 공동노동하고 공동분배하는 농업공동체인 팔랑스테르(Phalanstere)에 기초한 사회의 건설을 주장하였다. 팔랑스테르는 생산수단의 사적 소유와 상속이 인정되는 일종의 생산자 협동조합이었다. 영국의 오웬도 생산자협동조합에 기초한 이상사회를 지향하면서 뉴하모니(New Harmony)라는 공동체 건설을 시도하였다. 아나키즘(anarchism)의 원조인 프루동은 생산수단이 공동소유되고 공동관리되는 중앙집권적 사회를 거부하고, 생산수단을 소유한 자영농민과 독립수공업자들로 구성되는 생산공동체들의 연합 사회를 자본주의에 대한 대안으로 제시하였다. 프루동의 아나키즘은 직접생산자에 의한 생산의 직접적 통제를 미래사회의 조직원리로 생각하는 자주관리(self-management) 이념 혹은 노동자통제(workers' control) 이념으로 발전되어 노동운동과 사회주의 체제 건설과정에 영향을 미쳤다.

공상적 사회주의자들이 지향한 사회주의는 결국 스스로 생산수단을 소유하고 스스로 노동하는 소생산자로 구성된 사회라는 점에서 '소부르주아 사회주의'였다. 또한 그것은 중앙집권적 사회주의가 아니라 협동조합주의적 사회주의였다. 공상적 사회주의자들은 교육을 통해 평화스럽게 사회주의를 건설할 수 있다고 보았다. 자본주의의 성립과 함께 소생산자들이 몰락하는 것이 거스를 수 없는 역사적 대세임에도 불구하고 소생산자들로 구성된 사회주의를 지향했다는 점에서, 그리고 교육을 통하고 이성에 호소하는 평화적 과정을 통해 사회주의를 건설하려고 했다는 점에서 그들의 사회주의론은 '공상적'이라는 비판을 받았다. 공상적 사회주의자들의 이념은 하나의 체제로 실현되지 못했지만 오늘날까지 협동조합 운동이나 아나키즘 운동으로 그 맥이 이어지고 있다.

과학적 사회주의는 맑스와 엥겔스에 의해 제시되었다. 맑스는 이미 불가역적으로 발전하고 있는 자본주의에 대한 과학적 분석을 통해 그 내부모순을 밝히고 자본주의를 넘어서는 새로운 사회로서 공산주의를 전망하였다. 맑스의 과학적 사회주의 이념은 거의 모든 사회주의 운동의 기초가 되고 사회주의 체제 건설과정의 토대가 되었다.

맑스의 과학적 사회주의 이념에 의하면, 생산수단을 소유한 부르주아지가 이윤획득을 위해 생산수단을 소유하지 못한 프롤레타리아트를 고용하여 착취하는 경제체제인 자본주의의 생산관계는 적대적이기 때문에 계급투쟁이 필연적으로

교황이 본 사회주의

교황 요한 바오로 2세는 2일 방종한 자본주의를 비판하면서 공산주의가 많은 결점에도 불구하고 긍정적인 면과 보존돼야 할 진실의 씨앗들을 갖고 있다고 말했다.

요한 바오로 2세는 이날 보도된 이탈리아 토리노의 ≪라 스탐파≫와의 기자회견에서 전체주의가 인간의 정신과 창의력, 시민 책임의식 같은 것을 파괴시켰으며 "그것이 사회주의든 공산주의든 불의한 전체주의 체제에 맞서 싸운 것은 정당한 것"이었다고 강조했다. 그러나 그는 사회주의가 "일부 진실의 씨앗들"을 내포하고 있으며 "이들 씨앗들이 파괴되지 않아야 한다는 것은 분명하다"고 밝혔다.

교황은 "자본주의가 개인주의에 치우치는 반면 공산주의에는 공동체에 대한 관심이 있다"며, 그러나 사회주의 국가에서 "이런 관심은 국민생활의 많은 분야가 퇴보하는 값비싼 대가를 치렀다"고 지적했다.

금세기 초 공산주의는 19세기 말의 지나치고 원시적인 자본주의에 대한 반발로 등장했다는 점에서 특히 지식인들 사이에서 폭넓은 지지를 얻었다고 교황은 평가했다. 그는 오늘날의 자본주의는 많은 나라들이 노동자 보호를 위해 사회보장제를 도입했기 때문에 19세기 말과는 달라졌으며, 이러한 오늘날의 인간적인 자본주의는 "상당 부분 사회주의적 사고"와 노조의 투쟁 덕분에 발전해왔다고 강조했다.

지난 1989년 조국 폴란드의 공산주의 몰락에도 큰 영향을 끼쳤던 교황은 또 동유럽 나라들이 발전되고 물질주의적인 서구와 접촉함으로써 생길 득실에 대해 "주저 없이 손해가 많을 것으로 생각한다"고 말하고, 그 이유로 "동유럽 나라들이 전체주의 체제 속에서 이러한 전체주의와의 투쟁을 통해 획득한 스스로의 주체성을 훼손할 수 있기 때문"이라고 밝혔다. 교황은 이어 "극단적 자본주의 신봉자들은 공산주의가 이뤄낸 좋은 것과 실업에 대한 투쟁, 가난한 사람에 대한 관심을 어떤 형태로든 무시하려는 경향이 있다"고 덧붙였다.

≪한겨레≫ 1993년 11월 4일자.

발생한다. 부익부 빈익빈의 자본주의적 축적법칙으로 인한 불평등과 생산의 무정부성에 따른 주기적 공황으로 인한 불안정성이 계급투쟁을 격화시켜 마침내 사회혁명이 일어난다. 수탈자인 부르주아지가 수탈되어 생산관계가 변혁되며 억압적 국가기구를 해체하는 '프롤레타리아 독재'를 통해 자본주의는 공산주의로 이행한다. 공산주의는 교육이나 계몽을 통해 평화적으로 실현되는 것이 아니라 혁명적 계급의식을 가진 프롤레타리아트의 계급투쟁을 통해 프롤레타리아 독재를 거쳐 실현되는 것이다.

이러한 과정을 통해 마침내 출현하는 공산주의는 생산수단을 사적으로 소유하는 사유재산제도가 폐지됨으로써 착취와 소외가 없어지고 노동해방과 함께 인간해방이 이루어지는 무계급사회(classless society)이다. 사유재산제도의 철폐로 자본가가 사라지고 노동력의 상품화가 정지되어 자본-임노동 관계가 폐지된다. '개인적 사적 소유(individual private property)'를 부정하고 성립한 '자본주의적 사적 소유(capitalist private property)'가 다시 부정되어 생산수단의 공유와 협업(cooperation)에 기초한 개인적 소유(individual property)가 성립한다.

노동과정에서는 정신노동과 육체노동이 통일되고, 기계가 노동자를 사용하는 것이 아니라 노동자가 기계를 사용하며, 노동자가 기업의 의사결정을 하는 노동자통제가 이루어진다. '능력에 따라 일하고 필요에 따라 분배'되는 분배규범이 성립한다. 계급지배 도구로서의 국가가 사멸하고 계급대립이 없는 '참다운 공동체'가 성립한다. 상품·화폐 관계가 폐지되어 생산자들은 교환과 화폐의 매개 없이 직접적인 사회관계를 맺게 된다. 즉 생산자들의 노동은 시장을 통하지 않고 직접적으로 사회적 성격을 가진다.

이러한 공산주의는 생산력이 고도로 발전했을 때 실현 가능하다. 생산력이 낮은 상태에서는 공산주의는 오직 '국지적 현상'으로만 존재할 수 있다. 이 '국지적 공산주의(local communism)'는 생산력이 발전하고 교류가 확대됨에 따라 붕괴한다. 공산주의는 생산력이 고도로 발전하고 세계적 교류를 통해 프롤레타리아가 세계적 존재로 성장할 때 비로소 세계적 현상으로 성립한다.

이러한 맑스의 공산주의 비전 역시 상당 정도 유토피아적인 성격을 가진다. 착취와 소외가 없는 무계급사회, 국가의 사멸, 계급대립 없는 '참다운 공동체', 상품·화폐 관계가 폐지된 생산관계는 현 시점에서 볼 때도 가까운 장래에 실현

불가능한 유토피아임에 틀림없다.

맑스는 사회주의를 이러한 공산주의 사회로 나아가는 낮은 단계로 보았다. 아직 생산력 발전이 낮은 사회주의 단계에서는 자본-임노동 관계는 폐지되지만 정신노동과 육체노동의 분리와 대립이 여전히 잔존하고, '능력에 따라 일하고 노동에 따라 분배'하는 분배규범이 지배하며, 아직 국가가 사멸하지 않고 사회주의 건설에 필수적인 노동자 국가가 존재한다. 따라서 자본가가 없어졌지만 계급투쟁은 존재한다. 공산주의의 낮은 단계인 사회주의는 아직 계급사회인 것이다. 사회주의에서는 상품·화폐 관계가 여전히 존재하며 생산자들간의 경쟁이 존재한다.

그런데 맑스는 사회주의 비전으로서 어떤 곳에서는 국민경제가 '단일한 공장'으로 전화되어 경제계획이 이루어지는 중앙계획 사회주의를 제시하고 있는가 하면, 다른 곳에서는 자유로운 생산자들의 연합이 이루어지는 협동조합 사회주의를 제시하고 있다. 이처럼 맑스는 서로 다른 사회주의 비전을 제시하고 있어, 그가 진정 어느 것을 지향했는지가 명확하지 않다. 이는 맑스 이후 사회주의 체제 건설과정에서 혼란을 빚는 요인이 된다.

사회주의적 생산관계: 사회적 소유와 노동자통제

이러한 모호함에도 불구하고 과학적 사회주의론에 의하면, 사회주의는 권력이 노동자에게 속해 있고 생산수단의 사회적 소유가 지배하며, 자본-임노동 관계가 폐지되고 경제에 대한 계획적 규제가 이루어지며, 생산관계가 노동집단의 구성원들간의 협력관계로 나타나는 사회이다. 사회주의에서 생산의 목적은 이윤추구가 아니라 사회구성원들의 욕구의 충족에 있고 경제발전의 목표는 인간의 전면적 발달에 있다.

그렇다면 이러한 사회주의 이념에 기초하여 등장한 역사적 사회주의에서 사회주의 경제체제는 어떤 특징을 가지고 있었는가? 가장 먼저 성립하고 발전한 소련 사회주의를 중심으로 사회주의적 생산관계와 계획경제의 특성을 고찰해보자.

사적 소유와 자본의 노동통제가 특징인 자본주의적 생산관계와 달리 사회주의적 생산관계는 사회적 소유와 노동자통제로 특징지어진다. 사회적 소유는 전체 사회구성원에 의한 생산수단의 공동소유와 생산물의 공동취득을 의미한다. 생산수단에 대한 사회적 소유는 사회주의 생산관계의 기초를 이루는 것으로서 생산의 목적, 생산물의 분배, 교환, 소비의 성격을 결정한다. 사회적 소유를 통해서 생산의 사회적 성격과 소유의 사적 성격 간의 모순이란 자본주의의 기본모순을 극복할 수 있다. 즉 생산의 사회적 성격에 소유의 사회적 성격을 대응시킴으로써 착취와 소외, 공황과 실업, 불평등과 빈곤 등과 같은 자본주의의 모순들을 극복할 수 있는 계기가 주어진다.

사회적 소유에서는 노동자들이 생산수단의 공동소유자가 된다. 각 개별 노동자가 생산수단의 소유자이지만 각자는 다른 노동자들과의 연합에 의해서만 생산수단의 소유자로 된다. 맑스가 자본주의적 사적 소유를 부정하고 성립하는 소유를 '생산수단의 공유와 협업에 기초한 개인적 소유'라고 규정하고 있는데 이것이 바로 사회적 소유에 다름 아니다. 생산수단은 노동자 연합 전체 즉 사회에 속하면서 동시에 개인에게 속한다. 소유의 주체가 사회이면서 동시에 개인인 까닭에 사회적 소유의 근본적 모순이 발생한다. 이러한 모순 때문에 사회적 소유에서는 '만인의 것은 누구의 것도 아니다'는 역설이 성립할 수 있다. 따라서 '우리 것'과 '나의 것'을 결합하는 문제가 사회주의적 경제운영의 근본문제가 된다.

사회적 소유에는 전인민적 소유와 협동조합적 소유라는 두 가지 주된 형태가 있다. 전인민적 소유는 전체 사회수준에서 연합한 노동자에 의한 생산수단의 소유와 생산물의 취득이 이루어지는 형태이다. 전인민적 소유는 소유와 비소유의 대립을 없애기 때문에 그로 인한 계급분열과 계급대립이 사라진다. 전인민적 소유에서 사람들은 노동자인 동시에 사회화된 생산수단의 소유자가 된다. 따라서 전인민적 소유는 노동자적이고 집단주의적 성격을 가진다. 자본주의의 사적 소유가 노동자와 생산수단을 분리시키는 것과는 반대로 사회주의에서 전인민적 소유는 노동자와 생산수단을 결합시킨다. 전인민적 소유에서 사람들은 생산수단의 공동소유자로서 기본적으로 대등한 관계를 맺는다. 이런 까닭에 전인민적 소유는 사람들간의 사회적 평등 실현의 기반을 제공한다.

사회주의 사회는 국가로 조직되어 있기 때문에 전인민적 소유는 결국 국가적 소유로 된다. 전인민적 소유의 국가적 형태인 국가적 소유에서 만약 민주주의적 생산 관리가 실현되지 않는다면 개별 노동자가 기업의 의사결정에서 배제되고 소외되어 실질적 소유자가 되지 못할 것이므로 사회적 소유의 근본 모순이 격화될 가능성이 높다. 법적으로는 노동자가 생산수단의 주인이지만 실질적으로는 주인이 아닌 것이다. 국가적 소유에서 생산 관리의 관료주의화가 진전되면 국가관료가 실질적 소유자가 되고 일반노동자들은 사실상 비소유자가 된다. 소련 사회주의에서처럼 정치적 독재 아래 사회적 소유와 중앙집권적 계획경제가 결합될 경우 이러한 사회적 소유의 모순은 현저하게 나타나게 된다.

사회주의 경제에서 생산의 사회화가 진전되면 국민경제의 구조가 복잡해지고 생산단위가 다양화되어 지역별 경제조직이나 부문별 경제조직이 형성되는데, 이에 따라 전인민적 소유의 주체는 전국적 노동자 연합, 지역적 노동자 연합, 기업(혹은 기업합동체)의 노동집단, 작업반 등 중층적으로 구성된다. 여기서 각 수준의 소유주체가 진정한 소유자로서 자신을 실현하지 못하면 전인민적 소유는 형식화되고 왜곡된다. 각 수준의 소유주체가 진정한 소유자가 되려면 생산에 대한 노동자들의 자주관리 혹은 노동자통제가 필수적이다. 그러나 노동자들이 생산의 관리에 참가하는 노동자 자주관리 혹은 노동자통제는 중앙집권적 계획경제와 양립하기 어렵다.

협동조합적 소유는 특정 생산부문의 특정 노동집단의 틀 내에서 생산수단의 공동소유와 생산물의 공동취득, 노동자통제가 이루어지고 사회적 평등이 실현되는 사회적 소유형태이다. 협동조합에는 생산협동조합과 소비협동조합이 있다. 생산협동조합은 주로 농업에서 나타나지만 공업, 서비스 분야에서 소규모 기업 형태로 광범하게 존재한다. 구 소련의 농업 생산협동조합인 콜호스에서 대표적인 협동조합적 소유가 나타난 바 있다. 협동조합적 소유는 노동자들의 개인적 소유의 기초 위에서 소비재 생산과 상업, 서비스 분야에서 발전하고 있었다.

대부분의 사회주의 국가에서 처음에는 협동조합적 소유를 축소시키려고 하였으나 국가적 소유의 모순이 심화됨에 따라 경제개혁과정에서 점차 그것을 확대시켜 왔다. 러시아 사회주의혁명을 주도한 레닌은 그의 유언에서 국가적 소유에 기초한 중앙계획경제가 아니라 협동조합으로 조직된 경제를 사회주의의 미래상으로 보았다. 그리고 1980년대 중반 고르바초프(M. Gorbachyov)가 주도한 페레스트로이카 과정에서는 국가적 소유를 줄이고 협동조합적 소유를 확대하자는 주장들이 집중적으로 제기된 바 있다. 기존 사회주의의 역사적 경험 속에서 협동조합적 소유가 공평성과 효율성을 높이는 사회적 소유형태라는 인식이 확대되어왔다.

사회주의 계획경제: 계획성과 상품·화폐 관계의 결합

기존 사회주의 경제들은 정도의 차이는 있어도 기본적으로 계획경제(planned economy)의 성격을 가지고 있었다. 계획경제는 무엇을 얼마만큼 어떠한 방법으로 생산할 것인가가 중앙계획(central planning)기구에 의해 집권적으로 결정되는 경제이다. 자본주의 시장경제에서 그 문제는 개별 경제주체들의 분산적 의사결정들이 상호작용하는 시장기구에 의해 결정된다. 반면, 자원배분이 중앙계획기구에 의해 사전적으로 결정되는 것이 계획경제이다.

시장기구의 자생성에 의해 경제활동이 규제되고 성장하는 자본주의와 달리 사회주의는 계획기구의 계획성에 의해 경제활동이 규제되고 성장한다. 여기서 계획성은 인간의 전면적 발달이라는 사회적 생산의 목적에 따라 경제활동이 전체적으로 설계(design)되고 관리(control)되는 것을 말한다. 계획성의 결과 경제에 균형과 조화가 달성된다. 무정부적 시장경쟁을 통해 순환하고 성장하는 자본주의 경제에서는 불균형과 부조화가 그 기본적 속성을 이룬다.

자본주의 경제의 자생성이 사적 소유에 기초를 두고 있다면, 사회주의 경제의 계획성은 사회적 소유에 기초를 두고 있다. 기본적으로 시장적 규제를 통해 운영되는 자본주의 경제와 달리 사회주의 경제는 계획적 규제에 의해 운영된다. 계획적 규제는 생산의 고도의 사회화에 대응하여 사회적 소유와 함께 생산관계를 사회화하기 위해 실시된다.

계획경제에서는 경제의 각 부문간에 사전적 균형이 달성되도록 경제활동이 설계된다. 즉 생산수단을 생산하는 제Ⅰ부문과 소비재를 생산하는 제Ⅱ부문 간의 비율, 공업과 농업 간의 비율, 생산과 소비 간의 비율, 축적과 소비 간의 비율, 지역간의 비율이 설정되어 사전적 균형이 달성된다. 이 비율의 설정에는 부존자원, 기술적 필연성, 사회적 필요성이 고려된다. 즉 어떤 자원이 얼마나 존재하는가, 각 생산물을 생산하는 데 얼마의 투입이 필요한가, 각 생산물에 대한 전체 인민의 욕구가 어떠한가를 고려하여 비율이 설정된다.

이러한 비율의 설정을 통해 경제에 균형이 달성됨과 동시에 성장과 분배간, 도시와 농촌 간, 지역과 지역 간, 현세대와 후세대 간에 조화가 이루어지도록 한다. 산업간 및 지역간 불균등발전(uneven development)이 기본 속성인 자본주의와 달리, 사회주의는 계획을 통해 산업간 및 지역간 균등발전(even development)을 도모한다. 시장기구의 자생성이 불균등발전을 초래하는 것과 대조적으로 계획기구의 계획성이 균등발전을 담보한다.

그러나 실제 소련에서는 중화학공업 중심의 제Ⅰ부문을 경공업 중심의 제Ⅱ부문 보다 우선적으로 발전시키고 농업보다 공업을 우선적으로 발전시키는 불균등성장 전략을 취하였다. 그 결과 소비자와 농민의 희생 위에 경제성장이 이루어졌다. 이는 생산력이 낮은 후진 자본주의에서 사회주의 체제가 성립하였다는 역사적 요인과 냉전체제하에서 군수산업 육성에 중점을 두고 단시일내에 미국을 따라잡으려는 의지에서 비롯되었다. 이러한 불균등성장 전략은 불균등발전으로 특징지어지는 자본주의를 넘어서려는 사회주의의 이념과는 배치됨에 틀림없다.

그런데 사회주의 경제가 중앙계획경제라 하더라도 모든 생산이 계획기구에 의해 이루어진다고 생각하면 잘못이다. 소련과 동유럽의 기존 사회주의에서는 상품·화폐 관계가 부분적으로 존재하였고, 시장을 통한 사회적 생산의 조정 즉 상품생산이 이루어져왔었다. 과거 유고슬라비아 사회주의에서는 상품생산이 광범위하게 이루어진 바 있다. 또한 현재 중국 사회주의 경제에서도 상품생산이 광범하게 이루어지고 있다.

사회주의하에서의 시장과 상품생산의 지위를 둘러싸고 사회주의권의 정치경제학 내부에서 치열한 논쟁이 전개되어왔다. 이 과정에서 ① 시장과 상품생산을 사회주의와 양립 불가능한 것으로 보고 상품·화폐 관계를 완전히 부정하는 견해, ② 시장과 상품생산이 사회주의와 완전히 양립 가능하는 것으로 보고 시장을 사회주의 경제의 주요한 규제자로 설정하려는 견해, ③ 계획경제와 상품생산을 결합하려는 견해 등 다양한 견해들이 제출되었다.

첫째 견해는 완전한 국가적 소유와 단일한 중앙계획을 통해 운영되는 중앙계획 사회주의(centrally planned socialism)를 진정한 사회주의로 보는 견해이며, 둘째 견해는 자주관리를 하는 사회주의 기업이 시장을 향한 상품생산을 하는 시장사회주의(market socialism)를 지지하는 견해이고, 셋째 견해는 계획적 규제와 시장적 규제를 결합하려는 계획적 시장경제 혹은 사회주의적 상품경제를 지향하는 견해이다.

그런데 기존 사회주의 경제의 역사적 경험을 통해 사회주의에서는 상품생산과 시장이 필수 불가결하다는 것이 드러났으며, 따라서 사회주의의 개혁과정에서 계획경제의 틀 속에서 시장을 결합하려는 다양한 시도가 이루어졌다.

맑스와 엥겔스 등 고전적 맑스주의자들은 자본주의 이후 사회에서는 사적 소유가 폐지되고, 그에 따라 상품·화폐 관계도 소멸한다고 보았다. 공산주의 사회에서는 사회적 생산이 미리 계획되고 결정되므로 각 생산자들의 노동은 시장을 통하지 않고 직접적인 사회적 승인을 받는다. 그래서 사적 노동과 사회적 노동 간의 모순이라는 상품생산 사회의 기본 모순은 사라지고 생산은 직접적으로 사회적 성격을 띠게 된다. 공산주의의 낮은 단계인 사회주의에서는 상품생산이 잔존하지만 그것은 점차 소멸할 운명에 놓여 있는 것이다.

이러한 견해는 매우 유토피아적이라 할 수 있다. 자급자족하는 소규모 공동체 내에서는 물론 이런 견해가 완전히 타당할 수 있다. 그리고 국민경제가 말 그대로 '단일한 공장'이라면 그러한 견해가 성립할 수 있다. 그러나 경제규모가 거대하고 경제활동이 매우 복잡하고 다양하며 국민경제가 서로 분리된 수많은 기업과 공장들로 구성되어 있을 경우, 시장을 통하지 않고서는 노동과 생산이 사회적 성격을 띨 수가 없다. 만약 노동이 시장을 통하지 않고 직접적으로 사회적 성격을 띠려면 수많은 생산단위의 생산활동을 일일이 계획하고 조정하여야 하는데, 아무리 성능이 좋은 컴퓨터를 통해 계산하더라도 이것은 불가능하다. 그럼에도 불구하고 중앙계획을 통해 모든 생산활동을 무리하게 설계하고 통제한다면 엄청난 불균형과 부조화와 비효율이 수반될 것이다.

앞의 제4장에서 밝혔듯이 상품생산의 사회경제적 기초는 생산수단의 사적 소유, 사회적 분업, 생산자들의 경제적 분립이다. 사회주의가 성립하여 생산수단의 사적 소유가 폐지되더라도 사회적 분업과 생산자들의 경제적 분립은 폐지될 수 없다. 사회적 분업체계 내에서 생산자들이 경제적으로 분립하고 있을 경우 그 생산자들 사이를 연결하고 조정하는 수단으로서 시장은 불가피하다. 실제 기존의 사회주의에서도 사회적 분업이 존재하고 생산자들이 경제적으로 분립하고 있었다. 즉 전인민적 소유의 틀 속에 있는 국유기업들의 경영의 경제적 분립, 수많은 협동조합 기업들, 개인적 경영의 존재 등은 사회주의에서의 사회적 분업과 경제적 분립의 모습이었다.

경제적으로 분립된 이들 생산단위들은 독자적으로 생산을 조직하고 생산물을 판매하며 잉여생산물을 처분한다. 이들 분립된 생산자들의 노동은 시장을 통해 간접적으로 사회적 성격을 띤다. 따라서 각 생산자들간의 관계는 상품·화폐 관계의 성격을 띠며, 그들의 생산물은 상품이 되고 그 생산활동은 시장을 통해 조정된다. 이렇게 되면 사회주의 계획경제에서도 가치법칙이 관철된다.

이와 같이 사회주의에서 상품·화폐 관계를 필수적 요소로 본다면, 계획성과 상품·화폐 관계를 유기적으로 결합하는 것이 사회주의 경제운영의 실제적 문제로 대두된다. 사회적 소유에 기초를 둔 계획성은 사회주의 경제의 통일성과 일체성을 표현하는 반면, 상품·화폐 관계는 생산자들의 상대적 분립성과 생산활동의 다양성을 표현한다. 계획성과 결합되어 있기 때문에 상품·화폐 관계는 자본주의에서와 달리 무정부적 상품생산을 초래하지 않는다. 상품·화폐 관계와 결합되고 있기 때문에 계획성은 시장경쟁을 배제하지 않는다. 계획성이 사회주의 경제의 균형성과 안정성 그리고 공평성을 실현하는 메커니즘이라고 한다면, 상품·화폐 관계 속에서 전개되는 생산자들간의 시장경쟁은 생산성과 품질을 향상시키고 사회주의 경제의 효율성과 역동성을 높이는 메커니즘으로 작용한다.

그런데 사회주의 경제의 통일성 및 일체성과 분립성 및 다양성 간에는 모순이 존재한다. 통일성이 강화되면 분립성이 약화되고 분립성이 강화되면 통일성이 약화된다. 상품·화폐 관계가 계획성보다 우위에 서게 되면 사회주의가 해체되어 자본주의로 전화할 가능성이 있다. 왜냐하면 상품·화폐 관계는 가치법칙을 통해 끊임없이 생산자를 부르조아지와 프롤레타리아로 양극 분해하는 경향을 발생시키기 때문이다. 이것이 기존 사회주의 경제가 직면한 딜레마였다.

그런데 사회주의 경제에 상품·화폐 관계가 존재하더라도 그 범위는 상대적으로 분립한 국영기업과 협동조합기업 그리고 개인적 경영이 생산하는 생산물에 국한된다는 점에 유의해야한다. 노동력과 토지와 같은 생산요소와 교육, 의료, 복지 등 주요 사회서비스는 상품화되지 않고 상품·화폐 관계의 범위에서 제외된다. 생산물시장은 존재하지만 노동시장과 토지시장은 존재하지 않는다.

이는 인간에 의한 인간의 착취와 인간에 의한 자연의 착취를 근절하고, 인간의 전면적 발달을 위해 국가가 포괄적 사회보장을 제공하려는 사회주의의 체제 이념 때문이다.

2. 역사적 사회주의의 성격: 비판적 고찰

소비에트 사회주의: 국가사회주의냐 국가자본주의냐 신계급사회냐

역사적 사회주의는 소비에트 사회주의, 동유럽 개혁사회주의, 주변부 사회주의라는 세 가지 형태로 존재하였다. 1917년 사회주의혁명을 통해 최초로 성립한 소비에트 사회주의는 하나의 모형으로서 세계 다른 지역의 사회주의 형성에 큰 영향을 미쳤다. 따라서 사회주의의 실존형태에 대한 비판적 고찰을 위해서는 무엇보다 소비에트 사회주의부터 검토해야 한다.

1917년에서 1991년 사이에 존재했던 소비에트 사회주의는 진정한 의미의 사회주의로부터는 거리가 먼 체제였다는 것이 중론인데, 그 구체적 성격에 관해서는 크게 세 가지 견해가 제시되고 있다. 즉 스탈린 체제라 불리는 소비에트 사회주의에 대해서는 ① 국가사회주의(state socialism)라는 견해, ② 국가자본주의(state capitalism)라는 견해, ③ 사회주의도 자본주의도 아닌 새로운 계급사회(new class society)라는 견해 등 세 가지 견해가 존재한다.

첫째 견해에서 왜 소련을 국가사회주의라고 보는가? 노동계급이 국가권력을 장악하고 있다는 점, 생산수단에 대한 사적 소유가 폐지되고 국가적 소유가 지배하고 있다는 점, 자본가가 존재하지 않고 자본의 소유로부터 소득을 획득하는 사람이 없다는 점, 국가에 의한 중앙계획을 통해 행정경제가 운영되고 있다는 점, 실업자가 없고 임금이 노동시장에 의해 결정되는 것이 아니라 계획에 의해 설정된다는 점 등에서 소련은 자본주의와 다른 사회주의이다. 그런데 국가적 소유와 국가계획을 통해 경제가 운영되고 있기 때문에 그것은 국가사회주의이다. 이 견해는 수많은 왜곡과 모순이 있음에도 불구하고 소련을 사회주의로 간주한다.

국가사회주의론과 유사한 견해로는 후진사회주의론이 있다. 트로츠키(L. Trotsky)와 그의 추종자인 만델은 소련 사회주의가 생산력이 낮고 민주주의적 전통이 없는 후진적이고 고립된 상태에서 성립하였기 때문에 관료화되고 왜곡된 후진사회주의로 되었다고 보고, 소련을 자본주의에서 사회주의로의 이행과정에 있는 '관료적으로 타락한 노동자 국가'로 규정하였다.

둘째 견해에서는 왜 소련을 국가자본주의라고 보는가? 국가권력을 실제로 장악하고 있는 것은 노동계급이 아니라 국가관료 혹은 당 간부와 같은 국가 부르주아지라는 점, 사적 자본가는 없지만 국가가 노동자에 대해 자본의 착취기능을 수행하고 있다는 점, 생산수단에 대한 관리주체가 노동자가 아니라 사실상 자본가라 볼 수 있는 당 간부인 관리자라는 점, 구상과 실행이 분리되고 단순반복노동이 행해지고 위계적 통제가 이루어지는 자본주의적 노동과정이 그대로 존속되고 있다는 점, 기업이 시장경쟁에 직면하고 있고 경기순환이 존재한다는 점, 생산증대만을 강조하고 계급투쟁을 소홀히 하여 혁명이 좌절되었다는 점 등에서 소련은 사회주의로 볼 수 없고 국가자본주의일 뿐이다. 이 견해는 대표적으로 토니 클리프(T. Cliff), 베텔렝, 브레이버먼(H. Braverman) 등에 의해 제출된 바 있다. 그들은 사회주의 이념에 비추어 보았을 때 소련은 사회주의가 아니고 오히려 자본주의에 가깝다고 보는 비판적 입장을 가지고 있었다.

셋째 견해에서는 왜 소련을 사회주의도 자본주의도 아닌 새로운 계급사회라고 보는가? 혁명을 통해 자본가가 제거되었으나 노동자가 권력을 잡지 못하고 정치관료와 기업관리자로 구성된 엘리트층이 새로운 지배계급으로 등장하였다. 국가계급 혹은 노멘클라투라(nomenklatura)라 불리는 이들 특권계급이 당과 국가기구 그리고 기업을 실질적으로 통제하고, 노동자는 그 지배하에 있었다. 공산당에 의한 정치적 독재가 이루어지고 평등을 경시하는 급속한 경제성장으로 불평등이 심화되었다. 이런 점에서 소련은 사회주의가 아니다. 그러나 소련은 자본주의도 아니다. 왜냐하면 자본가가 존재하지 않고 중앙계획이 지배하고 있고 완전고용이 달성되고 있으며, 기업들이 중앙계획당국에 의해 통제되고 기업간 경쟁이 없기 때문이다. 스위지에 의하면, 이런 까닭에 소련은 사회주의도 자본주의도 아닌 새로운 계급사회이다.

스위지의 새로운 계급사회론과 유사한 것으로는 관료적 집산주의론과 국가주

의론이 있다. 일찍이 1939년에 이태리 맑스주의자 리치(B. Rizzi)는 소련을 사회
주의도 자본주의도 아니고 이행기적 형태도 아닌 새로운 생산양식인 관료적 집
산주의(bureaucratic collectivism)로 규정한 바 있다. 왜냐하면 국가가 프롤레타리
아의 이익에 반하는 관료층에 의해 통제되고 있고, 집합적 소유가 프롤레타리아
의 소유가 아니라 관료층의 소유이고, 그 관료층이 국가기구를 이용하여 노동자
의 잉여노동을 착취하고 잉여생산물을 자신의 이익을 위해 분배하기 때문이다.

이와 유사한 시각에서 미국의 정치경제학자 셔먼(H. Sherman)은 소련을 국
가주의(statism)로 규정한다. 여기서 국가주의란 국가기구를 통해 생산관계와 생
산력을 통제하는 소수의 특권관료층과 이들에 의해 통제되고 착취되는 다수의
노동자계급으로 구성된 생산양식이다. 국가주의에서 노동자는 자본주의에서와
마찬가지로 소외되고 착취되며 비민주적으로 통제된다. 그러나 자본주의와 달
리 생산력이 시장기구의 경쟁을 통해서가 아니라 국가기구의 통제를 통해 획득
된다. 국가주의는 대기업에 대한 자본주의적 사적 소유가 허용되지 않는다는
점에서 사회주의와 유사하지만, 경제에 대한 비민주적 통제가 행해지고 있다는
점에서 경제에 대한 민주적 통제가 이루어지는 사회주의와 다르다.

위에서 본 것처럼 소비에트 사회주의의 성격에 대해서는 국가사회주의, 국가
자본주의, 새로운 계급사회, 관료적 집산주의, 국가주의라는 서로 다른 규정이
다투고 있다. 이 소비에트 사회주의 성격 논쟁은 상당 정도 실제의 역사적 사실
에 대한 판단의 차이를 둘러싼 논쟁이지만, 궁극적으로는 자본주의와 구분되는
사회주의의 핵심적 요소는 무엇인가, 진정한 사회주의는 무엇인가를 둘러싼 논
쟁이라 할 수 있다.

생산수단에 대한 법적 소유권의 측면에서 본다면 국가사회주의나 국가주의
로 규정할 수 있지만, 노동과정에 대한 통제와 잉여생산물의 분배 등 실질적 소
유의 측면에서 본다면 국가자본주의로 규정할 수 있다. 특권계급인 국가관료층
이 지배하고 있다는 점에서 관료적 집산주의와 국가주의로 규정할 수 있다. 노
동자에 대한 착취와 소외와 불평등이 존재한다는 점에서는 새로운 계급사회로
규정할 수 있다. 종합해보면 소비에트 사회주의는 그것을 국가사회주의로 규정
하든 국가자본주의로 규정하든 국가주의로 규정하든 국가관료가 지배하는 계급
사회라는 점에서는 이견이 없을 것이다. 여기서 우리는 소비에트 사회주의를

'국가관료가 지배하는 계급사회라는 속성을 가진 국가사회주의'로 규정하고자
한다.

동유럽 개혁 사회주의: 사회주의 시장경제 혹은 시장사회주의

소비에트 사회주의 경제는 처음에는 고성장을 달성했으나 시간이 지남에 따
라 점차 효율성이 떨어져 침체한다. 이에 대응하여 소련 내부에서는 스탈린 사
후 국가사회주의를 개혁하려는 시도가 나타난다. 그러나 흐루시초프의 경제개
혁정책을 시작으로 하여 고르바초프 주도의 페레스트로이카에 이르는 국가사회
주의 개혁은 제대로 추진되지 못하고 실패로 끝난다. 국가사회주의에 대한 개
혁시도는 스탈린주의의 영향이 강했던 소련보다 그것이 약했던 폴란드, 헝가리,
체코슬로바키아 등 동유럽 사회주의 국가에서 본격적으로 전개된다. 유고슬라
비아는 처음부터 소련의 중앙계획 사회주의와는 다른 자주관리 사회주의의 길
을 걸었다.

동유럽 사회주의 국가들은 처음에는 소비에트형 국가사회주의를 소련의 강
요나 지도에 의해 채택하였다. 그러나 그 체제가 위기에 빠지자 소련식 국가사
회주의도 아니고 자본주의도 아닌 제3의 길로서 개혁 사회주의를 지향하였다.
개혁 사회주의는 국가사회주의를 정치적으로 민주적이고 경제적으로 효율적인
체제로 개혁하고자 하였다. '인간의 얼굴을 가진 사회주의', '사회주의 시장경
제', '시장사회주의'라는 대안적 사회주의 모델을 추구하였다. 당과 국가의 민
주화, 권력과 소유로부터의 노동자들의 소외 극복, 지방분권, 풀뿌리민주주의
실현 등과 같은 정치개혁과 노동자평의회를 통한 기업의 민주적 통제와 시장기
구의 도입과 같은 경제개혁을 추진하였다.

헝가리는 몇 차례의 개혁을 통해 중앙집권적 계획경제로부터 분권화된 시장
경제로 나아갔다. 그러나 그 시장경제는 고도로 규제된 시장경제이기 때문에
기본적으로 무정부적인 자본주의 시장경제와는 다르게 운영되었다. 국가가 생
산수단을 통제하고 대기업들의 경영자를 임명하였다. 기업수준에서는 노동자평
의회(workers' council)에 의한 기업의 민주적 통제가 이루어지기 때문에 자본의
노동통제가 이루어지는 자본주의 시장경제와 달랐다. 중소기업의 경영자들은

노동자 대표가 절반을 차지하는 이사회에서 지명되었다. 헝가리의 경영자들은 중앙집권적 계획을 따르지 않고 시장에서 이윤을 극대화하는 행동을 하였다. 이는 자본주의 시장경제에서의 기업가의 행동과 유사하였다. 노동자평의회와 시장의 결합이 헝가리의 사회주의 시장경제 모델의 핵심적 내용이다.

체코슬로바키아는 1968년 '프라하의 봄'을 계기로 '인간의 얼굴을 가진 사회주의', '민주적 사회주의'로의 총체적 전환을 시도하였다. 경제적 측면에서는 성장이 한계에 부딪히고 과학기술혁명을 촉진할 수 있는 조건을 형성할 필요성이 제기됨에 따라 국유제를 토대로 한 시장경제로의 전환을 내용으로 하는 경제개혁이 단행되었다. 중앙계획 당국에 의한 명령적 계획(imperative planning) 대신에 거시경제적 정책 방향이 제시되는 유도적 계획(indicative planning)이 수립되었다. 시장가격의 도입, 성과급 임금지불, 기업의 자주관리 등이 실시되었다. 이를 통해 중앙집권적 계획경제로부터 사회주의적 시장경제로의 전환이 이루어졌다.

유고슬라비아에서는 모든 기업이 노동자평의회에 의해 관리되는 자주관리 사회주의 모델이 성립하였다. 기업의 노동자총회에서 선출된 노동자평의회가 경영자를 고용하고, 생산량과 가격의 결정, 이윤의 처분 등을 결정하였다. 기업들은 가격결정권을 가지고 가격은 시장에서의 수요와 공급을 반영하였다. 국가에 의해 소유되는 기업들은 계획이나 명령에 따라 생산활동을 하는 것이 아니라 시장경쟁 속에서 생산한다. 유고의 경제도 계획경제였지만 그 계획은 유도적 계획이었다. 노동자평의회에 의해 자주관리되는 기업들이 시장을 향한 상품생산을 하는 것이 유고의 자주관리 사회주의 모델이다. 자주관리와 시장의 결합이 유고 모델의 특징이다. 기업수준에서 노동자통제가 이루어지는 자주관리가 바로 사회주의적 속성이었다. 따라서 유고의 사회주의 모델을 시장사회주의(market socialism)라 한다.

소련의 국가 사회주의와 다른 길을 걸었던 동유럽의 사회주의 시장경제 혹은 시장사회주의는 중앙집권적 계획경제의 폐해인 관료주의, 노동소외, 인센티브 결여, 물자 부족(shortages) 등과 같은 문제를 해소하는 데는 성공했으나 시장경제의 폐해인 불평등, 불안정, 인플레이션, 실업, 실질임금 하락을 새로이 발생시켰다. 시장경제와 함께 도입된 노동자 자주관리는 노동자들의 주체성을 높이고 생산성 향상을 위한 인센티브를 제공하는 데는 성공했으나 기업별 노동자들의 집단이기주의와 기업간 불평등을 배태했다.

원래 사회주의 시장경제 또는 시장사회주의는 사회주의의 장점과 시장경제의 장점을 결합하려고 했다. 이러한 사회주의 유형에 대한 옹호자들은 실제 그러한 양 체제의 장점이 나타났다고 평가한다. 그러나 양 체제의 단점도 동시에 나타난 것이 사실이다. 그래서 일부 비판가들은 헝가리와 유고슬라비아의 현실은 관료주의적이고 집단주의적인 사회주의의 단점과 자유주의적이고 개인주의적인 시장경제의 단점이 결합된 최악의 결과를 낳았다고 평가한다. 아무튼 동유럽의 개혁 사회주의는 소련의 개입에 의해 실패하고, 소련이 해체되고 서방 자본주의 강대국의 세력권에 편입됨에 따라 붕괴한다. 국가사회주의도 아니고 자본주의도 아닌 '제3의 길'이 실패한 것이다.

주변부 사회주의: 민족주의적 사회주의

역사적 사회주의에는 소련과 동유럽 사회주의 이외에 중국, 북한, 베트남, 쿠바 등 제3세계 사회주의가 존재하였다. 세계 사회주의 체제 내에서 소련을 중심부 사회주의라 한다면, 제3세계 사회주의는 주변부 사회주의로 규정할 수 있다.

제3세계 사회주의는 대체로 소련과 동유럽에 비해 생산력이 더 낮은 농업국가 상태에서 사회주의로 이행하였다. 주변부 사회주의 국가들은 대부분 제국주의 및 봉건주의와 투쟁하는 과정에서 사회주의가 도입되었다. 사회주의는 반제(反帝) 민족해방과 반봉건(半封建) 민주혁명이라는 과제 수행의 수단으로 활용되었다. 주변부 사회주의에서는 계급해방보다는 민족해방을 우선시하고 사회주의는 민족주의의 종속적 동맹자의 지위에 있었다. 민족해방을 달성한 이후 주변부 사회주의에서는 사회주의 이념은 민족주의 이데올로기와 함께 자력갱생(self-reliance)의 민족경제를 발전시키는 수단으로 활용되었다. 이런 까닭에 주변부 사회주의는 민족주의적 사회주의(nationalist socialism)라는 성격을 띠게 된다.

민족주의적 사회주의는 계급이라는 집단성보다 민족이라는 집단성을 강조하였다. 민족주의적 사회주의에서는 사회주의가 전근대적 민족전통과 결합되어 반서구적이고 전근대적인 성격을 강하게 띠었다. 제3세계 주변부 사회주의가 등장할 시기에 근대적 프롤레타리아가 적었기 때문에 사회주의 운동과 사회주의 체제 건설에 동원되거나 참여한 대중은 대부분 근대적 계급의식을 가진 노동자계급보다는 전근대적 신민(臣民)의식을 가진 농민이나 도시빈민이었다. 따라서 법제도적으로는 반봉건(反封建)을 지향했지만 생활양식의 측면에서는 봉건적 요소가 광범하게 잔존하였다. 또한 동양적 전제주의와 민족공동체주의의 전통이 존재하고 시민사회가 형성되지 않는 상태에서 국가주도의 사회주의가 건설되었기 때문에 주변부 사회주의는 강한 국가주의적 성격을 가지게 된다.

대부분의 주변부 사회주의에서는 초기에 소련식 국가사회주의 모델을 따라 생산수단을 국유화하고 중앙집권적 계획경제를 실시하였다. 이러한 사회주의 건설과정에서 공업화를 위해 노동자에게 군대식 규율을 적용하여 생산성을 높이려는 '노동의 군사화'가 진전되고 정치적 억압과 공포를 통한 대중동원이 이루어졌다. 농업에서의 강제적 집단화와 급속한 공업화가 추진되었다.

기술이 낙후되고 생산력수준이 낮은 상태에서 단시일내에 급속한 공업화를 추진하기 위해서는 더 많은 노동력과 자원을 투입하고, 더 긴 시간 더 높은 강도로 노동하는 수밖에 없었다. 이와 같이 최대의 생산요소 투입으로 최대의 생산물을 산출하는 외연적 경제성장을 위해 정치적 독재 아래 노동력과 자연자원이 대대적으로 동원되었다.

이와 같이 주변부 사회주의는 노동해방과 인간해방의 프로젝트가 아니라 공업화를 위한 노동동원의 이데올로기로 전락하고 진정한 사회주의와는 거리가 먼 '군사적이고 봉건적인 사회주의' 체제로 귀착되고 말았다.

소련과 동유럽 사회주의의 붕괴를 계기로 주변부 사회주의는 정도의 차이는 있어도 시장경제의 요소를 도입함으로써 종래의 국가사회주의 체제에 상당한 변화가 나타난다. 특히 중국의 경우 모택동 사후 1978년을 기점으로 대대적인 개혁과 개방을 통해 시장경제로 이행한다.

모택동 이후 중국 사회주의의 급격한 변화에 대해서는 그동안 서로 정반대되는 두 견해가 존재해왔다. 하나는 중국이 자본주의로 회귀하고 있다는 견해이다. 이 견해에 의하면 중앙계획보다는 시장을 강조하고, 계급투쟁보다는 생산을 강조하며, 평등과 비금전적 인센티브보다는 차등과 금전적 인센티브를 강조하고 있기 때문에 중국은 자본주의로 나아가고 있다. 다른 하나는 사회주의로

〈표 22.1〉 중국의 공업 총생산액의 소유제별 구성변화

구분	1978	1985	1988	1991	1994	1999
국유기업	77.6	64.9	56.8	52.9	34.1	28.2
집체기업	22.4	32.1	36.1	35.7	40.9	35.4
개체기업	-	1.9	4.3	5.7	11.5	18.2
기타소유제 기업	-	1.2	2.7	5.7	13.6	26.1

주: 국유기업은 국가적 소유, 집체기업은 집단적 소유, 개체기업은 사적 소유를 나타내며, 기타
    소유제 기업은 외자계 기업 및 국유·집체·개체기업들 간의 합영기업임. 1998년부터 국유기업
    의 통계에 국유기업과 국유지주기업이 함께 포함되어 중복계산이 이루어진 까닭에 합계가
    100%를 넘음.
출처: 서석흥, 「중국의 국유, 집체, 사영기업의 경영특성에 관한 비교연구」, ≪중소연구≫
    10권 4호, 1996/7, 『中國統計年鑑』, 1999년판.

나아가고 있다는 견해이다. 중국 당국의 '사회주의 초급단계론'이나 '중국특색
사회주의'론 등에서 제시되는 이 견해에 의하면, 극좌적인 과도한 계급투쟁, 자
력갱생, 강제적 집단화, 유토피아적 평등주의를 지향한 모택동주의(Maoism)가
사회주의 건설을 가로막았으나, 그 개혁과 개방을 통해 오류를 청산함으로써
사회주의로 나아가고 있다.

2001년 현 시점에서 볼 때 중국은 정치적으로는 공산당이 지배하고 있지만,
사적 소유가 크게 증가학 있고 주식시장이 존재하며 사실상 노동시장이 존재하
기 때문에 경제적으로는 자본주의화되고 있다고 할 수 있다. 중국 사회주의는
애초에 동유럽이 시도했던 사회주의 시장경제를 채택했으나 현재는 사실상의
자본주의 시장경제에 가깝다. <표 22.1>에서 소유제를 보면 국가적 소유가 크
게 줄어든 반면 집단적 소유가 늘어나고 있으며 사적 소유의 비중이 크게 증가
하고 있음을 알 수 있다. 개혁과 개방에 의한 시장경제화를 통해 중국은 높은
경제성장률을 달성하고 있지만 불평등, 실업과 같은 자본주의 경제의 모순이
나타나고 있다. 경제적 토대는 자본주의적인데, 정치적 상부구조는 사회주의적
인 사회가 오늘의 중국인 것이다.

3. 역사적 사회주의 실패의 원인

중앙집권적 계획경제의 실패: 배분적 비효율성과 기술적 비효율성

1989년 동독의 붕괴에서 1991년 소련의 해체로 이어지는 동유럽 사회주의 체제의 몰락은 자본주의에 대한 대안으로 사회주의를 생각한 사람들에게 큰 충격으로 다가왔다. 20세기 초에 등장한 소련 사회주의 체제가 70여 년간의 실험 끝에 붕괴한 것은 인류 역사에서 실로 큰 사건이었다.

이를 두고 한편에서는 '자본주의의 최종적 승리'라거나 '역사의 종말'이라는 성급한 논평들이 나왔다. 이제 사회주의는 종말을 고하고 역사 박물관에 들어가야 한다는 것이다. 다른 한편에서는 붕괴한 것은 사회주의가 아니라 그것과는 거리가 먼 스탈린 체제이고 국가자본주의라는 태평스러운 논평이 나왔다. 아직 진정한 사회주의는 성립된 바 없고 따라서 사회주의는 여전히 실현되어야 할 과제로 남아 있다는 것이다. 그러나 소련과 동유럽 사회주의의 구체적 성격을 어떻게 규정하든 '실존하는 사회주의(actually existing socialism)'가 붕괴한 것임은 분명하다.

맑스와 엥겔스 등 과학적 사회주의자들은 인류 역사가 자본주의에서 사회주의를 거쳐 공산주의로 발전할 것이라고 예측하였다. 그리고 많은 맑스주의자들은 1917년 러시아혁명 이후 성립한 소련 사회주의 체제를 자본주의 이후 오게 될 새로운 사회가 출현한 것으로 간주하였다. 그러나 20세기 말에 이르러 자본주의에서 사회주의로의 이행이 아니라 사회주의에서 자본주의로의 이행이라는 현상을 보게 된다. 이러한 '역이행(逆移行)'은 과학적 사회주의의 예측과는 정반대의 것이다. 물론 중국과 북한, 베트남 등 아시아 사회주의는 존속되고 있지만, 북한처럼 심각한 정체현상을 보이고 있거나, 중국처럼 성장을 하고 있는 경우 점차 자본주의 시장경제에 근접하는 모습을 보이고 있다. 따라서 21세기 여명기인 현 시점에서 세계사적 수준에서 보았을 때 기존의 역사적 사회주의는 실패한 것임에 틀림없다.

그렇다면 사회주의 실패의 원인은 무엇인가? 사회주의는 수십 년에 걸쳐 심화되어온 위기 끝에 붕괴하였다. 생활필수품의 만성적 부족, 경제성장률 하락과 장기침체, 인플레이션, 생산력수준과 생활수준 면에서 선진자본주의와의 현격한 격차, 국가기구의 경직화와 관료주의의 강화, 인민에 대한 당의 독재 등이 그 위기 현상들이다. 요컨대, 빵과 자유의 부족이 지속되면서 위기가 심화되어 왔다. 그렇다면 이러한 경제적, 정치적 위기들은 어디서 비롯된 것인가? 사회주의라는 체제 그 자체로부터 고유하게 발생한 것인가, 아니면 사회주의를 잘못 운영하였기 때문에 발생한 것인가?

사회주의 체제위기의 주된 요인으로서는 무엇보다 중앙집권적 계획경제의 한계와 모순을 들 수 있다. 중앙집권적 계획경제는 중앙계획 당국2)이 국민경제 활동을 전체적으로 계획하여 '행정적 명령적 시스템'을 통해 그것을 집행하는 경제이다. 이러한 계획경제는 중앙계획당국이 전체 경제에 관한 완전한 정보를 수집하여 처리하고 합리적인 경제적 의사결정을 행할 수 있고 계획지표에 의해 경제를 의식적으로 조정할 수 있다는 전제가 성립되어야 하나의 경제체제로서 작동할 수 있다.

여기서 두 가지 문제가 제기된다. 하나는 중앙계획경제가 자원을 효율적으로 배분할 수 있는가 하는 것이고, 다른 하나는 중앙계획경제에서 경제주체들의 욕구와 의사가 공정하게 반영되는가 하는 것이다. 전자는 자원배분의 효율성의 문제이고, 후자는 의사결정의 민주성의 문제이다.

일찍이 1930년대에 사회주의하에서 효율적 자원배분이 이루어질 수 있는가를 둘러싸고 하이에크와 미제스(L. von Mises) 등의 자유주의자와 랑게(O. Lange)와 디킨슨(H. Dickinson) 등의 사회주의자간에 경제계산논쟁이 전개된 바 있다. 미제스는 사회주의하에서는 생산수단이 공유되고 있기 때문에 적어도 생산재에 대해서는 시장이 존재하지 않고 시장가격이 성립하지 않는다. 미제스는 이와 같이 자원의 합리적 배분을 위해 필요한 희소성의 지표인 시장가격이 존재하지 않기 때문에 사회주의 경제가 제대로 운영될 수 없다고 주장하였다. 하이에크는 이론적으로 중앙계획 당국이 생산재의 가격을 계산할 수 있다고 하더라도 그러한 가격을 설정하기 위해서는 이용가능한 자원, 투입-산출 계수, 소비자 선택 등에 관한 방대한 정보를 수집하고 처리해서 수십만 개의 연립방정식을 풀어야 하기 때문에

---

2) 소련의 경우 이를 국가계획위원회란 뜻의 고스플랜(Gosplan)이라 불렀다.

실제로는 실행불가능하다고 주장하였다.

이에 대해 랑게는 중앙계획기구가 재화의 수요와 공급을 일치시키는 균형가격을 설정할 수 있는 이론적 가능성이 있음을 논증하였다. 즉 중앙계획기구가 경매인의 역할을 수행하여 임의의 계산가격을 제시하면 경제주체들이 이 가격을 준거로 해서 수요와 공급에 관한 의사결정을 내린다. 중앙계획기구는 이 의사결정에 따른 수급 불균형에 대응하여 계산가격을 수정한다. 이러한 과정을 시행착오적으로 반복하면 결국 수요와 공급을 일치시키는 계산가격을 설정할 수 있다. 이처럼 중앙계획경제는 재화생산의 과부족 없이 자원을 효율적으로 배분할 수 있다는 것이다. 여기서 중앙계획기구가 결정하는 계산가격은 자본주의에서의 시장가격과 같은 기능을 한다.

이 경제계산논쟁을 통해 확인된 사실은 사회주의에서 자원을 효율적으로 배분할 수 있지만 그것은 기업이 생산활동을 자율적으로 결정하고 계산가격 형태의 시장 메커니즘의 작동을 통해서만 비로소 가능하다는 점이다. 따라서 중앙집권적 계획이 이루어지는 사회주의가 아니라 분권적 계획이 이루어지는 사회주의나 시장사회주의에서 자원의 효율적 배분을 기대할 수 있다. 랑게의 논증에서 상정하고 있는 사회주의는 '시장기구를 내장한 계획경제'인 시장사회주의였다.

그러나 앞서 보았듯이 스탈린 체제하의 소련 사회주의는 중앙집권적 지령형 계획경제였다. '행정적 명령적 시스템'에서는 국민경제의 투자, 고용, 성장 등과 같은 거시경제적 의사결정뿐만 아니라 기업의 생산활동, 수요와 공급과 같은 미시경제적 의사결정에 이르기까지 경제적 의사결정이 극도로 중앙집권화되어 있었다.

이 시스템에서 중앙계획당국이 수많은 개별 기업들과 소비자들의 경제활동과 같은 미시경제에 관한 매우 다양하고 급변하는 방대한 양의 정보를 수집하고 처리하는 것은 불가능하다. 이는 경제규모가 커지고 산업구조와 소비양식이 복잡해지며 경제활동수준이 높을수록 더욱 그러하다. 그럼에도 불구하고 중앙계획 당국이 미시경제적 의사결정까지 내리게 되면 생산자와 생산자 간, 생산자와 소비자 간의 정보의 흐름을 단절시키게 되고 수요와 공급의 불균형이 생기게 된다. 특히 생산계획이 현물 수량 중심의 지표체계로 작성되기 때문에 기업들은 생산효율을 무시하고 단순히 수량적 생산목표를 달성하는 데만 급급하게 된다. 그 결과 물자부족이라는 모순이 나타난다. 소비자들의 다양한 욕구가 생산에 제대로 반영되지 못함은 물론이다.

요컨대, 행정적 명령적 시스템은 소비자와 생산자가 합리적 선택을 하는 것을 방해하였다. 그 결과 중앙계획경제는 경제전체의 주어진 자원을 효율적으로 배분하지 못하는 배분적 비효율을 초래하였다.

이와 함께 상명하달의 행정적 명령적 시스템에서 실시되었던 생산수단의 공동소유와 생산물의 공동분배는 개별 기업과 개별 노동자에게 생산성과 품질을 높이는 적극적 동기를 제공하지 못했다. 공동소유하에서 노동자통제를 통한 개인적 소유가 실현되지 못했기 때문에 '만인의 것은 누구의 것도 아니다'는 사회적 소유의 역설이 성립하였고, 이로 인해 공유재산이 더 쉽게 훼손되는 공유지의 비극(tragedy of the commons)이 출현하였다.

더욱이 구상과 실행이 분리되고 단순반복노동이 이루어지며 위계적 노동통제가 이루어지는 테일러주의적 노동과정이 사회주의에서도 그대로 지속되었기 때문에 그로 인한 노동소외와 직무불만이 노동생산성 상승을 둔화시켰다. 이처럼 노동자통제의 결여와 테일러리즘의 한계 때문에 중앙계획경제에서 최소의 투입으로 최대의 생산물을 생산하는 기술적 효율성이 발휘되지 못하였다. 요컨대, 소련형 사회주의의 중앙집권적 지령형 계획경제는 배분적 효율성(allocative efficiency)과 기술적 효율성(technical efficiency) 두 측면에서 큰 비효율을 드러냈다.

장기침체와 붕괴의 원인: 혁신과 민주주의의 부재

이와 함께 중앙계획 사회주의 경제는 생산 시스템의 지속적 혁신(innovation)을 추동할 효과적인 메커니즘이 존재하지 않았다. 자본주의에서는 초과이윤을 획득하려는 자본가들간의 경쟁 즉 시장경쟁이 혁신을 자극한다. 그러나 중앙집권적 지령형 계획경제에서는 이러한 시장경쟁이 존재하지 않았고 또한 이를 대신할 혁신 메커니즘이 존재하지 않았다. 사회주의 개혁과정에서 기업별, 노동집단별로 부분적인 이윤동기가 부여되고 시장경쟁이 도입되었지만 행정적 명령적 시스템 그 자체가 유지되고 있었기 때문에 그 효과는 미약하였다.

이러한 상태에서 소련형 사회주의에서는 기술진보가 지체되어 생산요소의 더 많은 투입을 통해서 경제성장이 이루어지는 외연적 성장 체제가 자리잡았다. 크루그만은 소련 경제가 이러한 외연적 성장의 한계로 장기침체에 빠지고 그 결과 붕괴하였다고 지적한 바 있다. 사회주의혁명 이후 초기의 고성장이 후기의 저성장과 장기침체로 전화된 것은 혁신이 결여한 상태에서 진행된 외연적 성장의 한계 때문이라고 할 수 있다. 이러한 외연적 성장체제는 또한 소재와 에너지의 대량소모를 초래하여 사회주의에서 생태위기를 초래한 요인 중의 하나가 되었다.

스탈린 체제의 행정적 명령적 시스템은 결국 사회주의에서 민주주의가 결여되었기 때문에 생긴 것이다. 원래 과학적 사회주의론에서 공산주의로 이행하는 과도기에 요구되었던 노동자계급의 정치적 지배, 즉 프롤레타리아 독재(proletarian dictatorship)가 공산당 일당 독재로 고착되었고, 결국에는 서기장 1인 독재로 전락하였다. 그 결과 프롤레타리아 독재는 '노동자계급에 의한 독재'가 아니라 '노동자계급에 대한 독재'로 전락하고 말았다.

이러한 스탈린 체제 아래 형성된 강력한 관료적 권위주의체제는 비민주적 체제로서 사람들의 개성과 다양성을 무시하고 비판과 토론을 억압하며 참여와 창의를 배제하여 사회와 경제가 역동성을 가지지 못하게 만들었다. 아울러 그러한 정치적 독재체제는 경제활동에서 형성된 위기가 표출되고 자기 교정되는 조절 메커니즘을 자리잡지 못하게 하였다. 중앙집권적 계획과 정치적 독재가 결합된 까닭에 시장과 민주주의 그 어느 것도 존재하지 않아 경제활동과정에서 발생하는 불균형과 대립이 표출되어 해소될 수 있는 계기가 없었다.

독일의 정치경제학자 알트파터(E. Altvater)에 의하면 실존하는 사회주의가 붕괴한 것은 민주주의의 결여로 위기가 은폐됨에 따라 위기의 폭발을 통해 모순이 해결되는 자기교정 메커니즘이 부재하였기 때문이다. 자본주의에서는 경기순환과정에서 공황과 불황기에 나타나는 소위기는 생산시설과 자본의 파괴를 통해 해소되고, 발전모델의 위기인 대위기는 새로운 축적체제와 조절양식을 구축하는 제도재편을 통해 해소된다. 이와는 달리 사회주의에서는 소위기가 회피되고 대위기는 은폐되어 마침내 파국을 맞이하게 되었다.

위기를 통해 창조적 파괴가 이루어져 새롭게 성장하는 자본주의와 대조적으

로 사회주의는 위기 없이 파괴되어 최종적 위기인 체제위기를 맞이하였다. 위
기를 통해 진화한 자본주의와 달리 위기가 없는 사회주의는 진화가 봉쇄되었다.
그 결과 사회주의는 선진사회주의로 발전하지 못하고 오히려 퇴화하여 자본주
의와의 체제경쟁에서 패배하고 마침내 붕괴하였다.

더 읽을거리

■ 로빈 블랙번 엮음. 1994, 『몰락 이후: 공산주의의 패배와 사회주의의 미래』(김영희
　　외 옮김), 창작과비평사.

서울사회과학연구소. 1991, 『사회주의 이론·역사·현실』, 민맥.

에릭 홉스봄. 1997, 「16장 사회주의의 종식」, 이용우 옮김, 『극단의 시대: 20세기
　　역사(하)』, 까치.

에티엔 발리바르 외. 1992, 『맑스주의의 역사』(윤소영 엮음), 민맥.

임지현. 2000, 「해방에서 동원으로: 제3세계와 반서구적 근대화론으로서의 사회주
　　의」, 에릭 홉스봄 외 지음, 임지현 엮음, 『노동의 세기』, 삼인.

칼 하인츠 그래페. 2000, 「동유럽의 개혁공산주의」, 에릭 홉스봄 외, 『노동의 세기』
　　(임지현 엮음), 삼인.

캘리니코스. 1993, 『역사의 복수』(김택현 옮김), 백의.

B. A. 메드베제프 1990, 「서론」, 이항재 옮김, 『정치경제학 교과서 2』, 사상사.

H. 마르쿠제. 2000, 『소비에트 마르크스주의: 비판적 분석』(문현병 옮김), 동녘.

제23장
새로운 경제체제와 대안적 발전모델

자본주의에 대한 대안적 경제체제로 성립하였던 역사적 사회주의가 붕괴한 이후 지구촌은 자본주의로 통일되어가고 있다. 사회주의 체제 몰락 이후 '적이 없는 자본주의'는 모순에 찬 신자유주의적 글로벌 자본주의로 발전하고 있다. 그러나 21세기 벽두인 현 시점에서 볼 때 이 자본주의는 부익부 빈익빈의 '20 대 80 사회', 파국적 금융위기, 지구촌의 종말을 초래할지 모를 생태위기를 초래하고 있다. 지구촌 주민들이 인간답게 살기 위해서는 이러한 자본주의가 극복되어야 한다.

이러한 문제의식에서 자본주의가 아닌 다른 경제체제를 모색한다면, 실패한 기존의 사회주의가 아닌 새로운 경제체제로는 어떤 것이 가능할까? 이 책의 마지막 장인 여기서는 현재의 자본주의와 기존의 사회주의를 모두 넘어서는 새로운 경제체제의 원리와 대안적 발전모델의 윤곽을 제시하고 그 실현가능성을 탐색하고자 한다.

1. 새로운 경제체제

페레스트로이카의 지향점: '인간적 민주적 사회주의'

1985년경부터 구 소련의 대통령 고르바초프가 주도한 페레스트로이카(perest-roika)의 실험은 기존의 사회주의 체제가 아닌 대안적 경제체제를 모색하는데 많은 시사점을 던져준다. 개혁을 의미하는 페레스트로이카는 실패한 소련 사회주의 70년의 경험에서 도출된 것이기 때문에 반면교사(反面敎師)의 교훈을 준다. 페레스트로이카는 새로운 사회주의상으로서 '인간적 민주적 사회주의'를 지향하였다. 동시에 그것은 생산력과 효율성이 높은 사회주의를 지향하였다. '신사고(new thinking)'로 평가되었던 페레스트로이카가 지향한 새로운 사회주의는 구체적으로 어떤 것인가? 그리고 그것이 던지는 시사점은 무엇인가?

인간적 민주적 사회주의는 행정적 명령적 시스템 혹은 권위주의적이고 관료주의적인 시스템을 가지는 스탈린 체제의 비인간적이고 반민주적 성향에 대한 비판 위에서 제기되었다. 그것은 수단이 아닌 목적으로서의 인간관을 회복하려 하였다. 인간을 당과 국가라는 기계의 나사로 보고 노동자 조직을 이 기계의 전달벨트로 보는 스탈린 체제의 인간관을 배격하고, '만인의 자유로운 발전을 위한 조건으로서의 각 개인의 자유로운 발전'이란 과학적 사회주의 원래의 사상

페레스트로이카: 인간의 얼굴을 가진 사회주의를 향하여

사회주의의 새로운 모습, 그것은 인간의 얼굴을 가진 사회주의이다. 그것은 미래의 사회는 현실적인, 실제로 실현된 휴머니즘이라고 한 맑스의 사상에 완전히 부합하는 것이다. 그리고 이러한 사회의 창조가 바로 페레스트로이카의 주요한 목표라는 점에서 우리는 인간적인 사회주의를 건설해가고 있다고 완전한 근거를 가지고 말할 수 있다.

우리의 임무는 물론 단지 이 개념을 선언하는 데 있지 않다. 중요한 것은 그것 자체는 수단이 되고 인간이 목적이 되는, 그리고 인간중시의 방향으로 사회제도 전체의 전환을 실제로 보장하는 사회·경제구조 및 정치구조를 만들어냄으로써 사회주의를 실제로 쇄신하는 것이다.

사회구조의 이러한 인간화는 인류애나 도덕적 명령의 요구에만 답하는 것은 아니다. 그것은 오늘날 우리 사회에서 경제적 및 사회적 필연성이, 그리고 사회발전의 요건이 되었다.

페레스트로이카는 다음을 보여주었다. 즉 인간을 책임 있는 활동주체로서 모든 국가적, 사회적 사업에 실질적으로 참여시키는 것에 의해서만 인간의 소외, 일반적인 이해와 개인적인 이해 사이의 괴리를 극복하고 사회생활의 모든 영역에서 개인의 활동성을 고양할 수 있다는 것이다.

고르바초프, 「사회주의사상과 혁명적 페레스트로이카」, 계간 ≪사상문예운동≫ 편집부, 『사회주의 대개혁의 논리』, 1990, 38-39쪽.

을 구현할 것을 주장하였다. 이는 공동체 우위라는 구실 아래 개인의 자유가 제한되고 개성이 무시된 '병영적 사회주의'를 비판하는 것이다.

아울러 자산상의 자립성과, 개성의 전면적 발달과 능력개발에 필수적인 물질적 충족이 전제되어야 인간의 발달이 가능하다는 점을 강조하였다. 이는 결국 낮은 생산력 상태에서 사회적 소유란 이름 아래 개인적 소유가 배제됨으로서 인간의 발달이 지체된 사회주의 현실을 비판하는 것이다. 개인이 자산상의 자립성을 가지기 위해서는 사적 소유와 개인적 노동을 통해 생산물을 개인이 취득하는 방식과, 공동소유 아래에서 노동자들이 기업의 의사결정에 참여하여 생산수단을 관리하고 노동과정을 통제하며 잉여생산물을 처분하는 권리를 가짐으로써 개인적 소유를 실현하는 방식 두 가지가 있을 수 있다. 페레스트로이카는 전자를 배제하지는 않았지만 후자의 방식을 선호하였다.

인간적 민주적 사회주의는 스탈린 체제하에서 상실되었던 휴머니즘과 민주주의의 가치관을 복권시키려 했다. 그것은 자유, 평등, 연대의 가치를 지향하였다. 독재자와 당에 의한 초법률적 통치를 배격하고 법치국가를 지지하였으며 공산당의 권력독점을 해체하고 다양한 정치적 세력의 형성과 견해의 표출을 가능하게 하는 정치적 다원주의를 지지하였다.

생산과정에서 정상적인 인간적 조건을 창출하는 생산의 인간화와 노동자가 의사결정에 참여하는 생산의 민주화를 추구하였다. 인간적 권리와 민주적 권리의 보장과 실현을 기술진보와 사회진보의 필수조건으로 간주하였다. 인간적 민주적 사회주의는 경제적 진보와 사회적 진보의 기준을 첫째, 착취와 억압으로부터 인간의 해방에 성공했는가, 둘째, 개인의 자유로운 발전이 보장되고 있는가, 셋째, 경제와 문화의 번영으로 나아가는 데 성공하고 있는가 등으로 설정하였다. 요컨대, 인간해방, 개인의 자유의 확대, 생산력수준과 문화수준의 향상 등을 진보의 기준으로 삼았다. 이는 사회주의를 물질적 생산, 민주주의, 개인의 최고의 발전과 연관지은 맑스와 엥겔스의 사상을 구현하자는 것이다.

인간적 민주적 사회주의는 중앙집권적인 사회가 아니라 분권적이고 자주관리적인 사회를 지향하였다. 이는 자본주의 이후 사회를 '자유로운 생산자 연합' 사회로 규정한 맑스의 비전에 따르는 것이다.

경제체제의 측면에서 인간적 민주적 사회주의는 어떤 관점을 가지고 있었던가? 첫째, 소유에 대한 관점. 스탈린 체제하에서 국가적 소유를 사회주의적 소유의 가장 중요한 형태로 보고 가능한 한 그것을 확대하였던 정책은 잘못이었다. 국가적 소유, 협동조합적 소유, 노동집단 소유, 사적 소유 등 다양한 소유형태가 동등한 권리를 가져야 하며 서로 다른 소유형태들간에 경쟁이 이루어져야 한다. 이러한 다양한 소유형태에 기초하여 다양한 경제활동이 전개되어야 한다. 이를 사회주의적 소유와 경제활동의 다양성에 관한 명제라 한다. 그런데 실제의 페레스트로이카 전개과정에서는 협동조합적 소유에 대한 강조가 많이 이루어졌다.

둘째, 계획에 대한 관점. 중앙집권적 계획이 자원을 효율적으로 배분하지 못하고 인간의 다양한 욕구를 충족시키는 데 실패했다. 사회주의 경제를 단일의 대공장으로 파악하는 명제는 오류이다. 따라서 단일공장 개념에 기초한 중앙집권적 계획은 부적합하다. 따라서 효율적 경제운영을 위해서는 계획과 시장이 결합되어야 한다. 계획과 시장은 양립가능하며 양자가 결합되면 상호보완적일 수 있다. 헝가리 경제학자 코르나이(J. Kornai)가 묘사한 대로 인체에 비유하자면 계획은 중추신경계이고 시장은 자율신경계이다. 계획의 경우에도 위로부터의 계획화인 중앙집권적 계획(central planning) 대신 밑으로부터의 계획화인 민주적 계획(democratic planning)이 필요하다.

셋째, 시장에 대한 관점. 사회주의에서 상품·화폐 관계와 시장을 배제할 수 있다는 것은 공상적이며 상품생산에 대한 부정적 태도는 오류이다. 시장은 자본주의 경제체제에 고유한 것이 아니라 모든 경제체제에 공통적인 시스템이다. 시장은 생산의 신축적인 조정과 욕구의 신속한 충족을 위한 달리 대체할 수 없는 수단이다. 시장은 경쟁을 통해 상품의 질을 향상시키고 생산비를 낮추는 중요한 수단이다. 시장을 통한 상품생산이 경제적 진보를 촉진시킨다. 이러한 인식에 기초하여 '계획적으로 규제되는 사회주의 시장', '조정된 시장경제', '계획에서 시장으로' 등의 사고들이 제시되었다. 시장의 부정성에 대한 강조로부터 그 긍정성에 대한 강조로 관점이 크게 바뀌었다. 요컨대, 페레스트로이카의 경제개혁은 '사회주의적 시장경제' 혹은 '시장사회주의'를 기조로 하는 새로운 경제체제를 지향하였다.

넷째, 노동해방의 관점. 생산수단에 대한 사적 소유, 즉 사유재산제도가 폐지되고 노동자 국가가 법적으로 선포되었다고 해서 곧 노동해방이 이루어지는 것은 아니다. 노동자들이 기업의 의사결정에 참가함으로써 생산수단을 관리하고 노동과정을 스스로 통제하며 잉여생산물을 처분할 수 있는 권리를 가질 때 비로소 노동해방이 이루어졌다 할 수 있다. 그런데 앞서 지적했듯이 중앙계획경제의 행정적 명령적 시스템을 통해 노동에 대해 당과 국가의 지령이 전달되고 군대식 규율이 부과되었다는 점에서 노동의 군사화가 나타났다. 노동은 경제성장을 위한 동원의 대상이었다. 이러한 병영적 사회주의에서 노동은 사실상 강제적 노동이었다. 따라서 행정적 강제와 종속에 의하지 않고 개인적 이해와 의식적 규율에 의해 움직이는 자유로운 노동으로 전환되어야 노동해방을 말할 수 있다.

이와 같이 페레스트로이카가 지향한 인간적 민주적 사회주의는 소유, 계획, 시장, 노동해방에 대한 관점이 그 이전의 소비에트 사회주의에 비해 크게 달라졌다. 경제체제에 대한 이러한 변화된 관점은 소비에트 중앙계획 사회주의의 내부모순과 당면한 위기를 극복하려는 실천적 노력 과정에서 제기된 것이라 그만큼 현실성을 가진다. 이러한 관점은 자본주의를 넘어서는 새로운 경제체제를 모색하는 데 좋은 참고가 될 것이다.

새로운 경제체제의 가능성

현 단계에서 자본주의를 넘어서면서 기존의 사회주의가 아닌 새로운 경제체제를 전망한다면 어떤 것이 가능할까? 현대자본주의의 발전 추세에 비추어 예컨대, 앞으로 30년 이내의 가까운 장래에 어떤 새로운 경제체제가 실현 가능할까?

새로운 경제체제를 모색하기 위해서는 우선 다음과 같은 사항을 염두에 둘 필요가 있다. 첫째, 새로운 경제체제는 현대자본주의가 도달한 성과 위에 그것을 지양[1]한 형태로 구축될 수 있다는 점, 둘째, 새로운 사회의 맹아는 현존 사회의 틈새에서 형성되고 있다는 점, 셋째, 역사적 사회주의에서 이미 검증된 사실을 받아들여야 한다는 점, 넷째, 페레스트로이카 과정에서 제기된 '신사고'를

---

1) 여기서 지양(止揚)이란 말은 기존 사회의 긍정적 요소를 계승하고 부정적 요소를 배제하여 보다 수준 높은 사회로 나아가는 것을 의미한다.

충분히 참고해야 한다는 점 등이다.

첫째 사항과 관련해서 보자면, 무엇보다 현대자본주의 기술 패러다임의 기초 위에서 새로운 경제체제가 구축될 것이라는 점을 지적할 수 있다. 즉 디지털 기술 혹은 정보기술은 새로운 경제체제에서도 그대로 지속될 것이다. 디지털 경제와 지식기반경제는 새로운 경제체제의 주요 구성요소가 될 것이다. 아울러 현대자본주의에서 크게 증대한 사람들의 욕구의 다양성과 가변성, 사회생활의 복잡성이란 전제 아래 새로운 경제체제의 운영원리가 설정되어야 할 것이다. 또한 새로운 경제체제는 정보의 글로벌화와 글로벌 경제의 형성이라는 조건 아래에서 작동하게 될 것이다.

둘째 사항과 관련해서 본다면, 독일의 노사공동결정제, 스웨덴의 임노동자 기금, 미국의 종업원지주제도, 스페인의 몬드라곤(Mondragon) 협동조합 등과 같은 노동자 참가와 노동자 소유제도들은 새로운 경제체제의 요소들이 이미 자본주의 안에서 제한된 형태로 혹은 고립된 형태로 출현하고 있음을 말해준다. 아울러 스웨덴의 볼보자동차 공장에서 전형적으로 나타난 바 있는 포스트 포드주의적 노동과정에서는 구상과 실행이 통합되고 노동자의 직무 자율성이 실현되고 있어 자본주의적 노동과정을 넘어서는 대안적 노동과정의 요소를 보여주고 있다.[2] 디지털혁명이 초래하고 있는 조직의 분권화와 자율화는 새로운 경제체제의 주요 원리가 될 것이다.

셋째 사항과 관련해서는 다음과 같은 사실들에 대한 확인이 필요하다. 즉 사회적 소유를 곧 국가적 소유로 등치해서는 안된다는 사실, 정치적 독재체제 아래 명령적 행정적 시스템을 가진 중앙집권적 계획경제는 비효율적이라는 사실, 개인적 소유가 부정되는 경제체제는 지속가능하지 않다는 사실, 시장기구 없는 경제운영을 생각할 수 없다는 사실 등을 지적할 수 있다. 따라서 자본주의를 넘는 새로운 경제체제에서는 민주주의가 실현되고 시장기구가 작동하며 개인적 소유가 실현되어야 지속가능하고 효율적일 수 있다는 점이 확인되어야 한다.

---

[2] 1990년대 들어와서 경쟁과 효율성을 일방적으로 강조하는 신자유주의가 지배함에 따라 현재 이러한 대안적 노동과정이 큰 성과를 내지 못하고 위기에 처해 있는 것이 사실이다. 그럼에도 불구하고 대안적 노동과정이 공평성 실현 속에서도 전형적인 자본주의적 노동과정에 못지않은 효율성을 보여주었다는 점은 과소평가될 수 없다.

〈그림 23.1〉 서로 다른 경제체제의 구도

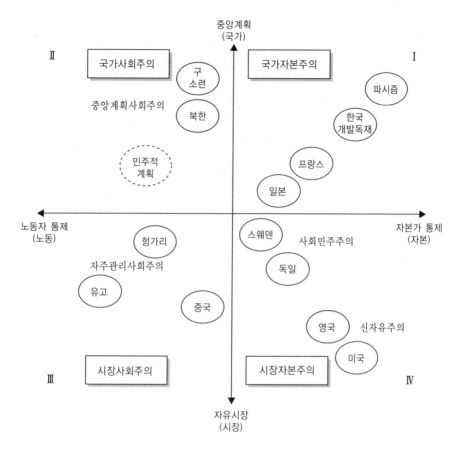

넷째 사항과 관련해서 페레스트로이카가 지향한 '인간적 민주적 사회주의'는 새로운 경제체제 구축에 반영될 필요가 있다는 점을 지적할 수 있다. 새로운 경제체제에서는 인본주의와 민주주의, 자유와 개성, 정치적 다원주의 등이 구현되어야 한다. 이와 함께 새로운 경제체제에서는 다양한 소유형태들간에 대등한 권리가 보장되고, 계획과 시장을 결합하며, 국가에 의한 공적 관리와 노동자 자주관리를 결합하는 경제운영원리가 정착되어야 한다.

이상과 같은 사항들을 고려하여 21세기 가까운 장래에 새로운 경제체제를 모색할 경우, 20세기를 통해 존재한 서로 다른 경제체제들의 특성을 비교 검토

할 필요가 있다. 왜냐하면 새로운 경제체제는 기존의 혹은 현존하는 경제체제의 토대 위에 형성될 것이기 때문이다. 20세기에 존재해온 경제체제의 구도는 대략 <그림 23.1>과 같이 나타낼 수 있다. 여기서 제시된 구도는 경제체제를 구분하는 두 가지 기준에 따라 작성된 것이다. 하나는 거시적 경제운영에서 계획이냐 시장이냐 하는 기준이고, 다른 하나는 미시적 기업운영에서 자본가 통제냐 노동자통제냐 하는 기준이다. 그림에서 Y축은 한 극을 중앙계획, 다른 한 극을 자유시장으로 설정하는 '계획 대 시장'을 나타내는 축이다. Y축의 원점 위쪽으로 갈수록 계획의 집권화가 강하고, 원점에 가까울수록 분권화가 강하다. Y축의 원점 아래쪽으로 갈수록 시장에 대한 규제가 없고, 원점에서 가까울수록 시장에 대한 규제가 강하다.

X축은 한 극을 완전한 노동배제적 자본가 통제, 다른 한 극을 완전한 노동자 통제로 설정하는 '자본가통제 대 노동자통제'를 나타내는 축이다. X축 원점에서 오른쪽으로 갈수록 자본가의 전제지배가 강하고 원점에 가까워질수록 노사공동결정의 성격이 강하다. X축 원점 왼쪽으로 갈수록 노동자 자주관리의 성격이 강하고 원점에 가까울수록 노동자 통제가 약하고 국가관리의 성격이 강하다.

그림의 좌우를 가르는 Ⅰ·Ⅳ 상한이 자본주의 체제이고, Ⅱ·Ⅲ 상한이 사회주의 체제이다. 그림의 상하를 가르는 Ⅰ·Ⅱ 상한이 국가주의 체제이고, Ⅲ·Ⅳ 상한이 시장주의 체제이다. 따라서 경제체제의 전체적 구도는 '자본 대 노동'이라는 주체와, '국가 대 시장'이라는 제도의 조합으로 표시할 수 있다. Ⅰ 상한은 국가자본주의(state capitalism), Ⅱ상한은 국가사회주의(state socialism), Ⅲ상한은 시장사회주의(market socialism), Ⅳ상한은 시장자본주의(market capitalism) 영역을 나타낸다.

강한 자본가 통제와 중앙집권적 통제경제(command economy)가 결합된 것이 전전 독일형 파시즘 체제이다. 강한 자본가 통제와 자유시장이 결합된 것이 미국형 신자유주의 체제이다. 매우 약한 노동자통제와 중앙집권적 계획경제가 결합된 것이 소비에트의 중앙계획사회주의 체제이다. 강한 노동자통제와 규제된 시장이 결합된 것이 유고슬라비아의 자주관리사회주의 체제이다. 스웨덴의 사회민주주의 체제는 원점 근방에 위치하며, 노사공동결정제도가 존재하는 전후 독일은 스웨덴의 우하방 가까운 곳에 위치한다. 헝가리의 시장사회주의는 유고슬라비아의 우상방에 위치한다. 현재 중국은 시장경제가 크게 강화되어 있으므로 유고슬라비아의 우하방에 위치한다. 북한은 소비에트 체제에 가깝다. 강한 자본가 통제와 국가계획이 실시되었던 1987년 이전의 한국의 개발독재체제는 파시즘에 가깝게 위치한다. 국가계획이 실시되었던 프랑스와 산업정책이 강하게 작용했던 일본은 각각 한국의 개발독재체제의 좌하방에 위치한다. 기존의 중앙계획사회주의에 대한 대안으로 제시되었던 민주적 계획은 구 소련과 북한의 좌하방에 위치시킬 수 있다.

현 단계의 자본주의가 신자유주의적 글로벌 자본주의로 발전하고 있는 가운데 다수의 자본주의 국가들은 미국의 신자유주의 체제에 가까워지는 경향이 있다. 그러나 영국, 독일, 프랑스 등의 유럽 국가에서는 사회민주당(혹은 노동당)이 집권하여 복지국가를 지향하는 기존의 사회민주주의 체제와 자유시장경제를 지향하는 신자유주의체제 둘 모두를 넘어서려는 '제3의 길(the third way)'이 모색되고 있다. 영국의 저명한 사회학자 기든스(A. Giddens)가 주창하고 영국 수상 토니 블레어(T. Blair)가 앞장서 실천하고 있는 '제3의 길'이 과연 새로운 경제체제로 나아가는 것인가 아니면 단순한 절충인가가 논쟁중이다.

사회주의의 경우 소련과 동유럽의 국가 사회주의와 유고와 헝가리의 시장사회주의가 모두 실패하고 중국의 시장사회주의가 고성장을 지속하고 있지만 사실상 자본주의화되고 있다. 중국에서는 현재 자본주의 경제 못지않은 대량실업, 부패, 심각한 지역간 격차와 빈부격차 등의 모순들이 나타나고 있다.

새로운 경제체제의 원리: 소유관계, 조정양식, 통제양식

이상과 같은 20세기까지의 경제체제의 구도에 비추어 자본주의를 넘는 새로운 경제체제는 어떤 모습으로 실현될 수 있을까? 소유관계, 조정양식, 통제양식 등의 측면에서 새로운 경제체제의 원리를 보기로 하자.

소유관계의 측면에서 새로운 경제체제는 '공동소유하의 개인적 소유'가 실현되는 시스템을 생각할 수 있다. 자본주의적 사적 소유의 출현에 따라 부정된 개인적 소유를 공동소유라는 더 높은 차원에서 실현하는 것이다. '공동소유하의 개인적 소유'의 실현이란 노동자 개인들이 자유로운 공동의사결정에 기초해서 자신들의 공동노동을 통제할 수 있는 상황을 말한다. 다시 말해서 노동자들의 공동소유 아래에서 노동자들이 기업의 의사결정에 참여하여 생산수단을 관리하고 노동과정을 통제하며 잉여생산물을 처분하는 권리를 가지는 것을 말한다.

이러한 개인적 소유는 기업의 생산활동에 대한 중앙집권적 국가통제 아래에서는 실현될 수 없다. 그리고 경영자 통제 혹은 관리자 통제 아래에서는 실현될 수 없다. 공동소유 아래 개인적 소유가 실현되려면 노동자통제가 이루어져야 한다. 이러한 노동자통제가 행해지는 기업을 자주관리 기업이라 한다.

자주관리 기업은 기업의 경영권이 오로지 노동자에게 있는 기업이다. 자주관리 기업의 경우 경영권이 소유자의 지위로부터 나오는 것이 아니라 노동자의 지위로부터 나온다. 자주관리 기업은 의사결정이 자본소유자나 그 대리인에게 있는 자본주의적 기업과도 다르고, 국가가 기업을 소유하고 국가가 임명한 대리인이 기업을 운영하는 사회주의적 기업과는 다르다.

어떤 경제체제이든 생산과 소비, 공급과 수요 등 경제주체들의 행위를 조정해주는 메커니즘이 존재해야 한다. 앞서 제7장에서 보았듯이 이를 조정양식(mode of coordination)이라 한다. 지금까지 자본주의의 조정양식은 기본적으로 시장이었고 사회주의의 조정양식은 기본적으로 계획이었다. 조정양식의 측면에서 새로운 경제체제는 계획과 시장 둘 중의 어느 하나를 선택할 수 있다. 생산수단의 사회적 소유 아래에서 계획을 선택할 경우 중앙계획 사회주의가 되고, 시장을 선택할 경우 시장사회주의가 된다.

소련에서 나타난 바 있는 중앙계획 사회주의는 심각한 부족, 불균형, 자원낭비 등이 발생하는 비효율적인 체제임이 증명되었다. 만델은 소련형 사회주의 경제의 비효율은 중앙계획 그 자체 때문이 아니고 관료적 계획(bureaucratic planning) 때문이라고 주장하였다. 여기서 관료적 계획이란 정치적 독재와 국가적 소유와 결합된 중앙계획이다. 만델은 이러한 관료적 계획 대신 민주적 계획(democratic planning)을 새로운 조정양식으로 제시하였다. 민주적 계획은 민주적 정치체제 및 공공적 소유와 결합된 중앙계획이다. 민주적 계획은 관료적 계획에 비해 효율적일 것이라는 것이 만델의 생각이다. 민주적 계획에서는 총투자, 성장, 고용, 물가 등과 같은 국민경제수준의 거시적 의사결정과 소수의 중요한 기업수준의 미시적 의사결정을 중앙계획기구가 한다.

이에 반하여 노브(A. Nove)는 소련경제의 비효율은 정치적 독재와 관료제 때문이 아니라 중앙계획 그 자체 때문에 발생하였다고 주장한다. 그에 의하면 수백만의 제품이 생산되고 수십 억의 거래가 이루어지는 현대경제에서는 중앙계획이 결코 효율적일 수 없다. 그리고 수많은 기업들과 수많은 인구를 가진 경제에서는 민주적 계획은 사실상 불가능하다. 민주적으로 선출된 대표는 경제정책의 대략적인 우선 순위 정도는 정할 수 있을지 몰라도 최선의 기술을 선택할 수 없다. 계획은 결국 중앙계획으로 되지 않을 수 없다. 노브는 시장사회주의를 대안으로 제시한다.

유고슬라비아에서 실험된 바 있는 시장사회주의는 중앙계획 사회주의의 문제인 비효율과 인센티브 결여의 문제는 해결하였지만,[3] 자본주의 시장경제와 같은 실업, 인플레이션, 불평등의 문제들이 발생하였다. 시장사회주의에서도 자본주의에서처럼 시장실패가 나타난 것이다. 유고의 시장사회주의의 경우 노동자 자주관리 기업들이 시장 시스템을 통해 조정되고 있었다. 거기에서는 자본주의에서처럼 노동자에 대한 착취가 없고 중앙계획 사회주의의 문제들도 발생하지 않았다. 그러나 유고의 자주관리 기업에서는 노동자들의 기업이기주의가 출현하여 대기업의 경우 독점가격을 설정하고 환경오염을 발생시키기도 하였다. 시장사회주의에서 시장경쟁으로 인한 실업과 불평등과 불안정이 사회주의를 침식하여 점차 자본주의화하는 경향이 나타났다.

중앙계획 사회주의와 시장사회주의가 각각 문제점이 있다고 한다면 그러한 문제점들을 해결할 수 있는 제3의 대안은 있는가? 기본적 조정양식으로서 계획도 아니고 시장도 아닌 다른 조정양식을 생각하는 것은 불가능하다. 계획도 없고 시장도 없다면 개별 생산단위의 경제활동들이 사회 전체적 수준에서 조정되는 아무런 메커니즘이 없기 때문에 경제가 유지될 수 없다. 중앙계획도 없고 시장도 없는 상태에서 노동자 자주관리 기업이 스스로 계획하고 다른 기업들과 자발적으로 협력한다는 것은 실현불가능한 유토피아이다. 즉 소규모 공동체 경제가 아닌 현실의 국민경제에서 중앙계획도 시장도 없는 자유로운 생산자연합이란 것은 공상에 불과하다.

---

3) 그러나 기업의 수익이 노동자들의 소비기금 형태로 소진되어버리는 현상이 나타났다. 따라서 노동자들이 단기적 소비를 하는 것을 억제할 수 있는 인센티브 문제가 발생하였다.

따라서 중앙계획과 시장을 결합하는 방안을 생각해볼 수 있다. 중앙계획이 가지는 비효율과 인센티브 결여 문제는 노동자 자주관리 기업이 경쟁적 시장에서 무엇을 얼마만큼 어떠한 방법으로 생산할지를 결정할 수 있게 하면 해결될 수 있다. 이때 시장경쟁으로 인해 발생하는 문제는 중앙계획을 통해 해결할 수 있다. 즉 실업과 인플레이션을 방지하기 위해서는 중앙계획기구가 총투자 수준을 기획하고 조정한다. 이를 위해 정부가 직접 투자하는 방식이나, 재정금융정책을 통해 노동자 자주관리 기업의 투자결정에 영향을 미치는 방식을 사용할 수 있다. 총투자 증대를 통해서도 해결할 수 없는 실업을 해소하기 위해서 중앙정부와 지방정부가 일자리 창출을 위한 정책을 실시한다. 대기업의 독점가격 설정을 방지하기 위해서는 정부가 직접적으로 가격통제를 실시한다. 산업안전과 환경오염에 대한 정부 규제를 실시한다. 생산물은 상품화되지만 노동력, 토지, 화폐는 상품화되지 않는다.

새로운 경제체제에서의 통제양식은 어떠한가? 정치적 민주주의 아래 기간산업을 국가가 소유하고 국영기업에서 노동자가 의사결정에 참가한다. 위에서 제시한 자주관리 기업이 효과적으로 운영되기 위해서는 노동자들의 의사결정 참가에 대한 책임을 부과하는 시스템과 기업이기주의를 감시할 수 있는 모니터링 시스템이 도입되어야 한다. 그러한 시스템은 모든 노동자 자주관리 기업의 이사회에 정부대표와 시민사회 대표가 참가함으로써 구축될 수 있다. 이때, 기업에 대해 노동자통제와 국가통제 그리고 시민사회에 의한 통제가 결합된 민주적 통제 (democratic control)체제가 확립될 수 있다. 결국 노동자 자주관리 기업의 의사결정에 노동자, 국가, 시민사회가 참가하는 기업지배구조를 형성시켜야 한다.

요컨대, 계획과 시장이 결합된 새로운 경제체제에서는 공동소유 아래 개인적 소유가 실현되고 중앙계획, 노동자 자주관리, 시장이 결합된 조정양식이 작동하며 노동자통제, 국가통제, 시민사회통제가 결합된 통제양식이 정착된다. 이러한 새로운 경제체제는 집권적인 중앙계획 사회주의에 비해 분권적이고 자주관리적이다.

이러한 새로운 형태의 자주관리 사회주의는 디지털 기술이 가져다주는 조직의 분권화와 자율성 증대 경향으로 인해 그 실현가능성이 훨씬 높아졌다. 인터넷을 통해 효율적이고 민주적인 계획을 수립할 수 있는 가능성이 증대했으며, 네트워크를 통한 참여가 자주관리를 위한 기술적 기초를 제공하고 있다. 또한 시민사회의 발전은 경제에 대한 민주적 통제의 가능성을 높이고 있다. 이를 통해 새로운 경제체제는 시장사회주의에서의 시장실패를 방지할 수 있다.

2. 대안적 발전모델

새로운 축적체제

자본주의를 넘는 새로운 경제체제에서는 어떠한 축적체제와 조절양식 그리고 사회 패러다임이 구축되어야 할 것인가? 새로운 경제체제에 적합한 대안적 발전모델은 무엇인가? 기존의 사회주의 발전모델과 현대자본주의의 신자유주의적 발전모델을 넘어서는 새로운 발전모델은 무엇인가? 여기서 먼저, 대안적 발전모델은 노동생활의 질과 삶의 질을 높이는 방향으로 설정되어야 한다는 원칙을 설정할 필요가 있다.

먼저 새로운 경제체제에서의 축적체제는 어떻게 구축되어야 하는가? 축적체제의 미시적 기초인 노동과정과 생산체제를 먼저 살펴보자. 대안적 노동과정은 자본주의적 노동과정을 넘어서는 것이어야 한다. 자본주의적 노동과정은 구상과 실행의 분리, 노동의 탈숙련화, 자본가 통제 등으로 특징지어진다. 이와 달리 대안적 노동과정은 구상과 실행의 통일, 노동의 재숙련화, 노동자통제라는 세 가지 요소를 포함해야 한다. 생산현장 노동자들이 구상기능을 수행하고 노동의 복잡도가 증대하며, 지식화가 진전되고 노동자들이 자신의 노동과정을 스스로 통제하는 것이 대안적 노동과정의 내용이다.

대안적 노동과정에서 수행되는 노동은 지식노동이다. 이러한 노동과정은 테일러주의를 넘어서는 반테일러주의(Anti-Taylorism) 혁명을 통해 실현될 수 있다. 현재 급속히 발전하고 있는 정보기술은 노동의 탈숙련화보다는 노동의 재숙련화(reskilling)를 가져다 줄 것으로 기대된다. 쌍방향의 의사소통을 가능하게 하는 디지털 기술은 노동자통제의 가능성을 크게 증대시키고 있다.

대안적 노동과정을 위해서는 디지털 경제와 지식기반경제가 요구하는 정보처리 능력과 지식을 갖춘 노동자 즉 지식노동자가 창출되어야 한다. 그러기 위

〈표 23.1〉 자본주의적 노동과정과 대안적 노동과정

자본주의적 노동과정	대안적 노동과정
구상과 실행의 분리	구상과 실행의 통일
노동의 탈숙련화	노동의 재숙련화
자본가통제	노동자통제
테일러주의	반테일러주의

해서는 노동의 복잡도를 높이고 지식화하는 교육훈련이 실시되어야 한다. 반테일러주의 혁명을 위해서는 다기능(multi-skilling)의 지식노동을 창출하는 노동력 재생산과정의 혁명이 필요하다.

대안적 노동과정과 함께, 선진자본주의에서 광범하게 출현한 포드주의적 대량생산체제를 넘어서 포스트 포드주의적 신생산체제(new production system)가 구축되어야 한다. 이미 선진자본주의 내부에서 형성되고 있는 신생산체제에는 유연자동화 기술과 장인적 숙련에 기초하여 다품종을 신축적으로 생산하는 유연전문화(flexible specialisation)(북부 이탈리아), 고숙련에 기초하여 고부가가치 제품을 생산하는 고품질 생산(quality production)(독일), 무재고의 적기생산(JIT: Just-In-Time)이 이루어지는 린생산(lean production)(일본), 고숙련노동자들로 구성된 자율적인 작업집단의 팀 작업이 이루어지는 팀생산(team production)(스웨덴) 등의 생산방식들이 존재한다.

요컨대, 신생산체제는 '유연한 고품질 생산(flexible quality production)' 체제라 할 수 있다. 정보기술은 유연한 고품질 생산체제의 구축을 가능하게 한다. 대량생산체제의 기업조직이 집권적이고 위계적인 것과는 달리 신생산체제에서 기업조직은 분권적이며 덜 위계적이다. 기업 내 정보의 흐름은 대량생산체제에서는 일방적이며 수직적이었으나 신생산체제에서는 쌍방향적이며 수평적이다. 대안적 노동과정에 기초하여 형성되는 이 신생산체제의 특징을 말해주는 키워드로는 노동자의 고숙련, 작업조직의 유연성, 기업조직의 분권화, 노동자의 자율성 등을 들 수 있다. 따라서 신생산체제가 구축되어 있는 노동자 자주관리 기업은 진정한 의미의 민주적 기업(democratic firm)이 될 수 있다. 신생산체제의 민주적 기업에서 노동자는 지식노동자이고 소유자이다.

〈그림 23.2〉 지식주도 축적체제의 거시경제적 회로

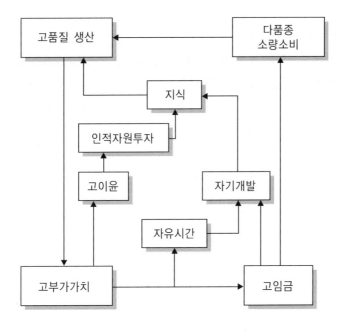

　　신생산체제에 기초하여 새로운 축적체제가 구축되어야 한다. 새로운 경제체제에서의 축적체제는 신자유주의적 자본주의의 금융주도 축적체제를 넘어서서 '지식주도 축적체제(knowledge-led accumulation regime)'가 될 것이다. 지식주도 축적체제는 축적과 성장에서 지식이 결정적인 중요성을 가지는 축적체제이다. 지식에 기초한 고품질 생산이 고부가가치를 창출하고, 고부가가치가 고임금 지급을 가능하게 한다. 고임금은 한편으로는 하이테크 제품의 다품종 소량소비를 가능하게 하고 다른 한편으로는 노동자들이 자신의 지식을 향상시키기 위한 자기개발을 받을 수 있도록 한다. 다품종 소량소비는 고품질 생산을 가능하게 한다. 고부가가치는 고이윤을 가능하게 하고 고이윤에 기초하여 노동자에 대한 기업의 인적자원투자가 이루어져 지식축적을 가능하게 한다. 다른 한편 고부가가치의 일부가 노동시간 단축과 자유시간 확대로 연결되어 자유시간을 통해 노동자들이 자기개발을 할 수 있다. 지식주도 축적체제의 거시경제적 회로는 <그림 23.2>와 같다. 지식주도 축적체제는 이미 신자유주의적 자본주의에서 지식기반경제가 출현하고 있기 때문에 실현 가능하다.

지식주도 축적체제가 직면하는 최대의 문제는 지식격차와 디지털 격차이다. 지식수준이 낮고 디지털 기술에 접근하지 못하는 사람들은 이 축적체제에서 배제된다. '20 대 80 사회'처럼 만약 대다수의 사람들이 이 축적체제에서 배제되면 이 축적체제는 정당성을 상실하고 정치적 불안에 빠져들 수 있다. 따라서 지식주도 축적체제가 정당성을 가지고 지속가능하기 위해서는 지식격차와 디지털 격차를 해소하는 정책이 필수적이다.

새로운 조절양식: 대안적 제도형태들

반테일러주의적 노동과정, 신생산체제, 지식주도 축적체제에 규칙성을 부여하여 그것을 유지하는 조절양식으로는 어떤 것들을 생각해볼 수 있을까? 우선 지식이라는 새로운 결정적인 생산요소의 창출과 확산을 촉진하는 제도적 장치가 필요하다. 고품질 생산을 위한 지식의 창출을 위해서는 과학기술의 진흥을 위한 제도정비와 교육훈련 시스템 구축이 필요하다. 지식의 창출과 확산을 촉진하기 위해서는 기업, 대학, 연구기관, 정부 즉 산학연관(産學硏官)이 유기적으로 결합되어 기술혁신을 선도하는 전국수준의 국가혁신체제(National Innovation System)와 지역수준의 지역혁신체제(Regional Innovation System)를 구축하는 것이 중요하다.

디지털 경제와 지식기반경제의 최대의 모순인 디지털 격차와 지식격차를 축소하기 위해 새로운 연대정책을 실시할 필요가 있다. 정보독점과 지식독점을 해체하고 방지하는 공정경쟁 질서의 수립과 정보빈곤과 지식결핍을 해결하는 새로운 빈곤정책의 수립이 요청된다.

아울러 경제주체들간에 핵심정보의 소통과 암묵적 지식(tacit knowledge)[4]의 확산 통로가 되는 네트워크 구축에 필수적인 신뢰(trust)를 형성하는 것이 중요하다. 신뢰는 시장의 순기능이 발휘될 수 있는 기초이기도 하다. 또한 신뢰는 경제주체들간의 거래비용을 줄이고 협력을 창출하여 가치창출에 기여할 뿐만 아니라

---

4) 암묵적 지식은 명시적으로 체계화될 수 있는 지식이 아니라 개인들 사이의 밀접한 인간관계를 통해서만 획득되는 지식이다.

축적체제를 안정화시킨다. 신뢰형성을 위해서는 사회적 정의가 실현되는 공정한
게임의 규칙이 제정되고 시민사회에서 신뢰문화가 형성되어야 한다.

한편 창출된 고부가가치가 ① 고임금, ② 고이윤, ③ 자유시간 증대로 분배
되는 제도적 장치를 구축해야 한다. 노동자 자주관리 기업에서 노동자들이 이
윤분배제도를 도입하여 고부가가치가 고임금으로 연결되도록 해야 한다. 고임
금이 재화 소비만이 아니라 지식향상을 위한 노동자들의 자기개발에 지출하도

노동시간 단축

오늘날 유럽의 녹색당과 서유럽의 모든 노동조합은 주당 35시간으로 노동시간 단축
을 주장하고 있다. 노동시간의 단축은 당면한 유럽 사회의 고실업 문제를 해결해줄 수
있는 유력한 수단을 제공할 것이라는 믿음에서이다.

프랑스의 경우, 계량 연구 결과에 따르면 현재 주당 39시간의 노동에서 35시간으로의
노동시간 감축은 3년간에 걸쳐 2백만 개 가량의 일자리를 보존하는 효과를 갖는다고 한
다. 노동시간의 감축은 일반적으로 임금의 삭감을 동반한다고 알려져왔는데, 그러나 실
제에 있어 임금삭감 효과는 그리 크지 않을 수도 있다. 프랑스의 경우, 평균적으로 따져
볼 때, 임금삭감 추정액의 70% 가량은 기업의 이윤율이나 경쟁력을 해치지 않으면서도
보존될 수 있다고 한다. 어째서 이런 일이 가능한가?

첫째, 통계적으로 증명된 사실에 따르자면, 노동시간의 2% 단축은 실제 노동량의 1%
감소만을 낳는다. 왜냐하면 한계적 노동시간에서 산업재해가 일어날 확률이 가장 높고,
생산성 역시 낮기 때문이다. 요컨대 노동시간의 감축은 생산성을 증대시킨다.

둘째, 다시 일자리를 보존하게 된 사람들로 인해 실업보험을 포함한 복지비용이 감소
하고, 대신 비용의 분담자가 증대한다. 이런 식으로 실업의 간접비용이 절감될 수 있고
이를 다시 임금을 지불하는 데 사용할 수 있다. 따라서 임금삭감의 크기가 작으면서도
노동시간의 대규모 감축이 가능하다.

한편 이러한 노동시간 감축의 경우, 상대적으로 발생한 시간당 임금상승분이 모든 노
동자들에게 균등 분배되어서는 안된다는 사실이 중요하다. 이득의 보다 많은 부분을 저
임금 노동자를 위해 배려해야 한다. 이는 연대(solidarity)의 정신과도 부합한다. 즉, 임금
중위값의 아래에 위치한 노동자의 경우, 노동시간 감축으로 인한 임금삭감은 전혀 없어
야 하며, 대신 임금 중위값 윗부분에 위치한 노동자들은 누진적으로 임금삭감을 감수해
야 한다.

Lipietz, Alain., *Green Hopes: The Future of Political Ecology*, Polity Press, 1995, p.45-51.

록 하는 인센티브제도가 도입되어야 한다. 지식수준에 따라 임금을 지급하는 지식급(pay for knowledge)과 교육훈련비 지출에 대한 조세지원 등과 같은 인센티브 제도를 생각해볼 수 있다. 노동시간 단축을 제도화하여 고부가가치가 노동시간 단축과 자유시간 확대로 연결되도록 해야 한다.

지식주도 축적체제가 지속되기 위해서는 노동시간 단축이 필수적이다. 그 이유는 두 가지다. 하나는 노동시간을 단축하여 자유시간이 확대되어야 노동자들이 지식향상을 위한 자기개발 시간을 가질 수 있기 때문이다. 노동시간 단축이 노동자들의 지식수준 향상으로 연결되면 고품질 생산이 지속될 수 있다. 이런 점에서 노동시간 단축은 지식주도 축적체제의 호순환을 보장하는 주요 요인이 된다. 다만 여기서 노동시간 단축이 자기개발을 위한 학습시간 증가로 전환되기 위해서는 자유시간을 보내는 사람들의 생활양식의 혁명이 일어나야 한다.

다른 하나는 노동시간 단축을 통한 일자리 나누기(job sharing)로 새로운 일자리를 창출하여 실업을 줄일 수 있기 때문이다. 노동시간 단축은 지식기반경제에서 노동생산성 향상에 따른 고용감소 경향에 대응하여 '일자리 없는 성장(jobless growth)'을 막고 고용지향적 사회(employment-oriented society)를 만들 수 있는 기초가 된다.

노동시간 단축은 대안적 발전모델이 생태적으로 지속가능하기 위해서도 필요하다. 앞의 제19장에서 지적한 것처럼 자본주의 경제체제 내 포드주의적 발전모델은 대량생산과 대량소비를 통해 심각한 생태위기를 초래하였다. 지식과 정보가 주된 투입요소가 되고 지식정보재가 주된 소비대상으로 되는 지식주도 축적체제에서는 소재와 에너지를 적게 사용하는 경향이 있기 때문에 그만큼 환경오염과 생태계파괴 가능성이 적다. 이런 축적체제에서 노동시간이 단축된다면 물질적 재화의 생산과 소비가 줄어들어 생태위기 극복의 길이 열릴 수 있다. 자유시간 동안 노동자들은 상실한 인간적 관계를 회복하며 이웃과 사회를 위한 봉사활동을 하고 독서와 사색을 통해 사회에 대한 인식을 높일 수 있다.

이처럼 노동시간 단축이 일자리를 창출하고 생태위기를 극복하며 삶의 질을 높일 수 있는 유력한 대안이 될 수 있기 때문에 지속가능한 대안적 발전모델 구축에 필수적 요소가 된다. 이런 측면에서 볼 때, 대안적 발전모델은 '지식주도 축적체제'임과 동시에 '자유시간에 기초한 축적체제'이기도 하다.

대안적 발전모델에서는 포드주의 발전모델에서 발생한 복지국가의 위기를 극복하는 복지제도가 구축되어야 한다. 신자유주의적 자본주의에서는 복지국가를 해체하여 복지를 축소하는 방향으로 나아갔지만, 새로운 경제체제의 대안적 발전모델에서는 복지공동체(welfare community)를 구현해야 한다. 기존 사회민주주의의 복지국가는 중앙정부가 실업자, 빈민 등 복지대상자에게 행정관료기구를 통해 일률적으로 현금을 지급하는 사회복지 방식을 취하였다. 이 복지국가에서는 과다한 복지지출과 관료제로 인한 비효율이 발생하였고 복지수혜자의 의존적 성격이 나타났다.

복지공동체는 이러한 복지국가의 위기에 대한 진보적 대안으로 제기된다. 복지공동체는 한편으로는 지방정부와 지역 시민사회의 비정부기구(NGO) 혹은 비영리기구(NPO)가 결합하여 지역공동체 수준에서 실업자와 저소득 빈민에 대해 교육, 의료, 육아, 양로 등과 같은 복지 서비스를 현물급부 형태로 제공한다. 다른 한편으로는 국가부문도 시장부문도 아닌 '제3부문'을 시민사회영역에 창출하여 국가예산의 부분적인 지원 아래 실업자를 고용하여 환경보전과 복지 서비스 분야 등 사회적으로 유용한 활동을 전개한다. 이처럼 복지공동체는 지역수준에서 지방정부와 지역 시민사회가 결합하여 분권적이고 참여적인 복지를 제공하게 된다. 제3부문과 노동시간 단축은 완전고용을 실현하는 데 기여할 것이다.

새로운 경제체제의 대안적 발전모델에서는 국가, 시장, 시민사회의 세 부문이 일정한 균형을 이루며 경제활동을 촉진하고 규제해야 한다. 노동자 자주관리 기업들의 시장경쟁을 통해 경제에 역동성을 부여하면서도 국가의 중앙계획을 통해 거시경제적 순환을 규제하며 국가부문과 시장부문의 경제활동에 대한 시민사회의 민주적 통제가 가해져야 한다. 이러한 조절을 통해 축적체제의 안정성과 공평성이 보장될 수 있다.

마지막으로 현재의 불평등한 국제경제관계를 자기중심을 가지는 국가들간의 호혜적인 관계로 전환시켜야 한다. 신자유주의적 글로벌 자본주의의 국제경제관계는 초국적 금융자본이 지배하는 수탈적이고 불안정한 관계이다. 따라서 호혜적이고 안정적인 새로운 국제경제질서를 수립하기 위해서는 신자유주의적 글로벌 자본주의 그 자체를 극복하지 않으면 안된다. 새로운 국제경제질서는 각 나라에서 새로운 경제체제가 들어서고 그들간의 협력을 통해 국민국가를 넘는 세계적 수준의 규제기구를 설치하여 무역, 금융, 노동, 환경 등에 대한 규제를 실시해야 실현 가능하다. 호혜적 국제경제질서를 수립하는 데 있어서는 각 나라의 경제발전수준의 차이가 고려되어야 하며, 각국의 발전모델의 다양성이 존중되어야 한다.

새로운 사회 패러다임

대안적 발전모델이 지향해야 할 가치관은 무엇인가? 새로운 경제체제의 대안적 발전모델에서의 사회 패러다임은 자본주의에서 나타난 포드주의와 신자유주의의 사회 패러다임을 모두 넘어서는 것이어야 한다. 그리고 기존의 사회주의 체제의 사회 패러다임도 넘어서는 것이어야 한다. 앞에서 지적한 것처럼 사회 패러다임은 무엇이 행복이고 무엇이 진보냐에 대한 사람들의 지배적인 생각을 말한다.

포드주의, 신자유주의, 기존 사회주의 모두가 공통적으로 지향한 사회 패러다임은 생산력주의이다. 더 많은 소비를 행복의 증대로 보고 더 많은 생산을 진보의 가장 중요한 기준으로 보는 것이 생산력주의이다. 이러한 사회 패러다임은 생태위기를 초래한 주요 요인 중의 하나였다. 대안적 발전모델이 지속가능한 발전을 하기 위해서는 생산력주의를 극복해야 한다. 생산력주의를 극복하려면 무엇이 행복이고 무엇이 진보냐에 대한 사람들의 생각이 달라져야 한다.

더 많은 재화의 소비에서 행복을 찾는 것이 아니라 의식주 등 기본적 욕구가 충족된 이후에는 육체적·정신적 건강을 유지하고 가족, 친구, 이웃과 인간적 정을 나누며 남을 위해 봉사하는 생활에서 행복을 느끼는 생활양식의 변화가 나타나야 한다. 물질적 탐욕에서 벗어나 맑은 물과 깨끗한 공기를 마시며 자연과 함께 살아가는 대안적 삶을 추구해야 한다. 생산력의 발전이 아니라 삶의 질 향상이 진보의 기준이 되어야 한다. 그러기 위해서는 생산력주의 대신 생태주의(ecology)가 새로운 사회 패러다임으로 자리잡아야 한다. 생태주의는 인간과 자연은 하나의 통일된 전체이며, 인간이 자연의 일부라는 생각을 가지고 인간과 자연의 공생을 추구하는 삶의 방식이다. 이는 인간과 자연의 조화를 추구한 동양적 가치관과 깊은 관련을 가진다. 생태주의는 지속가능한 발전을 위해 자본주의, 공업주의, 생산력주의 모두를 넘어서려고 한다. 그것은 환경친화적 생산방식과 소비양식 그리고 지역개발방식을 지향한다.

또한 대안적 발전모델은 연대(solidarity)라는 가치를 추구해야 한다. 여기서 연대란 모든 사람들이 사회의 일 구성원으로서 더불어 함께 인간답게 살 권리가 있으며 사회는 그것을 보장해야 한다는 사고방식이다. 모든 국민이 인간답게 살수 있는 국민적 최저수준(national minimum)의 생활이 보장되어야 한다는 것이 연대의 관점이다. 따라서 연대의 가치관은 사회가 승자와 패자로 위계질서가 지워지고 부익부 빈익빈으로 양극화되어 이층사회(two-tier society)나 모래시계형 사회(hourglass society)로 되는 것을 거부한다. 아울러 그것은 신자유주의가 지향하는 시장만능주의, 경쟁·효율성 지상주의, 그리고 차별을 거부하고, 시장에 대한 민주적 통제, 협력과 연대, 공평성, 그리고 동등대우를 추구한다.

새로운 경제체제의 대안적 발전모델에서 추구되는 이러한 연대는 기존의 국가사회주의와 자본주의 복지국가에서 추구된 국가에 의한 국민생활의 보장이라는 국가주의적 연대(statist solidarity)를 넘어서고자 한다. 국가주의적 연대가 초래한 국가에 대한 개인의 종속과 의존심, 관료적 권위주의적 복지 시스템이 초래한 비효율을 극복하고자 한다. 그 대신 시민사회에서 형성된 제3부문과 공동체를 통한 연대를 추구한다. 즉 공동체 속에서 개인들의 자조와 자립과 협력을 추구하는 지역공동체 지향적 연대(community-oriented solidarity)를 실현하고자 한다.

대안적 발전모델은 자율성(autonomy)을 추구한다. 여기서 자율성이란 자유로운 개성과 자기결정권(self-determination)이 보장되고 자주관리가 실현되는 것을 말한다. 중앙집권적 국가사회주의에서 부정된 개인과 집단의 자율성, 자본주의의 포드주의 발전모델과 신자유주의 발전모델에서 부정된 노동자의 자율성을 회복하려 한다. 노동자 자주관리기업의 국가에 대한 자율성, 노동자들의 노동과정에서의 자율성, 시민들의 다양한 사회생활에서의 자율성을 지향한다.

따라서 대안적 발전모델은 중앙집권을 거부하고 지방분권(decentralization)을 추구하며 주민자치의 풀뿌리민주주의를 지향한다. 그것은 정치, 경제, 문화 등 인간 생활의 모든 영역에서의 직접민주주의 혹은 참여민주주의를 지향한다. 그것은 각 개인과 각 사회 그리고 각 문화의 차이와 다양성을 적극 존중하고 자기 중심성을 승인한다.

요컨대, 새로운 경제체제에서의 대안적 발전모델의 사회 패러다임은 생태주의, 연대, 자율성이다. 이 새로운 가치관은 새로운 경제체제의 대안적 발전모델이 인간적이고 민주적이며 지속가능한 발전모델이 되도록 하는 데 기여할 것이다. 그것은 21세기에 인류에게 희망을 주는 새로운 패러다임이 될 것이다.

┌─ 더 읽을거리 ─────────────────────────

까갈리츠끼 외. 1991, 『사회민주주의 연구 1』(이성형 엮음), 새물결.

마홍 지음. 1990, 『사회주의 상품경제론』(정광수 옮김), 과학과 사상.

보리스 까갈리츠끼. 1995, 『변화의 변증법: 혁명적 개혁주의와 사회주의적 변혁』(송충기 옮김), 창작과비평사.

보울즈·긴티스. 1994, 『민주주의와 자본주의』(차성수 옮김), 백산서당.

사상문예운동 편집위원 엮음. 1990, 『사회주의대개혁의 논리』, 풀빛.

앤서니 기든스. 1998, 『제3의 길』(한상진·박찬욱 옮김), 생각의 나무.

엘스터·뫼네. 1990, 『시장사회주의: 자본주의와 사회주의의 대안』(노응원 옮김), 비봉출판사.

R. 하일브로너. 1993, 『21세기 자본주의』(강철규 감역), 현대정보문화사.

찾아보기

김형기
서울대학교 경제학과 졸업
서울대학교 경제학박사
경북대학교 경상대학 경제통상학부 교수
주요 저서: 『한국의 독점자본과 임노동』(까치, 1988)
　　　　　『한국노사관계의 정치경제학』(한울, 1977)
　　　　　『한국제조업생산체제의 특성과 혁신방향』(한국노동연구원, 1999)

한울아카데미 417
새정치경제학

ⓒ 김형기, 2007

지은이 | 김형기
펴낸이 | 김종수
펴낸곳 | 한울엠플러스(주)

초판 1쇄 발행 | 2001년 9월 20일
초판 9쇄 발행 | 2018년 3월 15일

주소 | 10881 경기도 파주시 광인사길 153 한울시소빌딩 3층
전화 | 031-955-0655
팩스 | 031-955-0656
홈페이지 | www.hanulmplus.kr
등록번호 | 제406-2015-000143호

Printed in Korea.
ISBN 978-89-460-6440-9　94320

* 가격은 겉표지에 표시되어 있습니다.